中国金融会计学会重点研究课题
获奖文集 2019—2020

中国金融会计学会　编

中国金融出版社

责任编辑：董梦雅
责任校对：刘　明
责任印制：丁淮宾

图书在版编目（CIP）数据

中国金融会计学会重点研究课题获奖文集 . 2019—2020 / 中国金融会计学会编 . —北京：中国金融出版社，2022.2
　　ISBN 978-7-5220-1532-3

Ⅰ. ①中…　Ⅱ. ①中…　Ⅲ. ①金融—会计—研究报告—中国—2019-2020　Ⅳ. ①F832.2

中国版本图书馆 CIP 数据核字（2022）第 035494 号

中国金融会计学会重点研究课题获奖文集 2019—2020
ZHONGGUO JINRONG KUAIJI XUEHUI ZHONGDIAN YANJIU KETI HUOJIANG WENJI 2019—2020

出版
发行　　中国金融出版社

社址　　北京市丰台区益泽路 2 号
市场开发部　　（010）66024766，63805472，63439533（传真）
网 上 书 店　www.cfph.cn
　　　　　　　（010）66024766，63372837（传真）
读者服务部　　（010）66070833，62568380
邮编　　100071
经销　　新华书店
印刷　　河北松源印刷有限公司
尺寸　　185 毫米×260 毫米
印张　　33.5
字数　　612 千
版次　　2022 年 4 月第 1 版
印次　　2022 年 4 月第 1 次印刷
定价　　98.00 元
ISBN 978-7-5220-1532-3
如出现印装错误本社负责调换　　联系电话(010)63263947

评审委员会

前　言

在党中央的坚强领导下，我国金融业坚决落实党中央、国务院的决策部署，牢牢把握服务实体经济这个根本方向，推动中国经济行稳致远。金融业的改革发展，对金融会计理论和实践提出了新的挑战。

中国金融会计学会为深化金融会计理论研究，推动金融会计工作实践更好地服务金融中心工作，连年提出了年度重点研究课题，并组织会员单位、业内专家学者和会计从业人员积极参与到课题研究中来。2019—2020年度重点研究课题13个，涉及债转股的会计处理和估值、基于业绩分成的商业银行管理会计创新实践、货币政策与银行资产负债表、永续债的会计属性认定及财税处理、银行财务核算系统生态化建设，保险合同会计准则趋同策略等。

在大家的踊跃参加下，这些课题研究取得了丰硕成果，代表了金融会计研究的最高水平。通过中国金融会计学会秘书处组织专家匿名评审，最终评出2019—2020年度重点研究课题一等奖3名，二等奖5名，三等奖5名。

现将这些优秀课题成果汇编成册，供广大从业人员分享，并以此推动金融会计理论和实践的蒸蒸日上。

中国金融会计学会

中国金融会计学会 2019—2020 年度
重点研究课题获奖名单

一等奖

债转股会计处理和估值研究

中国建设银行财务会计部课题组

基于业绩分成的商业银行管理会计创新实践

中国工商银行财务会计部课题组

货币政策对银行业资产负债表的影响研究

中国人民银行会计财务司课题组

二等奖

银行业财务核算系统生态化建设

中国农业发展银行财务会计部课题组

金融集团财务管理信息化转型研究

国家开发银行财务会计部课题组

永续债的会计属性认定及财税处理问题研究

中信证券计划财务部课题组

国际基准利率改革对银行业的影响及应对

中国银行资产负债管理部课题组

转型战略下商业银行网点成本管理创新研究

交通银行财务管理部课题组

三等奖

保险合同会计准则趋同策略研究

中国银行保险监督管理委员会财务会计部课题组

中国银行业税制改革问题研究

中国银行保险监督管理委员会财务会计部课题组

深化市值管理　推进大型银行高质量可持续发展

中国农业银行财务会计部课题组

新国际会计准则对保险公司的影响

中国人寿资产管理公司课题组

我国银行业增值税制度优化研究

中国进出口银行财务会计部课题组

目录CONTENTS

第一篇

债转股会计处理和估值研究

中国建设银行财务会计部课题组

课题主持人：张　毅

课题组成员：陈颖钰　周志明　龙断剑　许　悦

　　　　　　李　亭　鄢小琴　杨　狄　梁志兵

　　　　　　李厚伯

摘　要

　　自 2016 年以来，我国市场化债转股快速发展，银行（包括所属金融资产投资有限公司）成为重要市场参与者，债转股业务对银行经营成果的影响日益凸显。债转股作为中国经济的一个重要议题，众多学者和从业者从经济学、金融学、政策制定角度展开多方面研究，但从银行和财务会计视角开展的研究较少。因此，本文选择从银行会计管理的视角出发，着重研究债转股涉及的会计处理和估值问题，力求建立一套体系，协助银行加深对相关业务和准则要求的理解，如实准确反映业务状况和经营成果。

　　作为研究的出发点，本文总结了当前市场化债转股的主要模式、市场化债转股区别于政策性债转股的主要特征以及自 2016 年市场化债转股实施以来的发展历程和当前的发展趋势。

　　实务中债转股方案往往十分复杂，涉及的会计准则众多，对不同会计准则之间如何衔接、会计准则条款如何理解以及如何将准则要求应用于具体合同条款等方面都存在困难。本文着重分析了债务重组准则和金融工具相关准则的应用场景，梳理了市场化债转股中的几个典型案例和其会计处理难点，以决策树的形式总结了准则分析过程，力图清晰呈现实务中债转股会计处理的决策逻辑。债转股过程中，债权人资产初始确认、债务人负债终止确认、双方债务重组损益的确认等均需要运用债务重组准则，同时对于收取的金融资产，应根据债权人对被投资单位是否具有"控制、共同控制或重大影响"，来判断是否需要运用长期股权投资准则，在不属于"控制、共同控制或重大影响"的情况下则需要运用金融工具相关准则来进行确认、计量以及披露。金融工具准则应用的核心难点是金融负债与权益工具的区分，这需要深入理解准则对上述两者区分的核心原则，即是否能够无条件地避免交付现金或其他金融资产的合同义务，是否通过交付固定数量的自身权益工具结算；同时，对于虽然符合金融负债的定义但发行方应分类为权益工具的两类特殊金融负债也需要重点关注。

　　银行取得的债转股股权以非上市公司股权居多，对这些股权的估值关系到银行财务报告是否能如实反映其财务状况及经营成果。本文逐一探讨了非上市公司股权估值的主要方法，包括最近融资法、市场乘数法、行业指标法、企业自由现金流折现法、权益自由现金流折现法、股利折现法、成本法等，分析了每个方法的基本理论、操作步骤及优缺点，同时梳理了非上市股权估值中较为关键的流动性折扣计算方法，最后结合市场化债转股中的典型案例进行详细的估值分析。尽管非上市股权估值模型较为成熟，但银行在现阶段实际估值时仍面临困难，如银行对债转股企业的了解相对有限且部分财务数据可得性不强，很难全面深入地对企业价值进行准确评估。不同银行对于持有的同一非上市股权缺乏统一明确的估值方法和参数标准，导致估值结果和账务数据不具备可比性。估值方法的持续性和估值结果的合理性存在一定矛盾。债转股业务的特殊条款可能给估值带来较大困难等。

关键词：债转股；债务重组；长期股权投资；金融工具列报；金融负债；权益工具；非上市公司股权估值

第一章 绪 论

一、债转股相关概念

债转股传统上指当企业面临财务困难或破产威胁时，由政府主导或经债权人债务人协商一致，债务人企业将其债务转为股权、债权人成为股东的过程。在我国现阶段，债转股也包括财务和经营均正常的企业或暂时遇到困难的企业在外部专业机构的组织下，将其债务置换为股权的情况。债转股通常与债务重组一同出现，是债务重组的一种安排或工具。可转为股权的债务主要为各种类型的贷款、债券、经营负债，其中以银行贷款最为常见。债务转换成的股权可为普通股和优先股，以普通股居多。债务转为股权后，股权持有人可以通过企业回购、股权转让、企业上市等方式退出。

一般认为，债转股通过将债务转为股权，可以减少标的企业财务成本、缓解企业偿还债务压力、降低企业的资产负债率，进而帮助企业渡过难关，提升其盈利能力和融资能力；如果债转股的同时伴随重整和公司治理的改善，那么企业的长期价值亦会提升。对债权人来说，债转股避免了低价格转让债权或债务人直接破产后债权回收比率低等极端情形；在企业经营好转后，持有人的权益价值亦会回升，甚至存在超额收益的可能。对于经济和社会整体来说，债转股有缓解金融风险、减少经济波动和稳定社会的作用。

在美国、日本等发达经济体，债转股是银行处置不良资产的一种重要方式。在我国经济实践中，债转股更是商业银行发展历史的一个重要组成部分。自我国银行商业化改革以来，共发生了两次债转股浪潮。第一次始于1999年，当时国有企业资产负债率高企，主要国有大型银行的不良贷款率高达30%以上，为此，政府主导出台政策，成立四大资产管理公司，由资产管理公司承接银行债权并将债权转为对企业的股权；仅1999年，四家资产管理公司便完成约3600亿元转股金额。这次债转股有效解决了我国四大国有银行的巨额不良资产问题，为四大国有银行后续公开上市和十年黄金发展奠定了基础；同时也破解了国有企业当时经营的困难，促进国企改制，为此后国有企业和整个国民经济高速增长扫除了障碍。第二次债转股浪潮始于

2016 年，这是我国经济进入新常态后，为解决经济中的结构性问题和金融风险，推进供给侧结构性改革，增强经济中长期发展韧性的一个举措。2016 年以来，国务院及相关部委出台了一系列政策法规，大型国有银行相继成立专门实施机构，债转股签约落地金额快速增加，降杠杆取得一定成效。

二、债转股文献梳理

作为近 20 年中国经济的一个重要议题，学者和从业者对债转股问题研究颇多，主要是从经济学、金融学、政策制定角度展开，大致可以分为三类。

第一类研究聚焦于银行不良资产处置或债转股过程本身，如不良资产处置模式、所涉法律、债转股定价等，以学术性研究居多，集中在第一次债转股浪潮时期。如金震华（2008）对各国不良资产产生原因、不良资产处置主体、不良资产获取方式、不良资产处置策略等进行总结。李卫（2009）对债转股、拍卖两种处置手段的优化决策模型进行研究，探索采用 CDO 工具处置不良资产。韩良（2004）以企业价值理论、破产理论、期权理论为基础，讨论了金融不良资产的估价理论和方法、债转股的定价和转股比例问题。杨立斌（2016）研究债转优先股可能性、现实意义及实施中考虑因素的问题等。

第二类研究专注于债转股对企业效率或企业价值的影响、债转股带来的公司治理变化和市场反应等问题，同样以学术性研究居多，时间分布较广，不同的学者研究结论有一定分歧。如林毅夫（2000）认为，国有企业盈利和竞争能力低的根源是政策性负担，债转股本身并不能消除这些负担，但可以提供一段较为宽松的软时间约束和一个有利的实现形式；如果不解决政策性负担问题，债转股之后国企面临的软预算约束还会存在，不良负债还会发生。李志军（2013）认为，债转股企业相对于非债转股企业投资效率更高，债转股企业的高管薪酬对业绩的敏感度更高，转股后的债转股企业的盈利能力和投资者回报提高、代理成本降低、公司治理改善，提升企业价值。

第三类研究主要依托债转股案例或债转股市场分析，对债转股市场现状、路径模式、存在问题等进行总结；此类研究兼具学术性和评论性，涉及钢铁、船舶、煤炭、装备、有色等行业的大量案例，集中在第二次债转股时期。如李鑫（2018）总结了当前债转股市场的特点、主要模式和银行面临的困难，指出目前债转股市场存在的实施机构以银行专营子公司为主、转股企业以重资产周期行业为多、债权以正常类债权为主、明股实债比例高等特点，银行专营机构在债转股时面临目标企业选择难、协调成本大、定价难、资金来源困难、资本占用高、参与入股公司治理难度大、退出困难等挑战。李健（2018）、孙即和张文婷（2020）也做了类似的研究。马春晓（2020）分析中国重工债转股案例的实施背景、实施过程、案例中两步走债转股模式的风险收益、估值定价、退出方式和实施效果，总结债转股模式的优缺点，提出优化建议。

总体来看，现存的研究主要从经济学、金融学、政策制定、转股企业等角度对债转股全过程进行分析，视角较为宏观，从债转股参与银行角度出发的研究不多，特别是专注于参与银行对债转股会计处理的研究更少，所能找到的个别文献也仅是涉及简单的会计核算举例。因此，本文的研究将放在参与银行的会计处理方面，这是对现有研究的一个重要补充。

三、本文研究重点和框架

本文的研究重点将从银行的视角展开，一是债转股参与银行在债转股过程中面临的所得资产确认和初始计量问题，二是债转股过程中及转股后面临的股权估值问题。本文研究重点的确定，一是考虑了目前债转股研究中会计处理研究相对缺失，二是考虑到债转股是最近几年以及今后很长一段时间银行参与降低社会杠杆率的一种普遍方式，银行债转股项目会越来越多、规模会越来越大，且债转股所涉资产、参与方、实施方式等会多样化、复杂化，银行在对这些业务进行会计处理时面临巨大挑战，会计核算和计量的结果对损益的影响也会日益凸显，并最终影响到银行内部管理、投资者投资决策、监管政策制定等。因此，亟须建立一套体系协助银行加深对相关业务和准则要求的理解，如实准确反映银行业务现状和经营成果。

本文的后续内容安排如下。

第二章为我国目前债转股市场的全面介绍，包含我国两次债转股的特点、2016年以来市场化债转股的演变情况、主要模式和签约落地情况。本章为全文提供背景，也是后续章节的研究基点。

第三章为本文研究重点之一，即债转股业务的会计处理。首先是对相关会计准则的梳理，债转股交易结构复杂，在实务中进行会计处理涉及多项会计准则。其次是总结目前实务中债转股业务会计处理面临的难点问题，并结合案例分析实务中会计处理的权衡和影响。最后，尝试总结出一套在实务中可以落地的会计处理决策树模型，提升银行债转股会计处理的规范性和一致性。

第四章为本文的研究重点之二，即债转股涉及的股权估值问题，主要是非上市企业的股权估值问题。非上市股权估值不仅复杂，且具有很强的主观性，实务应用中限制条件众多。本部分首先对非上市股权估值模型及所涉其他问题进行全面探讨，在此基础上，以案例的形式说明估值模型的应用，并讨论目前银行在债转股业务中所涉股权估值面临的困难。股权估值与所选取模型和参数、企业自身的特点及所能获得的数据等内容息息相关，其结果可能并不是唯一的，股权估值的目标应该是在所能得到的信息之内做到最大程度的合理化，因此本部分的讨论是开放式的，旨在为实务提供参考。

第五章为对全文的总结。

第二章　当前债转股市场情况

一、我国债转股发展阶段

我国债转股主要分为两个阶段。

第一阶段从 1999 年开始，延续至 2010 年左右，行政色彩较浓，债转股方案需由国家经贸委会同财政部、央行审批，并上报国务院批准，称为"政策性债转股"阶段。该阶段债转股形式较为单一，以化解国有银行不良资产风险为主。

第二阶段从 2016 年开始一直至今，是在我国大力推进供给侧结构性改革，协助实体企业降杠杆、减轻经营压力、助推企业转型升级的背景下产生。虽然受政策高度关注，但较第一阶段不同，转股对象、资产、定价等均由市场选择，政府不干预债转股具体事务，呈现市场化、法制化特点，被称为"市场化债转股"。国务院在《关于积极稳妥降低企业杠杆率的意见》（国发〔2016〕54 号，以下简称《意见》）中明确指出：降杠杆要坚持市场化原则、法制化原则、有序开展原则、统筹协调原则。政府通过制定引导政策，完善相关监管规则，维护公平竞争的市场秩序，做好必要的组织协调工作，保持社会稳定，为降杠杆营造良好环境，不干预降杠杆工作中各市场主体的相关决策和具体事务。

"市场化债转股"与"政策性债转股"具有显著差异。

一是实施目的不同。市场化债转股的目的在于积极稳妥降低企业杠杆率，同时助力企业混合所有制改革、推动企业提质增效和丰富多层次资本市场。政策性债转股的主要目的则为化解银行的不良贷款。

二是实施主体不同。市场化债转股中，根据《意见》规定，银行将债权转为股权应通过向实施机构转让债权、由实施机构将债权转为对象企业股权的方式实现。银行所属金融资产投资有限公司（以下简称 AIC）、金融资产管理公司（以下简称 AMC）、保险资产管理机构、国有资本投资运营公司等多种类型实施机构，均可参与开展市场化债转股。政策性债转股中，则仅有 AMC 可作为债转股的实施主体。

三是对象企业不同。市场化债转股中，对象企业主要为遇到暂时困难的优质企业，国家主要列出了对象企业的准入门槛，如不得对扭亏无望、已失去生存发展前景的"僵尸企业"、有恶意逃废债行为的企业、债权债务关系复杂且不明晰的企业、有可能助长过剩产能扩张和增加库存的企业等实施债转股。政策性债转股中，国家经贸委则主要通过明确实施清单的方式，确定了债转股对象企业。

四是债权范围不同。市场化债转股中，债权以银行商业贷款为主，同时也包括债券、委托贷款、信托贷款、经营负债等其他金融机构及企业债权，但民间借贷除外；债权既可以是正常类，也可以是关注、次级、可疑和损失类。政策性债转股则仅包括商业银行不良贷款。

五是资金来源不同。市场化债转股资金渠道更为多元化，包括人民银行降准资金、实施机构充分利用各种市场化方式筹集的资金、依法依规面向社会投资者募集的资金、AIC 和 AMC 可以发行专项用于市场化债转股的金融债券等。政策性债转股中，主要资金来源则是财政注资和 AMC 所发行的政策性金融债。

六是定价方式不同。市场化债转股中，银行、企业和实施机构遵循市场化原则，自主协商确定债权转让、转股价格和条件，各主体盈亏自负。政策性债转股则是由 AMC 按照账面价值收购商业银行贷款，并按照该价格直接转为企业股权，保证银行在此过程中不承担损失。

七是投后治理不同。市场化债转股实施机构参与投后治理程度进一步加深，普遍派驻董监事实质性参与企业治理，实施机构可以在企业董事会、监事会、股东会层面否决企业原股东所提出的不合理议案，对大股东行为形成了有效制约，显著改善企业治理水平。政策性债转股对原股东的制约力度极为有限。

二、市场化债转股发展现状

（一）市场化债转股的三个发展时段

自 2016 年以来，按照党中央、国务院的政策要求，在人民银行等国家相关主管部门的大力支持下，各类市场主体推动本轮市场化债转股实现了增量、扩面、提质。总体来看，本轮市场化债转股工作可大致分为三个期间。

一是试点探索时段（2016 年初至 2017 年 8 月）。该时段主要采取并表基金的业务模式实施债转股。银行与标的企业共同出资成立有限合伙基金，银行理财是主要资金来源，标的企业担任一般合伙人（GP）。有限合伙基金向标的企业发放委托贷款，用于偿还标的企业存量高息负债，在委托贷款到期归还后，基金清算退出。由于标的企业担任 GP，基金可以并入标的企业资产负债表，计入少数股东权益项目，从而起到降低企业合并报表资产负债率的目的。这种模式下，尽管企业能够通过会计并表降低名义上的资产负债率，但同时仍需满足理财资金对期间收益和期末本金回收的要求，其本质上仍具备一定的债务属性，对企业经营压力的缓解力度相对有限，在 2017 年五家国有银行 AIC 相继成立后，并表基金模式逐步退出市场。

二是规模推广时段（2017 年 8 月至 2019 年末）。 2017 年 8 月以来，银保监会相继批准建设银行、工商银行、农业银行、中国银行、交通银行设立 AIC，专司市场化债转股业务。AIC 选择资产负债率较高但信用记录良好的优质企业直接投资是该阶段的主要业务模式。AIC 主动寻找并确定潜在投资标的，在积极募集社会资金的同时，尽量要求标的企业大股东共同增资入股，以进一步绑定大股东的利益，入股资金全部偿还标的企业金融负债，具体偿还对象由企业自主决定。在期间收益方面，一般在投资协议中约定税后分红比例或优先分红要求；在股权退出方面，主要采取标的企业 IPO、母公司定向增发置换标的企业股权、第三方转让等方式；在投后管理方面，向大部分投资企业派驻了董监事，积极参与公司治理。总体来看，这一阶段落地的项目都具有规范股权投资的全部要素，但在 AIC 初创、人员紧张、经验不足且降准资金投放压力较大的情况下，深度参与公司治理仍显不足，主要是通过在投资协议中约定企业资产负债率上限、对企业经营业绩提出对赌要求等手段保护投资本金、限制企业出现过度借贷、盲目投资等可能影响经营成果、损害中小股东利益的行为。

三是高质量发展时段（2020 年初至今）。 该时段仍然采取直接投资的业务模式，但全面强化了投后管理职能，同时进一步弱化对期间收益和本金保护的要求，是全面升级版的直接投资。随着降准资金于 2019 年底全部投放完毕，该阶段实施机构主要通过发行金融债、发行债转股投资计划、设立私募股权投资基金等方式融资，在投资条款设计上进一步优化规模推广阶段已经形成的框架，不再要求优先或固定比例分红，同时通过强化派驻董监事的执行能力，深度参与国企混改，力图靠企业业绩改善提升投资安全性。在企业组织架构上，以新一轮国企改革为契机，加强与其他中小股东、债转股股东的联动，推动员工持股，明晰企业股东大会、党委会、董事会、监事会及管理层权责，帮助企业建立完善中国特色现代企业制度。

（二）市场化债转股的三种模式

本轮市场化债转股共包括三种业务模式，分别为发股还债、收债转股和以股抵债。其中，发股还债模式是主要的债转股模式。以 2020 年某 AIC 新增落地项目为例，发股还债模式所实施的项目占比为 71.4%，以股抵债项目占比为 24.5%，收债转股项目占比为 4.1%。

1. 发股还债模式

发股还债模式是指债转股实施机构通过募集资金对标的企业进行增资购买新股或受让原股东所持有的老股份，企业将资金定向用于偿还债务的债转股模式。发股还债模式在实践中主要适用于正常类债权或集团公司所属优质标的债转股，以满足企业融资需求，降低资产负债率。发股还债模式具有流程简化、速度快、自由度大等特征，因而是目前应用规模最大的债转股模式。在此类模式中，实施机构无须先与债权人谈判债权收购事项，仅需与企业股东就入股事宜实施交易即可完成债转股，且增资款和偿还债务不需要一一对应，企业可自行决定偿还集团或其他子公司的高息融资。采用此类模式的典型项目包括青海黄河、徐工有限、中国建筑等。

发股还债模式案例：某 AIC 所实施的某化工企业项目中，AIC 联合社会投资人通过债转股投资计划，对标的公司进行增资，金额为 5 亿元，用于偿还企业高息负债，同步实施混改和员工持股；入股后每年可分配利润的 30% 用于分红，同时对赌在 2023 年完成上市申报或向第三方转让股权（见图 1）。

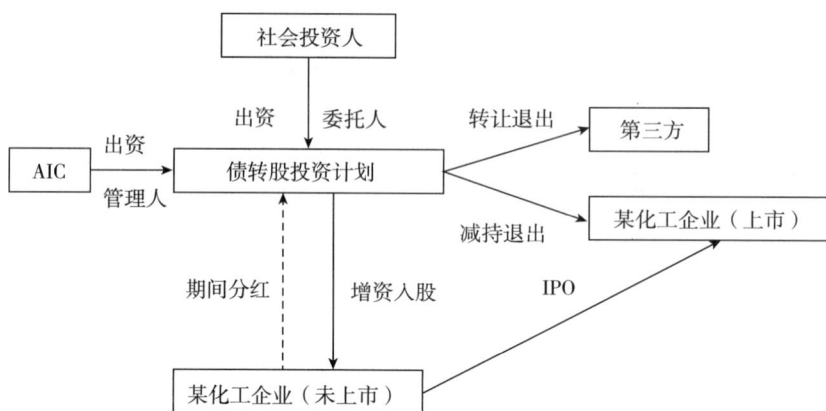

图 1　发股还债流程

2. 收债转股模式

收债转股模式是指实施机构收购企业债权后，以其所收购的企业债权出资，对标的企业进行增资，化解企业财务困难的模式。该模式是最为传统的债转股模式，主要适用于两类企业，一是经营正常但对债转股投资资金落地时效性有急迫需求的企业，实施机构可以先行收购债权，待后续资产评估、转股方案等工作完成后，将所收购债权转为股权；二是经营存在较大困难的潜在风险客户或关注类债权（部分不良也适用该种方式）。该类企业经营困难，或已难以偿还利息，存在较大违约风险，通过债权打折出售、市场化定价转股启动企业改制重组，化解企业财务危机，推动综合性改革。相对于发股还债模式，收债转股模式存在债权定价、股权定价难协商以及原债权人行动难统一等困难。采用此类模式的项目包括洪都航空、酒钢集团、河钢集团等。

收债转股模式案例：在某有色金属企业债转股项目中，第一步，AIC首先出资承接金融机构所持对企业的债权，原金融机构与企业的债权债务关系解除。第二步，AIC对企业实施充分尽调并履行相应国资估值、审批程序后，经与企业协商谈判一致，将债权转化为企业的股权，AIC成为企业的股东。后期该有色金属企业IPO上市后，AIC退出资本市场（见图2）。

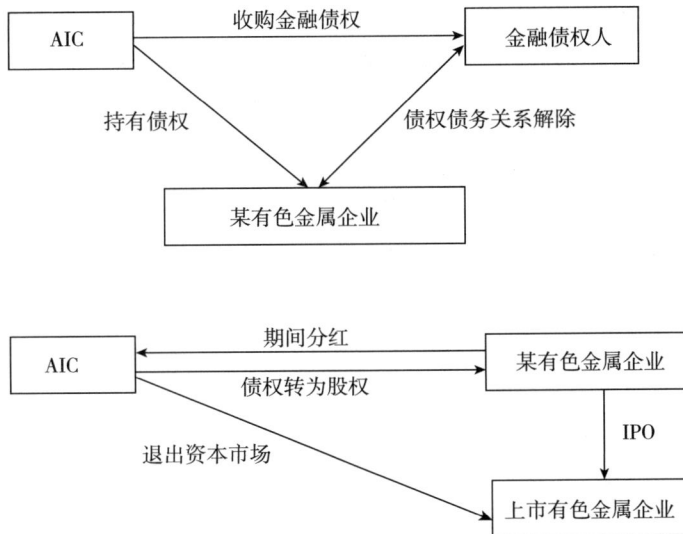

图2　收债转股流程

3. 以股抵债模式

以股抵债模式主要出现在存量不良资产处置中，是企业向金融债权人（主要是商业银行）发行股份以抵销债务的过程。以股抵债在实践中一般应用于企业濒临破产倒闭、严重资不抵债的情况下，实质上是对企业资产负债表进行重整。由于不涉及募资环节，且银行与企业二者之间达成协议即可实施，其业务环节较少。在以股抵债完成后，银行会视情况将其所持有股权向AIC转让（见图3）。

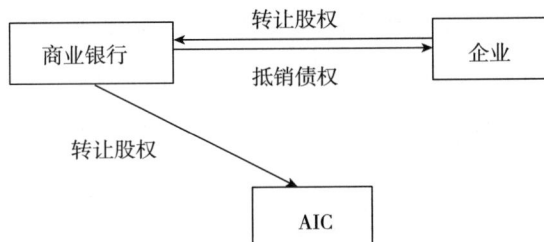

图3　以股抵债流程

（三）市场化债转股签约落地情况

1. 签约规模不断扩大，落地率持续提升

2018年7月，人民银行通过定向降准释放5000亿元资金支持市场化法制化债转股。2019年，国家发改委等部门印发《2019年降低企业杠杆率工作要点》，在各层面对金融资产投资公司的运作进行鼓励，加强对商业银行定向降准资金使用情况的评估考核，进一步推动商业银行调动全行资源用好定向降准资金支持市场化债转股。在此背景下，市场化债转股签约和落地规模持续快速上升。据公开数据，截至2019年末，市场化债转股签约总金额2.9万亿元，较上年末增长44.7%；落地金额突破1.5万亿元，较上年末增长147.1%；落地率为51.7%，较上年上升21个百分点。2020年受降准资金投放完毕、疫情影响项目投资进度、部分企业获得补贴性低成本资金导致转股动力不足等因素影响，市场化债转股新增签约和落地规模有所回落；截至2020年末，市场化债转股签约总金额3.1万亿元，落地总金额1.7万亿元，落地率为54.6%（见图4）。

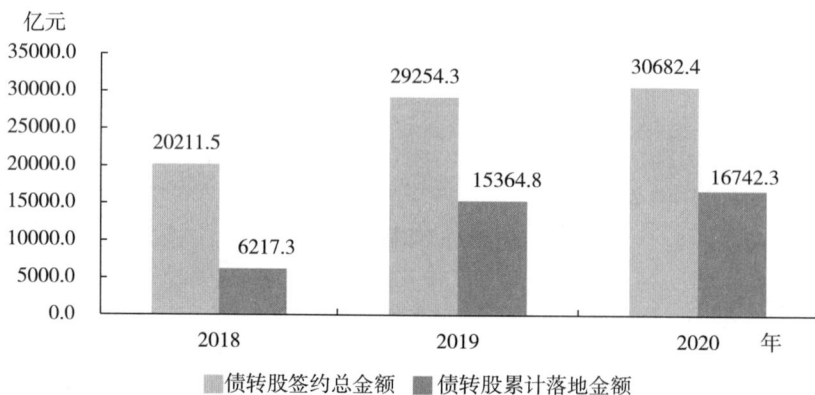

图4　2018—2020年市场化债转股累计签约及落地规模

2. 重资产行业占主导，行业覆盖面持续拓宽

目前市场化债转股项目分布以重资产行业为主，截至2020年上半年的公开数据，工银投资、农银投资、中银资产和交银投资位列前七的行业为电力、建筑业、设备制造、交通运输、钢铁、化工、煤炭，这些行业集中度超过80%。某AIC已落地项目中，钢铁、有色、煤炭、化工、交通运输、建筑业等平均资产负债率超过60%的行业投放金额占比超过90%。重资产行业普遍负债率较高，是中央去产能、去库存、去杠杆、降成本、补短板五大任务的重点，市场化债转股当前的投资方向整体与行业降杠杆需求基本一致。2020年新增落地项目中，行业布局已呈现明显的优化趋势，

行业覆盖面持续拓宽。某 AIC 建筑行业占比由 2019 年的 28.5% 下降至 13%，新增航空装备业、新能源等战略新兴产业。

3. 标的企业以国有为主，民企数量和规模持续增加

受国企高杠杆问题更为突出、资产负债率压降的考核压力较大影响，市场化债转股标的企业性质目前以国有为主（国有企业中以地方性国企为主、中央企业为辅），但民营企业债转股数量和规模不断扩大。根据国家发改委统计，2020 年市场化债转股新增落地项目共计 205 个，其中央企及其子公司 52 个，占比为 25.4%；地方国有企业 85 个，占比为 41.5%；民营企业 68 个，占比为 33.1%。以某 AIC 已落地项目为例，2017 年至 2020 年，民营企业累计落地金额分别为 37.5 亿元、146.5 亿元、189 亿元和 241.3 亿元，规模持续增加（见图 5）。

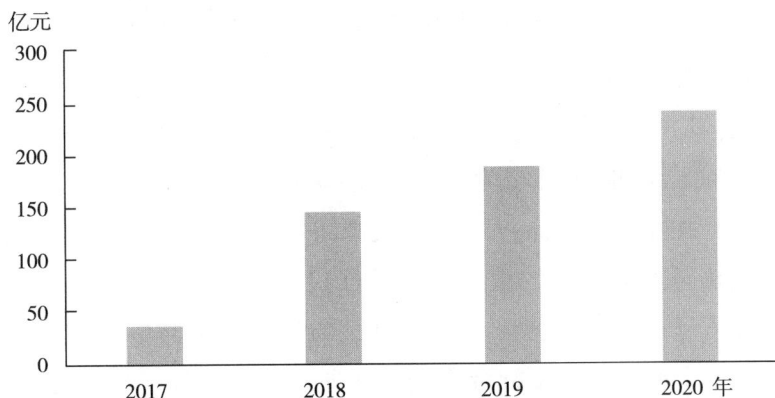

图 5　某 AIC 民营企业累计落地金额

4. 实施机构类型丰富，AIC 发挥主力军作用

目前参与市场化债转股的机构，主要有 AIC、中央四大 AMC、地方 AMC、保险资管公司、信托公司、私募股权投资基金、国有资本运营公司等。其中，五家商业银行控股 AIC 是市场化债转股的主力军；据国家发展改革委统计，截至 2020 年末，五家商业银行 AIC 市场化债转股签约和落地金额分别为 2.5 万亿元和 0.96 万亿元，分别占全行业的 80.1% 和 57.7%；从 2020 年新增金额上看，五家商业银行 AIC 新增市场化债转股签约和落地金额分别为 1133 亿元和 1066 亿元，分别占全行业的 79.3% 和 77.4%（见图 6）。

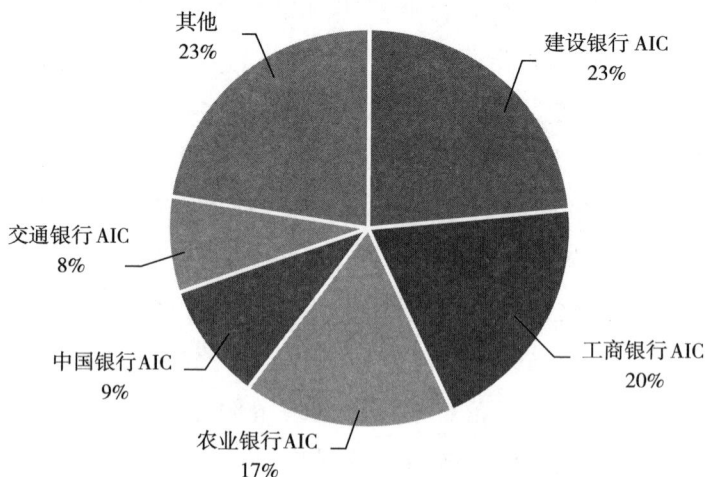

图 6　2020 年五家商业银行控股 AIC 市场化债转股新增落地占比

5. 资金来源渠道持续丰富

各家实施机构均遵循国家相关政策要求，按照市场化原则筹集债转股资金。以某 AIC 为例，当前已落地项目均为市场化筹集资金。其中，降准资金释放前，近 80% 的资金来源于银行理财产品；国家有关部门"资管新规"与降准资金政策出台后，该 AIC 持续拓宽筹集资金的渠道，在根据定向降准政策导向，按照市场化原则以同业借款方式从母行筹集定向降准资金外，通过设立债转股专项投资计划和债转股私募股权投资基金等方式募集社会资金，还通过发行专项金融债的方式筹措资金。截至 2020 年末，该 AIC 除银行理财产品外的资金规模占比提升至 75%。

第三章　债转股的会计处理

一、债转股业务涉及的会计准则

债转股业务交易结构复杂，涉及众多准则，具体包括《企业会计准则第 2 号——长期股权投资》《企业会计准则第 12 号——债务重组》《企业会计准则第 20 号——合并》《企业会计准则第 22 号——金融工具确认和计量》《企业会计准则第 37 号——金融工具列报》和《企业会计准则第 39 号——公允价值计量》等。

从债转股业务涉及的准则来看，首先，债权人资产初始确认、债务人负债终止确认、双方债务重组损益的确认等均需要运用债务重组准则；其次，对于收取的置换金融资产，应根据债权人对被投资单位是否具有"控制、共同控制或重大影响"，来判断是否运用长期股权投资准则进行核算和披露；最后，如债权人对被投资单位无"控制、共同控制或重大影响"，则需要运用金融工具相关准则来进行确认、计量以及披露。

如何综合运用上述相关准则，准确地进行会计处理，真实地反映债转股业务对银行资产负债表和损益的影响，这对于市场化债转股的业务人员和财会人员提出很大的挑战。以下研究主要集中在债转股业务中相对重要、涉及较多会计判断的两类准则，即 2019 年发布的债务重组准则和 2017 年发布的金融工具相关准则。

（一）债务重组准则

2019 年 5 月 16 日，财政部发布修订后的《企业会计准则第 12 号——债务重组》（以下简称"新债务重组准则"）自 2019 年 6 月 17 日起施行。新债务重组准则在多个方面进行重大修订，包括债务重组的定义和适用范围、债权人债务人对于债务重组相关资产和损益的确认和计量、合同条款变更债权的处理等。新债务重组准则对于债转股业务影响重大，主要规范债权人和债务人在原始债权债务转为股权的过程中如何准确地反映资产负债的变化和损益，同时重点解决了与金融工具相关准则衔接的问题。

1. 债务重组的定义和适用范围

原债务重组准则（2006 年 2 月 15 日，财会〔2006〕3 号）规定，债务重组是指债权人按照其与债务人达成的协议或法院的裁决同意债务人修改债务条件的事项；适用债务重组准则规范的业务须同时满足"债务人发生财务困难"且"债权人做出让步"两项条件。由于债务人是否发生"财务困难"，尤其是债权人是否作出"让步"，属于典型的专业判断，在实务中往往见仁见智，可能导致性质类似的交易未能按照一致的方式进行处理。为加强会计准则体系的内在一致性，提高财务报表的透明度和可比性，新债务重组准则扩大了"债务重组"的概念，将其定义为在不改变交易对手方的情况下，经债权人和债务人协定或法院裁定，就清偿债务的时间、金额或方式等重新达成协议的交易。也就是说，无论何种原因导致债务人未按原定条件偿还债务，也无论双方是否同意债务人以低于债务的金额偿还债务，只要债权人和债务人就债务条款重新达成了协议，就符合债务重组的定义，属于准则规范的范围。

市场化债转股涉及债权转股权、修改债务合同条款等重组安排，由于部分转股债权不一定被分类为不良资产，并且转股交易是由各方在正常经营过程中经公平协商后达成，与老准则涉及的"财务困难"和"让步"两项条件判断存在较大偏差，过去实务中呈现不同的处理方式。2019 年新债务重组准则执行后，该类交易明确适用于债务重组准则，统一了会计处理的准则。

2. 债权人债务人对于债务重组资产和相关损益的确认和计量

聚焦到通过债转股方式债务重组（包括以多项资产清偿债务或者组合方式进行的债务重组），新债务重组准则重点规范了以下内容：一是债权人和债务人相关资产负债确认或终止确认的时点；二是债务转为权益工具的初始确认；三是债务转为非金融资产的初始确认；四是以多项资产清偿债务或者组合方式进行的债务重组，双方对资产负债及损益的确认。表 1 列示了新债务重组准则对于债转股业务过程中债权人债务人相关处理的规范内容。

表 1　新债务重组准则中债转股业务债权人债务人处理的比较

业务场景	债权人处理	债务人处理
相关资产和负债的终止确认时点	在相关资产符合其定义和确认条件时予以确认	在相关资产和所清偿债务符合终止确认条件时予以终止确认
将债务转为权益工具（不涉及合并）的初始确认	按照金融工具准则规定确认和计量受让的金融资产和重组债权	初始确认权益工具时应当按照权益工具的公允价值计量，权益工具的公允价值不能可靠计量的，应当按照所清偿债务的公允价值计量

续表

业务场景	债权人处理	债务人处理
将债务转为金融资产以外的资产的初始确认	受让资产的成本，即放弃债权的公允价值和其他可直接归属于该资产的成本	对所清偿债务和所转让资产按照账面价值终止确认
以多项资产清偿债务或者组合方式进行的债务重组	债务重组采用组合方式进行的，一般可认为对全部债权的合同条款作出了实质性修改，债权人应当按照修改后的条款，以公允价值初始计量重组债权和受让的新金融资产，按照受让的金融资产以外的各项资产在债务重组合同生效日的公允价值比例，对放弃债权在合同生效日的公允价值扣除重组债权和受让金融资产当日公允价值后的净额进行分配，并以此为基础分别确定各项资产的成本	债务重组采用以资产清偿债务、将债务转为权益工具、修改其他条款等方式的组合进行的，对于权益工具，债务人应当在初始确认时按照权益工具的公允价值计量，权益工具的公允价值不能可靠计量的，应当按照所清偿债务的公允价值计量。对于修改其他条款形成的重组债务，债务人应当参照合同条款变更类债权的相关准则，确认和计量重组债务
债务重组相关损益	放弃债权的公允价值与账面价值之间的差额，计入"投资收益"科目	所清偿债务的账面价值与转让资产的账面价值以及权益工具和重组债务的确认金额之和的差额，计入"其他收益——债务重组收益"或"投资收益"（仅涉及金融工具时）科目

（二）金融工具相关准则

1. 金融工具置换资产的确认和计量

市场化债转股业务中涉及债权人对债务置换资产的处理，与传统收取房屋等固定资产作为抵债资产不同，涉及多种债务清偿方式的复杂债务重组越来越普遍。对于收取金融类置换资产的债务重组，不同计量属性分类对作为债权人的金融企业资产负债表和利润表的影响也不同。

按照金融工具置换资产的三类计量属性进行分析，一是分类为摊余成本的金融资产，应按照实际利率法计提利息收入，同时按照预期信用损失模型计提减值。二是分类为以公允价值计量且其变动计入当期损益的金融资产，初始确认时应当以公允价值入账；后续应定期进行公允价值重估且其公允价值的变动应计入当期损益；处置变现时，实际取得的处置对价与初始入账价值和相关交易费用的差额应计入投资收益项目。三是分类为以公允价值计量且其变动计入其他综合收益的金融资产，在初始确认仍以公允价值入账，后续以公允价值进行重估且其公允价值变动计入其他综合收益。

在第三类计量属性中有一种情况比较特殊，若债权人行使指定权，即将收取的权益工具指定为以公允价值计量且其变动计入其他综合收益的金融资产，处置股权时，原计入其他综合收益的公允价值变动不能转入当期损益，取得的对价与账面净值的差额应计入未分配利润。对于确定为权益工具的置换资产，实务中需要权衡分类为不同的计量属性对当期和未来损益的影响。一方面需要根据准则要求看是否允许行使指定权；另一方面也需评估未来该股权的价值变动对自身利润表的影响以及未来处置时的价差收益在采取不同会计处理方式下的影响，以确定最终是否行使指定权（见表2）。

表 2　金融工具置换资产的确认和计量规则

业务场景	公允价值进损益金融工具置换资产	公允价值进权益金融工具置换资产	指定公允价值进权益置换股权
初始确认	以公允价值入账	以公允价值入账	以公允价值入账
取得置换资产的相关交易费用	计入当期损益	计入置换资产入账价值	计入置换资产入账价值
后续计量	以公允价值计量且其变动计入当期损益	以公允价值计量且其变动计入其他综合收益	以公允价值计量且其变动计入其他综合收益
合理估计各类置换资产的潜在损失	无须计提减值准备，按期进行公允价值重估	计提减值准备，并按期进行公允价值重估	权益工具无须计提减值准备，按期进行公允价值重估
终止确认	实际取得的处置对价与初始入账价值、交易费用的差额，计入投资收益	实际取得的处置对价与置换资产账面净值（即置换资产摊余成本和价值调整）、交易费用的差额，计入投资收益	实际取得的处置对价与置换股权账面净值（即置换资产入账价值和价值调整）、交易费用的差额，计入未分配利润

2. 金融工具置换资产金融负债和权益工具的区分

债转股[①]发生时，投资方应当如何判断该项投资的会计处理究竟适用《企业会计准则第 2 号——长期股权投资》还是适用《企业会计准则第 22 号——金融工具确认和计量》。按准则间衔接逻辑，首先，投资方应当判断对被投资单位是否实施控制、共同控制或重大影响，如果是，则该投资适用于长期股权投资准则。其次，如果该投资不适用长期股权投资准则，投资方应当根据金融工具相关准则，判断该投资是否

①　在债转股业务过程中，企业的原始债权转化为股权，该股权可能是原始债务人的股权，也可能是第三方（如新设立的平台公司）股权。实务中原始债务人通过设立多个平台企业进行债务重组，将平台企业的股权作为置换资产抵偿原始债务的案例广泛存在，因此，此部分所讨论的债转股或抵债股权不仅限于债务人的股权，也包括第三方的股权。

为权益工具投资，并进行相应会计处理。

企业发行的金融工具所包含的合同条款可能纷繁复杂，从形式上看，可能是"股"，亦可能是"债"，很多情况下又是"股"和"债"的结合，对债务重组过程中，发行金融工具的融资企业和收取金融工具的商业银行来说，很重要的一个问题是，应如何对其作出恰当的会计分类（见图7）。

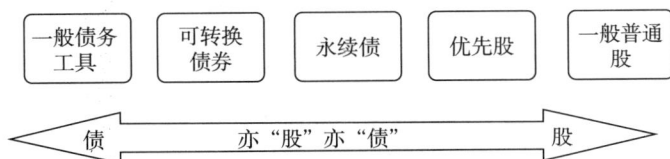

一般债务工具	可转换债券	永续债	优先股	一般普通股

$$\longleftarrow 债 \quad\quad 亦"股"亦"债" \quad\quad 股 \longrightarrow$$

图7　我国主要融资工具类型

为了进一步规范亦"股"亦"债"的金融工具的会计处理，财政部于2013年3月17日发布《关于印发〈金融负债与权益工具的区分及相关会计处理规定〉的通知》（财会〔2014〕13号，以下简称《区分规定》），旨在进一步规范优先股、永续债等资本补充工具的会计处理和披露。《区分规定》结合我国实际情况，以原《企业会计准则第22号——金融工具确认和计量》和《企业会计准则第37号——金融工具列报》及相关法律法规为基础，对金融负债与权益工具的区分以及相关会计处理进行了补充规定。2017年5月2日，财政部印发修订后的《企业会计准则第37号——金融工具列报》，其中第二章再次明确了金融负债和权益工具的区分，要求企业按照金融工具准则的规定，根据所发行金融工具的合同条款及其所反映的经济实质而非法律形式，在初始确认时将金融工具或其组成部分分类为金融资产、金融负债或权益工具，不得简单根据工具名称（如"永续债"或"优先股"）进行会计处理。

判断金融负债还是权益工具的问题上，根据准则要求，首先应站在金融工具发行方的角度进行分析，在明确该金融工具对于发行方是债是股之后再进行投资方的判断。《区分规定》明确金融工具的投资方（持有人）考虑持有的金融工具或其组成部分是权益工具还是债务工具投资时，应当遵循金融工具确认和计量准则和《区分规定》的相关要求，通常应当与发行方对金融工具的权益或负债属性的分类保持一致。这里的"一致"，指的是投资方应与发行方对于金融工具的本质判断保持一致，但在"两类特殊金融负债"的场景下，发行方分类为"股"，但投资方应作为"债"反映，因为"两类特殊金融负债"实质上仍是金融负债，只是发行方确认为权益工具。

按照修订后的《企业会计准则第37号——金融工具列报》，金融负债与权益的区分按照以下规则执行。

（1）总体要求

金融负债，是指企业符合下列条件之一的负债：a. 向其他方交付现金或其他金融资产的合同义务（如应付账款）；b. 在潜在不利条件下，与其他方交换金融资产或金融负债的合同义务（如企业签出的挂钩某一金融资产的期权）；c. 将来须用或可用企业自身权益工具进行结算的非衍生工具合同，且企业根据该合同将交付可变数量的自身权益工具（如企业承诺未来某一时点对外交付普通股，交付数量按照当时市价确定）；d. 将来须用或可用企业自身权益工具进行结算的衍生工具合同，以固定金额的现金或其他金融资产换取固定数量的企业自身权益工具除外（如以股票净额结算的针对企业自身普通股的签出看涨期权）。

权益工具，是指能证明拥有某个企业在扣除所有负债后的资产中剩余权益的合同。同时满足以下条件的，发行方应当将发行的金融工具分类为权益工具：a. 该金融工具不包括交付现金或其他金融资产给其他方，或在潜在不利条件下与其他方交换金融资产或金融负债的合同义务；b. 将来须用或可用企业自身权益工具结算该金融工具，如为非衍生工具，不包括交付可变数量的自身权益工具进行结算的合同义务；如为衍生工具，企业只能通过以固定数量的自身权益工具交换固定金额的现金或其他金融资产结算该金融工具。

（2）区分的核心原则

一是是否能够无条件地避免交付现金或其他金融资产的合同义务。金融负债定义的核心在于是否能够"无条件地避免"交付现金或其他金融资产的义务，如果发行方不能"无条件地避免"以交付现金或其他金融资产来履行一项合同义务，则该合同义务符合金融负债的定义。除常见的企业贷款、债券、应付账款、签出金融资产期权等企业必须履行的交付义务外，某些企业发行的金融工具没有到期日，或虽有固定期限但发行方有权无期限递延，即发行方无本金支付的义务，此时往往需要通过判断是否能够"无条件地避免"交付义务来确认是否属于金融负债。

实务中，是否能够"无条件地避免"一般可以通过企业是否能够自主决定是否交付来判定。例如若企业发行的永续债中嵌入了赎回条款或规定了付息安排，但企业能够根据相应的议事机制自主决定是否赎回该永续债、是否支付利息，那么该永续债符合"无条件地避免"的定义，应分类为权益工具。而若该永续债强制要求满足一定条件时企业必须赎回或支付利息，且企业无法完全自主控制避免触发该条件，则应分类为金融负债。又如某企业发行了一定数量的股票，其可自行决定是否派发股利，如果企业进行筹资或首次公开发行（IPO），则其必须按照面值赎回股票；由于该企业可以自主决定是否发起筹资活动或寻求 IPO，因而可以通过避免筹资或 IPO

来避免赎回股票，该股票应当分类为权益工具。

在一些市场化债转股业务中，投资人为保护自身利益，在转股协议中设定了投资者保护条款，如一旦发行人出现其他债务违约、发生超过净资产一定比例的重大损失、财务指标承诺未达标、财务状况发生重大变化、控制权变更或信用评级被降级等情形，企业需要支付现金或回购股权补偿投资人。在此类合同下，由于发行人不能完全自主控制其能否按时偿债、是否会发生重大损失等情况，进而无法"无条件地避免"以交付现金或其他金融资产来履行合同义务，因此包含此类条款的股权应当分类为金融负债。又如某些转股协议规定发行方有可供分配利润时必须履行一定比例的股利支付义务，虽然股利的支付取决于发行方是否有可供分配利润，使得支付股利成为或有义务，但发行方并不能"无条件地避免"支付股利，因而此类股权也应当分类为金融负债。

此外，有些金融工具虽然没有明确地包含交付现金或其他金融资产义务的条款和条件，但有可能通过其他条款或条件间接地形成合同义务。例如，某企业发行的永续债没有强制赎回安排，企业也可以自主决定是否付息，但合同中嵌入了"利率跳升"机制，若企业5年后不赎回该永续债，利率将由5%跳升至20%，且企业必须按年支付利息。这一合同安排下，企业几乎一定会赎回该永续债，从而形成合同义务，因此应分类为金融负债。对应地，若一项合同虽然规定了或有现金或金融资产支付义务，但该义务只有在发生了极端罕见、显著异常或几乎不可能发生的事件时才会真正发生，那么该金融工具应确认为权益工具。

二是是否通过交付固定数量的自身权益工具结算。 根据准则要求，权益工具是能证明拥有企业在扣除所有负债后的剩余权益的合同。因此，对于将来须交付企业自身权益工具的金融工具，如果未来结算时交付的权益工具数量是可变的，或者收到对价的金额是可变的，则该金融工具的结算将对其他权益工具所代表的剩余权益带来不确定性，进而不符合权益工具的定义。具体地，应当区分将来须用或可用企业自身权益工具结算的金融工具是衍生工具还是非衍生工具。对于非衍生工具，如果发行方未来有义务交付可变数量的自身权益工具进行结算，则该非衍生工具是金融负债，否则是权益工具。对于衍生工具，如果发行方只能通过以固定数量的自身权益工具交换固定金额的现金或其他金融资产进行结算（即"固定换固定"），则该衍生工具是权益工具，否则是金融负债。

实务中，对于非衍生工具，一项须用或可用自身权益工具结算的金融工具是权益工具还是金融负债，往往与该工具的交易目的有关。如果该自身权益工具是作为现金或其他金融资产的替代品，则企业交付的自身权益工具数量是根据交付时的公允价值计算的，从而是可变的，而若该自身权益工具是为了使持有方享有企业的剩余权益，那么需要交付的自身权益工具数量通常在一开始就已经商定，不会在交付时发生改变。如某企业与债权方签订的合同约定，该企业以 1 亿元等值的自身权益工具偿还所欠债务，在此情况下，企业自身权益工具是现金的替代品，其交付的自身权益数量随市场价值变化而变动，因此该金融工具应分类为金融负债。对于衍生工具，由于严格遵循"固定换固定"的判断条件，在相同的交易条款下，不同的结算方式也可能导致分类发生变化。如企业发行的以自身普通股为标的的看涨期权，只有在以普通股全额结算的情况下才符合"固定换固定"的原则，应分类为权益工具。在现金净额结算的情况下，企业不能完全避免其支付现金的义务，应分类为金融负债。在普通股净额结算的情况下，普通股成为了现金净额支付的替代品，其交付数量随交割金额和交割时点股价的变化而变动，因而也应分类为金融负债。

（3）两类特殊金融负债（可回售工具或仅在清算时才有义务按比例交付净资产的工具）

在划分为金融负债的金融工具中，有两类特殊金融工具，虽然符合金融负债的定义，但是应当分类为权益工具。**第一类是可回售工具。**准则规定符合金融负债定义但同时具有以下特征的可回售金融工具应当分类为权益工具。①赋予持有方在企业清算时按比例份额获得该企业净资产的权利。②该工具所属的类别次于其他所有工具类别。在归属于该类别前无须转换为另一种工具，且在清算时对企业资产没有优先于其他工具的要求权。③该类别的所有工具具有相同的特征（例如都必须具有可回售特征，并且用于计算回购或赎回价格的公式或其他方法都相同）。④除了发行方应当以现金或其他金融资产回购或赎回该工具的合同义务外，该工具不满足金融负债定义中的任何其他特征。⑤该工具在存续期内的预计现金流量总额，应当实质上基于该工具存续期内企业的损益、已确认净资产的变动、已确认和未确认净资产的公允价值变动。**第二类是发行方仅在清算时才有义务按比例交付净资产的工具。**某些金融工具的发行合同约定，发行方仅在清算时才有义务向另一方按比例交付其净资产，这种清算确定将会发生且不受发行方的控制，或者发生与否取决于该工具的持有方。这类金融工具符合金融负债定义，但如同时具有下列特征，应当分类为权益工具。①赋予持有方在企业清算时按比例份额获得该企业净资产的权利。②该工具所属的类别次于其他所有工具类别，且发行方对该类别中所有工具都应当在清算时承担按比例交付其净资产的同等合同义务。

从准则要求可以看出，特殊金融负债的认定相对较为严格，如为可回售工具，则该工具中不能包括其他任何符合金融负债定义的合同义务，且在企业清算时没有任何优先要求权。例如若企业发行的可回售工具中规定企业每年必须向持有方按照净利润的一定比例进行分配，或者约定企业清算时享有除企业净资产份额之外的固定股利，则该工具不能作为特殊金融负债处理。而仅在清算时才有义务按比例交付净资产的工具则明确排除了任何其他持有期间的交付义务，一般在实务中主要适用于封闭式基金、理财产品的份额或信托计划等寿命固定的结构化主体份额。

需要说明的是，上述符合金融负债定义但被分类为权益工具的特殊金融负债，对发行方来说不符合权益工具的定义，因此对于投资方来说不属于权益工具投资，也不符合指定为以公允价值计量且其变动计入其他综合收益的金融资产的条件，投资方不能将其指定为公允价值计量且其变动计入其他综合收益的金融资产。例如某些符合特殊金融负债要求的开放式基金，基金持有人可将基金份额出售给基金，该基金发行的基金份额并不符合权益工具的定义，只是按照金融工具列报准则符合列报为权益工具条件的可回售工具，这种情况下，投资人持有的该基金份额不属于权益工具，也不能指定为以公允价值计量且其变动计入其他综合收益的金融资产。

二、商业银行债转股业务会计处理面临的难点

商业银行作为市场化债转股业务的重要参与方，在我国控杠杆、创新资本工具以防范系统性金融风险的市场环境下，对于市场化债转股业务的发展起着至关重要的作用。实务中，由于债转股和债务重组经常会涉及多种混合安排，包括债务清偿或合同条款调整、以金融资产或非金融资产抵偿债务、债务转化为股权等，其中涉及的会计处理环节较多，长期以来也存在着多种观点，因此这部分内容一直是会计实务研讨中的热点和难点。

难点一：新债务重组准则对于债务重组范围的认定与传统内部管理存在差异。新债务重组准则对待"好账"和"坏账"一视同仁，包括但不限于传统意义上的"债务重组"。会计意义上的"债务重组"通常只关注债权人和债务人是否就债务条款重新达成了协议，而监管或业务管理意义上的"债务重组"则更注重债务人是否发生财务困难以及债权人是否作出让步。会计意义上的"债务重组"也不一定影响贷款五级分类、减值阶段划分、坏账准备以及资本充足率。上述情况导致商业银行会计上的"债务重组"与业务管理视角下的"债务重组"发生分离，会计处理与内部管理存在差异。

难点二：债务重组取得的金融资产以公允价值入账，非金融资产以放弃债权的公允价值作为成本入账，实务中如何评估放弃债权的公允价值存在困难。与原准则规定的抵债资产以公允价值入账不同，新准则从抵债资产的角度出发，将受让抵债资

产视作"取得资产",而对于非金融资产,其成本应基于放弃对价(债权)的公允价值,而非其自身的公允价值。该会计处理方法与固定资产等会计准则保持一致。实务中,对于按照摊余成本法计量的债权,债权人是否可以将其计提损失准备后的账面价值直接作为公允价值,大多数商业银行都存在疑虑。按照准则要求,尽管摊余成本法也要求按照最佳估计计提损失准备,但准备更多地体现了企业管理层的立场和判断,即使显得合理且有依据,也不一定代表整个市场的看法,还可能导致参加同一债务重组的不同债权人之间出现不一致的会计处理。因此,理论上不能将放弃债权计提损失准备后的账面价值直接作为公允价值。信贷债权,尤其是重组债权很难满足市场参与者有序交易的条件,公允价值确定存在难点。通常认为,当重组各方在自愿的前提下进行公平协商时,重组债权与抵债资产的公允价值可能相若。考虑到重组债权的受偿将全部来自抵债资产处置现金流,可采用对受让抵债资产处置现金流进行评估,并结合预计处置周期,进而确定债权公允价值的方法。

难点三:**置换资产是债还是股的判断**。市场化债务重组过程中,金融企业往往收取金融工具性质的置换资产,从而涉及是"债"还是"股"的判断。这个问题直接影响合规、资本计量、考核等方面,不同参与方有不同的诉求。实务当中,存在将意图、目的代替严谨的逐个会计准则分析过程的情况。比如市场化债转股可能涉及采取 SPV 结构进行债务重组,参考一些永续债优先股的条款,包括延期付息选择权、对赌条款、发行人延期或赎回选择权等,代表各方诉求的条款和结构越来越复杂。会计上对权益工具与债务工具的划分,与法律上并不完全一致,存在"明股实债"或"明债实股"的情况,应结合协议条款,由会计人员与业务人员共同做出分类判断。根据前文所述,权益工具的主要特点是能证明拥有某个企业在扣除所有负债后的资产中的剩余权益的合同,债务工具的主要特点是发行方有向其他方交付现金或其他金融资产的合同义务。银行通过债转股方式取得的股权,如不涉及任何附加条款,一般情况下可能分类为权益工具;如果存在附加条款等复杂情况,如约定债务人在未来某个时点以某一金额回购股权,或债权人持有的股权享有强制分红权等,应关注是否会导致该项投资在会计上分类为债务工具。

三、债务重组案例及实务操作建议

(一)案例分析

1. A 大型企业系债务重组和会计处理难点

A 大型企业系是一个以集团公司为控股平台,以多个子公司为实体经营平台的大型钢铁企业集团，曾作为当地钢铁行业龙头，在国内钢铁行业位居前列，为区域经济发展发挥了重大作用。该企业系通过全资、控股、参股等方式，共涉及约208家经营实体，2018年当地法院裁定受理该企业集团内48家企业破产重整，2019年裁定批准了该企业系的整体重整计划。

A大型钢铁企业系的资产划分为涉钢资产和非钢资产两大板块。涉钢资产主要包括集团公司与钢铁生产相关的土地、厂房、设备等；非钢资产主要包括集团公司所持有的长期股权投资、应收账款及投资性房产等资产。钢铁资产注入重整后成立的新子公司，通过引入战略投资人，逐步恢复企业生产经营能力，实现企业持续盈利；非钢资产划转至承债平台公司集中运营，通过处置经营投资性房产、追索应收账款等方式取得收益。

重组方案中，该钢铁企业系将一分为二，分别重组为"钢铁资产平台"（以下简称钢铁平台）与"非钢资产平台"（以下简称非钢平台），债权清偿方案为：每一家普通债权中50万元以下（含50万元）的部分由钢铁平台在重整计划获得法院裁定批准之日起6个月内以现金方式一次性全额清偿；每一家普通债权中50万元以上部分将按照一定的比例分别在钢铁资产平台通过设立合伙企业进行债转股时予以清偿、在非钢平台通过受让信托收益权份额受偿。战略投资者现金出资200亿元，其中160亿元用于现金清偿职工薪酬等债务，40亿元用于新子公司未来的运营。钢铁平台承接银行普通债权，通过留债和转股的形式实现。非钢平台承接银行债权通过信托收益权份额的方式实现，具体将承债土地和集团非钢资产作为基础资产成立财产权信托，普通债权人以其所持有的债权按1∶1的比例获得信托收益份额，信托期限为10年，无其他影响债务工具和权益工具区分的特别条款。

根据重整计划框架，商业银行债权受偿的方式包括现金受偿、留债、转股和信托受益权，其中现金受偿和留债的会计处理比较清晰，但是对于取得转股股权（钢铁平台）和信托受益权（非钢平台）的会计处理，实务中还存在较大争议。

该案例中最大的争议点是对于非钢平台的信托受益权是"债"还是"股"的判断。信托受益权是指信托受益人在具体信托关系中就信托财产收益或利益享有的权利，在本案例中，非钢平台的信托计划明确约定该信托期限为10年，该信托仅在到期时以清算信托净资产的方式来履行信托合同义务，信托期限可以根据受益人大会的决议提前终止或延长。单就固定期限这个特征来看，该信托受益权符合"某些金融工具的发行合同约定，发行方仅在清算时才有义务向另一方按比例交付其净资产"，这种清算确定将会发生（10年）并且不受发行方的控制，或者发生与否取决于该工具的持有方（受益人大会），因此发行方不能无条件避免清算净资产，符合金融负债定义。但是对于该类特殊金融工具，准则同时规定具有某些特征时应当分类为权益工具。本案例中，非钢平台的信托计划信托受益权赋予了持有人仅在信托计划清算时按比例份额获得净资产的权利，且信托受益权在信托计划的资产负债表中类别次于其他工具类别（按照股东权益处理），信托计划在该类别中不存在其他工具，因此信托份额对于发行方来说属于符合金融负债定义但被分类为权益工具的特殊金融工具，但是对于投资方来说，应根据该工具的金融负债实质进行核算和分类，即按照债权投资处理。

第二个关键问题是关于收取的股权的会计估值。债权人置换的钢铁平台股权需要以公允价值进行初始确认，涉及非上市股权的估值问题。非上市股权的估值是实务中的一大难点，本案例涉及的重组企业聘请了外部证券公司对钢铁平台公司进行资产评估，但是最终评估结果的可靠性受到多方质疑，主要原因是外部评估公司的资产评估以企业的未来经营情况作为假设基础，但是作为重工业企业，该企业的未来盈利情况受市场整体盈利水平影响较大，在前期铁矿石价格大幅上涨、炼钢行业利润减少，对钢铁市场的预期较不理想的情况下，未来是否能够成功扭亏为盈存在很大不确定性。因此，实务中普遍采取了另外一种公允价值的确定方式，即参考战略投资者投入的资金所获得的股权份额数量来确认其他股权份额的价值。

2. B 大型重工业企业的债务重组和会计处理难点

B 企业为当地一家重要的钢铁企业，因不能清偿到期债务，且具有明显丧失清偿能力的可能，于 2016 年被债权人申请破产重整。由于 B 企业与当地另外两家钢铁企业之间在人员、管理、业务、财产及资金使用等方面存在一体化现象以及高额关联债务和互相担保，地方法院决定将三家公司作为一个整体进行重整。三家公司之间的债权债务自动冲抵，三家公司因互相担保形成的债权以及为第三方共同担保形成的债权不重复计算。法院于 2016 年 10 月依法裁定 B 企业等三家公司整体重整，并指定管理人。为争取重组成功，管理人向多家潜在投资人发出邀请，配合其开展尽职调查，并邀请主要债权行参加与潜在投资人的竞争性谈判和综合评比。2017 年 6 月最终确定投资人，2017 年 7 月确定重组方案。重组完成后，投资人通过现金出资 55 亿元，持有重组后 B 企业股权的 53%，转股债权人及原股东累计出资 48.77 亿元，持有重组后 B 企业股权的 47%。

根据债权性质及类型不同，重组方案综合运用留债、清偿、债转股方式解决债务偿还问题。金融类普通债权人超过 50 万元的部分，按照统一比例转换为重组后 B 企业股权。由于监管部门规定银行不能直接持股，各债权行通过搭建有限合伙企业的方式对企业实施债转股，转股后通过合伙企业间接持有 B 企业股权。2017 年 12 月由一家投资公司作为普通合伙人、各债权行作为有限合伙人，共同成立 C 合伙企业（有限合伙），作为持股平台，其中，有限合伙人以其持有的 B 企业债权对合伙企业出资。

商业银行面临对 C 合伙企业份额进行会计确认的问题。首先，在本案例中，最大的两家债权行对 C 合伙企业的认缴出资比例分别为 21.7% 和 13.6%，其他债权行认缴出资比例均低于 10%。出资比例达到 21.7% 的债权行，由于存在重大影响，因此根据长期股权投资准则将 C 合伙企业确认为其联营企业，其他商业银行由于出资比例较低，经过分析不存在控制、共同控制或重大影响，所以应按照金融工具准则进行金融负债和权益工具的判断。那么 C 合伙企业的份额究竟是"债"还是"股"的判断，要站在发行人角度进行分析。发行人 C 合伙企业的有限合伙协议约定，C 合伙企业仅根据重整计划对 B 企业进行债转股，利用多种退出方式实现股权变现。C 合伙企业收到的 B 企业收入（包括但不限于处置 B 企业股权的所得、从 B 企业直接或间接获得的分红、利息等）扣除为取得该收入而发生的税费等金额后可供分配的部分，应在收到相关款项后，尽早且不晚于 90 个工作日内向合伙人分配，分配顺序为：首先支付合伙企业的各项费用；如有剩余，按照认缴出资比例向全体合伙人进行分配。以上收益分配条款明确 C 合伙企业取得任何收入，均无条件向全体合伙人进行分配，符合"不能无条件地避免以交付现金或其他金融资产来履行一项合同义务"的条件，进而符合金融负债的定义。按照准则规定，C 合伙企业作为发行方应确认一项金融负债，相应地，商业银行作为投资方应确认一项债权投资。其次，按照 C 合伙企业的有限合伙协议，C 合伙企业份额是按比例收到 C 合伙企业收入扣除取得费用后而可供分配的部分，而不是按照持有人认缴出资的本金和本金产生的货币的时间价值或者代表信用风险的利息，不满足"仅支付本金和以未偿付本金金额为基础的利息的支付"，即无法通过合同现金流量测试，因此该债权应分类为以公允价值计量且其变动计入当期损益的金融资产。

3. D 钢铁企业市场化债转股会计处理方案

D 钢铁企业前身为某西部地区区域性大型钢铁企业，2007 年 M 大型钢铁集团对 D 钢铁企业增资重组，D 钢铁企业成为 M 钢铁集团子公司。近年来，D 钢铁企业经营状况不佳，M 钢铁集团为确保 D 企业不欠息、现金资金不断流，共计向 D 企业借出资金 99.76 亿元，同时 D 企业向多家债权银行借款共计 84.30 亿元，面临较高的财务压力。

为化解 D 企业债务风险、降低资金杠杆率、增强企业持续经营能力，2019 年 M 集团、债权银行、债转股实施机构、D 企业按照市场化、法制化原则签订了债权转让及增资扩股协议。债权银行将 84.30 亿元债权转让给各家债转股实施机构，M 集团、债转股实施机构、地区城投集团分别以 99.76 亿元债权、84.30 亿元债权、土地使用权作价出资认缴 D 企业新增注册资本 99.76 亿元、62.38 亿元（1∶0.74）、17.62 亿元。

为保护债转股实施机构的利益，该债转股协议签订了补充条款，主要包括以下内容：

（1）业绩承诺，D 企业在 2024—2028 年度（承诺期间）每年公司经审计的单体报表净利润分别不低于 16.86 亿元。

（2）业绩补偿，若承诺期间净利润小于当期承诺净利润。则债转股实施机构有权通知 M 集团或 D 企业进行补偿，当期应补偿金额为承诺净利润与实际净利润（实际利润为负则取 0）的差额，债转股实施机构可对补偿金额进行部分豁免。M 集团或 D 企业以现金支付补偿金额后，债转股实施机构应将股权出资额让渡给补偿方（按 0.74∶1 的比例折算）。

（3）业绩奖励，如 D 企业在承诺期间某一年度实际净利润为正值，则 M 集团有权按照 1∶0.74 的比例购买债转股实施机构持有的部分或全部股权。

（4）若 M 集团没有行使业绩奖励权利，或行使权利但交易价款低于 D 企业当期净利润，则 M 集团或 D 企业应按 1∶0.74 的比例额外追加购买实施机构的全部或部分债转股股权，直至总购买金额达到当期净利润。

将上述条款结合起来可以看出，自入股后第 5 年（2024 年）起连续 5 年，D 企业或其控股股东 M 集团每年至少需以债权本金 20% 的金额（16.86 亿元）按照转股比例 1∶0.74 回购债转股实施机构所持股权。D 企业并不能保证其承诺期间每年度净利润不低于 16.86 亿元，因而也不能"无条件的避免"支付现金回购股权的合同义务，因此该债转股应分类为金融负债。

（二）操作建议

前文梳理了债务重组业务所涉及的相关会计准则和会计处理难点，并对三个典型案例进行分析。基于上述分析，本文总结出一套针对债务重组过程中债转股或抵债股权会计处理的决策树模型，明确了债转股业务过程中各环节需要重点考虑的因素和需要遵照执行的会计准则，以提升会计处理的规范性和一致性（见图 8）。

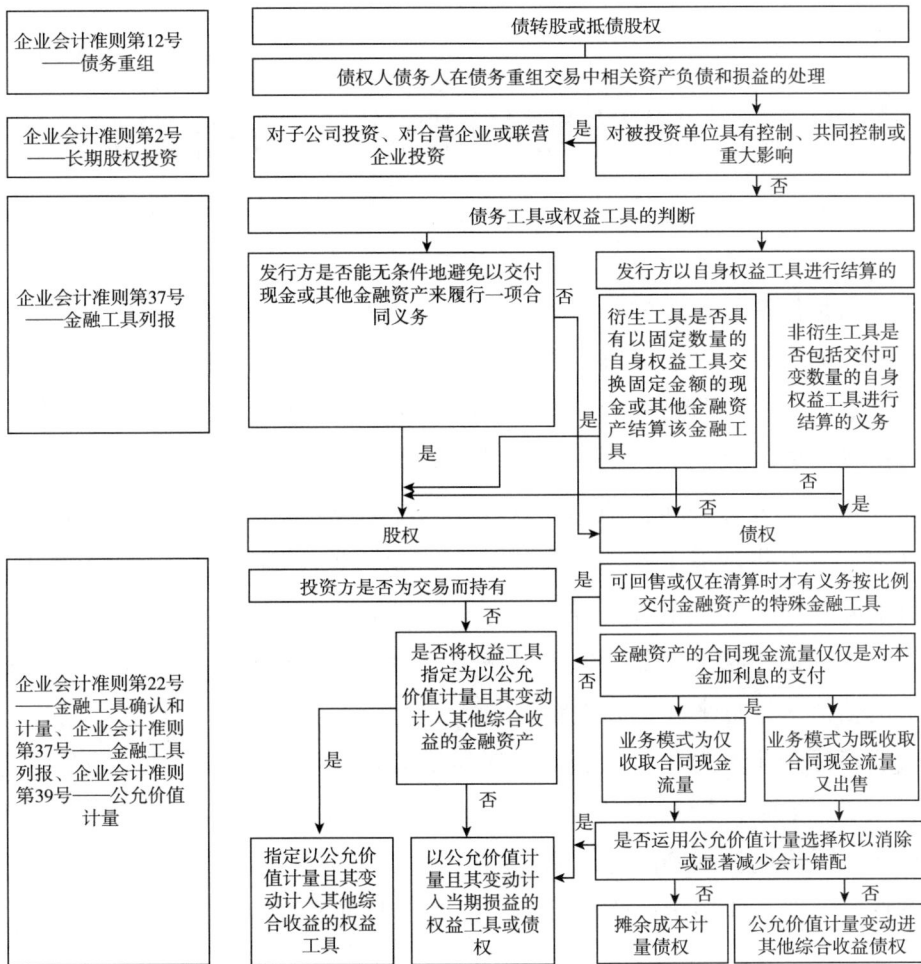

图8　债转股业务准则运用决策树

第四章　债转股相关非上市股权估值

股权估值是债转股业务中十分重要的一个问题，主要体现在两个环节：一是在债权转为股权的过程中（假设银行取得的要求权可以在会计上确认为股权投资），需要确认债与股的对价，即银行的债权可以转换为多少股权；二是在银行取得股权后，按照会计准则需要将股权确认为以公允价值计量变动进损益或权益的资产，每个会计期末需要对股权进行公允价值估值。在第一个环节中，转股比例可能是基于市场化原则确定，也可能是基于政策性安排确定，无论采用哪种方式，都需要银行对股权价值有清晰的判断。在第二个环节中，股权的合理估值则关系到银行财务报告是否能如实反映其资产状况及是否具有相关性。因此，债转股目标企业的企业价值或股权价值的估值对银行来说十分重要。

债转股目标企业多为非上市企业，银行需要使用估值技术对股权进行估值（银行取得股权后，如果目标企业已经上市，在期末以市价估值入账即可，如果银行持有的股权还在限售期，则还需考虑流动性折价）。本部分主要内容为非上市股权理论估值模型探讨、实务应用中面临的困难、估值模型应用的建议及估值案例分析。

一、非上市股权估值的主要监管指引文件

非上市股权估值具有很强的灵活性和主观性，同时依赖于目标企业的行业特征、企业特征和目标企业数据材料的可获得性等，因此，监管部门对非上市股权的估值一般只出台指引性的文件，以介绍估值方法和使用原则为主，同时配以案例分析供使用者参考。国内目前对非上市股权估值的监管性文件主要来自两个方面，一是全国人大、财政部有关资产评估的系列法律、法规和行业自律文件，二是证监会及所属协会有关非上市企业或停牌上市公司估值的指引文件。二者对非上市股权估值推荐的方法基本相同。除了这些指引文件外，公允价值计量的相关会计准则也适用于非上市股权投资估值。

（一）全国人大、财政部等部门文件，以资产评估行业为核心

法律层面，《中华人民共和国资产评估法》制定了资产评估机构、资产评估专业

人员、资产评估程序、资产评估行业协会、资产评估监管的基本规定。

部门规章层面，财政部颁布的《资产评估基本准则》规定了资产评估机构执业应遵循的原则、资产评估基本程序、资产评估报告内容要素、评估档案相关要求等。

执行层面，中国资产评估协会从执业角度对资产评估的各个方面做了细化的技术性规定，主要有《资产评估执业准则——资产评估方法》《资产评估执业准则——企业价值》《企业并购投资价值评估指导意见》等关于评估方法的总括性文件，《资产评估执业准则——无形资产》《资产评估执业准则——不动产》《资产评估执业准则——机器设备》《知识产权资产评估指南》等针对某一特定类型资产的评估方法文件，还有《资产评估执业准则——资产评估程序》《资产评估执业准则——资产评估报告》《资产评估执业准则——利用专家工作及相关报告》等评估程序相关文件。

(二) 证监会所属协会文件，规范非上市股权估值

中国证券业协会于 2018 年 9 月发布《非上市公司股权估值指引》，规范非上市公司股权投资估值方法，文件对估值原则、估值技术选择依据、主要估值方法做出介绍，同时提供案例供业内参考。同年，中国证券投资基金业协会发布了《私募投资基金非上市股权投资估值指引（试行）》，内容与证券业协会文件类似。此外，基金业协会还分别在 2017 年和 2013 年对上市流通受限或停牌股票的估值发布了指引，分别是《证券投资基金投资流通受限股票估值指引（试行）》和《关于发布中基协基金行业股票估值指数的通知》。

二、主要的非上市股权估值方法

非上市股权估值方法主要有市场法、收益法、成本法。其中市场法是将目标公司与参考企业、在市场上已有交易案例的企业进行比较或者利用自身交易信息以得出股权价值的估值技术，主要包括最近融资价格法、市场乘数法（可比公司法）[①] 和行业指标法。收益法是将企业未来预期收益转换成现值的估值技术，包括自由现金流折现法和股利折现法，因为现金流口径和参数假设的不同，两者还可以进一步细分。成本法直接基于企业的资产负债表进行，一般被称为资产基础法、成本加和法。

(一) 市场法——最近融资价格法

最近融资价格法是指以目标企业最近一次融资价格为基础评估其公允价值的方

---

① 因为市场乘数法一般使用对比目标公司和上市公司或交易案例的某一比率而进行估值，所以也被称为可比上市公司或可比交易案例法。

法，一般适用于初创企业。初创企业一般还没有稳定的收入或利润，但融资活动比较频繁，其最近融资价格获取方便且能在一定程度上代表其公允价值，因此在对初创企业进行估值时使用较多。

在运用最近融资价格法时，首先需要判断最近融资价格是否公允，例如最近融资的权益工具的权利义务与原有投资是否相同、被投资企业或者关联方是否有对最新融资的投资回报进行担保、新投资是否对原股东的股权带来非等比例的摊薄、最近融资价格中是否包含了新投资人可以实现的特定协同效应、新投资人在投资现金外是否投入其他无形或有形资产等。当存在上述情况时，一般需要对融资价格进行调整后方可作为目标企业的公允价值使用。如果最近的融资是在非有序的情况下发生的或者融资金额过低，一般不认为最近的融资价格是公允的。

其次，还需要考虑时间因素。通常融资完成的时间越久，价格的参考意义就越弱，因此需要分析市场情况和企业自身情况在融资后发生的变化，来判断融资价格是否还能作为企业当前公允价值的最佳估计。如果最近融资后，宏观经济、市场竞争格局、产业政策以及企业主营业务、经营战略、经营业绩、关键技术突破、核心技术人员构成等对企业有重大影响因素中的一项或多项发生了变化，或者企业内部发生了欺诈、争议或诉讼事件，一般来说最近融资价格就不再能代表目前企业的公允价值。此时需要结合变化的情况来调整最近融资价格以得出当前企业的公允价值，或者使用其他估值方法计算企业公允价值。

(二) 市场法——市场乘数法

1. 市场乘数法的使用情景和步骤

市场乘数法是指利用可比上市公司或可比交易案例中的价值乘数（也称作价值比率）计算目标企业股权价值的方法。当被评估企业相对成熟，可持续产生收入和利润，且存在多家上市公司与被评估企业在业务性质与构成、规模、所处经营阶段、盈利水平等方面相似，或同行业近期存在类似交易案例，则适合使用市场乘数法。一般步骤为：①分析被评估公司；②选取可比公司或交易案例，与被评估公司进行业务或财务比较；③选择合适的价值乘数，估计目标公司价值乘数；④计算企业价值或股权价值；⑤考虑非经营资产、或有事项、溢余资产价值，得到最终企业价值或股权价值；⑥考虑折价、溢价和不同股权的权利义务后计算所持股份价值。

2. 可比上市公司的选择

可比公司重在与被评估公司可比，可比公司需要与被评估公司处于同一个行业或相近行业，或者受相同的经济因素的影响，同时还需考虑可比公司在业务结构、规模、盈利水平、商业模式、资产配置和使用情况、所处生命周期、成长性、经营风险、财务风险、行业壁垒等方面的可比性。在行业分类上，可以参考证监会行业分类、申万行业分类或中信证券行业分类。在规模上，可以考虑资产总额、销售收入、员工人数或产能指标等。在业务结构或盈利方面，可以比较各种业务指标、财务指标等。选择的可比公司一般以 3~5 家为合适，需剔除价值比率明显异常的公司。

3. 价值乘数的选择

价值乘数是指股票价值或企业价值与企业规模、企业盈利能力、企业发展潜力等相关财务或业务指标的比例。价值乘数的分子一般取每股价值（P）或企业价值（EV）；当分子为每股价值时，价值乘数可以选择 PE（市盈率）、PEG（市盈率盈利增速倍数）、P/FCFE（市值除以权益自由现金流）、PB（市净率）、托宾 Q 倍数（市值除以净资产重置成本）、P/S（市值销售收入倍数），通常市盈率、市净率使用比较多；当分子为企业价值时，价值乘数可以选取价值倍数，如 EV/EBITDA（企业价值除以息税折旧摊销前利润）、EV/EBIT（企业价值除以息税前利润）、EV/S（企业价值以销售收入）、EV/FCFF（企业价值除以企业自由现金流）、EV/重置成本等，通常前三个指标使用比较多。

选用每股价值（P）作为价值乘数分子时，股权投资公允价值按下式计算：

股权投资公允价值 = 价值乘数×标的公司财务或业务指标×持股数量×（1–流动性折扣率）

选用企业价值（EV）作为价值乘数分子时，股权投资公允价值按下式计算：

股权投资公允价值=（价值乘数×标的公司财务或业务指标–负债价值）×持股比例×（1–流动性折扣率）

价值乘数的选择需要考虑行业特征、企业生命周期和企业自身特征，主要的价值乘数适用原则如表 3 所示。

表 3　主要的价值乘数适用原则

指标	适用	不适用
P/E	周期性较弱的行业、盈利相对稳定的企业	周期性较强或业绩不稳定的企业、每股收益为负的企业、房地产等项目性较强的企业
PEG	IT、生物制药等成长性高的企业	成熟行业、周期性行业或亏损、盈利正在衰退的企业
P/B	周期性较强的行业、银行保险等流动资产占比高的企业、业绩差及重组型企业	固定资产较少的企业、账面价值重置成本变动较快的企业、商誉或智慧财产权较多的企业

续表

指标	适用	不适用
EV/EBITDA	资本密集企业、准垄断或有巨额商誉的收购型企业、净利润亏损但营业利润和毛利并不亏损的企业	固定资产更新变化快的企业、营业利润和毛利亏损的企业

基于上述原则，在实务中对一些行业的价值乘数的选择形成了较为常见的做法。

表 4　主要行业通常选用的价值乘数

行业		通常选用的价值乘数
金融业	银行	PB、PE
	保险	财险：PB；寿险：P/EV
	证券	经纪：PE、营业部数量、交易活跃账户数量； 自营：PB
	基金	P/管理资产规模
采掘业		EV/Reserve、EV/Resource、EV/Annual Capability
房地产		P/净资产价值、P/权益自由现金流
制造业	钢铁	PB、EV/钢产量
	消费品制造	PE
	机械制造	PE
	生物制药	PEG
基础设施		EV/EBITDA、PB
贸易行业		批发：PE；零售：EV/S
信息技术		早期阶段：EV/S、PB；初步盈利阶段：PE、PEG； 中后期发展阶段：PE

4. 使用市场乘数法的注意事项

价值乘数分子分母内涵匹配性。当分子是权益时，分母的指标也应该与其对应。如 P/FCEE 的分子是股权价值，分母是权益自由现金流；如市盈率中的盈利应为归属于母公司净利润、市净率中的净资产为归属母公司的所有者权益等。

数据口径一致性。一是可比企业的价值乘数应基于同一时点或同一时间计算。二是可比企业之间可能存在会计核算方式（如存货的先进先出、后进先出等）、计量方式（公允价值、历史成本计量等）、折旧方式、税率、非经常性损益或非经营性净资产等方面的差异，计算价值乘数时应剔除这些因素影响。

标的企业价值乘数估计的合理性。可比公司一般需选择多家，此时需根据可比公司价值乘数的分布情况、标的公司在行业中所处的大致位置，采用算数平均、调和平均、分位数等对目标公司价值乘数进行估计。

（三）市场法——行业指标法

行业指标法是指某些行业中存在特定的与公允价值直接相关的行业指标，此指标可作为被投资企业公允价值的参考依据，如互联网公司的月度活跃用户数、电商公司的平台成交总额、采矿业的可开采储量等，可用于估计企业的公允价值。行业指标法适用于行业发展比较成熟及行业内各企业差别较小的情况，一般被用于检验其他估值方法得出的估值结论是否相对合理，而不作为主要的估值方法单独运用。

（四）收益法——企业自由现金流折现法

1. 企业自由现金流折现法定义

企业自由现金流折现法是对企业未来的现金流量及其风险进行预期，选择合理的折现率，把企业未来特定期间内的预期现金流量折合成现值的估值方法。企业自由现金流指的是企业产生的、在满足了再投资需求之后剩余的、可供企业股东和债权人分配的现金额。使用企业自由现金流折现法，股权投资公允价值可通过如下公式计算：

股权投资价值＝（企业价值–债务价值）×持股比例×（1–流动性折扣率）

企业价值的计算公式为：

$$企业价值 = \sum_{t=1}^{T} \frac{FCFF_t}{(1 + WACC)^t} + \frac{P_T}{(1 + WACC)^T}$$

$$P_T = \frac{FCFF_{T+1}}{WACC - g} = \frac{FCFF_T \times (1 + g)}{WACC - g}$$

其中：$FCFF_t$ 为第 t 期企业自由现金流，企业自由现金流＝净利润+利息支出×（1–有效税率）+折旧摊销–资本性支出–营运资本变动。

WACC 为加权平均资本成本，下文会进行详述。

T 为预测期第一阶段，一般可取 5 年。但原则上第一阶段的截止时点应足够靠后，至少不应在公司达到均衡之前。对于存在重大在建项目的公司，第一阶段预测期应截止在项目投产并经营稳定之后。对于存在多业务且不在同一时间达到均衡状态的公司，可以延长预测期，也可分不同业务预测。对于周期性行业，预测期可延长，使其超过目前所处的商业周期。

P_T 为在预测期第一阶段后，公司自由现金流稳定增长所对应的终值。终值占公司总价值的比重越大，对其预测就越应认真和慎重。

g 为预测期第二阶段永续增长率（现金流长期稳定增长率），可结合宏观经济、产业政策、行业发展和竞争格局以及企业自身情况确定。

预测第一阶段自由现金流时可参考公司历史财务数据以及各项经营指标；公司持续经营能力、公司发展趋势、未来年度经营计划、可能发生的重大事项；行业现状与发展前景、行业收入集中度、同业竞争情况、是否有重要替代产品或替代市场出现等因素。在实务中，一般可要求被评估企业提供未来现金流量预测数据；在企业无法提供的情况下，可以结合企业历史情况和上述因素进行预测，如在企业和行业均无重大变化的情况下，可以假定企业各项支出占收入的比重不变，则在预测出收入变化后，企业的各项支出、利润和未来现金流量的预测值也就相应可以计算得出。

2. 折现率的确定

上述计算企业价值的公式中用的折现率是 WACC，即企业加权平均资本成本，其计算公式为：

$$WACC = \frac{E}{D+E} \times R_E + \frac{D}{D+E} \times R_D \times (1 - 有效税率)$$

其中，D 为标的企业债务价值；E 为标的企业股权价值。实务中，一般以企业的账面资本结构来代替 D、E，即 D 取企业的有息债务金额，E 为企业总资产扣除有息负债的金额。R_D 为债务成本，可通过各项债务的加权平均成本计算。R_E 为权益成本，可根据资产定价模型（CAPM）计算。

$$R_E = R_f + \beta_e \times (R_m - R_f)$$

其中，R_f 为无风险利率，一般可选取 5 年或 10 年国债收益率。R_m 为资本市场平均收益率，可以选择沪深 300 五年平均收益率。β_e 为企业 Beta 值，可通过以下步骤计算得出。

（1）找到企业各个上市可比公司，通过可比公司 Beta 值（β_e）按如下公式进行去杠杆计算，得到可比公司去杠杆的 Beta 值（β_u）；或判断标的企业所处行业，对该行业各上市公司 Beta 值进行去杠杆计算得到 β_u。

$$\beta_u = \beta_e \div \left(1 + \frac{D}{E} \times (1 - 有效税率)\right)$$

（2）对各可比公司或行业内各公司去杠杆 Beta 值按市值加权平均处理，得到企业去杠杆 Beta 值的估计值 β_u，进而按照上面公式推算出企业 Beta 值 β_e。

3. 适用范围

企业自由现金流折现法适合用于评估经营稳定、未来期间有持续的现金流流入，且能对现金流能合理预测的企业，如消费类、电力、商业地产等企业。当目标企业处于初创、持续亏损、战略转型、扭亏为盈、财务困境等阶段时，由于无法对现金流进行合理预测，应谨慎使用现金流折现法。因为在估计未来现金流量、预测期后终值、确定折现率时需要运用到大量的主观判断，企业价值对这些输入值的变化非常敏感，所以现金流量折现法容易受到各种因素干扰。

（五）收益法——权益自由现金流折现法

使用权益自由现金流折现法，股权投资公允价值可通过如下公式计算：

股权投资公允价值＝企业股权价值×持股比例×（1-流动性折扣率）

其中企业股权价值的计算公式为：

$$企业股权价值 = \sum_{t=1}^{T} \frac{FCFE_t}{(1+R_E)^t} + \frac{P_T}{(1+R_E)^T}$$

$$P_T = \frac{FCFE_{T+1}}{R_E - g} = \frac{FCFE_T \times (1+g)}{R_E - g}$$

其中，$FCFE_t$ 为第 t 期企业权益自由现金流，计算公式为：

企业权益自由现金流＝企业自由现金流 $FCFF$ -利息支出×（1-有效税率）＋新增债务-偿还债务

R_E 为权益成本，T 为预测期第一阶段，可参考上节内容确定。P_T 为在预测期第一阶段后，企业权益自由现金流稳定增长所对应的终值。g 为预测期第二阶段永续增长率（现金流长期稳定增长率），可参考上节内容确定。权益自由现金流折现法的适用情景与企业自由现金流折现法一致。

（六）收益法——股利折现法

股利折现法是将预期股利进行折现以确定评估对象价值的估值方法，适用于被投资企业平稳发展，股利分配政策较为稳定，且能够对股利进行合理预测的情形。

股利折现法根据股利增长的不同情景，可细分为戈登永续增长模型、二阶段股利增长模型和三阶段股利增长模型。二阶段股利增长模型、三阶段股利增长模型因实务使用较少，以下着重介绍戈登永续增长模型。

戈登永续增长模型假设股利增长率固定，即股利以一个稳定的增长率永续增长，将未来期间所有股利现金流折现到基准时点得到企业股权价值，进而计算股权投资公允价值：

股权投资公允价值＝企业股权价值×持股比例×（1-流动性折扣率）

$$企业股权价值 = \frac{D_0 \times (1+g)}{R_E - g}$$

其中，D_0 为标的公司估值基准时点年度分红，g 为股利长期稳定增长率，R_E 为权益成本，权益成本的计算参考上文。

（七）成本法

成本法一般指净资产法或成本加和法，是以企业的资产负债表为基础，在合理评估各项资产和负债的公允价值的基础上确定企业价值的方法。使用成本法时，要求企业的资产台账完整、准确。

实务中，对于主要的资产负债表项目评估做法如下：货币资金——直接使用账面价值，但存款需要发函询证；应收账款——核查原始凭证、计算账户，验证账证相符，对大额应收发函询证，了解应收信用风险情况，评估可回收金额；土地——根据土地性质、用途、市场交易情况评估其价值；固定资产——使用重置成本法评估其价值，即在现时条件下重新购置或建造一个全新状态的被评估对象的成本，减去被评估对象已经发生的实体性贬值、功能性贬值和经济性贬值得到的金额；无形资产——结合市场交易情况，使用可比交易案例确定价值，或使用现金流折现法；长期股权投资——视为其他公司的股权，使用市场法、收益法或成本法中合适的方法确定；流动负债及非流动负债——以账面价值为准，但要核实借款的完整性、真实性，了解各项借款的期限、利率等基本情况；对企业的表外资产、表外或有负债的情况也需考虑。

成本法适用于企业价值主要来源于其占有资产的情况，如重资产行业，也可以用于经营情况不佳，可能面临清算的企业。成本法的评估结果易于理解，也是国内资产评估行业普遍适用方法，在实务中运用中较为成熟。但成本法不能完整体现资产的组合效应，因此以持续经营为前提对企业进行评估时，成本法一般不应当作为唯一使用的方法。

（八）流动性折扣调整

上述评估非上市股权公允价值的方法，多数都要求考虑流动性折扣，即上市公司股票与非上市公司股权之间因流动性不同产生的价值差异。流动性折扣可通过经验研究数据确定（如第三方统计分析结果、行业经验等），也可以参考看跌期权的分析结果确定。

1. 采用历史上不同行业新股发行价与上市后的价格差异，分析获得流动性折扣。如比较发行价与上市首日、30 个交易日、60 个交易日、90 个交易日及 1 年后的价格，综合考虑计算出流动性折扣。

2. 采用看跌期权法评估流动性折扣，是指投资者可通过购买看跌期权以规避股权在流动受限期发生的价值折损，因而在评估价中可采用相应的期权费率来衡量流动性折扣。常用的看跌期权评估模型有欧式看跌期权模型（BSP 模型）、亚式看跌期权模型（AAP 模型）以及回望看跌期权模型（LBP 模型）。

（1）欧式看跌期权模型，其计算公式为：

$$流动性折扣 = e^{-rT} \times N(-d_2) - e^{-qT} \times N(-d_1)$$

$$d_1 = \frac{(r - q + \frac{\sigma^2}{2}) \cdot T}{\sigma \sqrt{T}}$$

$$d_2 = d_1 - \sigma \sqrt{T}$$

其中，T 为期权期限，非上市股权一般为估值基准日至预计退出日或预计上市日，上市股权一般为估值基准日至限售截止日。r 为无风险利率；q 为预期年化股息率；σ 为期权期限内股价的预期年化波动率，实践中上市股权可选取股价历史波动率，非上市股权可选取可比上市公司股价历史波动率或指数历史波动率代替；N 为标准正态分布的累积分布函数。

（2）亚式看跌期权模型（AAP 模型）的流动性折扣计算公式如下：

$$流动性折扣 = e^{-qT} \left[N\left(\frac{v \sqrt{T}}{2}\right) - N\left(-\frac{v \sqrt{T}}{2}\right) \right]$$

$$v \sqrt{T} = \sqrt{\sigma^2 T + \ln[2(e^{\sigma^2 T} - \sigma^2 T - 1)] - 2\ln(e^{\sigma^2 T} - 1)}$$

其中，T 为期权期限，非上市股权一般为估值基准日至预计退出日或预计上市日，上市股权一般为估值基准日至限售截止日。q 为预期年化股息率。σ 为期权期限内股价的预期年化波动率，实践中上市股权可选取股价历史波动率，非上市股权可选取可比上市公司股价历史波动率或指数历史波动率代替。N 为标准正态分布的累积分布函数。

（3）回望看跌期权模型（LBP 模型）的收益为期权期限内股权的最高价格与到期日价格之间的差价，该期权假设投资者具有最强的市场判断力，能够在股价最高点卖出股票，因此 LBP 模型计算出的期权费率较高，一般情况下是对流动性折扣的最审慎估计。LBP 模型的流动性折扣计算公式如下：

$$流动性折扣 = \left(2 + \frac{\sigma^2 T}{2}\right) \cdot N\left(\frac{\sqrt{\sigma^2 T}}{2}\right) + \sqrt{\frac{\sigma^2 T}{2\pi}} \cdot e^{-\frac{\sigma^2 T}{8}} - 1$$

其中，T 为期权期限，非上市股权一般为估值基准日至预计退出日或预计上市日，上市股权一般为估值基准日至限售截止日。σ 为期权期限内股价的预期年化波动率，实践中上市股权可选取股价历史波动率，非上市股权可选取可比上市公司股价历史波动率或指数历史波动率代替。N 为标准正态分布的累积分布函数。

三、债转股股权估值在实务中面临的困难及案例分析

在主要估值模型清晰的情况下，模型的应用效果仍存在较大不确定性。因此，本文引入案例分析，旨在为会计人员在实际估值时提供参考指引。

（一）A 港口公司（市场法）

1. 项目基本情况

A 港口公司债转股项目是国家为推进××地区港口整合，经国务院相关部门认可的银行持股项目，项目共涉及××地区 17 家银行债权本金合计 370 亿元。××地区位于环渤海区域，区位优势明显、功能优势突出，矿石、化肥、粮食、钢材、煤炭等主要货种的装卸效率均为全国沿海港口先进水平。然而多年发展过程中，××地区部分港口定位不清晰，出现重复建设和产能过剩情况，造成地区内港口企业竞争力不强的局面。2017 年 6 月，××政府与××集团有限公司签署《港口合作框架协议》，正式开启港口整合，2018 年 5 月启动实质性战略重组。由于 A 港口公司负债率较高，××集团提出通过债转股方式实施债务重组，将债权银行 370 亿元本金进行转股。同时，由××集团通过现金出资 219.3 亿元，进一步降低 A 港口公司资产负债率。

2. 估值方法及参数选择

A 港口公司主体包括控股上市公司和非上市公司两部分，分别经营不同的港区。从经营数据看，上市公司属于 A 港口公司相对优质的资产，2020 年第×季度总资产 139.07 亿元，营业收入 36.10 亿元，净利润 9.54 亿元；非上市公司部分经营情况相对较差，2020 年第×季度末总资产 700.26 亿元，营业收入 63.71 亿元，净利润仅 0.13 亿元。A 港口公司上市部分价值可直接采用估值日股价确定，非上市部分股权价值合理估计是重点。由于 A 港口公司尚处于重组初期，未来具有较大不确定性，财务数据难以准确预计，因此采用市场法对非上市部分进行估值。港口属于资本密集型行业，且具有较强的周期性，受宏观经济形势及经济活跃度影响较大，适用的市场乘数主要有 EV/EBITDA、市净率。受 A 公司目前所处阶段的影响，其非上市部分正处于由亏损转向略有盈利的过程，净利润尚不稳定，因此选取市净率进行估值更为合理。

3. 可比公司选择

港口主要服务于相应的经济腹地，经济腹地的产业结构直接决定港口的产品结构，因此港口呈现出明显的区域特征，在可比公司的选择上，适宜选取同一经济腹

地的港口作为可比公司。A 港口公司地属环渤海地区，该地区上市港口除 A 港口公司上市部分外，主要还包括青岛港、天津港、大连港、唐山港、锦州港、日照港等。从经营情况和市净率情况看，青岛港及 A 港口公司上市部分净利润占营业收入比例较高，市场相应反映出较高的市净率。大连港、天津港、日照港、唐山港盈利水平相当，但大连港市净率明显高于其表现出的盈利能力。锦州港规模及盈利能力较差，其规模显著低于 A 港口公司非上市部分。

综合环渤海地区上市公司整体情况，结合当前 A 港口公司非上市部分盈利水平较低的现状，从财务审慎性角度出发，选择天津港、唐山港、日照港三家市净率相对较低的上市公司作为可比公司（见表5）。

表5　A 公司与可比公司基本情况

项目	A 港口（非上市部分）	青岛港	天津港	大连港	唐山港	锦州港	日照港	A 港口（上市部分）
总资产（亿元）	700.26	560.98	355.39	345.32	250.96	182.34	253.79	139.07
归母净资产（亿元）	269.12	320.26	167.68	192.49	179.99	64.57	123.46	129.66
营业收入（亿元）	63.71	95.25	96.01	48.88	62.00	51.43	43.61	36.10
净利润（亿元）	0.13	34.13	9.34	8.07	14.68	1.56	6.86	9.54
当年货物吞吐量（万吨）	17634	45274	38621	25398	50734	7509	37423	17634
当年集装箱吞吐量（万标箱）	415	1605	1377	429	207	118	352	415
市净率（%）	—	1.30	0.69	1.29	0.82	0.94	0.72	1.28

4. 估值结果

上述三家可比公司市净率均值为 0.74，将该市净率作为 A 港口非上市部分的市净率估值，乘以归母净资产，得到非上市部分流动性折扣调整前的股权价值为 200.05 亿元。三家可比公司股价历史波动率平均为 35%，根据未来的发展规划，管理层预计非上市部分经过 10 年发展后很有可能上市，且这期间不会有太多分红。基于以上数据及假设，选取较为常用的亚式期权模型，可以计算得出流动性折扣约为 22.56%。由于是否能够上市具有较高不确定性，根据港口类公司新股发行价与上市后首日价格、30 日均价、60 日均价、90 日均价的关系得出港口类公司平均流动性折扣经验值为 24.17%，与期权模型计算出的流动性折扣相当，因此可认为 22.56% 是流动性折扣的合理估计，据此得出非上市部分股权价值最终估计为 154.92 亿元。估值日 A 港口上市部分股价为 2.57 元/股，A 港口公司持股数为 50.67 亿股，上市部分股权价值为 130.23 亿元。A 港口公司整体股权估值为 285.15 亿元。结合银行持股比例即可得出银行持有的股权公允价值。

（二）B 化工企业（企业自由现金流折现法）

1. 项目基本情况

B 化工企业是从事×矿石开采和××化工生产的国有大型企业，具备年产 1000 万吨×矿石、570 万吨高浓度×复合肥的生产能力。B 化工企业拥有得天独厚的资源优势，×矿石资源总量为 6.5 亿吨，已探明储量 4 亿吨，其中优质×矿占全国总储量的 78%，是国内唯一不经选矿就可直接用于生产高浓度×复合肥的企业，也是目前国内最大的×矿石地下开采企业。近年来 B 化工企业经营出现困难，负债比例高达 85%，为有效降低 B 化工企业的资产负债率、优化债务结构，全面提升盈利能力和整体竞争能力，××省政府对其开展供给侧结构性改革，通过债务重组方式促使企业轻装上阵，涉及债转股金额达 300 亿元。

2. 企业自由现金流预测

企业管理层根据过去 3 年的经营业绩，考虑债务重组影响，结合未来 5 年的经营规划进行了财务数据预测，并在此基础上得出未来 5 年的企业自由现金流。同时，企业管理层预测 5 年后企业经营达到稳定状态，企业自由现金流将以 5% 的增速实现稳定增长（见表 6）。

表 6　B 化工企业自由现金流预测　　单位：亿元

项目	历史数据			预测数据					
	估值前第 3 年	估值前第 2 年	估值前第 1 年	估值当年	预测第 1 年	预测第 2 年	预测第 3 年	预测第 4 年	预测第 5 年
一、营业收入	232.70	231.57	204.02	116.91	128.60	141.46	154.19	168.06	183.19
减：营业成本	223.24	216.69	178.35	98.43	109.31	120.24	131.06	142.85	155.71
营业税金及附加	1.31	2.14	2.68	2.53	1.88	2.07	2.26	2.46	2.68
销售费用	2.71	3.85	4.38	4.12	3.14	3.46	3.77	4.11	4.48
管理费用	2.21	1.74	2.39	-1.62	1.29	1.41	1.54	1.68	1.83
财务费用	4.42	8.73	12.51	10.51	8.10	8.91	9.71	10.58	11.53
资产减值损失	0.02	-0.08	0.15	0.58	0.64	0.71	0.77	0.84	0.92
加：投资收益	0.02	-2.08	-1.20	0.43	0.48	0.53	0.58	0.64	0.70
二、营业利润	-1.20	-3.57	2.35	2.80	4.71	5.19	5.66	6.17	6.73
加：营业外收入	0.67	0.45	3.20	0.80	0.50	0.50	0.50	0.50	0.50
减：营业外支出	0.02	0.09	2.40	0.46	0.35	0.35	0.35	0.35	0.35
三、利润总额	-0.55	-3.20	3.15	3.13	4.86	5.34	5.81	6.32	6.88

续表

项目	历史数据			预测数据					
	估值前第3年	估值前第2年	估值前第1年	估值当年	预测第1年	预测第2年	预测第3年	预测第4年	预测第5年
减：所得税费用	-0.42	-2.40	2.36	2.35	3.65	4.00	4.36	4.74	5.16
四、净利润	-0.14	-0.80	0.79	0.78	1.22	1.33	1.45	1.58	1.72
加：利息支出	3.32	6.54	9.38	7.88	6.07	6.68	7.28	7.94	8.65
加：折旧与摊销	5.91	9.84	12.91	9.80	12.86	14.15	15.42	16.81	18.32
减：资本支出	13.81	2.81	1.72	19.42	6.43	7.07	7.71	8.40	9.16
减：营运资金增加	-42.64	-58.89	-28.12	0.81	15.22	-12.86	-12.73	-13.88	-15.13
企业自由现金流	37.92	71.67	49.47	-1.78	-1.50	27.95	29.17	31.80	34.66

3. 企业加权平均资金成本测算

企业当前债务包括短期贷款和长期贷款，债务加权平均成本为 4.43%。当前市场无风险利率（10 年期国债收益率）为 3.01%，市场超额回报率（市场平均回报率减去无风险利率）为 8.67%，同行业平均去杠杆 Beta 值为 1.0775、结合企业转股后负债率计算得到企业 Beta 值为 5.3875，企业权益资本成本为 49.72%。根据转股后负债率确定债务和权益资本权重，同时考虑所得税对债务成本的抵扣影响，最终计算出企业加权平均资本成本为 12.60%（见表 7）。

表 7　B 化工企业加权平均资本成本计算

资本结构	转股前资本结构（债务/资产）		转股后资本结构（债务/资产）	
	88.94%		80.00%	
债务资本成本	短期贷款利率	短期贷款金额	长期贷款利率	长期贷款金额
	4.35%	9367053797.99	4.75%	2233074253.78
	应付债券总金额			
	0			
	债务成本结果		4.43%	
有效所得税率	25%			
权益资本成本	无风险利率	3.01%		
	企业经营年限	10 年		
	市场超额回报率	8.67%		
	所属行业	化学原料及化学制品制造业		
	同行业去杠杆化 Beta 值	1.0775		
	企业 Beta 值	5.3875		
	权益资本成本计算结果	49.72%		
加权平均资本成本	12.60%			

4. 估值结果

根据企业自由现金流预测结果和加权平均资本成本，计算得出企业整体价值为 365.65 亿元，加上企业现金及现金等价物，减去企业债务及少数股东权益，得到 B 化工企业整体股权价值为 41.54 亿元，结合银行持股比例最终得出银行持有股权资产公允价值为 5321 万元（见表 8）。

表 8　B 化工企业估值结果计算

加权平均资本成本			12.60%	
预测第一年自由现金流	−150238820.75	预测第二年自由现金流	2794633096.74	预测第三年自由现金流	2917348339.58
预测第四年自由现金流	3179716694.88	预测第五年自由现金流	3465712652.63	预测期复合增长率	
预计五年之后稳定阶段增长率			5%	
企业价值				
当期年末企业价值			36564520589.36	
持股比例			加：标的企业现金及现金等价物	
1.28%			3894730968	
减：标的企业债务			减：标的企业少数股东权益	
36252246267			52993605.08	
B 化工企业整体股权公允价值			4154011685.19	
银行持有股权资产公允价值			53212889.69	

（三）C 建筑公司（现金流折现法）

1. 项目基本情况

C 建筑公司位于珠三角区域，区位优势明显。作为集团的核心子公司，C 建筑公司承接较多基建项目，包括公路、港口、桥梁等，业务承接能力和功能优势突出，各项经营指标排名位列系统内前列。然而建筑企业在多年发展过程中，普遍存在资产负债率过高的问题。为降低企业整体的财务风险，2019 年 10 月，C 建筑公司与××债转股股东签署《增资协议》，××债转股股东向 C 建筑公司现金出资 5 亿元，资金专项用于偿还金融机构借款，以此降低 C 建筑公司资产负债率。

2. 估值方法及参数选择

从经营数据看，C 建筑公司盈利能力稳步提升，2020 年实现营业收入 386 亿元，利润总额 26.8 亿元，净利润 23 亿元，2020 年末资产负债率压降至 63.77%，偿债能力得到进一步提升。根据××债转股股东与 C 建筑公司签署的相关协议，C 建筑公司每年应按照投资本金的 5.8% 计算优先向××债转股股东分配的股利，投资期限为 5 年，5 年期满后，C 建筑公司的原股东可按照固定价格回购股权。对于××债转股股东而言，投资期限内每年可获得固定分红，C 建筑公司经营情况逐年向好，投资届满后，原股东从经济性的角度出发，将大概率选择按照固定价格回购股权，且 C 建筑公司年度净利润可足额覆盖年度分红额，因此采取现金流折现法进行估值更为合理。

3. 现金流折现率测算

增资日回购方主体评级为 AAA，根据回购利率（5.8%）及对应投资期限的 AAA 级企业债利率（4.0081%），可计算出回购方的特定风险利差为 1.7919%。按照估值时点（2020 年××月××日）距离到期日的时间，计算最新的折现期，将估值日该折现期对应的 AAA 级企业债利率（3.7664%）作为信用基础利率，加上增资日确定的该回购方特定风险利差后，可得到最新的折现率（5.5583%），作为估值日的现金流折现率。

4. 估值结果

根据上述确定的现金流折现率，以及估值日距每一笔分红时间，逐笔计算出分红及回购金额的折现值，逐笔加总后作为估值日的估值结果。

表 9　C 建筑公司估值结果计算

项目名称	C 建筑公司
初始投资本金（万元）	50000.00
项目预计期限（年）	5.00
项目预期收益率（年化）-期间收益率（%）	5.80
项目预期收益率（年化）-回购收益率（%）	5.80
每年期间预期收益（万元）	2900.00
投资时间（期间收益计算起始日）	2019-10-31
项目预期到期日	2024-10-30
预计存续天数（天）	1826
初始估值（2019-10-31）：	
折现率（%）＝信用风险利率+特定风险利差	5.80
一、信用风险利率：	
1. 对赌方主体评级	AAA
2. 对应的（5）年中债曲线收益率（%）	4.0081
二、特定风险利差（%）：	1.7919
估值日	2020-××-××
剩余本金（万元）	50000.00
后续每年期间预期收益（万元）	2900.00
项目剩余期限（年）	3.85
协议约定的预计下一次分配期间收益时间	2021-××-××
下次分配期间收益距离估值日的时间（年）	0.67

续表

项目名称	C 建筑公司
折现率（%）＝信用风险利率+特定风险利差	5.56
一、信用风险利率（取对赌方/标的企业主体评级一定期限下对应的中债曲线收益率）：	
1. 对赌方主体评级	AAA
2. 对应的（3.85）年中债曲线收益率（%）	3.7664
二、特定风险利差（%）：	1.7919
三、未来现金流预测：	
估值日估值（元）	513685287.21

（四）D 路桥公司（情景分析法）

1. 项目基本情况

D 路桥公司主要围绕路桥及公路市政施工板块开展业务，公司在手订单较为充足，整体经营情况较为稳定。债转股前一期经审计的财务报告中，总资产为 69.56 亿元，净资产为 12.41 亿元，净利润为 1.5 亿元，营业收入为 54.1 亿元，ROE 为 12.09%。D 路桥公司与上述 C 建筑公司类似，由于项目投资金额较大，回收期长，对于外部融资的需求程度较高，实施债转股前资产负债率达到了 82.16%。2019 年 7 月，D 路桥公司与××债转股股东签署《增资协议》，××债转股股东向 D 路桥公司现金出资 7 亿元，资金专项用于偿还金融机构借款，以此降低 D 路桥公司资产负债率。

2. 估值方法及参数选择

根据××债转股股东与 D 路桥公司签署的相关协议，D 路桥公司每年应按照投资本金的 6.3% 计算，优先向债转股股东分配的股利，投资期限为 5 年，5 年期满后，D 路桥公司的原股东可按照固定价格回购股权。对于××债转股股东而言，投资期限内每年可获得固定分红，投资届满后，原股东大概率选择按照固定价格回购股权，且 D 路桥公司年度净利润可足额覆盖年度分红额，因此理论上可同 C 建筑公司采取现金流折现法进行估值。

在项目落地半年后进行首次估值时，恰好处于国内新冠肺炎疫情最严重的时间，由于 2020 年第一季度疫情暴发，D 路桥公司的项目施工受到较大影响，前期投资项目回收期也随之延长，第一季度净利润仅实现 0.11 亿元。大幅下滑的经营业绩叠加不确定性较高的国内经济环境，对于债转股股东而言，能否足额获得年度稳定分红、投资期满后大股东是否仍有意愿选择回购均存在一定的不确定性。因此，采取情景分析法进行估值较为合理，即同时采用市场法（PB 法）和现金流折现法进行估值，根据二者发生的概率对两个方法的估值结果进行加权平均。

3. 现金流折现法估值

增资日回购方主体评级为 AA+，根据回购利率（6.3%）及对应投资期限的 AA+级企业债利率（4.2267%），可计算出回购方的特定风险利差为 2.0733%。按照估值时点（2020 年××月××日）距离到期日的时间，计算最新的折现期，将估值日该折现期的 AA+级企业债利率（4.0869%）作为信用基础利率，加上增资日确定的该回购方特定风险利差后，可得到最新的折现率（6.16%），作为估值日的现金流折现率，根据估值日距离每一笔分红的时间，可以逐笔计算出分红及回购金额的折现值，逐笔加总后作为估值日的估值结果。采用该方法得到估值结果约为 7.43 亿元（见表 10）。

表 10　D 路桥公司现金流折现估值结果计算

项目名称	D 路桥公司
初始投资本金（万元）	70000.00
项目预计期限（年）	5.00
项目预期收益率（年化）-期间收益率（%）	6.30
项目预期收益率（年化）-回购收益率（%）	6.30
每年期间预期收益（万元）	4410.00
投资时间（期间收益计算起始日）	2019-07-24
项目预期到期日	2024-07-23
预计存续天数（天）	1826
初始估值（2019-07-24）：	
折现率（%）＝信用风险利率+特定风险利差	6.3
一、信用风险利率：	
1. 对赌方主体评级	AA+
2. 对应的（5）年中债曲线收益率（%）	4.2267
二、特定风险利差（%）：	2.0733
估值日	2020-××-××
剩余本金（万元）	70000.00
后续每年期间预期收益（万元）	4410.00
项目剩余期限（年）	3.58
协议约定的预计下一次分配期间收益时间	2021-××-××
下次分配期间收益距离估值日的时间（年）	0.67
折现率（%）＝信用风险利率+特定风险利差	6.16
一、信用风险利率（取对赌方/标的企业主体评级一定期限下对应的中债曲线收益率）：	
1. 对赌方主体评级	AA+
2. 对应的（3.85）年中债曲线收益率（%）	4.0869
二、特定风险利差（%）：	2.0733

续表

项目名称	D 路桥公司
三、未来现金流预测:	
估值日估值（元）	742788146.57

4. 市场法估值

D 路桥公司的主营业务为公路桥梁等业务板块，重点选取申银万国行业中建筑装饰项下基础建设对应的企业作为对标企业，并侧重选出路桥板块的 7 家对标企业（见表 11）。

表 11　D 路桥公司同行业上市公司情况

证券简称	市净率 PB（MRQ）[交易日期] 最新收盘日	市净率 PB（MRQ）[交易日期] 2019-12-31	市净率 PB（MRQ）[交易日期] 2018-12-31	市净率 PB（MRQ）[交易日期] 2017-12-31
中国交建	0.5753	0.7844	1.0767	1.3438
隧道股份	0.7599	0.8862	0.9883	1.4192
天健集团	1.3032	1.4256	1.0504	1.8545
四川路桥	1.2308	0.8283	0.8945	1.1994
重庆路桥	0.9440	1.0179	0.9359	1.1946
山东路桥	1.2876	0.9887	1.3098	1.9333
北新路桥	1.7695	2.8753	2.5737	3.4344

选取该 7 家对标企业的上市首日以及 30 日、60 日、90 日、180 日的成交均价，分别与其对应的首发价格进行对比，求出流动性折扣为 50.47%，选取对标企业 PB1.7807 作为市场乘数，结合对标企业债转股股东的持股比例，求出该方法的估值结果为 6.04 亿元。

5. 估值结果

从上述两种估值方法的结果看，考虑到现金流折现法估值和市场法估值的结果差异约为 18.75%，尚不显著。结合估值时点的形势，假设大股东到期回购和市场化退出情形的概率分别为 50% 较为合理，最终得到本项目的估值=大股东到期回购情形估值×发生概率+市场化退出情形估值×发生概率=6.73 亿元。

股权估值模型众多，每个模型适用场景不同；在适用的场景下，还要受到标的企业信息和数据可得性的影响。即使在最乐观的情况下，模型应用仍然受到会计人员主观性的影响。结合上述案例分析，具体到当前市场环境中的债转股业务，银行在估值时主要面临以下四点困难。

　　一是银行对债转股企业的了解相对有限，且部分财务数据可得性不强，很难全面深入地对企业价值进行准确评估。在自由现金流折现法估值下，银行往往只能依赖于企业管理层对未来财务数据的预测，自身很难对预测的合理性进行独立判断。在可比公司法估值下，由于银行持有的债转股多数为大型集团企业，涉及除主营业务的多种业务形态，合理的做法应该是对各业务模块分别选取可比公司进行估值，但各业务模块财务数据往往无法单独提供，因此一般银行都是按照主营业务统一运用可比公司进行粗略估值。

　　二是不同银行对持有的同一非上市股权缺乏统一明确的估值方法和参数标准，导致估值结果和账务数据不具备可比性。一方面，估值方法不同可能导致估值结果出现较大差异：如在公司经营相对稳定的情况下，采用自由现金流折现法估值一般波动较小，而采用市场乘数法估值却会因可比公司股价变动而波动。另一方面，估值参数不同也会导致估值结果产生差异：如同样使用市场乘数法估值，选取不同的市场乘数或可比公司，均可能导致估值结果出现较大变化。

　　三是估值方法的持续性和估值结果的合理性存在一定矛盾。为维持估值标准的一致性，避免估值成为操纵利润的工具，非上市股权的估值方法及参数选取标准一经确定不应随意变更。但在实务上，不对估值方法或参数进行调整可能反而导致估值结果极不合理。如市场法下，可能因为某家可比公司当期股价大幅上涨而导致估值上调较多，明显不符合企业自身的经营状况，这种情况下将该可比公司予以剔除，估值结果反而更为合理。

　　四是部分债转股业务出于投资者保护目的嵌入了较多特殊条款，导致兼具债的属性和股的属性，估值中如何对这些特殊条款进行判断并在估值中加以考虑成为难点。在实务中往往可能导致估值方法与业务实际不能完全统一、估值方法与纯粹的估值理论产生一定偏差、难以确保估值方法和结果的绝对合理性等问题。

　　银行在股权估值中面临的困难和问题，使得当前银行在报告股权相关损益时的困境更加凸显出来。一方面，会计准则要求权益工具须以公允价值计量进损益，除非初始确认时指定为公允价值进权益，且一旦指定后续处置时无法进入损益表，其主要目的是希望企业主动投资的权益工具价值能够在账面得到及时体现，从而准确反映企业实现的投资损益情况。另一方面，尽管当前债转股过程趋于市场化，但债转股的初始推动力仍主要来自政府，银行存在一定的被动性，银行的债转股相关权益工具往往是为支持实体经济降杠杆而持有，为获得债转股处置时的收益，银行一般不会将其指定为公允价值进权益。因此，银行为支持实体经济，却不得不被动承受股权估值损益的波动，恰恰这种股权估值在实务中还面临困难。这与会计准则的出发点形成背离，也会影响银行财务报告的使用者对银行业绩和价值的正确评估。

第五章　研究总结及政策建议

　　我国债转股经历了政策性债转股和市场化债转股两个阶段，两个阶段的债转股在实施目的、实施主体、对象企业、债权范围、资金来源、定价方式、投后治理等方面具有显著差异。自 2016 年以来，市场化债股转经历了三个阶段的发展，签约和落地规模不断扩大，行业覆盖面、标的企业性质、实施机构、资金来源等方面不断丰富和优化。债转股已成为我国银行主动参与降低全社会杠杆率、提升经济发展质量的重要举措，对债务企业、债权银行和经济的健康发展均有积极作用。

　　债转股作为我国重要经济现象，在学界和业界均有广泛讨论，但从银行角度和财务会计角度的研究较少。且随着市场化债转股快速发展，对银行的经营和财务报告的影响日益凸显。因此，本文将研究重点放在银行债转股相关的会计确认和计量，这是本文相较以往研究的创新之处。

　　银行债转股相关的会计确认和计量，是指债转股过程中银行对原债权和新获得资产的确认和计量问题，以及在债转股完成后银行仍面临所持股权的后续计量问题。对于前一个问题，由于债转股通常并不是单独出现的，本文将讨论延伸至银行与企业的债务重组过程。对于后一个股权估值问题，本文力图呈现其全景以供读者参考。

　　实务中债务重组往往十分复杂，所涉会计准则很多，本文集中分析在债转股业务中相对重要、涉及较多会计判断的两类准则，即 2019 年发布的债务重组准则和 2017 年发布的金融工具相关准则。2019 年版债务重组准则对债务重组的定义进行了修改，市场化债股转所涉正常债权的转换也符合新准则中债务重组的定义，因此均应按新债务重组准则统一处理。金融工具相关准则所涉问题主要是金融工具置换资产的确认和计量，其中的难点是金融工具置换资产金融负债和权益工具的区分，对此，本文详细分析了准则的总体要求、核心原则和两类特殊金融负债的处理。

　　根据准则和本轮债转股实际情况，实务中会计处理的主要难点和困境有以下几点：新债务重组准则下商业银行会计上的债务重组与业务管理视角下的债务重组发生分离，会计处理与内部管理存在差异；对于债权人受让非金融资产，新债务重组准则要求基于放弃债权的公允价值入账，实务中如何评估放弃债权的公允价值存在一定难度；在实务中如何对置换金融资产是债还是股进行判断。基于对准则的讨论和对实务中会计处理困难的总结，本文具体分析了三个典型案例，在此基础上，本文最后总结出了一套针对债务重组过程中债转股或抵债股权会计处理的决策树模型，明确债转股业务过程中各环节需要重点考虑的因素和需要遵照执行的会计准则，以提升商业银行债转股会计处理的规范性和一致性。

银行在确认债转股对价、初始确认抵债资产、抵债资产后续计量中都会涉及非上市企业的估值。非上市企业股权估值所用的模型主要有最近融资价格法、市场乘数法、行业指标法、企业自由现金流量折现法、权益现金流量折现法、股利折现法、成本加和法，这些方法有不同的适用场景，各有优缺点，在实务中使用时，需要结合企业的情况和所能得到信息的情况综合判断。除上述方法外，在计算非上市企业股权价值时，还要考虑流动性折扣调整，通过经验研究数据或参考看跌期权的分析结果确定。尽管非上市股权估值模型较为成熟，但银行在现阶段实际估值时仍面临困难，如银行对债转股企业的了解相对有限且部分财务数据可得性不强，很难全面深入地对企业价值进行准确评估；不同银行对于持有的同一非上市股权缺乏统一明确的估值方法和参数标准，导致估值结果和账务数据不具备可比性；估值方法的持续性和估值结果的合理性存在一定矛盾；债转股业务的特殊条款可能给估值带来较大困难等。基于上述问题，在实际选择估值模型和确定参数时，会计人员需更为谨慎。

参考文献

[1] 林毅夫. 债转股与国企改革 [J]. 资本市场杂志, 2000 (4).

[2] 韩良. 金融不良资产估价问题研究 [D]. 天津: 天津大学, 2004.

[3] 金震华. 各国银行不良资产处置与防范的法律问题比较研究 [D]. 天津: 天津大学, 2008.

[4] 李卫. 我国金融不良资产处置决策模型研究 [D]. 天津: 天津大学, 2009.

[5] 李志军. 债转股治理效应问题研究 [D]. 天津: 天津大学, 2012.

[6] 德勤. 从永续债到优先股——财政部发布《金融负债与权益工具的区分及相关会计处理规定》[J]. 德勤会计聚焦, 2014 (4).

[7] 杨立斌. 关于债转优先股相关问题的思考 [J]. 金融会计, 2016 (1).

[8] 中华人民共和国财政部. 企业会计准则 2018 年版 [M]. 北京: 立信会计出版社, 2018.

[9] 中华人民共和国财政部. 企业会计准则应用指南 2018 年版 [M]. 北京: 立信会计出版社, 2018.

[10] 李健. 市场化债转股的运作模式、实施困境与改革路径研究 [J]. 金融监管研究, 2018 (7).

[11] 中国证券业协会. 非上市公司股权估值指引, 2018.

[12] 中国证券投资基金业协会. 中国基金估值标准 2018 [R]. 2018.

[13] 李鑫. 市场化债转股的发展现状与问题分析 [J]. 新金融, 2018 (10).

[14] 范勋. "像股的债" 和 "像债的股" ——浅析 IASB《具有权益特征的金融工具（讨论稿）》[J]. 金融会计, 2018 (11).

[15] 冯所腾. 准则体系内在协调的成果——《企业会计准则第 12 号——债务重组》修订版发布 [J]. 安永会计通讯, 2019.

[16] 马春晓. 中国船舶重工股份有限公司市场化债转股案例分析 [D]. 杭州: 浙江大学, 2020.

[17] 孙即, 张文婷. 新一轮债转股的优与忧 [J]. 中国金融, 2020 (7).

第二篇

基于业绩分成的商业银行管理会计创新实践

中国工商银行财务会计部课题组

课题主持人：刘亚干

课题组成员：王凤玲　杜后扬　贾志刚　万　飞
　　　　　　谌嘉席　李欣悦　赵　昊　栾　希
　　　　　　郑紫云

摘　要

随着商业银行集团化、综合化和线上线下一体化发展进程的推进，对客户进行综合化服务的需求也相应提高，为实现"一点接入，全集团响应"的客户服务目标，集团内部联动项目逐步增多，境内外、总分行、母子公司、部门条线间的协作已成为常态。面对持续增长的联动项目，传统以财务会计为载体的业绩分成体系在时效性、精细度、成本效益方面的问题凸显。为解决传统财务会计分成模式的痛点，A 银行创新思路，通过管理会计方法，将业绩分成过程和结果均纳入管理会计体系，业绩分成与预算管理、考核评价对接，形成财务管理闭环，实现了业绩分成应用和联动营销推进的良性循环。经过两年多的实践，A 银行基于管理会计业绩分成应用，在激励联动协同，促进业务发展和全行价值创造方面发挥了重要的支持和保障作用。

关键词：业绩分成；管理会计；协同业务

第一章　引　言

一、背景意义

业绩分成是重要的管理会计工具，业绩分成的精准性、完整性和时效性将直接影响联动主体业绩计量结果，进而对考核评价、资源配置等财务管理产生影响，最终影响企业业务发展和经营目标的完成。近年来，商业银行在集团化、综合化发展背景下，总部与外部客户战略合作项目逐步增多，同时，集团内部"公私联动、以私促公、以公促私"等管理模式的推动，不同层级和条线间业绩分成规模日益扩大，传统分成模式在管理成本、处理效率、完整性方面的问题凸显。在上述背景下，A 银行充分调研、深入研究，创新研发了依托管理会计总账的"集团业绩分成系统"。在功能设计上，将业绩分成、以 EVA 为核心的管理会计多维度核算体系以及大数据应用进行对接，分成结果反映在各维度业绩中，形成包含收入项目和成本项目的全损益业绩分成体系；在应用上，业绩分成结果与预算、考评、资源配置对接，构建了一体化财务管理闭环。集团业绩分成系统运行两年多来，在服务战略落地，促进业务发展，降本增效以及基层减负赋能等方面，发挥了重要作用。

（一）业绩分成是战略落地的重要保障

为提升竞争力和持续发展能力，商业银行根据内外部环境和自身资源禀赋，制定和推进适合自己的发展战略，如线上线下一体化发展战略、零售业务领先战略、国际化和综合化发展战略等。战略的推进与实施，需调动全行资源，统筹好总分行、前中后台部门、境内外机构、母子公司等机构，"多兵种"协同作战，共同推进战略落地。在战略推进过程中，需准确计量各主体业绩，尤其是多主体共同推进的战略目标，如不能准确计量和分割有关各方业绩，极易出现责任不清、推诿扯皮等现象，严重影响战略的执行和落地。

（二）业绩分成是内部协同的基本前提

商业银行业务发展离不开内部有关机构的协同，如公私联动、私私联动、以公促私、以私促公，在重点项目推进中也需要多部门合作，如代发业务，需要公司、机构、个金部等多个部门协同配合，再如银行卡商户业务，需要个金部、银行卡部和网金部等部门共同合作。在联动项目和业务推进中，对联动营销业绩，需在各主体间进行业绩分成，以客观评价相关主体的工作业绩，并对执行结果进行激励，从而调动各方积极性，努力达成预期目标。

（三）业绩分成是财务精细化管理的重要组成部分

财务精细化水平决定了财务服务战略推进和支持经营决策的能力，业绩分成是财务精细化管理的重要组成部分。财务精细化管理须有数据作为支持，数据的完整性、精细度和时效性决定了财务精细化的质量和水平，而精准的业绩计量是数据完整性和精细度的重要基础，没有精准的业绩计量，数据质量就无从谈起。在业绩计量中，业绩分成是一项重要的基础性计量工具，在一定意义上，没有业绩分成就没有精准的业绩计量。

二、研究方法

本文采用的主要研究方法概括如下。

（一）文献研究法。通过整理查阅国内外最新的理论研究成果，综述业绩分成理论，对业绩分成在商业银行的应用进行了阐述。

（二）案例研究法。通过收集整理业绩分成在商业银行的应用案例，梳理应用场景，总结应用成果，对业绩分成研究的创新点和应用前景进行了展望。

（三）比较分析法。通过分析 A 银行总分行应用业绩分成的案例，比较不同场景下业绩分成的应用实践，对业绩分成应用的场景进行了总结。

三、研究内容

本文通过对商业银行业绩分成创新实践进行分析，研究重点集中在以下三方面。

（一）业绩分成的原理与模式。目前对于业绩分成的研究大多局限于理论层面，本文在业绩分成研究成果基础上，结合实践情况，归纳总结业绩分成的原理与模式。

（二）业绩分成的应用案例。业绩分成在实务领域，尤其是在商业银行应用层面的研究相对较少。本文将梳理 A 银行及其分支机构应用业绩分成的部分案例，从实务角度总结业绩分成的主要成果。

（三）业绩分成的应用成效。本文通过总结业绩分成理论和实务研究成果，梳理业绩分成研究体系，并进行总结归纳，对未来发展方向进行展望。

四、研究框架

本文共分为六章，各章节安排如下。

第一章为引言。主要介绍论文研究背景意义、研究方法、研究内容与研究框架。对论文的整体结构和主要研究内容进行概括。

第二章为文献综述。主要介绍国内外业绩分成领域最新的研究成果，对业绩分成概念进行溯源，梳理研究思路，确定论文研究理论基础。

第三章为业绩分成相关概念。介绍业绩分成定义、目标和原则、对象及计算方法，系统性总结目前已有的两种业绩分成方式：账务分成和模拟分成。

第四章为业绩分成体系介绍。为本文核心部分，重点介绍业绩分成在 A 商业银行的应用背景、原理及流程、计算方法、分成模式、主要功能和主要创新点，系统性地总结了业绩分成的主要应用成果。

第五章为应用案例。重点介绍 A 银行在业绩分成领域的重点应用场景、案例及成效，从多个角度展现业绩分成应用的广泛性。

第六章为实践体会及未来建设规划。对论文研究成果进行梳理，总结实践体会和规划未来建设，对业绩分成在商业银行的应用前景进行了展望。

第二章　文献综述

一、概念溯源

业绩分成一词源于利润分享（Profit Sharing），指员工根据其工作绩效，除获取正常工资报酬外，还可以额外获得公司利润的一部分。1794 年，该项措施首先由 A. Gallatin 在自己的工厂实践开展（周剑锋，2017），此后成为发达资本主义国家最重要的薪酬分配方式之一。1984 年，Weizman 根据大量实践经验，总结提出了著名的员工利润分享理论（方涛，2013）。

因此，业绩分成本质上与利润分享相同，均是指对利益的一种分配，但前者概念更广①。一方面，业绩不仅包括利润，也包括其他目标，如销量、产量、成本等；另一方面，业绩不仅可以在员工之间分享，也可以在其他维度，如部门、机构间进行。

2017 年由安永会计师事务所主持研究的《金融企业管理会计应用指引》（建议稿）将业绩分成定义为：金融企业机构、部门、员工等主体之间业务协同时，按各方的约定，共同投入成本，并对所产生的业绩进行分享。如果把"金融"二字去掉，则适用范围更广。

二、相关研究

从已有的研究文献来看，分成主要体现在收入上，如税收收入（谢贞发等，2019）、罚没收入（俞志方、刘沛佩，2018）和门票收入（王维艳，2018）等，也有少量是关于费用的分成（王勇等，2020；张小玲，2018）的研究。

谢贞发等（2019）从理论上分析了市县级政府面临的增值税分成、营业税分成变化对工业用地和商住用地配置产生的直接和交叉效应。增值税分成通过财政利益效应显著正向影响了工业用地的配置；营业税分成通过影响增值税的相对分成变化显著负向影响了工业用地的配置。

---

① 此外，还有分润、分配等表述，意思相近，后文统一使用业绩分成进行表述。

而在证券监管中，以罚没分成为核心构建证券监管有奖举报制度，可以充分调动举报人参与提供证券期货违法违规线索的积极性，助力于实现监管效能的最大化。俞志方、刘沛佩（2018）从法理上阐述了证券监管中有奖举报的法律基础和逻辑，并借鉴域外证券监管中有奖举报的制度经验，通过以罚没分成为核心的举报制度的实施，将监管内嵌于市场本身，为公共服务市场化下政府监管水平的提高提供强劲动力。

陈全兴（2012）在研究商业银行部门业绩评价时，提出按产品业绩进行分成得到部门业绩，认为分成（润）制的实质是价值分享机制在部门维度的延伸应用，其目标在于建立协调价值分配的机制。通过协调机制，有效梳理商业银行价值创造的链条，明确各个部门在链条中的职能，明晰各个部门的贡献，完善绩效评价规则。在此基础上，发挥价值创造的协同性和整合性，破除部门间的本位主义，激发专业部门对价值链条的贡献度和参与度，将部门的经营管理思路由被动支持变为主动参与，最终增加商业银行的整体价值。

孟祥南等（2015）在分析商业银行集团化管理及内部利益分配时提出了两种具体的分成形式，一种为捆绑制，一种为分成（润）制。捆绑制指在同一笔业务中，不按照实际的业务贡献区分牵头者或联动者，所有参与部门均按照相同比例记录，即采用影子计价方式。分成（润）制则又分为账务直接分润、账务转移分润和考核分润三类。在分析了两种分成方式的利弊后，作者认为"分成（润）制"更有利于解决财务控制弱化等问题，有助于实现集团总体效益最大化的核心目标。通过分润制建立起来的考评及资源配置体系是提高银行经营效率，满足可持续的发展战略的基础，也是建立协同治理模式的关键环节。

三、研究思路

从上述文献来看，业绩分成的研究在理论和应用方面均有涉及，行业覆盖面比较广。但金融行业的相关研究相对较少，且主要停留在理论层面，而实践应用方面的研究则较为罕见（陈全兴，2012；孟祥南等，2015）。

目前，我国银行业大多是总分行制的管理体制，采用以块为主的管理模式，导致总分行之间、业务条线之间、不同分行之间的管理协调难度越来越大。实践中，银行业在内部进行业绩计量和考核时大量使用到业绩分成方法。2017 年，在安永会计师事务所主持研究的《金融企业管理会计应用指引》（征求意见稿）中，正式提出了金融业的业绩分成概念。基于上述背景，A 银行结合自身实际，创造性地研发了业绩分成系统，并在实践应用中发挥效用。本文对该行业绩分成管理模式和实践进行了细致研究，以期能填补一些实践研究的空白。

四、理论基础

（一）协同理论

无论是收入还是成本费用，只要是经济利益，且同时存在多个受益主体，就可以通过分成来实现资源的合理配置，提高个体积极性。因此，分成动因可以用协同理论来解释。

协同是指系统内各个组成部分或系统之间的协调一致，共同合作而产生的新结构与新功能（张宝强，2013）。以企业为例，协同能够使企业集团更有效地运用集团的资源和技能，通过识别发展机会和发挥创新能力，扩大规模，提高经济效益。在协同治理模式下，被管理者之间有效地交换和传递信息，使管理系统的整体目标自动实现，降低管理中的协调成本，增加管理的客观性（孟祥南等，2015）。所以，分成是发挥协同效用最大化的"助推剂"。

（二）责任会计理论

责任会计源自分权管理，为落实经济责任，根据企业实际情况设若干责任单位，并以现代科学管理理论为基础，同时以货币为主要计量单位，在一定的原则和程序下，对各责任单位负责的经济活动进行预算、控制、考核及业绩评价（梁萍，2011）。

实施责任会计，首先要按照分工明确、责任易辨、业绩便于考核的原则，合理的划分责任中心。同时，为分清各主体中心的责任，便于评价各责任中心的工作成果，应制定一套合理的业绩计量规则，既有助于调动各个方面生产经营的主动性和积极性，又有助于实现局部和整体目标的一致。业绩分成作为一种业绩计量模式，可以发挥相应作用。

（三）投入—产出理论

该理论是研究经济系统各个部分（部门、行业、产品等）之间表现为投入和产出的相互依存关系的经济数量分析方法。该理论研究的是最初投入（包括劳动者报酬、生产税净额、固定资产折旧和营业盈余）、中间投入（生产过程中消耗的货物和服务）和总投入（前二者之和），以及中间产出（它与中间投入相对应，当某种产品被用作中间投入时，它也是中间产出）、最终产出（是用作最终使用的产品）和总产出（中间产出和最终产出之和），从一般均衡理论中吸收了有关经济活动的相互依存性的观点，并用代数联立方程体系来描述这种相互依存关系（张文武，2019）。

通过业绩分成，把收入和支出根据一定的分配规则，在不同责任主体之间进行合理分配，分配的结果将影响每个主体的投入—产出效率。

第三章　业绩分成相关概念

一、定义

业绩分成指相关责任主体间发生协同业务时，按一定规则，共同投入资源和成本，共同分享所产生的业绩，商业银行的责任主体包括机构、部门、渠道、员工等。本章研究的业绩分成，是指基于各维度业绩能够准确核算的前提，为满足商业银行内部管理需要，对各维度业绩进行调整。

二、目标和原则

商业银行业绩分成的目标是本着市场化原则，形成公平有效的业绩分成机制，参与主体业绩能够客观评价，分成结果能够为分析、考核、预算、资源配置等提供多维度数据支持，形成一体化财务管理闭环，提升商业银行协同治理水平，促进协同业务发展，激发各环节经营活力。

业绩分成一般应遵循以下六项原则。

一是激励有效原则。业绩分成方案应能够有效激励参与各方，节约协调成本，实现协同业务效益最大化。

二是公平公正原则。应保证业绩分成过程的公平性，分成结果应与参与各方实际贡献相匹配。

三是同维分成原则。业绩分成各参与方须来自同一维度，不可跨维度进行业绩分成。

四是协商一致原则。协同业务发生前参与各方须达成一致意见，并经共同管理方审批通过。

五是可计量原则。参与分成的对象必须能以某种计量属性可靠地进行计量。

六是重要性原则。业绩分成应选择性质相对重要、金额较大、能够对业务发展和经营管理产生重大影响的业务。

三、分成对象及计算方法

商业银行业绩分成的对象是指协同业务涉及的各类业务，如营业收入、营业支出、手续费及佣金收入、手续费及佣金支出、业务及管理费等。

商业银行业绩分成应根据协同业务场景和动因，结合内部管理需求，选择不同的分成方法。目前，业绩分成计算方法主要有佣金法、量价法和比例法。

佣金法是指协同业务参与方在业务发生前约定金额并一次性分成，其资源或成本也一次性投入，不再提供后续服务。

量价法是指基于参与各方提供服务产生的业务量与商定的单价划分业绩。

比例法是指根据参与各方贡献、资源投入等确定分成比例，进行业绩调整。

在选择合理的业绩分成计算方法后，需要基于真实可靠的数据基础进行计算，相关数据来源应有系统或台账支持。

四、分成方式

目前，业绩分成方式按照是否发生实际账务划转分为账务分成和模拟分成。

（一）账务分成

账务业绩分成包括账务直接分成和账务转移分成。

1. 账务直接分成

账务直接分成是指按照合同及事先约定的分成比例，在确认业绩时，将业绩直接按比例计入各参与方相关科目或账户（见图1）。

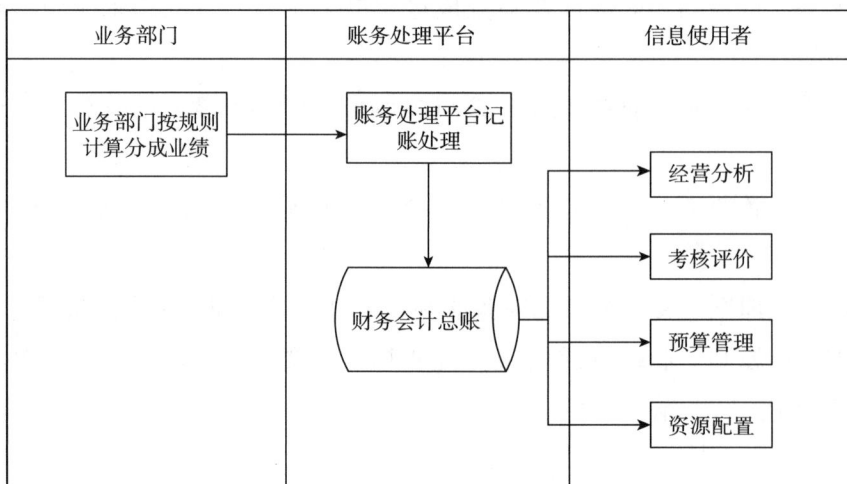

图1 账务直接分成流程

例如：按照合同约定，某项业务由 A、B、C 三个部门共同负责，业绩分成比例分别为 50%、30%、20%，在该产品实现 100 万元业绩收入时，直接在 A、B、C 三个部门对应科目或账户中分别计入 50 万元、30 万元、20 万元业绩收入。

一方面，账务直接分成的优点体现在以下四个方面。一是符合零和原则，不虚增考核利润，避免了收入和盈利的复计问题，提高了预算精确度。二是责任边界清晰，事前参与各方协商确定分成比例，明确了责任归属与业务关联度，有助于业务协同发展，增加营业收入。三是有利于业务细节分析，通过明确利益分配的业务种类、价值基础、分成方式、分成比例，解决利益分配中"分什么、怎么分、分多少"的问题，形成多层次、多角度、全方位的立体网络体系，有效地推动组织系统协同工作（孟祥南等，2015）。四是信息质量较高，能够直接、准确反映各参与方的价值贡献，有利于业绩评价和资源配置。

另一方面，账务直接分成存在四个方面难点：一是分成比例确定需要参与各方进行磋商谈判，效率与效益需充分权衡；二是直接记账，增加会计核算操作；三是跨机构分成涉及关联交易，容易触发监管风险；四是税收成本可能增加，需要进行税务筹划。

账务直接分成克服了收入和盈利重复计算问题，真实反映参与各方的实际价值贡献，可有效引导参与各方发挥最大效用。实际应用过程中，需动态评估业务发展情况和贡献度，及时调整参与各方分成比例，使财务评估与业务发展水平紧密结合，保证总体目标实现。

2. 账务转移分成

账务转移分成是指在业绩确认时，先将所有业绩计入某一参与方科目或账户，再按事先约定的分成比例，进行内部账务划转，即一方账务减少，另一方或多方账务增加（见图 2）。

例如：按照合同约定，某项业务由 A、B、C 三个部门共同负责，业绩分成比例分别为 50%、30%、20%，在该产品实现 100 万元业绩时，先全部计入 A 部门相关科目或账户，再根据约定的分成比例，从 A 部门科目账户中，分别转出 30 万元、20 万元计入 B、C 部门相关科目账户。

账务转移分成优缺点与账务直接分成类似，导向一致，但在实际操作上分成两步操作。第一次记账体现的是业务责任归属，第二次转移记账反映了业务价值贡献。

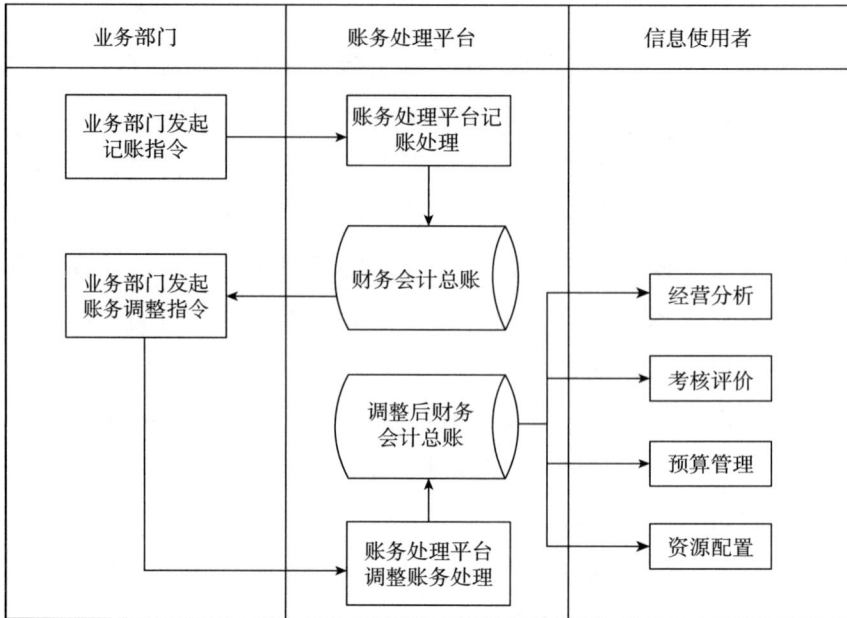

图 2　账务转移分成流程

（二）模拟分成

模拟分成是指在业绩确认时，直接计入一方财务报表，在考核评价等财务管理活动时，通过模拟调整的方式，手工调整参与各方业绩，但不影响分成主体的实际账务反映（见图 3）。具体操作时，模拟调整方式分为影子考核调整和考核还原调整。

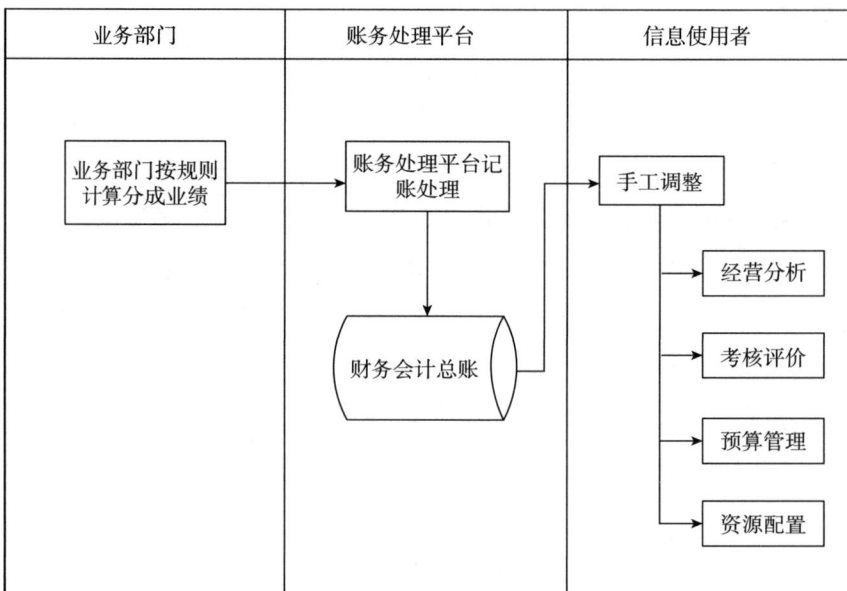

图 3　模拟业绩分成流程

1. 影子考核调整

影子考核是指在针对同一笔或某一类业务，基于业务协同发展需要，对牵头参与方按业务贡献全量考核，全体参与方依据贡献大小按比例进行影子考核。在捆绑式考核模式下，在簿记部门财务收入以外，对非簿记部门（影子部门）设置影子收入作为考核收入项目，按照"交叉业务收益共享""谁贡献、谁收益"的基本原则，根据影子部门对交叉业务的贡献及其付出的成本和承担的风险，确定影子收入基数和影子比例（李存，2018）。

例如：A 部门作为某业务归口管理部门，统一牵头负责市场规划、营销推动、考核激励等，B 部门、C 部门是业务办理的两大渠道，是协办参与方，该业务产生的业绩首先全部计入 A 部门进行全量考核，同时，对 B、C 两部门根据实际业务量按比例进行影子考核。

影子考核式模拟分成具有以下优点。一是不受监管限制，属于内部考核调整，不涉及税务筹划、账务调整等问题。二是有利于协同发展，影子考核是双向考核激励，鼓励跨业务和跨地区的合作，有利于管理者从总体利益出发考虑问题，有利于提高部门经营合力、共同促进全行战略落地与转型发展。三是操作成本低，参与各方的谈判成本、监督成本以及实施成本较低。

同时，影子考核式模拟分成也存在以下难点和问题。一是"搭便车"问题，影子考核中人才、技术、信息等生产要素主要以外生的、松散的联合方式存在，参与各方关联性高低不一，难以形成稳固的协同发展关系，影响牵头部门的积极性，不利于业务发展。二是公平性问题，影子考核突破了零和原则，造成部分业绩的考核虚增，对其他无捆绑分成的考核主体不公平。三是责任分割问题，影子考核参与各方的责任边界难以准确界定，容易导致责任主体不到位，业务边界模糊，难以真正做到责、权、利匹配。四是管理难度增大，影子考核主体越多，考核业绩越多，容易导致预算缺口不明显，显著增加预算管理的难度，也增加业务增收组织推动的难度，影响整个集团经营目标实现。

影子考核式模拟分成主要适用于专业管理责任边界清晰的相关业务，或者某一阶段重点推动发展的业务。同时，为利于业务发展并尽力消除相关问题影响，在实施捆绑式分成过程中需严控使用范围，努力做到公平、公正。

2. 考核还原调整

考核还原调整是指在业绩确认时，直接计入一方财务报表，在业绩考核时，按约定的分成比例，调减一方考核利润，调增另一方或多方考核利润。

例如：按照合同约定，某项业务由 A、B、C 三个部门共同负责，业绩分成比例分别为 50%、30%、20%，在该产品实现 100 万元收入时，全部计入 A 部门相关科目或账户，在考核时，调减 A 部门考核利润 50 万元，分别调增 B、C 两部门考核利润 30 万元、20 万元。

考核还原调整的优点与账务分成类似、导向一致，主要区别一是在于不动会计账目，减少了税务及监管风险，二是只在考核时进行考核调整，灵活性较大。缺点是业绩分成过程不透明，分成结果无法在相关主体账务中体现，在管理中易诱发道德风险。

考核还原调整适用于跨机构记账难度较大或难以实现的相关产品或业务，如母子公司之间、子子公司之间的协同发展类业务。

第四章 A银行业绩分成体系介绍

一、建设背景

随着商业银行集团化、综合化和线上线下一体化发展进程的推进，A国有商业银行（以下简称A银行）已经迈入世界领先大银行之列，拥有优质的客户基础、多元的业务结构、强劲的创新能力和市场竞争力。A银行作为大型商业银行，将服务作为立行之本，坚持以服务创造价值，向全球809.8万公司客户和6.5亿个人客户提供全面的金融产品和服务，在48个国家和地区建立了428家分支机构，营业网点数量超1.5万个。为实现"一点接入，全集团响应"的客户服务目标，集团内部联动项目逐步增多，境内外、总分行、母子公司、部门条线间的协作已成为常态，联动营销业务规模不断扩大，与此同时传统账务分成的模式在支持战略、服务管理、成本效益等方面问题凸显。（见图4）

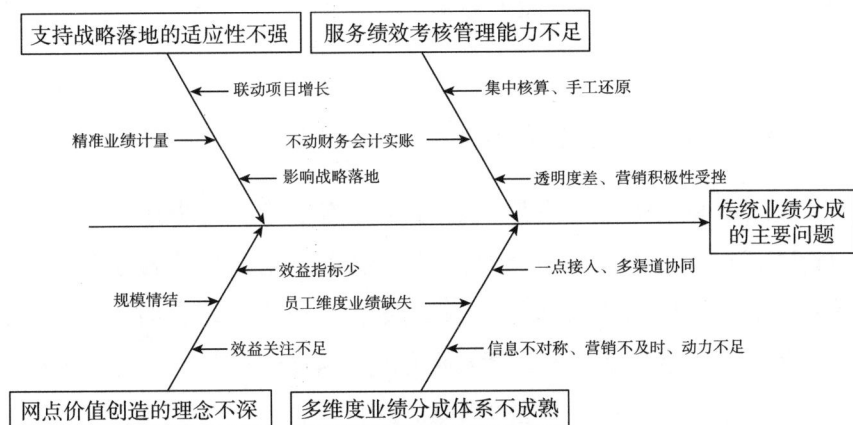

图4 传统业绩分成存在的主要问题

（一）支持战略落地的适应性不强

随着个人业务、国际化与综合化等战略的推进，集团内部联动营销项目持续增长。个人金融板块内涉及私人银行、个人客户、特约商户之间的业务合作，如通过个人商户业务的拓展，促进个人储蓄存款及商户相关业务增长，国际化与综合化战略分成涉及业绩跨机构的合理划分。从支持战略的适应性上来看，当前的业绩分成体系、规则和机制有待进一步完善，业务管理系统也未能从源头记录联动业务信息。由于原始分成信息的缺失，业绩计量的合理性和完整性不足，影响了有关利益主体联动营销的主动性和积极性。

（二）网点价值创造的理念不深

营业网点是商业银行最小的业务单元，也是最基础的利润单元，网点业务发展水平、盈利能力、竞争能力对 A 银行的经营效益产生重要影响。近年来，受商业银行集团化、综合化及业务集中等改革影响，A 银行"总对总"收入占比较高、集中在总行核算的专项业务规模也越来越大，在提升专业化和集约化水平的同时，也因此给基层业绩精准计量带来了较大挑战。虽然原实账下划模式可以解决基层网点分成问题，但由于流程长、层级多、管理成本高等问题，多数只能将收入分解到二级分行，分成到网点的业绩相对较少，全行多数网点业绩未在账面反映，科目网点分成覆盖率较低，个人类收入平均网点覆盖率仅 29%。网点业绩计量的完整性和精准度不够，导致对网点的考核主要以业务量指标为主，效益指标相对较少，进而影响到基层对效益关注度，以效益为导向的战略在网点落地困难，基层营销中产生"规模情结"，对量价协调、利差管理、成本控制等关注度不高，战略传导"最后一公里"问题没有根本解决。

（三）服务绩效考核的能力不足

受业务上收改革和集中核算等影响，各级机构在考核时采用了"集中核算、手工还原"的管理方式，即不动财务会计实账，仅对下辖机构指标进行手工还原的方法，如银行卡拨备和贷款利息收入等。该方法效率较低且存在时滞，业绩反映不及时；同时，没有落账、透明度较差，考核激励未能有效传导至网点，基层体验较差，营销积极性受挫，影响了"最后一公里"战略落地效果。

（四）多维度业绩分成体系尚不成熟

随着"线上线下一体化"战略的推进，线上平台业务规模不断增长，以"客户为中心、一点接入、多渠道协同服务"的模式成为重要的营销方式。但当前与之匹配的多维度业绩分配体系尚不成熟，如何在渠道流程联动中精准划分各参与方的贡献，将渠道业绩与产品、部门、条线业绩有效匹配，对业绩分成提出了新挑战。此外，传统员工维度业绩分成机制和方法也无法满足跨区域营销等复杂模式，由于营销业绩缺失、与价值信息关联性弱等因素，业务营销过程中易出现信息不对称、营销不及时和动力不足等问题。

二、集团业绩分成原理及流程

为解决传统业绩分成的问题，2019 年 A 银行创新研发了基于管理会计方法的业绩分成系统，将分成结果纳入管理会计总账，既体现了实账分成"实"的优点，又体现了模拟记账的便捷性和灵活性。

（一）集团业绩分成原理

针对财务会计信息缺乏管理价值内涵的局限性，按照"服务管理、零和分成、成本效益、真实合规"的总体思路，A 银行率先在业内建立了"财务会计总账＋分成业绩＝管理会计总账"的理论与实践体系。

业绩分成体系总体运用模拟业绩分成模式，不针对财务会计总账进行分成，而是应用管理会计业绩分成方法，通过管理会计总账模拟记账，在不动会计核算账务的情况下，对财务事项进行模拟划转。（见图 5）

管理会计业绩分成兼备方法灵活和赋能管理的特点，成为全行预算管理、绩效考核和资源配置等管理手段的基础，实现了由记账式的财务会计向"信息相关、决策有用"的服务型管理会计跨越。

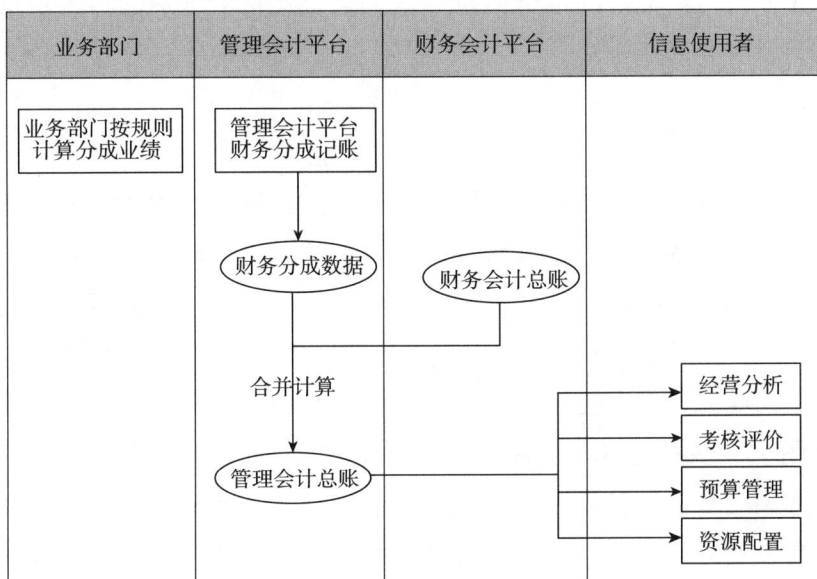

图 5　集团业绩分成原理

（二）集团业绩分成流程

业绩分成系统实现了分成流程再造，即核算流程由原"业务部门+清算中心"合作模式转变为业务部门独立完成，提升核算质效的同时，推动了业绩分成核算向轻型化、集约化发展。（见图6）

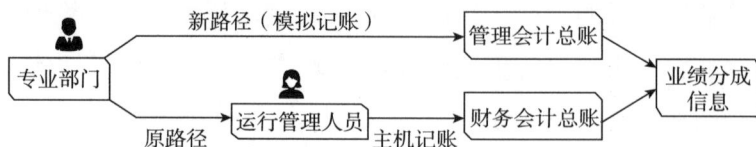

图 6　集团业绩分成流程

三、计算方法

集团业绩分成系统采用分成制模式，针对不同业务特点，运用比例分成、量价分成和比例与量价相结合的综合分成。

比例分成多运用于参与方较多、流程贯穿于不同机构或层级的业务，如利润中心和部门之间分润、银团贷款类业务等。

量价分成多运用于动因清晰的业务，如代销基金、保险、理财等业务的手续费收入。

综合分成适用于复杂程度高、涉及分成因素多的业务，如第三方支付业务收入分成，先在主办行与发卡行间按价值贡献占比进行比例分成后，再根据交易量在发卡网点间进行量价分成。

四、分成模式

A 银行通过集团业绩分成系统实现了管理会计总账在内部管理中一体化、全流程闭环式的彻底应用，将"财务会计对外，管理会计对内"理念从总行部门贯彻到基层网点。基于基本会计要求和 A 银行核算主体，沿用各项主要核算参数标准，既符合业务使用习惯，又确保财务会计与管理会计在后续经营分析中能够融合。

同时，集团业绩分成系统应用开放的分成记账驱动模式，支持多渠道、多类型的分成（见图7）。支持三种分成模式：一是业务部门手工确认后的联机交易驱动记账；二是业务系统基于自身分成结果或业务确认结果，调用记账接口直驱记账；三是基于业务预设的分成动因，由系统自动分解收入，形成分成明细驱动记账，最大限度地减少人力成本和管理干预。

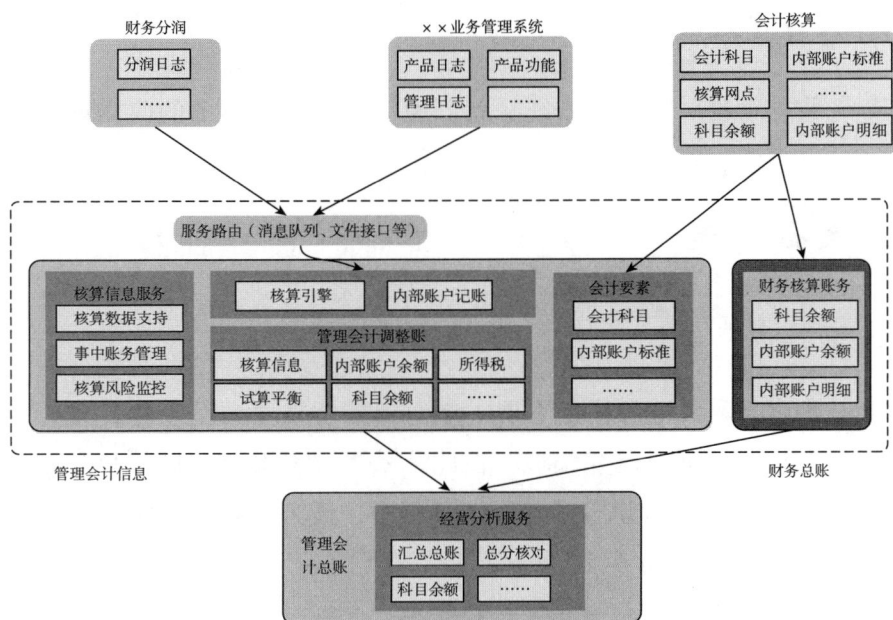

图 7　集团业绩分成模式

五、主要功能

在功能设计方面，兼具定位精准、覆盖全面，具有粒度细、时效快、自动化等特点。

（一）账户粒度分成

系统支持分成至核算最小粒度——账户粒度，保证业绩核算的精细度。

（二）实时分成

分成后的管理会计总账实时更新，T+1 日更新损益报表。

（三）直通网点

可逐级或跨级将业绩分解至业务发生网点，确保基层业绩"看得见、摸得着"。

（四）自动化

已实现财务收支按动因、按权责发生制自动核算至网点，提升自动化水平和分成效率。

（五）全损益分成

全部财务收支项目均可通过系统分解，为集中核算类业务的收支向网点下沉提供支持。

六、主要创新

（一）新技术应用

随着新技术和金融科技的快速发展，如何依托新技术推动业务高质量发展是商业银行未来一个时期的重要研究领域，在此背景下，A 银行秉持"科技驱动、价值创造"的理念，在集团业绩分成系统研发过程中，借力新技术，实现了新技术和管理会计的高效融合（见图 8）。

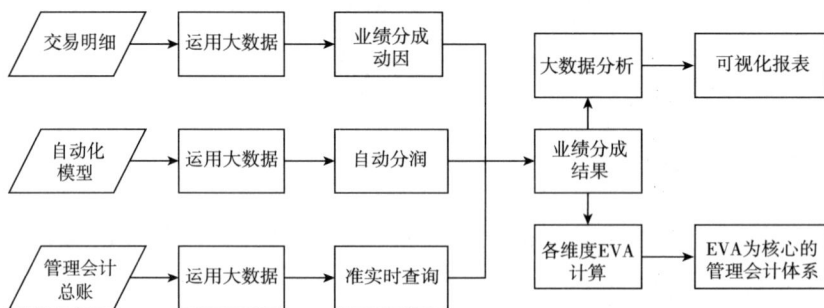

图 8　新技术与管理会计工具融合应用

一是以全行客户交易明细为数据源，运用大数据技术识别和统计，如第三方支付交易金额、绑卡数等交易数据作为自动化分成的业务动因和模型因子。

二是在系统中搭建各类自动化业绩分成模型，实现部分业务收支按动因、按权责发生制、自动分成至业务发生网点，保证整体流程可监测、可预警。

三是基于大数据服务云，实现财务账与管会账的准实时对接，每 30 分钟更新一次账户的科目余额，为用户提供准实时的损益查询服务，满足用户对利润完成情况的关注。

四是业绩分成结果与多维度管理会计核心体系对接，依托管理会计平台，以底层"数据湖"为支撑，运用大数据平台和交互式、配置化、可视化的定制工具，生成多维可视化分析视图。

（二）管理模式创新

业绩分成的本源是业绩计量，以弥补传统会计核算方法下未能精准计量的业绩。A银行业绩分成系统解决了"总对总"收入在网点业绩计量中的完整性和精准性问题，以及部分专业条线业务集中后的业绩分割，还有联动营销成果分润问题，这是业绩分成工具最基本的功能。在发挥该工具基本功能基础上，将业绩分成结果与管理会计体系中以EVA为核心的多维业绩核算模型进行了对接，即业绩分成通过管理会计总账进行调整，管理会计总账与多维业绩核算体系关联。从另一个视角看，实际将业绩分成与预算管理、考核评价、资源配置、经营分析进行了对接，形成了一个完整的财务管理闭环（见图9），即每个机构、每个专业、每个产品的任何一笔分成，均参与预算、考核和资源配置，一定意义上也是业绩分成工具与EVA考评工具的一次整合应用，提升了业绩分成的使用价值，两个管理会计工具"双剑合璧"，在调动联动业务利益主体的积极性和各条线业务的持续健康发展中发挥重要作用，各级机构价值创造能力得到了有效提升。

图9　一体化财务管理闭环

（三）研发模式创新

研发框架采用全新的"骨架"进行系统搭建，在研发模式上采用业界最新的前后端分离研发模式，全新系统框架基于PAAS云进行服务发布和部署，更好地实现应用自身的快速响应、快速扩展，上云后运维复杂度大幅降低，有效提升应用服务能力。（见图10）

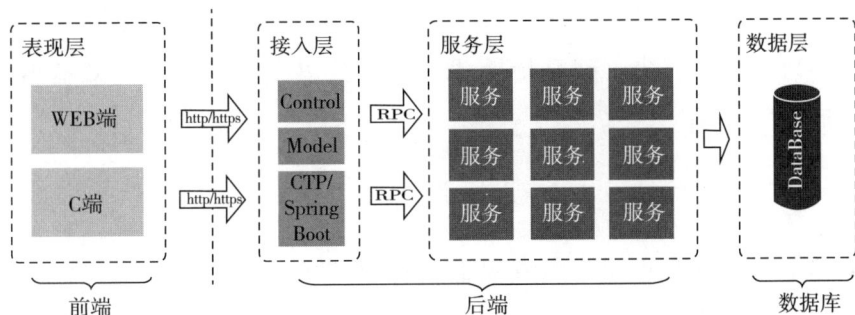

图10　集团业绩分成系统框架

1. 组件化、服务化的开发模式促进团队专业化分工，提升需求响应速度，提升弹性扩缩能力。同时，统一规范的服务化接口一方面更好实现功能间解耦，另一方面提升各个功能的复用程度，比如核心入账模块的独立构建部署既能加强服务的稳定性提升，又能有效对接各个联机和批量交易接口，包括手工交易，批量交易，服务化自动交易等入账渠道接口。

2. 健全流程管理，保障交易安全可靠。在生成管理会计交易明细过程中，如何确保交易正确、安全、可回退也是系统设计中的一个重要考虑因素。系统在设计时没有因为仅涉及内部管理而简化流程，而是保留了双层复核，同时沿用传统的冲正交易模式确保入账数据最后的准确性。

3. 实时的智能化监测与交互式提醒，提升服务能力。基于规则引擎，对分成数据进行多道监测把关，共同确保数据的有效性、准确性。在交易过程中对提交的分成数据合理性进行基本检查，并进行实时提醒，避免用户误操作；在交易完成后，当天每半小时进行一次透支与挂账的监测，并通过系统消息、邮件、办公信息等多种形式通知到当事人进行确认，形成完整的全流程风险控制。

七、应用成果

（一）分成结果下沉，核算精准度提升

业绩分成系统实施后，有效保障了业绩分成下沉到营业网点，一是系统支持各项分成事项可以直通网点，二是对部分产品收入设计了根据预设规则自动分成到营业网点的功能。截至 2020 年末，A 银行通过业绩分成系统核算的会计科目 223 个，年累计交易笔数 3300 万笔，分成到营业网点的数量较应用前提升 165%。由于基层行营销业绩得以完整地体现，且分成结果应用于考核评价，有效地调动基层营销积极性。网点发展模式从规模为主向规模与效益并重转变，业务发展中主动平衡"量"与"价"，成本投入讲产出，价值创造的理念已逐步融入日常工作中，在一定程度上促进网点业务的高质量发展。经监测，2020 年，A 银行有 60% 的网点经营效益提升，平均提升比例为 29%，解决了战略传导"最后一公里"的问题，为效益增长发挥了重要的"压舱石"作用。

（二）分成流程再造，运营成本降低

由于管理会计的模拟业绩分成流程不是对原实账下划流程的优化，而是全新的构架和设计，在操作效率、便捷性、实用性方面有明显优势，且更具经济性。原实账

下划流程有两个主要流转环节，一是由业务主管部门发起分成指令，清算中心接收；二是清算中心接收后在核心银行系统进行财务处理，包括账务核算及资金汇划等。新分成流程取消了分成指令处理环节，依托集团业绩分成系统，直接由业务主管部门向分支机构发起分成，不涉及账务核算和资金汇划，仅在分成主体间具体账户进行"一增一减"的调整处理。

集团业绩分成流程简单、高效、精准，投入实际运行以来，运营成本有较为明显的下降。一是释放了清算中心分成指令和账务处理的人力，经初步统计，从总行到支行四个层级，全年可节约 6.8 万人/天；二是减少了业务主管部门分成指令起草、审批、提交等环节工作量，全年预计减少约 4000 份分成指令，此外，也间接减轻了各级分行办公室公文处理工作量。

（三）分成模式转变，促进业务发展

对于业绩分成应用场景较多的集团"总对总"项目，传统实账模式采用收付实现制按月（季）向分支机构分成，该模式主要问题是分行业绩贡献与资源配置不匹配，如代销基金业务，某季末收到基金公司的代销手续费收入可能是上一季度或更早期的，与当季基金销售业绩不匹配。销售业绩与销售手续费收入在时间上的错配，可能导致出现营销业务好而激励费用少，在一定程度上影响基层网点业务营销的积极性。

集团业绩分成的实施，有效解决了上述应用场景中出现的问题。一是核算方法上采用权责发生制，二是核算时效上实现按日分成。基于业绩分成系统支持，可以根据营销业务量按日模拟计算各行应分成财务事项，为收付实现制向权责发生制的转变提供了技术和数据支撑。部分业务条线核算方法转变后，营业网点前一日的营销业绩在 T+1 日即可体现，网点体验较好，有效调动了基层网点营销积极性，促进了业务发展。

（四）深化业财融合，助力经营转型

业绩分成的实施，有效促进了业务与财务工作的融合，一定程度上两部门形成了命运共同体，促进了经营转型。业务部门以集团业绩分成系统为平台，按照业务动因向分支机构进行财务收支分成，分解过程涉及产品收支和业务量，也就是驱动业务发展的"量"和"价"两个核心要素。通过业绩分成，各层级业务部门可以更加深刻地领会量价协调管理对业绩增长的重要性，逐步摒弃规模情结，由粗放管理向内涵式集约化发展转型，价值创造能力得到持续提升。

同时，A 银行在实现业绩分成的初级目标的基础上，还依托信息系统优势，通过分成模型衍生出相关应用，如集团业绩分成模块增加"业财通道"功能，即将业绩分成的过程与结果共同展现出来，让参与分成的各个业务主体明白每一笔分成背后的业务量和价格因素。对于财务人员而言，在了解财务收支动因的背后，还可以深入了解客户渗透、市场份额、竞争情况等内容，从而更深层次地挖掘业务现状和发展动因。

基于业绩分成系统的持续应用，业务部门与财务部门有机结合在一起，在同一战略目标下，相向而行，财务部门跳出原来"站在财务看财务"的惯性思维和路径依赖，业务部门也能建立财务思维，逐步走出规模情结，建立以价值为导向的业务发展和管理模式。业务与财务部门的共同发力，为业务发展提供了更强的动能和引擎。

（五）优化核算模式，降低操作成本

基于内部创新改革及外部监管政策等方面要求，部分条线业务集中在总部核算，如银行卡业务的财务收支项目均在总行银行卡中心核算，虽然原实账下划模式可解决考核问题，但由于集中核算的账务明细信息全部实账下划的成本较高，不符合成本效益原则，为核算精细化带来较大挑战。业绩分成的应用为业务集中改革后的业绩计量、经营分析、决策管理等提供重要支持，依托业绩分成系统，将集中核算的账务明细按账户粒度分解到分支机构，实践证明，财务会计的实账下划成本高、风险大，管理会计方法简单灵活、风险小，能够契合管理需求，有效发挥出管理会计在减负赋能、支持业务发展等方面的作用。

（六）防控信贷风险，提升盈利水平

商业银行是经营风险的企业，信贷风险的防控能力一定程度上也决定了盈利能力，分支机构缺乏信贷资产结构变动与资产减值损失明细数据，如哪些产品的资产质量发生了变化，资产减值损失变动是哪些产品引起的，以及根据新金融工具准则，是哪个阶段资产减值损失发生了变化等，如果没有这些明细信息做支撑，就无法深入分析资产质量对损益的影响原因，不能精准定位资产质量管理的核心和重点，财务管理职能就不能有效发挥。借助业绩分成项目，分支机构可以针对具体的信贷产品进行盈利能力的分析，尤其在信贷资产风险的防控方面，通过体现在损益表中的资产减值损失变动倒查资产质量的管理问题，充分发挥财务管理职能，从源头上对信贷资产质量进行管控，有效平衡效益与风险，从财务方面为业务的持续健康发展保驾护航。

(七) 助推平台业务，强化联动效能

为适应平台经济新业态崛起，落实金融服务实体经济政策要求，充分发挥线上业务交易成本低、获客能力强及业务发展快等优势，商业银行加快线上渠道布局，平台型业务发展迅猛。A银行通过将互联网金融综合服务平台嵌入到第三方平台，赋予平台对公司端和个人端双边客户开展金融服务的能力。有利于满足客户和商户的投资理财、信贷等需求，提升平台黏性。随着业务的推进，各条线、各分行的收益分配问题成为业务发展中亟须解决的问题，如主办行与属地行在客户获取、存贷款资源、中间业务收入等方面的利益分割；再如在子商户管理方面，受跨地域营销拓展的成本、业务规范等要求限制，子商户异地审核、异地营销难以开展，平台对接带来的子商户价值挖掘不到位。

业绩分成系统实施后，为线上业务在不同利益主体间的业绩分配提供了支持，如可以将集中反映在主办行的存贷款收入通过业绩分成系统分解到各协办行；再如出于服务客户的角度，将银行卡条线让渡公司条线的利益在系统内部通过业绩分成系统进行回调，以客观反映各业务条线的贡献，以实现对专业条线的精准激励，促进业务发展。业绩分成系统对线上业务的发展起到了积极的推动作用，智慧航空项目、智慧电商、智慧停车、智慧社区、智慧旅游、智慧政务等联动项目的成功上线，使线上客户拓展、存款沉淀、获客情况、资金留存、中间业务收入等方面业务均快速发展。

第五章　应用案例

一、第三方支付业务收入自动化分成

近年来，随着生物识别、5G 网络等技术的发展，第三方支付已基本覆盖衣食住行等高频消费场景，相较于传统银行支付方式，第三方支付工具已触及用户生活、商务、金融消费等方方面面，奠定其作为流量入口的重要地位。发展第三方支付业务是商业银行获客引流、优化客群、夯实账户基础的重要手段，是商业银行重要的收入来源之一。

为通过创新分成机制，提升 A 银行收入竞争力和增长动力，支持业务发展，2020 年 A 银行依托集团业绩分成系统，投产了第三方支付自动化分成功能，实现收入按动因、按权责发生制自动核算至网点，构建自上而下、基于业务动因的统一分成规则，分成的精细度和透明度明显提升，业绩反映与业务实质高度匹配，分成数据的公平性、可比性进一步提升，推动了第三方支付客户规模和业务收入大幅提升。具体成效体现在以下四个方面。

一是全行分成动因统一，分成收入客观可比。解决了过去部分机构因分成规则不一导致的以分成代替考核和管理的问题，回归动因本源。全行以统一的分成动因核算收入，实现了分成收入核算的标准化、自动化和可视化，收入核算客观准确，机构间业绩可比。

二是指明了业务发展重点和方向。基于统一的分成规则，网点分成收入"算得出、看得见、摸得着"，不仅为基层指明了业务抓手和发展方向，也有效调动了基层营销积极性。

三是提升了财务管理效能。从财务管理角度讲，权责发生制更有利于业绩的精准计量，按日分成提升了核算时效，自动分成实现了核算规则的统一，核算到业务发生网点填补了网点业绩核算不完整问题。上述功能，从根本上解决了收入核算的标准化、精细化和精准化问题，从而使业绩计量更加完整准确，财务信息可靠性和可比性得到提升，为预算管理、考核评价、资源配置等财务工具的应用提供重要数据支撑，促进财务管理效能的发挥。

四是为基层减负赋能。自动分成模式下，各分支机构无须层层分解收入，只需按业务动因提升绑卡量、做大交易额，大幅降低了各层级人力成本，彻底释放了按月分工计算分解收入、层层分解下划的工作量，将业务人员从日常性分成工作中解脱出来，投入到业务管理和营销工作中，有效调动基层营销的积极性，在一定程度上释放了业务发展潜能。

二、个人中间业务收入还原

由于账务核算上收等原因，网点的个人中间业务收入计量此前一直都不完整，很多收入集中核算在上级行。这种核算方式存在两个问题：一是网点业绩计量不精准，中收、利润等经营指标失真；二是营销业绩与收入不匹配，网点业务拓展缺乏积极性，给业务发展和考核激励带来较大的困难和挑战。

集团业绩分成系统投入应用之后，A银行充分发挥其在网点中间业务收入核算方面的作用，提升网点业绩的计量精准性。一是梳理业务种类，确定分成范围。根据网点业务特性，将中收业务分为代理销售、信用卡和账户交易等类别，针对不同类别收入，确定各自的入账层级、分成对象等规则。二是选择合理动因，做到应分尽分。依照"谁营销、谁经办、谁得益"的原则，通过分析业务特点、办理流程、营销渠道等，为每一类收入确定恰当的分成动因，确保公平合理。目前，A银行总行层面，按月将基金、理财、私人银行等多项"总对总"中收从总行分解至业务发生网点；分行层面，自主将在一级分行入账的代理保险、上门收款、票据等业务收入分解至基层网点。随着越来越多的中收项目分解至网点，网点中收的完整性逐步提升，个人中收在网点核算的覆盖率提升了167%，基层对收入"看得见、摸得着"的核心关切得以实现，进一步增强网点成本效益意识，促进盈利能力和竞争力水平提升。

以B分行为例，通过账户交易类业务全量分成，真实体现了支行网点的经营业绩，充分调动营销积极性。该行2020年全年账户交易业务中间业务收入同比增幅99%，完成下达任务的162%，任务完成率和同比增幅均居系统内首位。

三、推动存款量价协调管理

结构性存款产品作为创新型存款产品，具有安全性强、预期收益率高等特点，受到客户欢迎，成为A银行应对同业竞争、活客黏客的有力抓手，存款规模近年来快速增加，增幅较高，同时，由于付息成本远高于普通存款，结构性存款的高息成本也对经营利润产生了一定影响。但由于结构性存款付息成本集中在上级行核算，基层网点缺失付息成本，经营业绩虚增，不仅利差压力传导不到位，也极易误导和干扰基层业务管理及经营决策，不利于量价协调发展。

为解决这一管理痛点，A银行应用集团业绩分成系统，将结构性存款付息成本还原到基层网点，实现了存款规模和利息支出的准确配比，更好地为经营决策、营销活动提供决策支持。

结构性存款业绩分成极大地促进了业务发展和精细化管理：一是基层行结构性存款产品业绩反映准确，扭转以往由于缺少部分利息而导致的业绩虚高问题；二是有利于利差管控压力向基层传导，提升全行主动负债定价管理水平；三是有利于提升绩效考核、资源配置等财务工具效力。

结构性存款付息成本分成实施以来，成效显著。基层网点"算账"意识逐步增强，纷纷提出要适当压缩个人结构性存款增量，将重点集中到优先发展低成本存款上，通过对存款进行优化调整，实现存款规模与点差收益的和谐发展。结构性存款规模快速增长态势明显低于同期，增幅下降45个百分点，付息成本得到一定程度控制，付息率下降29个基点。

四、助力银行卡透支业务风险管理

随着商业银行集约化改革步伐的推进，业务集中和共享平台建设成为提升管理效率的重要选项，如财务支付业务集中、采购业务集中、产品线集中等。A银行银行卡业务集中在总行层级核算，业务、财务和风险管理均在总行银行卡中心统一管理。

银行卡业务集中后，在提升核算效率、降低管理成本等方面成效显著，但在分支机构的业绩考核和还原方面带来了较大挑战，突出体现在信贷资产的风险管控方面。银行卡业务集中至总行后，分支机构不掌握银行卡透支业务的拨备明细情况，尤其在IFRS9实施后，受银行卡业务币种多、账户多、下划工作量大等方面因素约束，总行卡中心仅通过财务会计核算系统定期向二级分行层级下划拨备余额，未能将卡透支资产三阶段（IFRS9将信贷资产拨备提取分为三个阶段）拨备分别还原，也未能将拨备余额向基层网点还原。

由于分支行不掌握不同阶段拨备的计提及变动情况，无法有效地从拨备成本提取的视角向前延伸至资产质量管控，受损益表拨备成本信息缺失的影响，对拨备成本变动与信贷资产结构的关系缺乏了解，未能对拨备成本变动原因、信贷资产结构及质量进行有效分析，如拨备成本的增加是新发放贷款产生的，还是资产劣变造成的，是哪个阶段发生了拨备的变动等。

基于银行卡集中核算存在的问题和痛点，A银行银行卡中心联合有关部门，创新思路，本着平稳切换、让分行"看得见、摸得着"的原则，应用管理会计方法，将集中在总行卡中心核算的收支项目，通过业绩分成系统下划至分行，推动分行全面掌握银行卡业务效益情况，充分发挥主体责任，激发经营活力。主要体现在以下三个方面。

（一）强化分支行效益意识，提升财务预测水平

各分支行贷款减值准备在管理会计系统实现按月展示，净利润指标完整性和准确性提升，增强了分支行对"从风险管理要效益"的认识和理解，助推基层进一步强化资产风险管理。同时，分支行业绩核算完整准确，彻底解决其拨备前利润反映不实的问题，提升利润预测和管理能力。

（二）优化拨备还原流程，降低操作风险

拨备成本由资金实账下划改为模拟记账，操作流程大幅简化。总行卡中心不再向分行实拨资金及进行相关账务核算，仅需通过管理会计手段，将卡拨备成本模拟还原到各分行，分行主机端不再核算拨备信息。简单来讲，就是总行卡中心实账核算，分行模拟还原，先核算、后还原，实账与模拟账总分相符，操作简单的同时风险较低。

（三）前移风险控制，实现多管齐下

分行可全面分析信贷资产结构与质量对拨备成本的影响，充分应用财务管理工具，从源头上把控资产质量。此外，以风险成本管控为切入点，延伸至关注本行贷款风险变化情况，特别是客户评级结果、客户评级类型、所处行业、风险暴露分类信息、资产风险分类、劣变、逾期、期限调整等变化对风险损失准备的影响，加强贷款减值准备的监测、统计、分析和报告工作。

第六章　实践体会及未来建设规划

一、实践体会

（一）业绩分成需与管理会计总账衔接

业绩分成是管理会计架构中的一个模块，与管理会计总账做好衔接，才能更好地发挥作用。管理会计总账是多维度业绩分析模块的基础，业绩分成与管理会计总账对接，可将业绩分成结果反映到部门、产品、员工、渠道等各个维度，如通过业绩分成模块某机构收到一笔中间业务收入，业绩分成模块向管理会计总账传递具体的机构、科目、金额等信息，基于管理会计总账信息的更新，多维度的业绩信息将同步更新，实现了"一点接入、多维度共享"的管理目标。

（二）业绩分成要直达业务发生网点

从机构角度讲，对于"总对总"收支，力争将收支分成到业务发生网点，不要将分成结果停留在网点以上层级。主要基于两方面考虑，一是有利于夯实网点业绩，网点是最基本的利润创造单元，网点绩效管理的前提是准确计量网点业绩，如上述"总对总"收支及核算在上级行的财务收支没有还原到网点，网点的业绩不完整，对网点的预算、考核、激励无法有效开展，无法有效推进网点竞争力和盈利能力管理。二是有利于真实反映绩效考核，绩效考核的前提是业绩可比，若业绩分成未能直达网点，而停留在上级行，易导致一个机构内部不同网点业绩不可比，无法实施对网点的考核，以及后续的激励。

（三）业绩分成要与业务系统对接

主要有三方面好处，一是保证业绩分成信息的准确性、完整性和及时性，可整体提升业绩分成信息的质量，同时，节约开发资源、提升数据的共享性。二是有利于推进业务部门和财务部门的融合，财务与业务部门对接的过程，也是沟通的过程，要准确进行业绩分割与计量，必须要充分了解业务流程、工作职责、营销目标等具体内容，业绩计量的结果才能更加科学和准确，业务部门才能清晰了解本部门价值创造过程及贡献度。三是有利于提升业绩分成效率，通过系统间的对接，业绩分成工作将不再人为干预，而是根据事前确定的统一规则，自动分成到部门或业务发生网点，实现业绩分成的自动化。

（四）业绩分成需建立配套的管理机制

在系统建设的基础上，要实现业绩分成工作顺利进行，须从配套制度入手，建立长效机制，保障业绩分成在合规基础上实现管理效用的最大化，成为助力业务发展的重要引擎。如通过出台《业绩分成管理办法》，明确业绩分成核算规则、有关机构和部门的工作职责、发起流程、审批规则、冲正规则、应用场景等，避免部分机构借业绩分成调节业绩等违规现象发生。

二、未来建设规划

（一）推进深度业财融合，提升服务质效

业财融合要求财务管理要延伸，走进业务、流程、系统和数据，跳出财务看财务，回到财务做财务。在业绩分成服务业务的管理中，财务要熟悉联动业务的本质与实质，业务流程、价值创造的驱动因素以及各方贡献情况等，只有在深入了解业务的基础上，才能与业务部门共同提出业绩分成的方法、流程、原则、规则等。更为重要的是，在联动业务或联动项目中，财务要坚持系统观念，加强前瞻性思考，统筹平衡好质量、结构、规模、速度、效益、安全的统一，统筹平衡好短期目标与中长期目标的统一。

（二）健全业绩分成管理体系，保障业绩计量的客观性

业绩分成对业务发展和战略落地的支持，应管理机制和系统建设齐抓共管，共同发挥作用。管理机制的健全完善，是业绩分成的"最先一公里"。一是基于境内外联动、母子公司协同等重要战略管理目标，应以价值创造为核心要素，以公平公正为根本原则，贴合内外部环境变化，持续健全和完善业绩分成管理办法，以真实反映各利益主体在价值创造中的定位和实际贡献；二是针对个人业务、线上线下一体化等战略目标，应由各业务牵头部门事前制定一套业绩分成规则，基于不同业务、不同场景明确各受益主体的分成值或分成比例，同时应保证自上而下分成规则的统一性。

（三）构建分成信息共享机制，激发联动各方的积极性

为提升业绩分成信息的及时性和准确性，需从业务源头进行相关信息的采集，在事前确定相关业绩分成标准，同时要将业务分成信息共享给财务等相关部门，由财务实现业务分成信息的转价值化。一是要进一步完善当前营销系统，在联动业务发生时记录联动营销的业绩信息，并按照业绩分成规则记录各受益主体应分享的业绩，同时将业务分成信息共享给财务系统；二是管会系统将共享的分成信息进行价值化处理，形成各部门的贡献值，如业绩分成后的营业贡献、营业利润等。基于上述从业务到财务的完整业绩计量链条，既可以保障业绩分成的准确性、公平性和透明度，同时可以激发有关各方的积极性，提升机构业绩。从业财融合的角度看，也能够强化业务部门和财务部门的联动，提升协同效果，有利于推进价值创造的最大化。

（四）加快系统的场景化建设，提升服务战略的精准性

随着业务发展多元化和各维度业绩计量精细化的推进，集团内对业绩分成的场景化和延展性要求也越来越高。一是探索多维度业绩分成，支持条线间、渠道间业绩分成，推动线上线下一体化业务发展；二是在各业务系统做细做实营销业绩计量的基础上，逐步推动员工业绩分成，结合网点和员工考核办法，为员工考核管理夯实数据基础，保证考核"最后一公里"切实落地；三是聚焦境内外、母子公司间等联动业务发展，以"走出去"的管理会计理念，打造境内外一体化的业绩分成系统，以业绩分成为发力点，将业绩计量作为落脚处，助力国际化等战略落地。

参考文献

[1] 陈全兴. 基于价值理论的商业银行多维绩效评价研究 [D]. 大连：东北财经大学，2013.

[2] 程恩富，白红丽. 我国民营企业员工分享模式的比较研究 [J]. 河北经贸大学学报，2018 (4).

[3] 方涛. 利润分享理论对中国的启示 [J]. 人民论坛，2013 (27).

[4] 孟祥南，庞淑娟，陆正飞. 商业银行集团化管理与利益分配方式选择 [J]. 现代管理科学，2015 (11).

[5] 梁萍. 责任会计基础理论解析 [J]. 财会通讯，2011，(22).

[6] 王维艳. 社区参与景区门票分成实践及理论创新 [J]. 旅游研究，2018 (1).

[7] 王勇，江莉，王维等. 用改进旅行费用分成模型评估汶川县游憩价值 [J]. 四川环境，2020 (3).

[8] 谢贞发，朱恺容，李培. 税收分成、财政激励与城市土地配置 [J]. 经济研究，2019 (10).

[9] 俞志方，刘沛佩. "罚没分成" 的证券监管有奖举报制度构建 [J]. 江西社会科学，2018 (5).

[10] 张宝强. 企业集团财务协同治理的理论分析 [J]. 会计之友，2013 (6).

[11] 张文武. 商业银行管理会计核算体系研究与设计 [M]. 北京：经济科学出版社，2019.

[12] 张小玲. 对税务代收工会经费分成管理的审计 [J]. 中国工会财会，2018 (7).

[13] 周建锋. 马克思经济学视域下利润分享的逻辑 [J]. 经济纵横，2017 (8).

[14] 安永会计事务所. 金融企业管理会计应用指引（建议稿）[R]. 2017.

[15] Weitzman, M. L. The Share economy [M]. Boston：Har-vard University Press，1984.

第三篇

银行业财务核算系统生态化建设

课题主持人：武建华　　蒋业宏

课题组成员：弓宝拴　徐　春　张　洋　刘天奇

　　　　　　陈立杰　刘丽娜

摘　要

本文介绍了财务核算生态化的内涵，分析了在深化金融供给侧结构性改革以及金融科技迅猛发展的背景下，银行建设财务核算生态体系的必要性和可行性。本文以中国农业发展银行的财务管理体制改革及财会系统建设为例，详细论述了实践中财务核算生态化的总体思路、实现路径、要素构成及支持机制，对银行探索财务转型建设提供了切实指导和有益参考。

关键词：财务核算系统；生态化；反馈迭代；业财融合；金融科技

第一章　引　言

　　近年来，随着信息技术的高速发展和广泛应用，各行业的财务核算系统都发生了深刻的变革，大数据、人工智能、移动互联、云计算、物联网、区块链等技术工具，改变着财务的工作模式。当下是深化金融供给侧结构性改革的重要发力期，银行作为金融市场的最重要构成，肩负着"服务实体经济、防控金融风险、深化金融改革"三大战略任务，为此，必须在财务领域快速变革的环境下把握机遇，充分优化财务核算系统建设，提升服务实体经济的质量，强化防控金融风险的水平，助力推进各项改革。需要注意的是，尽管财务领域的变革具有全局性，但各个行业的财务核算系统发展存在不均衡。学界和业界关于财务核算的研究大多聚焦于制造业，对银行业的关注普遍较少。这使得银行业的财务核算无论是在理论发展还是实务应用上，都存在一定程度的滞后。在此背景下，对于银行业财务核算系统的研究显得必要和迫切。

　　财务核算的变革是多方面的，例如会计组织趋于共享化，业务流程趋于智能化，凭证处理趋于前端化，会计档案趋于无纸化，财务服务趋于云端化等，但最关键当数财务核算功能定位的改变。财务核算在企业管理中的功能正逐步由价值守护转为价值创造，这意味着以往机械、孤立的财务核算已无法满足企业价值管理的需要。管理者应对财务核算系统进行生态化重构，充分优化业务流程并利用科技赋能，从而实现财务核算系统对企业战略的有力支撑。

　　在自然科学概念下，生态包括生物本身的发展状况，各生物之间的交互，以及生物与环境之间的依存关系。在一个生态系统中，生物和能量等各生态要素依托生态循环实现彼此的适应、共生和发展。财务核算系统的生态化有两方面含义：一是着眼于实施效果，各财务核算要素的构成及组合方式符合生态规律，能高效驱动资金流及数据流的运转，最终实现资源最优配置；二是着眼于实现方式，基于生态的视角构建完善且高效的反馈机制，建立输入端与输出端的有机衔接，赋予财务核算系统以进化动能，利用数据探索和挖掘赋能机器深度学习，构建合规通道和监督渠道，对于正确、合规的数据进行存储、使用并传递，对于错误数据、疑似违规的数据进行修正、核实并反馈，通过迭代外推的方式实现财务核算系统的生态化建设，以最低的投入获得最高产出。

本文结合金融工作"服务实体经济、防控金融风险、深化金融改革"三大任务，对银行业财务核算系统的生态化建设进行分析和阐述：从财务核算系统功能角色转变出发，在理论层面探讨财务核算系统生态化的定义、特点、框架及功能；在应用层面以中国农业发展银行为例，论述财务核算系统生态化建设的总体思路、实现路径、管理模式和业务应用，以期丰富新时期财务变革的基础理论与方法，为银行探索财务转型建设提供切实指导和有益参考。

本文的贡献包括三点：第一，提出财务核算系统生态化建设概念，描述了财务核算生态化建设的实现路径及建设要点，丰富了财务核算系统的相关研究，为新时期财务核算系统的转型与发展提供指导借鉴；第二，以往财务核算系统方面的研究大多关注制造业，本文以银行业为研究对象，对深化金融供给侧结构性改革提供了助力，同时拓宽了财务管理研究所覆盖的行业领域。

本文内容安排如图 1 所示。第一部分为引言，总述银行业财务核算系统生态化建设的背景、内容及意义；第二部分为理论与实践发展，以财务核算系统在信息化时

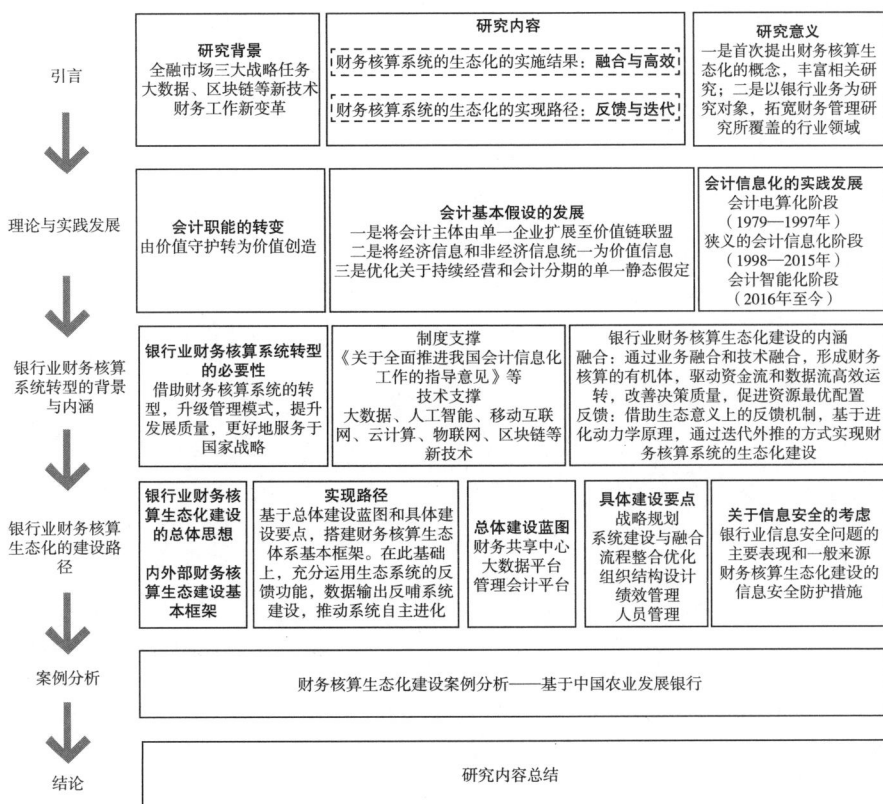

图 1　研究内容架构

代的职能演变为主线，阐述相关理论和实践发展；第三部分为银行业财务核算系统转型的背景与内涵，结合当下的制度、经济和技术等条件，探讨财务核算系统生态化的定义、内容边界及建设的必要性；第四部分为银行业财务核算生态化的建设路径，论述银行业财务核算系统生态化的总体思想、基本框架、实现路径和建设要点；第五部分为案例分析，依托中国农业发展银行的具体业务，制订财务核算系统的生态化建设的具体方案，深入分析相关收益、成本及风险；第六部分为结论，归纳总结本课题的研究结论、理论及实践贡献，并对未来财务核算系统的研究进行展望。

第二章　理论和实践发展

一、理论发展

（一）会计职能的转变

会计理论的每一次重大变革，都是在社会经济环境发生深刻变化的基础上完成的，例如制度环境演变、信息技术革新、产业结构转型、企业战略升级、组织结构优化等。会计的本质是对经济活动进行全面、完整、连续的确认和计量的过程，其基本功能是作为一个信息系统，通过为利益相关者提供决策有用信息，实现资源的合理配置并保证受托责任的履行（谢志华，2003）。有学者指出，会计目标及功能定位本身是一项会计基本假设（Hendriksen，1992；葛家澍，1997），它是特定环境下对会计信息使用者及其需求进行的主观归纳。会计所处环境的差异决定了会计的目标和功能定位不是一成不变的。

随着信息化进程的推进，会计职能的转变成为学界和业界讨论的重点话题。其中，一个普遍被接受的观点是，会计在组织中的角色应当由价值守护者转变为价值创造者。例如，阎达五（2004）认为会计理论研究应当紧紧抓住价值管理这一中心，以企业价值增值为目标，借助高速发展的信息技术，扩展会计核算内容及管理对象的范围，构建以价值链为载体，以事中实时控制为核心，财务会计与管理会计高度融合的价值链会计。在此背景下，财务核算系统作为会计职能的承载者，不能只是为了评估企业经营情况而进行数据搜集的工具，而应当作为一套有机结合的作用机制，为企业价值增值服务。

在传统的财务模式下，财务核算系统对企业的作用主要体现为价值守护，通过清晰地核算账务与资金，真实反映企业经营成果，为利益相关者守护企业价值。价值创造是对传统财务职能的升级，要求财务核算系统在帮助企业守护价值的基础上，从各方面帮助企业提升经营能力，最大限度地创造与释放价值。例如，面对外部的激烈竞争，利益相关者需要财务核算系统提供更多关于企业运营、预算管理、业绩分析及管控方面的辅助支持，以助力公司价值增长。总的来说，会计由价值守护者转为价值创造者，其实质是通过财务核算系统从传统到现代的变革与创新，实现对于战略和业绩的更有力支撑，提升会计及财务工作在企业整体经营框架中的地位与价值。

（二）会计基本假设的发展

财务核算系统是业务活动与决策活动之间的桥梁。作为财务核算系统赖以运行的基础，会计基本假设——会计主体、持续经营、会计分期、货币计量对核算的范围、内容、基本程序和方法做出了基本限定，从而保障了财务核算工作的正常进行及其所提供信息相关、及时、可靠。会计基本假设是人们在长期的实践中逐步认识、总结而成的，并处于动态发展之中。外界环境的变化要求会计基本假设应当被重新审视，包括其基本内涵及在财务核算系统中的具现方式。

会计主体假设是指会计与财务活动为特定的会计主体提供服务。对于传统的会计主体，一是根据控制资源，承担义务并经营运作的经济单位来确定，二是根据个人、机构或集团的经济利益范围来确定（戴军，1999）。信息化的发展促使企业组织形式愈发多样化，组织架构发展呈现出新的趋势，其特点包括重心趋向两极、结构愈发动态、外形更加扁平、运作更为柔性等。例如，在新出现的横向型组织中，组织的纵向层级进一步被弱化，部门间的边界被打破，部门间横向的合作与协调得到进一步强化；在无边界组织中，企业内部以多功能团队的代替了传统上割裂开来的职能部门，从而打破了企业内部边界，在外部则是与供应商、客户包括竞争对手进行战略合作，建立合作联盟，从而打破了企业外部边界，形成了一个个虚拟公司。这些因素扩大了会计主体的范围，也使得会计主体的构成更为复杂，要求企业必须明确会计主体控制资源和承担义务内容上的变化，摒弃会计主体一成不变的固化思想，秉持实质重于形式的原则，根据企业业务发展需求来对择定会计主体，以切实提升会计信息的相关性、及时性和可靠性。

持续经营假设认为，会计主体的经营活动可以持久延续，常被作为择定会计主体的重要标志。然而，信息化时代下各种会计主体的产生、发展和消失难以预测，组织结构的网络化发展使得交易事项行为与持续经营假说相背离，这要求人们对持续经营的判断必须考虑市场时间和空间等因素（葛家澍、杜兴强，2009）。

会计分期假设是财务报告赖以编制的基础，在信息记录代价高昂的早期，业务活动（动态视频）必须依托财务结果（静态快照）来记录。大数据技术突破了信息记录代价高昂的瓶颈，财务核算系统可以不再是基于静态、规范、格式的数据处理，可以积累并处理更长时间轴上的数据以及非结构化的数据。

货币计量是企业衡量资源价值的方式，信息化环境下出现了多样化的货币计量方法，其本质依然是价值表现形式。然而，由于货币计量不能很好地适用于非经济信息（吴春雷、张新民，2017），在当前强调企业社会责任的经济大背景下，企业应当思索非货币化因素的处理方法，扩充财务核算系统的涵盖范围，以更全面地提供决策有用信息。

针对会计从价值守护者到价值创造者这一角色转变，必须从空间和时间两个维度重塑会计理论框架（阎达五，2004）。一是将原来单一企业形式存在的会计主体扩展为以价值链联盟形式存在的会计主体。二是将原来以货币为计量手段的单个会计核算对象扩展为以价值链形式存在的一切可量化的对象，从而扩展会计管理的视角，同时将经济信息和非经济信息统一为价值信息。三是将信息技术与财务核算深度融合，以管理过程的时间序列为依据，事前进行管理的统筹规划，事中进行管理的实时控制，事后进行管理的分析考评，从而优化关于持续经营和会计分期的单一静态的假定，实现全方位、全过程、动态的财务核算和会计管理。

二、会计信息化的实践发展

从改革开放初期开始，我国的财务核算系统的发展先后经历了会计电算化、狭义会计信息化和会计智能化三个阶段（刘勤、杨寅，2019），如图2所示。

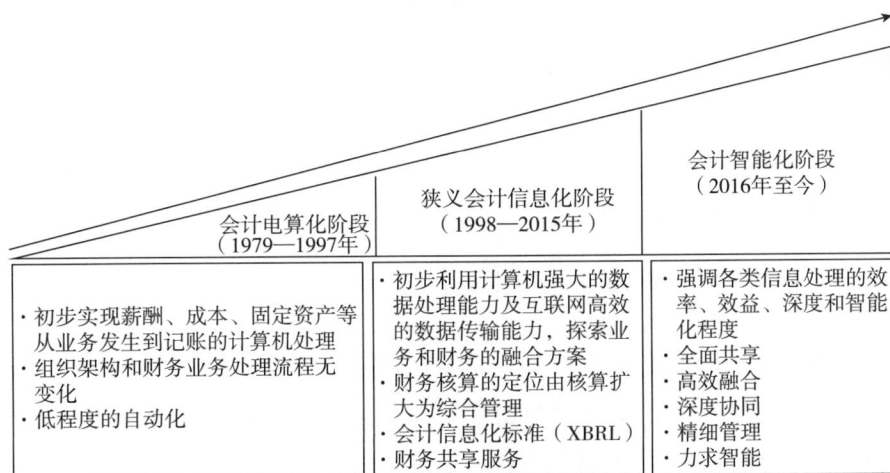

图2　会计信息化发展阶段

（一）会计电算化阶段（1979—1997年）

在会计电算化阶段，财务核算系统部分取代了人工会计核算工作，初步实现了薪酬、成本、固定资产等从业务发生到记账的计算机处理（杨纪琬，1985）。不过这一阶段机器仅在较浅的层面替代手工劳动，与之前相比，财务工作对员工的知识结构要求未发生实质改变，财务核算系统的职能仍局限在交易记录和账簿维护。在应用层面，财务软件和财务人员的工作存在割裂，电算化并未改变组织架构和财务业务处理流程，只是用软件实现了部分处理环节的自动化。

（二）狭义会计信息化阶段（1998—2015 年）

狭义会计信息化阶段，起于互联网的普及和企业资源计划（ERP）的大范围推广（周金华，2003）。随着经济的高速发展以及金融工具的不断丰富，部分企业摆脱了以往简单的业务模式，逐步转变为集研发创新、生产经营和资本运作为一体的企业集团，并开始利用计算机强大的数据处理能力和互联网高效的数据传输能力，探索业务和财务的初步融合方案。财务核算系统的功能定位也逐渐由核算扩大为综合管理（杨周南，2003）。与电算化阶段的"人机割裂"不同，信息化阶段开始强调"人机协同"，信息技术成为业务流程优化及再造的重要依托，并产生了会计信息化标准和财务共享服务两项主要成果。

进入 21 世纪，外部经济环境更加复杂多变，从而对企业的财务核算系统提出了更高要求。一方面，政府持续扩大内需以刺激经济，企业面临着极佳的业务发展时机，迫切需要提升财务核算系统的效率、成本效益及管控性，财务共享服务在此背景下应运而生。2006 年，中兴通讯建成了国内首个财务共享服务中心，自此拉开了我国财务共享服务发展的帷幕（张瑞君等，2010）。另一方面，经济全球化使得各国业务和技术的规则、流程和制度逐步趋同，会计信息化标准成为企业解决财务管理问题的核心技术（王颖等，2013）。2008 年，可扩展商业报告语言（XBRL）中国地区组织成立，标志着我国会计信息化标准建设步入正轨。

（三）会计智能化阶段（2016 年至今）

当下，数据成为业务发展的重要驱动力，财务核算系统作为企业内部最重要的数据加工方和提供方，其决策职能受到了空前重视。与此同时，随着人工智能、云计算、移动互联、物联网、区块链等技术逐步发展并成熟，企业开始探索前沿技术和财务核算的融合路径，以实现数据的高效处理及挖掘，进而为企业各项重要决策提供支持。2016 年，德勤和 Kira Systems 共同宣布将人工智能引入我国的会计、税收和审计等工作中，标志着会计智能化发展阶段正式到来（刘勤、杨寅，2019）。

与狭义会计信息化阶段注重业务和财务信息的整合、快速处理及实施共享不同，会计智能化阶段则更强调企业各类信息处理的效率、效益、深度及智能化程度。例如，物联网、财务机器人（RPA）、机器学习、专家系统等技术使得财务核算流程的全自动成为可能；云计算技术极大地扩充了企业的运算及存储能力；光学字符识别（ORC）和自然语言处理（NPL）技术将企业可用的数据源扩展到文本和图像；基于神经网络、深度学习等技术大幅提升了财务预测精度，从而在更深的层次上辅助决策。

会计智能化阶段的发展特点如下：一是全面共享，涵盖智能财务相关平台、数据、人员、组织等；二是高效融合，在相关业务政策、规则、流程、系统、数据、标准等高度统一的基础上，实现业务、财务、管理的相互融通；三是深度协同，基于智能财务相关平台建设新型财务核算系统，优化分工并实现各部门、各组织的有效协同；四是精细管理，借助智能财务，采集最细颗粒度的交易和过程数据，提升各业务单元和流程管理的精细化程度；五是力求智能，通过科学设计各种财务相关的智能化应用场景并匹配以相应的前沿技术，实现智能化在财务核算系统中的全贯通（刘梅玲等，2020）。

第三章　银行业财务核算系统转型的背景与内涵

一、制度、经济及技术环境

（一）银行业财务核算系统转型的必要性

2017 年 7 月，习近平总书记在全国金融工作会议上明确了金融工作的"三大任务"，即服务实体经济、防控金融风险、深化金融改革。2019 年 2 月，习近平总书记在中共中央政治局第十三次集体学习时强调，要深化金融供给侧结构性改革，增强金融服务实体经济的能力。2020 年 3 月，《中共中央　国务院关于构建更加完善的要素市场化配置体制机制的意见》中指出，要增加金融服务有效供给，构建多层次、广覆盖、有差异、大中小合理分工的银行机构体系，优化金融资源配置，放宽金融服务业市场准入，推动信用信息深度开发利用，增加服务小微企业和民营企业的金融服务供给。2020 年 6 月，国务院常务会议指出，要引导金融机构进一步向企业合理让利，增强金融服务中小微企业的能力和动力，督促银行完善内部考核激励机制，提升普惠金融在考核中的权重。2019 年 8 月，中国人民银行印发《金融科技（Fin-Tech）发展规划（2019—2021 年）》，要求银行业应当秉持"守正创新、安全可控、普惠民生、开放共赢"的基本原则，充分发挥金融科技的赋能作用，推动我国的金融业高质量发展。

从上述宏观政策脉络中可以看出，当下银行业工作的重点是明确服务重心，优化服务方式，依托前沿技术来提升服务水平。在这一背景下，借助财务核算系统的转型来升级管理模式并提升发展质量，更好地服务于国家战略，成为银行业面临的一项紧迫任务。

为增强服务实体能力，落实向企业合理让利的政策要求，银行必须创新成本管控措施，进一步加强成本控制，提升整体资源配置效率。2010 年以来，银行普遍开始关注成本压降，行业的整体成本收入比呈下降态势；直至 2016 年，随着费用刚性凸显，银行成本管控遭遇瓶颈，行业的整体成本收入比有所上升。基于国内外前沿实务，成本管控的主要措施可概括为内涵式发展、业务流程优化、网点渠道整合、金融科技赋能、精细化管理五个方面。例如，近年来，已有两家国有大行围绕集约化经营策略，积极推进集约运营体系的建设，先后完成集中交易核算、集中配送、集中集合、集中运维等集中运营措施，建立了以总行、一级分行为主体的集约化营运体系。通过将网点柜面操作环节分离至总行集中处理，该银行率先实现了总行层级实时业务集中处理，营业成本得以大幅降低。

就银行业财务核算系统转型来说，其对于成本管控的贡献如下：一是通过构建财务核算生态系统，优化财务工作流程，削减财务工作成本，实现内涵式发展，例如将同质、重复工作集中到财务共享中心处理，从而减少各分部财务工作所需资源，在总体上降低财务工作成本；二是精确地进行成本的归集和分配，供给经营者更全面翔实的成本信息，从而帮助经营者掌握集团整体的成本动态，制定科学有效的成本管控决策，借助金融科技赋能来提升管理精细化程度，例如将作业成本法和作业成本管理引入银行成本核算实务中。

防范金融风险的任务对银行业财务核算系统提出了更高要求。一方面，财务核算系统要尽可能地接纳并处理多类型、多维度的信息，从而充分实现金融风险的识别和量化；另一方面，财务核算系统要为风险控制工作提供支撑，提供丰富的关于估值核算、信用评价、资本运作等方面的信息，辅助管理者的风险管理决策。

银行业财务核算转型本身就是深化金融体制改革的一部分，能为其他部分的改革提供有效助力。

（二）财务核算系统转型的制度支撑

财务核算系统转型的制度支撑主要包括国家各部委发布的，关于支持会计信息化建设的各项纲领性文件。

2006 年，中共中央办公厅、国务院办公厅印发《2006—2020 年国家信息化发展战略》，对全国信息化建设作了总体布局。会计信息化是国家信息化的重要战略构成，推进会计信息化工作对于贯彻国家信息化发展战略具有重要意义。

2009 年 4 月，财政部印发《关于全面推进我国会计信息化工作的指导意见》，明确了会计信息化的意义、目标、任务、措施和要求等内容，标志着我国的会计工作发展进入一个崭新时期。其中，会计信息化的目标之一是：基本实现大型企事业单位会计信息化与经营管理信息化融合，进一步提升企事业单位的管理水平和风险防范能力，做到数出一门、资源共享，便于不同信息使用者获取、分析和利用，进行投资和相关决策（财政部，2009）。

2013 年 12 月，财政部印发《企业会计信息化工作规范》，从制度层面认可了电子会计资料的有效性，免除了企业在一定范围内会计资料的打印责任，对于提升会计工作效率，深化整个社会的信息化应用具有深远意义。

2014年1月，财政部发布《财政部关于全面推进管理会计体系建设的指导意见（征求意见稿）》，明确将管理会计信息化作为会计信息化工作的重要部分。财务会计面向过去，计量属性符合历史成本特征，其目标适用于受托责任观；管理会计面向未来，计量属性符合公允价值特征，其目标适用于决策有用观。从体系上讲，管理会计在空间上以量化为主线，融合了现代信息技术和企业管理，在时间上则是涵盖了企业的战略决策、执行与评价（刘勤等，2014）。从目标和体系上看，管理会计与会计信息化的"融合、共享、服务决策"目标高度契合，这意味着企业对财务核算系统的优化，也必须围绕管理会计工具的应用与整合来进行。

2016年6月，财政部发布《管理会计基本指引》，并持续发布了多项管理会计应用指引。指引通过对各项管理会计工具和方法进行系统梳理，明确了各种工具方法的内涵、边界、优缺点、适用情景、实施效果等内容，以促进各企事业单位加强管理会计工作，提升管理水平，促进经济转型升级。

2016年10月，财政部印发《会计改革与发展"十三五"规划纲要》，重点包括推进管理会计的广泛应用和提升单位会计信息化水平。文件要求企业以深入实施管理会计指引体系为抓手，积极推动企业和其他单位会计工作转型升级，进一步发挥会计工作在战略管理、预算管理、成本管理、营运管理、投融资管理、绩效管理、风险管理等方面的职能作用，促进企业提高管理水平和经济效益，促进行政事业单位提高理财水平和预算绩效，更好地为经济社会发展服务。与此同时，企业需要不断能提升会计信息化水平，推动财务核算系统与其他业务系统的有机融合，推动会计工作从传统核算型向现代管理型转变，引导企业以可扩展商业报告语言（XBRL）提升内部管理信息标准化，促进财务、业务数据的融合与互联。密切关注大数据、"互联网+"发展对会计工作的影响，及时完善相关规范，研究探索会计信息资源共享机制、会计资料无纸化管理制度等。

2017年8月，国务院印发《新一代人工智能发展规划》，指导各行业抢抓人工智能发展机遇。2018年7月，财政部相关工作负责同志指出，高度重视区块链、人工智能等新技术在财务领域的应用尝试，是会计信息化接下来的重点工作之一。

2020年4月，国家发展改革委、中央网信办联合印发《关于推进"上云用数赋智"行动　培育新经济发展实施方案》，激发企业数字化转型内在动力，助力企业降低运营成本，支撑经济高质量发展。在此背景下，智能财务成为企业信息化建设的重要组成部分和首要突破口，在助力财务转型及变革的同时，有效推动企业信息化的整体进程（刘梅玲等，2020）。

（三）财务核算系统转型的技术支撑

会计信息化进程也是财务工具不断进步的过程，财务工具的不断变革大幅改进了财务工作的效率。德勤 2018 年发布《关键时刻——数字化世界中的财务》，认为云计算、流程机器人、可视化、高级分析、认知计算、内存计算和区块链七项技术对财务的影响愈发显著，他们共同构成了新时代下的财务工具集。而上述工具背后的技术支撑则主要包括大数据、人工智能、移动互联网、云计算、物联网和区块链等新技术。财务核算系统转型，就是通过将新技术与财务核算系统融合，实现对传统财务工作的模拟、拓展和延伸，进而改善会计信息质量、提升财务工作效率、降低操作风险、增强财务工作的合规能力和价值创造能力，最终促进财务核算系统在企业管理控制和决策支持方面的作用发挥。

大数据技术并非仅着眼于数据本身的规模，更在于如何对这些大规模的数据进行挖掘，从而实现数据增值，其应用依赖于数据存储和处理硬件的升级，以及数据挖掘算法的创新。国务院 2015 年 8 月印发的《促进大数据发展行动纲要》对大数据技术的定义是："以容量大、类型多、存取速度快、价值密度低为重要特征的数据集合，正快速发展为对数据巨大、来源分散、格式多样的数据进行采集、存储和关联分析，从中发现新知识、创造新价值、提升新能力的新一代信息技术和服务业态"（国务院，2015）。

人工智能是研究并开发用于模拟、延伸和扩展人的智能的技术科学，包括感知智能、运算智能和认知智能。2010 年以来，人工智能技术取得了突破性进展，不仅对以往形成的机器推理、专家系统、机器人等赋予了新的应用场景，更是发展出了基于神经网络和遗传算法的深度学习技术（杜传忠等，2018）。人工智能的核心在于高水平地用物力解放人力，构建新型的人机交互关系，使之成为资本和人力等传统生产要素的有益补充，进而促进工作和生产方式的转型。人工智能在财务领域的应用是多方面的，例如，四大会计师事务所以及用友、金蝶等会计软件厂商推出的财务机器人（RPA）方案，基于神经网络、规则引擎、数据挖掘等技术，自动实现对财务预测和决策的深度支持等（王海林，2017）。

移动互联网是互联网与移动通信在各自独立发展的基础上相互融合的新型领域，主要由移动终端、移动通信网络和公共互联网服务三要素构成，同时具备移动设备随时、随地和随身的特性，以及互联网分享、开放和互动的社交特性。近年来，随着手机等移动终端的大面积普及和 5G 技术的成熟应用，移动互联网的应用场景得到了极大丰富，成为企业业务创新和管理模式转型的重要助力。

云计算提供了一种新型的信息获取方式和使用模式，可以将共享的软硬件资源和信息按需提供给计算机或其他设备。云计算和大数据密不可分，大数据的处理无法在单一计算机上完成，必须依托云计算的分布式处理、分布式存储和虚拟化等技术。

物联网是指通过二维码识读设备、射频识别装置、红外感应装置、全球定位系统、激光扫描仪等，按照约定协议将指定物品与互联网连接，以实现信息的交换与通信，对物品进行识别、定位、跟踪、监控和管理（ITU 国际电信联盟，2005）。

区块链是比特币等加密货币的核心技术，其核心特点是"去中心化"，能够通过运用数据加密、时间戳、分布式共识和经济激励等手段，在节点无须互相信任的分布式系统中实现基于去中心化信用的点对点交易、协调与协作，从而提供了关于去中心化机构普遍存在的高成本、低效率和数据存储不安全等问题解决方案（袁勇、王飞跃，2016）。区块链本质上是一种会计技术，可作为分布式记账系统运行，能提升交易和资产的会计处理效率，还能明确各项权利、义务和来源，从而使财务核算系统能处理比以前更多的业务类型，并且更能反映所记录交易的经济实质。应用区块链技术，可通过智能合约实现新的交易和控制的自动化。用户一旦发起新交易，信息将会被传播至多个相同的账簿中，而无须中心方控制，并且这些交易记录都是永久的，不能被任何一方单独修改或消除。

值得注意的是，银行业财务核算系统的转型必须审慎地评估上述每一种新技术的应用场景，切不可盲目求新。事实上，现代银行业在发展过程中不断地融入各种技术创新。新技术只要有助于提高资源配置效率以及交易的安全性和便利性，就会被纳入银行业务体系。但迄今为止，还没有一项技术创新对银行业的组织系统或业务系统产生过颠覆性的影响，以人工智能为代表的"大智移云物区"等新技术也不会例外。近年来，随着区块链技术被上升到国家战略层面，社会存在不同程度地夸大或迷信区块链功能的情况。部分行业实践已经证明了区块链的一些应用不具可信性，例如，加密货币的供给不灵活，缺乏内在价值支撑和主权信用担保，无法有效履行货币职能，更不可能颠覆或取代法定货币，其匿名特征反倒会增加金融交易中实施反洗钱（AML）和尽职调查（KYC）的难度。再如，区块链所具有的"去中心化"特性，与"中心化"之间并无优劣之分，各有其适用的场景，现实中完全的"去中心化"和完全的"中心化"都不常见（徐忠、邹传伟，2018）。此外，新技术本身甚至就可能成为金融风险的来源。例如，区块链投资领域的泡沫水平偏高，投机炒作和市场操纵等违法行为较多。

二、银行业财务核算系统生态化建设的内涵

银行业财务核算系统转型的关键在于生态化建设。所谓生态，在自然科学概念下的本意是，在一定空间内的生物及环境所构成的整体，它关注生物本身的发展状况，各生物之间的交互，生物与环境之间的依存关系。在一个生态系统中，生物和能量等各生态要素依托生态循环实现彼此的适应、共生和发展。例如，鱼缸就是一个微型生态系统，其中，水给植物灌溉，植物净化水质，鱼食用植物弱根，灯光给植物提供光合作用的能量，植物释放氧气供鱼呼吸，鱼的粪便为植物生长提供养分。借鉴自然科学的概念，生态化的财务核算系统，就是通过各项技术手段、管理工具和业务流程在企业层面上的有机融合，形成健康的相互支持的有机体。其产生的信息能有效提升经营者的决策水平，进而驱动资金流和信息流的高效运转，并实现资源的最优配置，最终为企业创造价值。

(一) 依靠反馈机制实现财务核算系统的生态化建设

财务核算系统生态化的实现，依赖生态本身的反馈机制。这是因为，财务核算生态体系的构成较为复杂，并且要求具备对新环境和新任务的自适应能力、对新信息和新技能的自动获取能力、在复杂环境中进行有效决策的能力、长时间稳定运行的能力等。与此同时，财务核算生态化建设所追求的另一目标是，让数据和信息的生产、交换、传递、储存耗能最小，以最小的投入获得最大产出。由于上述目标几乎都无法通过预先规划来实现，因此必须借助生态本身的反馈功能，使用经验外推法，赋予财务核算系统进化动能，在运行中不断自我优化、升级。反馈是指生态的产出反过来决定生态的投入。财务核算系统的反馈是将分析应用结果反馈至数据采集，反哺系统建设，系统在这一过程中不断迭代升级，最终更好地服务经营决策及价值增值。如图3所示。

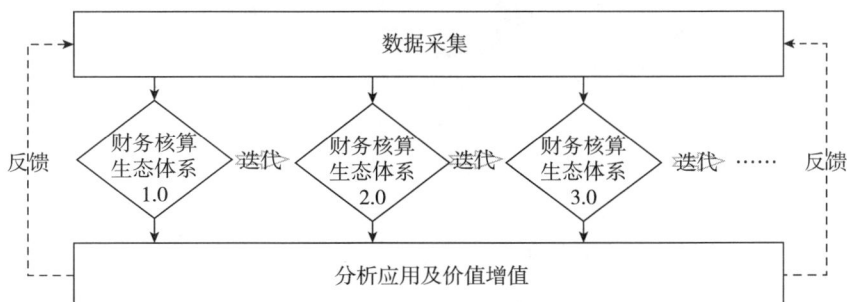

图3　财务核算系统生态化建设反馈迭代

反馈包括正反馈和负反馈。其中，正反馈使系统某一功能不断得到强化。例如，

财务核算系统搜集特定信息，通过特定模块处理后得到的信息，能显著改善决策质量，那么相关过程会被标记为正确，做法会被存储并推广，模块功能会得到进一步加强，系统完成正反馈迭代。相反，如果某项特定模块对数据进行搜集和处理之后得到的结果，被认为无益于决策改善及价值增值，那么相关过程会被标记为错误，做法被修正及取代，模块功能会得到修正，系统完成负反馈迭代。利用生态系统的反馈机制，可有效解决财务核算系统结构过于复杂而难以规划的问题，改之以进化的思想，使系统在运行中不断完善，不断向企业真实需求靠拢。

（二）以融合作为财务核算系统生态化的主要措施及成功标志

融合既是生态化建设的主要措施，也是完成生态化改造的成功标志，包括技术融合和业务融合两方面。

技术融合是指结合使用多项技术来优化某项业务流程，构建业务流程的微生态，并明确生态系统的输入和产出。以电子报账业务为例，如图4所示，输入开始于经济活动的发生和相关单证的形成，随后单证的扫描和提交应用到移动互联技术，存储和传输应用云计算技术，单证信息的智能识别应用深度学习技术，账务处理和会计凭证归档运用RPA技术，最后运用大数据技术从诸多报销数据中提取信息并凝练成知识，并以此作为产出来辅助决策。

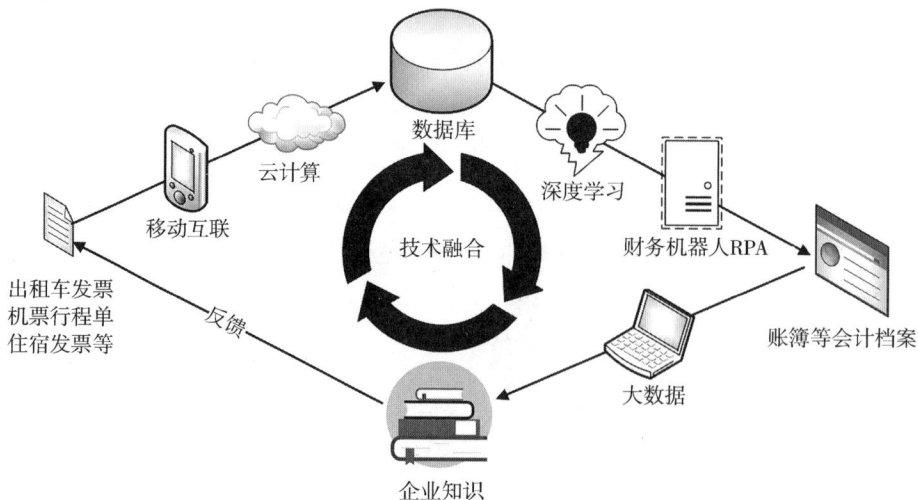

图4　电子报账业务的技术融合

业务融合是指业务流程的优化重组，重点围绕"业财融合"进行，一方面通过"去财务化"实现业务对财务的高水平驱动，另一方面通过强化分析反馈实现财务对业务的高质量支撑。其手段是将财务系统与业务系统进行高效对接，构建一体化的财务运营系统，从而在信息系统整体架构中实现财务流程和业务流程的有机融合。（谢志华，2003）认为，信息化进程的推进要求企业必须对各种信息进行高度集成，这意味着财务核算系统不应孤立存在，必须与其他信息系统进行全面且深度的融合。以开票系统为例，当达到开票条件后，业务人员提出开票申请，从业务系统传入销售合同信息，财务运营系统自动完成开票动作，同时自动产生应收确认的会计凭证，自动导入到财务核算系统以及相关的账簿和会计报表，无须经过其他工作人员再行录入。

（三）银行业财务核算系统生态化建设在政策和技术方面具备可行性

当前的制度条件和技术条件为银行业的财务核算系统生态化建设提供了机会。国家对会计信息化、智能化的发展高度重视，不仅鼓励企业将财务系统与其他业务系统进行有机融合，构建现代管理型的财务核算系统，更是鼓励财务工作者积极探索大数据等新技术在财务中的应用。

政策方面，各部委正逐步为企事业单位的财务核算系统转型扫清障碍，以推进会计档案电子化工作为例，2020 年 3 月，财政部和国家档案局联合发布《关于规范电子会计凭证报销入账归档的通知》，明确规定电子会计凭证与纸质会计凭证具有同等的法律效力，且可以直接报销入账归档，企业无须打印纸质资料。

技术方面，"大智移云物区"等技术在财务领域已经有许多较为成熟的应用，例如，基于人工智能和云计算的机器人流程自动化（RPA），已经在诸多领域取代人工劳动来完成一些重复的日常流程，包括财务管理、税务管理、合规管理、数据科技、金融、人力资源等方面。根据市场研究公司 Transparency Market Research 的研究，2017 年，全球机器人流程自动化的市场规模达到了 11 亿美元，并且直至 2026 年，都将会维持 28.1% 的年复合增长率。德勤 2018 年《关键时刻——数字化世界中的财务》报告指出，在被调查的所有公司中，约 30% 的企业已经在使用机器人流程自动化的相关技术，并且许多组织已经通过这项技术寻得降低成本、提升生产效率的全新路径。

第四章　银行业财务核算生态化的建设路径

一、总体构成、核心理念和基本框架

银行业财务核算系统的生态化建设既具有一般性，也具有特殊性。一般性是指银行业的整体经营架构与一般工商企业集团相同，因此学界和业界已形成的关于财务核算系统转型的理论和实践同样适用于银行业；特殊性是指银行承担着国家的各项重大改革任务，规模庞大，且与其他市场实体的交互频率及强度远超一般工商企业，这些特点对财务核算系统生态化建设提出了更高要求，使之必须契合银行的实际业务需求，并且应以促进银行完成金融业的三大任务"服务实体经济、防范金融风险、落实金融市场改革"为出发点和落脚点。

（一）银行业财务核算系统生态化建设总体构成

图 5 展示了银行业财务核算系统的各项生态要素。一方面，银行内部的各业务经

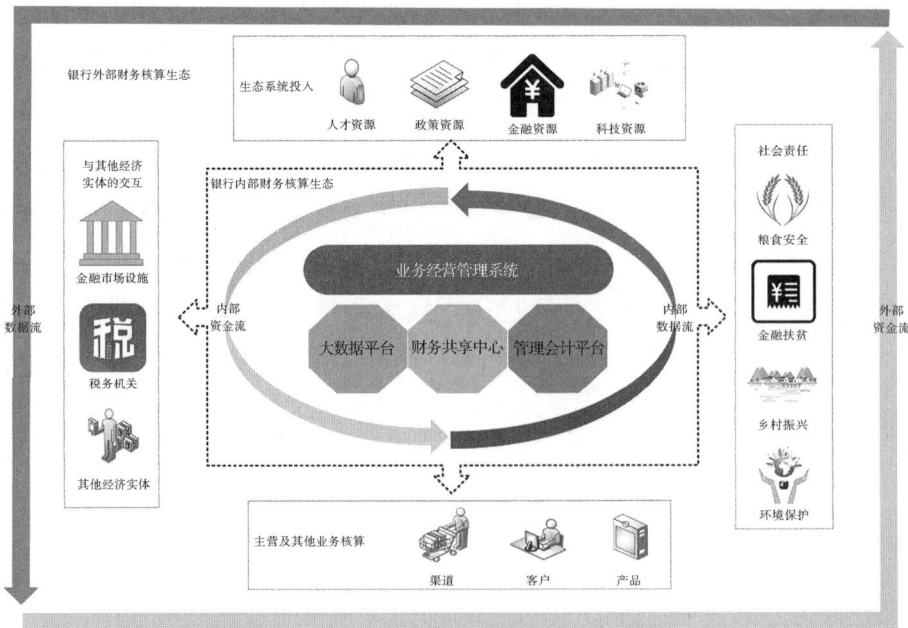

图 5　银行业财务核算生态要素构成

营管理系统、财务共享中心、管理会计平台、大数据平台以及资金流和数据流，构成了银行内部财务核算生态系统；另一方面，银行本身作为一个有机体，接受社会上人才资源、政策资源、金融资源、科技资源等生态投入，与税务机关等其他经济实体密切交互，伴随着资金流及数据流的循环，转化出经济及社会责任等方面的生态产出。

（二）银行业财务核算生态化建设的核心理念

财务核算系统的生态化建设，就是通过融合各项技术手段、管理工具和业务流程，借助生态系统的反馈功能，通过迭代外推的方式，构建健康的、相互支持的业务系统有机体。财务核算系统生态化建设的总体目标，一是提升财务工作，二是更好地服务于业务和管理工作，从而协助经营者提升决策水平，驱动各类资源的高效流转并实现资源的最优配置，最终实现价值增值。为此，在理论层面应当以价值链会计为基础，促进财务会计与管理会计的同向发力和有效结合，拓展财务核算的内容、管理对象的范围以及数据挖掘的深度；在技术层面依托"大智移云物区"等技术手段，构建以财务共享服务、管理会计整合应用以及企业大数据平台为核心，各系统高效对接，银行内外部业务有机协同的财务核算生态体系。

财务核算生态体系有三个关键元素区别于以往的业务模式：一是以客户[①]需求为中心而非以产品、服务为中心；二是以数据平台为支柱，客户与交易信息在平台存储与共享，使决策者方便捕捉客户需求，从而改善经营决策，或是优化财务核算系统功能；三是企业内外部多个业务系统组成网络，通过系统间的竞合来共同满足客户需求。

上述元素对财务核算系统的生态化建设架构提出了明确要求：一是要建立多接口的前端，保障企业内外部业务系统能够灵活接入，互相集成；二是加强数据治理，确保数据的一致性、完整性、保密性和安全性，通过建立数据仓库的方式，为将来的大数据应用打下坚实基础；三是保持整体架构的开放性和松耦合性，能够对来自企业内外部的系统、应用和数据进行快速整合与升级；四是注重经济性，确保技术一致性，以便于建立统一的后台更新及维护流程；五是在生产环境以外建立配套的测试环境，为新业务试点提供技术支撑，便于在很短时间内测试并上线新创意及新应用。

基于上述讨论，本文总结了银行业财务核算系统生态化建设的总体理念，如表1

---

① 指所有与财务核算系统业务处理有关联的主体，包括企业经营者、内部员工、外部供应商、外部客户等。

所示。

表1 银行业财务核算系统生态化建设的总体理念

序号	基本理念	内容
1	反馈	财务核算生态体系应包含完善的反馈机制，正确则进行存储、使用、传递，错误则进行修正、验证，不断迭代外推直至正确。基于经验外推法，以最低的成本完成财务核算系统的迭代、进化和升级
2	关联	财务核算系统应该是企业智能系统集群中的一个环节，与其他系统相互关联，彼此共享数据
3	变量	系统变量应该具有穿透性、全局性，突破系统孤岛，体现共享。系统生产的数据资产存入数据仓库，各层级使用者从数据集市完成数据调用，从源头定义全局变量，使通用语言能够在系统间顺畅流动，最大化地避免烟囱式建设
4	维度	变量多维度，每个维度都是数据管理手柄，可简捷随意灵活拖放使用
5	柔性	系统之间相互关联，但不是相互依托，任何两个系统之间、任何两个模块之间都存在两条不同路径，在负向维度上不会由于某个系统、某个模块引起生态瘫痪、系统瘫痪，在正向维度上能根据数据共享机制选择成本最低方式上传、下载
6	验证	可参考互联网区块链机制完成数据的验证，系统之间彼此调用无忧
7	粒度	数据粒度尽量细，后期数据调用不以分隔、分摊等方式处理，直接以加总或汇总的方式处理
8	安全	数据存放以物理数字形成存在，只有调用才能转化为逻辑数据，价值体现在不同调用过程中。相当于密码是灵活的，不同的调用完成不同的规则转化
9	流水	操作日志以流水形式保存，包括错误信息、系统日志等各类管理信息
10	驱动	财务核算系统应该是由业务直接驱动的。只要有业务就会产生资源消耗，就会形成财务活动，一切业务活动本质都是财务活动。但目前财务管理系统的业务起点是报账，实质是业务的结束，而不是业务的起点或源头，也就是说工作流不是以报账为起点，而是以业务源头为起点，即先有业务后有财务，从而财务管理也从注重结果向注重过程发展
11	应急处置	系统留有非常处理接口，便于处理经审批的非常事件以及突发事件等，而非自锁后的破坏机制
12	镜像	模拟生产环境构建配套测试环境，为新业务试点提供技术条件，便于短时间测试并上线新创意和新应用

（三）银行内部财务核算生态建设基本框架

银行内部的财务生态要素包括财务共享中心、业务经营管理系统、大数据平台和管理会计平台，各要素之间的耦合关系及信息流向如图6所示。

1. 各系统内容简介

各项业务经营管理系统，主要包括业务管理方面的信息系统（采购管理系统、生产管理系统、税务管理系统、营收稽核系统、合同管理系统、销售管理系统），和基础管理方面的信息系统（资产管理系统、人力资源系统、电子档案系统、报账系统）。

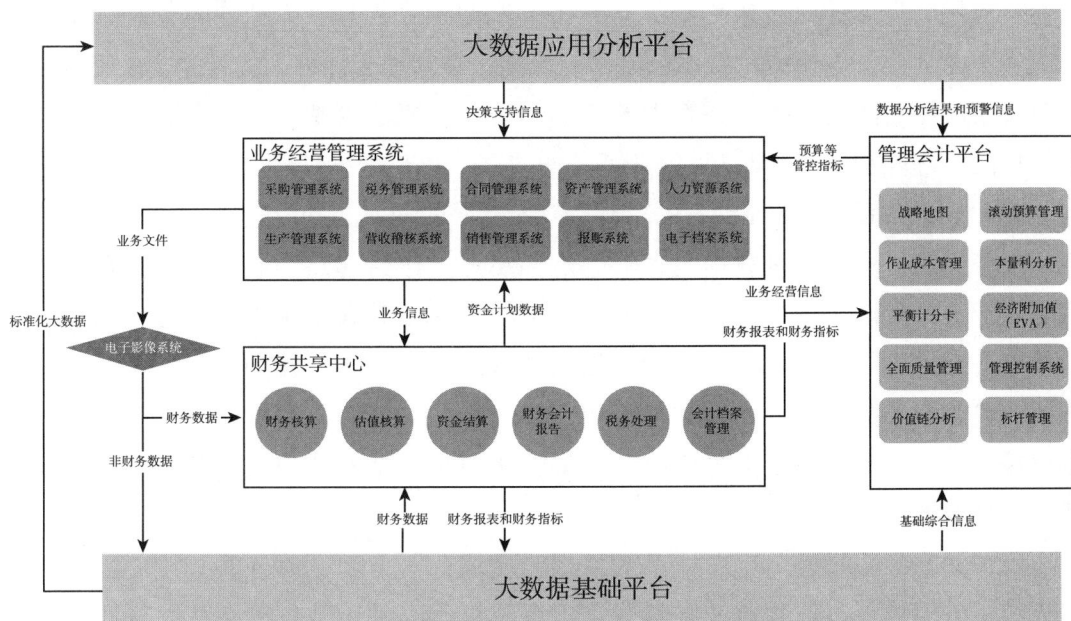

图6　银行内部财务核算生态要素结构

　　财务共享中心，是一种依托信息技术，以财务业务流程处理为基础，以优化组织结构、规范系统流程、提升流程效率、降低运营成本、强化决策支持、创造企业价值为目的，以市场视角为内外部客户提供专业化、标准化服务的管理模式。财务共享中心的主要业务有六项，分别是财务核算、估值核算、资金结算、财务会计报告、税务处理、会计档案管理。此外，财务共享中心包含影像管理平台，以实现各类外部单据的电子化处理。

　　大数据平台，包括大数据基础平台和大数据应用分析平台。大数据基础平台是数据的"集市"，主要约定数据标准，以及数据抽取、数据转换和数据存储的规则，由数据管理组织按照数据管理流程和数据管理机制进行维护，目标是做好数据质量控制。大数据基础平台主要存储最细颗粒度的基础数据（公共主数据）、管理数据、业务数据以及财务数据，以及来自企业外部的行业数据、经济数据和环境数据等。大数据应用分析平台是数据的"加工车间"，它基于大数据基础平台，通过特定模型和算法，结合业务、财务、管理、风控等方面的具体要求，对基础数据进行深度分析，发掘财务及管理工作的潜在规律，针对各类分析场景提供报告、查询、预测、模拟及预警，通过可视化的方式将相关分析结果返回至业务经营管理系统和财务共享中心，以提升业务质量（刘梅玲等，2020）。

　　管理会计平台，是由各项管理会计工具构成的多层次有机系统。管理会计工具是企业应用管理会计时所采用的战略地图、滚动预算管理、作业成本管理、本量利分析、平衡计分卡等模型、技术、流程的统称，是管理会计理念的具象化。管理会计工具主要应用于战略管理、预算管理、成本管理、营运管理、投融资管理、绩效管理、风险管理等领域（财政部，2016）。

2. 数据在各系统间的流动方式

业务经营管理系统是数据流动的起点和终点：作为起点，业务经营管理系统承载了企业日常生产经营任务，向财务共享中心传递业务和管理所需数据，以完成后续的财务会计工作、数据统计分析工作以及管理会计工作；作为终点，业务经营管理系统接收财务共享中心、大数据平台、管理会计平台传递的资金计划和预算等财务管控指标，以及其他数据分析统计结果，从而完成企业各项运营任务，同时改善经营水平及质量。

财务共享中心是整个生态体系的最核心构成。一方面，财务共享中心需要与其他系统正确对接，包括接收业务经营管理系统提供的基础数据，完成财务核算等操作，向大数据平台输出标准化的财务数据以供其存储或进行深度分析，向管理会计平台提供决策所需基础财务信息；另一方面，财务共享中心还需要与银行外部系统（银行间清算系统、银行间票据系统、银企互联系统、个人及企业银行系统、税控系统、商旅服务系统）等对接，以完成资金划转、账务处理等操作。此外，财务共享中心也接收来自大数据平台及管理会计平台的相关数据，以实现系统间的反馈，为系统的自主迭代升级提供数据基础。

大数据基础平台既作为数据库直接供客户使用，同时也为其他系统发挥功能提供数据支持：一是向大数据应用分析平台提供标准化大数据，供其进一步处理分析；二是供财务共享中心随时调用财务数据以完成业务处理或基础统计分析；三是向管理会计平台提供基础综合信息，确保其功能正常发挥。

大数据应用分析平台接收基础平台提供的标准化大数据，完成分析、总结及推断之后，直接向决策者提供有用信息，同时也向管理会计平台提供相关分析结果，以改善相关管理会计工具的使用效果。此外，为支持财务核算生态体系具有完备的自我反馈和迭代升级功能，大数据应用分析平台作为数据流的末端环节，还应当构建起数据输入与输出之间的桥梁，动态评估数据的分析及处理结果，反馈至输入端，对于正确的结果及处理过程予以存储并推广，从而形成正反馈机制，对于错误的结果予以摒弃并对过程进行修正和迭代，从而形成负反馈机制。依靠正反馈和负反馈机制，财务核算系统能够在运行中实现优化升级，从而以最小的成本获得最大的收益。

在财务核算生态体系中,管理会计平台作为执行者,承担着"数据驱动管理"这一任务。一方面,管理会计平台接收业务经营管理系统、财务共享中心、大数据基础平台、大数据应用分析平台及外部实体提供的数据,以驱动各项管理会计工具发挥作用,形成辅助经营决策的信息。同时,管理会计平台也向大数据应用分析平台提供数据,供其进行更复杂的预测、模拟、分析、评估及预警活动。

(四) 银行外部财务核算生态建设基本框架

与一般工商企业不同,银行承担着国家各项重大改革任务,业务规模庞大,与其他外部经济实体的交互极为频繁。因此,银行业财务核算系统的生态化建设既要对内提升效率、降低成本,对外也要促进业务以增强服务实体经济能力,防范金融风险,助力金融市场改革。总的来说,银行业财务核算外部生态要素主要包括生态系统投入、外部经济实体、主营业务生态产出、社会责任生态产出四个部分。

1. 银行外部财务核算生态的主要构成

生态系统投入,包括人才资源、政策资源、金融资源、科技资源四个方面。首先,专业人才培养是持续推进财务核算系统生态化建设的保证,但与发展迅速的信息技术相比,财务方面的高端人才供给不足。未来的财务人才需要把握人工智能环境下的财务和会计工作走向,在熟练掌握会计学、管理学、经济学等的基础上,深入了解计算机科学、统计学、信息系统等方面的知识,成为能做账、懂技术、会管理的复合型人才。其次,标准规范的建设制度是推动一项事业走向成熟的重要因素,政府主管部门通过法规、标准、规范、准则、指引等来推动财务工作的发展和转型,并发挥着监督和纠偏的作用(刘勤、杨寅,2018)。再次,金融资源是财务核算系统生态化建设的重要依托,它既包括政策规定的财务系统转型支出方面的税收优惠,也包括政府给予技术开发和应用等的相关补贴。最后,财务核算系统生态化建设高度依赖信息技术的进步,诸如"大智移云物区"等技术的发展日新月异,很小的技术进步都有可能极大地带动财务工作的发展,不断地为财务核算生态化建设提供助力。

外部经济实体,包括中央银行、其他商业银行、银行间市场清算所(上海清算所)、上海票据交易所、证券及期货交易所、税务机关以及环球同业银行金融电信协会(SWIFT)、国际银行等。需要注意的是,与上述经济实体的业务往来可能并非发生在总行层面,也有可能是各分支行来承接,但相关数据最后都需要向财务共享中心传输,来完成下一步的核算与分析。

主营业务生态产出,包括渠道拓展、客户关系维护、金融产品开发、征信管理、估值核算等方面。首先,银行通过网上银行、手机银行、微信公众号等方式,将金融服务置于各种场景中，为用户获取金融服务提供了便利，也能有效地拓展和维护新老客户，改善与客户之间的交互，增加客户黏性。例如，银行基本都成立了电子银行部或网络金融部；某中小股份制银行建设了联结 294 家银行的一体化金融服务平台，开创了银行与银行合作的新模式；某中小股份制银行依托所属金融集团后台以及金融数据公司等共享资源优势，建设了集团综合金融服务平台，围绕用户"衣、食、住、行、玩"等生活场景针对性地提供金融服务；某中小股份制银行通过"一个客户、一个账号、多项服务、多个产品"模式，借助所属金融集团的优势，为客户提供一站式的金融服务（谢治春等，2018）。与此同时，在互联网金融的冲击下，银行迫切需要掌握更多的客户信息，以构建用户立体画像，进而对细分客户精准营销以及实时营销。网上银行、手机银行、微信公众号等银行节点为银行精准营销和实时营销提供了数据支持，也为财务共享中心、大数据平台和管理会计平台功能的发挥奠定了基础。例如，某城市商业银行借助社交平台和手机 APP 等渠道，利用大数据技术进行客户筛选和风险评估，并据此开发了信用贷款产品，累计已放贷 400 多亿元，笔数超 500 万笔。其次，财务核算系统生态化建设有助于银行统一管理内部多源异构数据和外部征信数据，构建更加完善的风控体系，从而对内保障数据的完整性和安全性，对外控制客户风险。以大数据征信为例，通过全面的数据采集和先进的建模技术，银行能够大幅扩充可征信的客户群体规模。最后，金融产品估值核算的难点包括数据准确性难以保障，交易及核算规则琐碎、复杂、缺乏统一规范，操作风险高等。财务核算系统的生态化建设能够加强资产定义，自动获取交易和行情数据，强化非结构化数据的处理和分析，还能通过系统更新将复杂的交易规则落实到各个核算环节中，并能将每日的资金、持仓、行情等对账检查和基金会计行为管理落实到系统中，做好本系统自洽性和跨系统他洽性的对账，有效规范业务操作流程，降低操作风险。

社会责任生态产出，包括金融扶贫、粮食安全、乡村振兴、环境保护等方面。我国高速增长的经济背后，隐藏着传统的粗放式发展带来的社会问题，例如贫富差距、社会安全、环境保护等。因此，转变经济发展模式，由粗放型向集约型转变，促进经济可持续发展，成为整个社会迫切需要解决的问题。2009 年 1 月 12 日，中国银行业协会发布《中国银行业金融机构企业社会责任指引》，其中明确指出银行业金融机构应当树立正确的价值观念和经营理念，建设具有社会责任感的企业文化，积极投身公益事业，优化资源配置，支持社会、经济和环境的可持续发展。对于银行业来说，履行社会责任是新时期金融业三大任务的题中应有之义。财务核算生态体系之所以能带来社会责任方面的产出，是因为产出的数据能帮助改善经营决策，使之更加高效、敏捷，准确性也更高。以金融扶贫和普惠金融为例，手机银行和微信公众号等虚拟金融终端一方面增加了金融可获得性，使更多的人无论贫富都能享受同质的金融服务，另一方面也方便银行大规模地搜集用户数据，从而便于银行制定精准扶贫的策略。

2. 银行财务核算外部生态的反馈机制

一直以来，银行都是金融体系的重要引领者和开拓者，例如广泛采用各种新技术、新方法，以改善运营水平和服务质量。然而，在当前数据量空前庞大、新技术层出不穷的环境下，如何激浊扬清，吸纳正确的信息并采用合适的技术，成为银行面临的一大难题。

一方面，由于外部环境过于复杂，财务核算系统的需求通常难以准确界定，即便是能准确描述需求，设计并建设这样一套财务核算系统会耗费巨量资源，不符合成本收益原则；另一方面，对于很多新的信息、方法或技术，由于缺乏借鉴，往往只有在实际采纳或应用之后才能准确评估其效果。在这种情况下，反馈机制的应用便尤为重要。财务核算生态体系中两项产出，即主营业务生态产出和社会责任生态产出，能够有力地评估资源投入质量及银行内部系统的运作水平。通过建立产出与投入之间的反馈机制，财务核算生态体系在运行过程中能够实现迭代优化升级，从而可以消耗较少的成本，使整个财务核算系统不断向银行真实业务需求靠拢。

二、实现路径

财务核算系统的生态化建设要求财务部门在财务战略、角色定位、组织结构和操作流程等方面做出全方位的转变，并且在信息系统等技术支持下进行职能定位、人力资源等全方位的优化。为此，必须有清晰的建设路径，使财务核算系统生态化建设从模糊的概念转变为切实可行的操作方案。如前文所述，由于财务核算系统的功能十分丰富，运行所处的环境过于复杂，使得需求通常无法精准描述，因此，若想一步构建起完美符合银行需求的财务核算生态体系，需耗费大量资源，且很难取得理想效果。

因此，本文建议首先按照总体建设蓝图和具体建设要点，构建财务核算生态体系的基本框架，同时借鉴生态系统的反馈及迭代进化机制，在运行中实现系统的优化升级，使得系统功能不断向真实需求靠拢。基于上述思路，银行可以消耗较少的资源，实现较好建设效果。

三、总体建设蓝图

如图 7 所示，财务核算系统生态化建设的蓝图可概括为三个阶段，即财务共享中心建设阶段、大数据平台建设阶段、管理会计平台建设阶段。其中，财务共享中心是构建整个生态体系的基础，大数据平台是生态系统数据流转及存储的要件，管理会计平台是决策优化及执行的关键。

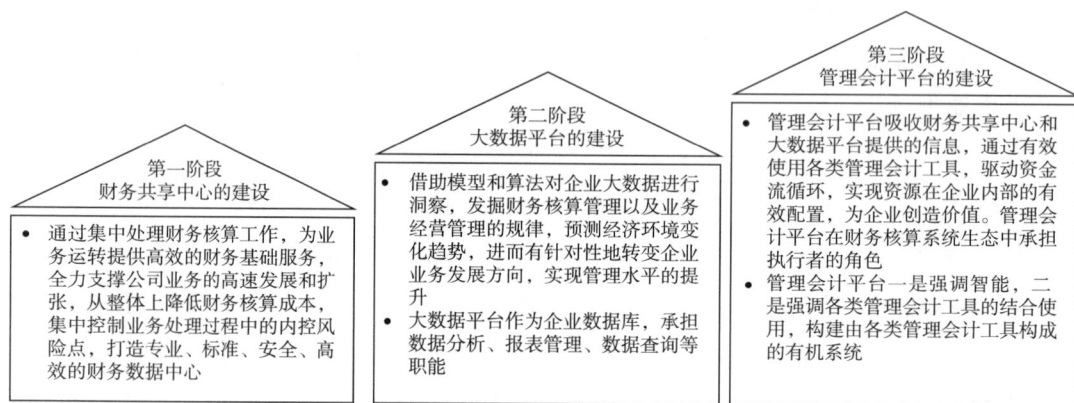

第一阶段 财务共享中心的建设

- 通过集中处理财务核算工作，为业务运转提供高效的财务基础服务，全力支撑公司业务的高速发展和扩张，从整体上降低财务核算成本，集中控制业务处理过程中的内控风险点，打造专业、标准、安全、高效的财务数据中心

第二阶段 大数据平台的建设

- 借助模型和算法对企业大数据进行洞察，发掘财务核算管理以及业务经营管理的规律，预测经济环境变化趋势，进而有针对性地转变企业业务发展方向，实现管理水平的提升
- 大数据平台作为企业数据库，承担数据分析、报表管理、数据查询等职能

第三阶段 管理会计平台的建设

- 管理会计平台吸收财务共享中心和大数据平台提供的信息，通过有效使用各类管理会计工具，驱动资金流循环，实现资源在企业内部的有效配置，为企业创造价值。管理会计平台在财务核算系统生态中承担执行者的角色
- 管理会计平台一是强调智能，二是强调各类管理会计工具的结合使用，构建由各类管理会计工具构成的有机系统

图 7　财务核算系统生态化建设蓝图

第一阶段是财务共享中心的建设。通过集中处理财务核算工作，为业务运转提供高效的财务基础服务，全力支撑公司业务的高速发展和扩张，从整体上降低财务核算成本，集中控制业务处理过程中的内控风险点，打造专业、标准、安全、高效的财务数据中心。在此基础上，逐步形成集战略规划、业务管理、共享服务和专家咨询为一体的财务共享服务模式，持续提升各项财务专项职能，使财务核算水平符合专业化、国际化标准，财务核算机制和体系迈上新台阶。财务共享中心的核心建设逻辑是业务驱动财务，基本建设目标包括财务核算标准化自动化、资金结算集中化自动化、税务计算申报自动化、会计档案管理电子化自动化等。

财务共享中心为财务核算系统生态化建设提供了三个基础，分别是组织基础、管理基础和数据基础。组织基础方面，财务共享中心通过集中提供财务基础服务的方式，大幅释放了财务人员的时间和精力，并通过应用信息技术将财务核算流程标准化、制度化和流程化，使财务人员能更多地投入到战略决策支持和业务支持中。管理基础方面，衡量一个企业财务核算水平的优劣，通常以是否具有标准和统一的财务制度和流程为判断依据。某些企业虽然在总部有明确的财务核算制度和流程，但各子公司和分公司对此又有不同的个性化解释和执行标准，导致整个财务集团的财务核算参差不齐，难以统一进行计量、考核及评价，资源的协调和分配也变得困难,对外界变化的响应能力也比较差。财务共享中心秉持"统一标准"理念,在同一个地方,以相同的标准,按照专业化分工来处理财务核算事项,在集团层面统一了会计科目、信息系统、财务流程和财务制度,为财务核算生态化建设奠定了管理基础。数据基础方面,财务共享中心通过标准化、流程化的处理和操作规范,保证了所有财务数据从产生起就遵循统一的逻辑规则。财务数据的粒度变得均衡,具有横向和纵向的可比性,能够轻松地与其他数据对接及整合,极大地减少数据处理过程中的转换工作,最大限度上保留数据的真实性,为大数据平台及管理会计平台作用的发挥奠定了数据基础。

第二阶段是大数据平台的建设,包括大数据基础平台和大数据应用分析平台。大数据基础平台作为企业数据集市,除承担数据存储、数据查询、报表管理等功能外,还负责数据的全局定义及管理。为保证大数据平台灵活、开放、可拓展、响应快速等要求,同时确保系统间数据的顺畅流动,大数据基础平台一是必须从源头定义好全局变量,二是在运行过程中动态评估数据的流动情况,将结果反馈至业务经营管理系统,从业务前端对数据的搜集方式进行纠正。大数据应用分析平台的作用在于,借助模型和算法对企业大数据进行洞察,发掘财务核算管理以及业务经营管理的规律,预测经济环境变化趋势,进而有针对性地转变企业业务发展方向,实现管理水平的提升。

大数据平台的核心建设逻辑是数据驱动管理,基本建设目标包括数据定义通用化、数据存储结构化、数据单元颗粒化、数据查询灵活化、报告交互实时化、预测分析准确化及时化、方案模拟多样化准确化、风险预警实时化可视化等。

第三阶段是管理会计平台的建设。财务共享中心为财务核算系统生态化建设奠定了组织、管理及数据基础,大数据平台通过数据搜集、存储及分析为财务核算生态化提供了数据流循环的核心动力,而实现财务核算系统生态化最终目标"改善决策、创造价值",则是依赖管理会计平台功能的发挥。管理会计平台吸收财务共享中心和大数据平台提供的信息,通过有效使用各类管理会计工具,驱动资金流循环,实现资源在企业内部的有效配置,为企业创造价值。管理会计平台在财务核算系统生态中承担执行者的角色。

管理会计平台是由各类管理会计工具构成的有机系统。不同于以往一般性的管理会计实务,管理会计平台有两方面的特点:一是强调智能,例如在预算管理方面应用 RPA 技术进行预算的制定、监控和分析,作业成本管理方面利用大数据和物联网技术进行作业动因的判断和识别等;二是强调各类管理会计工具的结合使用,例如综合使用战略地图、预算管理、平衡计分卡及管理控制系统等工具打造高水平的绩效评价和薪酬体系，综合使用作业成本管理、本量利分析、全面质量管理、标杆管理、价值链管理等工具构建高质量的业务服务流程等。管理会计平台的核心建设逻辑是管理规范业务，其基本建设目标包括预算编制及分析自动化、预算控制前端化自动化、成本归集和计算精确化自动化、项目管理标准化过程化、税务风险检测智能化等。

财务核算系统生态化建设的核心是财务共享中心、大数据平台以及管理会计平台，为此必须在企业战略布局的指导下，对多项重点工作进行梳理，这些工作包括制度文件、业务流程、岗位职责、智能场景、数据标准、表单附件、信息系统、模型算法等。财务核算系统生态化的建设要点如表2所示。

表2　财务核算系统生态化建设要点

核心构成	核心逻辑	基本建设目标	重点工作领域梳理
财务共享中心	业务驱动财务	会计核算标准化自动化 资金结算集中化自动化 税务计算申报自动化 会计档案管理电子化自动化	制度文件 业务流程 岗位职责 智能场景 数据标准 表单附件 信息系统
大数据平台 （大数据基础平台） （大数据应用分析平台）	数据驱动管理	数据定义通用化 数据存储结构化 数据单元颗粒化 报告交互实时化 预测分析准确化及时化 方案模拟多样化准确化 风险预警实时化可视化	制度文件 岗位职责 智能场景 数据标准 模型算法
管理会计平台	管理规范业务	预算编制及分析自动化 预算控制前端化自动化 成本归集和计算精确化自动化 项目管理标准化过程化 税务风险检测智能化	制度文件 岗位职责 智能场景 数据标准

四、具体建设要点

对于如何进行财务转型，学界和业界进行了广泛的研究和探讨。例如，何瑛和周访（2013）基于流程再造理论，实证检验了我国企业集团实施财务共享服务的关键因素及其相互之间的关系，按照对财务共享服务的价值影响从高到低的顺序，各因素依次为战略规划、信息系统的建设及融合、业务流程整合优化、组织结构设计、绩效管理、人员管理；中兴通讯与 CIMA 于 2012 年对国内实施财务共享服务的企业进行调研，发现财务共享服务实施关键因素的前五名分别是流程管理、业务标准化、信息系统、人员管理和变革管理。无论是财务共享服务的实施，还是财务核算系统的生态化建设，其本质都是财务的转型或升级，本文主要借鉴何瑛和周访（2013）的思路，从战略规划、信息系统的建设及融合、业务流程整合优化、组织结构设计、绩效管理、人员管理六个方面阐述财务核算生态化建设的具体方法，如图 8 所示。

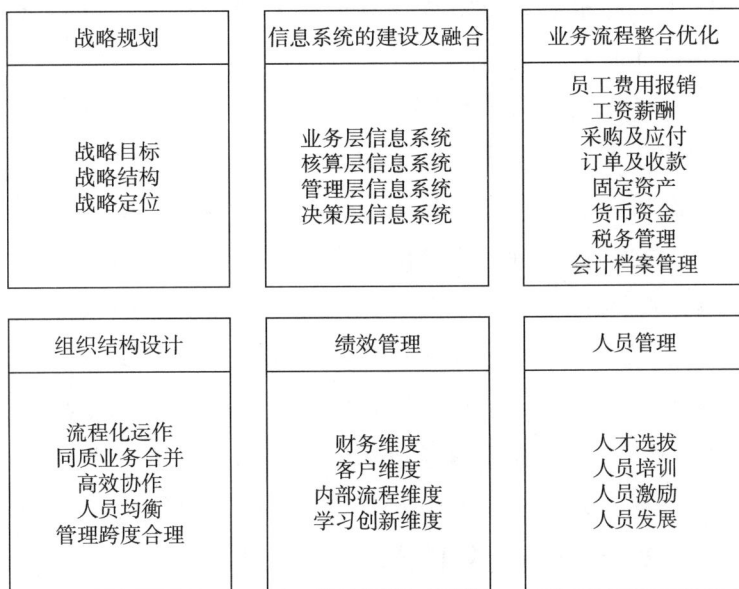

战略规划	信息系统的建设及融合	业务流程整合优化
战略目标 战略结构 战略定位	业务层信息系统 核算层信息系统 管理层信息系统 决策层信息系统	员工费用报销 工资薪酬 采购及应付 订单及收款 固定资产 货币资金 税务管理 会计档案管理
组织结构设计	绩效管理	人员管理
流程化运作 同质业务合并 高效协作 人员均衡 管理跨度合理	财务维度 客户维度 内部流程维度 学习创新维度	人才选拔 人员培训 人员激励 人员发展

图 8　银行业财务核算生态系统具体建设方法

（一）战略规划

在整个财务核算生态化建设中，战略规划的统领地位，决定了建设导向，同时确保了各生态要素按照预先设计的方案组合并运转。就战略层面而言，财务核算生态化建设的战略属于业务跟随战略，在规划时必须紧跟企业总体战略。正如钱德勒在《看得见的手：美国企业的管理革命》一书中所提出的："业务跟随战略必须服从企业总体战略安排"，这是组织管理工作中不可变更的重要原则。

以财务共享服务为例，Soalheira（2007）认为企业集团实施财务共享服务的首要因素是分析并评估公司的远景定位和战略目标，为的是使方案的设计及目标的执行更加明确，并与客户期望维持一致。Ramirez（2007）认为财务共享服务的战略目标与企业总体战略目标紧密相连，例如，选择成本领先型战略的公司会希望通过实施财务共享服务来节约成本；选择差异化战略的公司会希望财务共享服务能将自身与竞争者区分开来，形成差异化竞争优势；选择国际化战略的公司则希望财务共享服务能推动国际化的进展，解决其中的人员过度投入，融合的附加成本高，难以标准化管理等问题。

从内容上来说，财务核算生态化建设的战略规划包括战略目标、战略结构和战略职能三部分。

1. 战略目标

战略目标反映了企业希望通过财务核算系统生态化建设取得的主要成果，通常包括风险控制和成本降低等。

风险控制是指通过数据分析及核算，提升数据透明度和监管透明度，强化内部控制机制和风险管理能力。相比于一般工商企业，银行业的财务核算系统生态化建设更加强调风险控制目标。这一方面是因为银行是我国最重要的金融中介，其风险承担在整个经济体中发挥着金融稳定器的作用，另一方面也因为银行的主营业务与风险管理密切相关，银行同业之间的竞争很大程度上表现为风险管控能力的竞争。普华永道 2018 年 9 月发布的《2018 年中国金融科技调查报告》显示，商业银行最关注的金融科技成果集中在风控和反欺诈等领域。李华民和吴非（2015）指出金融科技的运用极大地提升了银行的数据搜寻便利性，特别是改善了大银行在中小企业贷款领域的信息劣势，使得其在留住大中型客户的同时，也能将长尾客户纳入服务范围；张德茂和蒋亮（2018）指出金融科技在银行转型的过程中主要起到了提升客户获取能力、降低运营成本、强化风险控制以及优化客户服务的作用。以上主要得益于金融科技能有效地消除信息不对称，例如，互联网和大数据技术能为银行搜集更多维度的客户信息，区块链、人工智能以及云计算等能够实现海量数据的集中存储及处理，描绘更完整的客户画像，从而缓解银行与客户之间的信息不对称。

在财务核算系统生态化建设过程中，风险控制战略目标的实现，一是依赖财务共享中心提供的标准化财务数据，二是依赖大数据平台的数据搜集和分析，三是依赖管理会计平台的风控措施。

成本降低目标是指通过高效的财务流程来实现成本优势，它是银行业财务核算生态化建设的基础目标。例如，将同质、重复的财务工作聚集在财务共享中心，同时剥离各分子公司的相应职能，从而在集团整体层面降低财务运营成本；再如，企业通过财务核算生态化建设，能够获取更科学、更详细的成本数据，进而更清晰地识别成本控制的着力点，精准施策。

2. 战略结构

战略结构是依据战略目标，对财务核算系统生态化建设所涵盖领域进行的划分，主要包括"区域中心"和"专长中心"两种结构模式。区域中心是指将银行在国内以及境外的业务划分为数个大区，然后将某些业务流程集中到某个大区进行财务核算及处理；专长中心是指针对某些业务流程来建立相应的财务中心，并在此进行专业的财务核算处理，例如估值核算等业务。

3. 战略职能

战略职能是指财务核算服务模式的定位。随着财务工作由分散到集中，从集中进入共享，从共享演变为生态，财务核算的战略职能也在不断地调整优化。一般来说，包括三个过程：一是内部职能部门，隶属于集团总部，为各分子公司业务单元提供跨组织、跨地域的财务专业支持，服务仅针对内部机构；二是独立运营责任主体，根据市场机制独立运营及收费，向企业内外部业务单元提供包含核算、账务、税务、分析、咨询等的综合性财务服务，此时财务核算服务的外部性特征较为明显；三是成为独立的法人组织，从原企业剥离，成为集团子公司，定位于服务提供商向集团内外部客户提供财务支持，同时也承接外部的财务业务，为集团创造价值。

(二) 信息系统的建设及融合

财务本质上是一个信息系统（谢志华，2003），也是企业信息系统重要的组成部分，在业务交易及事项发生时，记录业务过程，收集并加工业务数据，管理资金的流动，输出财务报告，并向各利益相关者提供及时、准确、有用的信息，改善经营者的决策质量以及公司的信息透明度。

财务核算系统的生态化建设强调企业内部和企业之间的系统集成。企业内部的系统集成是指财务核算系统与其他业务经营系统的融合，通过将财务信息的采集、存储、处理及传输嵌入到业务经营过程中，实现在业务发生时完成相关财务或非财务信息的采集，并执行相应的处理和控制措施，从而超越以往的事后分析评价，实现事中控制。企业之间的系统集成是指，将企业内部财务核算系统与客户、其他银行、金融市场基础设施、税务机关、清算机构等的信息系统集成起来，在价值链上构造集成化的系统网络。

随着信息技术不断发展，企业间的竞争逐步演变为价值链与价值链之间的竞争，业绩也越发地受制于外部环境因素。企业间的系统集成着眼于与其他经济实体建立高效的协作关系，企业通过将其财务核算系统与外部信息系统相连接，从而实现与外界的高效信息交换，帮助决策者更好地掌握市场环境变化，及时、准确、细致地了解企业所处经营环境，让财务核算系统更有效地辅助企业经营管理决策。

财务核算系统生态化建设所涉及的信息系统包括业务层信息系统、管理层信息系统、核算层信息系统、战略层信息系统，整体框架如图 9 所示。

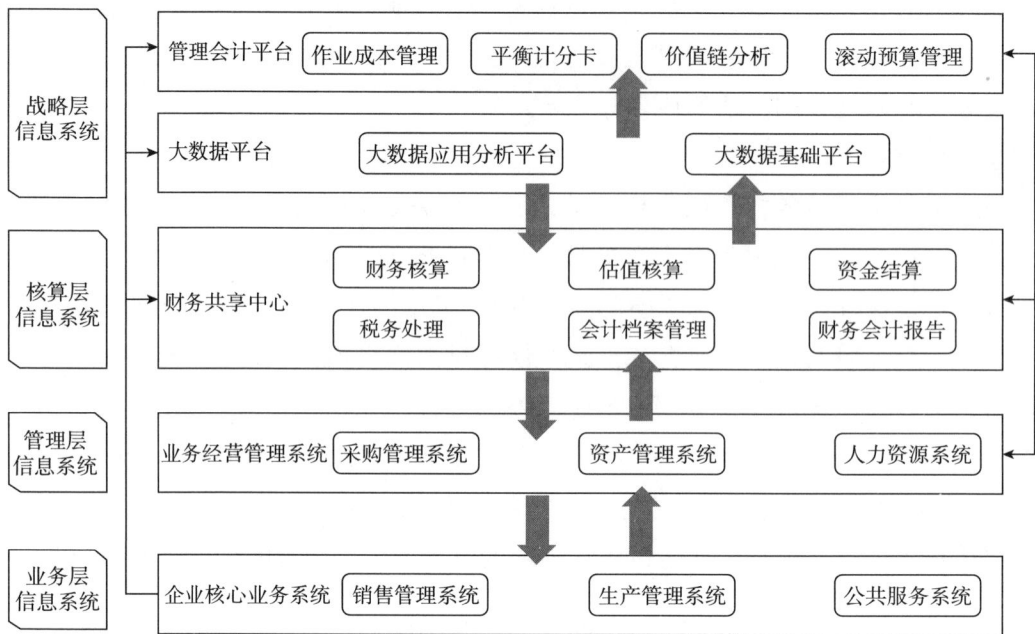

图 9　系统各个层级的设置以及信息传递路径

1. 业务层信息系统

业务层信息系统包括企业核心业务系统，包括销售管理系统、生产管理系统、公共服务系统等多个部分，覆盖企业核心价值链的业务过程和管理过程。业务层信息系统在设计时应充分考虑财务需求，将财务所需的数据及信息的搜集动作置于业务前端完成，业务人员在进行业务处理的过程中，相关信息直接流转至核算层，为业务驱动财务打下基础。

2. 管理层信息系统

管理层信息系统更多的是指支持企业日常运行的相关内部管理系统，例如资产管理系统、采购管理系统、人力资源系统等。与业务层相似，管理层信息系统的设计也应以财务管理与业务管理相融合为目标，将财务核算所需的信息置于业务前端完成，减少财务人员的重复录入，使业务充分驱动财务。

3. 核算层信息系统

核算层信息系统主要包括财务共享中心及大数据基础平台，承担财务核算、估值核算、资金结算、财务会计报告、税务处理、会计档案管理等财务职能，以及财务和非财务数据的搜集、整理、存储职能。核算层信息系统位于财务核算生态体系的核心位置，一方面收集业务层信息系统以及企业外部产生的信息，另一方面向管理层和应用层输入标准化的财务及非财务数据。

4. 战略层信息系统

战略层信息系统包括企业的管理会计平台以及大数据平台，功能定位于服务决策，改善企业运营质量。

管理会计平台包括企业从战略到经营计划、预算管理、成本管理、质量管理、绩效管理以及风险控制管理等相关的信息系统功能和模块，与企业的经营过程和管理要求密切相关。管理会计平台同时接收企业外部、业务层信息系统、管理层信息系统及核算层信息系统提供的数据，并向大数据平台输出预算、成本分析、绩效考评等多类信息。在建设管理会计平台的过程中，一是要重视各种智能场景的设计，充分利用金融科技为企业管理赋能；二是要重视管理会计工具的整合使用，在各个管理会计工具子系统之间预留足够接口，以便于管理会计工具的整合使用。

大数据平台定位于为管理者提供交互式的管理决策支持，包括大数据应用分析平台和大数据基础平台。在决策者自身的洞察及判断的基础上，大数据平台使用分析模型、专门数据库，并基于计算机的交互式建模过程来支持企业的管理决策。其方式包括就某项经营管理问题，直接为决策者提供动态优化方案，以及间接地通过强化管理会计工具来改善管理，例如，辅助管理会计平台完成较为复杂的分析、模拟、评估、预警、预测等工作。大数据平台同时接收其他各层系统提供的数据，经深度加工后形成辅助决策的信息，同时也支持业务层信息系统及管理层信息系统的运行。在建设大数据平台的过程中，除了各种算法的设计，还应当充分利用商务智能的技术，采用信息可视化技术，直观地反映企业整体经营情况，例如使用管理驾驶舱等图形展示工具等，这对于辅助决策至关重要。

（三）业务流程整合优化

流程是由一系列的活动组成，接收一个或多个输入，并产生一个或多个为客户带来增值的输出，是一种按照规律性方式，将输入转化为输出的相互关联且相互作用的连续过程的组合。构成流程的六个要素分别为输入、活动、活动的相互关系、输出、客户以及价值。企业转型最核心的管理就是对流程的管理，它能够提升成本优势，增强组织的应变能力和可持续发展能力（刘汉进、方阳，2012）。评价一个流程的好坏，需综合考虑成本、效率、客户满意度、责任划分等因素，好的流程标准化程度更高，可以让客户满意，让业务更灵活有效，让质量更有保证且风险更低，并且运行成本更加低廉。

财务核算系统是典型的流程化组织，基于多流程进行运营和管理。流程管理是财务核算系统生态化建设的突出特征及主要思想，标准、科学的流程是财务核算生态体系得以高效运作的基础，也是深入推进财务核算信息化的前提。在整个财务核算系统的生态化建设过程中，业务流程的整合和优化居于核心地位：流程是优秀作业实践的总结和固化，组织需要与流程匹配运作，信息系统需要承载并固化流程。

参考美国生产力与质量中心（American Productivity and Quality Center）构建的流程分类框架（Process Classification Framework），本文将财务核算系统生态化建设所涉及的主要业务流程做如下说明。

1. 员工费用报销

员工费用报销是最为普遍且发生频率最高的流程，通常包括事前申请、借款及还款、费用报销等子流程。以往的员工费用报销伴随着大量的单证流转，例如纸质或电子形式的差旅申请单、机票行程单、住宿底单等，这些单证的管理具有高成本、低效率的特点，且企业一般不对这些数据做进一步分析，其隐含的管理价值未得到进一步发掘。

财务核算系统的生态化建设要求企业重塑报销流程。如图10所示，一是依托财

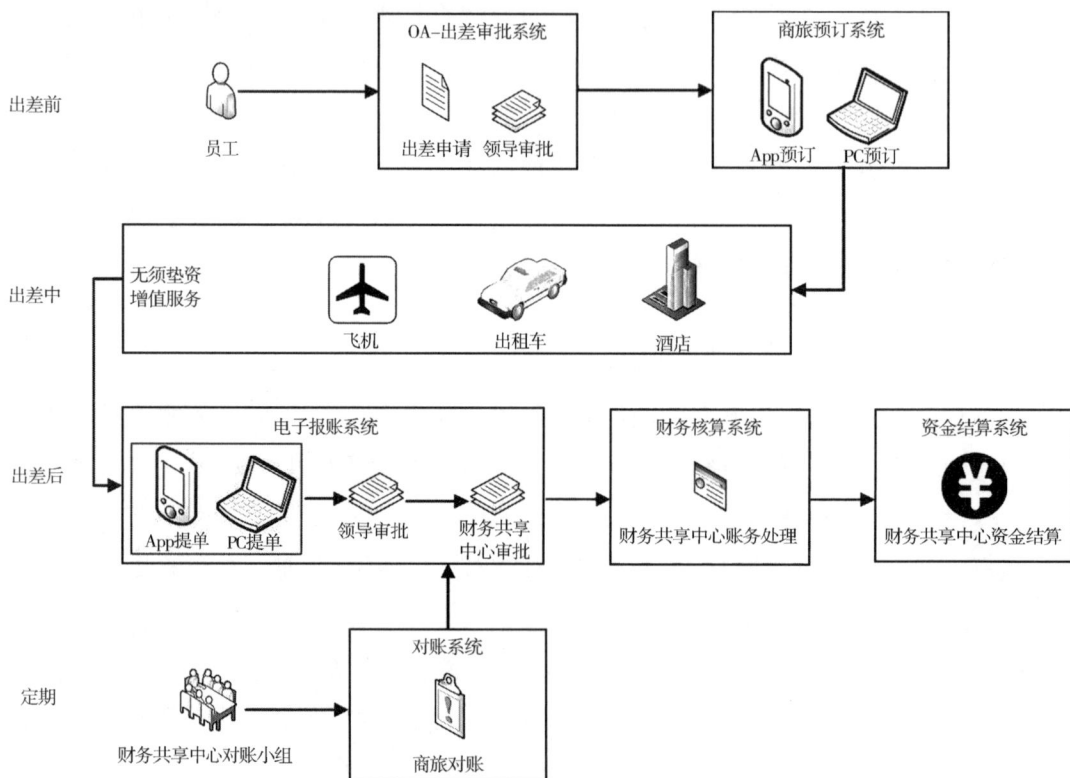

图10　差旅报销流程优化示例

务共享中心集中处理报销业务。通过将各分子公司的报销业务集中于财务共享中心，从而在提升流程标准化程度的同时降低报销业务成本。二是创新报销模式。例如采取商旅解决方案、办公以及集中采购方案，通过将订单与报销系统进行直连，员工无须垫付资金，也无须专门获取发票，从而极大提升报销的时效性，改善员工的报销体验，使得费用报销及其相关的账务处理工作变得简洁。三是重视费用报销数据的搜集及分析。依托大数据平台，并借助物联网、大数据及云计算等技术，企业能够有效地对业务报销数据进行搜集及分析，从而强化预算控制，使得资金能够得到有效的监控，缓解企业存在的成本浪费问题。

2. 工资薪酬流程

工资薪酬流程包含计提、支付和冲销三部分：工资薪酬计提流程包括提报工资薪酬计提报账单、责任人审核以及财务审核与入账；工资薪酬支付流程包括计算工资、个人所得税、保险，填写制作各类补助表、工资发放明细表、工资薪酬报账单，责任人审核，以及财务审核与入账；工资冲销流程包括比较计提与支付差异，填写总账报账单，工资薪酬差异账务处理等。

一般来说，工资薪酬流程的痛点有以下几项：一是核算工作量大，耗费财务人员大量精力；二是人工核对内容较多，容易出错；三是薪酬系统通常未与其他系统进行有效集成，薪酬相关数据不能在系统间有效流转；四是集团内各分子公司的薪酬核算往往各自为政，标准化程度低，难以在集团层面统一管理，阻碍税务筹划等活动进行。

构建财务核算生态系统，需要对工资薪酬流程进行优化。如图11所示，一是构建薪酬业务处理的通用数据标准，便于数据在上下游系统间的梳理流转，同时确保薪酬数据一次录入全程共享，既可避免因重复输入增加人力资源部门或财务部门人员的工作量，也可降低因薪酬发放数据和计提数据录入不一致引发的操作风险；二是要围绕财务共享中心，根据薪酬业务处理的实际需求，推进人力资源系统、财务共享中心、税务管理系统等的一体化对接，解决不同系统之间的信息壁垒；三是将共性的、标准化的薪酬核算业务纳入财务共享中心统一处理，薪酬数据推送至财务共享系统直接生成会计凭证，构建从薪酬信息采集到批量代发的全业务口径的薪酬业务生态链，实现薪酬业务的规范处理；四是强化薪酬数据的整理及分析，为绩效考评及薪酬体系的优化提供决策依据。

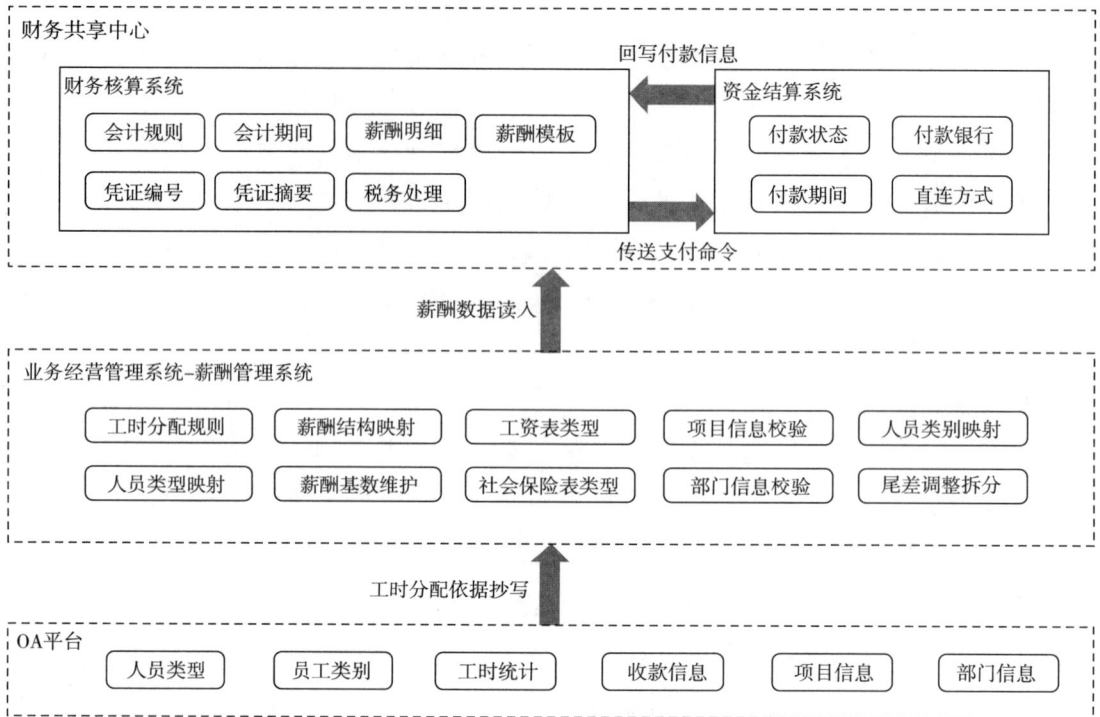

图 11　工资薪酬流程优化示例

3. 采购到应付流程

采购到应付流程包括预付款申请流程、采购物资入库或采购服务接收流程、供应商对账流程、发票处理流程、采购付款流程。在财务核算系统的生态化建设过程中，重点是借助财务共享中心实现从供应商管理、供应商对账，到发票处理及付款整个流程的一体化及规模化管理。此外，通过将大数据平台与采购系统对接，企业可实时获取供应商报价情况、历史成交情况、服务情况等信息，方便企业挑选合适的供应商，准确把握市场行情，降低采购成本。

4. 订单到收款流程

订单到收款流程包括订单及合同管理、开票及收入确认流程、收款确认流程、客户对账流程。与采购到应付流程类似，订单到收款流程的优化重点同样将上述流程集中于财务共享中心，实现规模化、标准化处理，与此同时将订单和应收账款相关数据归集到大数据平台，为市场占有情况、行情波动情况、账龄分析等提供决策支持。

5. 固定资产流程

固定资产流程包括在建工程付款流程、在建工程转固定资产流程、资产采购流程、资产折旧流程、资产维护流程、资产处置流程以及资产盘点流程。固定资产是企业从事生产经营活动、实现战略发展的基础，是企业至关重要的资源。以银行为代表的企业集团，本身拥有庞大的资产规模，并且高度分散在各个分子公司中。由于各单位对于固定资产的管理水平参差不齐，造成资产利用率普遍不高，资产闲置和处置不规范等情况经常出现，甚至出现管理弱化和资产流失等情况。近年来，越来越多的企业集团认识到强化资产管控能力对于提升企业运营效率的重要性。

财务核算系统的生态化建设能够满足企业强化资产管控能力的需要，为实现这一目的，企业需要将固定资产管理流程集中于财务共享中心，统一采取针对性措施来保障资产的安全性及完整性，优化和控制资产配置，在集团层面上促进资产的整合、调剂和共享。此外，企业还应当应用物联网和大数据等技术，对固定资产全生命周期的数据进行量化分析，并对固定资产价值链上的业务流程和关键节点进行控制，实现实时监控，提高公司资产的综合创效能力。

6. 资金流程

资金流程包括资金支付流程、资金收款流程、资金调拨流程、银行对账流程、银行账户管理流程。财务核算生态化建设下的资金核算流程优化应关注以下几个方面内容。

一是推动资金管理职能的转型，即通过在财务共享中心集中处理资金核算工作来解放财务人员的时间和精力，使得财务人员能依托大数据平台、管理会计平台等工具，更多地参与到资金使用评估、预算分析、资金成本控制等深层次的资金管理工作中，从而促进财务管理往纵深发展，实现资金流程由核算型、价值守护型向管理型、价值创造型的转变。

二是重视资金管理工作的价值发挥。财务共享中心集中处理资金业务，能够从以下两个方面提升公司价值。一方面资金业务处理流程标准化，提升了会计信息的真实性和可靠性，便于经营者实时了解整个集团的资金运行及管理状况。另一方面财务共享中心汇集了大量资金数据，为大数据平台的功能发挥奠定了数据基础，企业可以通过物联网、大数据等技术发掘现有资金数据间的规律，并预测未来具有相关性的资金数据，为集团管理决策提供支持。例如，在预提差旅费的资金管理方面，企业可以采用数据仓库、数据挖掘等技术，结合过往的差旅费使用情况，由大数据应用分析平台提供一个最优预提数，减少员工报销工作中的资源浪费，控制成本。

7. 税务管理流程

税务管理流程包括发票认证流程、发票开具流程、纳税申报流程。税务管理流程的优化，一是将税务工作集中于财务共享中心完成，形成规模经济，降低成本。二是建立税务系统系统与业务、财务系统的对接，线上完成发票的信息采集、验真和认证，并自动进行开票申请资料及开票信息的收集、流程审批、发票状态跟踪、发票打印、报账以及纳税申报等工作。三是搜集并分析税务相关的财务及非财务数据，集中进行税务筹划。

8. 会计档案管理流程

会计档案管理流程包括单据提交及扫描流程、单据退回及补单流程、会计档案归档流程、会计档案借阅管理流程。以往传统的纸质会计档案管理表现出成本较高、效率较低、存在安全隐患、利用受限等问题，随着信息化进程的推进，企业越来越多的财务资料以电子化数据的形式产生，这迫切要求企业建立一套适应新时期档案管理要求的电子会计档案管理系统，帮助其实现数据资产的高效管理，发掘数据的潜在价值。近年来，财政部、国家档案局和有关主管部门大力推进电子会计档案管理，积极开展示范试点工作，并出台了一系列相关规划、规范及指南，明确电子会计档案的法律效力，为数字化时代电子会计档案提供良好的应用环境。会计档案管理是财务核算系统生态化建设的重要一环，流程优化要点如图 12 所示。

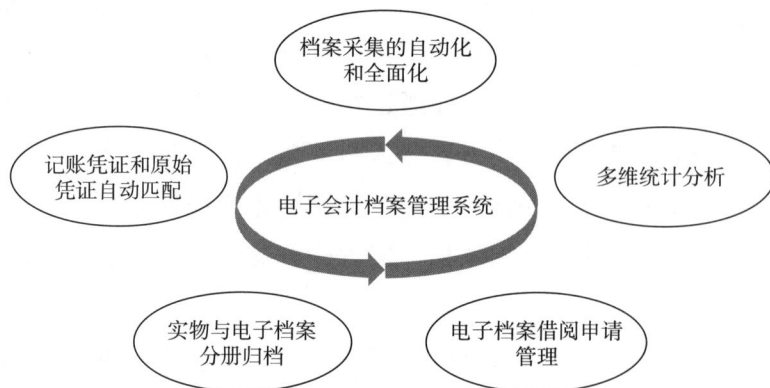

图 12　会计档案管理流程优化要点

一是档案采集的自动化和全面化，通过多系统集成实现会计资料采集的自动化，确保电子档案完整性。例如，与票联系统对接，实现电子发票的采集验证；与电子影像系统对接，获取电子影像文件；与会计核算系统对接，实现会计凭证的自动采集；针对纸质文档，系统支持扫描仪批量扫描上传以及手动新增等方式维护财务资料信息。二是记账凭证与原始凭证自动匹配，通过内置编码规则，根据编码信息确定同一项业务各单据之间的关联关系，进而实现各系统之间单据的自动、精准匹配。三是实物与电子档案分册归档，单据匹配完成后，可线上对凭证进行分册处理，保证实物档案与电子档案的一致性。档案上架入库后，可在系统中维护具体的库位信息，实现电子档案和实物档单的联动管理。四是电子档案借阅申请管理。与实物档案管理相比，电子档案管理能大幅提高档案利用率，实时响应借阅需求，规范档案借阅管理。五是多维统计分析。档案管理工作不仅可以帮助企业管理者及时了解企业整体经营情况，为经营决策提供数据支持，还能作为其他利益相关者确认企业经营成果的依据。为确保实物档案与系统记录相一致，系统内置关联信息可以快速实现档案的调拨和盘点。此外，到期档案经鉴定无保存价值后，系统支持对电子档案进行销毁操作。

（四）组织结构设计

组织结构设计是组织管理的一项重要内容，通过组织结构设计可以明确财务核算生态体系与企业组织结构中其他组成部分的关系，以及各财务核算生态要素之间的权责关系，避免因职责不清阻碍业务办理，使组织高效协调，保证组织目标实现。

1. 影响财务组织结构设计的关键因素

影响财务组织结构的因素包括集团管控类型、集团财务职能的管理方式以及财务组织的内部设计原则。根据企业业务整合度和总部运营干预度，集团总部的角色可细分为财务投资型、战略指导型、战略控制型和运营管理型。大多数银行都属于典型的战略控制型，总行制定战略规划，不仅对预算、重大投资、关键人事等领域进行严格管控，同时还对运营层面的重大事项进行管控和协调。战略管控型集团偏重于集权，例如，技术、法律等资源集中于集团总部，供各分子公司共享使用。

对于战略控制型集团，根据各类职能的特征不同，总部与下级组织的协作方式也有较大区别。一般来说，集团各类职能的集中管理方式包括总部直辖、总部派驻、分级管理、共享服务四种模式，适用的职能类型如表3所示。基于该财务职能定位，集成的财务管理具有的特征为：集中化的财务组织、信息集中生成、风险集中管控、资金集中调配、规则集中制定、财务战略集中决策、核心财务梯队集中培养。具体来说，就是总部拥有集团财务管理的所有权限并建立统一的财务管理体系，大数据平台及管理会计平台集中承担决策分析与管理支持职能，财务共享中心统一进行会计核算、资金支付等业务的处理、记账以及后续的信息输出。此外，集团财务人员的培养路径明确，财务共享中心、大数据平台和管理会计平台能够为各分子公司的财务团队输送人才。

表 3　财务职能定位原则

职能大类	财务职能	职能特征	适用管理模式
交易处理及报告	会计核算 资金结算 财务报告	业务量大，标准化程度高	共享服务
管理分析及 内部控制执行	预算管理 成本管理 绩效管理 经营分析 内部控制	与业务紧密融合，内部最佳实践的借鉴意义强；共性突出，但也有较多的个性化需求	分级管理
财务政策及审计	内部审计 政策规范	规则性强，方便统一管理；独立于业务执行，对运营具有威慑力	总部派驻
投融资决策以及 税务筹划	融资决策 投资决策 税务筹划 并购管理	战略导向，精英管理，具有较强的专业性和全局性	总部直辖

　　财务核算系统生态化建设，旨在区别传统的财务部门组织，构建专业的财务服务提供组织。相比于传统的财务部门，财务核算生态体系更强调标准化的流程、专业性和全面性，因此财务核算生态体系的组织设计应遵循流程化运作、同质业务合并、高效协作、人员均衡、管理跨度合理五项原则，如表 4 所示。

表 4　银行业财务核算生态体系的组织结构设计原则

序号	组织结构设计原则	内容
1	流程化运作	以流程化运作为主要管理模式，追求核算工作效率和风控能力双提升
2	同质业务合并	对费用报销、资金结算等同质业务进行归集，确保业务在集团层面具有统一的办理标准
3	高效协作	各组织部门能有效支持及充分合作
4	人员均衡	各组织部门的人员数量相对均衡，组织处于均衡状态
5	管理跨度合理	保持合理的管理跨度，使得各组织部门之间，以及各组织部门内部都能够保持有效沟通

2. 财务核算系统生态化建设的组织定位和组织设计

　　财务核算系统生态化建设的组织定位就是如何规划财务共享中心与集团总部财务和各分子公司财务之间的关系。组织定位并无好坏之分，主要视企业的情况、财务核算系统生态化建设发展阶段、企业管理需要等因素而定。组织定位的第一种类型是财务共享中心隶属于集团总部的财务部，第二种类型是财务共享中心平行于集团总部财务部，如图 13 所示。

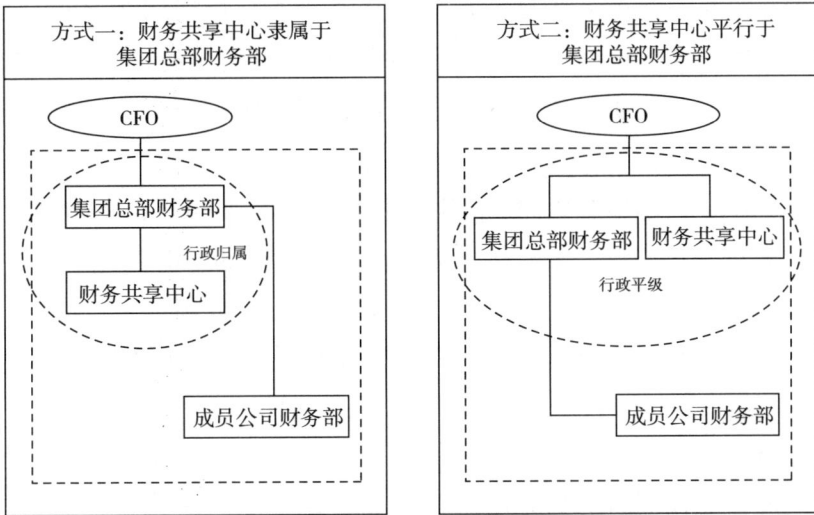

图 13　财务核算系统生态化建设组织结构设计

　　需要注意的是，上述两种方式下，财务共享中心均承担了会计核算职能，总部财务及各分子公司财务均承担着财务管理职能，这种会计核算与财务管理的分离顺应了当前大型企业集团的发展趋势。会计核算在财务共享中心集中处理，总部可实时获取多维数据信息，从而便于准确了解各分子公司的财务情况。

（五）绩效管理

　　绩效管理是运用监控和管理组织绩效一整套理论、准则、技术、方法、过程及系统的组合，涉及组织运营及管理的多个方面。好的绩效管理强调组织目标和个人目标的一致性，旨在让员工提升自身利益的同时为企业创造更多价值。这要求企业必须将战略与绩效管理体系有机结合起来，将组织目标分解到各业务板块，再拆分至各个部门和团队，最后到达并落实到每个员工，使战略具有穿透性，增强每个员工的参与度和责任感。

　　要想确保财务核算生态体系能够高效运转，必须通过绩效管理的方式，驱使每个生态要素协调地运行起来。为实现这一目的，企业应当借助平衡计分卡（Balance Score Card）原理，从财务核算系统生态化建设的战略出发，对涉及的财务、客户、内部流程、学习创新四个维度进行绩效指标细化，全面评估财务核算生态体系的运行情况，并通过合适的方式将评估结果与员工个人的晋升或薪酬联结起来，实现组织和个人的收益共享、损失共担。

1. 财务维度

财务核算生态体系的财务维度指标与其战略职能定位密切相关。对于独立运营模式下的财务核算生态系统，其财务考核指标侧重于投资回报、成本、利润等；对于内部职能部门模式下的财务核算系统，更多地定位于成本中心，财务指标更侧重于预算完成度等。

一般来说，财务核算生态化建设的财务指标设计主要包括以下类型：（1）财务核算生态体系的总成本，用于评价整个系统在某一经营期间总的成本耗用；（2）雇员成本，用于评价财务核算生态体系的人力成本；（3）交易成本，用于评估处理每笔业务的资源消耗，体现财务核算生态体系的资源利用效率；（4）成本预算比，用于评价预算执行情况。

2. 客户维度

客户维度指标体现了财务核算生态体系与客户之间的关系，以及客户对其所提供财务服务的认可程度。对于财务核算服务来说，客户是指公司内外部获取财务服务的个人、部门或组织。

财务核算生态体系的客户维度指标一般包括以下内容：（1）客户满意度，即客户对财务核算服务的满意程度；（2）客户沟通，体现了财务核算生态体系与企业内外部客户之间是否有完善的沟通渠道；（3）服务水平，用于衡量财务核算生态体系的服务水平是否达到了预先设定的标准。

3. 内部流程维度

内部流程维度指标体现了财务核算生态体系的内部运营管理能力，包括具体业务实施过程中对效率、实施质量、流程优劣等诸多方面的关注。

内部流程维度的绩效指标通常包括：（1）业务数量，体现了财务核算生态体系的业务规模；（2）单个员工的业务数量，体现了财务核算生态体系的业务处理效率，进而间接地反映财务核算生态体系的流程管理能力；（3）差错率，体现了财务核算生态体系提供财务核算服务的质量，反映了其业务处理的可靠性，间接地反映了财务核算内部控制的有效性及运营的稳健性；（4）周期改进，体现了财务核算生态体系的自愈能力，好的周期改进体现在内部流程优化有一套完善的程序，当问题出现时，优化程序被自动激活，可迅速定位问题并实施优化及改进措施；（5）流程执行力，体现各项流程的执行及落实情况。

4. 学习创新维度

学习创新是财务核算生态体系能够持续发展并形成竞争优势的关键。学习创新维度一方面体现为组织对员工的培训以及学习氛围的塑造，另一方面则表现为组织对创新事务的接受程度以及主动创新的能力和动力。

学习创新维度的指标通常包括：（1）创新观点数量，用于评价财务核算生态体系的内部创新积极程度；（2）创新观点实施比例，用于评价有效创新总量以及创新付诸实施的情况；（3）人均培训学时，用于评价财务核算生态体系对员工的基础培训力度，该项指标是组织学习能力提升的基本保障；（4）培训有效度，用于度量员工培训所达到的效果。

在推进财务核算系统生态化建设的初期，银行需高度重视学习创新维度指标的构建及权重赋予。这是因为财务核算系统的生态化建设伴随着大量的新技术、新方法、新理念的应用，银行必须鼓励财务核算系统生态化建设团队详细梳理所有的智能应用场景，而这一项工作缺乏现成可供参考的经验。因此，员工的创新和学习意识对于推进财务核算系统生态化建设至关重要。

（六）人员管理

人员管理包括人才选拔、人员培训、人员激励、人员发展四个方面。良好的人员管理，一方面要求企业认真分析财务核算生态体系的人员构成的特点，有针对性地分人群进行差异化管理，从而全面调动人员的运作积极性和主观能动性；另一方面要求企业重视对知识和流程方面的培训，帮助员工对新的财务核算系统组织形式有一个全面且深入的了解，从而消除对未知工作内容及方式的恐惧感，熟练运用新技术以提升财务核算系统的价值。

1. 人才选拔

财务核算生态体系的人员包括从事具体业务的运营人员，以及从事运营管理及专家支持的专家及管理人员。由于两类人员的特点及文化水平差异巨大，因此两类人员的业务、专业、核心素质等方面的要求也存在差异。

对于从事具体业务的运营人员，业务方面应关注行业知识和专业技能，素质方面强调责任感、适应能力、服务意识、沟通能力、协作水平和敬业精神；对于从事管理及专家支持的人员，业务方面要求更强的行业洞察力及更高的专业水平，素质要求则更侧重创新性思维、自我驱动力、领导力等。

2. 人员培训

财务核算生态体系中，由于人员专业化分工程度以及工作内容标准化程度均较高，通过培训能够有效保证工作产出的一致性，确保服务水平稳定。此外，完善的培训体系，不仅能促使新员工能够在最短的时间内独立承担岗位职责，还可提升团队士气，增强员工归属感，保留核心员工。

员工培训体系一般包括：（1）培训组织，是指负责培训管理的团队，工作内容包括培训需求分析、课程体系设计、培训的组织与评估等工作；（2）课程体系，指财务核算生态体系根据自身的业务和岗位需求设计的课程内容；（3）讲师队伍，负责课程的讲授以及问题答疑；（4）支持队伍，负责支持体系保障培训的实施和管理。

3. 人员激励

良好的激励对于吸引并保留人才至关重要，能够开发员工潜能，调动员工积极性，促使员工个人目标与组织目标保持一致，营造良好的竞争环境。除了薪酬形式以外，财务核算生态体系的人员激励方式还可以包括荣誉激励、参与激励、工作激励、尊重激励、目标激励、情感激励等多种形式。

4. 人员发展

人员发展包括平级调动和晋升两种。平级调动是指员工在财务核算生态体系内部的横向调动，薪酬和职级都不变。平级调动能满足组织结构调整的需要，便于打通员工的晋升通道，同时这种多岗位工作经验能有效提升员工的工作能力和全局意识，对员工而言也是一种工作内容的激励。晋升对员工而言也是激励方式的一种，它可以使员工在更高的职位上承担责任，承担更重要的责任，为组织贡献更多价值，同时也享受着更丰厚的薪酬和福利。需要注意的是，财务核算生态体系的员工包含运营人员和专业及管理人员，各自使用的发展路径是不一样的，因此晋升通道的设计也应包含专业线和管理线两种。

五、关于信息安全风险的考虑

（一）银行业信息安全问题的主要表现

银行业财务核算生态化建设在创造价值的同时，也会带来诸多信息安全风险。尤其是近年来，随着客户信息泄露、银行信息系统故障等事件的频发，银行业信息安全问题越发地受到社会各界的广泛关注。银行业信息安全问题的主要表现如下：

一是针对银行业信息系统的外部攻击加剧。银行业的数据关乎国家安全和社会稳定，数据资产价值密度高，信息系统开放水平的提升使之易于成为网络攻击的目标。与此同时，当前黑客攻击的技术手段不断进步，攻击方式呈现规模化、集团化的趋势，且攻击行为越发隐蔽，有时一个难以发觉的系统漏洞就可能对整个系统的安全构成极大威胁。

二是银行业为了满足速度不断加快的业务创新需求，信息系统的开发及测试周期不断缩减，导致漏洞增多。这种业务创新速度与信息系统安全发展不均衡的矛盾使得银行业的信息安全问题越来越密集。

三是银行的新业务涉及面越来越广，为支持新业务的正常运营，银行业信息系统的架构日趋复杂，这为防控信息安全风险提出了更多挑战。一方面，在处理系统产生的海量数据时，要兼顾效率及安全，因此对于安全防控的要求无形中被降低，加剧了信息安全风险；另一方面，银行缺乏有效的关联分析手段，对于信息安全风险的事前感知能力及事后排查能力都较弱，难以实现网络安全态势感知及联动防御。

（二）信息安全风险问题的一般来源

就银行业财务核算系统生态化建设来说，其信息安全风险主要源于以下9个方面：基础设施、数据管理、数据隐私、技术漏洞、数据可信度、法律合规、行业自律、个人隐私以及黑客攻击（黄国彬、郑琳，2015），如图14所示。其中，前5项为企业内部的信息安全问题，是指由于企业自身监督管理不到位等导致的信息安全风险；后4项为外部环境的信息安全问题，是指外部环境中的趋势或潮流所导致的信息安全风险。

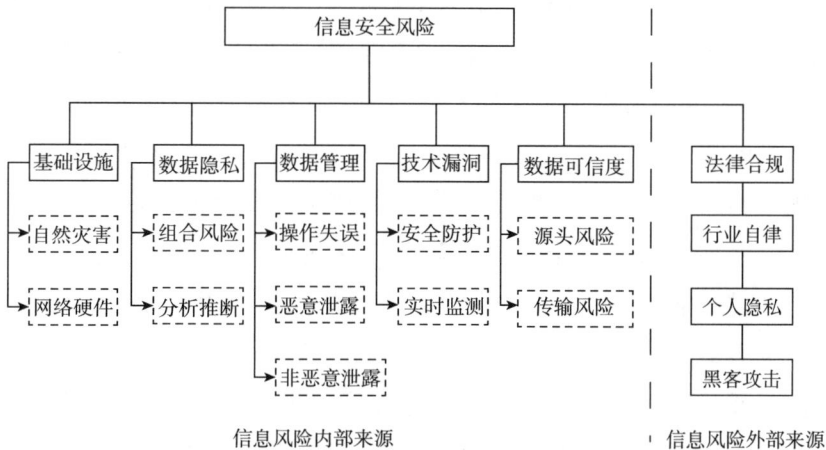

图14　信息安全风险

1. 基础设施层面

基础设施层面的信息安全问题，一种情形是指因基础设施损坏或自然老化所导致的数据安全风险，例如地震、台风、火灾、洪水等自然灾害，或者不可控断电等因素导致服务器损坏，进而造成数据传输中断或数据存储灭失。另一种情形是因硬件设备的功能落后或自然老化，导致数据传输受阻，进而增加数据传输失败或存储崩溃的风险，威胁数据安全。

2. 数据隐私层面

数据隐私层面的信息安全问题，是指在对大数据进行分析和处理时可能造成客户信息泄露，包括数据组合风险和分析推断风险。

数据组合风险是指多条信息的组合会大大增加推断出客户身份的概率，而基于单条数据则很难获得用户的特征信息。大数据技术伴随着信息维度的增长，这无形中提升了数据组合风险，增加了客户身份特征信息暴露的可能性。分析推断风险是指利用大数据技术对信息密度较低的数据进行挖掘，其行为本身就对客户安全构成了威胁，增加了客户因素暴露的可能性。

3. 数据管理层面

数据管理层面的信息安全问题主要是指因管理不善而造成的数据泄露等风险，包括操作失误、恶意及非恶意泄露等情形。

4. 技术漏洞层面

技术漏洞层面的信息安全问题是指由于数据的爆炸性增长，导致信息安全技术相对落后，由此引发的数据安全问题，包括数据安全防护和实时监测两方面。

5. 数据可信度层面

数据可信度层面的信息安全问题是指由数据本身的真实性所引发的安全风险。数据的价值体现在其决策有用性上，若数据在源头或传播过程中出现失真，那么对数据进行分析所得出的结论也必然是扭曲的，不仅于决策无用，甚至会危害企业正常运营。

6. 法律合规层面

法律合规层面的信息安全问题是指缺少支撑信息安全的配套法律法规。尽管我国相继出台了一系列的信息安全保护政策，但这些政策大多可操作性有所欠缺，存在过于原则化、过于抽象等问题，对于信息安全的保护作用十分有限。

7. 行业自律层面

行业自律层面的信息安全问题是指因缺少可落地实施的行业自律准则，且企业可能不会自觉遵守数据保护的相关法律，导致企业利用大数据进行不当牟利，例如倒卖客户信息的情形屡见不鲜。

8. 个人隐私层面

随着物联网、云计算等技术的广泛应用，客户几乎所有的行为都可以被追踪，例如，通过对客户进行网络跟踪、射频识别等手段来收集齐地理位置数据、视频监控数据、财务数据等。但令人诧异的是，很少有客户站起来反对这一行为。大众的隐私意识淡化，有时主动地将自己的信息对外暴露，从而增加了个人隐私层面的信息安全风险。

9. 黑客攻击层面

大数据本身所蕴含的丰富价值对黑客来说具有极大的吸引力。在配套法律、技术防护措施等不完备的情况下，数据管理漏洞更容易被网络黑客发现并攻击。

（三）财务核算生态化建设的信息安全防护措施

财务核算系统的生态化建设伴随诸多新技术与业务的深度融合，信息安全一方面成为生态化建设的基本前提和重要驱动力，另一方面也成为生态化建设所追求的目标之一。为此，在财务核算系统的生态化建设过程中，银行必须在安全和可控两个方面重点发力。

首先是安全，财务核算系统的生态化建设会大幅提升银行内外部系统之间的互联互通程度，诸如财务共享中心、大数据基础平台等核心节点不单单与企业业务经营管理系统联结，还会与票据交易所、期货交易所、债券登记结算公司以及境外支付系统等互联。银行的信息安全与外部日趋复杂的信息安全生态紧密相连，任何与外界联结的风险点都可能成为整个系统被入侵的突破口，因此银行必须增强风险监测和安全感知能力。在敏锐的安全感知能力基础上，银行还必须巩固防御能力。传统的单点、阶段式的防御模式已经不能有效应对新型信息安全威胁，必须构建系统间、内外网、前后台的联动防御体系，构筑信息安全防护网。

其次是可控，银行业财务核算系统的信息化架构必须能应对业务的多样性和变化性。这要求银行改变以往过度依赖第三方厂商进行系统设计及开发的情况，加强顶层设计，推进深度自主研发，增强核心系统架构的灵活性和安全性，提升对关键技术的掌控力，随时应对外部的变化。

为了增强信息安全，实现安全和可控两个关键目标，银行必须将信息安全纳入财务核算系统生态化建设的总体战略规划中。一是要提高各个节点员工对信息安全的重视程度，将安全和可控视为生态化建设长期坚持的任务和努力方向，化被动防守为主动出击，将信息安全消灭在系统建设阶段；二是建立从战略和业务流程角度出发，到系统架构、技术系统、实施管理，再到新业务架构变更的全周期安全规划框架，确保安全防控的持续性、弹性及可落地性，并将信息安全管理理念全面融入需求提交、开发测试、生产运维、开发运营等各个环节；三是在提升安全规划层次的基础上，持续推进信息安全技术研究，落实安全管理规范，有序推进安全管理措施的转型升级，切实提升安全治理能力；四是充分加强基础设施的更新和维护，采用先进的技术手段规避信息安全风险，严格保证数据在产生及流转环节的真实性；五是应加强员工教育，提升组织的自律性和个人的信息安全意识；六是对外则应当协助有关部门及行业协会完善相关法律法规及自律准则，在制度层面应对信息安全风险。

第五章 财务核算系统生态模式构建
——以中国农业发展银行为例

一、背景简介

中国农业发展银行（以下简称农发行）是国务院直属领导的中国唯一的一家农业政策性银行，1994 年 11 月挂牌成立。主要职责是按照国家的法律法规和方针政策，以国家信用为基础筹集资金，承担农业政策性金融业务，代理财政支农资金的拨付，为农业和农村经济发展服务。农发行目前的组织结构如图 15 所示，包括 26 个

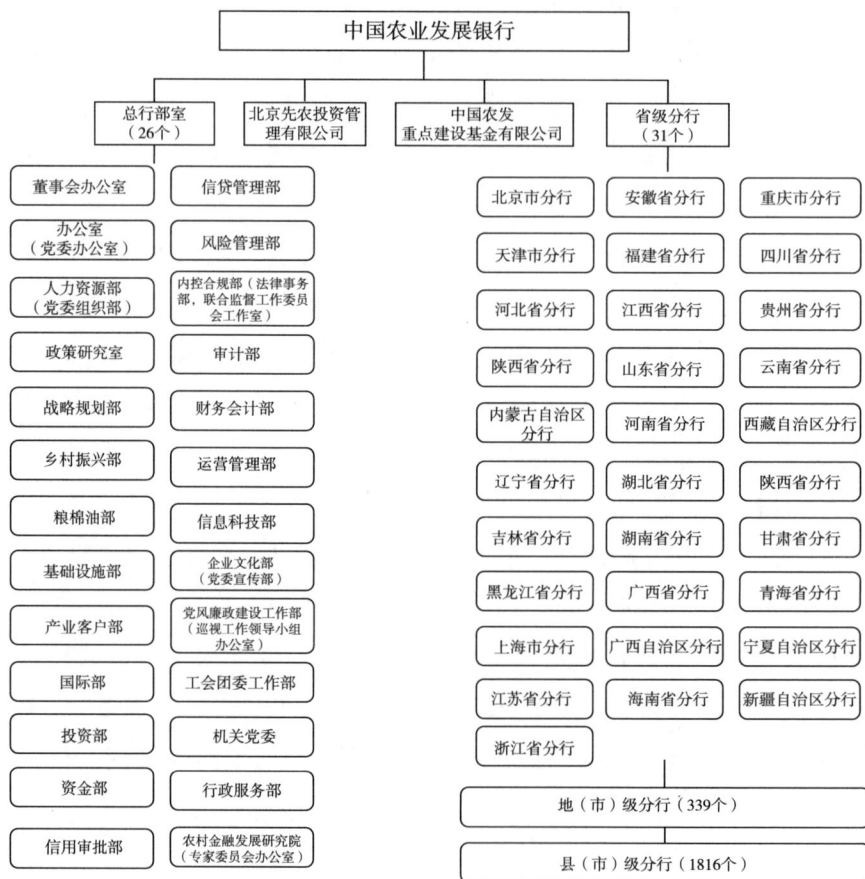

图 15 中国农业发展银行组织架构

总行部室、北京先农投资管理有限公司、中国农发重点建设基金有限公司、31个省级分行、339个地（市）级分行以及1816个县（市）级分行。

农发行始终秉持科技发展理念。2019年，农发行完成柜面触客通道的更新换代，搭建起涵盖贷款、货款、公共、核算、结算功能模块的全行业务"新核心"。"新核心"采用交易与核算分离的架构，能有效改善客户体验，提高业务连续性；通过引入费率工厂、利率工厂、产品工厂等设计理念，助力产品创新；采取指纹认证登录、安全加密平台、强化柜面监控、管控账务风险等措施，显著提升风险防控能力，为全行业务创新、数据治理、运营集约化改革等提供有力支撑。

二、财务核算生态体系建设规划

（一）总体思路

财务核算系统是财会工作的基础载体，是财务管理体制改革的关键要素，更是公司治理体系现代化的重要抓手。随着财务管理体制改革的推进和"新核心"系统群的上线，农发行重点围绕"四个全力"发展战略，以推动数字科技达到新水平为目标，持续跟踪金融科技和同业发展趋势，强化科技赋能财会工作，聚焦数字转型、业财融合、服务战略，统筹推进重点项目建设，畅通系统对接互联，扎实开展数据治理，构筑财务核算系统生态体系。

（二）路径规划

财务核算系统生态化的实现路径方面，农发行以服务战略为核心、以规范管理为基础、以价值管理为主线、以科学管理为重点，协同推进业务层、核算层、管理层、战略层系统建设，打造集财务共享、管理控制、战略支撑等功能为一体的生态平台，构建财务核算系统内循环，联动对接外围业务系统，推动财务核算系统从有到优，切实提升内在质量和管理效能，实现由点到面的跨越。

首先，构建财务核算生态化循环。链接打通内外部资源平台，将外部服务、资源引入与内部审批、标准审核、预算控制等无缝对接，建立基于人工智能与大数据的一站式服务平台。如图16所示。

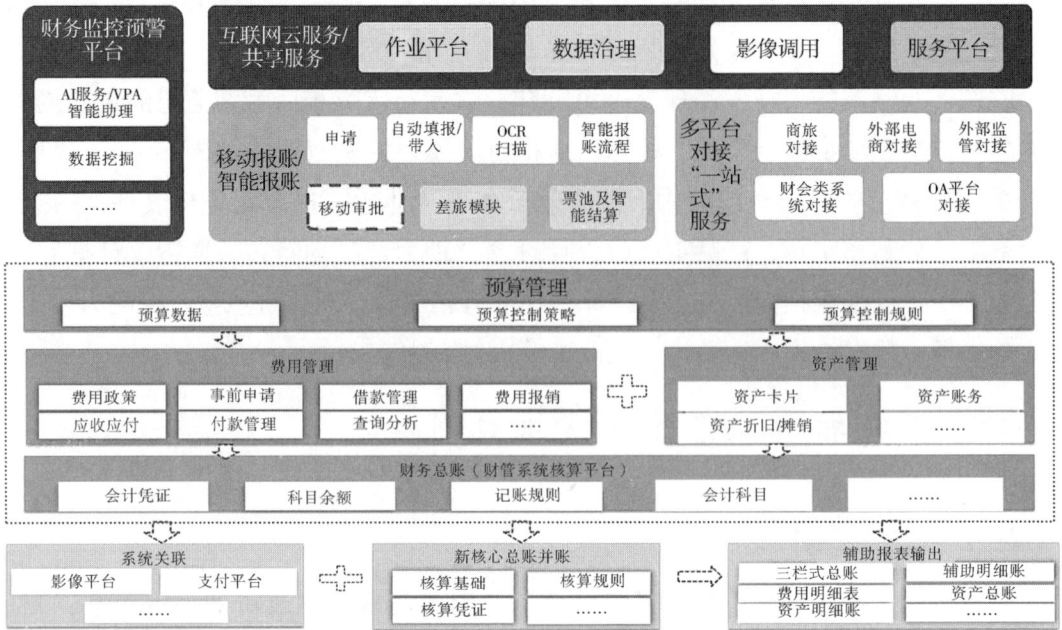

图16　财务核算生态化建设架构

其次，统筹规划财务系统体系功能。通过统筹规划系统功能及建设，打造"新核心"业务系统群、财务管理系统、财务监控预警平台、战略决策支撑体系，提升内在质量和管理效能。如表5所示。

表5　农发行财务核算系统生态化建设功能规划

层级	系统名称	核心逻辑	系统建设要点
业务层	"新核心"业务系统群	业务合规驱动财务	业财充分融合
核算层	财务管理系统等	财务真实反映业务 财务高速响应业务	科技充分支撑 模块充分集成
管理层	财务监控预警平台等	数据有效助力管理	系统充分互联
战略层	战略决策支撑体系等	管理有效规范业务	数据充分应用

第三，持续推进数智化转型。依托财务核算系统生态化建设成果，发挥信息数据化、影像化优势，以大数据统计分析为基础，实现对潜在财务风险和疑似合规问题事项自动提示、反馈，并联动财务授权审批和报销流程合规审查，实现财务监督常态化、监督结果应用化，促进防控措施向业务前端延伸。借助大数据和云计算技术分析历史财务数据，提炼业务运行及财务开支规律，构建财务决策、资源配置、价值管理的大数据及逻辑模型基础，为科学管理、内涵式发展奠定基础。如图17所示。

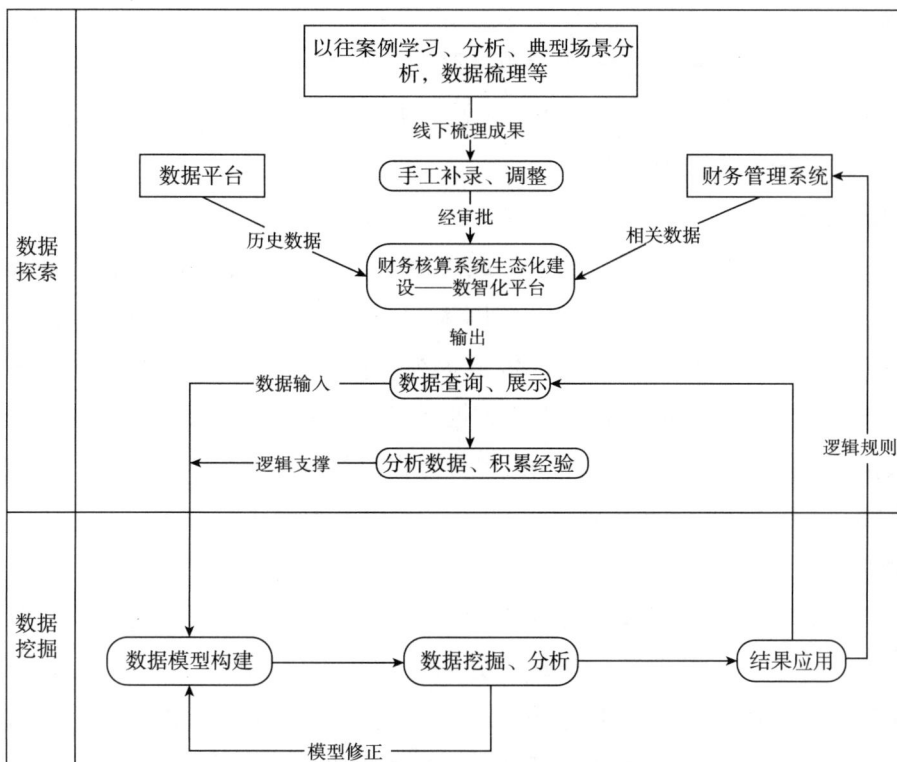

图 17　财务核算数智化应用

（三）机制支撑

1. 资源协同

信息系统建设决定着财务治理体系的重构与提升，是一项复杂的工程，需要集中全行力量，统筹全行资源，做好制度与系统的协同、业务时序与系统流程的协同、系统与系统之间的协同、功能与性能的协同、上下级之间的协同以及内外协同，步调一致，共同推进。

2. 运行保障

在业务层面，强化问题管理，建立问题上报、处理、反馈机制，快速响应业务需求。在系统资源层面，持续评估业务量与资源占用的对应关系，灵活动态调配系统资源，实现不占用、不拥堵，科学响应资源需求。

3. 升级优化

建立专职业务和技术团队，锚定同业先进，锚定系统演变，敏捷处理系统功能完善和性能提升等相应升级优化需求，加快业务与技术结合创新步伐，持续提升科技支撑能力，提升项目交付质效，提升用户体验。

4. 统筹规划

紧盯金融科技革命和业务模式变革，强化系统思维，前瞻性地规划系统建设进程，做好科技要素支撑，实现全业务、全流程业务驱动财务、数据驱动管理、管理规范业务，解决系统建设欠账问题。

5. 数据治理

数据演变为新的生产要素，经过层层晋级可以成为指导行动的智慧。大数据下数据之间的相关关系取代了小数据下的因果关系，数据量大但价值密度低，需要依托新的科技手段、新的算法逻辑实现价值提纯，更加源头的治理手段是着手构建数据治理框架体系，横向涵盖数据标准、数据质量、元数据、数据安全、主数据、数据架构、数据生命周期和数据模型管理，提升数据易用性；纵向涵盖组织、政策、流程和技术支撑，提升数据安全性。

6. 规则驱动

主动适应监管规则趋严和会计准则国际趋同的形势，强化合规意识，对标披露要求，借鉴同业经验，引进交易与核算分离先进技术，在生产数据与信息披露间部署准则转换引擎，用算法解决业务实质与财务列报披露要求的映射关系，通过引擎转化匹配规则和准则变化，及时响应规则和准则变化。

7. 学习进化

锚定金融科技发展前沿，在共享平台建设、生态化建设、数据挖掘分析积极探索，沿着数据采集、信息整合、知识发现、智慧汲取的生命体进化链条不断完善。

（四）团队构成

项目团队由核心业务人员和机动业务人员构成。为确保项目研发按计划推进，核心业务人员需要保持一定的延续性及稳定性，作为日常生产问题管理、存量系统升级优化管理以及新需求研发管理的主要力量。核心业务人员是业务功能向系统模型转换的构建者，为保持核心业务团队的稳定性，核心业务人员应主要由总部业务人员构成，或将分支行人员调入总行工作。机动业务团队由牵头部门从系统内借调人员组建，原则上要覆盖省级分行、二级分行和县级支行三个层级。

（五）工作步骤

以项目研发模式持续进行新建系统需求管理、系统部署上线问题管理、系统性能优化和系统功能完善等工作。

新系统需求管理是指按照财务核算生态化建设方案及实施路线图，有序推进新系统项目需求编制和需求提交工作。

生产问题管理是指统一在问题管理平台开设分区，电话、微信多渠道受理用户问题，对系统操作类问题予以指导并及时完善用户操作手册；对业务咨询类问题进行原因分析并提供解决方案；对于需求及建议类问题通过可行性分析后纳入年度升级优化业务需求；对于功能缺陷类问题，技术团队完成缺陷修复后，业务团队完成验证测试。

系统性能优化是指从日常生产问题和用户反馈中，主动梳理系统性能优化需求，通过可行性分析后纳入年度升级优化业务需求，持续提升系统性能和用户体验。

系统功能完善是指调研锚定同业先进财会信息系统，主动梳理系统功能迭代开发需求，通过可行性分析后纳入年度新研发计划，持续完善系统功能和数据质量。

三、具体系统及功能联系

（一）系统及功能

目前农发行正围绕"管理有效规范业务""管理高效服务业务"，将11大系统、21个项目，另有2个服务平台纳入财务核算系统生态化建设，推动构建战略融入管理、管理置入业务、业务驱动核算、数据自动采集、智能分析应用、服务战略发展的新格局。核算层，内嵌外部监管、内控合规管理要求和监督检验规则，链接内外部资源平台，高效真实采集信息。管理层，集成事前审批、事中执行和事后监督功能，将管理制度、流程固化进系统，利用大数据构筑合规通道，提升管理服务水平。战略层，以战略为统领构建集全面预算、资源配套、监控分析、调整优化、考评激励于一体的决策支持与战略管理体系。

（二）系统功能关系

各层级系统功能联系如图18所示，确保统筹规划，平台化建设和数据治理贯彻全流程。

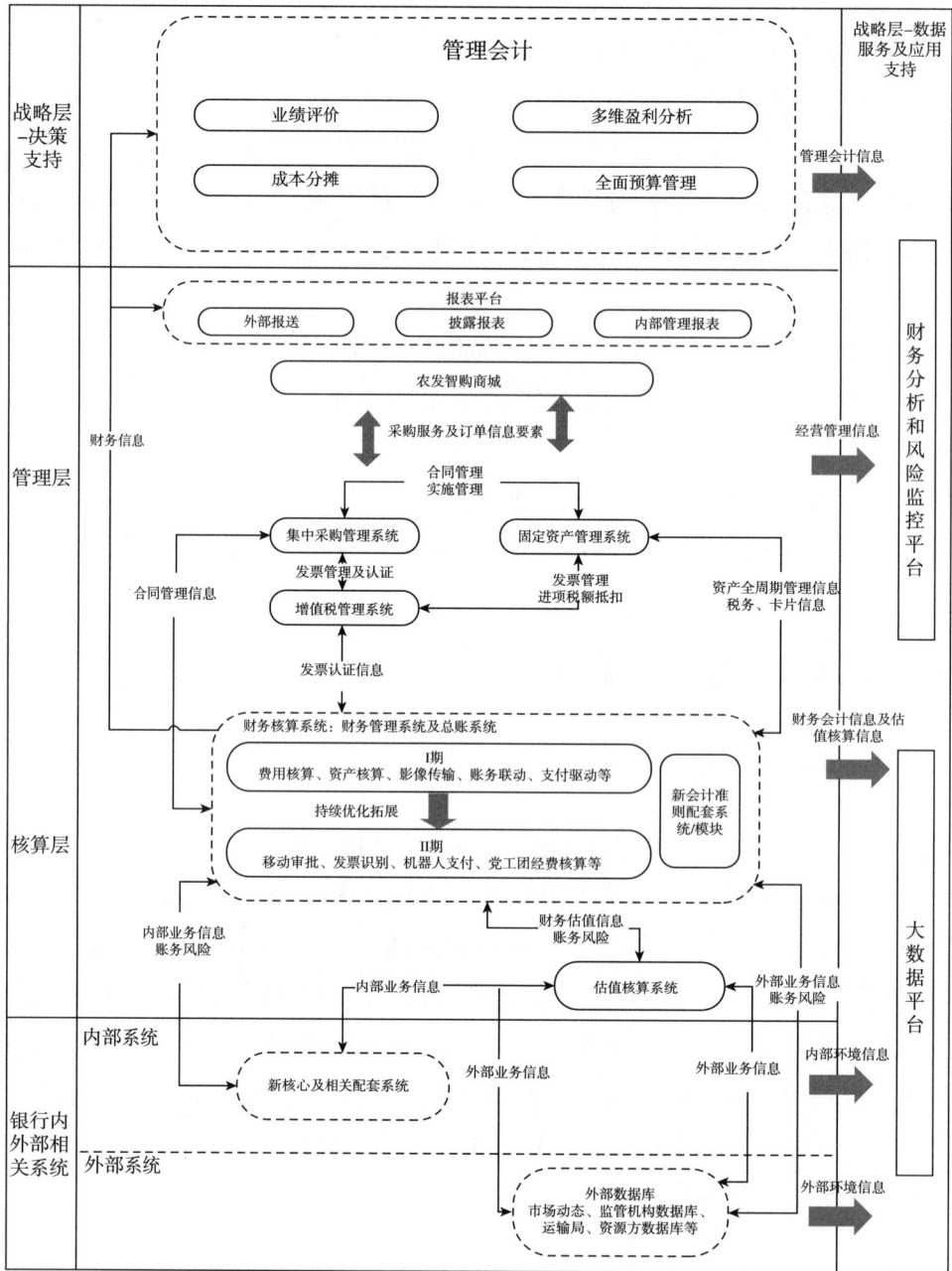

图18 现阶段农发行财务核算生态体系建设规划

四、工作计划

落实"规范、高效、创新、服务"要求，协同推进系统建设，构建财会信息系统内循环，联动对接外围系统，力争3年左右打造财会核算共享、管理控制、战略支撑平台，实现财会信息系统体系从核算支持向价值管理延伸。

（一）着力实现业财融合一体化服务

打通业务流程上下游关系，高效真实采集业务信息、反映业务实质，内嵌外部监管、内控合规管理要求和监督检验规则，链接内外部资源平台，精细化数据治理，做到高效服务、规范核算，推动财务与业务衔接耦合。涉及预算管理、财务共享、服务平台（智能差旅、农发智购等）、集中采购等系统。

（二）拓展管理触角，实现线上化、前置化管理

集成事前审批、事中执行和事后监督功能，将管理制度、流程固化进系统，构筑合规通道，在业务流程中自动提取数据；后端利用大数据技术展示数据、筛选数据、检索数据、钻取信息，挖掘价值，构建模型，沉淀规则，反哺建设，循环迭代，实现数据价值提纯。涉及管理会计体系完善、报表平台及总账系统优化、财务监控预警平台建设等。

（三）建设完善财务共享服务体系

这既是系统建设重要内容，也是基础生态支撑。将财务共享工作融入人、机、网络和大数据的生态圈，整合再造系统平台，互联互通内外部数据资源，利用科技手段和大数据思维高效收集处理分析数据信息，融合业务、财务、战略等各种信息要素，构建内部生态循环并与外部平台及时交互，服务财务共享可持续发展，推动财会系统体系持续升级。主要是不断引入新金融科技，贯彻生态化理念，从源头和流程上实现战略、管理、业务、核算互联互通，构建战略融入管理、管理置入业务、业务驱动核算、数据自动采集、智能分析应用、服务战略发展的螺旋式上升通道。

第六章 结 论

随着信息技术高速发展以及企业经营不断进步，财务核算的功能定位已逐步由价值守护者转变为价值创造者。为了适应这一变革，企业必须对财务核算系统进行生态化重构，充分利用科技赋能，优化业务流程，从而更有力地支撑战略，创造更多价值。与此同时，财务核算系统生态化转型的外部条件均已具备，各部委近年来连续发文鼓励企事业单位充分发挥科技在财务领域的功能，以"大智移云物区"等为代表的新技术的应用场景也在不断拓展。当下正值深化金融供给侧结构性改革的重要发力期，银行业作为金融市场的核心构成，承担着"服务实体经济、防控金融风险、深化金融改革"三大任务。为此，银行业必须顺应财务变革趋势，精准快速把握机遇，充分优化财务核算系统建设，将财务核算作为重要依托，以提升服务实体经济的质量，强化防控金融风险的水平，助力推进各项改革。

本文对银行业财务核算系统的生态化建设进行了全面的分析论述。财务核算系统的生态化有两方面的含义：一是财务核算系统的结构和运行方式符合生态规律，资金流和数据流能够高效运转，最终驱动资源的最优配置；二是实现方式上依托生态系统的反馈功能，通过建立输入端和输出端的有效衔接，使财务核算系统具备进化动能，从而在初期建设蓝本的基础上，通过迭代外推的方式逐步建立起完整的财务核算生态体系，不断向真实需求靠拢，以最低的投入获得最高产出。

银行业财务核算系统生态体系包括内外两个维度，内部生态的建设是重点，其总体建设蓝图包括三个阶段，分别为财务共享中心、大数据平台和管理会计平台，具体建设要点涉及战略规划、系统建设及融合、流程整合优化、组织结构设计、绩效管理和人员管理六个方面。实现路径上，首先基于总体建设蓝图和具体建设要点，搭建起财务核算生态体系基本框架，然后充分发挥生态系统的反馈功能，利用数据输出反哺系统建设，推进系统自主进化。

最后，本文对中国农业发展业银行自 2019 年启动的财务管理体制改革进行案例分析，通过详细介绍项目的总体计划，各层级系统的构成和联结情况，以及分阶段的工作安排，具体阐释财务核算系统的生态化建设理念。

参考文献

[1] 杨纪琬. 开发人才，开发智力，尽早实现我国会计电算化 [J]. 会计研究，1985（4）.

[2] 葛家澍. 财务会计概念框架 [J]. 财务与会计，1997（10）.

[3] 戴军. 从虚拟公司的兴起谈会计主体假设 [J]. 会计研究，1999（11）.

[4] 周金华. 会计电算化与会计信息化 [J]. 中南财经政法大学学报，2003（2）.

[5] 谢志华. 会计的逻辑——以会计信息为基础整合企业信息体系 [J]. 会计研究，2003（6）.

[6] 杨周南. 论会计管理信息化的 ISCA 模型 [J]. 会计研究，2003（10）.

[7] 阎达五. 价值链会计研究：回顾与展望 [J]. 会计研究，2004（2）.

[8] ITU 国际电信联盟. ITU 互联网报告 2005：物联网 [R]. 2005.

[9] 葛家澍，杜兴强. 财务会计理论：演进、继承与可能的研究问题 [J]. 会计研究，2009（12）.

[10] 财政部. 关于全面推进我国会计信息化工作的指导意见 [财会 6 号]. 2009.

[11] 张瑞君，陈虎，张永冀. 企业集团财务共享服务的流程再造关键因素研究——基于中兴通讯集团管理实践 [J]. 会计研究，2010（7）.

[12] 刘汉进，方阳. 基于内部资源整合的企业共享服务述评 [J]. 管理学报，2012（10）.

[13] 何瑛，周访. 我国企业集团实施财务共享服务的关键因素的实证研究 [J]. 会计研究，2013（10）.

[14] 王颖，应唯，王丁，黄敏. XBRL 财务报告分类标准的架构模型研究 [J]. 会计研究，2013（8）.

[15] 刘勤，常叶青，刘梅玲，吕洪雁. 大智移云时代的会计信息化变革——第十三届全国会计信息化学术年会主要观点综述 [J]. 会计研究，2014（12）.

[16] 国务院. 促进大数据发展行动纲要 [国发 50 号]. 2015.

[17] 李华民，吴非. 谁在为小微企业融资：一个经济解释 [J]. 财贸经济，2015（5）.

[18] 黄国彬，郑琳. 大数据信息安全风险框架及应对策略研究 [J]. 图书馆学研究，2015（13）.

［19］财政部. 管理会计基本指引［财会 10 号］. 2016.

［20］袁勇，王飞跃. 区块链技术发展现状与展望［J］. 自动化学报，2016（4）.

［21］王海林. 企业内部控制缺陷识别与诊断研究——基于神经网络的模型构建［J］. 会计研究，2017（8）.

［22］吴春雷，张新民. 可持续发展与会计本质［J］. 会计研究，2017（11）.

［23］刘勤，杨寅. 智能财务的体系架构、实现路径和应用趋势探讨［J］. 管理会计研究，2018（1）.

［24］谢治春，赵兴庐，刘媛. 金融科技发展与商业银行的数字化战略转型［J］. 中国软科学，2018（8）.

［25］张德茂，蒋亮. 金融科技在传统商业银行转型中的赋能作用与路径［J］. 西南金融，2018（11）.

［26］徐忠，邹传伟. 区块链能做什么、不能做什么？［J］. 金融研究，2018（11）.

［27］杜传忠，胡俊，陈维宣. 我国新一代人工智能产业发展模式与对策［J］. 经济纵横，2018（4）.

［28］刘勤，杨寅. 改革开放 40 年的中国会计信息化：回顾与展望［J］. 会计研究，2019（2）.

［29］刘梅玲，黄虎，佟成生等. 智能财务的基本框架与建设思路研究［J］. 会计研究，2020（3）.

［30］Hendriksen. *Accounting Theory*［M］. Mc Graw Hill Co，1992.

［31］Ramirez J. Utilizing Measurement to Drive Continuous Improvement within FSSC［J］. *International Journal of Information Management*，2007，2（9）：16-28.

［32］Soalheira J. Designing a Successful Plan for Your Shared Service Centre［J］. *International Journal of Business Information Systems*，2007，3（10）：217-230.

金融集团财务管理信息化转型研究

国家开发银行财务会计部课题组

课题主持人：吴　江
课题组成员：成　俊　吴玉峰　刘叔怡　孙传刚
　　　　　　徐　峰　陈冰涵　谭明慧　谢冠儒

摘　要

金融之于现代经济，相当于血脉系统之于人，时时刻刻影响着经济社会的运行。习近平总书记指出，"金融是现代经济的核心，在很大程度上影响甚至决定着经济健康发展"。中国崛起为世界第二大经济体的过程中，金融不断深化，面对着一个更加复杂开放的金融市场。金融集团作为我国经济发展的重要力量，必须迎难而上，用信息化来武装自己，为我国屹立于世界经济舞台提供有力支撑。然而，财务管理信息化作为金融集团信息化建设的核心内容，在其理论建设和实践应用中还存在一些亟待解决的问题。因此，我们有必要对财务管理信息化研究现状进行梳理，从我国金融集团财务管理信息化的应用现状出发，对其存在的问题及解决对策进行分析研究。

总体来讲，我国金融集团财务管理信息化的建设仍处于起步阶段。基于文献资料梳理和实务工作总结，课题组发现金融集团存在具有代表性的两类经营模式——总行管理模式和金融控股公司模式，并分别总结出两类经营模式下可借鉴的财务管理信息化建设经验。同时，本报告采用文献研究法、比较分析法和案例分析法等研究方法，对金融集团财务管理信息化的转型思路、转型方案和典型应用场景等进行了重点阐述，得出以下五个结论：一是金融集团经营管理模式决定了其财务信息化建设的模式；二是金融集团财务管理信息化转型过程中应首先确定中长期发展思路；三是金融集团财务管理信息化转型过程中应精心设计具体方案；四是金融集团财务管理信息化转型过程中应关注典型场景实现；五是金融集团财务管理信息化转型是持续不断的长期建设过程。

本报告一方面力图弥补国内对金融集团财务管理信息化转型实际案例研究的空缺，另一方面有助于探索一条适合我国国情的金融集团财务管理信息化的发展道路，实现企业资源的优化配置。同时，应该看到，本报告仍存在一定的局限性，主要表现在资料的充足性问题、计算机专业知识不足问题和案例研究的普适性问题。

关键词：金融集团；财务管理；信息化；转型

第一章　绪　论

一、选题背景与研究意义

（一）选题背景

金融稳定、高效运行是国家稳定发展的重要基础，金融业的信息化、智能化建设受到国家政策环境、经济环境和社会环境的影响，国家高度重视金融科技建设和金融系统性风险防范，金融集团信息化建设是推动金融更好发展的助力。

1. 政策环境

2011 年 9 月 5 日，中国人民银行公布了《中国金融业信息化"十二五"发展规划》，提出金融业自身面临战略转型，金融信息化成为重要支撑。2014 年 9 月，"中国银行家（陆家嘴）高峰论坛"在上海召开，参会代表普遍认为，我国商业银行如果不进行行之有效的再造，很难适应日益复杂的金融形势。其中，加强商业银行的财务信息系统建设，将大大降低资金风险，也有助于进一步加强银行的核心竞争能力。2015 年 6 月，国务院发布《关于积极推进"互联网+"行动的指导意见》，意味着现代信息技术成为了新业态发展的动力。2017 年 6 月 27 日，中国人民银行印发的《中国金融业信息技术"十三五"发展规划》强调，"十三五"时期金融业要全面支持深化改革，积极对标国际先进，推动创新普惠发展，坚持安全与发展并重，推进信息技术发展各项工作。2018 年 6 月，中共中央、国务院印发了《关于完善国有金融资本管理的指导意见》，提出对国有金融机构股权出资实施资本穿透式管理，要求从国有产权流转方面进行全程监督管理，明确了管理重点，尊重各级子公司的公司治理，有利于加强国有资本监管，防范内部控制合规风险，促进国有金融企业子公司更加规范和审慎经营。2021 年 3 月，《国民经济和社会发展第十四个五年规划和 2035 年远景目标纲要》中提出金融科技重塑银行业格局。随着大数据、人工智能、区块链、云计算、生物识别等技术的不断发展，金融科技发展阶段经历了金融电子化到电子支付、普惠金融发展，再到基于大数据的金融科技渗透银行的营销、风控、运营、业务等方面，重塑银行产业生态。

2. 经济环境

根据中国银保监会数据①，截至 2019 年底，我国银行业金融机构共有法人机构 4607 家，持有金融许可证的机构有 228118 家。目前，银行业的市场结构日益丰富，市场化程度进一步提高。截至 2020 年 9 月底，我国银行业金融机构资产总额为 307.62 万亿元，负债为 281.75 万亿元，银行业保持稳步增长。

随着信息技术的快速发展，信息化成为金融业的重要发展趋势，金融业对信息化的依赖程度越来越高。因此，金融业在信息化建设方面的投入也持续增长。根据国际数据公司（IDC，International Data Corporation）2019 年数据②，2019 年中国银行业 IT 解决方案市场总规模约为 425.8 亿元人民币，与 2018 年的 343.7 亿元人民币相比同比增长 23.9%。据预测，到 2024 年，中国银行业 IT 解决方案市场规模将达到 1273.5 亿元人民币。

3. 社会环境

随着现代信息技术的快速发展以及在各领域广泛应用，金融业面临新的挑战。如果金融业无法成功信息化转型，就无法充分依托和利用互联网时代庞大的市场资源进一步发展。近年来，基于互联网和移动平台之上的电商企业大量涌现，成为银行新的客户资源，但这些企业也面临着相比传统企业更高的技术风险和市场风险，这就可能使原来针对传统企业的资信和风险评价体系变得难以适应，进而面对越来越大的风险管理压力，而以上一系列社会环境变化都迫使银行必须要跟上信息化潮流。

（二）研究意义

一是提供金融集团财务管理信息化转型的总体思路。通过研究，认识到财务信息化转型的迫切需求，探索财务信息化转型的目标、方法和路径，为金融集团提供借鉴。金融集团财务信息化是什么、要怎样发展、规则如何制定，都是金融集团不得不思考的问题。政策和监管层面的相关法律法规也在陆续出台，在这种环境下研究金融集团财务信息化转型具有重要的现实意义。

二是提供金融集团财务管理信息化转型的具体方案。通过财务管理的信息化建设，结合智能化手段，向财务管理全面化、精细化方向迈进，从而更好地服务于金融集团统一核算工作，为金融企业改进财务管理工作和优化决策提供重要的财务信息，有利于金融集团制定相应的发展战略和应对外部与内部的监管风险。

---

① 数据来自中国银行保险监督管理委员会网站 www.cbirc.gov.cn。
② 数据来自国际数据公司网站 http://www.idc.com。

二、研究对象及基本概念

本文的研究对象是金融集团的财务管理信息化问题。其中，财务管理信息化简称为财务信息化。为此，下文将分别对金融集团、财务信息化和集团财务管理信息化转型进行界定。

（一）金融集团

本文的研究主体是金融集团，《金融集团监管原则》将金融集团定义为"共同所有权下的任何公司群体，该群体中的一个或多个公司从事相当规模的证券业务、银行业务、保险业务以及其他金融业务的企业集团"。20 世纪 90 年代以来，全球金融体系呈现出从严格的分业经营逐渐向混业经营转变的趋势。在这种趋势下，一些大型综合性金融服务集团以空前的速度不断涌现。金融集团主要分为总行管理模式和金融控股公司模式。

（二）财务信息化

财务信息化是将信息技术引入传统财务管理模式，推动传统财务管理不断深化和拓展的过程。集团财务信息化的关键是要进行业务流程的重组，充分调动人力资源潜能，有效缩短企业管理链条，克服信息阻隔、信息传递衰减和失真，从而降低经营成本和经营风险，提高企业运作效率。财务信息化能够拓展财务管理空间、提高财务管理时效，提升财务管理效能以及增强资源使用的有效性，成为集团公司强化财务管理水平、提升企业竞争力的重要手段。

2017 年以来，金融集团领域的财务信息化建设显著加快。伴随着信息科学技术的迭代升级，注入科技新动能的财务信息系统在金融集团提升经营管理能力、风险防控能力、业务创新能力等方面开始扮演着越来越重要的角色。金融集团在经营模式转型升级的同时，也相继对财务信息系统进行升级改造，搭建高效率、高科技的财务一体化信息平台，以加快财务管理时效，提升财务管理效能。

（三）金融集团财务管理信息化转型

金融集团财务管理信息化转型，简称为"金融集团财务信息化转型"或"财务信息化转型"，是指为适应监管要求和满足业务发展需要，金融集团从弱管控向强管控发展过程中，利用新技术构建集团一体化财会系统，支撑集团财务管理从纸面、手工管理向系统化、信息化转变的过程。

三、研究内容与内容安排

(一) 研究内容

一是金融集团财务管理信息化转型的研究背景，包括政策环境、经济环境、社会环境等方面。

二是金融集团财务管理信息化转型的可行性研究，包括金融企业外部政策、金融集团内部管理和新兴技术发展等方面。

三是金融集团财务管理信息化转型的目标研究，包括实现数据集中与共享、提升财务系统的智能化与自动程度和重塑财务管理流程与职能。

四是金融集团财务管理信息化转型的路径研究，包括金融集团财务管理信息化转型的具体路径。

五是金融集团财务管理信息化转型的方案研究，包括财务管理模式选择、财务组织架构设计、财务共享平台设计、业财一体流程设计、财务制度体系设计、集团数据治理设计和财务人员转型等。

六是金融集团财务管理信息化转型的风险研究，包括金融集团财务管理信息化转型的关键风险及其应对等。

七是金融集团财务管理信息化转型的典型系统研究，包括金融集团主数据管理、核心系统、财务共享系统、合并报表系统以及财务估值系统的设计与实现示例等。

(二) 内容安排

本文共分为六部分（见图1），第一部分绪论中阐述了选题背景、研究意义、研究对象、研究内容和研究思路等相关背景知识；第二部分中回顾了基础理论与文献综述；第三、第四部分是本文的总体思路和具体方案研究；第五部分是对典型系统的研究；第六部分为结论与展望。

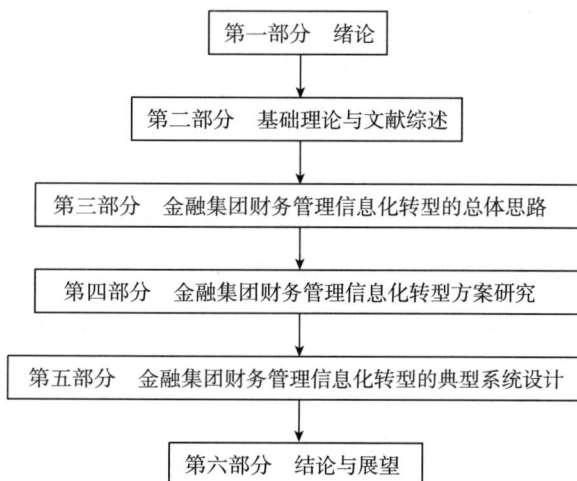

图1　内容安排

四、研究思路与研究方法

(一)研究思路

本文从金融集团管理模式、信息化发展和存在问题入手,通过分析金融集团信息化转型的可行性、实现目标、遵循路径,进而提出财务管理模式、财务组织架构、财务共享平台、业财一体流程、财务制度体系和财务人员转型等方面的转型方案,提出主数据系统、核心系统、财务共享系统①、合并报表系统、财务估值系统等对集团管理有重大影响的典型系统的设计思路,最后得出金融集团转型的主要结论和展望。

(二)研究方法

本文运用文献研究法、比较分析法和案例分析法等研究方法,针对金融集团财务管理的信息化转型进行了深入研究,以期对我国金融集团信息化转型提供相应的目标路径和具体方案,同时对金融集团下一步的信息化建设提出了相应建议。

1. 文献研究法。本文采用文献研究法,对金融集团财务管理信息化发展的相关文献进行了回顾,为后续研究奠定了理论基础。

2. 比较分析法。本文通过搜集资料比较分析金融集团信息化建设特点、金融集团财务管理信息化的发展历程,以期总结金融集团财务管理信息化转型的经验及教训。

3. 案例研究法。本文对金融集团信息化转型过程中的关键系统的设计与实现进行深刻剖析,以期为金融集团相应财务信息化建设提供参考和借鉴。

五、可能的研究创新

虽然现有的对集团财务信息化和信息化研究的文献资料较多,但针对金融集团的财务信息化研究相对比较匮乏。本文重点研究金融集团的财务信息化转型,为国内现阶段金融集团财务信息化转型提供了理论依据。

现有的相关研究仍停留在理论阶段,理论与实践的结合还不够,成功转型案例的研究不够完善。本文通过总结金融集团的两种管理模式和研究集团转型案例,揭示了金融集团的转型背景、总体思路、具体方案、成效与思路等,为其他金融集团提供了实践参考。

---

① 核心系统,是按照"高内聚,松耦合"理念,采用模型化、组件化、分布式和差异化原则设计,支持金融集团向"综合性、多功能、创新型"转型发展的新一代核心系统的简称,具有更强的业务支撑能力和灵活性;财务共享系统本文主要指费用系统。

第二章　理论基础与文献综述

近年来，金融集团内外部管理要求持续加强，发展迅速的技术对金融集团管控力度提出新需求。从外部要求看，财政部提出集团应对下属所有子公司实行穿透管理，信息收集频率已经延伸至季度；从内部管理看，通过集团系统的升级改造建设，集团标准化体系逐步建立并通过系统予以固化和执行，集团管控力度不断加强，业财融合效果初步显现。集团管理也随之从弱管控状态逐步向强管控状态过渡。

一、金融集团经营管理模式

金融集团经营管理模式通常分为两类：第一类是以国有银行为代表的总行管理模式，即以银行为经营主体，总行承担集团管理职能，以子公司或事业部方式扩展经营业态；第二类是以光大、中信等为代表的金融控股公司模式，即由集团承担管理职能，跨金融、环保、健康、科技等多个业态。

(一) 总行管理模式

总行管理模式是指以国有银行为代表，银行总行同时承担集团管理职责，全集团共同提供综合性金融服务，业务板块一般包括公司金融业务、个人金融业务、资金业务、资产管理业务、网络金融业务、惠普金融业务、绿色金融业务和跨境金融服务。同时以子公司或事业部的模式，将业务范围扩展到投资银行、基金管理、金融租赁、保险等领域。其分支机构和子公司以境内为主，同时在主要境外地区建立分行和代表处，按照不同业态部署境外子公司。

(二) 金融控股公司模式

金融控股公司模式是指在同一控制权下，由集团公司承担集团管理职能，该集团不仅拥有金融牌照并提供金融服务，同时跨环保、旅游、健康、高科技等其他业态。这类公司往往由子公司各自经营具体金融业务，集团公司负责协调调度资本，并获取子公司的股权收益。

二、财务信息化理论研究现状

(一) 国外研究综述

信息化这个概念第一次被正式使用是在日本。1967 年，日本科技与经济协会首先提出了信息化的定义。从 20 世纪 70 年代开始，西方社会也开始普遍使用信息社会和信息化的概念。

1971 年，信息系统委员会的成员 Norton Bedford 发表了《会计与信息系统》，该报告详细分析了信息科学、管理科学以及 IT 对会计实务、会计教学及会计研究的影响。20 世纪 80 年代后，财务管理信息系统逐步整合到 MRPII、ERP 软件中，不再是孤立的财务信息系统，而是与业务信息系统互相渗透、互相支持、协调一致、数据源统一，共同构成企业管理信息系统。20 世纪 90 年代末，美国学者 McCarthy、J. S. David 等人发表文章，指出了财务信息化未来的发展方向，在公司财务信息化模型基础上设计出来的财务信息系统，不仅能够描绘出企业的经济事项和经营管理活动，也可以更加全面地披露财务信息。2004 年，美国学者 Linden 指出，现代财务信息化发展的另一个重要因素是知识经济的不断发展。21 世纪以来，随着知识经济的发展，IT 信息技术的迅猛发展及经济全球化的加速，财务信息化已经成为企业应对战略转型、企业结构调整的重要手段。2008 年，美国证监会出台新的规定，要求使用交互式数据电子化应用系统替代现行的电子化数据收集、分析及检索系统，这提高了财务信息使用人获得财务信息的时效性。2013 年，Roy Rada 和 Hayden Wimmer 基于 COMPUSTAT 过滤开展了财务报表测试，结果表明，信息技术手段能够提高企业的管理效率。2017 年，Amol Deepak Nerkar 总结了会计信息化在企业中的应用，指出大数据时代背景下的会计信息化将成为企业长远发展以及提升中不可或缺的应用工具。

(二) 国内研究综述

相对于发达国家，我国在财务信息化方面的研究还存在较大的差距。我国在该方面的研究始于 20 世纪 70 年代，当前还处于不断追赶的阶段。随着经济和社会的不断发展，越来越多的学者开始投身这一领域的研究，提出很多建设性的看法和意见。1989 年，袁树民提出信息化是利用计算机语言、网络通信技术等信息技术开发利用信息资源的一种新的动态活动过程。2004 年，杨周南和李捷总结了我国 20 多年财务信息化建设的经验，分析了财务信息系统发展的总体情况，建立了一套完善的体系来合理评估信息系统对企业财务管理的应用价值。2007 年，孙月英指出集团公司应当把企业先进的财务管理思想与信息化技术相互结合，进行流程重组，并以中远集团为案例进行分析评价，说明了财务信息化建设对企业财务管理模式变革及财务管理水平提升的重要意义。2008 年，吴志红通过分析研究中国企业财务信息化发展的现状及问题，说明了财务管理系统对促进企业财务和业务相互融合的重要作用。2012 年，王朝对比分析了我国和世界发达国家之间的信息化建设现状，指出了其中的差距，认为我国应当积极转变观念，充分借鉴先进企业的财务信息化指标体系和模型，通过适当的措施来促进企业内部信息共享。2015 年，蒋磊、万明滨和王苹指出，企业应当积极推进自身财务信息化建设的进程，适当将固定的流程和操作进行自动化控制，为企业内部控制和风险管理提供支撑。2017 年，章雯华指出，企业应当结合自身战略需求来构建相应的财务信息系统，优化资源配置，减少财务风险，不断提高自身综合管理质量，通过信息化方式来强化企业的财务管控，逐步促进业财融合一体化的实现。2018 年，刘亦陈和徐芳兰指出，企业信息化管理的发展既可以显著提高企业内控的整体成效，还可以提高会计信息质量，进而为企业决策提供更好的数据支撑。

同时，互联网金融近年来发展迅猛。2012 年，谢平等人提出"互联网金融"概念，并认为互联网金融在信息处置、支付结算、资源配置等方面具有实质性的优势，将对传统金融业带来颠覆性冲击。2013 年，李博和董亮认为，互联网虽然发展时间较短，但发展十分迅猛，它以一种非抵押、低成本、便捷的信贷模式有效实现了金融末端的普惠，补充了传统金融机构的借贷作用，加速发展了多层次的资本市场。2015 年，中国人民银行等十部门发布的《关于促进互联网金融健康发展的指导意见》提出了一系列鼓励创新、支持互联网金融稳步健康发展的政策措施。2020 年，李张珍认为，互联网技术已经引起了商业银行的深刻变革，使得信息不对称得到缓解，交易成本得到下降，市场运行效率得到提升。

（三）相关研究的评述与启示

通过整理回顾国内外财务信息化相关领域的研究，可以发现现有的对企业财务管理信息化的研究成果颇多，但对金融集团财务管理信息化转型的研究相对较少，这为本文的研究提供了契机。在互联网迅速发展的浪潮下，金融集团的财务管理信息化转型已迫在眉睫。

本文从金融集团财务管理信息化转型作为切入点，对信息化管理体系构建进行了细致的分析，并得出相关研究结论，一定程度上弥补了国内对金融集团财务管理信息化转型研究的空缺。本文一方面完善了相关理论，另一方面有助于探索一条适合我国国情的金融集团财务管理信息化发展道路，实现企业资源的优化配置，对国内金融集团财务职能部门转型具有一定启示与借鉴作用。

第三章　金融集团财务管理信息化转型的总体思路

一、金融业财务信息化发展历程

我国金融业财务信息化大体经历了三个发展时期。一是会计电算化阶段。用计算机完成基本的账务处理，替代纸质账簿。使用财务会计软件，进行记账、核算、制作会计报表和进行财务分析，实现会计电算化。二是集中核算阶段。在电算化的基础上，运用统一的、有集成和综合功能的计算机财务软件和网络，将总、分支机构的财务收支联系起来，实现财务集中核算和财务管理系统化。三是集团系统一体化阶段。使用先进的金融科技，利用网络和运营平台，达到整个集团统一计算机平台、统一规章制度、统一信息及业务编码、统一管理、统一监督的集团财务一体化要求，实现财务系统与营销、信贷、风险等系统的信息集成和数据共享，提升数据传递效率，为决策者和报表使用者服务。目前，我国大部分金融集团财务管理信息化水平已迈过第二阶段，处于第三阶段的起步时期，个别金融集团已在第三阶段并有所成效。

（一）金融集团财务信息系统基本架构

金融集团财务信息系统一般包括业务系统（核心系统、资金系统、客户管理系统、业务流程管理系统等）、核算基础系统（总账、费控、合并报表等）、财务管控系统（税务管理、风险计量、资负管理、管理会计、资本管理等）三部分。主要系统处理流程是通过业务系统对交易进行处理后，通过核算基础系统完成总账报表、合并报表等核算和反映，最后借助财务管控系统完成风险计量、资产负债管理和管理会计等进行分析、控制工作，提出决策建议。

（二）总行管理模式下的财务信息化建设

国有银行经过多年系统建设，银行体系一般已经完成新一代核心系统建设，金融科技水平较高，建立了以客户为中心的系统应用模式，目前主要发力点是智能化建设。从整个集团看，存在总行系统强，下属子公司信息系统不完善和系统空白的情况。当前信息化系统建设方向的着力点，一是站在集团角度，提升管控能力和持续升级，二是填补子公司系统空白。因此系统建设策略有以下两种方式并存，一是集团集中设计、试点再推广的方式，二是子公司单独设计并上线方式。系统部署模式也相应存在集团和银行集中部署、子公司分散部署两种模式。受系统建设策略和部署模式的客观影响，一般集团统一管控和子公司自行管控方式混合并存，管控力度仍有进一步加强的空间，但核算指标标准化体系，如总账科目表（Charts of Accounts，COA）、机构、科目、产品等，已经逐步向集团一体化方向发展，兼顾集团共性和下属企业个性。

（三）金融控股公司模式下的财务信息化建设

金融控股集团跨多个不同业态，集团仅从事管理职能，没有集团统一的业务主系统，大多以各下属公司自建业务系统为主，存在下属企业系统强、集团系统弱的特点。因此在构建集团财务信息系统过程中，建立财务核算标准化体系的重要性凸显。一是核算数据标准化，如数据结构、组织机构代码、核算主数据等的标准化；二是财务流程标准化，如应收应付、总账、资金等财务核算流程标准化，并内化为系统功能；三是核算规则标准化，如分录生成模板的定制等，从而为流程标准化和数据标准化提供支持。

目前，金融控股集团大多已制定集团信息化建设规划，部分已开始建设。系统建设策略采用集团集中设计、统一开发、由点及面的形式开展，系统部署模式也倾向于集团集中部署。受各下属企业系统强的客观影响，集团往往在系统开发初期，从费控系统和报表系统开始，逐步统一集团核算标准化体系，兼顾集团共性需求和下属企业个性需求，进而加强集团管控力度。

（四）金融集团信息化建设存在的问题

一是数据标准的问题。统一数据标准是集团信息化建设的基础，目前来看，数据标准大多没有实质性落实，有的从制度上进行了规范，但没有落实到系统建设中，没有真正实现系统直连，实现系统间数据自由流转。业务规则制定的质量问题，将对财务会计核算、财会精细化管理产生持续的影响。

二是业财融合的问题。业财融合是财务精细化管理和穿透管理的需要，目前各机构普遍存在业务系统与财务系统直连程度不够的问题，特别是各子公司业务系统不统一，或有些子公司业务还存在手工操作问题，这些都影响了财务一体化核算系统的建立。

三是管理思想问题。从集团角度看，存在建设难度大、专业人员缺少、建设周期长、见效慢的问题。从子公司角度看，对集团一体化系统建设缺少思想上的认同，认为对本公司管理水平提升不大，对老系统转型改造存在畏难情绪等。

二、金融集团财务管理信息化转型的可行性

从外部政策看，金融集团穿透式管控要求不断加强。财政部在 2018 年提出加强全级次决算并表管理的要求，在《金融控股公司财务管理办法（征求意见稿）》中，要求对本级和各层级子公司建立健全财务动态监测系统，形成并表财务大数据体系。银保监会在《商业银行并表管理与监管指引》中，要求银行在集团内部建立满足并表管理需要的信息科技系统，确保能够准确、全面、及时获取包括附属机构的相关信息。

从内部管理看，为适应经营环境变化和同业竞争，需要加强集团财务管控。近年来，国内外经济结构调整正在明显加快，金融市场环境也在不断改变，社会金融需求发生结构性变化。金融在国民经济中的地位进一步增强，国家将进一步强化金融集团监管、推动金融行业改革开放，同时守住不发生系统性金融风险底线。对此，金融集团需要加强内部管控，增强集团整体运营管理和风险防范能力，这对强化信息化建设提出了更高的要求。

从技术发展看，互联网对用户日常生活全方位、强力度的渗透，以及互联网新技术应用的高速发展，改变了信息的传递方式和传播途径，为金融交易储备了大量的基础信息。一是降低了因信息不对称对交易业务开展的限制，从而在一定程度上弱化了银行作为金融中介的角色，对银行的传统核心信贷业务有所侵蚀。二是新兴技术和金融业务的深度融合，包括人工智能、大数据融合分析等推动了新型互联网金融业务的拓展，在投资领域影响传统银行的业务开展。三是互联网科技公司的业务发展，极大地促进了数据大融合的趋势。新技术的快速发展，为财务管理信息化转型提供了强有力的技术支撑。

三、金融集团财务管理信息化转型的目标

金融集团财务管理信息化转型，应重点针对传统金融集团财务管理模式中遇到的问题与瓶颈，对管理流程中的前端、中端、后端等环节进行规划和再造，通过充分融合运用金融科技，推动集团财务管理向集约化、自动化和智能化转型，全面推进集团一体化，构建更加智能、快捷、高效、简约、友好的集团财务管理新体系，为企业创造更大的价值。与传统金融集团财务管理模式相比，构建金融集团财务管理信

息化转型应达到以下预期目标。

一是实现集团内财务数据集中与共享。 基于集团财务管控目标与要求，统一规划、整合建设各类财务系统，集成集团内现有系统的各类功能，实现集团内各类财务系统的集中、对接与互联互通，实现财务信息的高效集成与共享，转变传统管理模式下财务数据与信息的孤岛现象，确保财务系统信息化建设和集团发展战略与管理目标相契合。同时，通过财务系统和业务系统的整合、链接和控制，打造业财一体化，促进财务管理实现闭环管理。

二是提升财务系统的智能化与自动化程度。 通过配置高效、快捷、友好的智能录入模型，实现前台业务发生后自动化处理，最大程度减少业务人员工作量，提升业务前端的效率与质量。在财务处理环节，通过建立自动化、智能化财务审核模型，释放现有财务人员，既可避免人工审核道德风险、操作风险、职业判断风险等，也可为财务人员实现价值转型提供更多空间。

三是重塑财务管理流程与职能。 立足实际业务需要，充分应用金融科技的创新成果，优化集团范围内各项业务流程，消除烦琐、低效、冗长、不增值的财务环节，实现高度融合的业财一体化，财务业务信息同频共振，方便快捷地反映业务状况，为决策提供服务。通过一站式解决方案，以维度更广、真实度更高、时效性更强的内外部信息，助推财务管理更好发挥决策支持作用，创造更大价值。

四、金融集团财务管理信息化转型的原则

一是全面性原则。 信息化转型涉及业务、财务、技术各方面，涉及总部和各级子公司，需要统筹考虑，提前做好财务管理信息化转型规划，立足当下，谋划长远，统一整个集团管理思想，保障转型成功。

二是系统性原则。 集团财务管理信息化转型是一次变革，不仅仅是集团各单位的系统重构和系统互联互通问题，更涉及业务流程、管理模式的优化，需要系统性考虑，通过流程优化促进管理提升。

三是专业性原则。 集团财务管理信息化转型的基础是系统，着力点是财务管理需求，手段是新技术应用，转型方案不仅要保证现阶段先进，还要有前瞻性设计，保证适应未来发展。需要专业人才，特别是新技术人才，IT、财务复合型人才的参与，确保转型蓝图和方案实施的专业性。

四是有效性原则。 集团内各公司管理模式、业务流程、IT系统各不相同，转型设计时要充分考虑各项内容能否有效落地，在统一数据标准的基础上，既要考虑财务穿透管理的需要，又要考虑子公司个性化管理的要求，使得转型成功促进管理的

提升。

五是安全性原则。信息化转型要借助互联网、云计算、大数据，风险防范是转型的重要考量因素，要识别新技术应用的风险和外部监管的要求，在风险可控的基础上，实现集团财务管理系统化转型。

五、金融集团财务管理信息化转型的路径

从财务视角看，金融集团财务信息系统一般包括业务层、核算层、管理决策层三个层次。其中，业务层是向财务提供数据的系统；核算层是财务部门进行数据的收集、加工和发布的系统；管理决策层是财务管理、风险管理控制及信息展示的系统。三个层次的系统有机结合，实现了从业务信息采集、财务基础业务处理、管理控制到决策支持的全方位支持。

随着大数据、云计算、人工智能等信息科技不断发展与成熟，财务系统应用取得了突飞猛进的发展，这为金融集团财务管理信息化在业务层、核算层、管理决策层三个层面的转型提供了技术条件与基础。本文结合当前市场上的信息化技术手段，认为目前我国金融集团财务信息化转型的路径和手段体现在以下五个方面。

一是系统建设前瞻化。集团财务系统建设具有参与方多、业务差异大等特点，通过制定集团统一的财务系统建设规划，明确标准、流程、规范，确保各项工作有序推进，是系统建设成效的重要保障。

二是系统建设标准化。通过在财务信息系统中嵌入集团统一标准的财务制度、财务流程与核算规则，实现全集团各机构财务核算与操作的标准化和规范化，进一步强化集团总部对下属各层级子公司的穿透管理与管控力度。

三是业财融合一体化。通过与外部采购平台、供应商、业务伙伴、税务部门、银行等系统进行无缝对接，根据企业需求，共享业务信息与数据，重塑业务流程，形成一站式解决方案。实现内部系统间的互联互通，从产生、整理、汇总到应用的全过程全面整合业务信息、财务信息，有效地将业务数据融入财务系统，消除部门、机构间的信息孤岛，加强财务与业务的协同。

四是会计核算自动化。构建"业务驱动财务"的自动化处理模式，系统根据业务信息和业务规则，自动配置财务核算信息、会计科目、凭证模板，自动完成财务核算工作。系统通过配置财务审核规则功能，自定义智能审核方案，减轻财务人员审核工作量。

五是风险控制系统化。将集团内现行主要财务制度标准"嵌入"财务系统平台，在源头上进行合规控制，将超标准超范围等各类违规事项"挡在门外"，实现实时控

制。引进最新的监管科技应用，开发风险防控模型，建立与业务活动相适应的事前预防、事中控制、事后监督全流程财会合规管控体系，建设财务监督系统，打造合规治理闭环，实现覆盖全流程的财务风险预警与控制。

六是管理决策高效化。 建立基于云计算、大数据处理技术的财务信息系统，提供更加强大的筛选及运算能力，高效处理各种结构和非结构化数据，帮助金融集团在海量数据中快速汇总、整理、发现有价值的信息，不断提升基于场景的数据洞察能力和数据挖掘能力，更好地为管理决策提供数据支撑。

六、金融集团财务管理信息化转型的风险及应对

数字经济已成为推动我国经济持续稳定增长的重要引擎，当前大数据、云计算、人工智能、区块链等技术已在金融资本市场得到广泛应用，必将持续推动金融市场信息化建设和数字化转型，不断实现科技赋能，提高信息系统、技术可靠性，但也要关注各类技术风险，及时化解信息技术、数据安全等方面的风险隐患。

一是数据安全。 当前的网络安全环境日趋复杂，安全风险时刻威胁着企业数据安全，尤其是对金融企业来讲，数据就是生命线。面对各种网络威胁，如果没有采取适当的预防措施，轻则可能导致业务中断，数据泄露，企业遭受经济和业务损失，重则可能受到政府监管机构的惩罚，甚至会引发金融和经济社会系统性风险。

二是信息化整合。 在新的发展时代，数据为王，数据类型和数据量正在迅速增长。现有信息系统的计算能力、数据存储容量和并发性被大幅拉伸，依然无法跟上新环境中业务策略的实施，需要整合集团信息化资源，打造企业云处理支持平台。同时，金融企业内部通常存在较多独立的信息系统，由于诸多原因，难以将这些信息系统整合在一组硬件和软件平台上，如果没有有效的集团数据治理，容易形成信息孤岛效应，难以实现企业内部信息共享和决策的高效。

三是业财融合度不够。 在业财融合进程中，各部门的思想很难达成统一，各部门融合意识薄弱，业务部门容易认为业财融合是财务部门的职责，存在互相推诿现象。财务人员由于对业务过程的了解不深入，很难将财务监管深入到业务流程各环节，难以实现管理提升、成本费用优化和降低公司经营风险，需要把业财融合作为企业战略，做好综合统筹和规划设计，自上而下推动工作进展。

四是信息化力量薄弱。 新科技日新月异，发展飞快，基础平台建设需要高水平的 IT 架构师、IT 开发人员，同时还需要有集团财务管理的业务人员，更需要两者兼顾的复合型人才，才能在集团信息化建设中应用新技术、实施新管理，才能提出超前的系统建设方案。而金融机构从 IT 力量来看，远远落后于互联网公司，这是集团

信息化建设的一大风险。

五是财务人员观念和技能转变。随着财务职能从交易处理向决策支持转型、财务管控向创造价值转型，财务人员需要适应新形势，完成从"账房先生"到"军师参谋"的角色转变，将工作重心从大量手工操作转移到政策研究、资源规划和风险防控等方面，这对集团财务人员来说是巨大的挑战。

六是对合规管理提出新要求。随着集团财务信息化向大数据、智能化、业财一体化等方向转型，电子化、信息化、自动化向业务和流程渗透的更深，需要合规管理具备新形势下预防问题、发现问题、督促改正问题的能力，这对合规管理将是新的挑战。

为此，在信息化转型方案设计阶段，需要重点关注相关风险因素，针对性研究制定应对措施，确保信息化转型为管理赋能的同时，有效防范信息化转型风险，实现转型目标和效能。

第四章　金融集团财务管理信息化转型方案研究

一、财务管理模式及选择

（一）集权型财务管理模式

集权型财务管理模式是指金融集团母公司对子公司的筹资、投资、利润分配等重大财务事项拥有绝对决策权，子公司的财务数据也统一设置，母公司以直接管理的方式控制子公司的经营活动。采用集权型财务管理模式的金融集团，对子公司具有强有力的控制权，使母公司决策得到及时贯彻和实施，有利于对集团整体资源的整合和利用，可在实现其规模效应、协同效应的同时，最大限度地降低交易费用、提高资金使用效率，达到优势互补、提高收益的目的。但由于母公司的权力太集中，一旦决策出现重大失误，整个公司会面临极大风险，而且子公司没有财务决策权，会直接导致子公司经营活动的决策流程长、能动性不强，抑制子公司的灵活性和创造性。该模式一定程度上受到公司法等相关法律发挥的约束，集团公司需要掌握管理分寸，不能过于干预子公司经营管理。

（二）分权型财务管理模式

分权型财务管理模式是指金融集团母公司只保留对子公司的重大财务事项的决策权或审批权，其他财务管理权限下放给子公司，母公司财务信息来源于公司财务合并报表，子公司的财务数据可单独设置和分离。这种模式的优点是子公司对市场行为反应快速，容易捕捉盈利机会，但从代理理论的观点来看，金融集团大量的财务活动是在委托代理过程中完成的，如果选择分权，子公司代理人就有可能从利己的方面出发，损害委托人的经济利益，造成子公司更多地追求局部利益而忽视整体利益，不利于母公司资源的整合和利用，导致集团内部资源配置上的重复浪费，影响规模经济效益。同时，该模式与当前监管机构强化穿透式管理的要求不一致，实施该模式存在监管挑战。

（三）侧重集权、兼有分权型财务管理模式

集权型和分权型财务管理模式各有利弊。金融集团的特点是集团控股、联合经营，法人分业、规避风险，财务并表、各负盈亏，也就是通过控股不同业务领域的具有独立法人资格的子公司来实现业务的自由化，各子公司所从事的金融业务都是单一的，并由银行、证券、保险等金融监管机构分别进行专业化监管，金融集团母子公司的特征决定了其财务集权的必然性。为了使金融集团能实现企业价值最大化，最优的财务管理模式可定为侧重集权、兼有分权型财务管理模式。

在侧重集权兼有分权型财务管理模式下，金融集团财务管理要体现集权与分权相结合的原则，母公司主要侧重对方向性问题的集权，对子公司的具体事务则可分权，强调结果控制，但不对整个过程进行控制，只是有选择地对重大问题进行重点控制。重点控制体现在统一集团决策风险偏好程度，实行对集团预算的集权管理、对集团资金的集权管控，对子公司审计的集权执行等方面，而经营自主权则分散在子公司。在这种模式下，集权、分权程度的把握是金融集团财务管理的一个难点，若运筹得当，母公司可在掌控整个集团重大风险的同时，有效调动子公司的积极性。

二、财务组织架构设计

组织架构转型对金融企业信息化转型、应对不确定性环境、推动组织变革都具有重要意义，以敏捷、赋能和开放为特征的数字化背景下的金融企业组织架构是财务组织架构转型的方向。在组织架构转型的基础上提出财务组织架构转型的方向：由金字塔形向橄榄形转变，财务职能融入分散的业务单元之中，以开放的组织边界构建生态化共生系统，构建边界开放的财务组织，最终形成"小前端"＋"大平台"＋"富生态"的财务组织架构模式。

数字经济是未来金融集团面临的经济形态，在此背景下组织架构的发展趋势是通过不断减少组织层级，在组织规模不断增大的情况下提高灵活性，不断推动企业组织架构变革。**一是以敏捷型组织应对不确定性**。敏捷型是指组织对挑战、机会和问题进行快速反应和灵活应对的能力，优势在于将组织结构打通，实现端到端的价值连接，打破壁垒实现扁平化组织结构，从而让每个团队都具备快速响应的能力。**二是以平台赋能为前端业务提供支持**。传统后台部门由于专业细分、部门协作容易引发沟通壁垒问题，需要一个强大的中间层来提供支撑服务，包括数据运营能力、技术能力等，通过平台为前线业务提供支撑。**三是以开放的组织边界理念构建生态化共生系统**。为了提高组织的适应性，企业需要不断对组织结构进行调整，使其拥

有开放、可渗透的边界，这使得内外部环境中的资源和信息能够顺利穿越组织边界，为组织发展提供能量。

　　财务是金融企业的有机组成部分，金融集团组织架构变革必然对财务组织架构转型带来新要求、新挑战。**一是如何优化财务组织结构**。财务职能主要涉及三种管理活动：交易处理、控制和风险管理、决策支持，其中交易处理覆盖了核算、报告等传统的会计职能，控制和风险管理包括预算、绩效等管理职能，决策支持则通过对绩效、成本等要素的分析，提供战略规划支持。目前，部分金融企业财务部门在交易处理上所花费的精力占比过大，很多有专长的财务人员由于长期从事基础性工作，财务控制、绩效管理、决策支持等功能弱化，需要进行职能调整。因此，在财务组织架构上，可以将财务团队分成三层：共享财务、业务财务和战略财务，其中，业务财务和战略财务的比重要明显增加，承担核算功能的共享财务比重要大幅压缩，从而使新的财务组织架构由金字塔形向橄榄形结构转变，推动财务管理的重心向预算管理、财务分析、风险监控转移。**二是如何发挥财务职能**。以敏捷型组织应对不确定性，是传统组织架构的根本性变革，也是对财务组织架构的必然要求。在战略财务通过经营分析制定整体经营策略后，业务财务则作为公司战略和政策的推进者和落实者，具体执行战略财务的决策，将预算、预测、决策、财务管理等职能分散于各个组织中，形成中心集权和辐射布局的财务组织架构，使财务职能更好地融入前端分散的业务单元中。**三是如何融入企业整体业务生态**。在整个金融企业平台生态圈的打造中，财务部门应借用开放、共生的理念，在企业平台生态圈中找到自己的位置，实现与平台生态圈的组织和谐共生。尤其是财务共享中心的建立，推动了战略财务、业务财务和共享财务三个财务层面的分离，改变了财务部门工作重心和职能转型，真正体现了财务部门的决策服务价值。财务共享中心可以打开系统边界，不断整合前台的低附加值的重复业务，与第三方平台实现共生、共享。

三、财务共享平台设计

　　银行财务共享模式向智能财务共享转型，应重点针对传统财务共享模式发展过程中遇到的问题与瓶颈，对管理流程中的前端、中端、后端等环节进行规划和再造，通过充分融合运用大数据、云计算、人工智能、移动互联等金融科技应用，尽可能减少人工的操作，构建更加智能、快捷、高效、简约、友好的新环境，创造更大的价值。与传统共享模式相比，构建智能化的银行财务共享模式至少应达到提升财务系统的智能化与自动化程度、重塑业务工作流程和优化财务管理职能等预期目标。要借助金融科技实现银行财务共享的智能化。金融科技应用使得数据采集前端化、会计核算自动化、财务管理智能化成为可能，这为构建智能化的财务共享模式提供了技术条件与基础。本文对目前市场上金融科技在银行财务共享领域的应用进行了梳理总结。**一是文字识别技术。**文字识别是一种光学字符识别（Optical Character Recognition，OCR）技术，该技术通过扫描、拍照等光学输入方式将影像图片上的文字内容自动定位并智能识别成为可编辑的文本，并通过接口技术供财务系统直接调用。**二是机器人流程自动化（Robotic Process Automation，RPA）技术与人工智能。**RPA是以机器人作为虚拟劳动力，依据预先设定的程序与现有财务系统进行交互并完成预期任务的一种技术。目前的 RPA 尚不具备人类的认知和理解能力，只能够自动执行基本的流程化任务，代替人力完成一些逻辑规则确定、高重复性且低附加值的工作。**三是移动报账平台。**随着移动互联网的普及，越来越多的企业已投入使用移动报账功能，通过建立移动报账平台，结合 OCR 识别技术，部分企业可在移动端自动识别原始单据主要信息，员工只需使用手机拍照并上传发票影像即可自动填制报销单，审批人员在线审核电子凭证，及时提交财务部门，有效缩短报销周期，大幅提升工作效率和用户满意度。**四是云计算及大数据。**近年来，基于云计算、微服务架构的信息系统具有轻量级、高可用、弹性扩容等技术特点，为建立开放、弹性、灵活及友好的系统环境提供了基础条件。大数据处理技术能够提供更加强大的筛选及运算能力，高效处理各种结构化和非结构化数据，不断提升基于场景的数据洞察能力和数据挖掘能力，更好地为管理决策提供数据支撑。

四、业财一体化流程设计

财务业务一体化是企业层面的重大变革，在财务业务一体化下重构会计业务流程是企业必然的选择。**一是财务业务一体化是企业管理水平提升的客观需要。**财务业务一体化本质上是企业管理模式的革新，相对应的企业组织架构、运行流程等也必须进行革新，以适应新的管理模式，否则具体的业务流程与企业管理模式不相适应，必然会限制企业管理水平的提升。**二是重构企业会计业务流程是完善企业会计工作模式的必然要求。**企业会计工作的根本目的在于服务企业发展，因此必须顺势而为迎合企业发展趋势。在财务业务一体化下，企业传统会计业务流程存在明显短板，为企业管理层提供及时、有效、全面会计信息的能力不足，因此有必要重构企业会计业务流程，完善企业会计工作模式。**三是重构企业会计业务流程是提升企业运行效率的必经之路。**在财务业务一体化下重构会计业务流程，可以实现财务部门与业务部门的同步管理，从而实现企业管理集成化，管理信息与会计信息同步化，可以为经营管理决策提供全面的支持，从而提升企业整体运行效率。

（一）剖析现有会计业务流程

重构企业会计业务流程前，首先需要对现有会计业务流程进行描述、分析和诊断，这是流程重构的基础和前提，通过对现有会计业务流程的剖析过程，可以明确企业会计业务流程中哪些需要保留、改造或摒弃，从而为流程重构奠定基础。按照成本动因进行分析，企业现有会计业务流程可以分为三个部分，即增值部分、必要非增值部分以及无效部分。其中增值部分指的是在会计业务流程中，产生成本的同时也产生价值的部分；必要非增值部分指的是在会计业务流程中产生成本且不直接产生价值，但是属于必不可少的部分；无效部分指的是不产生价值也不产生成本的部分，没有存在的意义。根据这一原则进行诊断，在流程重构的过程中，增值部分与必要非增值部分予以保留，而无效部分直接剔除，从而达到简化流程、提升运行效率的目的。

（二）会计业务流程重构

会计业务流程重构主要涉及三方面内容：**一是业务流程设计**。首先要剔除无效业务环节，在企业发展过程中，原本有价值或者有意义的业务环节可能转变为无效业务环节，但仍存在于会计业务流程当中，需要剔除以提升会计业务流程的效率。其次要整合会计业务流程，分析财务业务一体化下对会计业务流程的具体要求并匹配相应的模块或流程。**二是信息处理流程设计**。在业务财务一体化流程下，对于会计信息处理效率、准确性等必然提出更高的要求，势必需要重新设计会计信息处理流程，包括数据采集、数据处理和数据输出环节。需要采用新技术、重构新流程，提升数据采集效率及全面性，改变原来的会计信息输出方式，根据管理需求经过信息处理环节输出特定的信息。**三是会计理念重构**。要梳理创新理念，强化与业务部门之间的联系，发挥主动性和创造性；需要形成团队合作理念，以往独立工作模式难以适应实际需求，强化协作交流和统筹沟通，促进效率提升；要树立信息化理念，新流程下必须借助信息技术才能及时有效地完成各项财会管理工作，充分利用信息化完善会计业务流程；同时应强化共享理念和大数据意识，提升财会数据有用性和决策支持科学性。

五、财务制度体系设计

集团化企业财务管理当务之急是站在集团高度，梳理集团整体财务工作，建立一套具有统一性、全面完整性和可落地的财务管理制度体系。集团金融企业财务制度体系建设要抓住以下三点。**一是明确集团财务管理制度的框架体系。**包括国家法律法规、公司章程与企业法人治理结构、集团总部财务管理制度等。其中，集团财务管理制度是集团全部成员企业工作的基本法，可分为三个层面：第一，集团基本制度是集团财务管理制度的基本纲要；第二，根据基本制度纵向深入制定的重要财务制度；第三，各成员企业在集团基本财务制度和重要财务制度框架内自行制定的财务管理制度。**二是制定集团财务管理制度的流程。**首先要明确制度流程的制定原则，包括支持集团战略、内容完善覆盖面广、分级深入各事项、以业务实际为制度基础。其次要明确财务制度建立的具体流程，包括确立财务管理地位、梳理现有财务制度、分步骤制定实施财务制度、推进制度信息化管理和落地、加强管理培训和及时更新完善财务制度体系。**三是集团财务管理制度重点关注事项。**包括财务负责人委派制度、预算管理制度、资金管理制度、会计核算办法、财务制度工作细则等。建立完善金融集团财务估值管理制度体系，由财会部门制定集团财务估值基本制度，明确各部门职能分工，经董事会审议后施行，子公司参照执行。同时，制定各项金融工具具体估值管理办法、估值系统操作手册等，明确估值模型、方法，规范工作流程及系统操作。总之，集团财务管理制度体系建设是一项系统性工作，事关集团的发展和成败，建立一套系统、规范、科学的财务管理制度，是集团财务管理的基础。

六、集团数据治理设计

（一）重新定义各系统的职能分工与定位

完成财会信息的沉淀与数据资产的形成。图 2 以贷款业务为例，展示了集团系统的职能分工及数据交互。

（二）集团数据流转架构

一是集团层级的数据流转架构。集团层级各系统之间的数据流转：主数据系统向各系统派发主数据信息。总账系统通过财务服务总线从财务共享系统、税务管理系统、资产减值管理系统与估值管理系统中抽取所需的总账数据。财务数据集市在总账系统汇集的数据基础上，又汇集子公司财务系统中的子公司核算数据。财务数据集市为财务管理信息系统（Financial Management Information System，FMIS）、合并报表系统、预算管理系统、管理会计系统以及监管资本管理系统提供所有的数据支持。集团层级各系统的数据流转架构如图 3 所示。

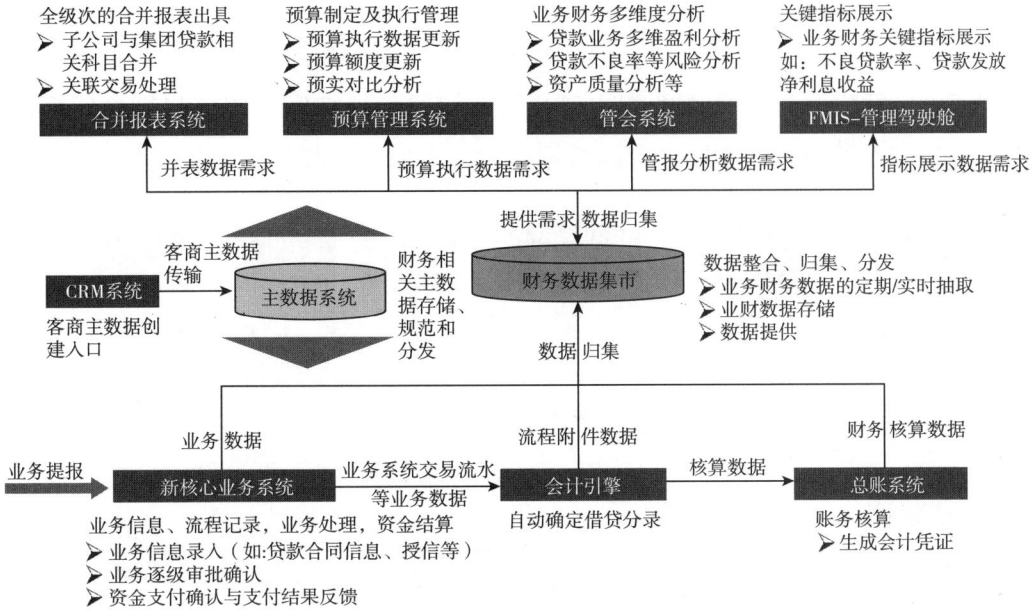

图 2 集团系统的职能分工及数据交互（贷款业务）

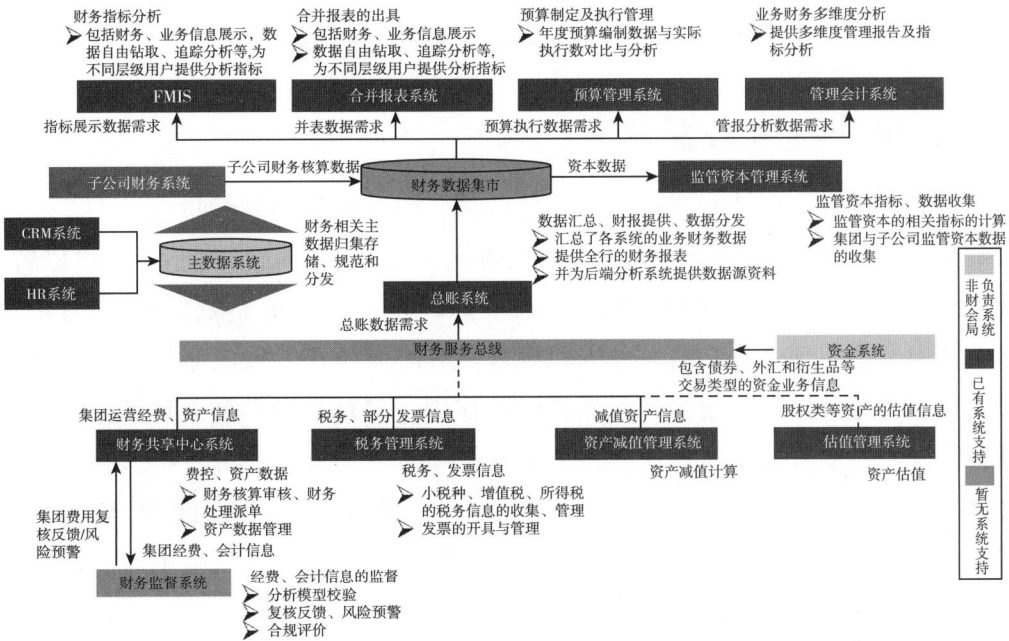

图 3 集团层级各系统的数据流转架构

　　二是系统在子公司与集团总部间数据流转架构。主数据系统在集团统管主数据的上报，子公司如有个性化主数据需求可自行建子公司主数据系统并向上打通与集团主数据系统的数据流。财务数据集市与各级子公司的总账系统、财务共享系统、税务系统、估值系统、资产减值系统开通接口，获取集团关注的财务数据。集团并表系统从一级子公司的并表系统中获取上报的并表数据，集团预算系统从一级子公司的预算系统中获取上报的预算数据。子公司上报财务管理制度等信息到集团制度档案系统。系统在子公司与集团总部间数据流转架构如图 4 所示。

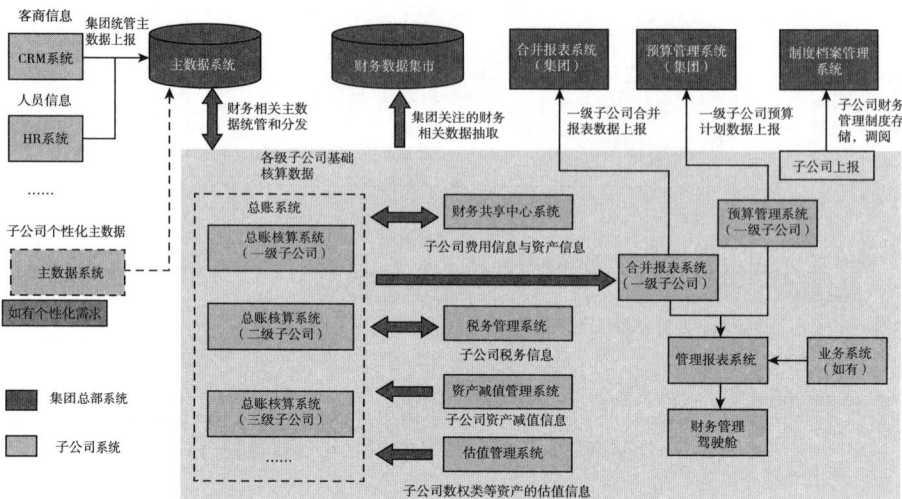

图 4　系统在子公司与集团总部间数据流转架构

七、财务人员转型设计

随着财务职能从交易处理向决策支持转型、财务管控向创造价值转型，对财务人员的工作内容和职业素质形成了巨大的冲击，需要适应新形势、完成角色转变。**一是从"账房先生"到"军师参谋"的转变。**财务人员通过大数据对经营管理的各个环节做出合理的预测、监测、分析和报告，从而为公司发展战略提供可靠的财务数据支撑，并通过预算控制实现保驾护航的作用。**二是从被动向主动转变。**通过整合联网资源，打造云端管理模式，为集团提供高质量的会计服务，解放各层级各单位的财务人员，使其工作重心转移到政策研究、资源规划和风险防控等方面。同时，通过向业务前端延伸拓展，能够有效参与价值链洞察分析，实现业财融合、协同共进。**三是从成本中心到价值创造的转变。**随着现代企业财务管理进入价值型财务发展阶段，财务人员可将公司战略具体落实为经营目标和预算目标，制定相应控制手段，保障企业可持续增长，不断追求价值最大化。

为适应财务人员转型需要，财务人员应从素质、能力、知识等方面不断完善自己。包括但不限于：构建互联网思维逻辑，提高沟通合作能力；搭建复合型知识结构，拓展管理决策能力；形成专业化竞争优势，培养工作聚焦能力。

八、保障措施

一是强化组织保障。开展集团信息化建设要强化组织领导，做好信息化项目管理模式设计，统筹推进集团蓝图整体实施。集团信息化建设涉及的系统多、业务面广，各系统间相互连接构成整体，需在集团总部领导带领下通力合作，才能确保集团财会信息化建设的顺利开展。建议由集团总部成立集团财务信息化建设领导小组，由集团总部领导任组长，各单位负责人任副组长，各相关部门派员参加，定期召开系统建设沟通协调会议，研究推进重大项目进展，推进系统建设和集团整体规划落地实施。

二是做好规划保障。集团财务信息化转型是一项系统工程，需要秉承规划先行的原则，做好蓝图规划。为确保规划落地实施，应实行规划目标责任制，明确各单位责任分工，分类推进，协同合作，确保规划目标顺利实现。同时，要健全规划评估体系，建立规划实施的全程跟踪、执行监督、信息反馈和定期评估机制，根据实施中发现的问题和情况，及时采取有效的应对措施。同时，根据发展需要，应定期审查规划与集团财会管理需求之间的契合程度，必要时开展动态修编工作。

三是提供资源保障。集团财务系统建设是一项长期工程，任务艰巨，需要充足的资源保障。人员方面，应从各单位选拔一批具有 IT 和财务背景的专业人才力量，能够专注或将主要精力投身于集团财务信息化建设中，并通过系统建设过程，培养一批复合型人才，为集团系统建设和平稳运行奠定基础；财务方面，应给予集团财务信息化建设专项财务资源，做好预算安排，提供充足经费保障；物资方面，应为系统建设人员提供相应的办公场所、机器设备和软硬件支持，使系统建设工程有坚实的物质基础。

四是建立评价反馈机制。信息化建设是一项复杂性高的综合工程，涉及业务流程、数据治理、岗位人员、职责分工等多个方面，不可能一蹴而就，应立足于迭代完善原则，建立评价反馈机制，通过客观评价系统运行效果、有效收集各方反馈的改进建议，及时进行评估完善，使集团财务系统不断融入集团发展战略，充分发挥财务系统功能和价值。

经过近几年财会人员共同努力，目前已基本建成覆盖主要业务的 IT 基础设施，为财会工作提质增效发挥了重要作用。下一个阶段，是将财会 IT 系统资源整合、深度挖掘价值的关键提升阶段，对 IT 建设资金需求较大，建议与信息科技局开展充分沟通，协调充足信息化建设资金，保障 IT 建设需求。

第五章　金融集团财务管理信息化转型的典型系统设计

一、主数据管理系统设计与实现

（一）总体目标

在大数据时代背景下，主数据管理是集团数据标准化管理的重要手段，主数据管理的目标是提高数据质量（准确性和完整性），保证数据安全性（保密性、完整性及可用性），实现数据资源共享。

主数据管理系统能够帮助企业从分散的业务系统中整合最核心的、最需要共享的数据（主数据），集中进行数据的维护和管理，然后以服务的方式把统一的、完整的、准确的、具有权威性的主数据，分发给全集团范围内需要使用这些数据的系统或应用。主数据管理系统价值在于：①消除数据冗余、提升数据处理效率；②统一规范企业内部各系统使用的主数据；③实现企业内部各异构系统间核心数据同步和共享；④降低系统集成成本和集成深度。

主数据管理系统具有跨部门、跨业务、跨系统的特点，作为集团层级数据管理的重要抓手，建议由集团牵头统建，集团统一建设涵盖子公司的主数据体系，子公司统一应用集团规划建设的主数据体系。

（二）集团主数据管理系统建设思路

1. 主数据管理系统整体架构

构建统一的主数据管理系统（见图5），需要统一新核心系统、全流程系统、采购管理系统、客户关系管理（Customer Relationship Management，CRM）系统等业务系统与总账系统、财务共享系统、预算管理系统等财务系统中共用的主数据。

主数据管理系统应涵盖业务功能、模型管理功能、核心功能和基础功能四大部分。

（1）业务功能：根据企业实际业务对各类主数据进行分类管理，以金融集团为例，主数据一般包括组织架构、客户、员工、银行账户、会计科目、项目、内部订单等，因此业务功能应涵盖上述各类主数据管理以及数据关系管理功能。

（2）**模型管理功能**：提供主数据模型的设置、扩展、管理功能，主数据模型管理是主数据管理的关键和重点，数据模型需涵盖整个集团的业务范围，以一种清晰的表达方式记录跟踪集团单位的重要数据元素及其变动，并利用它们之间各种可能的限制条件和关系来表达重要的业务规则。

（3）**核心功能**：包括主数据的整合、清洗、共享、服务，通过自动化采集集团内部积累多年的数据，清洗提炼出统一的标准主数据，通过接口分发至各应用系统，实现数据同步；此外在集成主数据基础上可以研究如何充分利用这些数据，建立分析行业业务流程和优化业务流程。

（4）**基础功能**：包括用户、功能、安全、权限、预警、工作流、客户化、参数、接口、继承、维护等系统基础功能，其中工作流包括主数据定义的流程步骤，如申请、审批、更新等。

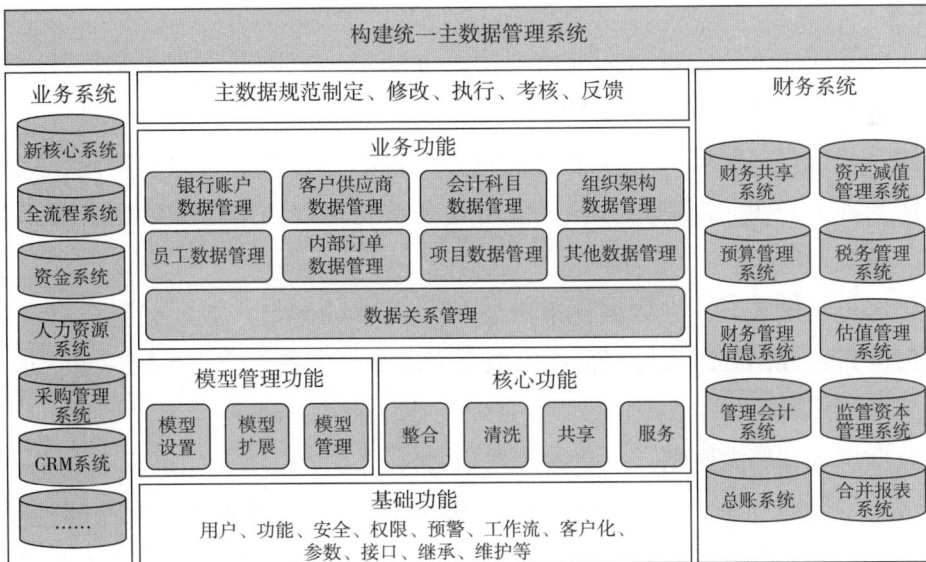

图 5　主数据管理系统

2. 主数据管理整体策略

主数据管理首先需考虑整体策略，金融集团和子公司可根据不同的主数据类型进行分类管理。

组织架构、会计科目、银行账户、区域编码等作为集团统管类主数据；

部门、客户、员工、供应商等主数据采取集团及子公司共管的方式；

项目、产品、渠道、合同等主数据由子公司单独管理。

不同类型的管控模式对主数据管理的标准、流程和系统的管控也不同（见图6）。

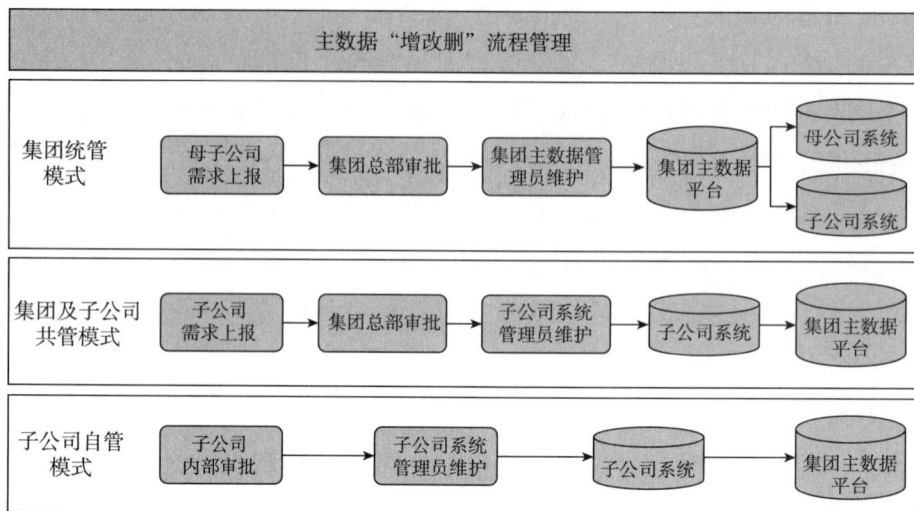

图6　主数据"增删改"流程管理

集团统管模式下，主数据标准由集团主导制定，主数据流程由集团统一，主数据管理系统由集团统一维护、集中发布；

集团及子公司共管模式下，主数据标准由集团与各子公司共同制定，主数据流程由集团与各子公司共同制定，各子公司业务系统抽取到集团主数据管理系统进行整合后，再统一发布；

子公司自管模式下，主数据标准由各子公司单独制定，主数据流程由各子公司单独确定但需要遵循集团指导规范，主数据管理平台由各子公司系统单独管理。

3. 主数据识别

主数据识别有两大原则：一是主数据通常涉及多个系统，如果只涉及单个系统，则无须纳入主数据管理范畴；二是主数据相对稳定，不会像业务数据一样海量增加。其关键点在于上下游业务流程之间的数据交互，以及处理来自不同系统但代表同一类业务对象的数据流。具体识别可以参考主数据的六大特点进行，包括高价值性、实体独立性、相对稳定性、高共享性、识别唯一性和长期有效性。

主数据建设本身是一个持续不断的长期过程，随着业务发展，企业关注的主数据项也会发生变化。金融集团可从最关键的主数据项，如客户、产品、供应商、组织架构、员工、会计科目等着手，开展主数据建设工作，未来再逐步拓展范围。

4. 主数据标准规范

数据标准是一整套数据规范，是开展数据标准管理的必要先行工作和重要基础。

主数据标准规范要结合企业管理要求与行业标准制定，遵循管理要求、唯一性、可拓展性、简单性和稳定性五大原则，保证数据准确性和支撑效率性。

编码标准是主数据标准中的基础，需结合国际、国内标准和集团自身需求制定，国际标准包括国际地域、商品条码；国家标准包括行政区域、纳税人识别号、组织机构代码、产品本位码、产品批准文号；集团自身的标准，包括业务区域、SWIFT 联行号、产品类型、账户信息等。

5. 主数据的数据质量

数据质量决定数据价值，主数据作为企业的核心数据资产，其质量在数据实际应用中具有重要影响，企业需要对主数据质量问题进行全面监控和管理。

主数据管理系统上线前：应开展主数据质量专项整治工作，解决重点业务领域的数据质量问题。对存量数据，按业务系统或主题剖析、清洗数据，发现并分析数据质量问题；对增量数据，根据数据质量监控规则，周期性地监测数据，发现、分析和解决数据质量问题。主数据管理系统上线后：制定主数据质量管理流程，采用与绩效挂钩的方式，保障数据质量和主数据管理系统的平稳运行。数据质量检查内容应包括数据文件格式、文件大小、记录数量、编码规范、数据关系等是否符合既定的规范标准。

二、核心系统设计与实现

（一）总体目标

核心系统是金融集团业务运转的中枢，在集团整体系统架构中处于核心地位，是最重要的业务处理系统。随着信息技术的不断发展，核心系统已逐渐步入第五代"无核心、皆核心"的金融集团统一信息服务系统应用阶段。核心系统建设的总体目标是敏捷支持传统的金融服务和面向未来的泛金融数字化服务，同时为客户提供随时随地、知我所需和量身定制的金融服务。

金融集团新核心系统按照"高内聚，松耦合"理念，采用模型化、组件化、分布式和差异化原则设计，支持金融集团向"综合性、多功能、创新型"转型发展。其建设的主要内容，如图 7 所示。

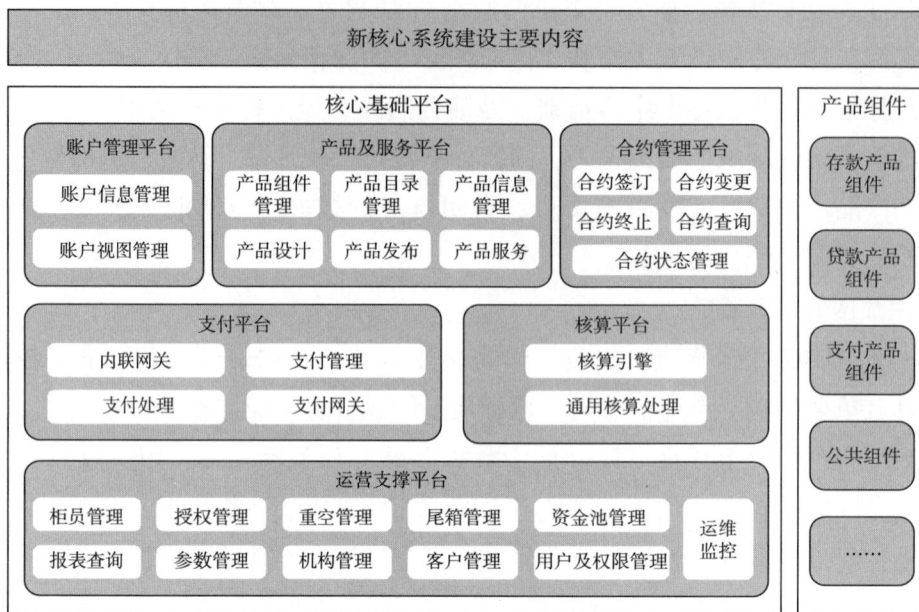

图 7　新核心系统建设主要内容

(二) 集团核心系统建设思路

1. 以客户为中心，提升用户体验

以客户为中心，实现集团统一的客户信息管理，形成集团内统一的客户信息入口，丰富信息项，规范数据标准，建立分层分类的客户信息和客户管理机制，为客户提供更快捷、更优质的个性化服务，提高客户满意度。

产品方面：产品工厂模式支持金融产品自由组合，满足客户多样化金融需求，具备为大客户提供定制化服务的能力。多层级账户体系支持按照客户要求，在同一账户下开立不同维度子账户，满足客户个性化、精细化资金管理要求。

结算方面：信贷资金和自有资金分户管理，对信贷资金进行全链条合规监管，对自有资金免审核支付，实现自有资金高效支付。全面增强电子银行功能和手段，拓展支付渠道，预留互联网新支付技术接口，支持智能支付路径选择。

定价方面：支持按客户、产品、机构、区域等多维度的差异化定价及费用管理。支持为集团客户制定统一的定价策略。

2. 组件化配置，灵活支持产品创新

借鉴制造业生产思路，将金融服务需求解析为最基础的条件和参数要素，对相同或相似需求进行标准化处理，类似工厂一样形成一个个的小零件，将不同的零件进行组装即可形成不同的金融产品及服务。通过集团级产品与服务管理平台，实现

产品的快速配置，缩短产品研发周期，降低系统开发成本，同时满足客户多样化金融需求。

组件化产品工厂模式以母公司产品为基础，标准化描述产品属性、产品服务及规则，产品"零部件"可被迅速复用配置；基于产品模板，通过参数配置实现新产品和新功能的快速上线，或对现有产品快速进行积木式自由拼装组合形成新产品，以及根据客户个性化需求，为客户提供量身定制产品。

3. 独立的集团级会计核算引擎，实现交易与核算分离

新核心系统核算架构如图8所示。引入交易与核算分离理念，通过独立的集团级会计引擎，减少会计核算处理对交易的影响，让各交易组件能够更专注于客户服务和产品创新。

会计引擎对核算规则进行集中统一管理，统一维护会计准则，及时准确反映业务实质，快速灵活响应会计制度和管理要求的变化，同时做到规则变化不影响交易处理。

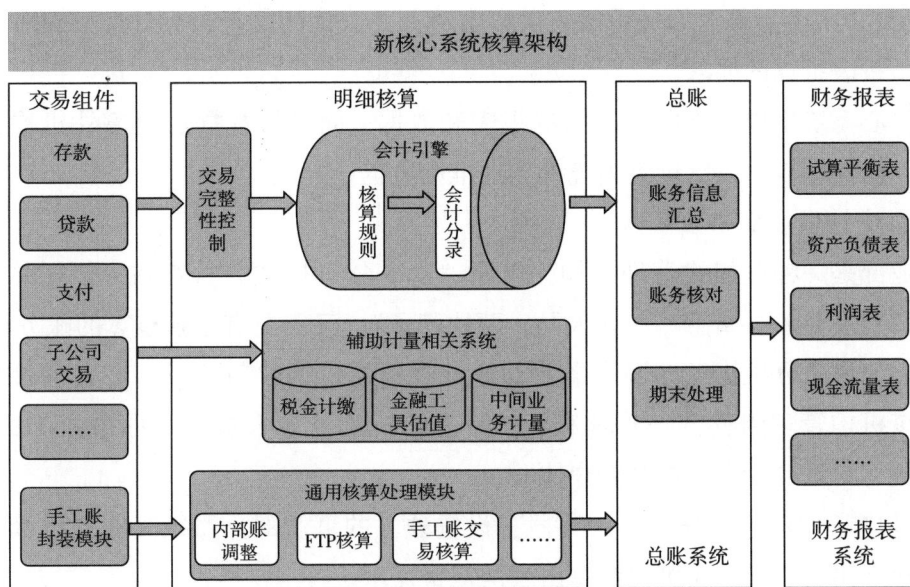

图8　新核心系统核算架构

4. 多元化机构分账核算，实现集团化核算管控

通过多元化机构分账核算（见表1），灵活支持境外机构、事业部、自贸区、子公司等多机构、多法人、多账套、多准则、多币种集团化核算管控要求，提升投贷债租证多元化跨市场金融服务能力。

表 1　多元化机构分账核算

机构及业务	是否单设机构	是否使用标识	系统中是否为独立法人
××境内分行	√	×	×
××境外分行	√	×	√
××事业部	√	×	×
××自贸区业务	×	√	×
××基金业务（母公司端）	√	×	×
××基金业务（基金端）	√	×	√
××子公司	√	×	√

注：事业部通过责任中心予以单设。

（1）支持境外机构单独核算

设置独立的境外机构账套，境内外机构隔离，集团总账机构结构清晰，便于境外机构未来拓展。

境外机构使用集团一体化科目体系，本位币与境内机构不一致。系统采用折表方式①将外币报表折算为人民币报表供集团财务并表使用，符合会计准则对本位币确定、外币报表折算的要求。

新核心系统生成基于国内准则的报表和数据，同时将数据送至境外机构辅助核算系统，由辅助核算系统调整为境外当地准则数据。

（2）支持事业部单独核算

事业部是一种分权式管理结构，与原"总—分"模式并行存在，依托总—分机构和人员开展业务，属于"一套人马，两块牌子"，又需要有单独核算的账务线。

建立允许总分机构经办操作事业部业务类别的机构映射关系，该关系参数由新核心系统机构管理组件统一管理和维护。总分机构业务人员可经办事业部的业务，能够避免客户重复开户，提升客户体验。

通过总账 COA "责任中心"字段，设置独立的事业部分账核算业务账套，满足事业部独立出表、与对应机构汇总出表的双重需求。

（3）支持自贸区业务分账核算

自贸区业务既要满足监管"标识分设、分账核算、独立出表、专项报告、自求平衡"要求，又要满足人民银行上海总部针对各成员单位均需按"总—分"模式开展自贸区分账核算单元的复制及推广工作要求。

通过总账 COA "区域"段设置独立的自贸区分账核算业务账套，既能满足监管

---

① 折表方式：资产负债类采用报表日汇率，损益类、所有者权益类采用交易日汇率。

要求，又能实现自贸区业务灵活扩展，在新开办一家自贸区时，仅需增加自贸区区域标识，即可快速实现自贸区部署。

（4）支持子公司独立核算

子公司按照《公司法》设立，实行"独立核算"，拥有单独的营业执照和税务登记，账务自成体系。

单独设置账套，科目体系和集团一体化科目体系保持一致，和母公司共用一套会计引擎参数。对于外币为记账本位币的子公司，采用折表方式将外币报表折算为人民币报表供集团财务并表使用。

（5）报表统一展示

建立统一的科目体系和集团财务树，统一展示不同机构财务报表（见图9）。

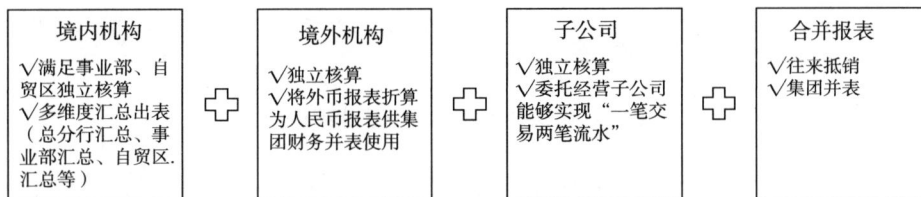

图9 集团总账统一展示

三、财务共享系统设计与实现

（一）总体目标

结合新形势下外部监管要求以及内部管理需要，集团财务共享系统建设聚焦财务管理及业务开展过程中面临的痛点与难点问题，可通过系统的升级换代建设新一代集团财务共享系统，建立新的系统架构与系统应用，应用最新信息技术手段最大程度减少人为判断和手工操作，并以共享业务为抓手，将财务共享模式拓展至子公司，有效扩展集团财会管理的深度与广度，实现集团财会管理、核算的协同与一体化，更好满足内外部监管要求，保障共享业务平稳运行，进一步满足集团财会管理要求，提升财务精细化管理水平及合规风险管控能力，更好服务用户需求，全面提升财务共享业务的管理水平与质量。

（二）集团财务共享系统建设思路

1. 集团财务共享系统功能架构设计

集团财务共享系统定位于集团财会管理平台以及财会管理自动化平台两大功能，

系统架构（见图 10）涵盖应用层、平台层和基础设施层三个层次，系统服务对象包括总部、境内外分行、境外代表处、事业部以及子公司等机构。

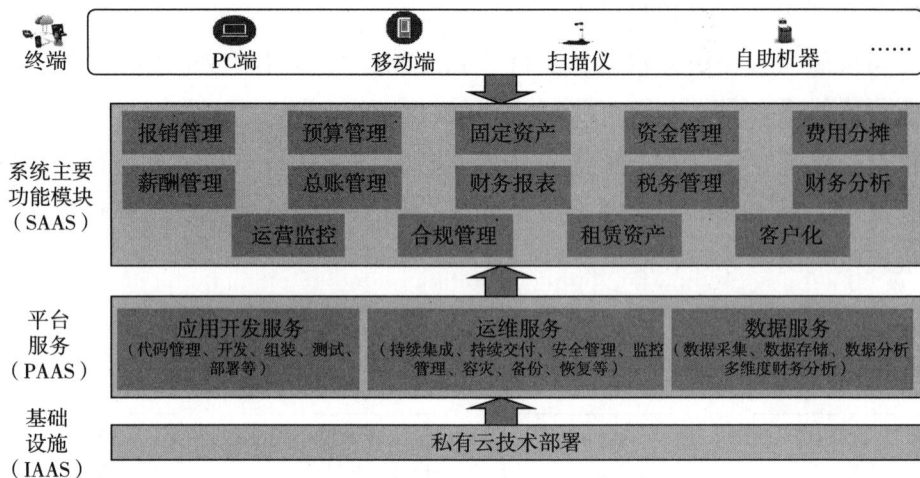

图 10　集团财务共享系统功能架构

其中，应用层指 14 个系统的主要功能模块，包括报销管理、预算管理、固定资产、资金管理等，以满足各单位、各子公司日常管理与业务需求。

平台层包括三大平台服务：一是应用开发服务，能够进行客户化定制开发，实现个性化需求的快速交付，并提供高效快捷的代码管理、开发、组装、测试、部署等完整的开发服务体系，以快速响应业务需求，降低二次开发成本。二是运维服务，具有持续集成、持续交付、安全管理、监控管理、容灾、备份、恢复等功能，能够及时高效解决各类系统问题与故障。三是数据服务，能够提供高效的数据采集、数据存储、数据分析等功能，支持强大的数据计算引擎和丰富的数据可视化平台，通过前台简单自由拖拽配置，即可快速完成多维的图表和数据呈现，帮助用户更好开展数据获取与财务分析工作。

基础设施层是指基于信息安全考虑，考虑运用符合监管要求、安全可控的私有云技术进行基础设施服务，提升基础设施支撑系统功能应用的质量与效率。

2. 集团财会管理功能规划

（1）总体要求

建立集团内多层级子公司的财会核算及管理架构，提供跨地区、跨机构、多账簿、多币种、多准则等核算功能，在法律法规和监管政策允许条件下，总部层面可根据管理需要灵活设置机构、币种、用户、权限、科目、审批流、工作流等基础信息，支持集团架构下多层级子公司的统一管理、多级管控及权限分配，满足总部对子公司的财会管理及穿透管理需要。

（2）覆盖业务范围

由于总部财务共享中心在共享系统建设、费用核算与管控方面有着较为丰富的经验，目前共享服务范围所涵盖的费用核算、固定资产核算、增值税计算申报、个税计算申报等业务与主营业务相比具有更大的同质性，因此，可将共享服务涉及的范围稳步推广应用至集团层面，逐步实现财务系统平台、费用管控模式、费用核算流程等方面的集团协同。未来也可根据子公司实际需要，将覆盖范围延伸至最底层子公司。

（3）数据与信息管理范围

总部能够通过财务共享系统对子公司的信息与数据进行查询、数据汇总、财务报表合并，可根据实际管理需要设置范围及相关权限。涵盖范围应包括但不限于：原始单据、影像附件、资产数据、薪资数据、预算数据、费用标准、资金支付数据、银行账户数据、报销单据、会计凭证、科目余额表、三栏式总账、三栏式明细账、科目汇总表、摘要汇总表、日记账、多栏账和序时账、辅助余额表、辅助明细账、辅助分析表、财务报表等。

（4）子公司个性化配置要求

充分考虑子公司和总部存在的业务差异，在总部允许的权限范围内，系统可支持个性化配置记账规则、单据类型、单据模板、单据审批及流转流程、科目体系、凭证及报表模板等，以满足各子公司实际需要。

3. 系统自动化功能规划

通过充分融合运用大数据、云计算、人工智能、移动互联等信息科技应用，配置OCR、智能报销、发票管理平台、智能财务分析与监督平台等业务场景功能，设计规则引擎、财务机器人、智能模型等自动化审核工具，构建多维度、自动化的内控管理机制，打造高效、快捷的自动化财务共享系统平台，全面优化工作流程，提升工作质效，进一步强化集团财会管控力度，全面提升集团财务系统应用水平。本文以财务共享中心较为常见的费用报销、财务分析及合规监管等业务为例，介绍几项较为成熟的自动化具体应用场景。

（1）智能报销

经调研，企业费用报销中约60%以上的业务都是较为简单的普通报销业务，如招待费、宣传费、资料费、差旅费等费用报销，该类型单据的原始凭证一般较为单一，业务逻辑、规则及报销流程相对清晰，可选择考虑智能报销解决方案。智能报销主要思路是：通过开发建立票据综合管理平台（以下简称"票池"），由系统替代人工，对该类型报销的原始单据进行自动验证。

　　智能报销流程如图 11 所示。员工获得原始票据后，通过移动端拍照或扫描等方式处理该票据，该平台能够运用 OCR 识别技术识别提取票据信息，如票据日期、票据号码、票据金额等，并利用提取的要素自动进入税务局金税系统（或建立智能认证模型）对该票据进行验真与查重，验真成功后方可成功进入"票池"，重复票据不允许进入"票池"。员工下一步用于报销时，无须再手工录入信息，可直接从"票池"获取相应信息自动发起报销，实现单据智能填报。由于进入"票池"的发票真实性已通过验真，财务人员无须再额外人工审核，系统可按照业务类型和业务规则，提前配置费用类型、会计科目、凭证模板、收款方信息，自动完成财务核算和资金支付操作。

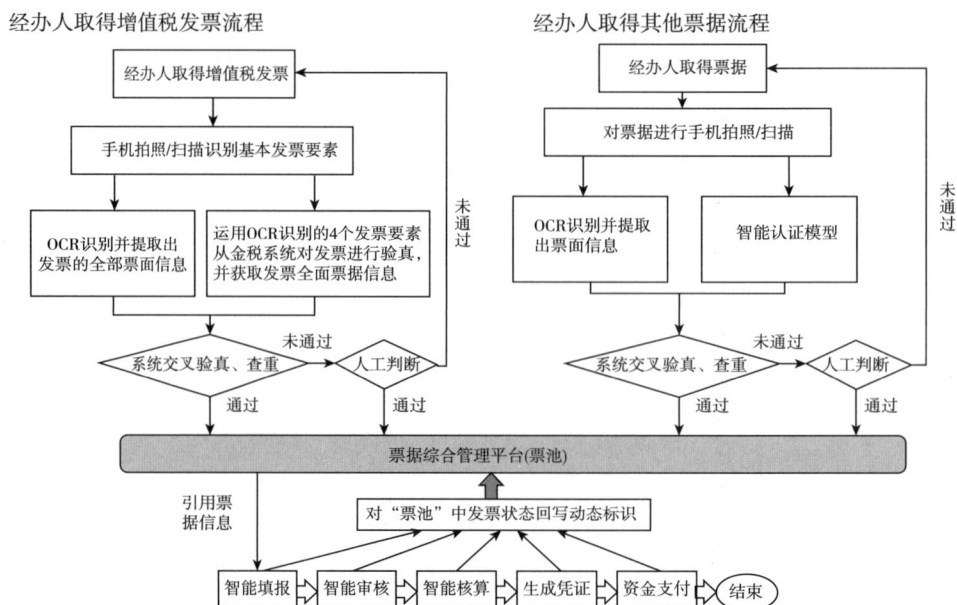

图 11　智能报销流程

（2）智能财务分析平台

　　开发建立多维度、多口径、多板块的财务数据分析平台，通过强大的数据筛选器、数据引擎以及数据穿透等功能，财务人员与业务人员可以与大量数据实时交互，快速识别数据蕴含的重要信息，让员工更快地发现其中的业务规律和价值，更好地支撑业务决策。通过前台自主拖拽配置分析维度模型以及多终端展现功能，员工可自主根据分析意图，实现数据与图形的高效转换，呈现最优的数据可视化效果，全面提升财务分析平台的智能化、个性化和友好化程度。

（3）智能监控平台

引进最新的监管科技应用，开发建立风险防控模型，实现覆盖全流程的财务风险预警与控制，将预警信息提示给业务发起人、财务审批人与内部审计人员，将风险尽量控制在业务发生之前。建立自动化的风险筛查模型，嵌入内外部财务检查要点和审计程序，按照财务监督和检查口径提供多维度筛查，帮助财务监管人员和内部审计人员实时发现各类违规问题。

4. 集团共享系统建设保障措施

集团财务共享系统建设涉及多个子公司、多个机构、多个部门，是一项综合性、系统性工程，涵盖需求梳理、安全性与适用性论证、审议立项、系统升级、流程优化等方方面面的工作，是具有创新性、颠覆性的管理与技术变革。变革过程中，如何做好各单位的沟通协调，如何有效化解遇到的困难与阻力，是决定变革是否成功的关键。因此，应在以下方面加强保障：一是要结合集团财会管理的目标与定位，结合财务共享模式的特点，做好整体需求方案设计与规划。二是要深化与外部咨询机构和财务软件公司的合作，联合成立跨单位、跨部门的项目组进行联合推动，做好项目总体管控、需求梳理、项目实施管理等工作。三是要加强安全保障与管理能力，防范技术变革带来的技术与操作风险。

四、合并报表系统设计与实现

（一）总体目标

合并报表系统建设的总体目标是通过规范化、自动化、高效化、易用化的合并报告提升管理要求，搭建集团层面合并报表的统一平台，实现快速合并和有效追溯，提供集团范围内唯一版本的高质量财务数据，从而提升财务报告质量和财务分析能力。

合并报表系统主要功能包括：

规范化账表，通过前端系统优化，提高数据的规范性；

自动化出具报表，通过数据采集减少输入，提高可靠性、准确性；

高效化完成自动合并，减少手工合并调整。

（二）集团合并报表系统建设思路

1. 合并财务报表整体合并流程

合并财务报表整体合并流程包括数据收集、报表调整、合并抵销、合并展示四个环节。数据收集环节，通过映射转换，重分类自动生成调整前的、不同准则下的报告。报表调整环节将科目级调整、科目级合并、调整/合并结果映射到报表项目。合并抵销环节完成多准则、多口径、多币种、多板块的报表合并。报表整体合并流程如图 12 所示。

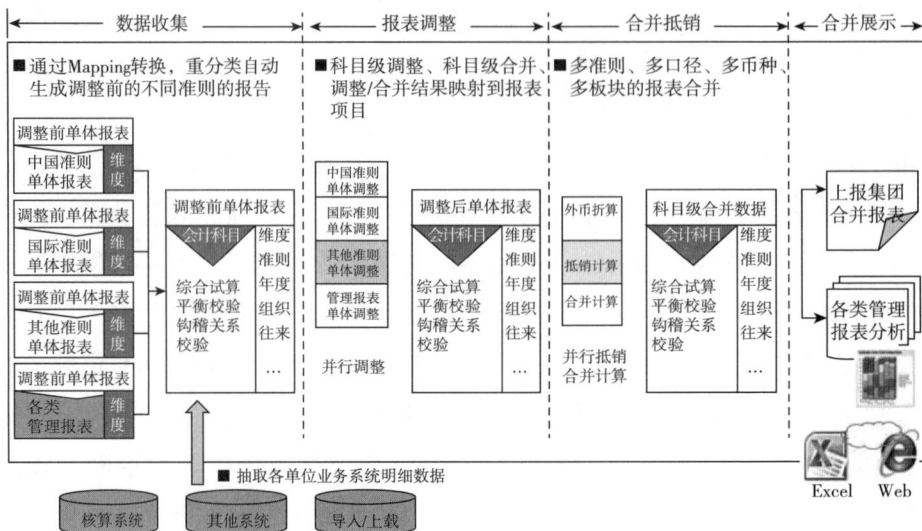

图 12　报表整体合并流程示意

2. 建立合并会计科目体系

建立集团合并科目表，支持多口径、多会计准则财务会计报告的出具。作为合并报表项目最重要的主数据，梳理并确定集团合并科目表，合并报表系统将基于此搭建报表结构，配置合并抵销规则，出具相关报表。

设计合并会计科目需要考虑的因素有科目差异、会计准则差异、界面展示、报表披露、管理口径差异。科目差异主要体现在集团合并会计科目与下属各子公司核算科目的差异。会计准则差异，尤其是指合并会计准则，如使用成本法抵销，还是使用权益法抵销。界面展示要考虑多准则下合并工作底稿的展现，以及合并系统操作界面的客户化。报表披露要考虑报表披露的细度，提高报表取数的自动化程度。管理口径差异，如集团与各公司的管理报表需求，会影响合并会计科目的设计。基于现有核算科目体系，建立覆盖全集团的合并科目体系，尤其要兼顾板块特色与合并要求。核算科目和集团合并科目之间的对应关系不能随意变更，对于核算要求新增会计科目，应由集团统一制定对应集团科目，集团合并科目数据一方面用于出具合并报表，另一方面用于出具集团财务管理报表。

3. 规范合并报表的合并规则

根据合并流程，对数据校验、外币折算、合并抵销及调整的规则进行统一规范，如表 2 所示。

表 2　合并报表的合并规则设计

规则	设计内容	设计要点
数据校验规则	三大表之间的校验关系： ● 会计报表与会计附注之间的校验关系 ● 会计附注与会计附注之间的校验关系 ● 期初余额与上期期末余额的校验关系	校验结果，差异展示设计
外币折算规则	资产负债类科目的折算： ● 损益类科目的折算 ● 长投、权益类科目的折算 ● 现金流量类科目的折算 ● 附注的折算 ● 外币报表折算差异的处理	汇率的维护折算过程的展现
各类调整规则	分析和归纳手工调整的需求（单体，合并节点）： ● 分析和归纳准则调整的需求（分析和归纳单体报表中中国准则与其他准则的差异点和转换方法-分析和归纳集团合并抵销规则中中国准则与其他准则的差异点和转换方法-确定多会计准则涉及的范围） ● 表间计算，如权益变动表、间接法现金流量表等	各类调整的实现方式 各类调整的展现
合并抵销规则	权益类抵销规则设计： ● 长期股权投资与子公司权益的抵销 ● 复杂持股关系下的权益类抵销规则设计：交叉持股，循环持股等 ● 内部往来，内部交易，内部现金流抵销规则设计 ● 复杂交易下的抵销规则设计：存货未实现毛利，内部固定资产交易抵销，金融业务的抵销 ● 附注的抵销	抵销规则的统一复杂情况的例外处理 详细抵销过程的展现 易操作，易理解，可审计

4. 报表调整及数据校验

单体报表层面数据收集完成后，可能存在的手工调整事项包括：报表重分类、对账差异调整、准则调整等。这些都将通过合并系统的日记账功能实现，并基于可自定义的审计线索维度，区分出不同的调整类型。

支持在决算与合并系统中录入手工调整凭证；可设定手工调整凭证的适用科目和凭证类型；手工凭证的录入权限可单独控制，手工凭证可预设模板，可进行复制、过账、取消过账、次月冲销等操作。

合并系统和数据仓库双重校验机制，校验规则可配置、校验结果可视化，可追溯到对应报表进行数据修改或调整。合并报表前端控制规则：数据抽取、录入后的前端审核，针对数据钩稽关系。数据仓库后台校验规则：数据抽取或导入、录入时的后台审核，针对的是主数据的有效性。

5. 灵活、多维的合并架构

基于不同的时间和版本去映射合并组与实体两个维度（作为业务数据而非主数据）。能非常灵活地模拟股权变动、处理管理合并和股权变动的各种情况。要理清股权关系和合并层级，也要明晰需出具合并报表的单位、股权关系和分类（联合持股、间接持股等）、每类股权关系的处理方法，简化合并层级。合并架构映射示例如图 13 所示。

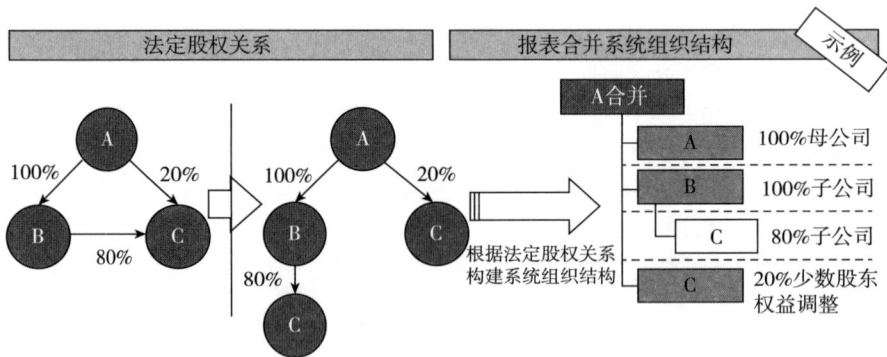

图 13　合并架构映射示例

在多套合并结构中，要适应合并架构差异与多准则差异，多套合并结构如图 14 所示。

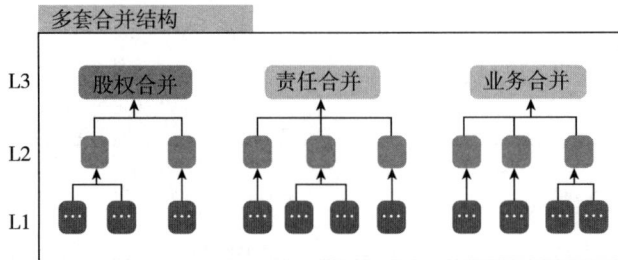

图 14　多套合并结构

6. 合并抵销

需梳理一套关联交易对账管理流程，从对账类型、对账流程、对账方式到全集团对账差异处理。根据不同的差异原因对应不同的处理方式。对账差异处理流程如图 15 所示。

合并抵销处理方式有自动合并抵销、每期复制调整、手工录入分录。自动合并抵销适用于往来交易数据具备关联方明细且抵销逻辑清晰明确的情形；每期复制调整适用于历史原因调整，每期合并调整不变；剩余其他合并调整事项采用手工录入分录的方式。

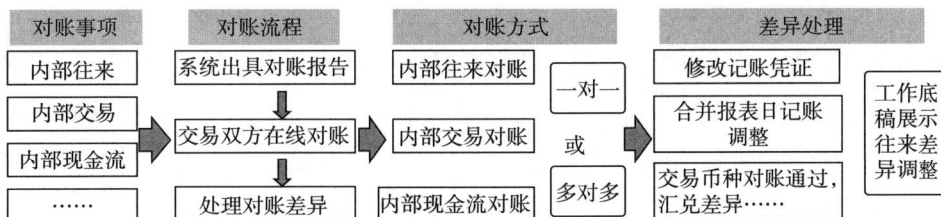

图15　对账差异处理流程

往来交易抵销包括内部往来抵销与内部销售抵销。内部往来抵销包括内部债权债务等，内部销售抵销包括内部产品交易抵销、内部固定资产交易抵销、未实现对外销售利润等。

权益抵销、股权关系抵销/调整、股权变化调整。股权关系抵销/调整主要适用直接持股；股权变化调整包括处置子公司、部分处置子公司、同一控制下购入子公司、非同一控制下购入子公司。

其他合并调整主要是历史调整与个别事项调整。

五、财务估值系统设计与实现

(一) 总体目标

近年来，随着金融市场发展，财务估值的重要性和对财务结果的影响不断上升，如何开展财务估值成为财务管理的重要内容。财务估值系统建设的总体目标是实现估值过程由计算机自动执行，替代传统人脑分析和人工执行，改善因人的主观经验、认知等因素而导致的评估偏差等问题。目前，国有大型银行大部分已建成独立的财务估值系统，由估值系统定期自动估值，个别非标准化产品从手工估值逐步纳入估值系统，本文就财务估值信息化转型系统设计与实现进行了梳理总结。

(二) 集团财务估值系统建设思路

1. 总体方案

财务估值信息化转型总体方案如图16所示。财务估值资产主要包括股权投资、债券投资、衍生工具、贷款等，其中银行以债券投资为主，子公司以股权投资为主。

目前按照会计准则和监管要求，针对不同的估值产品采用盯市法、盯模法和询价法等估值技术和方法。为落实监管要求、提升集团财务估值管理水平，可借助外部专业机构力量，全面梳理财务估值管理存在的短板和弱项，制订财务估值管理提升整体工作方案，持续完善管理体系，提升财务估值能力。具体包括以下几个方面。

管理架构方面。完善财务估值管理组织架构、职能分工、管理流程。一是对金融工具财务估值统一规范管理。在财会部门建立独立的估值团队，负责制定财务估值制度、确定估值模型方法、完成日常估值操作、进行估值损益分析、组织估值系统建设等。二是明确前中后台职能分工。在日常估值中，前台业务部门负责提供真实准确的交易信息作为财务估值的交易数据输入项；中台风险部门负责风险计量、定期监测风险计量与财务估值结果的差异；财会部门负责开展全行金融产品独立财务估值。三是逐步完善风险计量与财务估值结果重大差异报告处理、估值模型方法验证机制，确保金融工具公允价值的计量准确可靠。

制度流程方面。健全财务估值制度体系，制定财务估值基本制度，细化估值管理制度，编写各项金融工具财务估值操作手册，优化详细估值工作流程。

估值方法方面。在获取有效交易数据、市场数据的基础上，依据金融工具的种类、所属的交易市场、交易产品和交易结构等因素，并充分考虑该银行集团金融产品个性化因素，优化选取科学合理的估值方法确定金融工具的公允价值。

系统支持方面。将估值模型嵌入估值系统，减少手工操作，逐步实现全部金融工具财务估值系统化、自动化，并实现财务估值、风险计量统一系统支持。

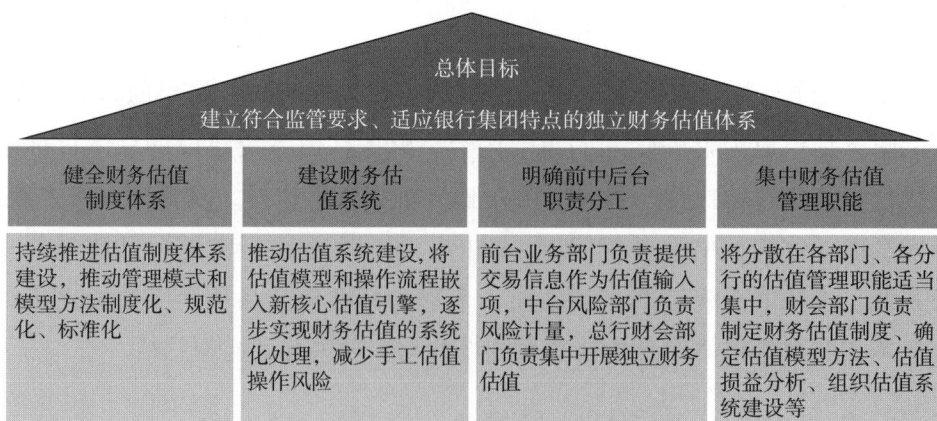

总体目标			
建立符合监管要求、适应银行集团特点的独立财务估值体系			
健全财务估值制度体系	建设财务估值系统	明确前中后台职责分工	集中财务估值管理职能
持续推进估值制度体系建设，推动管理模式和模型方法制度化、规范化、标准化	推动估值系统建设，将估值模型和操作流程嵌入新核心估值引擎，逐步实现财务估值的系统化处理，减少手工估值操作风险	前台业务部门负责提供交易信息作为估值输入项，中台风险部门负责风险计量，总行财会部门负责集中开展独立财务估值	将分散在各部门、各分行的估值管理职能适当集中，财会部门负责制定财务估值制度、确定估值模型方法、估值损益分析、组织估值系统建设等

图 16　财务估值信息化转型总体方案

2. 系统设计与实现

按照总体设计方案，财务估值系统将实现银行集团全部以公允价值计量的金融工具的独立估值，在财务估值系统实现模型构建并嵌入系统。由路透、彭博、中债等外部市场数据供应商系统向财务估值系统提供市场数据，由 Summit 系统及其他各类交易组件向财务估值系统提供交易数据，对于持有的债券、衍生品等标准化金融产品实现系统每日自动估值，其他类金融产品实现至少每季度自动估值，执行估值和账务处理均在估值日当天完成。财务估值系统具体包括以下几大功能。

一是**批量估值**。按日或按季接入交易数据、市场数据，进行估值批处理。二是**估值入账**。完成估值后，按照配置好的会计核算参数生成估值结果会计分录，并推送至会计引擎进行记账。三是**交易数据及估值结果查询**。在系统用户界面提供交易数据及相应估值结果的查询功能。**四是市场数据查询**。提供市场报价及风险因子的查询功能及导出功能。**五是参考数据查询与维护**。**六是异常数据管理**。提供在接入交易数据、市场数据、参考数据过程中产生的异常数据报告查询和导出功能。**七是批量估值试算**。提供对批量虚拟交易进行估值试算的功能。**八是手工入账**。对于无法实现系统自动估值金融产品，提供单笔或批量手工补录估值结果的功能。**九是损益归因分析及敏感度分析**。提供损益归因报表、敏感度分析报表的生成、查询及导出功能。分析两次估值入账的公允价值差异是由哪些因子的变动造成，造成公允价值变动的量是多少；当日日终（T 日）对所有已配置敏感度分析的产品进行交易维度和产品维度的敏感度分析计算批处理。财务估值系统提升方案如图 17 所示。

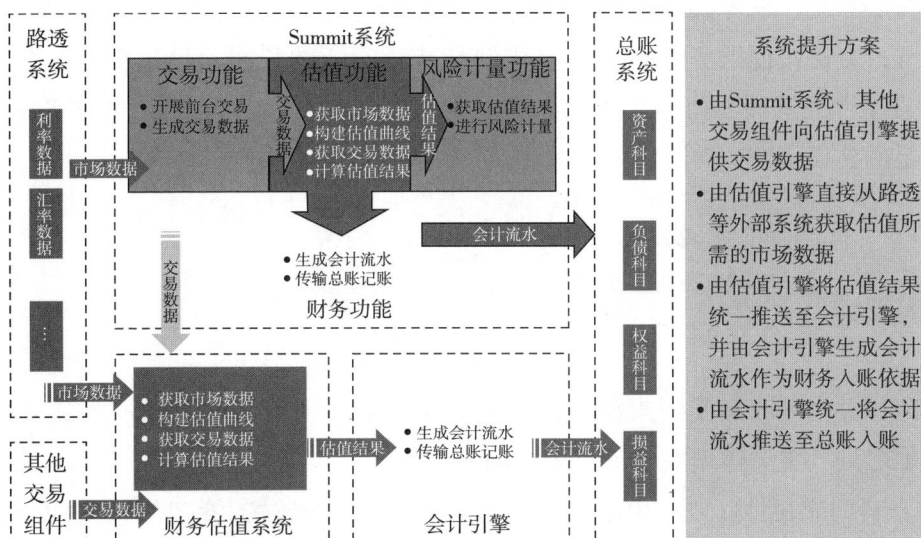

图 17　财务估值系统提升方案

第六章　结论与展望

一、主要结论

本文通过较为充足的文献分析和较为系统的逻辑分析，得出以下五个主要结论。

第一，金融集团经营管理模式决定了其财务信息化建设的模式，具体体现在财务信息系统的基本架构、建设策略和部署模式等方面的差异。

第二，金融集团财务管理信息化转型过程中应首先确定总体思路，特别是转型目标的设定、转型路径的设计和转型风险的应对。

第三，金融集团财务管理信息化转型过程中应精心设计具体方案，包括财务管理模式的选择、财务组织架构的设计、财务共享平台的设计、业财一体化流程的设计、财务制度体系的设计、集团数据治理的设计和财务人员转型的设计。

第四，金融集团财务管理信息化转型过程中应关注典型场景实现，包括主数据管理、核心系统、财务共享系统、合并报表系统和财务估值等系统的设计与实现。

第五，金融集团财务管理信息化转型是持续不断的长期建设过程，需要金融集团持续关注"大智移云物区"等金融科技的发展趋势与应用实践，并在实现过程中匹配充足的建设资源。

二、未来研究展望

（一）本文存在的不足

因为相关资料收集受到限制，并且课题小组成员研究水平有限，使得本文存在许多不足之处，主要体现在以下三个方面。

1. 资料的充足性问题。由于现有的资料对金融集团财务管理信息化的研究相对匮乏，无法搜集到足够的文献资料对文章进行深层次的应用分析。

2. 计算机专业知识不足问题。研究中大量涉及计算机信息领域的知识，小组成员对该领域的知识了解不够彻底，针对现行的以"大数据""云计算"为代表的互联网新技术，本文的相关技术层次分析不够到位。

3. 案例研究的普适性问题。本文侧重以银行控股集团作为案例进行研究分析，研究成果无法很好地适用所有的金融集团，存在一定的局限性。

（二）课题研究未来的展望

集团财务信息化转型未来应围绕以下管理目标推进各项工作。**一是提升管控穿透力度**。通过集团财务系统一体化建设，以及财务数据线上渠道打通，保证集团能够摸清子公司业务现状，全面提升管控穿透力度。**二是提升数据分析能力**。通过打通业务财务数据流，积累数据资产，构建财务分析模型，提升业务洞察力，从而支撑集团战略决策。**三是提升财务核算效率**。以财务共享相关系统实施，推动集团财务共享中心建设，实现财务核算标准化及集中化，进而提高财务核算效率，提升财务核算质量。**四是支持有效风险控制**。通过信息化手段有效实现风险防控，财务系统应针对不同风险种类（核算、资金、预算等），支持异常情况查看以及采取有效的风险防控措施。

金融集团未来的财务信息化发展方向是全面智能化。影像识别、语音识别、机器深度学习、大数据、云平台、云计算等技术的快速发展应用，将使得金融集团的财务系统快速智能化，使得金融集团的财务管理快速智能化，智能化将成为金融集团的核心竞争力。金融集团有优势、有能力在储备人力、加强研究的基础上实现智能化的快速突破和全面部署，更好地提升客户服务体验，更好地服务于集团管理决策，创造更大的财务价值和企业价值。

参考文献

［1］袁树民．电算化会计信息系统的基本内容［J］．上海会计，1989（2）．

［2］马陨．金融集团财务管理模式选择［J］．企业改革与管理，2003（12）．

［3］李捷，杨周南．如何建立现代会计信息系统［J］．会计研究，2004（4）．

［4］孙月英．集团公司财务信息化与中远集团财务信息化建设［D］．对外经济贸易大学，2007．

［5］吴志红．集团财务信息化的管理［J］．天津市经理学院学报，2008（5）．

［6］王朝．集团企业财务信息化系统及其综合评价研究［D］．华中科技大学，2012．

［7］谢平，邹传伟，刘海二．互联网金融模式研究［J］．新金融评论，2012（1）：3-52．

［8］李博，董亮．互联网金融的模式与发展［J］．中国金融，2013（10）：19-21．

［9］戴东红．互联网金融与金融互联网的比较分析［J］．时代金融，2014（2）：31-37．

［10］王苹，万明滨，蒋磊．广州地铁财务信息化管控与财务内控实践探索［J］．都市快轨交通，2015（2）．

［11］章雯华．试析大数据背景下高校信息化内部控制建设［J］．财会月刊，2017（22）．

［12］徐芳兰，刘亦陈．信息化管理、内部控制与会计信息质量［J］．会计之友，2018（10）．

［13］李张珍．互联网金融模式下的商业银行创新［D］．中国社会科学院，2020．

［14］张庆龙．数字经济背景下集团财务组织架构转型趋势分析［J］．财会月刊，2020（14）．

［15］Norton M. Bedford. Accounting and Information Systems［J］. The Accounting Review，1971，46．

［16］Flor, Alexander. Developing Societies in the Information Age：A Critical Perspective of Open University［D］. Los Banos，2008．

［17］Sofia Eleftheriou, John Sorros, Nicholas Apergis, George Artikis. Accounting Information and Cost of Capital：A Theoretical Approach［J］. Modern Economy，2011，Vol.

02 (4).

　　[18] Ian P. Herbert W B S. Shared Services as a New Organizational Form: Some Implications for Management Accounting [J]. The British Accounting Review, 2012: 83-97.

　　[19] Hayden Wimmer, Roy Rada. Applying Information Technology to Financial Statement Analysis for Market Capitalization [J]. Open Journal of Accounting, 2013, 2 (1): 1-3.

　　[20] Poter G, Robert F, Stephan B. Shared Services: Major Companies are Reengineering Their Accounting Functions [J]. Management Accounting, 2013: 12-15.

　　[21] Amol Deepak Nerkar. Existing risks of Accounting informatization under the background of the big data era and corresponding countermeasures [J]. Indian Journal of Public Health Research & Development, 2017, 3 (2).

　　[22] Wikinson, Cerullo, Raval. Accounting Information Systems Essential Concepts and Applications. John Wiley & Sons. Inc.

第五篇

永续债的会计属性认定及财税处理问题研究

中信证券计划财务部课题组

课题主持人：史本良
课题组成员：西志颖　陆　欣　王灼东　王帅帅

摘　要

永续债是依照既定的规则发行、可以设置赎回权或者续期权、无明确到期日的各类债券的总称。永续债是兼具债券和权益属性的创新型证券，经过 8 年的快速发展，现已成为我国金融市场中一个重要的债券组成品类，配合国家的降杠杆政策，承担为企业优化资产负债结构、降低融资成本、减轻债务负担、补充资本等一系列重要职能。与国内永续债市场蓬勃发展相配套，我国也发布了一系列与永续债有关的会计政策和税务政策。

本文尝试分析永续债业务现状及已有的会计和税务政策，结合实践统计数据，探讨永续债的会计属性分类及税务新规的影响。本文首先介绍了永续债的发展现状及业务特征，然后探讨了永续债的会计属性认定及实践问题，最后探讨了永续债税务处理的理论及实践问题。本文主要创新之处为通过统计样本募集说明书的关键条款和统计发行人判断两种方式进行永续债的会计属性分类判断和比较，通过比较已到期永续债的后续存续情况和已到期永续债的会计属性分类，通过研究现行永续债的税务政策和实践。

关键词：永续债；会计属性；税收政策

第一章　导　论

一、研究背景及意义

在我国，永续债是依照既定的规则发行、可以设置赎回权或者续期权、无明确到期日的各类债券的总称。永续债是兼具债券和权益属性的创新型证券，其票息相对普通信用债有优势，在低利率环境下是市场关注的配置焦点。

从 2013 年发行第一只永续债到 2020 年底，我国银行间和交易所市场的永续债累计发行数量达 2463 只，发行规模达 4.68 万亿元。现在，永续债已成为我国金融市场中一个重要的债券组成品类，配合着国家的降杠杆政策，承担着为企业优化资产负债结构、降低融资成本、减轻债务负担、补充资本等一系列重要职能。

与国内永续债市场蓬勃发展相配套的是，我国也发布了一系列与永续债有关的会计政策和税务政策。但与国际市场相比，我国永续债也有自己的特点，包括没有永续债这个单独的债券品种、信息披露不统一、绝大部分到期兑付等。这些特点使得我们在进行永续债业务的会计和税务处理时，面临其是股是债的属性分类问题及其相关延伸出的其他问题。而在实践中，发行方和投资方对于永续债的股债分类也长期存在争议。为此，本文尝试分析永续债业务现状及已有的会计和税务政策，结合实践统计数据，探讨永续债的会计属性分类及税务新规的影响。

二、研究架构

本文具体结构安排如下。

第一部分为导论，大致介绍永续债会计属性认定及税务新规影响课题的研究背景及意义，研究架构以及可能的创新之处。

第二部分为永续债的发展现状及业务特征，主要从市场实践层面介绍永续债在境内外的发展现状及趋势，并深入剖析永续债的业务特点以及与其他证券的比较和区分。

第三部分为永续债的会计属性认定及实践探讨。首先对其会计核算所依据的相关会计政策和理论进行了文献综述，然后按主要合同条款和按发行人判断两种方式研究样本永续债的会计属性认定，提出分类为权益工具的永续债中绝大部分到期后没有续期的矛盾之处。

第四部分为永续债税务处理的理论及实践探讨。首先提出永续债的属性认定在实践中的重要性及挑战性，然后对永续债相关的税收政策和原则进行了文献综述，最后重点分析执行永续债税收政策时可能出现的问题和争议。

第五部分为针对实操过程中会计和税务处理上存在的问题提出建议。

三、可 能 的 创 新 之 处

目前国内关于永续债的会计属性及业务特点相关研究更侧重于理论研究。本文采用理论研究与实践数据统计相结合的分析方法进行研究，主要创新之处有以下几点。

一是通过统计样本募集说明书的关键条款和统计发行人判断两种方式进行永续债的会计属性分类判断和比较，发现两种方法可能出现的差异，以及募集说明书披露方式和格式的不统一影响了实操效率的问题，并提出了解决建议。

二是通过比较已到期永续债的后续存续情况，已到期永续债的会计属性分类，发现绝大部分分类为权益工具的永续债都按时到期结束，与权益工具的性质不相符的问题，并提出了解决建议。

三是研究现行永续债的税务政策和实践，提出了永续债所得税税收可能存在会计和税务处理的不一致的情况，会为发行方和投资方的税务结果提供较大的规划空间；提出了对于永续债债权性质判定的条件之一"有一定的投资期限"存在争议带来的实践问题，以及财税〔2019〕64号文延伸出的其他税务问题，有待主管机构给出进一步解释。

第二章　永续债的发展现状及业务特征

一、永续债的定义及业务特点

（一）永续债的定义

在我国，永续债是依照既定的规则发行、可以设置赎回权或者续期权、无明确到期日的各类债券的总称。由表 1 可以看出，有的永续债名称中带有"永续"或"可续"字样，但有的则从名称上看与普通债券完全无异，因此需根据相关条款判断债券是否永续（见表 1）。

表 1　永续债类型举例

监管机构	永续债类型	发债场所	债券举例	债券期限	特殊条款
发改委	企业债	交易所及银行间	13 武汉地铁可续期债	5+N	延期，调整票面利率
证监会	公司债	交易所	18 中化 Y1	2+N	延期，调整票面利率，利息递延权
	金融债	交易所	15 国君 Y1	5+N	延期，调整票面利率，赎回
交易商协会、中国人民银行	中期票据	银行间	15 海南航空 MTN001	3+N	延期，调整票面利率，利息递延权，持有人救济
	定向工具	银行间	15 紫光 PPN002	5+N	延期，调整票面利率
	金融债	银行间	19 中国银行永续债 01	5+N	延期，调整票面利率，赎回

（二）永续债的发行和投资动机

发行人选择发行永续债主要出于两个方面的考虑：一是永续债的发行利率相比于发行股票要低，发行条件简便，且不会稀释公司股权；其次在满足一定条件的情况下，永续债计入权益，可以降低企业的资产负债率。

对投资人而言，永续债票面利率较一般信用债的票息高，且国内发行主体信用等级也较高，违约风险较低。除此以外，在最新的政策框架下，投资人投资的部分永续债可以享有免税收益。

（三）永续债与其他混合工具的比较

永续债、优先股和可转债都是具有股权和债务不同特点组合的证券形式（见表2）。

表2　永续债与其他混合工具的比较

特征	永续债	优先股	可转债
期限	无确定到期日	无确定到期日	有确定到期日
票面利率	票息高，定期兑息	定期发放股利	低于普通债券
发行成本对比	较高	最高	较低
附加条款	含赎回权、票息重置条款	一般无	转股权、回售权
偿还顺序	等于或者优于优先股，低于一般债券	低于一般债券	低于普通债券，高于优先股
利息可否递延	可以	自主决定股利支付	不可以

（四）永续债的特殊条款

我国永续债的特殊条款设置主要包括以下几类。

1. 本金可续期条款

我国永续债募集说明书中对于本金可续期的描述主要分为两类：一种是没有固定到期日，发行人可以选择在特定时点行使赎回权；另一种是有约定到期日，但是在到期日发行人可以选择展期。

2. 利息可递延条款

利息可递延是指发行人可以选择将应付的利息暂缓支付并向后递延，但是这种情况会受到特定条件的约束。

3. 强制付息条款

一般永续债的条款中都会设置明确的利息支付日期，在付息日按照票面利率及时支付利息。

4. 票息重置

国内永续债关于票息重置的条款大致分为两种。

（1）与市场行情变动有关的调整，即调整为"当期基准利率+初始利差+变动基点"；从我国永续债的发行情况来看，约定的基点变动多为100~300个基点，个别永续债不会涉及基点的变动。基准利率一般为 SHIBOR 或者国债到期收益率，随市场行情的变动而变动。

（2）与市场行情没有关联的固定上调，即调整为"上一期票面利率+特点基点"（见表3）。

表3　永续债票息重置条款举例

类型	基准利率	上浮基点	释义	举例说明
与市场行情变动有关的浮动式上调	以国债收益率（或SHIBOR）为标准	固定值	当期票面利率=重置前5个工作日3年期国债收益率平均值+初始利差+300个基点	14 潞安 MTN001
		变动值	当期票面利率=重置前5个工作日3年期国债收益率（或SHIBOR）平均值+初始利差+100个基点（第二次加200个基点）	14 京投可续债 02
		累加值	当期票面利率=重置前5个工作日3年期国债收益率（或SHIBOR）平均值+初始利差+300个基点×N（N代表第几次展期）	15 泰达投资 MTN001
与市场行情没有关联的固定上调	上一期票面利率	通常为固定值	当期票面利率=上一期票面利率+300个基点	18 中交建 MTN003

除上述主要条款外，部分永续债还会包含以下特殊条款。

1. 交叉违约

交叉违约指的是如果债务人出现其他贷款合同违约，则本合约也将视为违约。

2. 事先约束条款

例如合并财务报表资产负债率不超过 85% 或者出售/转移重大资产应事先召开持有人会议并经持有人会议表决同意等。

3. 持有人救济条款

在某些特定条件下，主承销商可以召集永续债持有人会议，由债券持有人会议协商达成相关决议，如要求发行人增加担保措施或者提高票面利率等。

（五）永续债特殊分类：银行永续债

1. 银行永续债的市场现状

2019 年 1 月 25 日，我国首单永续债"19 中国银行永续债 01"在银行间债券市场成功发行，成为我国发行的第一只银行永续债，发行面额 400 亿元，2021 年 1 月宁波通商银行成功发行首单转股型无固定期限资本债券，中小银行"补血"又多了一条新渠道。

从永续债的发行规模来看，自 2019 年以来银行发行的永续债规模不断增加，截至 2020 年 12 月 31 日，金融行业永续债的发行规模达 1.45 万亿元，其中商业银行发行规模达 1.21 万亿元，在金融行业中占比达到 84%。

表 4　银行永续债发行规模及分类

金融行业分类	发行面额（亿元）	发行面额占比（%）
多元金融服务	2325.50	16
商业银行	12180.00	84
总计	14505.50	100

2. 银行发行永续债的原因

（1）在降杠杆的大背景下，永续债计入权益可以降低企业的资产负债率，起到调节财务杠杆，优化资本结构的作用。

（2）商业银行补充其他一级资本的需要。2018 年以来越来越多的监管新规将业务规模的上限与资本金挂钩，在永续债出现之前，国内其他一级资本工具只有优先股，永续债的创设有助于改善其他一级资本不足的问题（见图 1）。

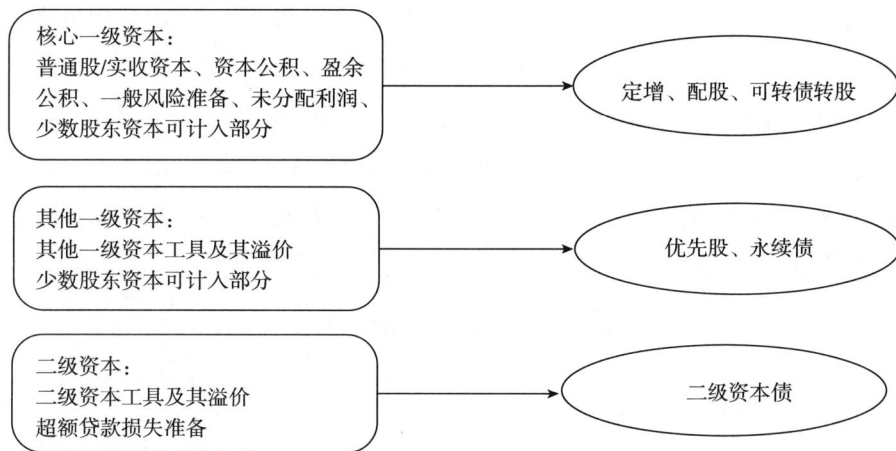

图 1　银行资本补充工具

3. 银行永续债与普通永续债的区别

银行永续债要求不能设置利率跳升的条款或者其他赎回条款，但是必须含有减计或者转股条款。而非银行永续债普遍包含利率跳升条款。在赎回方式方面，至少在发行 5 年后才可赎回，但必须满足相关条件，以及获得监管当局的事前批准，而非银行永续债则对此没有特殊要求（见表 5）。

表 5　银行永续债与普通永续债的主要区别

分类	国内银行永续债	国内企业永续债
发行场所	银行间	银行间或者交易所
利率跳升机制	无，监管规定	有
利息递延	可取消利息支付，且不累计	未支付利息累计至下一个付息日
赎回条款	至少 5 年后才可赎回	结构灵活，一般采用 3+N 结构
转股或者减记条款	含有减记或者转股条款	一般有转股条款，无减记条款
发行目的	补充其他一级资本工具	补充资本金，降低资产负债率

二、永续债的发展现状

(一) 全球永续债市场

永续债最早起源于荷兰，根据《价值起源》的记载，荷兰在 1648 年发行了世界上第一只永续债，利率为 5%，主要用于弥补财政赤字。20 世纪 90 年代，拉美、中欧、亚洲一些新兴国家开始发力发展债券，相比于传统债券，永续债仍算小众产品，主要发展于西方国家。2008 年国际金融危机引发了人们对金融体系安全性的思考，2010 年末《巴塞尔协议Ⅲ》正式对外发布，新版协议对银行的资本充足水平提出了更高的标准，在此影响下，全球永续债大规模增长。

从行业分布来看，银行业占比最高，其次是非银金融、工业、公用事业。从目前存续规模来看，截至 2021 年 1 月，全球共有近 5000 只存续的永续债，存续面值近 1.97 万亿美元。其中金融行业发行规模近 1.3 万亿美元，占比达 66%，金融业中银行业发行规模达 7162.24 亿美元，占整个金融行业发行量一半以上。

表 6　全球永续债市场行业分类

行业分类	截至 2021 年 1 月存续量（亿美元）
银行	7162.24
非银金融	5885.18
政府类	0.14
公用事业	103.43
工业	6589.82
合计	19740.81

（二）国内永续债市场

2013 年 10 月"13 武汉地铁可续期债"成功发行，标志着我国永续债市场正式起步。2015 年至 2016 年在国有企业降杠杆的大背景下，永续债的权益属性逐渐得到发行人的青睐，成为企业降杠杆的重要工具，发行规模逐渐增加。2018 年下半年以来，随着降杠杆的要求不断加强，永续债的发行规模不断提高。截至 2020 年底，我国累计发行 2463 只永续债，发行面值达到 4.68 万亿元，其中金融行业累计发行 200 只，规模达到 1.45 万亿元，占比达到 31%（见图 2、图 3）。

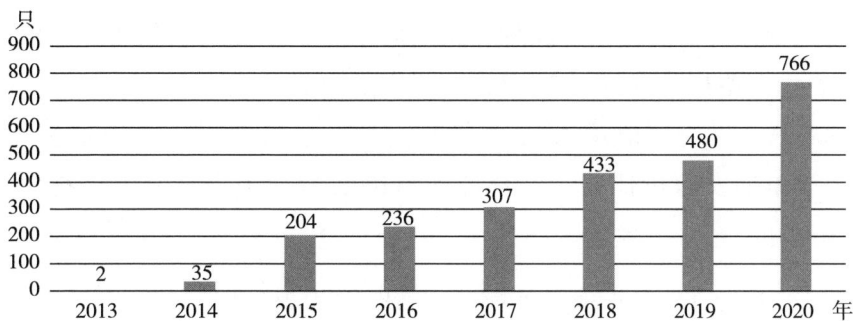

图 2　国内永续债市场历年发行数量

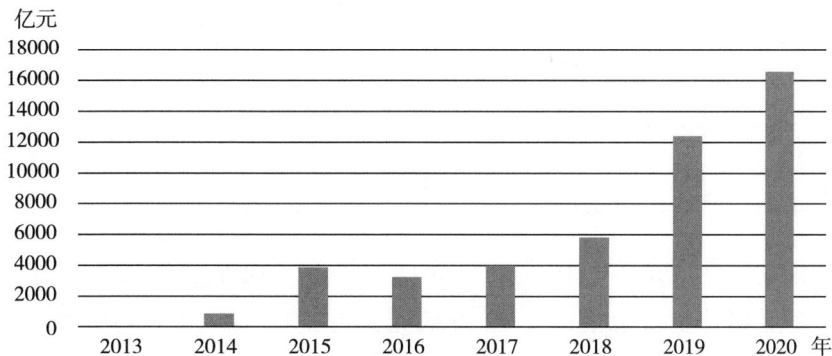

图 3　国内永续债市场历年发行面额

从发行的期限来看，3+N 年期累计发行规模达到 2.2 万亿元，规模占比为 47%，5+N 年期发行规模达到 2.17 万亿元，规模占比为 46.4%，两种期限类型合计占比达到 93.43%，其余期限包括 1+N、2+N、10+N 年期等类型，合计占比不到 7%（见表7）。

表 7　按期限统计国内永续债发行规模

特殊期限	发行面额（亿元）	发行面额占比（%）
3+N	22012.26	47
5+N	21755.28	46
2+N	2477.20	5
1+N	316	1
其他	181	0
10+N	105	0
总计	46846.74	100

从发行类型上看，共有 5 个品种，其中以永续中票和公司债为主。截至 2020 年
12 月 31 日，中期票据共发行 1559 只，发行面值达 2.14 万亿元，占比达 45.65%；公
司债发行 685 只，发行面值达 1.02 万亿元，占比达 21.72%，金融债虽然发行只数
少，但是由于单期发行量比较大，合计规模达 1.33 万亿元，占比将近 30%（见表
8）。

表 8　按债券类型统计国内永续债发行规模

债券类型	数量（只）	发行面额（亿元）	发行面额占比（%）
定向工具	60	1045.20	2
公司债	685	10176.46	22
金融债	98	13252.00	28
企业债	61	988.68	2
中期票据	1559	21384.40	46
总计	2463	46846.74	100

从发行企业的性质来看，国企发行人占比最高，民企占比较少。地方国有企业
和中央国有企业累计发行规模达 4.18 万亿元，占比达 89.2%，其他类型发行人发行
存量仅有 5060 亿元，占比不足 11%。此外在存量永续债中，城投债占 16% 左右，产
业债占 83% 左右（见图 4、图 5、表 9）。

图4 按发行主体统计国内永续债发行面额

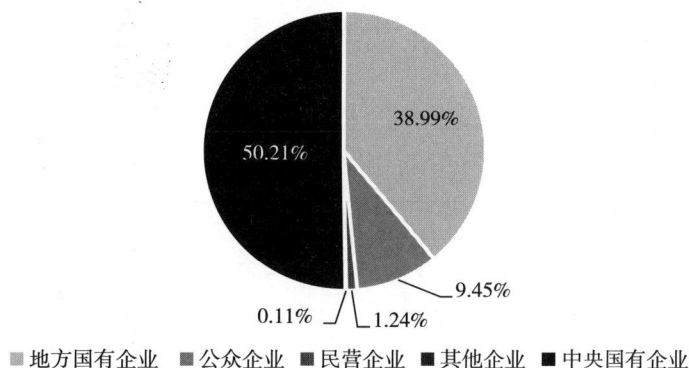

图5 按发行主体统计国内永续债发行面额占比

表9 按债券类型统计国内永续债发行规模

债券类型	发行面额（亿元）	占比（%）
产业债	39246.86	83.78
城投债	7599.88	16.22
总计	46846.74	100.00

从发行人评级来看，AAA级发行人占比最高，占比达85.74%；其次是AA+级主体，占比达11.81%（见表10）。

表 10　按债券评级统计国内永续债发行规模

发行人评级	发行面额（亿元）	占比（%）
其他	51.00	0.11
A+	5.00	0.01
AA	1092.00	2.33
AA+	5534.31	11.81
AAA	40164.43	85.74
总计	46846.74	100.00

从发行人所属的行业来看，工业企业和金融企业占比最高。根据 Wind 行业一级分类，工业企业和金融行业发行规模最大，合计规模达到 3.15 万亿元，占比为 67%；其次为材料、公用事业、能源、房地产行业（见图 6）。

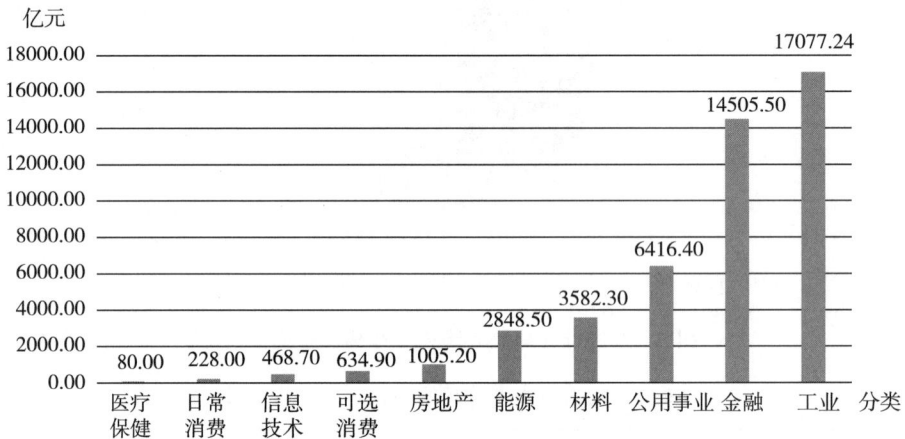

图 6　按债券类型统计国内永续债发行面额

从永续债的发行利率来看，其利率一般高于同类发行人、同类评级的普通信用债。永续债的定价主要受以下几个因素的影响：普通债券收益率、流动性利差、延期权价值以及次级属性的价值。大部分永续债发行主体信用资质较好，且设置了较高的利率跳升条款，通常会选择在第一个存续周期末赎回永续债，因此发债主体使用延期权的概率比较低，延期权利差影响不大，流动性利差是永续债和一般信用债定价差异的主要影响因素。以 2020 年发行的 AAA 级中期票据为例，全年共发行 1099 只 AAA 级中期票据，筛选 3+N 期限类型的票据共计 674 只，其中普通中期票据 437 只，加权平均票面利率 3.32%，永续中票 237 只，加权平均票面利率 4.11%，对比全年逐月发行利率情况，可以看出，全年永续中票和非永续中票的平均利差在 2~83 个基点之间（见图 7）。

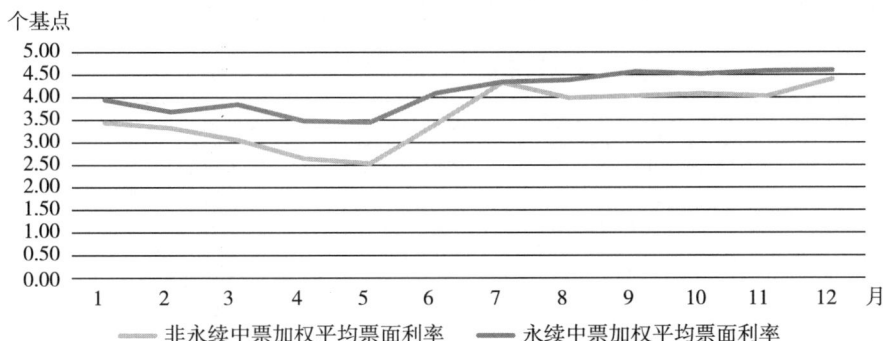

个基点

图7　3+N 年期 AAA 中期票据票面利率分布

（三）永续债实施情况

目前，国内永续债在条款设置上大多设有延期选择权或者赎回选择权，发行人可以在某一时点选择行使权利以使永续债得以继续存续或者赎回。永续债展期既包括本金展期，也包括利息展期。近年来，随着部分永续债第一个存续周期到期，市场上大部分发行人都选择赎回永续债，但是也存在一些发行人由于各种各样的原因选择展期或者递延支付利息。截至 2020 年 12 月 31 日，含已公告案例在内，出现展期或者递延付息的永续债共 41 只，涉及 25 家发行人，规模合计 585 亿元。

整体来看，永续债续期的原因大致分为两种：

1. 信用资质好、融资渠道相对畅通的发行人，但是由于发行条款中并无利率跳升机制/调整基点为 0。在这种情形下，一般调整之后的票面利率比调整之前的利率还要低，发行人自然会选择续期。比如首创集团发行的"14 首创 01"，由于其利率重置条款未约定利率跳升，调整后的利率为 4.98%，而发行时票面利率是 5.99%，调整之后反而大大降低了融资成本，发行人自然也不会进行赎回（见表 11）。

表 11　展期利率低于发行利率的永续债举例

债券简称	发行日期	期限	展期日期	发行票面利率（%）	展期票面利率（%）
14 首创 01	2014/11/3	3+N	2017/11/3	5.99	4.98
15 中电投可续期债	2015/6/8	3+N	2018/6/8	5.70	4.60
15 北大荒 MTN002	2015/11/25	3+N	2018/11/25	5.70	5.32

2. 由于经营恶化等原因导致融资环境不佳、主体评级下降，最终为保证现有债务不出现违约，不得不进行展期。如 15 森工集 MTN001、15 宜化化工 MTN002 和 16 海南航空 MTN001。它们的发行人临近到期日均面临比较大的财务压力，且主体评级都出现了下降。综合考虑再融资成本和可行性，放弃赎回永续债符合企业的需求，

对于此类情况投资者需关注债券本金损失风险（见表12）。

表 12　展期利率高于发行利率的永续债举例

债券简称	发行日期	期限	展期日期	发行票面利率（%）	展期票面利率（%）
15 森工集 MTN001	2015/2/4	3+N	2018/2/4	7.10	10.55
15 宜化化工 MTN002	2015/5/19	3+N	2018/5/19	5.94	9.18
16 海南航空 MTN001	2016/3/9	3+N	2019/3/9	5.15	8.46

第三章　永续债会计属性认定及实践探讨

一、永续债会计处理的理论依据

(一) 金融工具的会计概述

1. 金融工具的定义

《企业会计准则第 22 号——金融工具确认和计量》(CAS22) 和《国际会计准则第 32 号——金融工具：披露和列报》(IAS32) 均认为，金融工具是一种合约，该合约在达成时，同时产生了合约一方的资产及其权利，以及合约另一方的负债或权益。我国与国际准则的意思表达基本保持趋同，均为从合约的权利和义务方面界定金融工具，并区分出资产、负债和权益，也为后续会计确认、计量和披露打下了基础。

2. 金融工具的确认、计量及披露

国际会计准则理事会 (IASB) 于 2009 年发布了《国际财务报告准则第 9 号——金融资产的分类和计量》(IFRS9)，之后几年经过数次向全球各界广泛征求意见并修订后，于 2018 年实施。我国结合国内国情及全球化、市场化的需求，也相应修订相关会计准则，于 2017 年修订并颁布了金融工具相关的《企业会计准则第 22 号——金融工具确认和计量》(CAS22)、《企业会计准则第 23 号——金融资产转移》(CAS23)、《企业会计准则第 37 号——金融工具列报》(CAS37)，修订后的准则与 IFRS9 基本趋同，差异较小。

在初始计量时，CAS22 及 IFRS9 均要求企业在初始确认金融工具时，应当使用公允价值计量基础。而在进行金融资产分类时，新 CAS22 和 IFRS9 则提出了一种全新的，并且与原 CAS22 和 IAS39 完全不同的分类方式。新 CAS22 和 IFRS9 均认为企业应当依据其管理金融资产的业务模式和金融资产的合同现金流量特征对资产进行三分类，而不再沿用原 CAS22 和 IAS39 的四分类法。

在后续计量时，应当对不同类别的金融资产及负债以适当方式进行后续计量。基于以上金融资产分类，CAS22 和 IFRS9 还提出了全新的预期信用减值的概念，以资产的预期信用损失为基础进行减值会计处理，以取代旧准则中的减值方法。

在金融工具的列报与披露时，CAS37 及 IFRS9 大致包括了如下要点，一是表内列报与披露，包含了金融工具在负债和权益间的区分等；二是表外列报与披露，包含了与金融工具风险相关的定性和定量信息等。

（二）复合金融工具的概述

随着我国资本市场的不断进步和完善，除了单纯的金融负债和权益工具，资本市场上也出现了很多介于两者之间的复合金融工具，如优先股、可转债、永续债等。

我国在多个政策文件中对复合金融工具均做出了定义，并强调了其负债和权益兼具的特性。根据 CAS37，复合金融工具是指企业所发行的可能同时包含金融负债成分和权益工具成分的非衍生金融工具。复合金融工具适用的准则依据，除了 CAS22、CAS24、CAS37 和 IFRS9 外，还有《金融负债与权益的区分及会计处理》（财会〔2014〕13 号），以及《永续债相关会计处理的规定》（财会〔2019〕2 号）。其中 CAS37 和 IFRS9 明确了金融负债和权益工具的区分标准；财会〔2014〕13 号文结合我国实际情况进行了补充规定。而在后续实践过程中，由于部分实体企业所发永续债带有利率跳升机制这一赎回激励，在清算情形下的偿还顺位也跟普通债务相同，削弱了永续债的股性。因而财政部在 2019 年发布财会〔2019〕2 号文，对永续债分类有着更为细致的规定。

（三）金融负债和权益工具的区分

由以上讨论可知，复合金融工具的核算重点和难点，实际是对其会计属性确定分类，即区分其为金融负债还是权益工具，还是两者兼备。CAS22、IFRS9、财会〔2014〕13 号及财会〔2019〕2 号文，均使用了大量篇幅详细讨论金融负债和权益工具的区分。

总体来说，金融负债和权益工具区分通常有两大原则：一是是否能无条件地避免交付现金或其他金融资产的合同义务；二是以发行方自身权益工具进行结算的，是否符合"固定对固定"原则。企业需遵循实质重于形式的原则对证券的会计属性做出分类，名字中是否包含"股"或"债"不影响分类结果。

分类为金融负债的证券，归纳起来应符合如下条件中的至少一个：有现实或者潜在交付的合同义务，例如可回售或带强制付息条款的永续债，或者带强制赎回条款的优先股等；交付可变数量自身权益工具的衍生或非衍生工具，即符合"固定对浮动"原则，例如带转股条件的优先股，且转股价为行权前一交易日市价。

分类为权益工具的证券，应同时符合如下两个条件：一是无现实或潜在交付义务，即发行人可以无条件不交换或支付金融资产给其他方，如利息支付可取消且无回售权的永续债；二是发行方以固定数量自身权益工具的交换进行结算，即符合"固定对固定"原则，例如带转股条件的优先股，且转股价或数量在初始日即确定。

在以上规定的基础上，财会〔2019〕2号文针对永续债的特点，在如下三方面分析发行条款，增加了如下更细致的规定：第一，对于到期日条款，如果债券募集说明书条款中，明确了没有固定到期日，并且任何时候投资方均不能提出赎回需求，则更倾向于分为权益工具；如果永续债规定了未来赎回日期，即"初始期限"，则根据初始期限的不同情况判断是权益工具还是金融负债。第二，对于清偿顺序条款，如果永续债劣后于一般债务获得偿付，则该类证券应被划分为权益工具，否则需要慎重考虑清偿顺序对合同交付义务的影响再进行分类判断。第三，对于利率跳升和间接义务条款，如果无利率跳升，或者跳升次数优先、有封顶票息且封顶利率未超过平均利率水平的，可不构成间接义务，进而判断为权益工具，否则为金融负债。

二、永续债会计处理的实践探讨

（一）永续债的会计处理

1. 发行方的会计处理

永续债发行方应当按照相关会计准则进行初始确认和计量的核算，将永续债划分为金融负债、权益工具和复合金融工具三类。

（1）对于分类为金融负债的永续债，应按实际利率法计提发债利息支出，回购永续债时确认资本利得或损失。

（2）对于分类为权益工具的永续债，应在后续计量时确认股利分配支出，在回购永续债时确认权益变动。

（3）对于分类为复合金融工具的永续债，则需要先拆分成金融负债和权益工具两部分，并就其不同部分参照对应的会计准则方式进行核算（见表13）。

表 13　发行方的主要账务处理

金融工具分类	账务处理
债务工具并以摊余成本计量	发行时： 借：银行存款 　　贷：应付债券——永续债（面值/利息调整）
	存续期间： 借：财务费用/利息支出 　　贷：应付债券——永续债（应付利息/利息调整）
	赎回时： 借：应付债券——永续债（面值/利息调整/应付利息） 　　贷：银行存款 借/贷：财务费用/利息支出
权益工具	发行时： 借：银行存款 　　贷：其他权益工具——永续债
	存续期间： 在存续期间分派股利作为利润分配处理 借：利润分配——应付永续债利息 　　贷：应付股利——永续债利息
	赎回时： 借：库存股——其他权益工具 　　贷：银行存款
	注销时： 借：其他权益工具 　　贷：库存股——其他权益工具 借/贷：其他综合收益——资本/股本溢价
复合金融工具	发行时：拆分为金融负债和权益工具两部分
	存续和后续赎回时：参考应付债券和权益工具账务处理

2. 投资方的会计处理

（1）对于分类为金融负债的永续债，投资方可根据会计准则相关具体要求，将其分类为债权投资、其他债权投资或交易性金融资产，后续计量时按本金及票息及其相关条款计入利息收入或投资收益。

（2）而对于分类为权益工具的永续债，投资方则应该分类为交易性金融资产，并在后续计量时按分红相关条款确认投资收益。

（3）对于分类为复合金融工具的永续债，则需要先按募集说明书的相关条款拆分成金融负债和权益工具两部分，并就其不同部分参照对应的会计准则方式进行核算（见表14）。

表 14　投资方对于永续债的主要账务处理

金融工具分类	账务处理
金融负债	购买时： 借：债权投资/其他债权投资——永续债（面值/利息调整/应计利息） 　　贷：银行存款 或者 借：交易性金融资产——永续债（成本/应计利息） 　　贷：银行存款
	存续期间： 计提利息时 借：债权投资/其他债权投资——永续债（利息调整/应计利息） 　　贷：利息收入——永续债 或者 借：交易性金融资产——永续债（应计利息） 　　贷：投资收益——交易性金融资产（永续债） 计提公允价值变动时 借：其他债权投资——永续债（公允价值变动） 　　贷：其他综合收益——其他债权投资（永续债） 或者 借：交易性金融资产——永续债（公允价值变动） 　　贷：公允价值变动损益（永续债）
	卖出/到期时： 借：银行存款 　　贷：债权投资/其他债权投资——永续债（面值/利息调整/应计利息） 　　贷：投资收益——其他债权投资（永续债） 或者 借：银行存款 　　贷：交易性金融资产——永续债（成本/应计利息） 　　贷：投资收益——交易性金融资产（永续债） 同时，公允价值变动清零，参见计提公允价值变动分录

续表

金融工具分类	账务处理
权益工具	**购买时：** 借：其他权益工具投资/交易性金融资产——永续债（成本） 　　贷：银行存款
	存续期间： 在存续期间分派股利作为分红处理 借：银行存款/存放中央银行款项 　　贷：投资收益——其他权益工具投资（永续债） 　　贷：投资收益——交易性金融资产（永续债） 计提公允价值变动 借：交易性金融资产——永续债（公允价值变动） 　　贷：公允价值变动损益——交易性金融资产（永续债） 或者 借：其他权益工具投资——永续债（公允价值变动） 　　贷：其他综合收益——其他权益工具投资（永续债）
	卖出/到期时： 借：银行存款/存放中央银行款项 　　贷：交易性金融资产——永续债（成本） 　　贷：投资收益——交易性金融资产（永续债） 或者 借：银行存款/存放中央银行款项 　　贷：其他权益工具投资——永续债（成本） 　　贷：其他综合收益——其他权益投资（永续债） 冲销已计提的公允价值变动，参见计提公允价值变动分录
复合金融工具	**购买时：**进行金融负债和权益工具的拆分，分别确认
	存续期间及到期或卖出时：参考应付债券和权益工具账务处理

（二）永续债的实践问题探讨

从实务看，永续债的会计属性分类，是对该类证券进行会计核算的最大难点。

1. 根据主要合同条款进行会计属性分类研究

依照CAS22、财会〔2014〕13号文及IFRS9等会计准则的要求，企业应当根据永续债的具体合同条款及经济实质，而不仅仅视其名称法律形式进行会计属性分类。

本文选取2020年上半年发行的292只永续债，查看其募集说明书，统计其中六个关键发行条款，对其进行了权益工具及债务工具的分类判断（见表15）。

表15　判断永续债会计属性的关键条款

序号	关键条款
1	到期日及赎回权条款
2	投资者回售条款
3	利率跳升条款和间接义务
4	减记条款
5	利息发放条款
6	偿付顺序

（1）到期日及赎回权条款

如果募集条款中未规定固定到期日且投资人无权利要求债券偿付本金或利息，企业可以无条件避免偿付义务，则该永续债为权益工具。但国内现行制度尚不支持无条件没有到期日的债券发行。通过检查292只样本永续债，其中到期日及赎回条款可大致分为两类（见表16）。

表16　到期日及赎回权条款的统计数据分类

到期日及赎回权条款	永续债数量（只）	占比（%）	是债务工具还是权益工具
永续债存续期与持续经营期限一致，设置发行人赎回选择权	18	6	通常为权益工具
初始期限不是清算日且发行方能自主决定是否赎回永续债	274	94	还需谨慎分析能否无条件自主决定不行使赎回权
合计	292	100	

第一类的到期日和赎回条款直接规定为，永续债的存续期即为发行方的经营期限，同时搭配发行人赎回条款。发行人在一个计息周期后，有权选择全部或部分赎回该永续债，如未选择行使赎回权，则在下一个计息周期后继续决定是否行使赎回权，赎回选择权的行使累计次数也不受限制。因此在最差的假设下，发行人可以无数次选择不行使赎回权，实现债券永续。这种情况更常见于银行永续债，在样本中占比为6%。这种情况下，永续债的未来赎回时间仅为发行人清算日，且发行人可以自主决定是否行使赎回权，从而避免现金交付义务，实现债券永续。

第二类为规定了某个固定确切的永续债到期日，但是同时设置了发行人的续期选择权，即在首个计息周期结束后，发行人可以行权向后再延续一期，也可以行权在该期末到期，并全额兑付。发行人行使续期选择权的累计次数可以无限增加，不受限制，进而实现债券永续。但根据会计准则，我们仍需谨慎判断发行方能否确实在实践中做到无条件地自主选择不行使赎回。该类条款的设置更常见于实体企业及非银金融企业发行的永续债，由表16可知，在样本中占比为94%。

总体来说，样本永续债均规定了到期日，其中部分到期日为发行方清偿日，部分到期日为某固定期限。同时样本永续债均设有赎回条款，且赎回选择权在发行方，而这一条款设置则更有利于将永续债分类为权益工具。同时，发行方更倾向于将永续债计入权益，因为这样明债实股，更有利于发行方优化资产负债率，降低杠杆指标。

（2）投资者回售选择权

表 17　投资者回售选择权的统计数据分类

投资者回售条款	永续债数量（只）	占比（%）	是债务工具还是权益工具
有投资者回售权	5	2	债务工具
无投资者回售权	287	98	还需进一步判断
合计	292	100	—

在292只永续债中，有5只包含了投资者回售选择权条款，占样本总数的2%，剩余98%的永续债均无投资者回售权。投资者回售选择权通常规定了在一个计息周期结束时，发行方将做出是否调整下一个计息周期的利率及调息幅度的决策并告知公众。投资者可在回售期自行判断是否进行登记，以便将其永续债按面值全部或部分回售给发行方，或选择继续持有。投资者选择行使回售选择权回售的，如果此前因发行人行使利息递延支付选择权而未能支付利息（包含孳息）的，投资者可按本息合计提出回售需求。由于有投资者回售选择权的存在，发行人无法无条件地避免永续债的偿付义务，因此含有该条款的永续债应该被分类为金融负债。

（3）利率跳升条款和间接义务

表 18　利率跳升条款和间接义务的统计数据分类

利率跳升条款和间接义务	永续债数量（只）	占比（%）	是债务工具还是权益工具
无利率跳升	26	9	均不构成间接义务，还需进一步判断
利率跳升300个基点	261	89	
利率跳升200个基点	5	2	
合计	292	100	—

判断利率跳升条款和间接义务的原则，是结合发行时发行方所处的环境和利率水平，看利率跳升条款和间接义务是否会影响或限制发行方，使其难以无条件地规避偿付永续债的合同责任。准则对此的具体规定是，如果利率跳升的次数有限、有封顶利率，且封顶利率未超过市场平均利率水平，则可能不构成间接义务，否则通常构成了间接义务。

从样本结果看，292 只永续债均包含调整票面利率的条款，且均为分阶段的方式进行利率调整，即自发行缴款截止日起规定的某一个固定年限作为一个调整周期，在该周期内以约定的相同票面利率支付利息，在下一个固定年限开始前再以募集说明书规定的方式，调整票面利率，确定新一个周期的计息利率，循环往复。票面利率调整方式，主要是将初始发行利率拆分为基准利率和固定利差两个部分。首先，在发行时通过成熟的市场化定价机制，确定永续债的初始票面利率。然后，再选取某个市场利率作为基准利率，如债券申购公告日或基准利率调整日前数个交易日的某个债券品种收益率的算术平均值。最后，通过上述永续债发行时的票面利率，扣减上文所事先指定的市场基准利率，得到固定利差。固定利差一经确认，不再调整。在一次计息周期结束后，根据新的基准利率调整日调整新的基准利率，加上发行时确认的固定利差，可以即刻确定出下一个周期的票面利率，如此往复。这样的计息方式没有利率跳升条款，以市场基准利率为基础，加上固定利差确认每一周期票面利率，不构成间接义务。

在调整基准利率，保持固定利差的基础上，292 只永续债中，还有 266 只永续债增加了利率跳升条款，占比为 91%。票面利率跳升的方式通常为如果发行人选择不在本期末偿付永续债，则从下一个计息周期开始，票面利率调整为当期基准利率加上初始利差再加上某个跳升基数，票面利率公式可表示为，当期票面利率＝当期基准利率+初始利差+跃升利率，在整个计息周期不变。且大多数企业规定，自首个票面利率重置日进行利率跃升，后续维持利率跃升幅度不变。在 266 只包含了利率跳升条款的永续债中，261 只永续债选择了跳升 300 个基点，占比为 89%；剩余 5 只永续债选择跳升 200 个基点，占比为 2%。根据财政部发布的修订后 37 号准则应用指南举例说明，如果"只有一次利率跳升机会且跳升幅度为 3%（300 个基点）尚不构成间接义务"。因此设置不超过 300 个基点的利率跳升条款也是目前发行永续债最通行和常见的做法。

（4）减记条款

检查 292 只样本债券，发现其中有 17 只永续债包含减记条款，均为商业银行次级永续债。减记条款是指当事先约定的触发事件，例如发行人核心一级资本充足率下降到某个事先约定的下限事件发生时，发行人可以在未得到投资人同意的前提下，在执行特定程序后，如上报银监会且获得批准，即可做出相关信息的详细公告，并将已发行且存续的永续债按照票面总金额进行部分或全部减记，发行方对债券的已减记部分不再有偿付义务。由于债券减记部分不可恢复，也不再能收到发行方的偿付款项，所以包含减记条款的永续债可以被判定为权益工具而不是债务工具（见表 19）。

表 19　减记条款的统计数据分类

减记条款	永续债数量（只）	占比（%）	是债务工具还是权益工具
有减记条款	17	6	权益工具
无减记条款	275	94	还需进一步判断
合计	292	100	—

（5）利息发放条款

发行方是否能无条件地避免支付永续债利息，也是确定该永续债是权益还是债务工具的重要标准之一。检查 292 只样本债券，其中有 271 只永续债规定了利息递延权，占比为 93%；17 只规定了利息取消权及非累积利息支付，占比为 6%；4 只无利息递延或取消权，占比为 1%（见表 20）。

表 20　利息发放条款的统计数据分类

利息发放条款	永续债数量（只）	占比（%）	是债务工具还是权益工具
利息递延条款	271	93	权益工具
利息取消及非累计利息支付	17	6	权益工具
无利息递延或取消条款	4	1	债务工具
合计	292	100	—

利息递延权条款通常为，发行人可自行选择将当期及往期的利息推迟至下一期支付，且不受到任何利息递延支付次数的限制。因此在最差情况下，发行人可以通过无数次延后付息实现债券永续，进而实质性避免偿付义务。为避免发行人任意行使利息递延权条款，募集说明书通常还会有利息递延权的限制，类似于如果发行人选择了递延支付利息，则在利息全部清偿完毕前，发行人不得向普通股股东分红或减少注册资本等。虽然存在着如果递延永续债利息，就不能向普通股股东分红或减少注册资本的限制，且这一限制使得发行人很有可能选择每年支付永续债利息，以使得普通股分红能正常支付，但发行人依然能自主选择不支付普通股分红来避免支付永续债利息，因此该利息递延权条款使得该债券更倾向于划归成权益工具。

比利息递延权更严格的是利息取消权及非累积利息支付条款，样本中的银行永续债无一例外包含了这类条款。根据该条款，发行人有权取消全部或部分永续债派息，且不构成违约事件，未足额派息部分也不会累积到下一年度。与利息递延权相比，利息取消权既可以直接取消而不是递延支付利息，且也不需要累积支付利息及其孳息，限制条款也只有普通股分红而没有注册资本减少，因此也给了发行人更大的自主选择权，更少的赎回激励和限制，也使得永续债更倾向于分类为权益工具。

（6）偿付顺序

表 21　偿付顺序条款的统计数据分类

偿付顺序	永续债数量（只）	占比（%）	是债务工具还是权益工具
劣后于一般债权	76	26	权益工具
与普通债权相同	216	74	还需进一步判断
合计	292	100	—

关于永续债的偿付顺序，我们检查了全部 292 只永续债样本，其中 76 只永续债的偿付顺序劣后于普通债权，占比为 26%；另外 216 只与普通债权相同清偿顺序，占比为 74%。

劣后于普通债权的偿付顺序条款通常表述为本债券的受偿顺序在某几类普通债权之后，各类股份之前。根据财会〔2019〕2 号文，当合同规定发行方清算时，永续债的偿付顺序劣后于一般债权之后，即为次级债属性。即便其偿付顺序依然在各类股权之前，该永续债也应分类为权益工具。而当永续债的清偿顺序和普通债权相同时，不必然表示该永续债为债务工具，还应结合其他条款审慎考虑。

结合以上六项关键条款，我们尝试对 292 只样本永续债做出是权益工具还是债务工具的综合判断。其中，包含投资者回售权条款的永续债应被归类为债务工具，偿付顺序劣后于一般债权或者含减记条款的债券应被归类为权益工具；无回售权、无减记、无劣后偿付顺序、利率跳升在合理范围内，但有发行人赎回权和利息递延权的债券，也可综合判断为权益工具。判断结果（见表 22）。

表 22　根据六项关键条款进行永续债分类判断

综合判断	永续债数量（只）	占比（%）
权益工具	287	98
债务工具	5	2
合计	292	100

292 只样本永续债中，可明确判断为权益工具的有 287 只，占比为 98%；可明确判断为债务工具的有 5 只，占比为 2%。

从实务上看，根据募集说明书里的合同条款对永续债进行债务工具还是权益工具分类，往往会遇到很多困难，主要包括以下几种。

（1）部分永续债没有公开披露的募集说明书，需要单独向发行人或主承销商索要，比如定向工具、各种私募债等债券品种，否则后续分类将无从谈起。上文样本数据中，对于没有取得募集说明书的永续债，我们使用的是第三方资讯软件摘录的部分关键条款，条款可能有不全面或遗漏之处，可能会影响判断结果。

（2）没有单独的永续债品种分类。现有永续债大多分布在中期票据、金融债等常规债券品种中，且只有部分债券全称里带有"可续""永续"等提示永续债的字样，其他债券只从名称上看，很难识别出是否为永续债。在没有购买第三方资讯软件的情况下，投资者只能通过翻阅所有债券的募集说明书，检查债券期限条款，才能准确判断该债券是否为永续债，需要耗费大量时间和精力。

（3）对每一只永续债是债务工具还是权益工具进行分类判断都需要耗费大量精力。首先需要阅读上百页的债券募集说明书，找到其中的数项关键条款，然后再对关键条款进行综合分析判断。其中很多复杂条款往往还会增加分类判断的难度，如上文讨论的利率调升条款，导致不同企业很可能对同一只永续债做出不同的判断结果。

（4）准则里还提到了权益和债务工具混合的情况，但在实务中很难界定哪种永续债属于这种性质。

2. 根据发行人募集说明书判断进行的会计属性分类研究

根据财会〔2014〕13 号文，永续债的投资方在区分永续债是债务工具还是权益工具时，一般需与发行方保持一致，即永续债的买卖双方应遵循会计记账对称的原则。《中国银保监会关于保险资金投资银行资本补充债券有关事项的通知》（银保监发〔2020〕17 号）明文指出，保险资金投资永续债应当与发行人对其权益工具或者债务工具的分类保持一致。

选取 2020 年上半年发行的 292 只永续债，统计期发行方对永续债的债务工具和权益工具进行分类，结果如表 23 所示。

表 23　根据六项关键条款进行永续债分类判断

发行人募集说明书判断	永续债数量（只）	占比（%）
权益工具	273	93
债务工具	5	2
未明确	14	5
合计	292	100

按发行人判断进行永续债的股债分类，在实践中会遇到如下问题。

（1）部分发行方并非上市公司，不会定期公布财务报表，投资方无从查起。

（2）部分发行方完全未在募集说明书披露发行人的会计处理方式。

（3）大部分发行方的披露方式五花八门，格式不统一，导致投资方查找起来非常困难。有的募集说明书在首页重要声明中表述，有的则写在会计政策变动风险部分，还有的则需要根据假设模拟发行永续债前后的财务结构变动自行计算出来哪个会计科目发生了变动等。

（4）根据可查到的数据，绝大部分发行人都将该债券纳入了权益工具。但这种分类结果和投资方根据募集说明书条款及会计准则独立判断结果相比，两者不完全一致，投资方采用哪种分类会出现两难。

3. 对永续债到期是否续期的研究

以 2020 年 12 月 31 日为截止时点日，研究所有理论到期日在截止时点日以前的永续债，在截止时点日的实际存续情况，得到结果如下。

表 24　2020 年底前已到期永续债的后续存续情况（按发行数量统计）

发行数量（个）	已兑付	正常存续	实质违约	总计（个）
定向工具	33	—	—	33
公司债	55	—	2	57
金融债	9	—	—	9
企业债	6	2	—	8
中期票据	407	14	5	426
总计	510	16	7	533
占比（%）	96	3	1	100

表 25　2020 年底前已到期永续债的后续存续情况（按发行面额统计）

发行面额（亿元）	已兑付	正常存续	实质违约	总计
定向工具	466.20	—	—	466.20
公司债	1015.88	—	40.00	1055.88
金融债	297.00	—	—	297.00
企业债	101.00	40.00	—	141.00
中期票据	6282.40	187.00	120.00	6589.40
总计	8162.48	227.00	160.00	8549.48
占比（%）	95	3	2	100

截至 2020 年 12 月 31 日，共有 533 只永续债已到理论到期日，其中 510 只选择了兑付，占比为 96%；16 只选择继续存续，占比为 3%，7 只由于发债主体对其他债券实质性违约而连带本债券违约，占比为 1%（见表 24 和表 25）。

同时，我们也根据募集说明书的关键条款，对这 533 只永续债进行了大致的债务和权益工具分类判断，发现 497 只已到期永续债按现有会计准则，均可被划分为权益工具，占比为 93%；剩余 36 只应被划分为债务工具，占比为 7%，主要由于利率跳升幅度过大，超过 300 个基点。这个比例与我们对 2020 年上半年发行的 292 只永续债的债务和权益工具分类判断基本一致，90%以上的永续债均为权益工具（见表26）。

表 26　2020 年底前已到期永续债按关键条款判断分类

按募集说明书条款综合判断	永续债数量（只）	占比（%）
权益工具	497	93
债务工具	36	7
合计	533	100

由此可以看到两个对比鲜明的研究结果：无论是 2020 年上半年发行的 292 只永续债，还是在 2020 年 12 月 31 日理论到期日已到期的 533 只永续债，按现有会计准则判断，其中 90%以上均分类为权益工具；而通过研究 2020 年 12 月 31 日理论到期日已到期的 533 只永续债，可以发现其中 95%以上的永续债都按期结束了，并没有续期和永续，因此从结果来看，这些永续债更像是债券而不是权益。

之所以出现了会计判断为权益工具的永续债，绝大部分在理论到期日赎回的情况，推测是由于利率跳升条款影响发行方决策是否赎回债券的复杂性所导致。现行交易所和银行间市场发行的永续债中，90%以上包含了利率跳升条款。利率跳升机制使得永续债发行人在面对较高利率时，更有动力选择赎回而不是延续债券；但这不足以促使发行人必然选择赎回，因此也不足以断定该永续债为债务工具。根据现行准则规定，如果利率跳升的次数有限、有封顶利率，且封顶利率未超过市场平均利率水平，则可能不构成间接义务，否则通常构成了间接义务。而由于 37 号准则应用指南给出了 300 基点不构成间接义务的举例，因此当前市场上最普遍的利率跳升条款的跳升总幅度均不超过 300 基点。虽然 300 个基点在准则及应用指南上不构成间接义务，但统计到永续债到期后高达 95%的兑付率，显示在实践中 300 个基点的利率跳升足以促使绝大部分发行人理性地选择到期兑付永续债，而不是让其继续存续，这让永续债更像是债券而不是权益工具。

在实践中，300 个基点大幅度的利率跳升后是否超过了市场平均利率水平，完全取决于参考何种口径的市场平均利率。如果按较为严格的口径，市场上相同时间发行、相同期限、相同信用评级、相同条款的债券，发行利率通常很难相差 300 个基点；但如果放松部分限制条件，信用较差、期限较长的债券发行利率通常都会比较高，这样同类型债务工具的市场平均利率水平的范围就变得比较宽泛，跨度超过 300 个基点。在实践中，我们也看到部分发行人由于信用较低，很难实现借新债还旧债，因此更倾向于承担更高的跳升利率，实现债券永续。因此不同机构常常会对同一永续债的利率跳升条款产生不同的判断，难以达成一致。

第四章 永续债税务处理的理论及实践探讨

一、金融负债与权益工具的税收规则

（一）金融负债与权益工具的税务处理差异

企业发行金融工具可能会涉及企业所得税、增值税、印花税以及城建税和教育费附加等，其中企业所得税较为关键，本文主要分析企业所得税下金融负债与权益工具的税务处理差异。

表 27 现行税收政策下金融工具企业所得税处理

发行人对金融工具的会计认定	税务处理		应纳税主体
	发行人支付的利（股）息	投资者取得的利（股）息收入	
权益工具	企业税后利润支付	按照规定享受企业所得税免税政策	发行人
金融负债	企业所得税税前扣除	计入投资者收入总额缴纳所得税	投资者

被投资企业的股息、红利支出等权益性支出款项，根据《企业所得税法》第十条规定，不可税前扣除。被投资企业需要将经营收入通过交纳企业所得税，变为税后净利润后，才可将公司税收净利润在公司股东间进行分配，成为股息或红利支出。

被投资企业的利息支出等债权性支出款项，根据《企业所得税法》第八条及《企业所得税法实施条例》第三十七条、第三十八条规定，若属于实际发生的且与取得收入有关的、合理的支出，则可在计算企业所得税纳税所得额时进行税前扣除。

投资企业在股权投资中收到股息、红利等权益性款项时，应根据投资主体的情况具体问题具体分析。首先，《企业所得税法》第六条规定股息、红利等权益性投资收益也应该被纳入收入总额，但第二十六条规定符合条件的居民企业之间的股息、红利等权益性投资收益为免税收入，因为该部分收入已在被投资居民企业进行股东权益分配前进行了企业所得税的扣除，故此处为避免双重征税而对投资者的此收入予以免税。其次，若投资企业非我国居民企业，则其从我国居民企业中取得的股息红利收入分为两种情况进行征税，需要判断该部分收入与其在中国境内设立的场所机构是否具有实质联系，若有，则居民之间的税收优惠对其同样适用，若否，则按照相关规定予以按实征税。最后，在居民企业之间税收优惠的基础上还需要注意的是，若该收益为国内上市企业的派发的股息，则要求持有期间超过 12 个月才满足税收优惠条件。

投资企业在债权投资交易中收到利息等债权性款项时，根据《企业所得税法》第六条规定，投资者获得的利息应全额计入本企业的应纳税所得额，缴纳企业所得税。

（二）税务处理差异的原因分析

税法之所以针对股权投资所得的股息红利与债权投资所得的利息进行不同的税务处理，是因为税法以量能课税为原则，根据市场主体在经济活动中经济地位的变化，使市场主体按照税法既定规则承担相应的税负。金融负债和权益工具在企业经营过程中的性质不同，对市场主体经济地位的影响不同，具体表现在商业风险和投资收益两个方面。从商业风险角度看，权益工具承担着企业盈亏的经营风险，而金融负债可以获得被投资企业的固定利息，与被投资企业的经营风险相隔离。从投资收益角度看，经营活动中的风险与收益具有一致性，权益工具承担着更高风险，获取高收益的可能性也更大，其获取的收益是被投资企业经营成果的税后盈余。而金融负债不涉及所有权问题，其获取的收益是被投资企业的经营成本。因此，二者税务处理规则存在差异，即为利息支出可税前扣除。

二、永续债税务处理分析

（一）永续债对股债性质认定的挑战

随着市场的发展，上述典型的金融负债或权益工具投资方式已经不能满足市场各方主体对投资交易中权利义务关系分配的精细化要求，一些处于金融负债或权益工具中间模糊地带的混合金融工具发展起来。

正如永续债一方面具备向投资者分配固定收益的债权投资特征，另一方面又具备无须向投资者偿还本金或者本金偿还期限过长而导致没有实际意义的股权投资特征。实践活动中，永续债"亦股亦债"的特点对税法的准确适用提出了挑战。于被投资企业角度，由于其所支付给投资企业的利息可予以税前扣除，而股息红利则反之，导致被投资企业若支付同样的数额股息红利比债务利息多承担 25% 的企业所得税，同样投资企业在收到同样数额的股息红利和利息时，需要针对利息再缴纳25%的企业所得税。但是此种差异本身并不会导致股权投资和债权投资的优劣之分，因为投融资企业双方在交易之前预测未来股息红利或利息收益时，皆会在决策前考虑税收因素带来的影响。问题在于，若对混合性投资的股债性质认定标准不统一，认定结果不确定，影响交易双方税收负担的可预测性，将会因股权投资与债权投资税收政策的不同引起税收的混乱。因此，如何确认其股债属性从而适用不同的课税规则，是保证税收稳定性和避免税收流失所必须要解决的问题。

（二）永续债税务处理规则的认定标准

1. 一般性标准

《企业所得税法实施条例》第一百一十九条（以下简称《实施条例》）解释"资本弱化"时，给出了债权性投资和权益性投资的具体概念认定。具体为，债权性投资的特点包括偿还本金、支付利息或者其他具有支付利息性质的支付。权益性投资的特点包括无须偿还本金、无须支付利息、投资人对被投资企业净资产拥有所有权。该条款属于一般性标准，通过阐述二者的概念说明了股债性质的不同之处，但仅以本金和利息的支付作为股债的区分标准，未明确对本金和利息支付的时间要求以及"以其他具有支付利息性质的方式"的具体要求。对于仅约定固定偿还利息但本金偿还周期特别长甚至无约定的永续债，一般性标准的规定显得过于单薄，因此，需要出台对特定金融工具有针对性的特殊性规定。

2. 关于混合型投资性质认定的第41号文

2013年7月15日国家税务总局颁布了第41号文《关于企业混合性投资业务企业所得税处理问题的公告》（以下简称第41号文）。第41号文出台的背景主要是明确信托公司等开展混合性投资业务（如信托计划以明股实债方式入股房地产项目公司）涉及的税收处理，早于永续债发行实践。第41号文规定了关于利息支付、期限和赎回安排等5项条件，对同时满足5项条件的混合性投资业务，发行人可以将利息支出在税前扣除。五项条件的重点在于定期支付利息、明确的投资期限和投资方权利，其中第1、第2、第3项特征所规定的付息、还本、不拥有净资产所有权，与《实施条例》第一百一十九条一脉相承，是更加细化的规定，第4、第5项特征也是债权投资所不具备的。对比可计入权益的永续债条款，难以符合上述全部5项规定实现税前扣除。在税收征管中，已发行的永续债利息支付大部分作为税后利润支付。需要说明的是，在实践中，由于永续债投资与普通股权投资存在较大差异，部分企业并未将投资的永续债认定为股权投资，而是将取得收益按照债券利息收入核算并缴纳了企业所得税，这就出现了发行人和投资者双重纳税的情形，显然也有失公平。因此，第 41 号文虽然尝试对股债混合的投资行为进行性质认定，且在股债性质认定结果统一化方面具有一定的进步意义，但是对于新混合金融工具永续债认定标准的实质判断要素构成方面存在局限性（见表 28）。

表 28　关于混合性投资业务被投资企业利息支出的税前抵扣条件

要素	合格标准
利息支付	1. 被投资企业需要按投资合同或协议约定的利率定期支付利息
期限和赎回安排	2. 有明确的投资期限或特定的投资条件，并在投资期满或者满足投资条件后，被投资企业需要赎回投资或偿还本金
投资企业的权利	3. 投资企业对被投资企业净资产不拥有所有权
	4. 投资企业不具有选举权和被选举权
	5. 投资企业不参与被投资企业日常生产经营活动

3. 关于永续债性质认定的第 64 号文

2019 年 4 月，财政部、税务总局联合印发《关于永续债企业所得税政策问题的公告》（以下简称第 64 号文），明确了有关税收政策。根据公告，企业发行的永续债，可以适用股息、红利企业所得税政策；如企业发行的永续债满足公告所列 9 个判断条件中的 5 个条件以上的，也可以按照债券利息适用企业所得税政策，即发行方支付的永续债利息支出准予在其企业所得税税前扣除，同时，投资方取得的永续债利息收入应当依法纳税。从目前市场上发行的永续债来看，大多数永续债条款均可满足 9 条标准中的 5 项（4、6、7、8、9 项比较容易满足），理论上利息可以按照债务进行扣除，9 条标准提高了判断的灵活性，同时也有利于发债企业节约税收成本，拓宽融资渠道。总体来看，第 64 号文的规定具有以下几个特点（见表 29）。

表 29　永续债等混合性投资业务被认定为债权的条件

要素	合格标准
本金偿付	1. 被投资企业对该项投资具有还本义务
利息支付	2. 有明确约定的利率和付息频率
期限	3. 有一定的投资期限
赎回安排	4. 被投资企业可以赎回，或满足特定条件后可以赎回
会计处理	5. 被投资企业将该项投资计入负债
偿付顺序	6. 该项投资的清偿顺序位于企业股东持有的股份之前
被投资企业的权利	7. 投资企业不参与被投资企业日常生产经营活动
	8. 投资企业对被投资企业净资产不拥有所有权
	9. 该项投资不承担被投资企业股东同等的经营风险

（1）更加细化

第 64 号文结束了企业仅凭第 41 号文对永续债进行"粗略"适用的局面，使永续债在税收领域中的股债性质判定有了更加精准的依据。相比而言，第 64 号文 9 项特征与第 41 号文 5 项特征有诸多相似之处，比如对本金、利息、投资期限、投资赎回、净资产所有权、日常经营的规定，皆在第 41 号文中可找到对应之处，仅第 7、第 8、第 9 项为新的规定。

表 30　永续债第 64 号文和混合性投资第 41 号文异同点对比

永续债第 64 号文	异同对比	混合性投资第 41 号文
1. 有明确约定的利率和付息频率	第 64 号文表达更加简洁	被投资方接受投资后，需按合同或协议约定的利率定期支付利息
2. 被投资企业对该项投资具有还本义务	第 64 号文将第 41 号文的第 2 项拆成 3 项，使之与永续会计新规更好匹配	有明确的投资期限或特定的投资条件，并在投资期满或者满足特定投资条件后，被投资企业需要赎回投资或偿还本金
3. 有一定的投资期限		
4. 被投资企业可以赎回，或满足特定条件后可以赎回		
5. 投资方对被投资企业净资产不拥有所有权	未修改	投资企业对被投资企业净资产不拥有所有权
6. 投资方不参与被投资企业日常生产经营活动	未修改	投资企业不参与被投资企业日常生产经营活动
7. 被投资企业将该项投资计入负债	删除选举权与被选举权一条，新增第 7、第 8、第 9 项，使之与永续债会计新规匹配	投资企业不具有选举权和被选举权
8. 该项投资不承担被投资企业股东同等的经营风险		
9. 该项投资的清偿顺序位于被投资企业股东持有的股份之前		

（2）赋予发行企业选择权

永续债发行人，即被投资企业，对所发行永续债的税收适用政策可以进行选择，符合文中规定的适用条件时，发行企业可以选择适用股权投资税收规则或债权投资税收规则，该选择需公布在永续债发行文件中且一经选择不得变更，该选择的结果同样适用于投资企业即永续债购买方。这一规定赋予发行企业更大的自主性，从我国债券市场投资者结构和税收环境看，目前银行资本工具主要由银行资管产品认购。在现行税收政策下，资管产品由个人投资者集合而成，其自身并非纳税主体。资管产品收益分配至个人投资者后，个人收益在税收征管上实际处于应征未征状态。因此，如选择发行人利息支出税前扣除模式，银行可在定价上获得更大的益处。

与此同时，这一选择权也对发行方的运营管理和投资方的投资决策提出了更高的要求。对于发行方而言，在拟定合同条款环节，需要就相关条款进行评估，以确定相应的会计及税务处理。此外，在定价分析时需要充分考虑相关会计处理、自身税收成本及投资方潜在的税收优惠等因素，并及时披露相关税务操作。对于投资方而言，应充分了解永续债相关税收规定，逐笔查看发行文件，了解税务操作，在收益测算时考虑可能的税收优惠，合理制定投资策略。根据发行方的选择，做好对应的税务处理，并留存相关备查文件，做好税会差异的有效管理，确保合规性。

（3）交易双方税务处理应保持一致

第 64 号文在赋予发行方选择权的同时，要求交易双方对该选择应保持一致，这一规定保证永续债利息支出的税收负担是一样的，只是纳税环节和纳税主体存在差异。不仅可以保证税收链条的完整性，稳定税源，避免重复征税，同时也可以保证投资交易双方税收征管的"对称性"，尽力避免因交易双方之间或当地不同税收征管部门之间对永续债的股债性质理解差异而造成的税务处理不一致。同时，从国际市场上看，针对永续债的税务处理尽管存在不同做法，但总体上坚持发行人与投资者税务处理一致的原则。第 64 号文的规定也符合国际税务处理的通行做法（见表 31）。

表 31　两种模式下商业银行永续债利息支出税务处理的对比

税务处理模式选择	税务处理		应纳税主体	是否需要纳税调整	实际缴税情况
	发行人支付的利（股）息	投资者取得的利（股）息收入			
发行人税后利润分配	从税后利润中支付	按规定享受企业所得税免税政策	发行人	否	发行人按规定缴纳企业所得税
发行人利息支出税前扣除	企业所得税税前扣除	计入投资者收入总额缴纳所得税	投资者	是	投资主体为银行资管产品，收益分配至个人投资者时，实际应征未征

（三）永续债税务处理实践

1. 发行方形成税盾效应

第 64 号文税收规定下，同一票面利率的永续债，如适用不同的税收处理规则，则会产生不同的税收成本，进而影响发行方融资成本。选取第 64 号文出台后，中国交通建设股份有限公司和中国航空技术国际控股有限公司分别发行的两笔永续债进行对比研究如下。

从最新公布的募集说明书和实际发行情况,中国交建发行的"19 交建 Y3"的债券期限为 3(3+N)年,规模为 20 亿元,票面利率为 3.88%;中航国际发行的"19 中航 Y7"的债券期限也为 3(3+N)年,规模为 15 亿元,票面利率同为 3.88%;且两只债券的起息日期均为 2019 年 12 月 27 日。以上是两只债券的基本条款,将"19 交建 Y3"和"19 中航 Y7"的主要发行条款整理如表 32 所示。

表 32 两只债券的主要发行条款对比

主要条款	19 交建 Y3	19 中航 Y7
债券期限和续期选择权	每 3 个计息年度为一个重新定价周期,在每个周期末发行人拥有可续期选择权	每 3 个计息年度为一个周期,在期末发行人有权延长 3 年或全额兑付本期债券
债券利率及确定方式	首期的票面利率为初始基准利率加上初始利差,后续周期的利率调整为当期基准利率加上初始利差再加上 300 个基点	固定利率,单利按年计息;当期票面利率＝当期基准利率+初始利差+300 个基点
递延支付利息权	附发行人延期支付利息权,除非发生强制付息事件	附发行人延期支付利息权,除非发生强制付息事件
发行人赎回选择权	除因税务政策或会计准则变更可赎回,其他情况没权利也没义务赎回	除因税务政策或会计准则变更可赎回,其他情况没权利也没义务赎回
偿付顺序	本期债券在破产清算时的清偿顺序劣于发行人普通债务	本期债券在破产清算时的清偿顺序劣于发行人普通债务
会计处理	发行人将本期债券分类为权益工具	发行人将本期债券分类为权益工具
税务处理	发行人认为本期债券属于第 64 号文所指的"符合规定条件的永续债",按照债券利息适用企业所得税政策,发行方支付的利息支出准许税前扣除	根据第 64 号文,本期债券适用股息、红利企业所得税政策,发行方支付的利息支出不得税前扣除

中国交建认为"19 交建 Y3"属于第 64 号文中所指的"符合规定条件的永续债",即至少满足 9 个条件中的 5 个条件,可以按照债券利息适用企业所得税政策。中国交建将本次债券的利息在所得税税前扣除,而投资方应根据取得的债券利息收入按利息收入依法纳税。而中航国际运用第 64 号文中的一般性处理,认为"19 中航 Y7"适用股息红利企业所得税政策。中航国际支付的永续债利息支出不得在其所得税税前扣除,如果投资者为居民企业,永续债利息收入适用股息红利等权益性投资收益免征企业所得税。在实务中,第 64 号文允许税务处理与会计核算方式的差别,会计和税务处理的不一致可以通过纳税调整进行处理,这也为发行方和投资方的税务结果产生了较大的筹划空间。

以中国交建的债券利息为例，其第一年可扣除的债券利息支出为 7760 万元（20亿元×3.88％＝7760 万元），在票面利率如此低的情况下，也为企业通过税前扣除形成了巨大的税盾效应。

2. "有一定的投资期限" 对于永续债债权性质判断的争议

第 64 号文对于永续债债权性质判定的条件之一是"有一定的投资期限"，但没有明确介绍"一定投资期限"的时间跨度。永续债最重要的特征即在于本金偿还时间的不确定。一方面，附发行人赎回或延期选择权的永续债，将使得永续债具有无限延期的可能性，且偿还本金的决定权由发行人控制，而非事先明确约定。另一方面，在约定还款期限的永续债中，期限过长的时间跨度同样可能导致对期限的约定丧失了实际意义，因为对赎回日或到期日约定的时间过长将会导致无论在赎回或延期中如何选择，本金偿还时间的约定皆不会对发行人的资金使用带来过高的债务偿还压力，而且使得投资人承担着与股东几乎一样的被投资企业的经营风险。例如约定永续债 100 年的本金偿还周期，则无论到期后发行人是否行使赎回或延期选择权，都已几乎不再有实际意义。

第 41 号文和第 64 号文虽然都将偿还本金作为债权投资的特点之一，但是同样没有说明偿还期限过长是否可以导致对偿还期限的约定无效。若认为期限过长不影响效力，则按照《实施条例》的规定永续债应为债权投资；若认为期限过长影响效力，那么此时永续债实质上几乎消失的本金偿还义务，以此特征是否可以直接否定永续债的债权属性，是解决永续债股债性质认定问题所必须要考量的新问题。此时《实施条例》、第 41 号文的规定皆无法对永续债的股债性质认定进行回答，第 64 号文虽然是针对永续债而制定，规范了市场主体和税收机关对永续债的税务处理，但是也无法对永续债的股债性质的具体论证给出答案。所以，作为具备股债双重特征的永续债所面临的课税性质争议，依据现有法律规定依然存在不确定性。

3. 第 64 号文延伸出的其他税务问题

（1）增值税处理

第 64 号文仅涉及企业所得税处理，并未对永续债利息的增值税处理予以明确。股息、红利和债券利息的不同性质认定，对于永续债利息的增值税处理同样具有重要意义——前者通常无须缴纳增值税，而后者一般应适用 6％的增值税。第 64 号文中有关企业所得税的永续债利息性质认定规则（尤其是满足一定条件下可对利息性质认定进行选择的处理）是否可以同步适用于增值税方面的收益性质认定仍无法确定。在政策尚未明确的情况下，增值税处理只能根据现有的增值税规则进行独立判断，然而两种税种采用不同的判定标准会给企业带来潜在的困扰和风险。

（2）其他环节可能涉及的企业所得税事项

第 64 号文仅提及了永续债利息的企业所得税处理，并未提及永续债在发行、买卖、赎回环节所可能涉及的企业所得税事项。但遵循第 64 号文的政策逻辑，如果将永续债利息作为股息、红利处理，则相应的永续债应被视为企业所得税意义上的股权（票）投资，适用现行有关股权（票）投资的税务规则；同样，如果永续债利息作为债券利息处理，则应适用现行有关债权性投资的税务规则。值得注意的是，股权投资和债权投资在企业所得税处理规则方面的差异不仅局限于投资收益，永续债"亦股亦债"的特性在具体的资本市场实践中可能延伸出更为复杂的税务问题。例如，在重组收购中，若以永续债作为对价支付且相应利息按股息、红利作税务处理的，该对价是否可能被认定为股权支付进而适用特殊事项重组的税收规定等。而这些问题都有待于进一步明确。

第五章　相关建议

对照现行的会计准则和税收政策，财会〔2019〕2号文围绕永续债整合细化了相关会计准则及其应用指南的要求，并对到期日、清算偿付顺序、利率跳升机制等热点或难点问题加以重点指导，有助于有关各方规范使用永续债等混合权益性工具，加强财务真实性管理，防止虚假降杠杆；第64号文进一步明确了永续债的企业所得税适用，引导发行人和持有人对永续债的税务影响形成一致和稳定的预期，有助于发行人预测和控制融资成本。总体上，第2号文和第64号文在进一步完善永续债相关市场基础设施的同时，对于降低企业杠杆率、促进风险防控、提高发展质量具有重要意义，将有利于永续债相关市场更加积极稳健、规范有序地发展。

但实践中，会计和税务处理上都面临着一些问题和困惑。例如，会计处理上永续债的属性分类依然有很多争议，发行方多数将永续债认定为权益工具，而投资方则多数将永续债认定为债权工具，并且双方理由都非常充分。根据关键条款设计，发行方则更多将永续债认定为权益工具，并通过发行永续债增加所有者权益，补充净资本指标，降低杠杆率指标，优化各项相关监管指标。而根据永续债的实际到期兑付情况，投资方则更倾向于认定永续债为债权工具，通常由固定收益业务部门而不是股票权益部门参与投资，投资目的也是获取长期稳定且较高的固定票息回报，而不是成为长期股东。税务处理上尽管明确了发行方和投资方税务处理一致性的原则，但由此衍生出来的不同税种下税务处理口径是否一致等问题也带来了税务执行的不确定性。为此，本文有以下几点建议。

一是建议发行人在募集说明书中明确是否为永续债。如为永续债，还应明确列示发行方的会计属性认定。在披露形式上，考虑在不同品种的债券中实现披露格式和表述方式的统一，以方便其他市场参与者能高效获取相关信息，可通过系统化抓取证券基础信息进行系统化财务核算，有统一规范的永续债要素披露格式，能帮助投资方进行更准确和顺畅的系统化财务处理。

二是对于现在实务中争议较大的利率跳升条款，建议能明确平均市场利率如何界定的指引，该界定方法应能动态适应不同品种及不同时期市场环境的需求，不会让财务分类与市场实践偏离较大。虽然财会〔2019〕2号文已经明确规定了如果利率跳升的次数有限、有封顶利率，且封顶利率未超过市场平均值，则可能不构成间接义务，否则通常应该分类债务。但准则并没有规定平均市场利率如何界定，因此形成了争议空间。而第 37 号文准则应用指南给出了 300 个基点不构成间接义务的举例，但实践中绝大部分利率跳升 300 个基点的永续债都到期赎回了，这个标准是否过于宽松还需要进一步考证。

三是建议关注投资方和发行方对永续债分类保持一致衍生出的新问题。双方的分类严格保持一致，可以解决双方记账的不对称问题，但同时可能导致新的问题。由于发行方大部分判断永续债为权益工具，而投资方大部分判断永续债为债务工具，当要求投资方向发行方的判断趋同时，大部分永续债的认定将会从负债工具转为权益工具认定，这必然会导致其参与交易者的构成结构有大幅变动。永续债的定价逻辑和估值方法将从按债务转变为按权益方式定价和估值，投资方将期望获得更多的风险补偿，发行方也将因此需要承担更多的融资成本。发行方和投资方的供需矛盾将更为突出，永续债的市场流动性也将受到很大的影响。由于市场现存永续债的体量极为庞大，市场也需要一段时间才可逐渐接受并达成新的共识。

四是建议不同税种下税务处理保持一致。第 64 号文明确了永续债可以作为债券利息或股息红利适用所得税政策，不仅是规定了征免问题，更是明确了永续债的两种性质，那么增值税也应同样适用债券利息或股息红利的政策，且从税种的一致性来看，建议二者认定保持一致。此外，在企业所得税处理上，建议出台相关政策明确永续债税务处理规则不仅局限于持有投资收益，同样适用于发行、买卖和赎回等环节，以解决资本市场实践中延伸出更复杂的税务问题。

参考文献

[1] 国家税务总局. 关于企业混合性投资业务企业所得税处理问题的公告. 国家税务总局公告 2013 年第 41 号，2013（7）.

[2] 张继强，杨冰. 永续债：海外经验及国内前景探讨［J］. 债券，2013（11）.

[3] 张继强，姬江帆，杨冰. 永续债海外经验及国内前景探讨［J］. 债券，2013（11）：43-49.

[4] 财政部. 关于印发《金融负债与权益工具的区分及相关会计处理规定》的通知. 财会〔2014〕13 号，2014（3）.

[5] 财政部. 关于印发修订《企业会计准则第 22 号——金融工具确认和计量》的通知. 财会〔2017〕7 号，2017（3）.

[6] 财政部. 关于印发修订《企业会计准则第 37 号——金融工具列报》的通知. 财会〔2017〕14 号，2017（5）.

[7] 李鹏飞. 永续债"永续"时的风险点与应对［J］. 金融市场研究，2018（9）：109-116.

[8] 瞿丽瑾. 我国优先股与永续债比较研究［J］. 金融经济，2018（11）：100-101.

[9] 赖萌超. 永续债会税处理探讨［J］. 财会通讯，2018（22）：73-77.

[10] 财政部. 财政部关于印发《永续债相关会计处理的规定》的通知. 财会〔2019〕2 号，2019（1）.

[11] 杜爽. 金融工具混合错配的税收影响与应对［J］. 税务研究，2019（2）：64-69.

[12] 马泽方. 永续债的企业所得税处理分析［J］. 注册税务师，2019（2）：41-43.

[13] 程昊，何睿，高璐. 永续债投资价值分析［J］. 债券，2019（2）：82-86.

[14] 财政部，国家税务总局. 关于永续债企业所得税政策问题的公告. 财政部国家税务总局公告 2019 年第 64 号，2019（4）.

[15] 李超，宫飞. 永续债的国际经验及在中国银行业的前景［J］. 银行家，2019（4）：14-16.

[16] 胡学好，郭大旗. 商业银行永续债的前世与今生［J］. 债券，2019（5）：7-16.

［17］成丽莉．对完善我国金融业永续债会计处理规则的思考［J］．金融会计，2019（6）：36-40.

［18］范勋，朱佳梅．浅析永续债相关会计和税务新规的影响［J］．金融会计，2019（8）：32-39.

［19］石玮．永续债的税收待遇分析［J］．中国税务，2019（9）：54-57.

［20］安溪．银行永续债发展的国际经验借鉴［J］．福建金融，1002-2740（2020）03-0052-06.

［21］黄季舒．税法中股与债的认定逻辑——以企业所得税为核心［D］．北京：中国社会科学院大学，2020（4）.

［22］银保监会．中国银保监会关于保险资金投资银行资本补充债券有关事项的通知．银保监发〔2020〕17号，2020（5）.

第六篇

国际基准利率改革对银行业的影响及应对

中国银行资产负债管理部课题组

课题主持人：周　权
课题组成员：罗　颖　郭　京　郑一巍
　　　　　　戴雅雪　卢申申　王晓鑫

摘　要

伦敦银行同业拆借利率（LIBOR）是一种基于报价制的无担保借款利率，并非基于真实交易，2008年国际金融危机期间，其作为报价利率易被操纵的弊端进一步显现，全球主要监管机构呼吁市场重检LIBOR作为金融产品定价基准的合理性。2017年，英国监管机构宣布2021年后各报价行无须继续提供报价①，这意味着届时LIBOR将退出市场，LIBOR报价的五种货币（美元、英镑、欧元、日元、瑞士法郎）需逐步过渡至其他替代基准利率。

国际基准利率改革是对基准利率本质属性的改革，从以LIBOR为代表的报价制基准利率，转换为基于实际交易，近似无风险的隔夜基准利率。基准利率的重新定义及选择，是一项全球金融体系的系统性工程，涉及全球金融市场的平稳过渡、风险监管框架的重新构建，以及市场参与机构、行业协会、监管机构等多方统筹协调，将带来银行经营理念、经营意识和经营方式等转变。

本文通过研究国际替代基准利率的选择以及转换路径的设计，结合境内金融市场实际，探索适合中国国情的银行业替代基准利率转换方案，在工作方法、路径规划、定价规则、系统改造、风险评估、合同条款、产品推广、转换规则、舆情与沟通等主要领域提出应对方案。同时，通过研究全球主要货币基准利率的转换过程及其面临的挑战，结合地缘政治下货币定价权回归的大背景，统筹考虑国际实践与我国实际情况，提出推进境内外币基准利率改革，做好金融风险防范预案，建立境内统一转换规则，积极参与金融市场交易，以及加快人民币基准利率建设若干建议。

国际基准利率改革是国际金融市场百年未有之大变革，对于如何应对，因各国监管机构、国际行业协会以及市场参与机构并无成熟可借鉴的经验，故存在一定的不确定性。因此，本文在该领域的开创型研究，有利于进一步深化利率市场化改革，优化利率价格杠杆在金融资源配置上的作用，对推动境内人民币基准利率改革，实现经济金融高质量发展具有深远意义。

关键词：LIBOR；基准利率；改革

---

① 2021年3月5日，英国监管机构已正式发布声明宣布各币种LIBOR的停止报价时间。

第一章　LIBOR 的起源与改革

一、LIBOR 的起源

（一）LIBOR 的定义

伦敦银行同业拆借利率（London Interbank Offered Rate，LIBOR），是大型国际银行之间的短期资金借贷利率，反映的是各报价行在伦敦银行同业拆借市场对短期无担保借款成本的预期。

根据现有 LIBOR 报价机制，洲际交易所旗下的基准管理有限公司（ICE Benchmark Administration Limited，IBA）作为管理机构，在伦敦时间每个交易日 11 点时收集 20 家报价行的 LIBOR 报价，覆盖 5 种货币（美元、英镑、欧元、日元、瑞士法郎）及 7 类期限（隔夜、7 天、1/2/3/6/12 个月）共计 35 个货币期限组合。为避免受到极端值影响，对 LIBOR 的计算采用 25% 切尾均值法，即剔除 25% 的最高值和 25% 的最低值后对剩余报价进行算术平均，于伦敦时间 11：30 进行发布。此后半小时内，指定计算人（Moneyline Telerate）有权对利率的明显错误进行纠正，并于伦敦时间每个交易日 12：00 公布最终利率。

（二）LIBOR 的历史

LIBOR 作为国际金融市场中大多数浮动计息产品的基准利率已有五十余载，最早可追溯到 20 世纪 60 年代。第二次世界大战后，随着欧洲逐步从战争废墟中重新崛起，西欧主要国家的美元巨额顺差、石油出口国家的美元外汇储蓄、美国跨国公司的美元海外投资以及美军海外基地的美元军费支出汇聚在欧洲金融市场，催生出欧洲美元。但受限于美国的严格监管，大量欧洲美元无法回流美国，亟待寻找新的投资机会。受到西格蒙德·沃伯格（Sigmund Warburg）首创欧洲美元债券影响，1969 年 8 月 15 日，希腊银行家米诺斯·隆班纳科斯（Minos Zombanakis）采用短期利率定价理念，在摩根大通促成了一笔 8000 万美元的银团贷款，由此开启了 LIBOR 的历史篇章。

随着 LIBOR 的成长壮大，英国银行家协会（British Bankers Association，BBA）在 1986 年正式采用这一利率，并正式建立了 LIBOR 定价机制。

（三）LIBOR 的作用

随着银行同业间相互拆放短期资金活动的增多，同业拆借市场开始取代贴现市场成为伦敦银行界融资的主要场所，LIBOR 由此成为伦敦金融市场借贷活动中计算利息的主要依据。此后，欧洲美元市场和其他欧洲货币市场的建立，推动 LIBOR 在国际信贷业务中的广泛使用，并逐渐成为国际金融市场的基准利率。

作为国际基准利率，LIBOR 早期常常作为商业贷款、抵押及债券的利率基准，随着国际金融市场的发展，特别是利率衍生品市场的扩大，LIBOR 被更多地作为参考利率应用在衍生品市场。根据金融稳定理事会（Financial Stability Board，FSB）官方数据统计，目前美元市场中90%以上的银团贷款、80%以上的浮息债券以及65%的利率衍生品均直接参考 LIBOR 定价，估计全球约有 400 万亿美元的金融产品定价与 LIBOR 挂钩，其中与美元 LIBOR 和欧元 LIBOR 挂钩的金融产品市值最大，3 个月 LIBOR 和 6 个月 LIBOR 的使用范围最广。

同时，其他金融市场纷纷仿效 LIBOR 定价机制，推出了各自基于报价制的无担保借款利率，例如欧洲银行联合会发布的欧元银行同业拆借利率（Euro Interbank Offered Rate，EURIBOR）、日本银行家协会发布的东京银行同业拆借利率（Tokyo Interbank Offered Rate，TIBOR）、新加坡银行公会发布的新加坡银行同业拆借利率（Singapore Interbank Offered Rate，SIBOR）、香港银行公会发布的香港银行同业拆借利率（Hong Kong Interbank Offered Rate，HIBOR），它们与 LIBOR 共同构成了银行同业拆借利率体系（Interbank Offered Rates，IBORs）。

二、LIBOR 报价改革

（一）LIBOR 的缺陷

1. 定价机制存在人为操纵风险

2007 年，监管机构与市场参与者开始注意到 LIBOR 的表现与其他市场利率不符，比如与代表银行资金成本的联邦基金有效利率（Effective Federal Funds Rate，EFFR）差异波动增大。2012 年 6 月，根据美国司法部、美国商品期货交易委员会（Commodity Futures Trading Commission，CFTC）及英国金融服务管理局（Financial Service Authority，FSA）调查，部分报价行涉嫌串谋操控 LIBOR，并从相关交易中获利。例如，

2005 年至 2009 年，巴克莱银行的交易员就与其他金融机构的交易员串通，并得到各自机构 LIBOR 报价员的配合，通过抬升或者压低报价使市场利率走向有利于各自交易的方向。截至目前，全球监管机构对涉嫌 LIBOR 违规的金融机构罚款已超过 100 亿美元（见图 1）。

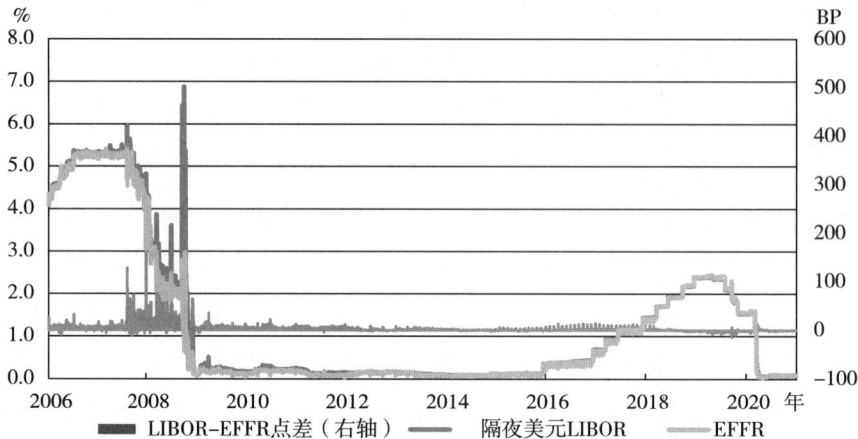

图 1　美元 LIBOR 与 EFFR 点差情况

金融危机期间，银行间市场流动性趋于紧张，此时 LIBOR 上升将导致银行融资成本上升，进而推高市场风险厌恶情绪。为向市场释放流动性宽松信号以避免被认定陷入财务风险，大型国际银行往往故意压低 LIBOR 报价，从而降低自身融资成本。上述行为均暴露出当前 LIBOR 定价机制的缺陷。

2. 覆盖交易对手信用风险

LIBOR 作为一种基于报价制的无担保借款利率，必然隐含交易对手的信用风险。2008 年国际金融危机以来，随着部分银行因次级债风险暴露而陷入流动性不足的困境，银行作为交易对手发生信用风险的概率明显增加，导致覆盖信用风险的 LIBOR 稳定性下降，作为市场基准利率难以在危机中稳定市场。

3. 市场交易量萎缩

2008 年国际金融危机之后，巴塞尔银行监管委员会（Basel Committee on Banking Supervision，BCBS）出于加强同业市场监管的考虑，引入了流动性覆盖率、净稳定资金比率等监管指标，使得银行倾向于通过回购等对监管指标影响较小的方式拆借资金。同时，由于全球主要央行均开始实施量化宽松政策，银行体系内超额储备金相对富裕，导致同业资金拆借需求进一步降低。随着银行间拆借市场交易量逐年萎缩，LIBOR 的基准性逐渐减弱。

（二）报价方式改革

2012 年 9 月 28 日，FSA 局长马丁·惠特利（Martin Wheatley）发表了一份关于 LIBOR 改革的报告，提出 LIBOR 全面改革的计划，正式启动 LIBOR 改革进程。

为规避报价行与原 LIBOR 管理机构英国银行家协会（BBA）的利益冲突①，2013 年 7 月 9 日，在英国金融行为监管局（Financial Conduct Authority，FCA）的批准与授权下，BBA 通过无记名投票，决议将 LIBOR 的管理权移交给美国洲际交易所（Intercontinental Exchange，ICE）。2014 年 2 月 1 日，美国洲际交易所在英国成立基准管理有限公司（IBA）正式接管 LIBOR。

在伦敦银行同业拆借利率监管委员会（LIBOR Oversight Committee）建议下，IBA 与世界各地的利益相关者就 LIBOR 的报价改革进行了广泛磋商，并于 2016 年 3 月公布 LIBOR 改革路线图，计划通过削减货币期限组合、增加报价行数量、调整报价方法等多条途径开展改革。2019 年 4 月 1 日，IBA 宣布自 4 月 2 日开始各报价行按照"瀑布法则"提交 LIBOR 报价。报价行根据三个层级的报价方法进行报价（见表1）：优先采用第一级报价；若无法实现第一级，则采用第二级报价方法；若第一级和第二级均无法实现，则采用第三级报价方法。在有存款证明和商业票据发行的情景下，改革后的 LIBOR 价格体现的是 20 家报价行在伦敦银行间拆借市场上的融资成本。但由于银行间拆借市场持续萎缩，导致第一级报价与第二级报价所需的交易数据较为缺乏，目前改革后的 LIBOR 报价仍主要依赖专家判断等主观性估计数据，严重影响了报价方式改革的效果。

表 1　LIBOR 报价的"瀑布法则"

层级	报价方法	适用情况	具体内容
一	实际交易	24 小时内有相关交易②发生	按照交易量计算加权平均的历史交易利率
二	衍生数据	2 周以内有相关交易	对历史交易利率进行市场平移调整或线性差值
三	专家判断	近期无相关交易	银行提供明确的计算模型，模型中可综合考虑回购、短期利率衍生品、经纪人报价和专家判断等因素

---

① BBA 董事会成员基本为 LIBOR 报价行的高层管理人员。
② 包括无抵押拆借交易、存款证明和商业票据首次发行等。

第二章　全球主要经济体基准利率改革

一、国际基准利率改革背景

经过报价方式改革，LIBOR 增强了实际交易基础，降低了人为操纵风险，但仍然存在覆盖交易对手信用风险的天然缺陷。而 FCA 及 IBA 严苛的管理机制额外增加了报价行的运营成本，降低了其继续维持 LIBOR 报价的意愿。与此同时，由于银行筹资途径从同业市场逐渐转移至回购、债券等市场，银行同业间无抵押拆借活动急剧下跌，进一步降低了 LIBOR 作为基准利率的代表性与可持续性。

另外，各国监管机构也意识到本国货币基准利率由离岸市场决定所隐含的风险，多次明确表示拒绝市场继续使用 LIBOR 作为金融产品的定价基础。其中，尤以美联储（The Federal Reserve System，FED）的态度为甚，为重夺离岸美元乃至全球美元金融产品的定价权，美联储委员会主席杰罗姆·鲍威尔（Jerome Powell）将 LIBOR 转换计划定为美联储顶级优先任务之一。

2014 年 7 月，FSB 发布中期报告，建议国际基准利率由 IBORs 转向 IBOR+，即在包含银行信用风险的报价制基准利率体系之外，再构建一套无风险或近似无风险利率的基准利率体系，由此正式启动了国际基准利率改革进程。鉴于 LIBOR 逐渐丧失其作为基准利率的代表性，此后全球主要央行纷纷成立利率改革工作小组，相继提出了替代基准利率。

为降低 IBORs 转换对市场造成的风险，在与各报价行达成共识后，2017 年 7 月 27 日，FCA 首席执行官安德鲁·贝利（Andrew Bailey）宣布维持 LIBOR 报价直至 2021 年底，此后不再强制要求报价行开展报价。自 LIBOR 退出时间明确以来，全球主要国家/地区先后出台一系列监管要求，部分国际性行业组织也发布了相关转换规则。

为了实现存量 LIBOR 产品的平稳转换，2020 年 11 月 30 日，IBA 发布征询意见计划将隔夜与 1/3/6/12 个月期限的美元 LIBOR 报价终止时间，从原定的 2021 年末推迟至 2023 年 6 月末，1 周与 2 个月期限美元 LIBOR 以及其他货币 LIBOR 的报价终止时间仍维持在 2021 年末；但市场参与者仍需在 2022 年开始停止新做挂钩 LIBOR 的产品。针对上述市场征询，多国监管机构表示支持。2021 年 3 月 5 日，FCA 正式发布公开声明宣布各币种 LIBOR 停止报价时间，具体方案与前述征求意见稿一致，同时表示，为有序减少 LIBOR 敞口，将基于金融服务法案（Financial Service Bill）赋予的权利，在满足基准条例的基础上，继续公布某些币种的合成 LIBOR（Synthetic LIBOR）以帮助转换困难的存量合约① （Tough Legacy），并将就 Synthetic LIBOR 的形成机制、适用范围等事项发起市场咨询。同日，国际掉期与衍生工具协会（International Swaps and Derivatives Association，ISDA）也确认，基于 FCA 声明，IBOR 后备机制中所使用的调整点差于当日固定。

二、替代基准利率选择标准

利率作为对资金机会成本及风险的补偿，若剔除掉风险补偿部分，便为无风险利率。若某一无风险利率能够恰好补偿全部金融市场的平均机会成本，那么根据此利率水平便能确定市场上其他金融资产的价格，这种具有普遍参照作用的利率即理想状态的基准利率。但全部金融市场的平均机会成本过于庞杂难以确定，仅能通过抽样调查的方式选取不同细分金融市场进行估计。根据切比雪夫大数定律②，细分金融市场的交易量越大，那么该市场的机会成本越接近全部金融市场的平均机会成本，用于补偿其的无风险利率自然越接近理想的基准利率。

根据国际清算银行（Bank of International Settlements，BIS）相关文献论述，理想的基准利率需要达到三个方面的标准。一是可以稳健且准确地体现核心货币市场利率且不易被操纵，该标准下最好的候选者是一个基于活跃且流动市场中的实际交易，并受到最佳实践治理和监督的利率。二是可以为货币市场以外的金融合约提供基准，用于贴现、现金产品及利率衍生产品定价。三是可以作为长期贷款和融资的基准。

2013 年 7 月，国际证监会组织（International Organization of Securities Commissions，IOSCO）发布《金融市场基准利率原则》，从治理结构、基准质量、计算方法和基准责任四个类别提出了 19 项原则（见表 2）。

---

① 指难以通过交易或协议顺利完成基准利率转换的合同，具体适用的合同范围待监管机构进一步明确。
② 随着样本容量的增加，样本平均数将接近于总体平均数。

表 2　IOSCO 发布的《金融市场基准利率原则》

类别	序号	原则	主要内容
治理结构	1	管理者责任	基准制定主体要承担的责任，包括制定基准、准确计算并及时发布，确保满足透明度要求
	2	第三方监管	基准管理者对第三方的监管，如对负责收集数据、发布数据的第三方机构的监管
	3	利益冲突	基准管理者应该记录、识别、披露和管理可能的利益冲突
	4	控制框架	针对基准管理者的控制框架，如明确的外部举报机制
	5	内控制度	建立独立委员会对管理流程进行内部审核
基准质量	6	基准设计	基准设计应该考虑通用因素，以使得基准可以真实反映市场情况
	7	数据可靠性	计算基准所用的数据应来源于活跃市场，并且排除关联方交易以避免降低数据可靠性
	8	数据优先级	明确不同数据的优先级，如规定实际交易产生的数据优于专家判断
	9	基准透明度	公布计算所使用原始数据的选择逻辑和流程
	10	定期评估	定期对所使用的原始数据进行评估，在市场发生显著改变时进行必要调整
计算方法	11	计算方法	记录并公布基准计算公式
	12	方法变更	在计算公式发生改变时进行说明
	13	变更流程	制定明确的计算公式变更流程
	14	报价行为准则	该原则只适用于基于报价产生的基准利率，要求基准管理者应制定报价行为准则，并向市场监管者和利益相关者公布
	15	数据收集的内控	基准管理者应直接从交易所或数据收集方获得一手数据，并保护数据的完整性和保密性
基准责任	16	投诉程序	制定并公布投诉流程，在基准利率不能反映市场实际情况时，利益相关者可以向基准管理者进行投诉
	17	审计	使用内部和外部审计人员进行审计
	18	审计记录	保留审计记录至少 5 年
	19	监管机构合作	根据监管机构要求，及时提供审计记录和相关数据

在此基础上，2016 年 5 月 12 日，欧盟理事会（Council of the European Union）通过决议，正式批准《欧盟基准利率规则》，公布选择基准利率的五个方面标准：一是基准质量方面，需有广泛且可靠的市场数据支持，数据来源清晰且透明，能够代表公平且具竞争力的无风险银行借款成本；二是基准特性方面，对于政策利率和其他市场因素的变动具有敏感性和传导性；三是计算方法方面，获取的市场数据需为真实的交易数据，定义清晰且易于理解，数据可靠且易于获取，计算方法清晰透明；四是治理及可靠性方面，利率曲线的构建需满足监管要求，并得到有效的管理和监控；五是还应考虑基于无风险利率的前瞻性期限利率曲线，以及无风险利率历史数据的可获取性。

三、主要经济体基准利率改革进展

(一) 替代基准利率的选择

截至 2019 年 10 月，全球主要国家/地区央行已完成替代基准利率的选择与发布，所选替代基准利率均是基于实际交易的无风险利率（Risk Free Rate，RFR）。除了满足基准利率的一般属性外，新基准利率与 LIBOR 等报价制利率的根本区别体现为以下两个方面：一是利率的生成机制上，新基准利率基于实际交易产生，客观反映历史成交价格，LIBOR 等采用报价模式，是对未来利率价格的预期；二是利率的风险溢价上，新基准利率为隔夜利率，且部分货币的利率有国债抵押，近似视同为无风险利率。LIBOR 为期限利率，存在期限溢价，同时根据其同业拆借的业务属性包含信用溢价。

各国/地区转换路径仍存在一定差异，美国、英国、瑞士选择无风险利率作为唯一的基准利率，而欧盟、日本、中国香港等国家/地区则基于系统性风险考虑采用双轨制，在无风险利率基础上仍保留 IBORs（见表 3）。

表 3　主要经济体基准利率转换路径

国家/地区	IBORs	替代基准利率	转换路径
美国	—	有担保隔夜融资利率（SOFR）	单轨制
英国	—	英镑隔夜平均指数（SONIA）	单轨制
瑞士	—	瑞士隔夜平均利率（SARON）	单轨制
欧盟	EURIBOR	欧元短期利率（€STR）	多轨制
日本	TIBOR	东京隔夜平均利率（TONA）	多轨制
中国香港	HIBOR	港元隔夜平均指数（HONIA）	多轨制

(二) 替代基准利率的应用

定价基准由 LIBOR 转换至无风险利率后的一大重要挑战是各期限利率的构建。替代 LIBOR 的利率均为隔夜无风险利率，不具备期限结构。国际上围绕隔夜利率的期限结构构建展开深入研究，提出前瞻法、后置法两种构建方法。前瞻法指以隔夜利率的隔夜指数掉期（Overnight Indexed Swap，OIS）或期货等衍生品交易为基础计算各期限利率的方法，体现对未来一段时间的利率均值预期，与现行的 LIBOR 含义类似。后置法以已实现的隔夜利率为基础，进行单利或复利计算各期限利率的方法，反映了计息期内真实利率水平，但利息需要等到计息期结束后才能确定。

与衍生品市场统一转换成后置复合利率不同，现金产品转换方式在各货币国/地区呈现差异。目前，英国监管明确建议在大部分金融产品中使用后置复利计算，而对于贸易融资、出口信贷等需要提前获知利息的金融产品，则可使用 SONIA 的前瞻性期限利率或固定利率。美国监管从存量转换的角度出发，发布了银团贷款、双边贷款等现金产品的备份条款，均选择 SOFR 的前瞻性期限利率作为替代基准利率的第一顺位，第二顺位则为 SOFR 后置单利。日本监管发起的征询结果显示，债券与贷款市场参与者倾向优先转换成 TONA 的前瞻性期限利率，其次为 TONA 后置复利。瑞士则明确表示不会推出 SARON 的前瞻性期限利率，因此对于银团贷款和债券，均推荐使用后置复利计算。欧元区监管计划将 €STR 作为替代基准利率，但尚未对现金产品的转换规则进行明确，前瞻性期限利率也尚处于研究阶段，未有发布计划。

(三) 衍生品市场基准利率改革

隔夜无风险利率在衍生品市场已得到广泛应用，替代基准利率在衍生品市场的应用具有天然优势。以联邦基金有效利率（EFFR）的 OIS 为例，浮动端按照当天交易产生的 EFFR 计息，并采取复合利率规则以模拟每日资金拆借交易及头寸交割，定价规则与替代基准利率的后置复合平均规则一致。

国际衍生品市场的基准利率转换方案由 ISDA 牵头制定。2020 年 10 月 23 日，IS-DA 发布于 2021 年 1 月 25 日正式生效的衍生交易后备机制文本，包括《2006 年 ISDA 定义修订文件》（*Amendments to* 2006 *ISDA Definitions and DRM Provisions*，以下简称《修订文件》）和《ISDA 2020 IBOR 备份条款议定书》（*ISDA* 2020 *IBOR Fallbacks Protocol*，以下简称《议定书》）。按新老划断原则，满足存量 LIBOR 业务与新增交易在同一生效时间进行切换。其中，《修订文件》针对其生效后的新增交易，《议定书》针对其生效时未到期的存量交易，通过市场参与者多边签署的方式，解决存量交易的后备机制问题。

转换方案包括触发事件、后备利率与利差调整三点要素。触发事件方面，ISDA 对基准转换设置了永久终止触发与提前终止触发两类事件，其中，永久终止触发指 IBORs 管理者或监管机构发布公开声明，宣布将永久停止提供 IBORs 报价，且无继任管理者继续提供 IBORs 报价；提前终止触发指监管机构宣布 IBORs 不再具有代表性。后备利率方面，ISDA 选用各币种 RFRs 作为首选替代利率，并对多个后备利率的选择顺序进行约定，以美元为例，当 SOFR 不可用时，将按照顺序依次选择美联储建议利率（Fed Recommended Rate）、隔夜银行融资利率（Overnight Bank Funding Rate, OBFR）、联邦公开市场委员会目标利率（The Federal Open Market Committee Target

Rate）等其他后备利率，并进行相应的点差调整。利差调整方面，ISDA 建议期限溢价采用后置复合利率进行调整，信用溢价则采用对应期限的 LIBOR 与 RFRs 后置复合利率的历史五年中位数进行调整。这是因为从经济意义上看，历史五年利差中位数代表新旧基准的长期利差水平，较即期利差更具稳定性。

（四）美元基准利率改革

1. 改革组织架构

为实现美国金融稳定理事会（Financial Stability Oversight Council，FSOC）设定的基准利率改革目标，2014 年 11 月，在美国财政部、CFTC 和金融研究办公室（Office of Financial Research，OFR）共同支持下，美联储宣布成立替代参考利率委员会（Alternative Reference Rates Committee，ARRC）。ARRC 由美国的大型银行、主要利率衍生品交易商、中央对手方清算机构（Central Counter Party，CCP）和其他相关组织共同组成，美国联邦储备委员会、纽约联邦储备银行（Federal Reserve Bank of New York，FRBNY）、美国财政部、CFTC 及 OFR 也是 ARRC 成员。

ARRC 在成立之初，共设有四项主要任务。一是识别替代基准利率的最佳实践，通盘考虑现有及潜在的基准利率，识别其中的无风险或基本无风险的利率，尤其是那些在特定的衍生品及其他合约中使用且被市场成员普遍认为代表了最佳市场实践的利率。二是识别合约稳健性的最佳实践，考虑与稳健合约设计相关的最佳实践，以确保相关合约在现存或新的基准利率停止发布或重大修改时保有弹性。三是制定采纳替代基准利率的方案，识别对采纳替代基准利率有促进或妨碍作用的各种因素，提出促进采纳替代基准利率的必要步骤及方案。四是制订替代基准利率实施方案及时间表，识别采纳替代基准利率的衡量指标，方便市场参与者尽快达成最佳实践。

2. 替代基准利率选择

2017 年 6 月，ARRC 宣布有担保隔夜融资利率（Secured Overnight Financing Rate，SOFR）作为美元 LIBOR 的替代基准利率，并于 2018 年 4 月 3 日起开始公布利率数据。SOFR 代表了美国最广泛的国债回购利率，由纽约联储对三个子市场每日实际成交的交易数据，按交易量加权中位数计算，并于美国东部时间下一个交易日上午 8：00 进行发布。其中，三个子市场分别为由纽约梅隆银行（The Bank of New York Mellon，BNYM）结算的剔除美联储参与的一般三方回购交易（General Tri-party Repo），由美国证券集中保管结算公司（The Depository Trust&Clearing Corporation，DTCC）结算的以中央对手方清算的一般抵押融资回购交易（General Collateral Finance Repo）及由固定收益清算公司（The Fixed Income Clearing Corporation，FICC）

结算的双边回购交易（Bilateral Repo）。在 SOFR 首次发布后，若在同一日 BNYM 及 DTCC 在复查中及时发现了错误，那么将在当日 14：30 重新发布新的 SOFR 值，若 BNYM 及 DTCC 的纠错信息晚于 14：30 送到，则在收到纠错信息后更新 SOFR 值。

ARRC 选择 SOFR 作为替代基准利率主要基于如下考虑：一是 SOFR 由市场交易数据形成，过程透明且直接，不易被操纵；二是国债回购市场基础稳固，具有充足的流动性和参与度，市场参与者众多，包括经纪商、货币市场基金、资产管理机构、保险公司和养老基金等；三是作为以国债为抵押的隔夜利率近乎无风险，比覆盖信用风险的银行同业拆借利率更适合作为基准利率；四是作为 FRBNY 计算并公布的利率，有助于央行了解货币市场动态，有效执行货币政策；五是没有报价行的选择问题，所有满足条件的交易都被纳入计算。

与此同时，为帮助对 SOFR 接受度不足的中小型企业完成基准转换，美国金融交易所（American Financial Exchange，AFX）推出了美国银行同业拆借利率（American Interbank Offered Rate，AMERIBOR）。对此，美联储委员会主席杰罗姆·鲍威尔指出，与作为替代基准利率更加稳健的 SOFR 相比，AMERIBOR 也可在特定市场作为美元 LIBOR 的替代基准利率使用。

3. 改革计划

为促进美元 LIBOR 向 SOFR 的有序过渡，ARRC 于 2018 年发布了一项改革计划，关键步骤包括以下几点。第一，2018 年至 2019 年初，提高挂钩 SOFR 衍生品市场的流动性水平，增加 SOFR 被市场参与者的接受程度。第二，2019 年，随着挂钩 SOFR 的期货和 OIS 市场交易活动的增加，促进 SOFR 衍生品市场历史价格的积累。随着流动性的发展，CCP 将使用基于 SOFR 的贴现曲线为其成员提供清算工具选择，以 SOFR 为基准发放 2020 年第一季度抵押品利息，并逐步转为仅使用 SOFR 贴现曲线。第三，2021 年，在挂钩 SOFR 衍生品市场具备一定流动性水平的基础上，构建前瞻性 SOFR 期限利率，作为现金产品的定价基准。此外，ARRC 还成立了以现金产品为重点的工作组，发布在现金产品合同中嵌入后备条款的指导原则。

4. 改革进展

2018 年 5 月 7 日，芝加哥商品交易所（Chicago Mercantile Exchange，CME）正式推出 SOFR 期货，标志着美国基准利率改革正式进入历史价格积累阶段，有力推动了期限收益率曲线的构建以及 SOFR 在现金产品中的运用。

2020 年 2 月，为帮助市场参与者尽快适应 LIBOR 改革，ARRC 发布了一系列时间节点建议：第一，2020 年第三季度末停止叙做挂钩美元 LIBOR 且在 2021 年后到期的住房贷款；第二，2020 年末停止叙做挂钩美元 LIBOR 的个人抵押贷款及浮息债券；

第三，2021 年第一季度末停止叙做挂钩美元 LIBOR 且在 2021 年后到期的商业贷款及衍生品；第四，各交易所在 2020 年 9 月 31 日前完成系统升级以应对挂钩 SOFR 的相关交易。当年 9 月，ARRC 将停止叙做美元 LIBOR 商业贷款及衍生品的时间延迟至 2021 年 6 月末。

2020 年 3 月 2 日，纽约联储与 OFR 合作，开始发布 30 天、90 天、180 天的 SO-FR 复合利率以及 SOFR 指数，以鼓励市场参与者在新发生业务中使用 SOFR 复合利率。

5. 期限利率构建

在早期关于前瞻性 SOFR 期限利率的研究中，主流思路是使用期货交易数据计算期限利率，但这对衍生品市场的规模与深度提出了一定要求。市场对利用 SOFR 期货交易数据生成期限利率存在一定顾虑。首先是模型计算比较复杂，与国际证监会组织（IOSCO）发布的市场基准利率透明公开原则存在一定冲突。其次，一年及以上期限的 SOFR 期货交易流动性不足，需等待市场进一步发展以完善模型。ARRC 在相关文件中指出，鉴于当前美元 SOFR 期货市场的情况，ARRC 并不反对使用其他交易数据（如 OIS 交易数据）计算期限利率。

选择 OIS 交易数据计算期限利率主要出于以下几方面考虑。一是目前已有稳定的数据来源，OIS 交易多为场外交易，目前所有在美国发生的 SOFR OIS 交易均需报备 DTCC 留档，为供应商提供了稳定的交易数据来源。二是与期货交易数据计算方法相比，使用 OIS 交易数据计算期限利率更为简单直观，可以更好满足 IOSCO 关于计算方法的公开原则。为避免混乱，ARRC 要求供应商只能从期货交易数据和 OIS 交易数据中选择一种用以计算期限利率，可以预测未来 SOFR 期限利率大概率将使用 OIS 交易数据计算。

2020 年 9 月 10 日，ARRC 公开招标 SOFR 期限利率的数据计算供应商，招标文件中提到了数据供应商提供的 SOFR 期限利率至少应含有 1 个月和 3 个月期限，并酌情加入 6 个月和一年期限 SOFR 利率。目前，彭博（Bloomberg）、路孚特（Refinitiv）和 IBA 均已入选供应商名单。

（五）英镑基准利率改革

1. 改革组织架构

2015 年 3 月，英格兰银行（Bank of England，BOE）宣布成立英镑无风险参考利率工作组（Working Group on Sterling Risk-Free Reference Rates，WGSRFR），负责探索英镑的替代基准利率，工作组成员包括银行、投资经理、金融市场交易商、基础设施提供商、贸易协会及专业服务公司等共计 100 多家机构。

2019 年 2 月，WGSRFR 设立三个工作小组，分别研究期限利率、会计处理和监管依赖性等问题。2019 年 12 月，WGSRFR 邀请市场参与者研究新发生贷款转换工作重点，确定转换时间节点、转换条件以及潜在风险；发布咨询文件，阐明现金产品存量合同转换需考虑的关键因素；进一步评估导致合同难以转换的因素与风险，以及规避此风险的缓释措施。

2. 替代基准利率选择

2016 年 4 月，英格兰银行从批发市场经纪人协会（Wholesale Market Brokers' Association，WMBA）手中接管了英镑隔夜平均指数（Sterling Overnight Index Average，SONIA）。2017 年 6 月，WGSRFR 宣布以改革后的 SONIA 作为英镑 LIBOR 的首选替代利率，做出该决定主要基于如下考虑：一是 SONIA 具有坚实的数据基础，以活跃且具有流动性的市场为基础，每日涉及的交易量巨大；二是相对于 LIBOR，SONIA 对潜在市场变化的反应更为灵敏；三是 SONIA 与政策利率联系密切，便于央行货币政策的传导；四是 SONIA 已被英镑隔夜指数掉期市场选为参考利率，未来的过渡之路更为平坦。

2018 年 4 月 23 日，英格兰银行正式公布 SONIA 数据。改革后的 SONIA，由英格兰银行通过英镑货币市场数据收集报表（Sterling Money Market Date Collection Form）汇总伦敦时间每个交易日 0：00 至 18：00 发生并于当日完成结算，且交易额大于等于 2500 万英镑的交易数据，对其按交易额权重进行 25% 切尾均值计算，结果四舍五入至小数点后四位，于伦敦时间下一个交易日 9：00 进行发布。在 SONIA 首次发布后，如有计算错误，则于当日 12：00 重新进行发布。

3. 改革计划

2020 年 1 月，英格兰银行、FCA 和 WGSRFR 联合发表文件，强调 2020 年英镑基准利率改革重点：第一，重申在 2020 年第三季度末停止叙做挂钩英镑 LIBOR 的现金产品；第二，采取措施促进后置复合 SONIA 的广泛应用；第三，鼓励从 2020 年 3 月 2 日起，将英镑掉期交易由挂钩 LIBOR 转换至挂钩 SONIA，以进一步扩大衍生品市场 SONIA 交易量；第四，建立框架以在 2021 年第一季度之前显著减少挂钩 LIBOR 的存量产品；第五，为转换困难的挂钩 LIBOR 产品提供解决措施。同时，发布《致受英国监管的主要银行和保险公司负责 LIBOR 改革工作的高级经理的信》，建议所有公司 2020 年第一季度的工作重点围绕产品开发、基础设施建设、客户沟通、更新合同条款四个方面进行。

2020 年 3 月，FCA 表示尽管新冠肺炎疫情带给市场诸多不确定性，LIBOR 仍将在 2021 年底终止。但受新冠肺炎疫情影响，WGSRFR 将停止叙做挂钩 LIBOR 现金产品的时间节点，由原定的 2020 年第三季度末推迟到 2021 年第一季度末；英格兰银行将开始增加抵押品估值折扣的时间节点，从 2020 年 10 月 1 日推迟至 2021 年 4 月 1 日，并于 2021 年 9 月 1 日将抵押品估值折扣率增至 40%，2021 年 12 月 31 日增至 100%。

4. 改革进展

2020 年 8 月 3 日，英格兰银行开始每日发布 SONIA 复合指数（SONIA Compounded Index），以简化 SONIA 复合利率的计算，方便使用者灵活地计算起始和结束日期间的复合利率。其中 SONIA 复合指数的计算方法同纽约联邦储备银行公布的 SOFR 指数一致，以改革后的 SONIA 首次发布日（2018 年 4 月 23 日）作为初始值 1.0000000000（保留十位小数）。

为支持存量转换，2020 年 11 月，FCA 发表声明，将基于《金融服务法案》赋予的权力，在满足基准条例的基础上，在 LIBOR 最终取消后行使公布 Synthetic LIBOR 的职能，并就 Synthetic LIBOR 的形成机制、适用范围等事项发起市场咨询。FCA 强调，该政策不是为了延续 LIBOR 的市场代表性，而是基于不同情形和市场意见来帮助存量合同的转换，市场参与者不应依赖 Synthetic LIBOR。

5. 期限利率构建

英镑无风险利率工作组在征询市场意见后，表示需要发布 SONIA 前瞻期限利率以帮助市场完成基准转化。目前，已有两家机构发布商用版 SONIA 期限利率。2021 年 1 月 11 日，路孚特在其官网推出可商用的 SONIA 期限利率，该利率使用 SONIA OIS 交易数据计算而得，覆盖 1 个月、3 个月、6 个月及 12 个月共 4 类期限，于伦敦时间每个交易日的 11∶50 发布。同日，IBA 也正式推出可商用的 SONIA 期限利率，同样覆盖 1 个月、3 个月、6 个月及 12 个月共 4 类期限，并于伦敦时间每个交易日的 11∶55 发布。SONIA 期限利率以 SONIA OIS 为基础数据样本，通过采集不同交易对手、不同时间，设置样本取值条件并辅以模型计算等方式，构建期限利率。

（六）欧元基准利率改革

1. 改革组织架构

2017 年 9 月，欧洲中央银行（European Central Bank，ECB）、比利时金融服务和市场管理局（Financial Services and Markets Authority，FSMA）、欧洲证券和市场管理局（European Securities and Markets Authority，ESMA）以及欧洲联盟执委会（European Commission）发表联合声明，建立欧元无风险利率工作组（Working Group on Euro

Risk-Free Rates，WGRFR）以推进欧元区无风险利率的选择及在金融工具与合约中的应用。2018 年 2 月，WGRFR 举行首次会议，由作为投票成员的欧元区商业银行、政策性金融机构，以及无表决权的金融协会、金融专家、特邀机构及观察员组成；工作组下设四个小组，分别负责合同条款、现金及衍生品、风险管理与金融会计和市场培育等方面的问题。同时，ECB 作为工作组的秘书处，负责对外公布工作组的会议纪要、改革进展及组织公众咨询。

2. 替代基准利率选择

目前，欧元金融合约中广泛使用的基准利率为 EURIBOR 和欧元隔夜平均指数（Euro Overnight Index Average，EONIA），其管理机构均为欧洲货币市场研究所（European Money Markets Institute，EMMI）。欧洲监管机构表示，未来欧元区的基准利率将采用多轨制模式，即 EURIBOR 与替代无风险利率并行。但鉴于 EURIBOR 作为 IBORs 的一员，并非以市场真实交易为数据基础，且不能客观反映广泛意义上市场参与者的资金使用成本，不符合欧盟基准法规的要求，因此欧元区的基准利率改革主要分为两条路径：一是改良现有的 EURIBOR 形成机制；二是选择一个无风险利率作为现有基准利率的后备方案。

一方面，EMMI 提出以混合方法改良 EURIBOR，即采用瀑布式机制合并交易、市场数据和专家判断。2019 年 7 月，EMMI 获得了欧洲监管当局的管理许可，于 2019 年 11 月完成改良后的混合型 EURIBOR。另一方面，由于初步选定的替代参考利率 EONIA 未能通过欧盟基准法规测试，将于 2022 年 1 月停止公布，监管当局声明自 2020 年 1 月 1 日起在新金融工具和金融合约中避免使用 EONIA。2018 年 9 月，经过多轮市场征询及投票后，WGRFR 宣布欧元短期利率（Euro Short-term Rate，€STR）作为欧元替代参考利率。选择 €STR 作为替代参考利率主要基于如下考虑：一是 €STR 每日平均交易量约为 300 亿欧元，确保了有足够的基础数据用以计算利率。二是 €STR 来自于竞争性报价程序基础上的公平交易，确保了利率反映真实的市场变动。

2019 年 10 月 2 日，欧洲中央银行正式公布 €STR。€STR 基于欧盟金融市场统计报告条例（Money Market Statistical Reporting，MMSR）框架，由欧元区 52 家金融机构按统一数据格式，每日向 ECB 传送交易数据。ECB 从中筛选出潜在的无担保、以固定利率定价且本金高于 100 万欧元的隔夜交易作为基础数据，对其按交易额权重进行 25% 切尾均值计算，于欧洲中部时间下一个交易日 8：00 进行发布；如有计算错误，则于当日 9：00 进行重新计算与发布。在 EONIA 正式停用前，EMMI 将每日公布的 EONIA 数值挂钩 €STR 加 8.5 个基点，以便为 €STR 转换预留充足时间。

3. 改革进展

2020 年 7 月，包括 CME、伦敦清算所（London Clearing House，LCH）及欧洲清算所（Eurex Clearing）在内的中央对手方清算所，完成了欧元产品的价格调整系数（Price Alignment Interest，PAI）及贴现计算基准由 EONIA 向 €STR 的转换。

2020 年 11 月，WGRFR 发布关于欧元存量产品由 EURIBOR 转换为 €STR 的征询，征询的议题包括转换发生的触发事件、存量转换方案、通过 €STR 构建各期限利率的对比与建议等。

2021 年 3 月 18 日，欧洲中央银行宣布于 4 月 15 日起发布 €STR 的复合平均利率和复合指数，以帮助欧元新基准利率的使用和推广。

4. 期限利率构建

与英美市场做法类似，WGRFR 提出两种基本方案开发期限利率：一是基于 €STR 历史交易数据，使用数学方法计算期限利率；二是基于挂钩 €STR 的衍生品市场，开发前瞻性期限利率。对于前瞻性期限利率的算法，WGRFR 最终推荐基于 €STR OIS 市场来计算期限利率，并表示将采取措施增强基础市场的流动性以推动期限利率的研发。

（七）日元基准利率改革

1. 改革组织架构

2015 年 4 月起，日本开始进行日元替代参考利率的研究工作。2018 年 8 月 1 日，日本成立日元利率基准跨行业委员会（Cross-Industry Committee on Japanese Yen Interest Rate Benchmarks），成员包括金融机构、机构投资者与非金融公司，以推进日元多基准利率方案的实施并协助市场参与者在不同金融工具和金融合约中使用恰当的日元基准利率，同时下设期限利率工作组（Task Force on Term Reference Rates）推进日元期限利率的研发工作。

2. 替代基准利率选择

与英美等国仅保留单一基准利率不同，日本在基准利率改革后仍采用多轨制。2016 年 12 月，日本无风险利率研究小组（The Japanese Study Group on Risk Free Rates）从无风险利率本质、利率市场深度、基准易用性三个方面综合考虑之后，选择东京隔夜平均利率（Tokyo Overnight Average Rate，TONA）作为日元 LIBOR 的替代利率。该利率根据货币市场经纪商提供的无抵押隔夜买入利率计算产生，由日本银行（Bank of Japan）自 1992 年 12 月 30 日起，于东京时间下一个交易日 10：00 进行公布。

日本无风险利率研究小组选择 TONA 作为替代参考利率的主要原因是：一是 TO-NA 以活跃且具有足够流动性的市场交易数据为基础；尽管负利率政策的引入曾导致市场交易量短暂下跌，但很快恢复正常。二是 TONA 的计算基于真实交易数据，同时涵盖多类市场参与者，不易被人为操控。目前，使用 TONA 的隔夜指数掉期交易占日元利率互换的 30%~40%，随着流动性增加还在继续扩大。

3. 改革进展

针对日元 LIBOR 退出后的替代利率，日元利率基准跨行业委员会提出五个备选指标：①TONA 前置复合（Fixing in Advance）利率；②TONA 后置复合（Fixing in Arrears）利率；③基于日元隔夜利率掉期衍生的期限利率；④基于隔夜拆款利率期货市场衍生的期限利率；⑤东京银行同业拆借利率（TIBOR）。从最终征询结果来看，大部分市场参与者倾向于选择基于隔夜利率掉期与期货市场衍生的前瞻性期限利率作为日元 LIBOR 的替代利率；对于债券市场，相当部分市场参与者支持使用 TONA 后置复合利率。

4. 期限利率构建

2020 年 2 月，Quick 株式会社被选定为 TONA 期限利率的计算及发布机构，将基于日元 OIS 市场进行计算 TONA 期限利率，并通过两个阶段发布。第一阶段，于 2020 年 5 月 26 日开始发布 1 个月、3 个月与 6 个月的期限利率雏形（Prototype Rate），但该利率因暂不满足 IOSCO 标准，仅作为信息参考而不适用于金融合约。第二阶段，从 2021 年 4 月 26 日起推出 TONA 期限利率的商用版本，于东京时间每个交易日 17：00 发布，覆盖 1 个月、3 个月、6 个月期限。

（八）瑞士法郎基准利率改革

1. 改革组织架构

2013 年 6 月 11 日，瑞士国家银行（Swiss National Bank，SNB）宣布成立瑞士法郎参考利率国家工作组（The National Working Group on Swiss Franc Reference Rates，NWG），成员包括 SNB 及私营部门的代表，面向金融市场参与者和其他利益相关方开放。

2. 替代基准利率选择

2017 年 10 月 5 日，NWG 建议选取瑞士隔夜平均利率（Swiss Average Rate Overnight，SARON）作为瑞士法郎替代基准利率，并成立两个子工作组，致力于研究 SARON 在存贷款市场、衍生品及资本市场上的应用。

SARON 由瑞士证券交易所（Swiss Exchange，SIX）对每个交易日的瑞士法郎银行间回购交易数据按照交易额进行加权平均计算产生，于苏黎世时间下一个交易日8：30进行发布。2018年10月31日，NWG表示，受限于流动性及交易量稀缺，难以构建前瞻性的SARON期限利率，建议使用SARON复合利率。

3. 改革进程

为推动SARON在具体产品中的应用，NWG自2018年6月开始，分批发布用于期货产品、现金产品、浮动利率票据及期权产品的SARON使用说明书，并要求市场参与者尽可能在2021年底前完成瑞士法郎LIBOR相关敞口的转换工作。2020年5月，瑞士金融市场监督管理局（Swiss Financial Markets Supervisory Authority，FINMA）发布关于LIBOR转换的指导意见，建议市场参与者于2020年底前在现金产品中以SARON替代瑞士法郎LIBOR。

2020年3月25日，SIX作为SARON基准管理员，正式推出1个月、3个月、6个月期限的SARON复合利率。

（九）其他币种基准利率改革

除上述货币外，新加坡、澳大利亚、加拿大、巴西、墨西哥、南非、中国香港等国家和地区也在推进基准利率改革工作（见表4）。

表4　其他币种基准利率改革情况

币种	监管机构	改革路径	IBORs	RFRs	RFRs发布时间
港元	香港金融管理局（Hong Kong Monetary Authority，HKMA）	多轨制	香港银行同业拆借利率（HIBOR）	港币隔夜平均指数（Hong Kong Overnight Index Average，HONIA）	2016年4月
新加坡元	新加坡金融管理局（Monetary Authority of Singapore，MAS）	单轨制（提议）	新加坡银行同业拆借利率（SIBOR）	新加坡隔夜平均利率（Singapore Overnight Rate Average，SORA）	2005年7月
澳大利亚元	澳大利亚储备银行（Reserve Bank of Australia，RBA）	多轨制	银行票据互换利率（Bank Bill Swap Bid Rate，BBSW）	澳大利亚银行隔夜现金利率（The Interbank Overnight Cash Rate，又称Cash Rate）	2016年5月
印度尼西亚盾	印度尼西亚银行（Bank Indonesia，BI）	单轨制		印尼盾隔夜平均指数（Indonesian Overnight Index Average，IndONIA）	2018年8月

续表

币种	监管机构	改革路径	IBORs	RFRs	RFRs 发布时间
加拿大元	加拿大银行（Bank of Canada）	多轨制	加拿大元同业交换利（Canadian Dollar Offered Rate，CDOR）	加拿大隔夜回购平均利率（Canadian Overnight Repo Rate Average，CORRA）	改良后的 CORRA 于 2020 年 6 月开始发布
墨西哥比索	墨西哥银行（Bank of Mexico，BdM）	多轨制	墨西哥银行均衡利率（Mexico Interbank Equilibrium Interest Rate，TIIE）	银行隔夜均衡利率（Overnight Interbank Equilibrium Interest Rate，Overnight TIIE）	2020 年 1 月
巴西里亚尔	巴西中央银行（Central Bank of Brazil，BCB）	多轨制	隔夜银行同业拆借利率（Overnight Interbank Offered Rate，又称 DI rate）	巴西基准利率（Sistema Especial de Liquidação e du Custódia Rate，又称 Selic Rate）	1986 年
南非兰特	南非储备银行（South African Reserve Bank，SARB）	单轨制（初定）	约翰内斯堡银行平均利率（Johannesburg Interbank Average Rate，JIBAR）	南非兰特银行隔夜利率（South African Rand Interbank Overnight Rate，ZARIBOR）	—
土耳其里拉	土耳其中央银行（Central Bank of Turkey，TCMB）	单轨制		土耳其里拉隔夜参考利率（Turkish Lira Overnight Reference Rate，TLREF）	2019 年 6 月

四、国际金融市场发展

（一）替代基准利率与 LIBOR 的比较

2020 年，五种货币的替代基准利率与隔夜 LIBOR 之间的点差水平（以下简称隔夜点差）整体收窄，在经历了年初疫情引发的利率大幅波动后，于下半年逐渐回落并稳定在 10 个基点的水平，表明 RFRs 作为替代基准利率在经受国际金融市场考验之后逐渐趋于稳定（见图 2-6）。

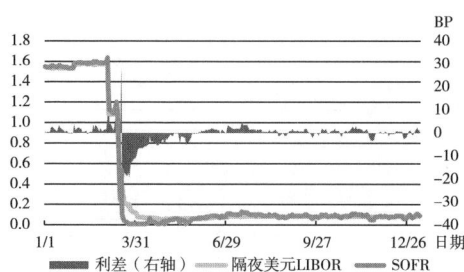

图 2　2020 年 SOFR 与 LIBOR
隔夜点差水平

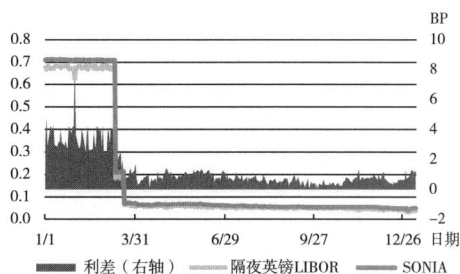

图 3　2020 年 SONIA 与 LIBOR
隔夜点差水平

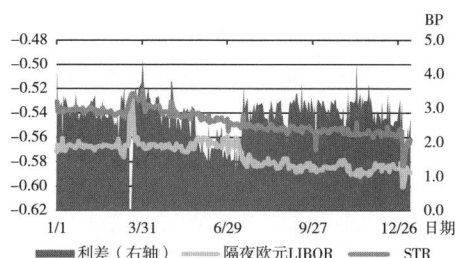

图 4　2020 年 STR 与 LIBOR
隔夜点差水平

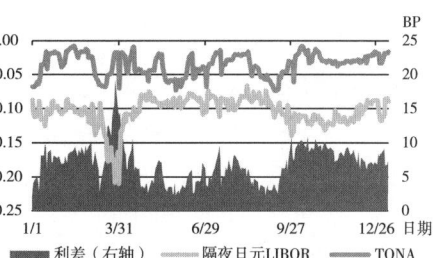

图 5　2020 年 TONA 与 LIBOR
隔夜点差水平

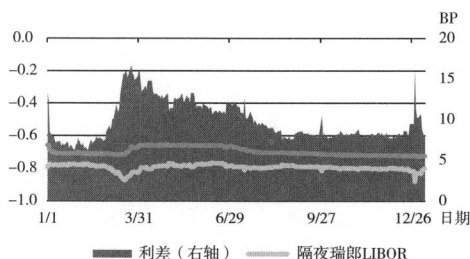

图 6　2020 年 SARON 与 LIBOR 隔夜点差水平

(二) 替代基准利率产品的市场表现

从替代基准利率在国际金融市场的表现来看，2020 年全年，挂钩 SOFR、SONIA 的新发生金融产品（债券及衍生品，下同）规模分别为 58.8 万亿美元和 29.6 万亿美元，剔除年末因素影响后呈逐季增长态势。同时，替代基准利率在金融产品中的应用占比不断扩大，其中 SOFR 的市场占比由第一季度的 5.18% 升至第四季度的 11.64%，SONIA 的市场占比在第四季度达到峰值 24.04%，较第三季度大幅提升（见图 7、图 8）。

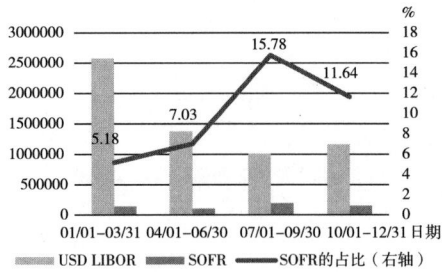

图 7 2020 年美元金融产品市场情况

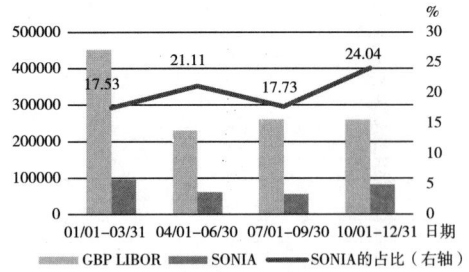

图 8 2020 年英镑金融产品市场情况

替代基准利率在国际金融市场应用范围的不断扩大，以及对应衍生品市场交易深度与流动性的不断加强，都有助于 RFRs 更加准确地反映市场情况，并为未来前瞻性期限利率的构建奠定基础。

第三章　基准利率改革对银行业的影响

基准利率改革为商业银行的业务经营带来了诸多挑战。由于替代基准利率定价权回归，各货币国的监管政策不尽相同，商业银行跨国经营管理成本提高。此外，由于替代基准利率依赖货币市场或衍生品市场的实际成交情况，与报价制的 LIBOR 相比，利率属性存在天然差异，对商业银行的风险管理、定价策略、合同拟订和系统改造等方面带来挑战。由于定价规则的变化带来交易规则的改变，客户也需要有一个逐步认知和接受的过程。

一、监管合规方面

首先，有别于 LIBOR 跨境、跨币种金融交易的一致性，当前各货币国选定了不同的替代基准利率，并设置了差异化的定价规则和转换规则。全球各主要经济体尚未形成统一的替代基准利率使用规则，并且改革进度差异较大，部分国家/地区仍保留 EURIBOR 等报价制利率，采取"多轨制"改革路径。监管政策的不确定性，增加了商业银行在跨国经营中使用替代基准利率的难度，也提高了监管合规成本。

其次，目前市场上有大量以 LIBOR 定价的金融产品是在 2021 年以后到期的，由于其中大部分合同并未列有 LIBOR 终止后该如何处理或过渡的法律保障条款，因此若持续没有引入替代基准利率，可能引发交易的违约风险，不利于金融市场稳定。若对合约进行修改，则历史合约中需增加新的无风险利率作为 LIBOR 失效时的替代利率，新增合约中也需明确转换条件，这都意味着新一轮的法律合同审核和谈判过程，从而带来额外的法律成本。此外，在触发条件上，基准利率转换可能会违反合约条款或存在价值转移，双方难以达成一致也会引起法律诉讼等延伸问题，给商业银行带来诉讼风险和声誉风险，甚至面临监管处罚风险。

二、市场风险方面

目前，世界主要国家/地区选择的替代基准利率在市场的接受程度偏低，没有足够的市场深度和广度，与 LIBOR 每日发布 35 个货币期限组合相比，目前替代参考利率只能够提供隔夜利率参考，对于隔夜利率在何种理论、方式与依据下构建出类似

LIBOR 的前瞻性期限利率，仍是各国/地区央行需要解决的问题。此外，替代基准利率的转换方案、历史数据、市场惯例等基础设施仍不完善，即使未来能够提供期限利率，也可能因缺乏历史数据支持而不能成为具有公信力的定价参考。

对于银行业而言，一是金融市场业务风险上升。虽然各国监管机构对于终止 LIBOR 的态度坚决，但 LIBOR 的使用主要为市场驱动，因此监管机构也未明确禁止报价行在规定期限之后停止 LIBOR 报价。转换期间出现的差异化认知将导致市场波动加剧，造成利率和汇率风险。例如，银行账簿利率风险敞口可能扩大。如未来贷款以隔夜基准利率定价，重定价周期将较目前大幅缩窄，若存款端维持目前定、活期产品分布，利率错配敞口可能扩大。二是对交易对手的信用风险判断能力减弱。目前，LIBOR-OIS 价差能较为准确地反映同业拆借市场交易对手风险，受到普遍认可。若在 LIBOR 终止日之前未能找到合理的替代指标，银行业的信用风险识别能力将受到一定程度的影响。三是境外业务经营效率可能受到影响。我国银行业境外业务的生息资产和付息负债中，公司存贷款和同业存拆业务占比较大，而这些业务大部分均参考 LIBOR 定价，在 LIBOR 转换期间可能对银行净息差水平造成影响。四是新基准利率波动加大。隔夜回购市场因参与者广泛、根据真实交易形成价格等特点，较传统报价利率波动更剧烈，对商业银行的风险识别与应对能力提出更高要求。

三、财务会计方面

在对冲关系上，如果基础资产负债和相应的对冲合约不能同时以相同的条件过渡到替代基准利率，则可能导致对冲关系的失效，需要重新进行对冲管理。

在会计分类上，转换过程可能导致部分资产被重新评估分类。在套期会计上，转换后原套期会计的对冲效果评价、滚叙操作及过渡期等问题也还有待进一步讨论。

在税务处理上，挂钩 LIBOR 的资产负债所涉及的税收成本也可能发生改变。在公允价值改变上，转换带来的合约公允价值变动可能对税额（直接和间接）产生影响，特别是国际税收结构将受到税收变化的影响。在税款提前确认上，若交易双方采取通过提前终止原合约、建立新的替代基准利率合约进行转换，会带来税收的立即确认，从而导致税款的加快支付。

四、内部管理方面

随着 LIBOR 的逐渐退出，商业银行势必要面临以无风险利率为资产负债业务定价的变化，但我国银行业，尤其是中小银行在这一领域经验较为缺乏，人员、技术等软硬条件的配备也相对不足。

具体而言，一是定价规则变化。新基准利率基于无风险利率，不含信用风险溢价部分。因此，商业银行需要在现行 LIBOR 定价模式下，还原 LIBOR 的信用风险部分，在信贷业务中进行"信用利差"调整。二是合同拟订。商业银行需要梳理产品敞口、业务笔数和客户数量，启动存量合同条款补充，以及新基准利率产品合同拟订等问题。三是系统改造。面对分货币、分区域的不同监管政策，商业银行在推进系统改造时，往往面临多重方案同时推进的情况，而替代基准利率规则的复杂性，也进一步加大了系统开发的成本以及后续运营风险。

五、客户认知方面

客户对替代基准利率的认知尚需时日，影响后续市场推广和使用。目前，除少数国际化程度较高的企业客户外，大部分客户对替代基准利率缺乏认知，业务诉求着眼于整体资金成本变动，对于替代基准利率与 LIBOR 差异，以及因利率改革可能引起的业务规程变化不太关注。商业银行需要进一步加大客户宣讲力度，保障客户的知情权和选择权，通过交易规则的制定逐步培养客户的交易习惯，避免引发声誉风险。

第四章　积极应对基准利率改革带来的挑战

一、工作方法

基准利率作为各类金融产品利率定价的重要参考，是重要的金融市场要素，也是货币政策传导中的核心环节。健全基准利率体系既是建设金融市场的关键，也是深入推进利率市场化改革的重要内容，对于完善货币政策调控和传导机制具有重要意义。在此过程中，中国银行业开展的基于 LIBOR 定价的各项外币业务，同样面临着基准利率转换问题。

作为离岸市场，境内外币业务由于监管要求和交易成本的不同，在利率价格上天然有别于在岸市场。若进一步考虑货币定价权的地缘政治学背景，也需要思考对于国家金融安全的维护。这就决定了境内国际基准利率改革不能简单地照搬照抄，被动跟随货币国的货币政策亦步亦趋，而应综合考虑境内外币业务的现状，走一条具有中国特色的改革道路。

中国人民银行积极参与国际基准利率改革，于 2019 年 9 月指导成立国际基准利率改革工作组，成员包括中国银行、国家开发银行、中国进出口银行等 18 家机构，研究推进境内国际基准利率改革的各项工作，并于 11 月 28 日召开国际基准利率改革工作小组会议，明确"借鉴国际共识与最佳实践，确定境内主要外币基准利率改革方向"的总体思路，提出参照国际主流做法，跟随国际市场节奏，渐进、可控、主动地推进境内改革各项工作。按照上述总体思路，中国人民银行指导制定了境内基准利率转换路线图，从参与新基准利率设计运用、推进新签合约基准利率转换、探索存量合约基准转换方案等方面入手，组织开展深入研究，指导中国银行业启动基准利率转换的各项准备工作。

国际基准利率改革是一项系统、多元的复杂工程，涉及领域广泛且影响复杂。我们认为，应对国际基准利率改革的基本工作框架，应至少包括政策研究、产品定价、转换规则、系统升级、合同条款修订、市场创新、风险评估、客户沟通及舆情控制等方面。

为提高改革应对工作效率，配备专门人员成立跨部门工作小组极为必要。目前，境内主要银行均已成立国际基准利率改革工作小组，由分管行领导主持，政策研究、法律合规、利率管理、金融市场、业务经营、风险管理、财务会计、信息科技等相关部门共同参与，明确协同机制，发挥专业优势，共同参与国际基准利率改革。部分拥有较多境外分支机构的银行，还搭建了境内外协作沟通平台，对境外机构实施区域负责制，定期召开沟通会议，密切跟踪境外市场基准利率转换工作进展。

二、路径规划

我国商业银行面对国际基准利率转换首要问题是充分评估基准利率转换的不确定性与复杂性所带来的影响，在此基础上实施周密的应对计划。在具体操作上，研究分析国际主要经济体关键改革时点并结合境内实际情况，可按照前期准备、影响评估、转换路径、落地实施四个阶段分步推进各项工作，具体包括政策研究、定价基准及转换规则、敞口业务策略、合同条款研究与修订、系统升级与参数设定、客户解释及舆情控制、监管政策的重建与修订等方面（见表3）。

表5　基准利率改革路径

工作阶段	主要工作内容
前期准备	成立专项工作小组负责本机构的改革工作
	对内外部的利益相关者提供培训和沟通
	持续跟进基准利率改革进展
影响评估	持续监控 LIBOR 敞口
	合同管理、数据收集
	针对基准利率转换进行情景分析
	评估基准利率转换带来的风险和财务影响
	根据风险评估结果创建总体转换路径
转换路径	按照产品/业务条线/部门等维度细化各时间点的工作目标
	研究修订合同文本和备份条款
	制订并实施敞口控制方案
	系统改造与测试
	统一备答口径，制定舆情控制预案
	修订新产品准入制度
	开展行内培训、客户培训
落地实施	监控各项工作的完成情况
	根据市场变化及时调整实施方案

对于国际化运营程度较高，在境外设有分支机构的银行，可由总行制定改革工作指引，为境外机构开展基准转换工作提供参考。工作指引应至少包括监管政策、

风险评估、业务策略、合同条款、金融市场参与等几方面，并明确各项工作的具体要求。各境外机构，要充分发挥地缘优势，密切关注和研究当地监管动态，加强与当地主要同业的交流，定期向总部报告工作进展，遇重大事项及时汇报沟通。在总体工作框架下结合当地监管要求，制订实施方案；充分认识和评估各种风险，明确改革关键时间节点；组建高级别的工作组，明确职责分工，落实各项工作。

三、定价规则

按照人民银行白皮书明确的"借鉴国际共识和最佳实践，稳妥有序推进基准利率转换工作"的原则，全面考虑各经济体基准利率转换规则及境内客户认知度，建议境内外币存贷款优先选择期限利率作为利率定价基准，其次选用后置算术平均利率，对于有对冲需求的贷款产品，可按照合同约定采用后置复合利率以保持与 ISDA 采用的衍生品方案一致。

与 LIBOR 提前锁定利息成本不同，后置算法的利息只有在到期日或重定价日后才能确定，增加了客户进行现金管理的难度。对于商业银行而言，隔夜利率在资产定价中的广泛应用，将扩大资产负债重定价敞口，增加利率风险管控压力。新基准期限利率与 LIBOR 相近，符合客户传统交易习惯，且能提前获知利息金额以进行经营规划，更有利于基准利率的平稳转换。

值得注意的是，后置复合利率计算方法较为复杂，为确定当期执行利率以及满足资金结算时间的考虑，设置了利率回溯（Look Back）、利率锁定（Lock Out）、延迟支付（Payment Delay）等特殊处理方法，其中利率回溯根据利率应用天数权重确定期间的不同，又可以分为平移法（Observation Shift）和滞后法（Observation Lag）[1]。美国监管指出利率锁定与延迟支付均不适用于贷款市场[2]，国际上对贷款市场中特殊处理方法选择主要围绕利率回溯的平移法和滞后法展开。

美国监管推荐在银团贷款中使用滞后法，不推荐使用平移法，英国监管推荐贷款中优先使用滞后法，平移法可作为补充。ARRC 指出，使用平移法在贷款发生提前还款时可能导致利息被过多或过少计算，在利率出现剧烈波动时，还会导致当日利息值计算为负的情况，即便可以通过技术手段调整利率观测期与计息期天数不匹配的问题，但将增加计算复杂性，也不能减少与 SOFR OIS 的对冲基差，因此不推荐在

---

[1]　两者的利率取值均往前追溯若干天，区别在于滞后法的利率应用天数权重以计息期间天数为准，平移法的利率应用天数权重以利率取值期间天数为准。

[2]　延期支付为衍生品市场标准惯例，银团贷款中从未使用过该种方法。利率锁定常在浮动利率票据中使用，但该方法难以适用于计息期内贷款人之间发生频繁交易的情况。

贷款市场中使用平移方法。

基于上述情况，建议在风险可控的前提下，境内贷款市场若采用后置复合算法计算，优先使用利率回溯的滞后方法进行处理。

四、系统改造

梳理系统是一项基础而重要的工作，务必全面准确。在这个过程中，科技部门与业务部门需要积极配合，由科技部门从技术角度整理使用 LIBOR 利率的系统范围，从架构角度分析系统与系统之间是否涉及关联改造，业务部门从经营管理等角度梳理是否涉及功能改造，评估改造功能的重要程度与实施优先顺序，做好项目管理与验收。

从需求提交、系统改造到最终测试验收的过程中，还需关注以下几个要点。一是深入思考 LIBOR 转换对银行产品拓展、业务流程、风险控制、定价管理、统计分析等多维度的影响，将管理理念与发展思路嵌入系统改造需求中，避免局部改造等短视行为。二是做好系统改造倒排期工作，分批次实现的系统改造功能应满足监管设定的底线要求，无法如期投产的功能应做好过渡方案准备工作。三是关注业务场景及流程变更，做好与之相关的合同修订、指引及操作规程变更及对内培训等工作。四是关注关联系统改造进度，做好系统协同，尤其是涉及对外展示、电子渠道等系统应做好配套改造工作。五是做好系统功能投产测试，如遇问题应敏捷反应，及时调整。

五、风险评估

定期监测涉及挂钩 LIBOR 的业务敞口，是评估 LIBOR 退出对银行利率风险的重要指标，也是拟定业务策略的重要参考。商业银行应建立风险敞口计量和评估机制，定期监测和报告，分产品、机构、期限、币种等维度动态评估 LIBOR 退出的影响程度，研究业务策略。在基准利率转换过程中，要跟踪监测对新签合约备份条款签署、存量合约转换进度和过程，确保人员、系统和业务在转换过程中的合规、有序。

国际基准利率改革的推进过程，也是银行业对涉及风险内容不断深入了解的过程。改革不仅涉及利率风险，还会带来市场、信用、操作、法律等全方位的各种风险，这就要求银行既能识别单项风险，又能做好风险间的传导分析，进而推进全行风险评估、风险限额等的重检。风险管理部门要全面审视改革过程中的潜在风险，组织职能部门按照风险类别开展风险评估，强化涉及风险的识别、分析和管控，审慎评估国际基准利率改革对银行各项业务的影响，加强全流程风险考量，明确相应的工作措施、工作计划和交付物，确保风险管理的全面性和有效性。比较而言，本文认为此次基准利率转换对银行业市场风险、银行账簿利率风险及法律合规风险影响更大。

就风险评估工作内容而言，可包括但不限于以下方面的内容：①国际基准利率改革使银行相关风险发生了怎样的变化；②改革对银行风险偏好与限额设置、风险管理的政策与流程等可能造成的影响；③对银行风险计量产生的影响，例如对管理办法、计量模型的影响；④银行现有风险管理系统需要如何升级改造；⑤单项风险是否可能与其他风险产生交叉传染；⑥就国际基准利率改革可能产生的不同情景进行压力测试，进而进行定量分析。

基于风险评估框架，需要重点做好以下工作。

一是明确自身 LIBOR 存量业务的风险构成、风险承受能力、风险容忍度以及期望的风险水平，适度地调整自身风险偏好以及业务风险敞口。根据市场变化和业务情况设定风险限额（例如交易何时止损以及对单个客户授信额度的调整），并有效落实到业务部门和相关负责人。

二是构建风险管理框架，防范金融风险传导。对风险模型和估价模式进行重检，完善产品设计方案以及避险策略。高度关注银行间同业拆借利率变化，降低资产负债期限错配风险，加强流动性管理。

三是改造后的系统要能确保现金产品与其套期工具之间的一致性，完成有效套期保值，将基础风险降至最低，并降低相关的法律、税收和会计风险。

四是梳理未到期合约并与客户进行沟通，做好合规预案，避免因与客户沟通不畅导致的声誉风险。在此过程中，注意保存与客户就受基准利率改革影响的产品进行知情对话的证据以及与客户修改合约的讨论记录，将有助于避免法律风险。

六、合同条款

推动金融合约基准利率转换是国际基准利率改革的另一个重大挑战。在制定存量 LIBOR 合约备份条款时，通常需考虑的要素包括约定基准转换触发事件、替代基准、利差调整方案与基准转换日等。为避免合同价值转移及减少沟通成本，中国人民银行正在组织业内形成较为统一的贷款业务备份条款，引导商业银行以此为参考制定本行的合同范本。银行间市场交易商协会（National Association of Financial Market Institutional Investors，NAFMII）主导并修订了相关衍生品协议文本。

同时应关注以下四个方面。一是银行应尽早做好客户沟通，完成补充协议及合同文本的签订工作，以减少 LIBOR 取消之后带来的法律风险。二是新签订的以 LI-

BOR 定价的合约应尽早嵌入备份条款，以减少合同敞口的进一步扩大。三是在利率下行的大环境下，应关注负利率以及提前还款、罚息等条款的变化。四是若直接使用隔夜利率计算（即后置复合平均、后置算术平均），离岸市场各货币利率取值及计算参考的假日属性均以货币归属当地的假日为准，合同需依据利率取值规则重新修订。

七、产品推广

衍生品市场的发展程度将直接影响前瞻性期限利率曲线的构建，商业银行应积极尝试发行基于新基准利率的金融产品，增加新基准利率金融市场的交易深度与广度。目前，中国银行已于 2019 年在美国在岸市场发行以 SOFR 为基准定价的债务工具，完成以 SOFR 定价的票据投资，并在国际离岸市场发行以 SOFR 为基准的美元浮息债券。2020 年 4 月，中国外汇交易中心（China Foreign Exchange Trade System, CFETS）推出新基准利率相关衍生产品，部分银行参与了挂钩 SOFR 的无风险利率的货币掉期和外币利率互换交易，探索和拓展无风险利率在金融产品的运用。

对于金融产品而言，替代基准利率的应用只是对现有产品的补充，不属于真正意义上的新产品，对于使用新基准利率的金融产品的准入管理可以全面借鉴现有产品的准入管理章程。但因挂钩新基准利率的金融产品（包括存贷款产品、投融资产品、金融衍生产品、拆借产品等）涉及利率标的、计息规则、远期/贴现/波动率曲线、风险计量等因素的变动，会对现有产品的运营产生影响，因此在产品叙做前，需确保银行前、中、后台各相关系统同步完成改造，全部具备承接能力。

八、转换规则

参照国际主流做法，存量 LIBOR 产品转换一般选用历史五年利差中位数作为调整点差，即存量金融合约在转换生效日后的第一个重定价日，采用替代基准利率+对应期限历史五年利差中位数+原定价点差的公式进行重新定价。

以美元贷款业务为例，若将 LIBOR 转化为同期限的 SOFR 算术平均利率，两者利差包括信用溢价和期限溢价两部分。其中，期限溢价可以理解为资金的时间价值，即由利息派生的利息，可以将同一期限下 SOFR 复合平均利率与 SOFR 算术平均利率的利差视为期限溢价；信用溢价则可以视为同一期限下 LIBOR 与 SOFR 复合平均利率的利差。

由于当前各国央行普遍采用量化宽松政策维持低利率环境，期限溢价处于较低水平。以 2020 年 9 月数据为例，3 个月期限的 SOFR 复合平均利率与 SOFR 算术平均利率的利差在 1 个基点左右，因此在进行存量业务转化时，LIBOR 与 SOFR 的利差主要表现为信用溢价，即使存量业务转换为 SOFR 算术平均利率，也可以采用同期限 LIBOR 与 SOFR 复合平均利率的历史五年利差中位数作为调整点差。

此外，在不出现重大政策变动及市场波动的前提下，近期 3 个月期限 LIBOR 与 SOFR 复合平均利率的即期利差维持 20～24 个基点的较低水平（如图 9 所示），略低于已确定 3 个月 26.16 个基点的存量业务转换点差，转换点差水平与目前实际点差水平较为接近。

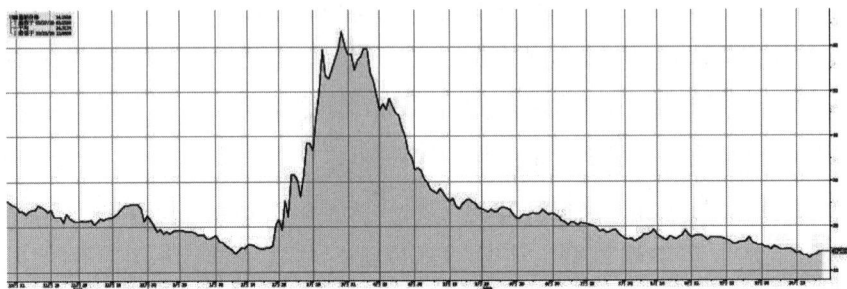

图 9　3 个月期限 LIBOR 与 SOFR 复合平均利率的即期利差（彭博）

为保障各市场主体的权益，确保业务转换不发生明显的价值转移，境内市场宜统一转换时间表，同步推进备份条款修订、存量合同转换、停止叙做挂钩 LIBOR 的产品等事项。根据市场化、法制化要求，以客户自愿并与银行平等协商为原则，形成统一转换规则，明确转换范围及点差调整规则。转换仅涉及基准利率的变更操作，重定价期、重定价日、结息日等利率要素原则上不予变更。

九、舆情与沟通

商业银行应密切关注市场动态，加强信息交流，做好与投资者及客户沟通工作。由专职部门做好舆情监控，加强声誉风险管理。周密做好与客户的沟通，帮助客户全面了解与认识新基准利率的作用和规则。组织编写对客话术和风险提示，通过官网等公开途径告知公众，切实尽到保护金融消费者权益的义务。有效地对客沟通和客户管理将有助于减轻转换过程中的潜在风险，商业银行应确保沟通信息的真实性、透明度，从而避免声誉风险。

商业银行在做好对客沟通、监控舆情风险的同时，也要做好对辖内机构的培训，全面提升相关人员对于基准利率转换的认知度和专业能力，进而提高客户经理的风险识别能力和对客沟通能力。

第五章　政策建议

国际上主要经济体从补偿金融市场平均机会成本的角度出发，将隔夜无风险利率作为理想的替代基准利率，通过衍生品市场构建替代基准利率的期限利率，并由此衍生出一系列定价规则。对于市场参与主体而言，上述定价规则过于复杂，转换难度较大，市场参与主体尤其是普通消费者对于替代基准利率的属性及应用规则认知度不足。从美国、英国等监管机构对转换关键时间节点的调整以及在转换规则上的反复，也不难窥见监管与市场主体之间的博弈。基准利率改革同样也是争夺货币定价权的博弈，定价权回归在岸市场后，本国的货币政策将外溢并影响该货币在全球的供需，进一步提高了强势货币的国际属性。

金融是为实体经济服务的，也是为国家战略服务的。我国的利率改革推进中，既需遵循市场原则和国际通行规则，也要培育和完善国内定价体系，强化跨境资本流动监管，防范境内外币资金的流动性风险。同时，应充分考虑国内市场参与者的实际需求，建立境内统一的定价规则，从顶层设计出发保障客户的转换权益，实现境内基准利率改革的平稳过渡。

一、坚定不移地扩大对外开放，推进境内外币基准利率改革

随着我国企业"走出去"进程加快，金融出海随之加速，境外美元敞口规模不断攀升。目前，我国外币资金运用渠道主要是为"走出去"企业提供项目融资、贸易项下融资，以及参与境外银团贷款等，资金运用主要在境外，采用国际统一的替代基准利率，可以反映市场交易的实际情况，有利于与国际规则接轨，减少贷款客户套期保值成本，也便于境内商业银行与国际同业进行风险对冲，进行风险敞口管理。

二、底线思维，加强对跨境资本流动的监控

做好金融风险防范预案，提高金融机构外币定价能力。未来，全球将更加直接

受制于美、英等主要国际货币发行国的货币政策周期，区别于货币国创造法定货币的权力，其他经济体只能依靠自身的外汇储备或与货币国进行货币互换等手段，进行离岸货币量的调剂，容易引发国内外币的流动性危机。因此，作为外币离岸市场，我国需要通过价、量手段，在国内建立起利率传导的缓冲机制。首先，从利率传导机制层面，加快推进境内外币同业拆放市场建设，扩大交易规模，丰富交易期限和交易币种，疏通其作为银行资金成本端的传导渠道，进而引导境内金融机构外币产品的点差水平。其次，加强对跨境资本流动的监控管理，建立在极端情况下的预警机制和规模管控预案，预防境外货币政策溢出导致境内外币流动性的异常波动。再次，加强境内金融市场风险管理，评估市场风险、银行账户利率风险，有效规避利率风险。最后，建立利率汇率的协调监控机制，分析境外利率对人民币汇率的影响因素，预留外汇市场调控手段，保障人民币汇率稳定。

三、充分考虑国内市场需求，统一存量转换规则

我国作为重要的离岸市场，无论是衍生品交易还是债券投资乃至存贷款业务规模均具有相当的规模，涉及的金融机构和各类投资机构、个人众多，稳妥有序做好基准利率转换是维护市场稳定，保护交易双方利益的关键环节。利率市场化是中国金融领域最核心的改革之一，是健全基准利率和市场化利率体系、完善金融机构自主经营机制的必要条件。2019 年 8 月 17 日启动了人民币贷款市场报价利率（LPR）改革，一年后 LPR 已成为新发生贷款利率的定价基准，超过 92% 的存量浮动利率贷款完成了基准利率转换，转换过程平稳有序，立足国情，对 LPR 应用和转换提出了明确又切合实际的时间表，有效引导和管理市场预期。境内外币替代基准利率的应用及转换，理应立足我国国情，充分考虑境内市场参与者的实际需求。在人民银行的指导下，借鉴 LPR 转换的成功经验，制定存量产品转换规则和时间表，引导和管理定价行为，避免因存量转换产生系统性风险。

四、积极参与金融市场交易

境内金融机构应积极参与新基准利率产品交易，推进境内相关衍生品市场建设，进一步完善不同币种组合的掉期市场，丰富境内利率层次，满足新基准利率贷款产品的套期保值需求。研究贷款产品和衍生品在计息规则上的差异，借鉴国际市场相关产品的设计经验，研究设计不同计息规则之间的风险对冲工具，满足个性化套期保值的需求，提高境内金融机构的风险定价能力及风险应对水平。

五、借鉴国际经验，推进人民币基准利率建设

借助观察美元、英镑、欧元等全球主要货币基准利率转换过程及其面临的挑战，可见基准利率改革之路异常艰辛。随着人民币国际化进程的不断推进，境外人民币资产需求将持续涌现，蓬勃发展的离岸市场要求我们未雨绸缪，及早规划全球视角下的人民币定价体系路径。此外，国际基准利率改革也是货币定价权从离岸市场回归本土的过程，我国应在推进人民币国际化的进程中统筹考虑定价权的争夺问题，并采取相应对策。随着人民币离岸市场的发展，其在定价权中的作用可能进一步提升。这就要求建立主动干预的手段和渠道，防止离岸市场喧宾夺主和失控；同时优化在岸市场的资产定价结构，避免离岸市场发展过于超前并形成惯性，将在岸市场边缘化。

借鉴国际基准利率改革的最佳实践，未来人民币基准利率的选择注重以实际交易为基础，善用人民币加入特别提款权（Special Drawing Right，SDR）的契机，统筹考量在岸市场与离岸市场。近年来中国人民银行大力培育的存款类金融机构间的债券回购利率（Deposit Repo Rate，DR），已成为观测市场利率中枢最为重要的指标。DR 是银行业存款类金融机构间以利率债为质押形成的回购加权平均利率，有效剔除了交易参与者信用资质及抵押品资质的干扰，性质上与国际通行的 RFRs 非常接近。下一步我国基准利率体系建设的重点，在于创新和扩大 DR 在浮息债、浮息同业存单等金融产品中的运用①，进一步完善市场收益率曲线，将 DR 打造为中国货币政策调控和金融市场定价的关键性参考指标，打通政策利率、货币市场利率、债券市场利率，以及信贷市场利率的传导路径，提升货币政策传导和基础利率机制的效率。

专题：替代基准利率国际主流算法和规则

从目前的改革方向看，替代基准利率主要有三种类型，即后置复合平均利率、后置算数平均利率和期限利率。所谓"后置"是指以过去一段时间已经实现的无风险利率为基础，进行单利（后置算数平均）或复利（后置复合平均）计算各期限利率的方法。期限利率是指以无风险利率的隔夜指数掉期（OIS）或期货等衍生品交易为基础计算各期限利率的方法，实际上体现的是对未来一段时间内利率均值的预期，这与市场广为熟悉的 LIBOR 代表未来一段时间计息期的利率的意义趋同。详细介绍如下。

---

① 2020 年 12 月 4 日，中国进出口银行发行了以 DR007 为基准的浮动利率金融债券。

期限利率：指以无风险基准利率（RFRs）的隔夜指数掉期或期货等衍生品交易为基础进行计算的期限利率。

算术平均利率：即对计息期内每日获取的替代基准利率进行算术平均处理，按照结息周期进行结息，结息周期内不做复利计算。

复合平均利率：即对计息期内每日获取的替代基准利率进行复合平均处理，计息期内每日获得的利息计入本金进行复利计算。

如在期限较短、利率水平较低的情况下，使用算术平均和复合平均计算得出的利息值差异较小；但在市场利率波动频繁的情况下，两者差异扩大。两种方法的年化利率计算公式[①]如下

$$Simple\ Interest\ Formula = \left[\sum_{i=1}^{d_b} \left(\frac{r_i \times ni}{N} \right) \right] \times \frac{N}{d_c}$$

$$Compound\ Interest\ Formula = \left[\prod_{i=1}^{d_b} \left(1 + \frac{r_i \times ni}{N} \right) - 1 \right] \times \frac{N}{d_c}$$

此外，在后置算法下，由于利息在计息期结束后才可最终确定，为银行的操作运营带来较大压力。为满足现金流计算及资金结算等时间要求，国际监管在后置算法基础上，引入利率锁定、利率回溯、延迟支付等方法，为银行运营操作及客户资金准备预留充足时间。

利率锁定（Lock Out）：将结息日或到期日前若干天的利率指定为最近一期公布的利率。这种处理方式有利于客户预留时间管理结算现金流，但锁定期内利率固定，并不反映交易日的真实市场利率水平，若期间利率发生明显波动，则存在交易双方人为价值转移，并且计息规则与利率衍生品规则不同，可能会带来额外的风险对冲成本。

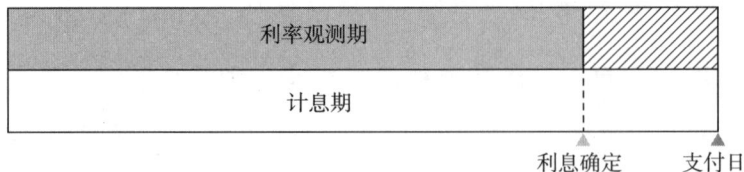

利率回溯（Look Back）：计息期内每天的交易利率使用若干天前（利率观测期）发布的价格。按照对应节假日权重的不同，又可分为滞后方法（Lag Approach）和平

[①] d_b 表示计息期间的营业日天数；d_c 表示计息期间的日历日天数；r_i 表示在营业日当天应用的隔夜无风险利率；n_i 表示隔夜无风险利率应用的日历日天数（大多数情况下，为1；当遇到周五，通常为3；当遇到假日，应用假日前一营业日的将会大于1，具体天数视假期长短而定）；N 表示一年实际计息天数的市场惯例（货币市场中，美国 $N=360$，英国 $N=365$）。

移方法（Shift Approach）。其中，滞后方法的节假日权重按照计息期的节假日属性进行计算，平移方法的节假日权重按照利率观测期所对应的节假日属性进行计算。

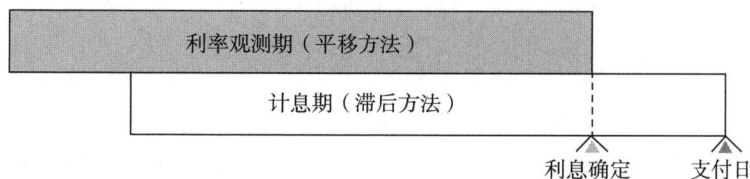

由于利率发布时区往往与利率使用时区不同，以及系统处理时间需要，利率回溯在目前 LIBOR 定价中广泛应用，计息规则与滞后方法相似。平移方法是替代基准利率推出后，被业界广泛讨论及试用的一种方法。从利率风险对冲有效性看，该方法的计息规则与利率指数相同，贷款产品的套期保值效果较好，后期也有利于与利率指数应用衔接。但算法规则复杂，系统改造难度较大，并且因节假日权重影响及利率的突发下跌，可能会导致计息当日利息出现负值的情况。

延迟支付（Payment Delay）：结息日或到期日后的若干天，才进行利息的结算。上述方法能够使用实际利率进行每日利率计提，真实反映期间的市场利率水平；交割规则与 OIS 相似，有利于利率风险对冲。但由于预留一定无息期间，存在交易的机会成本。

参考文献

［1］张鹏. 全球监管转型下的 LIBOR 新时代［J］. 清华金融评论，2014（5）.

［2］边卫红，田园. 全球主要货币基准利率替代路径研究［J］. 环球金融，2018（8）.

［3］彭振中，马伟. 基准利率改革的国际经验［J］. 金融市场研究，2018（8）.

［4］刘薇. 英镑基准利率改革进展［J］. 中国货币市场，2018（10）.

［5］刘薇. 美元基准利率改革进展［J］. 清华金融评论，2018（11）.

［6］边卫红，杨敏慧，王千. 全球基准利率改革新进展［J］. 中国金融，2019（9）.

［7］潘星霖. LIBOR 改革背景下国外基准利率改革比较研究［J］. 海南金融，2019（12）.

［8］中国人民银行. 参与国际基准利率改革和健全中国基准利率体系［R］. 2020.

［9］金融稳定理事会. *Interest Rate Benchmark Reform-Overnight Risk-Free Rates and Term Rates*［R］. 2018.

［10］ARRC. *A User's Guide to SOFR*［R］. 2019.

［11］金融稳定理事会. *Overnight Risk-Free Rates A User's Guide*［R］. 2019.

［12］ISDA. *Interbank Offered Rate（IBOR）Fallbacks for 2006 ISDA Definitions Consultation on Final Parameters for the Spread and Term Adjustments in Derivatives Fallbacks for Key IBORs*［R］. 2019.

［13］ARRC. *SOFR Floating Rate Notes Conventions Matrix*［R］. 2019.

［14］ARRC. *ARRC Consultation on Spread Adjustment Methodologies for Fallbacks in Cash Products Referencing USD LIBOR*［R］. 2020.

［15］ARRC. *ARRC Announces Recommendation of a Spread Adjustment Methodology for Cash Products*［R］. 2020.

［16］ARRC. *ARRC Recommendations Regarding More Robust Fallback Language For New Originations of LIBOR Syndicated Loans*［R］. 2020.

［17］英镑无风险参考利率工作组. *Discussion Paper：Supporting Risk-Free Rate Transition Through the Provision of Compounded SONIA*［R］. 2020.

［18］ARRC. *ARRC Recommendations Regarding More Robust Fallback Language For New Originations of LIBOR Bilateral Business Loans*［R］. 2020.

［19］ARRC. *SOFR "In Arrears" Conventions for Syndicated Business Loans and Technical Appendices*［R］. 2020.

第七篇

转型战略下商业银行网点成本管理创新研究

交通银行财务管理部课题组

课题主持人：陈　隃

课题组成员：李军阳　徐为山　习　彪　耿达飞

摘　要

在开放扩大、利率市场化和竞争加剧的新常态环境下，商业银行成本管理重要性日益提高。网点作为商业银行最主要的经营单元和渠道，是资源的主要载体、收入的直接创造者、成本的直接消耗者。近年来受金融科技驱动，银行对网点未来发展方向和定位的认识不断深化，相继实施了以综合化、智能化和线上线下一体化等为特征的网点转型战略，成本支出持续增加且结构上以间接成本为主，网点已成为银行成本管理的重点和难点，迫切需要成本管理方法和机制创新。

本文在回顾管理会计、成本管理相关理论与国内外商业银行实践的基础上，提出网点成本管理的估时作业成本法（Time-Driven Activity-Based Costing）方案，通过细化作业中心，结合案例对柜面和业务部门进行成本核算，推动形成基于价值链、业务全流程成本管控的新模式。同时，在网点成本精细化核算的基础上，构建以网点利润为主体的效能评价模型，支持网点优化布局和业态调整。

本文主要创新之处有以下几个方面。一是细化网点作业成本中心，整合资源成本池，改进了估时法成本核算模型，提高了核算合理性和实效性。

二是运用估时作业成本法，通过时间动因将业务流程与成本相联系，完善网点成本核算，建议推进网点内部作业内容和流程优化，优化资源投入预算和过程控制，促进网点转型。

三是研究将总行集中的科技成本向网点分摊，完善网点业绩核算数据，并综合相关业务指标，构建网点效能评价指标体系，开展实证研究，采用内部打分和 Z-Score 标准化方法进行比对校验，指导网点分类分级及网点建设相关工作。

关键词：商业银行；网点；成本管理；作业成本法；效能评估

第一章 引 言

一、研究背景与意义

（一）研究背景

1. 市场竞争环境变化要求商业银行持续加强成本管理

商业银行作为经营货币及货币资本的金融企业，在经济进入新常态的背景下，面临的外部压力和挑战因素增多。

（1）国内经济发展要求商业银行提质增效。近年来中国经济在经历了持续多年的高速增长之后，经济结构、增长模式和驱动机制都发生了深刻的变化，由高速增长阶段转向高质量发展阶段。同时，金融市场也出现深刻的转型，直接融资比重逐步提高，资本市场在经济中的作用越发重要，而银行传统上以信贷投放实现高速增长的发展模式受到越来越大的挑战。

（2）开放倒逼银行改革、提升产品服务能力和精细化管理水平。作为金融市场的重要参与者，商业银行随着金融业开放程度进一步加深、金融市场参与者的不断增加，面临的竞争环境日趋激烈。金融业开放加速，包括鼓励境外机构参与设立、投资入股商业银行理财子公司；允许境外资产管理机构与中资银行或保险公司的子公司合资设立由外方控股的理财公司；允许外资机构获得银行间债券市场 A 类主承销牌照。

（3）利率市场化加速推进要求加强成本管理。国内贷款市场报价利率（LPR）形成机制改革落地，金融产品价格加快市场化，银行之间的价格竞争压力加大，有可能造成负债成本上升，营业收入下降，利差收窄，利润不断承压。要在激烈的竞争中取胜并实现价值最大化的经营目标，就必须增强自主定价能力，统筹管理资金成本、营运成本、风险成本、资本成本等各项成本。

（4）金融科技战略投入要求加强成本管理。随着金融科技和互联网金融的兴起，大数据、人工智能、区块链技术、云计算等前沿科技在银行大量应用，特别是场景等基础设施建设，一方面促进了经营管理创新，但也增加了成本支出，银行在科技投入方面基本上都将营业收入的5%设为远景目标。增加的科技投入也需要精细化的成本管控，如何优化成本结构，更好地发挥科技效用，提高投入产出水平需要加快破题。

综上所述，随着经济进入新常态，利率市场化和金融科技深化运用，商业银行面临的竞争日趋激烈，成本管理对于商业银行显得尤为重要，不仅直接关系经营效益，还体现银行的综合管理水平。

2. 网点成为商业银行成本管理的关键对象

（1）网点成为银行成本管理的重点。网点作为商业银行最基本的经营单位，数量众多，规模庞大，是成本的主要消耗对象（通常占银行总成本的60%以上），也是收入的直接创造者（贡献了绝大多数的利润），其成本管理效果对商业银行的经营效益有重要影响。以招商银行和两家大型商业银行的网点数据比较为例，网点的竞争优势直接决定了银行整体实力和地位见表1。

表1　2020年末国内主要银行网点效能比较　　单位：百万元

分类	网点数量	营业利润	储蓄存款	网均利润	网均储蓄存款
招行	1877	122643	2032646	65.34	1082.92
A银行	14741	337246	10184904	22.88	690.92
C银行	2998	86213	2192231	28.76	731.23

注：数据来源于2020年各行年报。

（2）转型要求加强网点成本管理。近几年，国内银行主要受科技驱动以及互联网金融挑战和客户行为变化的影响，相继开展了新形势下网点转型战略。与发端于国有银行股份制改革时的转型特征"网点分类、功能分区、客户分层和业务分流"不同，本次主要驱动力量是科技，对网点建设的要求更加深入和细化，如业内专家提出网点将作为"全渠道的重心""全产品的中心""全客户的核心"，在功能上将是"场景的支点""移动的载体""智能的平台"，其转型的核心是借助先进科技设备，对网点进行综合化、智能化、线上线下一体化等升级改造。在此背景下，银行一方面统筹全行财务资源，有保有压，支持网点转型；更重要的是要考虑到网点的作业类型和方式已经且将持续发生变化，加强网点成本管理，采取包括重新调配资源或者业务流程优化以及线上化等方式，释放或转移闲置生产能力，以提升网点经营的运行效率。

3. 网点转型发展要求先进的成本管理和评估模型支持

与整体经营环境发生的深刻变化和网点转型的迫切需求相比，目前网点成本管理的支撑和推动还较滞后，网点效能评估模型较为简单甚至缺失，银行迫切需要从长期竞争发展角度探索价值创造的新思路和新方法。

（1）目前网点成本管理较为粗放，是经营管理的难点。网点价值创造、增收节支、降低成本不仅是撤并低效和无效机构，还要借助精细化管理工具，优化流程和提高作业效率、调配资源和产能，从根本上提高网点经营管理水平。从国内银行管理会计实践看，网点产品和客户的收入明细数据可以从业务系统底层数据中抽取，但大量的间接成本必须借助合理模型和方法分配，这是网点业绩价值核算的难点和重点。只有对网点的业务成本信息有足够的了解与掌握，商业银行才能对成本进行有效控制与压降，合理调整业务结构，并切实地对相关业务、客户进行差异化定价决策。

（2）网点效能评价模型有待完善。目前国内主要商业银行基本建立了管理会计信息管理系统，能够满足"以利润为中心，精细化管理为目标"的网点业绩价值核算要求，但存在一些不足，如在总行集中的科技成本支出尚未合理向网点分配。而且，多数评价指标体系较为单一，以网点效益为核心，未充分考虑网点的竞争发展能力，需要进一步增加网络金融指标在内的相关业务指标，能够体现近年来网点转型发展的要求和落实情况，以有效支持布局优化等决策。

综上所述，网点成本管理创新是新形势下商业银行持续创造价值、落实转型战略的要求，既要借助精细化成本管理优化流程、建立激励约束机制、提高网点劳动生产效率，又要构建完善效能评价模型、促进机构网点建设。

（二）研究意义

网点是银行资源的主要载体、收入的直接创造者、费用的直接消耗者、风险和市场的直接承担者和接触者，其效能评价直接关系到公司治理的效率和银行经营的整体效益。国内主要银行大多建立了较为完善的管理会计体系，在数字化转型战略下，网点科技投入逐年增加，以客户为中心的转型进程加快，而网点与之相配套的间接成本核算及管理仍然滞后于经营管理实践。当前网点成本管理本质是费用管理，还不能完全提供网点的成本中心、业务、客户等多维度核算对象的有效成本信息，助力加快网点转型。

20 世纪 90 年代以来，以作业成本法为核心的现代成本管理和管理会计在国外银行业广为应用。作业成本法通过对各类成本驱动因素的仔细分析来确定针对不同作业中心相对合理的分摊动因，为网点间接成本的对象化核算问题提供了先进的解决方案，对提升网点成本管理水平具有高度适用性。本文拟通过研究采用估时作业成本法对网点柜面和业务部门的成本对象进行核算和分析，可促进网点内部综合化、智能化建设与作业流程及劳动组合优化等工作。

同时，当前国内银行网点效能评估工作相对网点建设和转型要求较为滞后，需要综合利润和业务双维度指标、完善效能评价，推动网点优化成本管理和资源配置、提高价值创造能力。

二、研究内容

本文分析和归纳梳理了现代成本管理和管理会计理论和实践应用，将管理会计的理论和方法应用于网点成本管理，以作业成本法核算为主线，以价值最大化为目的，对影响网点业绩价值的各层次、各部门、各环节、各种业务的成本因素进行管理、分析和考核，有利于提高网点经营管理水平，增加经济效益。

同时，深化管理会计方法和工具在网点成本管理中的应用，构建基于网点业绩价值数据的效能评价模型，推进网点（区域和同城）布局与业态结构的优化，通过新建、迁址和撤并等方式，可以有效将网点向资源集聚区域、客户需求前端、市场竞争前沿布局，实现网点综合竞争力的提升。

在本文中，成本管理主要是指借助先进的管理会计方法和工具，提高对网点成本核算精细化水平，构建效能评估指标体系，推动建立与成本效益核算相挂钩的考核激励机制，支持网点布局优化和改造转型。成本主要是指营运成本，不包括风险和资本成本。

三、研究方法

（一）文献研究法

国内外商业银行成本管理以及管理会计建设的研究文献较多，既有理论研究，又有实际应用。通过阅读相关文献资料，从银行成本管理要求、作业成本法方法和管理会计体系等方面，掌握理论和实务界对银行网点成本管理的研究现状及主要结论，为网点成本管理创新提供了有意义的参考。

（二）规范研究法

在梳理国内外银行成本管理及网点效能评估的基础上，结合网点转型战略要求，提出运用作业成本法优化和改进网点成本核算及管理机制，构建以网点效益为主体的效能评价指标体系，推动网点转型发展。

（三）实证研究法

本文采用实证研究法，运用大型国有上市银行网点的实际数据，分析了网点效能评价模型及其应用。其中，通过梳理总结国内外银行管理会计建设实践，为网点成本核算及管理提供借鉴，并以案例形式介绍了网点实施估时作业成本法核算、加强成本管理的情况。

四、研究架构

本文研究框架如图 1 所示：

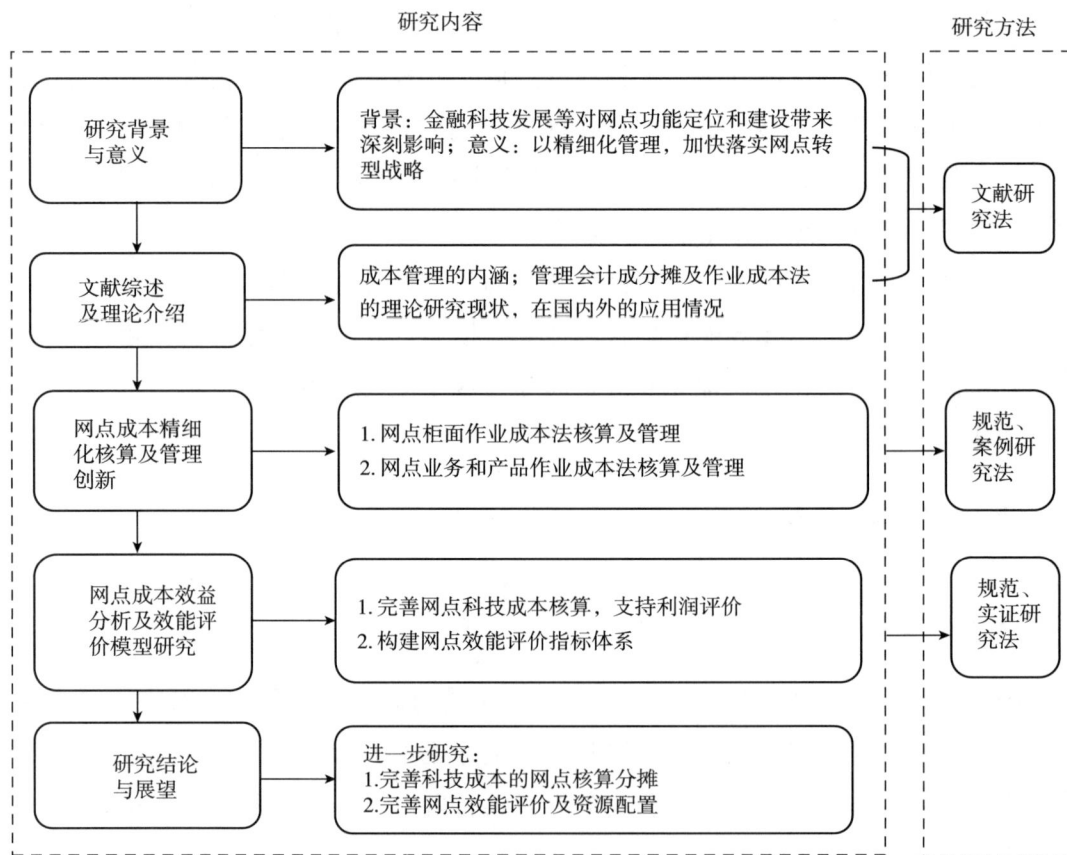

图 1　研究框架

第二章　文献综述及理论介绍

成本管理是指企业生产经营过程中成本核算、成本分析、成本决策和成本控制等一系列科学管理行为的总称，具体由成本规划、成本计算、成本控制和业绩评价四项内容组成。成本管理相关理论和实践最早产生于制造业，商业银行研究及应用相对较晚，目前随着管理会计的理论探讨深入和银行业实践普及，成本管理由早期管理会计运用的雏形，已经发展为管理会计的核心支柱。在 20 世纪 80 年代以来，最为盛行的成本管理方法为作业成本法。

网点是管理会计主要核算维度或对象之一，国外银行普遍采用作业成本法进行成本核算和管理，国内主要银行已经建立了网点业绩核算体系，同时管理会计系统作为数据平台，也提供了广泛的考核业务数据，为网点成本管理深化发展提供了基础。

一、成本管理的内涵与外延

（一）全面成本管理是成本管理的最新发展

成本管理是商业银行经营管理活动的重要组成部分，甚至是战略性规划之一。关于企业成本管理的著作和文献较为丰富，20 世纪 50 年代以来，国际上成本管理领域经历了单纯事后核算、有目标成本核算、多模式控制和全面成本管理等四个主要发展阶段。其中，每次创新都以制造业为先导，特别是以作业成本管理、战略成本管理、成本规划为代表的现代成本管理，在全球制造业界得到较为广泛的应用，银行业的成本管理一直都滞后于制造业。

进入 20 世纪 80 年代以后，由信息科技革命引发的全球经济格局大变革，带动了创新金融产品、开放金融市场、放宽金融管制、重构金融组织为主要内容的金融发展。全球银行业面临着比以往任何时候都要严峻的经营形势，各家银行纷纷采取了各种各样的管理方式迎接经营环境的巨变，银行的成本管理也出现了多种模式，如风险控制模式、动态预算模式。

到 20 世纪 90 年代，综合各种成本控制模式的优点，逐渐形成了全面成本管理的理论。1992 年，美国的恩斯特和扬提出了以作业成本管理为基础的全面成本管理理论框架，指出全面成本管理是建立在作业链分析的基础之上，以作业量基准成本为核心制度的包括作业分析，作业成本制度和持续的改善为主要内容的新的成本管理制度。这种理论一经推出，立刻受到银行管理者的欢迎，被国外许多银行所采用，形成了银行成本管理模式的主流，在 20 世纪末期逐步形成了全面成本管理的理论。因此，全面成本管理理论是指运用现代管理科学原理与标准化技术，以责任成本管理为主线，对银行经营管理活动的各层次、各门类、各环节实行成本调节与机会成本抉择的现代管理方式。

（二）管理会计与成本管理的融合趋同

1. 从理论溯源看，基于管理会计与成本管理同源

管理会计是一门强化企业内部管理、提高经济效益的实用性很强的学科，其核心内容就是成本效益分析。管理会计对过去的业绩进行评价、证实和分析，其目的在于决定未来的经济活动。它是为适应管理目标的要求而发展起来的，其基本内容包括：本量利分析法、变动成本法、预测分析法；全面预算、成本控制；分权管理与责任考核等。其中，理论基础一是责任会计理论，二是系统管理理论，三是投入产出理论。

综上所述，全面成本管理有三大理论基石：一是系统论、控制论和信息论；二是现代管理会计的基本原理；三是微观经济学的基本方法，包括技术经济学、价值工程学、行为经济学。成本管理方法大致包括作业成本管理、战略成本管理、产品生命周期成本、全面成本管理理论等几个重要方法。

2. 从银行实践看，管理会计建设和成本管理实质趋同

（1）管理会计概念。管理会计是内部会计，企业经营管理和管理会计是两个密不可分的循环体。企业经营管理循环中的每一步骤，都必须有相应的管理会计步骤相伴随。其中，银行做出经营决策，管理会计就参与决策并编制预算；银行为完成经营目标实施目标分解，管理会计则划分相应的责任，实施分类、分部成本管理；银行经营管理活动按既定的经营目标与政策方法积极实施时，管理会计则采用变动成本与标准成本参与过程控制，为管理者提供全面的管理信息；银行经营管理者对实施情况进行检查监督，管理会计则按分步分类管理原则进行督办，按责任会计进行考核；银行经营管理对业绩进行考评总结，管理会计则进行差异分析，研究整改措施，提出决策建议。

（2）成本管理。全面成本管理是运用现代管理原理和标准化技术，以责任成本

管理为主线，对银行经营管理活动的各层次、各部门、各环节实行成本调节与机会成本抉择的现代管理方式。易国洪（2002）认为，所谓现代商业银行全面成本管理，就是指将现代管理会计的基本原理进行充分运用，宗旨是建立现代成本管理的方法体系，同时融合系统论、管理学、信息论等多方面的基本理论和成熟的现代信息技术，通过对商业银行在经营管理中产生的成本费用实行以作业为基础的分产品、分部门、分客户的管理，进而改善投入与产出的关系。

从国内商业银行实践看，成本管理是管理会计早期运用的雏形，21世纪初工行和建行等大行在股份制改造之前大规模推行全面成本管理建设，其实质就是推行管理会计。工行自2000年全行推行全面成本管理，应用研究集中在内部资金转移价格、成本诊断、成本分摊以及责任中心考核等方面，这些与管理会计体系建设完全一致。

综上所述，现代管理会计体系与成本管理内涵趋同和相容，在外延上前者作为内部会计方法及管理已经覆盖了后者。因此，全面成本管理就是运用管理会计的原理和标准化技术，计算、分析和处理成本差异，对成本进行计划和控制，引导管理者不断改进经营管理；以责任成本为主线，以责任为中心，以分权为前提，以利益为动力，在内部设置若干个责任中心，并对各责任中心分工负责的经济活动的内容、进程和效果进行规划、评价和控制，从而实现将会计资料同有关责任中心紧密联系在一起的信息系统，强化内部管理。

二、作业成本法理论及相关文献

（一）国外研究文献及商业银行应用

作业成本法（Activity-Based Costing，ABC）的产生最早可追溯到20世纪50年代Kohle教授的著作《会计师词典》，首次出现了作业、作业账户、作业会计等概念。1971年，美国的乔治·斯拖布斯（George I. Staubus）教授在《作业成本计算和投入产出会计》（*Activity Costing and Input-Output Accounting*）中对"作业""成本""作业会计""作业投入产出系统"等概念进行了全面讨论，但当时理论和实务界关注的焦点在于财务报告系统，对此反应不大。20世纪80年代，随着MRP、CAD、CAM、MIS等管理风尚的广泛应用，以及MRP II、FMS和CIMS模式的兴起，美国实业界普遍感到产品成本信息与现实脱节，存在成本扭曲，甚至怀疑公司财务报表的真实性，若根据这些扭曲的成本信息，可能严重影响到公司的盈利能力和战略决策。Cooper和Kaplan（1988）注意到这种情况，在对美国公司调查研究之后，发展了Staubus的思想，提出了作业成本法。

　　针对传统作业成本法中作业动因难以划分、实施困难的难题，Kaplan 和 Anderson 在 2004 年 11 月的《哈佛商业评论》上提出估时作业成本法（又称时间驱动作业成本法，Time-Driven Activity-Based Costing，TDABC）。据此，管理者直接估计每件产品或每位顾客的资源需求，而不是先将资源成本分摊到作业上，然后再分摊到产品或顾客上。对于每一类资源，管理者只需估计两个参数就可以得出更为准确的成本动因的单位费用：一是单位时间所投入的资源能力的成本，称为单位时间产能成本；二是产品、服务和顾客在消耗资源时所占用的单位时间，称为作业单位时间。

　　Innes 和 Mitchell（1991）认为作业成本法适用于服务业，因为提供服务与生产实体产品一样，都伴随着许多间接费用的发生，而这些成本多与产量无关。通过作业成本动因可将这些成本与服务联系在一起，因此在确定每种服务的成本时，作业成本法更为精确。而且，金融业的主要特点与制造业相同：首先，两者都面临高度竞争的市场环境；其次，两者的产品、流程和客户都具有较大的多元性；再次，两者都有较大的间接费用难以分配至某一产品；最后，产品或客户所应负担的间接费用同产品或客户的数量并不成比例。

　　Septon 和 Ward（1990）认为，作业成本法并不只是用于计算产品成本，而是一种持续的成本管理过程，既可用于控制成本，也可用于识别投资机会。他们指出金融服务业采用作业成本法后，在以下三个领域可以获得显著改善：首先，作业成本制度可以成为战略管理的一部分，它可以帮助我们更好地理解成本性态，分析盈利能力；其次，作业成本法可以用于计算有意义的产品成本；最后，作业成本法在某些领域，如预算编制、前景预测以及度量部门绩效方面广泛深入应用。

　　作业成本法作为先进的成本管理工具，目前美国和欧洲大部分商业银行都采用基于作业成本法的成本管理模式（作业成本管理模式），且应用集中在产品、客户和机构的盈利分析、作业预算、成本控制和战略决策。

（二）国内商业银行应用研究文献

　　国内学者余绪缨教授在 1984 年最早介绍和探讨了作业成本计算与管理及其框架、内容和内在的联系，探讨了作业成本计算与管理在我国应用的可行性。有关银行应用的主要研究文献如下。

　　万景龙等（2011）指出作业成本计算是基于作业成本法的一种改进方法，通过在银行部门的实施案例，展示了提高了其成本核算的准确性。

　　刘国华与狄亚军（2015）分析国外银行现有的作业成本制度，将其分为四个基础类型，并对银行成本以作业的形式进行划分和归集计算，指出作业成本法可用于产品成本核算、客户盈利能力分析、战略价值管理等。

邢劼等（2016）指出估时作业成本法以流程时间为唯一的成本动因来归集间接费用，在降低应用成本的同时大幅提高了成本核算的准确性。并以银行网点信贷业务为案例，将估时法得到的成本信息与支行经营目标、市场约束结合分析，展示了估时法在商业银行管理中的应用方法和应用价值。

吉晓菲（2017）指出传统的成本核算方法错误地显示了产品成本信息，作业成本法将分析间接成本的产生原因，分配间接费用到产品成本中。它可以追踪产品成本，避免费用信息的扭曲，使产品盈利评估结果更加准确。

白玉刚（2019）认为国内银行业很有必要应用作业成本法。实施该方法，可在在个别部门及个别产品中优先使用，再逐步深化到整个企业。作业成本计算系统并不需要构建复杂的操作系统，只需要根据企业实际情况进行优化设计。

姜雪莹（2020）提出了银行应用作业成本法的过程：将同一性质的内容划分为同一成本库，选取合适的作业成本动因，从而获得成本分配率。将确定产品耗用的作业成本动因总量与成本分配率相乘，获得成本对象的间接成本，继而计算最终成本。而且，在计算过程中，要将直接成本与分摊的相应作业成本相加起来，获得更为精准的最终成本。

总体来看，国内商业银行成功实施作业成本法的案例不多，但部分银行在网点柜面、科技成本分摊计价等局部方面进行了一些有益的尝试和探索。

（三）理论模型

1. 作业成本法概念

作业成本法（ABC）是以作业为核心，通过计量耗用企业资源的所有作业，将耗用资源准确计入作业，并选择作业动因将所有作业成本分配至成本对象的成本计算方法。也就是说，"产品消耗作业，作业消耗资源；生产导致作业的发生，作业导致成本的发生"。

在直接成本的核算方面，作业成本法与传统方法一致，但对间接费用的核算，作业成本法进行了根本性变革。在传统方法下，间接费用通常是在整个企业范围内采用统一的分配率进行分配，或者先分配到各个部门，然后在部门内按照统一的分配率进行分配。其中，假设费用的发生完全与产品服务的数量相联系。

作业成本法首先是将间接费用计入作业基础成本库中，然后得出并使用一系列作业成本动因，将归集的成本分配给各种产品和服务。其中，间接费用由整个企业或部门统一归集和分配改为由若干个作业中心归集和分配，分配标准也由单一的标准改为由引起费用发生的多种成本动因进行分配。

2. 作业成本法模型

（1）建立资源池。资源是企业为了生产产品或提供服务而投入的一切耗费要素。建立资源池是了解各项资源支出的耗用情况，包括以什么方式耗用以及相应的耗用量，并对各项资源按照相应的消耗方式进行分类，按照同质性原则将要归集的资源开支统一核算至指定的资源池。

（2）确认作业并建立作业中心。作业是企业为了生产产品或提供服务而组织执行的一系列活动。作业中心是一系列相互联系的、能够实现特定功能的作业的集合，所消耗的资源成本的集合构成了该作业中心的作业成本。

（3）识别成本动因。成本动因是作业成本法的理论基础，指决定成本发生的重要活动或事项，根据在资源流动中所处的位置可分为资源动因和作业动因。资源动因是资源被各种作业消耗的方式和原因，反映的是作业对资源的耗用情况；作业动因是各项作业被最终产品或服务消耗的方式和原因，它反映的是具体的成本核算对象对作业的耗用情况。

（4）确定成本对象。成本对象是多维度的，包括机构网点、产品、条线、客户或客户群等。成本对象是成本归集的最终目标，根据经营管理要求确定。

3. 估时作业成本法

估时作业成本法（TDABC，以下简称估时法）是利用时间方程将资源耗费分配给成本对象的一种作业成本法，与传统法比较，直接以时间为成本动因将资源耗费分配给成本对象，简化了资源耗费先分配到作业的步骤，是对传统法的改进和提高。其中，时间方程是描述各项业务消耗时间以及各个成本对象消耗时间的方程。估时法只需计算每一种作业所耗费的时间以及单位时间成本，再根据产品、服务或客户等耗费的作业时间就可将成本分配给成本对象。

（1）相对传统法的优势。一是估时法比较简便易行，只要观察、估计或记录每项业务所消耗的时间，而避免了传统的作业成本法中对每位员工进行调查询问的烦琐，并且获取的数据也相对比较客观；二是估时法可以计算出闲置的产能和总的产能利用率，据此改进业务流程、优化激励机制、改善产品和服务设计；三是估时法对不同类型的作业处理也较方便，只需估算其所耗费的时间差异即可；四是估时法模型更新比较容易，可适应快速变化的业务流程和新产品推广。

（2）一般核算流程。一是计算产能成本率。产能就是该部门或者流程的所有员工用于工作的时间总和，由员工的工作天数、每天在单位的工作时间和员工的人数来确定。产能成本是所投入的资源能力成本，是某个部门或者流程所提供的所有的资源的成本，包括人力、物力、财力等投入。

产能成本率＝总的产能成本÷总产能

二是利用时间方程计算成本对象所耗费的资源产能。业务处理所消耗的时间估计直接影响该项业务产能成本核算的准确性，该时间确定要基于业务过程的记录或者根据熟练员工的合理估算。同时，不同成本对象对特定业务类型和业务处理次数的需求不同，需要精确统计每个成本对象所要的业务类型的种类和业务处理的次数。将某项业务类型所耗费的单位时间（T_i）和某一成本对象所耗费的该业务类型处理次数相乘即可得到该成本对象对于这种业务类型所耗费的产能（$T_i \times N_i$），将该成本对象所要耗费的所有类型业务的产能相加，可获得该成本对象所消耗的总产能。

某成本对象耗费的总产能 ＝ $\sum_i T_i \times N_i$

三是将产能成本分配给成本对象。成本对象所分摊的成本既与自身所消耗的实际产能相关，又与整个部门或流程的产能成本率相关。也就是说，降低成本对象所耗费的成本，既要优化流程、提高效率，减少该成本对象所消耗的产能，还要降低产能成本率。

某成本对象分配的成本＝产能成本率×该成本对象耗费的产能

第三章　网点成本精细化核算及管理创新

网点是商业银行成本的主要消耗对象，网点转型战略需要先进成本管理工具支撑，增加的科技投入也要创造更大的价值。估时法（TDABC）模型继承了作业成本法（ABC）模型以作业为基础分配成本的思想，加入了时间因素，通过划分作业中心来进行成本核算，能够基于价值链的作业层次进行成本管理，将成本控制贯穿产品生产过程，国外银行普遍采用该方法构建科学有效的成本管理机制。

本章基于国内商业银行管理会计实践，通过细化网点作业中心设置，改进估时作业成本法模型，并以案例形式模拟网点成本核算，获得较为准确、面向作业的网点多维度成本信息，更加合理地评价网点成本中心、产品、客户的业绩价值，推动银行通过识别闲置产能，优化资源配备，加快科技技术升级和流程优化，实现网点转型。

一、国内商业银行网点成本核算实践

（一）一般流程

网点是商业银行成本核算和分摊的主要维度或核算对象。国内商业银行主要采用多动因、分步分摊法对网点进行成本核算。一般流程是基于成本中心成本核算，将其责任成本向部门、条线、产品和客户进行分摊。而且，国内商业银行按成本可控性的原则，网点成本核算只限于网点本级层面（见表2）。

表 2　国内商业银行主要成本核算和分摊方法

分类	定义	优点	缺点	适用范围
分步成本法	成本先归集到部门，再向产品分摊	过程清晰、明了	需成本还原，核算工作量大；分摊动因单一	部门产品间的对照关系较固定
多动因成本法	对不同的成本中心采用不同的成本动因进行成本分摊	分摊路径相对简单；准确性较高	动因选择存在主观判断，无统一标准	部门层级、产品种类较多

续表

分类	定义	优点	缺点	适用范围
作业成本法	作业消耗资源，产出消耗作业，通过追溯或分配至成本计量对象	提供更准确的多维度成本信息；强化成本控制，改善绩效；提高作业管理能力	存在较大主观性，操作较复杂，开发和维护费用较高、前期准备时间长，作业变化大	产品多样、规模大、竞争力强

资料来源：张文武. 商业银行管理会计核算体系研究与设计［M］北京：经济科学出版社，2020.

C 银行为国内大型上市银行，自 2004 年建设管理会计信息系统以来持续完善，通过借鉴其网点成本核算做法，将网点成本核算流程归纳以下几点（见图 2）。

1. 财务系统核算。按照组织架构和管理需要设置成本中心体系（财务记账核算的单位），如在网点设置业务处理和业务管理两类成本中心，若要提高成本核算精细化水平，可进一步细化设置数目。

2. 还原核算。将相关费用科目从集中记账的发生方到受益方的分解，如将集中记账在后勤公用的人事费用、物业管理费，通过员工与成本中心的对应关系及部门人数，分解至各受益部门。

3. 分摊核算。根据受益和分摊原则，将中后台部门成本中心的成本分摊至前台部门，再根据部门与产品、产品与客户的关系，将成本分摊至产品和客户。

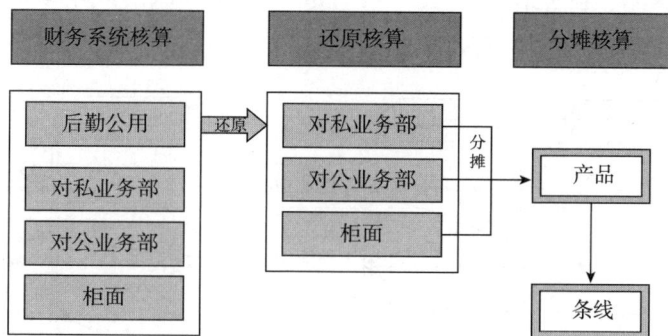

图 2　网点成本核算流程

（二）作业成本法的应用探索

目前，C 银行在网点柜面成本核算方面采用了估时作业成本法。具体核算内容包括：

1. 细分柜面作业中心处理银行产品的作业流程，以个人住房贷款业务为例，涉及的作业流程为会计放款、还款、贷款协议管理、信贷放款、结息、贷款批量转形态、自动还款等。

2. 根据专家经验、历史数据等方法综合测定柜面各项作业流程所耗用的标准单位处理时间。

3. 计算柜面作业中心的单位时间处理成本。用本期柜面作业中心总成本，除以本期实际产能时间（实际业务笔数×标准单位处理时间），得到本期柜面的单位时间处理成本（实际产能成本率）。

4. 用柜面本期单位时间处理成本率乘以本期产品、条线耗用的作业业务量，得到产品、条线的本期作业成本。

但是，在应用上还未进行预算考核，以及推广到条线和产品，有效推动柜面功能改造和劳动力优化组合等。

综上所述，国内商业银行网点成本核算相对国外商业银行的作业成本法主观性较强、缺乏统一标准，这对网点转型战略落地实施构成了制约。

二、基于估时法网点成本核算：改进的模型

（一）网点实施估时法的基本模型

作业成本管理是一项系统工程。如前所述，运用估时作业成本法模型的步骤包括：建立资源成本池、设立作业中心、设置成本对象、识别成本动因、建立模型、数据收集与验证、结果分析等一系列步骤（见图3）。

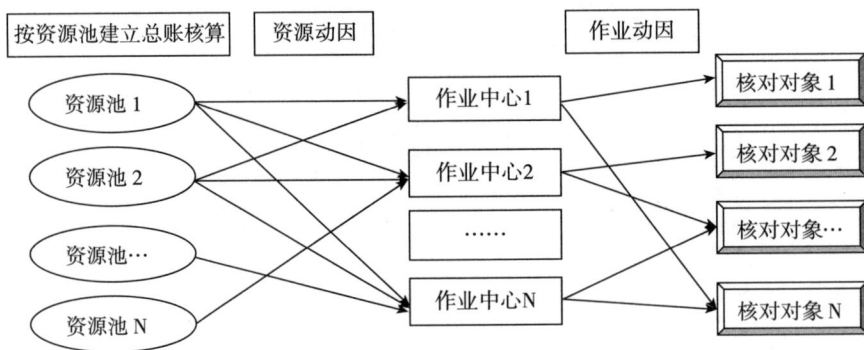

图 3　估时法核算的基本模型

一是与网点的业务流程相结合设立资源成本池，按照同质性原则分类进行成本归集，清楚了解各项资源支出的耗用情况，包括以什么方式耗用以及相应的耗用量，并能反映网点的业务实际情况。

二是网点的作业是指员工为客户办理各种业务的操作过程，在操作中需要耗费一定的资源，从而驱动产生成本费用。作业中心是各种作业相互作用和衔接形成的

一套能够发挥具体职能的联合体，将性能相似或者相互衔接的作业进行合并整理归集。因此，每个作业中心都含有数个作业项目，这些作业项目构成产品成本内容。

三是基于网点作业和作业中心的划分，资源成本动因可划分为工作时长、业务操作次数等，作业成本动因可划分为完成业务所需的动作数量，如办理开销户客户数、客户营销次数、审核相关材料次数和现金管理次数等。

四是网点成本核算对象是多维度的，并根据管理导向设置调整，主要产品包括存款、取款、转账、汇款、审核客户资料、销售理财产品、代理基金、代理保险等。确定成本核算对象是网点成本管理的前提和基础。

（二）改进的模型

在国内商业银行管理会计的成本核算实践中，一般网点成本中心分为经营和管理两类，随着自助报销、工作流审核等信息技术的应用，根据管理需要，网点成本中心可以根据作业内容及核算需要进一步细化。例如，以 C 银行为例，在网点设置对公业务部、对私业务部、柜面和自助银行等 8 个成本中心；国内另一家大型商业银行 Z 银行，在网点层面根据实际部门架构，也设置了 6~8 个成本中心。成本中心细化可在初始成本核算环节提高核算的精确度。

基于此，可对估时法模型进行优化：将建立资源成本池和建立作业中心合二为一，即通过细化作业中心来归集各项资源支出，提高作业成本信息的质量（见图 4）。但是，在整合、细化作业中心时要注意以下几个方面。

1. 符合管理职能。网点经营活动需要通过具体的职能部门落实，成本核算只有将基于职能管理架构的部门设置为作业中心，才能落实成本管理的经济责任。在具体成本核算时，需要根据"谁受益，谁承担"的原则逐费用项目、逐作业中心核算各类资源支出；对于一些公摊、共用性质的资源支出，则可设置辅助核算类型的责任成本中心，先统一归集相关支出，后续再二次还原核算至受益的作业中心。

2. 体现同质性特点。作业中心是具有同质性特点的各项作业的联合体，时间方程等式中采用相同的单位产能成本率。在确定作业中心时，要充分调研业务部门的业务流程及管理要求，确保作业中心能服务于后续作业中心的作业成本管理要求，达到持续改善成本运行效率的目标。

3. 兼顾核算效率。作业中心设置越细，作业同质化程度越高，作业成本的准确性、相关性就越强。但设置较多的财务核算中心，也增加了财务报账（费用申请、确认和审核等）工作负荷。因此，作业中心设置要在财务报账处理和作业成本核算间寻求平衡点，在提高成本核算精细化水平的同时，兼顾财务核算效率。

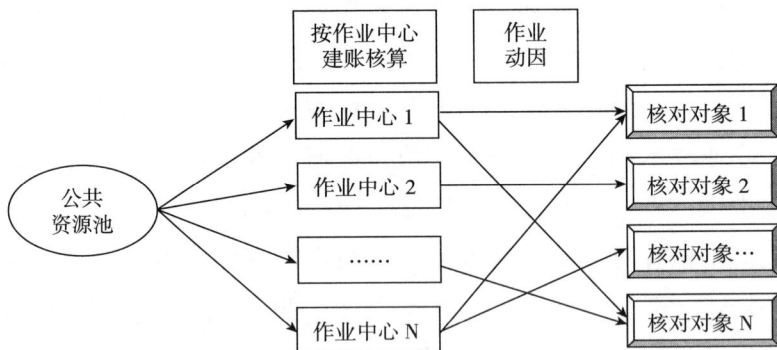

图 4　改进后的估时法核算模型

综上所述，借助信息科技手段和财务管理系统，在成本核算层将资源池和作业中心有机统一，提升作业成本数据的精细度，为估时作业成本法实施奠定基础。

三、基于估时法网点成本核算和管理：案例分析

下面以案例分析法展示估时法对网点柜面成本中心和产品进行成本核算。

（一）基本假设

假设 A 网点设置三个作业中心（对私业务部、对公业务部和柜面）和一个辅助核算责任成本中心（公用部门）；A 网点共有员工 17 名，其中有 5 名员工从事对私业务，4 名员工从事对公业务，8 名员工从事柜面业务。每天每名员工的工作时间为 8 小时（480 分钟），每周每名员工工作 5 天，即每月每名员工工作 22 天；假设该网点月度的总成本是 785800 元。根据改进估时法模型，网点产品成本核算的具体步骤如下：

1. 责任成本中心成本核算。A 网点采用财务信息系统对上述四个成本中心的日常财务支出进行归集，具体包括人事费用、基础开门费、营销费用、日常运营费用、日常办公费用和资产折旧支出。其中，辅助核算责任成本中心对一些公共资源开支，比如物业费、房产折旧、水电费等支出进行归口管理和统一核算；除此之外的费用支出，按照"谁受益，谁承担"原则向三个责任成本中心归集。

2. 作业成本中心的成本核算。根据资源动因，将公共资源开支由辅助成本中心向作业成本中心进行二次归集核算。完成归集核算后，辅助核算成本中心的成本归零，三个作业成本中心的成本即为作业中心成本。表 3 列出了网点主要作业信息。

表3　作业中心的业务流程所涉及的关键作业信息

关键作业	对私业务部	对公业务部	柜面
客户咨询查询	●	●	●
营销代理产品	●	●	
审核相关材料	●	●	●
录入信息	●	●	●
风险评估		●	
清点现金			●
打印凭证			●

3. 产品成本核算。先根据作业成本法计算产能成本率，然后通过时间方程确定不同产品的作业成本动因分配率，最后根据产品耗用的作业量计算产品成本。

完成上述一、二步骤核算后，其中对私业务部的成本为221800元，对公业务部的成本为182100元，柜面的成本为381900元。

（二）提高网点柜面作业中心的产能利用率

1. 产品作业成本分析

（1）产能成本率、作业量、单位作业时间耗用量三个因素确定了业务部门承担的作业成本水平。

（2）柜面作业中心的产能成本率、单位作业时间耗用量是根据柜员的标准产能计算的，体现了作业中心业务运行的期望效率，也是柜面作业中心进行成本管控的技术指标。

（3）作业量则体现了作业中心向业务部门提供服务的工作量大小，直接决定业务部门承担的服务成本高低。柜面产品作业成本如表4所示。

表4　柜面作业中心处理的产品作业成本　　　　单位：元

关键作业	对私业务部门承担的作业成本			对公业务部门承担的作业成本		
	个人贷款	储蓄存款	理财产品	公司贷款	对公存款	理财产品
客户咨询查询	2712	10171	20343	2034	6781	5425
审核相关材料	6781	8137	13562	6781	8137	16274
录入信息	5425	10849	8137	5425	10849	10849
清点现金	3390	33904	13562	1695	16952	6781
打印凭证	1356	6781	4069	1085	4069	2712
作业成本合计	19665	69843	59672	17020	46788	42042

2. 柜面闲置产能报告

运用估时法核算业务部门承担的标准服务成本，目的在于把闲置生产成本剥离出来，促使服务部门（如柜面）加强生产能力管理，提升资源利用效率。在表 4 中，柜面当期成本支出合计为 381900 元，向业务部门产品核算的作业成本为 255030 元：零售业务部门承担的柜面作业成本为 149180 元；公司业务部门承担的柜面作业成本为 105850 元。根据上述核算结果，结合柜面生产能力分析，网点管理层可总结出以下结论。

（1）柜面作业中心的标准产能（标准运行时间）。将作业字典中的作业单位时间和期间作业量相乘，得出 A 网点柜面当期的标准生产能力为 56415 分钟。

（2）柜面作业中心的非生产性产能（运行时间损失、学习时间）。通过对核心账务交易系统的后台数据分析，当期 A 网点柜面作业中心用于标准作业的返工时间为 7180 分钟；通过统计柜员每天用于提升作业质量的业务学习时长，当期 A 网点柜面作业中心的学习时间为 8213 分钟。

（3）柜面作业中心的闲置产能（闲置时间）。除去以上可利用的产能，当期 A 网点柜面作业中心的闲置产能为 12672 分钟。

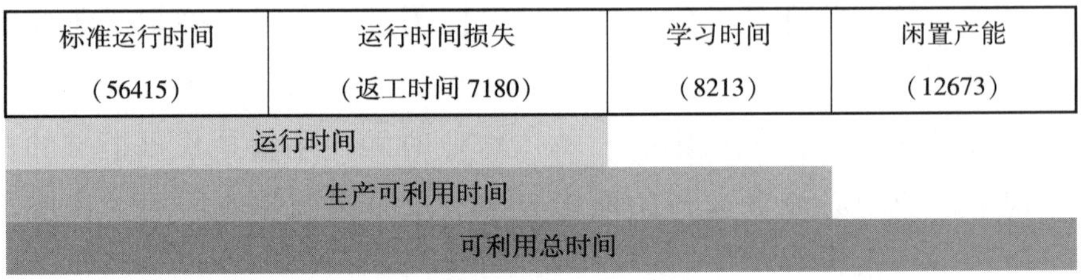

标准运行时间 （56415）	运行时间损失 （返工时间 7180）	学习时间 （8213）	闲置产能 （12673）
运行时间			
生产可利用时间			
可利用总时间			

图 5　A 网点柜面产能分布（单位：分钟）

图 5 列出了柜面作业中心的产能分布，可用计算运行效率、经营效率和资源效率来评价，具体如下。

运行效率＝标准运行时间÷运行时间＝56415÷63595＝89%

经营效率＝标准运行时间÷生产可利用时间＝56415÷71808＝79%

资源效率＝标准运行时间÷可利用总时间＝56415÷84480＝67%

综上所述，网点成本核算的结果直接决定了管理应用的质量和效果，通过上述估时法核算，网点管理层可以全面掌握柜面作业中心的资源利用效率和闲置成本情况，进一步结合生产性时间和非生产时间的区分，识别作业中心的资源利用情况和闲置产能情况，并通过业务流程优化、人力资源管理降低闲置生产能力，提升作业中心的运行效率。

（三）促进网点业务流程及产品策略优化

以对私业务部的产品为例，用 TDABC 模型将作业成本分配给不同的产品，分析不同产品的盈利能力，并为产品定价及网点成本控制提供依据。

1. 产品作业成本分析

根据产能成本率、单位作业时间、产品作业分配率和作业量，计算产品的作业成本（见表5）。

表5　对私业务部产品作业成本　　　　单位：元

关键作业	个人贷款	储蓄存款	理财产品
客户咨询查询	12600	20160	27300
营销代理产品	21000	33600	60480
审核相关材料	12600	4200	12600
录入信息	2100	2016	3780
成本合计	48300	59976	104160

2. 产品盈利性分析报告

结合产品的收入和经营利润数据，形成产品盈利性分析报告（见表6）。

表6　对私业务部产品利润　　　　单位：元、%

产品财务指标	个人贷款	储蓄存款	理财产品
净经营收入	500000	300000	300000
作业成本	48300	59976	104160
经营利润	451700	240024	195840
成本收入比	9.66	19.99	34.72

3. 开展作业成本管理

基于以上产品作业成本分析，（1）识别低效的作业，对其进行流程改进、对产品进行自助化和线上化转化等方式，来提升作业处理效率。在表6中理财产品的营销作业成本过高，可以对作业涉及的人工处理和线上处理流程进行分析，进而采取业务渠道分流的方式降低人工营销作业量，降低产品营销成本。（2）将产品的作业成本收入比作为产品盈利性分析的关键指标，识别低效率的业务品种，推行流程优化或以智能化设备及系统代替人工。

以上有关计算过程详见附录。

本章通过上案例说明了估时法模型在网点中的应用。在具体实践中，基于估时法推动形成基于作业成本的网点预算和基于流程优化的成本控制机制，最终实现网点转型和提高经营效益的主要目的。

第四章　网点成本效益分析及
其效能评估模型研究

成本精细化核算是网点成本管理的基础，国内商业银行自 2000 年以来相继开始建设管理会计体系，网点作为基本的核算和管理维度，目前网点业绩价值核算体系较为完善。为支持网点布局优化决策，需要构建和完善以网点利润为主的效能评价模式。

本章根据银行科技成本支持逐年增多的趋势，运用作业成本和内部服务计价方法，进一步完善网点科技成本以及利润核算。同时，充分运用管理会计信息系统中的各类考核数据，构建网点效能评价指标体系，评价网点价值贡献和综合竞争力，支持分类分级，在此基础上支持网点优化布局等相关决策。

一、网点业绩价值核算模型的优化

国内主要商业银行科技部门或板块一般由信息技术管理部（或金融科技部）、软件中心、数据中心和测试中心构成，由于科技项目和运维业务的集中性特点，银行科技成本支出主要集中于总行层面（极少部分在分行层面）。目前，银行网点成本核算只限于网点层面，总行和分行责任成本尚未分摊至网点。由于银行科技部门是利润创造的技术支持部门，网点在对外营销、服务的过程中，不可避免地需要占用科技资源，如科技运行成本直接服务于网点经营，部分网点科技软件开发费与网点直接关联。随着银行科技成本支出的日趋上升，数字化转型提速，合理核算网点科技成本成为银行的重要工作。

为强化成本意识，提升资源有偿使用理念，可按作业成本法思想及分摊计价原则，将数据中心运维成本及软件中心直接涉及网点的相关费用还原到网点，全面评价网点效益，体现网点效益核算的责、权、利对等原则。建议的方案如下。

1. 数据中心负责全行 IT 系统运维，承接了网点日常经营中需要的软件、网络、主机等后台 IT 资源投入，将数据中心的运维成本向主要信息科技系统进行分摊。

2. 在信息科技系统成本核算的基础上，统计该系统运行业务量，计算单笔交易成本。

3. 根据网点占用信息科技系统的处理笔数，结合单笔交易成本，计算各网点应承担的信息科技成本。

4. 加强对网点直接相关软件系统开发费的统计分析，明确对应到项目受益部门，按合理动因向网点分摊。

二、网点多维度效能评价模型的构建

为统一评价网点价值贡献，促进网点综合服务能力持续提升，本文构建一套全面的网点评价标准。

（一）评价指标体系

采取德尔菲专家法，选取评价指标维度，网点从"价值创造、经营规模、客户发展、服务提升"四个维度设置了12项指标，具体采用净经营收入、存款平余、贷款平余、客户发展、客户经理数量和业务量等指标，构建网点效能评价体系（见表7）。主要考虑以下两个方面。

1. 兼顾竞争发展能力。网点效益指标是所有业务的业绩价值汇总，相对单一，加入业务指标除了考虑到对网点管理者较为直观外，还考虑到一些业务规模较大的网点，客户基础较好，市场竞争力较强，虽然一段时期内因特殊因素，业绩价值有所波动，但是长期竞争优势较好。

2. 考虑网点类型的差异。网点具有对公、对私业务经营侧重度，分为综合类网点、特色类网点和特殊类网点。其中，综合类网点是指面向所有客户群体，对公对私业务贡献度均衡发展的网点；特色类网点是指根据网点地域特点及客户群体，以对公或对私经营为主的网点类型；特殊类网点是指牌照经营范围受限的网点。

表7　网点效能评价指标体系

评价维度	评价指标		权重（%）
	对公业务	零售业务	
价值创造类	经营利润		50
经营规模类	对公存款（10%）	个人存款（10%）	20
		AUM（5%）	
	对公贷款（10%）	个人贷款（5%）	
客户发展类	对公达标客户	个金达标客户	5

评价维度	评价指标		权重
	对公业务	零售业务	（%）
服务提升类	对公客户经理数量	个金客户经理数量	5
	对公业务量	对私业务量	20

注：单个网点满分为100分；网点对公评价得分和零售评价得分各占50%，网点零售及对公评价得分为各单项指标得分按权重进行汇总。

（二）评价模型的应用

在此评价基础上，可根据经营管理的实际需要进行结果应用。如实现分类分级，探索推进网点评价结果与资源配置相结合，提升网点经营管理水平。

三、实证分析：网点分类和分级评估

采用 C 银行 20××年网点各项指标实际数据进行实证分析，网点数 3079 家。由于不同评价指标具有不同的量纲，数值间的差别可能很大，分别根据内部管理导向设置了计分方法和采用 Z-Score 标准化方法，依次进行分类分级评价。

（一）内部管理导向的计分方法

经统计分析，根据网点对公对私业务经营侧重度（通过评价指标得分比较获得），分类结果为：综合类网点 1059 家，对公类网点 329 家，零售类网点 1691 家（对公类与零售类综合得分之差在 3 分之内的为综合类，对公类较零售类高于 3 分为对公类，低于 3 分为零售类）。

按照网点实际得分"80分、65分和50分"将每类网点从高到低分为四个级别，对全行 3079 个网点进行分级统计：一级网点 516 个，二级网点 518 个，三级网点 529 个，四级网点 1516 个。其中，对公类网点在各级别均匀分布，零售类网点主要集中于四级网点。据此，结合网点在各区域的分布，获得各类网点分区域经营情况，用来支持网点优化布局，还可将四级零售网点作为战略转型重点，纳入全行低产低效网点提升工程（见表8）。

表8　基于网点效能评价的分类分级情况（内部管理设计的计分方法）　　单位：家

网点分级	对公类网点	零售类网点	综合类网点	网点总数
一级	126	88	302	516
二级	167	158	193	518
三级	146	199	184	529
四级	168	866	482	1516
合计	607	1311	1161	3079

（二）标准化的 Z-Score 方法

Z-Score 标准化方法（也称为零-均值规范化或标准差标准化）是的一种常用数据处理方法，通过它能够将不同量级的数据转化为统一量度的 Z-Score 分值进行比较，对各指标进行计分，获得综合得分。

统计表明，C 银行共有 1047 家网点经营情况达到全行平均水准之上，2032 家网点经营情况低于全行平均水平。分类结果为：综合类网点 1392 家，对公类网点 670家，零售类网点 1017 家。（对公类与零售类综合得分之差在 0.2 分之内的为综合类，对公类较零售类高于 0.2 分为对公类，低于 0.2 分为零售类）

根据 Z-Score 计分值较小的特点及全行网点实际情况，根据网点综合 Z 值设定分级标准（大于 0.5 为一级，Z 值介于 0 到 0.5 之间为二级，Z 值介于-0.5 到 0 之间为三级，Z 值小于-0.5 为四级）。结果为：一级网点 425 家，二级网点 618 家；三级网点 1406 家，四级网点 630 家（见表9）。

表9　基于网点效能评价的分类分级情况（Z-Score 计分方法）　　单位：家

网点分级	对公类网点	零售类网点	综合类网点	总计
一级	130	118	177	425
二级	122	208	288	618
三级	142	519	745	1406
四级	276	172	182	630
总计	670	1017	1392	3079

综上所述，以上实证分析中采用两种不同的计分方法，网点分类分级的结果略有差异，主要目的是相互验证，更加有效地进行经营管理决策，在实际运用时，还要根据网点实际情况综合运用，合理设定评价标准，适当优化调整。总体看，本章所构建的网点效能评价模型及应用实证情况较好，经内部专家法评估也较符合 C 行零售类网点较多、特色有待强化等网点业态的实际情况。

三、网点资源配置和管理建议

网点转型需要基于网点效能评价模型，构建完善网点预算管理机制。对此，可采取以下建议措施。

1. 有效运用网点评价结果，更加重视网点发展的质效，加快机构网点布局优化。加大机构网点的区域结构调整力度，裁撤低产低效网点，完善在重点区域的网点布局。同时，匹配客户资源禀赋的变化，加快同城网点迁址优化，提高资源配置效率。

2. 将网点评价结果与专项资源激励相结合，引导资源重点向高存量贡献、高价值创造的网点倾斜，鼓励网点在持续发展现有公司业务或者零售业务经营优势的基础上，加快提升薄弱板块的业务能力，补齐短板，推动网点转型。具体规则为：设定部分资源与网点分类分级评价专项结合。对于年末评价中达到上一级指标门槛值、完成类内级别晋升的，以及实现由对公、对私特色类向综合类转型的网点，分别按照一定标准予以资源激励（考虑不同类别晋级的难度差异，可考虑制定差异化标准），以资源作为发展动力，撬动基层网点转型提升的积极性。

3. 对网点的牵头管理部门设立"条线成本压降"的考核指标，通过考核工具促使服务部门主动管控成本，加强顶层规划设计，加强引导，释放或转移闲置生产能力，不断提高劳动生产效率。

第五章　研究结论与展望

一、研究结论

网点是商业银行最主要的经营单元和渠道，在数字化驱动的战略转型要求下，网点成本管理水平高低对网点转型战略的实施效果关系重大。通过研究，本文得到以下结论：

（一）归纳梳理了成本管理和管理会计共同理论基石的作业成本法，运用估时法进行网点产品成本核算和网点柜面生产能力成本分析，通过对作业时间进行标准统计和核算，分析不同产品、作业、客户群的盈利能力，有效识别出"闲置产能成本"和"非生产性产能成本"，在此基础上开展成本管控，提高了网点转型决策的科学性和有效性。

（二）在网点成本和效益科学合理核算的基础上，借助管理会计信息系统的业务数据，构建科学合理的网点效能评估模型，运用、支持网点区域和同城布局优化，形成以客户为中心的网点业态结构。

二、创新点

（一）深化应用估时作业成本法，加强网点成本核算和管理，优化资源投入预算和过程控制，并通过模拟案例，对网点作业成本核算，从作业视角分析作业流程的操作效率和成本水平，通过揭示作业成本较高的环节以及作业中心，为提高网点劳动生产率、降低经营成本提供决策数据支持。

（二）构建了以网点利润为主体的效能评价模型，运用 C 银行实际网点数据，实现了对网点分类分级管理，支持网点优化布局和新业态构造，助力完善网点资源配置机制，提高银行整体竞争力。

三、研究展望

（一）进一步完善信息科技成本的网点成本分摊和计价。商业银行未来聚焦的是利用科技服务客户，以数字化手段推动网点转型，为客户创造价值，需要进一步将总行层面的科技成本支出分摊到网点，落实成本责任，完善有效的激励约束机制，对此需要进一步创新成本分摊和计价方法。

（二）评价指标和方法上，文中主要运用了传统的存款、客户数和柜面业务量指标，未来可加入网络金融业务量和手机银行活跃客户等业务指标，以更有效评价网点的数字化转型效果及竞争发展能力。同时，文中更多运用历史数据，未来可采用层次分析法或者因子分析法，提高评价的有效性。

（三）研究基于网点效能的动态资源配置机制，将资源向高价值创造的网点倾斜，提高投入产出效率。

附　录

在第三章估时作业成本法实施案例分析中，详细的测算数据和过程如下。

一、柜面作业中心产能分析

（一）计算产能成本率

产能成本率是指单位时间成本。A网点柜面每月工作总产能为84480（8×8×60×22）分钟，月度成本总额为381900元，计算过程为：

柜面产能成本率=月度成本总额÷员工产能

=381900÷84480＝4.52（元/分钟）

（二）统计单位作业时间

附表1　柜面单位作业时间　　　　　　　单位：分钟/次

关键作业	个人贷款	储蓄存款	理财产品-对私	公司贷款	对公存款	理财产品-对公
客户咨询查询	4	3	5	6	5	8
审核相关材料	5	3	4	10	6	8
录入信息	2	2	2	4	4	4
清点现金	5	5	5	5	5	5
打印凭证	2	2	2	2	2	2

（三）计算产品的作业成本

1. 产品的作业成本分配率

柜面产品的作业成本分配率=产能成本率×产品单位作业时间。

附表2　柜面产品的作业成本分配率　　　　　　　　　单位：元/次

关键作业	个人 贷款	储蓄 存款	理财产 品-对私	公司 贷款	对公 存款	理财产 品-对公
客户咨询查询	18	14	23	27	23	36
审核相关材料	23	14	18	45	27	36
录入信息	9	9	9	18	18	18
清点现金	23	23	23	23	23	23
打印凭证	9	9	9	9	9	9

2. 统计产品的期间作业量

附表3　柜面处理的产品作业量　　　　　　　　　　　单位：次

关键作业	个人 贷款	储蓄 存款	理财产 品-对私	公司 贷款	对公 存款	理财产 品-对公
客户咨询查询	150	750	900	75	300	150
审核相关材料	300	600	750	150	300	450
录入信息	600	1200	900	300	600	600
清点现金	150	1500	600	75	750	300
打印凭证	150	750	450	120	450	300

注：柜面作业中心处理的期间作业量来自银行的核心交易业务系统（按产品、作业流程节点统计）。

3. 计算产品的作业成本

产品作业成本=产品作业成本分配率×产品作业量。

附表4　柜面作业中心处理的产品作业成本　　　　　　单位：元

关键作业	个人 贷款	储蓄 存款	理财产 品-对私	公司 贷款	对公 存款	理财产 品-对公
客户咨询查询	2712	10171	20343	2034	6781	5425
审核相关材料	6781	8137	13562	6781	8137	16274
录入信息	5425	10849	8137	5425	10849	10849
清点现金	3390	33904	13562	1695	16952	6781
打印凭证	1356	6781	4069	1085	4069	2712
作业成本合计	19665	69843	59672	17020	46788	42042

（四）柜面作业中心产能成本报告

附表5　柜面作业中心的生产能力成本报告　　　　　单位：元

成本类型	作业中心（柜面）	业务承担的服务成本	
		对私部门	对公部门
闲置产能成本	4.52 元/分钟×12672 分钟＝57277	—	—
标准生产性产能成本	4.52 元/分钟×56415 分钟＝255030	149180	105850
非生产性产能成本	69593	—	—
其中:返工	4.52 元/分钟×7180 分钟＝32470	—	—
其中:学习	4.52 元/分钟×8213 分钟＝37123	—	—
总成本	381900	—	—

二、网点对私业务部产品盈利性分析

（一）计算产能成本率

对私业务部每月工作总产能为 52800（5×8×60×22）分钟，月度成本总额为 221800 元，据此可计算出对私业务部的单位时间成本为：

A 网点对私业务部产能成本率＝月度成本总额÷员工产能

＝221800÷52800＝4.20（元/分钟）

（二）统计单位作业时间

附表6　对私业务部单位作业时间　　　　　单位：分钟/次

关键作业	个人贷款	储蓄存款	理财产品
客户咨询查询	15	12	13
营销代理产品	25	20	18
审核相关材料	20	10	15
录入信息	5	4	3

（三）计算产品的作业成本

1. 产品作业分配率

产品作业分配率＝产能成本率×产品单位作业时间。

附表7 对私业务部产品动因分配率   单位：元/次

关键作业	个人贷款	储蓄存款	理财产品
客户咨询查询	63	50	55
营销代理产品	105	84	76
审核相关材料	84	42	63
录入信息	21	17	13

2. 统计产品的期间作业量

附表8 对私业务部产品作业量   单位：次

关键作业	个人贷款	储蓄存款	理财产品
客户咨询查询	200	400	500
营销代理产品	200	400	800
审核相关材料	150	100	200
录入信息	100	120	300

注：作业量数据来自银行客户、业务信息系统统计。

3. 计算产品的作业成本

产品作业成本＝产品作业成本分配率×产品作业量。

附表9 对私业务部产品作业成本   单位：元

关键作业	个人贷款	储蓄存款	理财产品
客户咨询查询	12600	20160	27300
营销代理产品	21000	33600	60480
审核相关材料	12600	4200	12600
录入信息	2100	2016	3780
成本合计	48300	59976	104160

（四）产品盈利性分析报告

附表10 对私业务部产品利润   单位：元、%

产品财务指标	个人贷款	储蓄存款	理财产品
净经营收入	500000	300000	300000
作业成本	48300	59976	104160
经营利润	451700	240024	195840
成本收入比	9.66	19.99	34.72

参考文献

［1］余绪缨．会计理论与现代管理会计研究［M］．北京：中国财政经济出版社，1989：367-370.

［2］曹立元，许建忠等主编．西方银行成本管理［M］．北京：企业管理出版社，2001.

［3］姜建清．银行全面成本管理导论［M］．北京：中国经济出版社，2001：56-58.

［4］易国洪．现代商业银行全面成本管理［M］．上海：立信会计出版社，2002：35-36.

［5］乐艳芬．成本会计（第二版）［M］．上海：上海财经大学出版社，2006.

［6］温素彬，徐佳．时间驱动作业成本法的原理与应用［J］．财务与会计，2007（4）.

［7］万景龙，胡宁，徐敏，等．估时作业成本法在商业银行中的应用分析——以H银行为例［J］．时代经贸，2011（29）：164-165.

［8］智坚．传统作业成本法与时间驱动的作业成本法的对比研究［J］．金融会计，2013（8）.

［9］刘国华，狄亚军．作业成本法在中国银行业的适用性研究［J］．金融会计，2015（6）.

［10］梅波．估时作业成本法在金融机构的实践［J］．财会通讯，2015（35）.

［11］邢劼，杨帆，谌嘉席．估时作业成本法在商业银行中的应用研究——以X支行信贷业务为例［J］．金融会计，2016（10）：35-42.

［12］中国财政部．管理会计应用指引［Z］．2017.

［13］吉晓菲．银行后台作业成本需优化［J］．中国金融，2017（8）.

［14］白玉刚．作业成本法在我国商业银行成本核算中的应用［J］．企业改革与管理，2019（7）.

［15］张文武．商业银行管理会计核算体系研究与设计［M］．北京：经济科学出版社，2020.

［16］姜雪莹．中小商业银行成本分摊方法应用研究［J］．商场现代化，2020（7）.

［17］Robin Cooper，Robert S Kaplan．How Cost Accounting Systematically Distorts Product Costs．Management Accounting：Field Study Perspectives［M］．Boston：Harvard Business School Press，1987.

［18］Innes，J. and Mitchell，F. Activity Based Cost Management：A Case Study of Development and Implementation ［J］，CIMA，1991.

［19］Sephton，M. and Ward，T. ABC in Retail Financial Service ［J］. Management Accounting，1990.

［20］Robert S. Kaplan and Steven R. Anderson. Time-Driven Activity-Based Costing ［J］. Harvard Business Review，2004.

第八篇

保险合同会计准则趋同策略研究

中国银行保险监督管理委员会财务会计部课题组

课题主持人：赵宇龙
课题组成员：郭　菁　司振强　陈吉勇　孙晓筱

摘　要

2017 年 5 月，国际会计准则理事会发布了《国际财务报告准则第 17 号——保险合同》，我国财政部于 2020 年 12 月 23 日发布了修订后的《企业会计准则第 25 号——保险合同》，与 IFRS17 进行了趋同。本文重点介绍了 IFRS17 相对于现行准则的主要变化及其在全球的实施进程，分析了 IFRS17 对保险行业和保险产品的影响，调研了我国保险行业对 IFRS17 的认知情况，从金融稳定的视角和税收征管的视角对 IFRS17 进行了全面剖析，提出了我国保险合同会计准则与 IFRS17 趋同的策略建议。

关键词：保险合同；会计准则；IFRS17；趋同策略

第一章　保险合同会计准则

2017 年 5 月，国际会计准则理事会（以下简称 IASB）为统一各国保险合同会计处理方式，提高国际保险公司会计信息可比性，发布了《国际财务报告准则第 17 号——保险合同》（以下简称 IFRS17）。由于 IFRS17 与各国保险会计处理差异大、实施成本高、影响范围广，自发布以来便引起国际广泛争议。迫于国际压力，IASB 在发布后仍继续对准则进行有限修改，并于 2020 年 6 月发布更新版本，将 IFRS17 的执行时间延期至 2023 年 1 月 1 日。对中国保险行业来说，面对保险合同会计计量规则的颠覆性改变，亟须评估对中国保险行业的影响，审慎确定中国保险合同会计准则与 IFRS17 的趋同策略，确保不会对中国金融稳定和防范化解金融风险产生负面影响。

一、国际保险合同会计准则的演进

保险合同具有经营期限长、不确定性大、产品类型多样的特点，如何利用会计信息准确地向各利益相关方、监管机构传递出保险公司经营业态、盈利能力并且能够具有前瞻性地揭示风险给会计准则带来挑战。对于提供长期保障的人身险保单来说，未来赔款、费用的估计以及基于市场利率考虑的货币时间价值中均涉及大量的经验估计，具有高度不确定性，且在经营过程中需要不断更新调整；对于财产险保单，被保险标的种类多样、复杂且业务持续创新，加之再保险的不断运用和发展，保险合同的核算难度不断加大。

精算技术的发展给保险行业的经营提供了关键指导，而会计准则给精算技术的使用提供了重要的框架，保险合同会计准则的编撰工作必须经过周全、谨慎的考虑。国际财务报告准则的编制机构国际财务报告准则理事会及其前身自 1997 年启动了保险合同会计准则的编制项目，考虑到编制难度以及准则的迫切性，权衡考虑后于 2004 年推出 IFRS4，但 IFRS4 只是作为第一阶段的产物临时提供了一定的核算框架，且一定程度上允许了不同的会计处理方法的存在。

由于 IFRS4 宽泛且不完整的规定，全球各国家或地区执行差异性大，保险公司间难以比较，且部分国家或地区的保险合同准则早已不能适应行业发展，经营风险难以准确反映。如在收入确认方面，部分国家会计准则要求保险收入剔除投资收款，而另一部分国家会计准则允许保险收入按所有收到的现金确认；在利润方面，部分国家会计准则将精算假设变动确认为当期损益，而另一部分国家的会计准则允许将精算假设变动影响予以递延；在折现率选择方面，全球前100家保险公司中，有35%使用历史利率，有43%使用现时利率，有22%使用了混合历史和现时利率；甚至在IFRS4下有跨国保险集团的合并报表中包含着数种不同准则计量的保险合同。全球保险公司会计信息可比性的严重不足，给保险公司管理对标、投资人价值判断和监管机构审慎监管均造成较大障碍。

经过数次征求意见及模拟测试，IASB在2017年5月正式发布IFRS17。

二、我国保险合同会计制度的演进

我国保险合同会计制度的演进分为以下几个阶段。

第一阶段，颁布《中国人民保险公司会计制度》。随着中国人民保险公司从中国人民银行独立，1984年中国人民保险公司颁布了《中国人民保险公司会计制度》。

第二阶段，颁布《保险企业会计制度》。为适应经济体制发展的需要，我国实施以保险企业会计制度为主要内容的改革，1993年财政部对我国会计制度进行了全面彻底的改革，并颁布了《保险企业会计制度》。此次改革中首次确立了资产、负债、所有者权益、收入、费用和利润等会计要素，采用了国际通行的包含资产负债表、损益表、财务状况变动表和利润分配表的会计报表体系，并将人身险业务与非人身险业务分别进行了规范，明确了保险企业基本业务的会计核算标准。

第三阶段，颁布《金融企业会计制度》。为适应社会主义市场经济体制的建立与完善，继新《会计法》和《企业财务会计报告条例》颁布实施之后，2001年财政部发布了《金融企业会计制度》，其中包含了保险业务会计且比《保险企业会计制度》更加全面、严谨、规范。该制度以《企业会计制度》为基础，借鉴了国际经验，充分考虑了股份制改革的发展趋势和上市要求。

第四阶段，《企业会计准则》。为适应我国加入世界贸易组织、融入全球经济的形势发展，实现保险会计准则的国际趋同，2006年财政部发布了与国际会计准则趋同的企业会计准则体系，其中包括《企业会计准则第25号——原保险合同》和《企业会计准则第26号——再保险合同》两项保险会计准则。为实现A+H股上市公司在两地适用同一套会计准则，消除两地上市保险公司财务报告差异，财政部又于2009年12月印发了《保险合同相关会计处理规定》，以上准则和规定构成了我国保险业会计核算的现行准则。

三、现行准则下保险合同会计处理方法

在现行准则下，保险合同的会计处理有以下主要特点。

第一，在收入确认方面，保险业务收入基本按照业务收款确认。现行准则下保险合同需要经过重大保险风险测试和分拆，对于符合保险合同要求的保费收款在当期确认为收入，比如人身险公司收到的保费，在保障期间为几十年的长期合同，该公司会在保费收到时全部确认为保费收入。

第二，通过提取保险责任准备金的方式消除首日利得，并在保单后续期间反映估计现金流的发生和利润释放。现行准则下，对于超过一年的长期合同，要求根据精算估计的未来现金流现值确认为一项负债要素，保险公司应获得的风险补偿和利润（一般称为"边际"）作为另一项负债要素，未来现金流现值和边际共同构成了保险合同负债。保险公司需要在每个报告期进行评估，通过提取保险责任准备在利润表内反映保险负债变动，具体包括精算估计下的当期现金流发生、保单边际随着保险服务提供的摊销、假设变动对负债的影响。对于一年期或以下的短期险合同，仍要通过提取准备金的方式消除首日利得，只是后续的准备金摊销过程多为直线摊销，计量方法较长期合同更简单。

第三，保单未来期间的假设变动直接反映在当期利润表中。对于死亡率、发病率等假设的调整，直接改变对未来现金流的估计，从而影响保险合同负债；市场利率的变动改变了现值计算中的折现率使用，进而改变了保险合同负债的结果，尽管目前我国对于长期合同使用基于 750 天移动平均国债收益率曲线计算的折现率，且考虑 40 年后使用固定的终极利率，但由于人身险公司发行了大量的期限较长的保险产品，保险合同负债仍对折现率较敏感。在现行准则下，上述假设变动将影响保险合同负债金额，并通过提取保险责任准备金在利润表内一次性反映。

第四，保单利润在保险合同初始确认时锁定，在保单存续期间摊销。长期险合同保单边际中对保险公司利润的部分被称为"剩余边际"。现行实务下，保险公司将保单剩余边际因子（每单位的剩余边际）在保险合同负债初始确认时锁定，即使未来期间出现假设变动，也不改变保险合同负债中剩余边际的金额，这和第三点中假设变动直接反映在当期利润表是一致的。在保单存续期间，行业中通常使用保额或保单件数作为摊销载体，基于每期载体情况进行摊销，从而实现保单利润的释放。

四、IFRS17 下保险合同会计处理方法

IASB 为提高保险行业会计信息的可比性，在设计 IFRS17 时考虑了《国际财务报告第 15 号——收入》中基于履约义务确认收入的方法，以及《国际会计准则第 37 号——准备、或有负债和或有资产》中对于履行现实义务做出最佳估计的负债计量原则。总体来说，IFRS17 有以下主要特点。

第一，增加了合同合并、分拆、分组要求，将保险组作为计量单元。IFRS17 要求将与相同或相关联对手方签订的一组或一系列保险合同旨在实现整体商业效果的合同合并为一个整体进行处理；且把合同分拆的条件修改为"非高度关联"，分拆要求明显提升，现行准则下大部分投连险、万能险等产品由于投资账户部分不具备单独交易价格，很可能在 IFRS17 下不满足拆分要求，即此类产品投资账户部分在 IF-RS17 下能作出更多的收入贡献。

第二，在收入确认方面，剔除了保费收入中的投资成分，并按照保险服务的提供逐期确认收入。比如退保时保户收到的金额，在 IFRS17 下会被认定为投资成分而在收入中剔除；由于投资成分无论保险事件发生与否都需归还保单持有人，在 IF-RS17 下不能作为收入。对于未被剔除的部分，也不再是一次性全部计入当期收入，IFRS17 要求按照当期的履约现金流、保单利润当期释放逐期产生收入，长期险的收入确认将会延长至整个保险合同保障期间。

第三，不再存在"提取保险责任准备金"。由于收入修改为在保单存续期间逐期确认，故利润表中不再会因为第一天确定了全部收入而存在首日利得，也无须再进行保险责任准备金的计提。同样，现金流的发生和利润释放已基本包含在 IFRS17 下的各期收入中。现行准则中"提取保险责任准备金"内涵盖的诸多信息在 IFRS17 下实质已通过崭新的利润表各会计科目体现。

第四，非经济假设变动被合同服务边际吸收，不计入损益；经济假设变动一定条件下可以计入其他综合收益。不同于现行准则下一切假设变动影响均在当期利润内集中反映，IFRS17 下将非经济假设变动视作未来履约成本的变化，在不导致保险合同变为亏损合同时，其影响在保险合同负债中通过保险合同服务边际吸收，随着未来的履约逐渐计入各期损益（若变动导致合同亏损，需要在利润表内一次性确认损失）；IFRS17 下经济假设变动仍一次性在当期反映，比如对于市场利率变动导致的保险合同负债折现率变动，IFRS17 允许保险公司选择将其一次性计入损益或者将其一次性计入其他综合收益。值得注意的是，IFRS17 下要求基于金融工具当前可观察的市场价格（行业通常认为是"现时利率"），预计该要求使保险合同负债的折现率

相比现行使用的移动平均和终极曲线的方法波动大幅提升，可能直接导致保险公司权益大幅波动。

第五，对利润表进行重塑，区分保险服务业绩、投资回报业绩。IFRS17 彻底改变了保险行业的利润表列示，在更清晰地展现保险公司利润来源的同时，也对披露信息的数据来源提出更高要求。以简化的 IFRS17 综合收益表为例（见表 1）。

表 1　IFRS17 综合收益

保险合同收入	×××
赔付支出和费用	（×××）
亏损合同损益	（×××）
分出再保险损益	（×××）
承保利润	×××
投资收益/公允价值变动损益	×××
保险财务收益或费用计入损益部分	（×××）
净利息和投资收益	×××
其他损益/所得税等	×××
净利润	×××
计入其他综合收益的资产公允价值变动	×××
计入其他综合收益的保险合同负债变动	×××
综合收益合计	×××

"保险合同收入"是保险公司基于服务的提供而确认的收入，由精算方法计算得出且包含了归属于会计期间的利润与风险补偿，"赔付支出和费用"是扣除投资成分的实际保险赔付、费用等支出，"亏损合同损益"主要为亏损合同在亏损被识别时一次性确认的损失，"分出再保险损益"体现再保险业务对当期利润的影响。上述项目构成"承保利润"，体现保险公司在会计期间内提供服务所取得的利润。

"投资收益/公允价值变动损益"为保险公司通过资金运用取得的收益，"保险财务收益或费用计入损益部分"主要体现保险合同负债的利息。上述项目构成"净利息和投资收益"，体现保险公司投资取得的净回报。

另外"计入其他综合收益的保险合同负债变动"为保险公司选择计入其他综合收益的经济假设变动影响结果。

第二章　IFRS17 的国际实施进程

一、IFRS17 推行过程中遇到诸多挑战

（一）IFRS17 实施时间的两次延后

自 2017 年 IFRS17 发布后，欧洲保险 CFO 论坛（行业组织）针对计量理念、实施复杂性、执行时间等方面向 IASB 以及欧盟会计准则制定部门提出十余条建议，推动欧洲议会对 IFRS17 展开讨论，呼吁在确定执行方案前进一步评估对于金融稳定、行业竞争力、金融市场、环境气候等方面的影响。在 2019 年 9 月，IASB 决定对 IF-RS17 展开修订，其中一项重要的修订就是将其生效日期推迟到 2022 年 1 月 1 日。

然而在意见征求过程中，IASB 收到了各方反馈，各国保险公司和各国会计准则制定者普遍认为应该延迟 IFRS17 的执行时间，保险公司需要更多的时间来应对开发系统所面临的挑战，特别是对小型保险公司而言，由于缺乏适当的外部资源，供应商延迟交付软件等问题的存在，适当延迟 IFRS17 的执行时间能够帮助他们更从容地应对。最终，在 2020 年 6 月发布的 IFRS17 修订版本中规定：（1）将 IFRS17 的实施时间推迟至不早于 2023 年 1 月 1 日开始的年度报告期间；（2）将为配合 IFRS17、IF-RS9 的暂缓实施日期延长至不早于 2023 年 1 月 1 日开始的年度报告期间。

（二）FASB 与 IASB 的合作情况

美国财务会计准则委员会（FASB）和 IASB 曾联合开展保险合同会计准则研究项目，但终因理念分歧停止合作。FASB 对 IFRS17 主要有以下不同意见：一是计量方法过于复杂，报表使用者理解难度大；二是过度增加保险公司经营波动性；三是利润表涉及过多精算假设，难以理解，且没有实质性提升可比性；四是过高的精细化要求使实施和审计的成本大幅提升。

（三）高昂的 IFRS17 实施成本

根据 2018 年 9 月 EFRAG 对欧洲公司实施 IFRS17 的成本与收益调查结果显示，

IFRS17 的实施成本高昂，且蕴含大量隐性支出。对于 IFRS17 的成本投入分为一次性投入和持续性投入两部分：一次性投入金额约占公司总保费的 0.35%，其中将近 30% 的支出为蕴含在审计、合规性、控制提升、项目管理、培训等隐性花销，还有将近 20% 的支出为精算系统的改造，其余为外部咨询、账务系统提升等所带来的支出；持续性投入额约占一次性投入的 10% 以内，造成持续性投入的原因主要包括准备金计量的更新维护、计量单元与数据存储、披露与列报以及准则要求的其他复杂要求。

另外根据 2018 年 7 月德勤和经济学人智库调查的全球 340 家公司反馈，超过 30% 的公司实施 IFRS17 的预算超过 5000 万欧元。其中，保险公司对技术更新、聘用外部商业咨询公司、扩充内部团队和聘用信息系统承包商四方面的预算分配相对平均。同时，再保险公司和综合保险公司对技术解决方案和承包商投入的预算较其他类型的保险公司更高。

二、IFRS17 实施的国际情况

（一）美国

在 FASB 与 IASB 的保险合同会计准则研究项目停止后，FASB 仍沿用了两者联合研究的部分成果，于 2018 年 9 月更新了美国长期保险合同会计准则。更新的美国长期保险合同会计准则的主要会计处理如下：一是收入确认方面，全部保费收款一次性确认保费收入；二是负债计量方面，根据逐笔收到的保费计提对应的保险责任负债，不对保单未来利润计提负债（保费收款中包含的利润部分采取一次性确认方式）；三是利润展示方面，美国准则保留了与我国现行准则"提取保险责任准备金"类似的"提取保险金"科目。

（二）欧盟和英国

针对 IASB 在 2020 年 6 月发布的 IFRS17 更新版本，目前 EFRAG 正在研究提出认可意见（Endorsement Advice）并征求意见，待形成最终认可意见后会提交至欧盟会计监管委员会（以下简称 ARC）进行投票表决。由于 IFRS17 更加复杂，预计欧盟对 IFRS17 认可程序花费的时间会较 IFRS9 金融工具会计准则花费的时间更长，决策难度也更大。与此同时，大多数欧洲保险公司自 2017 年 IFRS17 准则第一次发布时即持续开展准则的落地准备工作，欧洲大型上市保险公司在 IFRS17 实施方面走在国际前列。

英国准则认可机构（UK Endorsement Board，UKEB）在 2020 年 9 月展开了针对

认可 IFRS17 的调研工作，其调研成果将用于帮助 UKEB 评估新会计准则对于英国保险行业的影响。

（三）澳大利亚、新西兰与加拿大

澳大利亚、新西兰、加拿大等国家已完全跟随 IFRS17 的实施进程。澳大利亚在 2020 年 7 月 20 日发布了国内 AASB17 准则，新西兰在 2020 年 8 月 13 日发布了 NZ-FRS17 准则，且上述准则均与 IFRS17 保持一致，将于 2023 年 1 月 1 日起执行，加拿大会计准则计划将与 IFRS17 保持一致，并同样将于 2023 年 1 月 1 日起执行。

（四）亚洲各主要国家和地区

一是韩国、中国香港、新加坡等国家与地区在准则内容与实施安排上与 IFRS17 完全一致。韩国在 2020 年 10 月 30 日发布 K-IFRS1117 的征求意见版，预计执行时间可能在 2023 年 1 月 1 日；中国香港在 2020 年 10 月 19 日发布 HKFRS17 准则，新加坡在 2020 年 11 月 27 日发布 SFRS（I）17 和 FRS117 准则，内容均与 IFRS17 一致，并将于 2023 年 1 月 1 日起执行。

二是日本并未强制要求国内公司执行 IFRS 准则，IFRS 准则被日本金融监管局（FSA）允许在上市公司中使用，以用于报送上市公司财务信息。

三是印度尼西亚、菲律宾、中国台湾等国家和地区虽拟发布准则内容与 IFRS17 一致，但执行时间有所推后。印度尼西亚在 2020 年 12 月 8 日发布其与 IFRS17 等效的 PSAK74 准则将于 2025 年 1 月 1 日起生效；菲律宾尚未正式发布其与 IFRS17 一致的国内准则 PFRS17，但其保险行业正在建议将该准则的生效日推迟至 2025 年 1 月 1 日；目前中国台湾地区保险监管机构尚未确认地区内新保险合同会计准则的生效时间，但由于中国台湾保险业因大量售卖 5% 以上的高利率保单，资金运用收益难以弥补负债成本，IFRS17 的实施将要求保险公司必须为已卖出的高利率保单一次性提足准备金，资本不足问题将直接显现，中国台湾寿险业需要大量增资补血，因此预计新准则在中国台湾生效时间可能将推迟至 2026 年 1 月 1 日。

第三章　IFRS17 的影响测算

一、模拟测试情况

2018 年 8 月，为评估 IFRS17 与 IFRS9 一同实施对我国保险行业的影响，财政部与银保监会曾组织 H 股上市保险公司展开新准则模拟初步测试。尽管该测试仅为初步估算，但显示出其对于我国保险行业的显著影响。

一是从保费收入来看，寿险公司保费收入普遍降幅在 60%~70%，主要原因是由于保险合同收入中剔除了投资成分；产险公司保费收入则基本维持不变。

二是从净利润来看，寿险公司的增幅为 112%，主要是模拟中采用当前折现率影响，且合同服务边际的吸收规则调整、合同服务边际的摊销、金融资产分类和计量等因素均产生了影响；产险公司净利润仅下降 2%，影响较小。

三是从准备金负债来看，寿险公司下降 5%，主要是受折现率和评估方法综合影响导致；产险公司下降 13%，主要影响在于对费用口径的划分与当前处理不同。

二、典型产品的财务影响

为剔除模拟测试中新金融工具准则同时实施的影响以及市场环境影响，本文对典型保险产品受 IFRS17 的影响进行了分析。

（一）分红产品

现行会计准则下，保险收入在缴费期内基于保费收到的时间和实际金额进行确认。而 IFRS17 准则要求收入的确认不是基于保费收到的现金，而是基于公司提供的服务确认，因此 IFRS17 下收入确认期间会延长至整个保障期间。同时，IFRS17 准则要求收入确认剔除投资成分，因而，储蓄成分较大的分红产品在 IFRS17 准则下的收入会大幅减少。

从 IFRS17 准则下保险收入的组成来看，长期分红产品的收入主要来自合同服务边际的释放。由于该产品为终身产品，获取费用较大，因此获取费用的摊销也占到收入较大的比例。同时，由于续期佣金包含在续期费用支出中，且该产品有四年续期佣金并逐渐减少，因而该产品第二年收入中预期费用支出显著增加，并随之递减至第五年后恢复到首年水平。另外，由于典型分红产品主要以储蓄为主，保障成分较少，因而收入中预期赔付占比较小（见图1）。

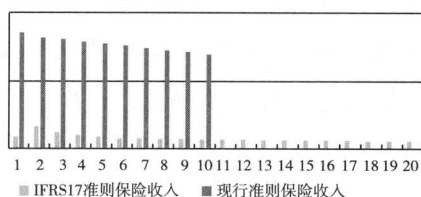

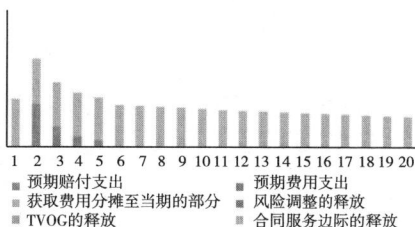

图1　IFRS17准则与现行准则下保险收入比较　　　图2　IFRS17准则收入组成

而利润方面，两者利润实现模式的差异主要来自摊销载体的不同。现行准则下，剩余边际的摊销载体没有明确的规定，本文采用行业较为普遍的分红险载体现金价值进行分析。由于期缴产品初始现金价值较低，随着累计缴费和投资收益的增多逐渐增加，因此现行准则下剩余边际的摊销在缴费期内呈现快速增长趋势，缴费期满后趋于平稳。而 IFRS17 要求采用能反映合同保障期限及保障程度的责任单元进行摊销，对绝大部分合同而言，保障责任单元为合同的有效保额。由于保额变化相对平稳，因此合同服务边际在整个保险期间内平稳释放。值得注意的是，不同摊销载体的选择只影响利润释放的时间，但不影响总利润之和，因此可观察到 IFRS17 利润在初期高于现行准则利润，但在后期逐渐低于现行准则利润（见图2）。

从 IFRS17 利润的组成来看，前期占比较高的承保利润主要来自合同服务边际的释放，并受保障责任单元变动影响逐年下降。后期随着保费缴费期满，可投资资产的逐年累积大幅超过负债，公司赚取的投资收益率与利息成本的利差也逐年增加，从而导致投资利润逐年上升（见图3）。

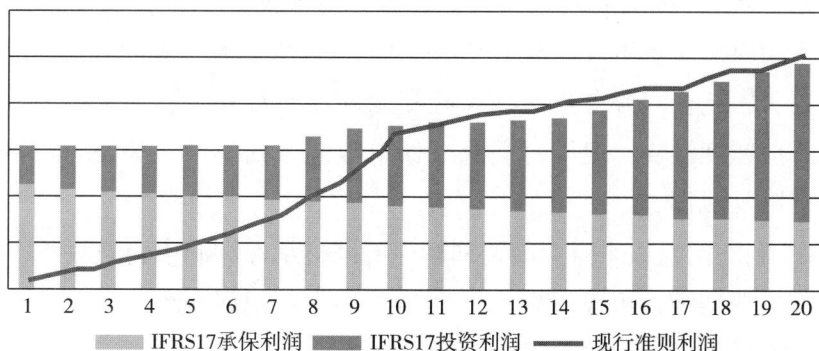

图3　IFRS17 准则与现行准则利润比较

(二) 万能产品

现行会计准则下，万能险合同需要进行分拆，按照行业保险公司的普遍实务，多数公司的保险业务收入，主要由保险风险扣费（即保险保障成本）构成。而在 IFRS17 准则下，保险收入除了预期保险赔付（即对应于保险风险扣费的赔付部分）外，还包括预期费用支出、风险边际的释放和合同服务边际的释放。同时，由于合同服务边际中还包含了账户部分在保险期间内预期产生的利差，因此，整体而言 IFRS17 下万能险的保险收入将极大可能高于现行准则。

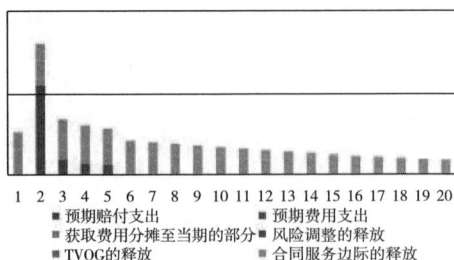

从 IFRS17 准则下保险收入的组成来看，万能险的保险收入除预期费用及获取费用的摊销外，主要来自合同服务边际的释放，合同服务边际的释放趋势受保障责任单元变动影响，逐年减少。而预期赔付占比较小，这与万能险储蓄成分较高的产品属性一致（见图 4）。

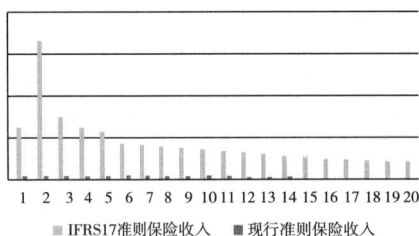

图 4　IFRS17 准则与现行准则下保险收入比较　　图 5　IFRS17 准则收入组成

利润方面，现行准则下，由于合同分拆的要求，实务中负债的计量结果与账户价值较为接近，因此万能产品的利润来源主要来自当期的经营成果。该产品由于获取成本导致了首期亏损，而后续收取的高于续期佣金的保费扣费则将利润提升至一个较高的水平，之后利润逐渐稳步上升，主要来源于赚取的投资利差。在 IFRS17 准则下，由于采用保额（基本保额与 105%账户价值取大）作为摊销载体，而前期保额变化相对平稳，因此合同服务边际在保险期间前期平稳释放，后期随着账户价值的增长，利润释放速度加快，但同时受有效保单数递减的影响，最终合同服务边际释放金额稳步下降（见图 5）。

从 IFRS17 利润的组成来看，前期利润主要来自承保利润中合同服务边际的释放。后期随着保费缴费期满，可投资资产的逐年累积大幅超过负债，公司赚取的利差也逐年增加，从而导致投资利润逐年上升（见图 6）。

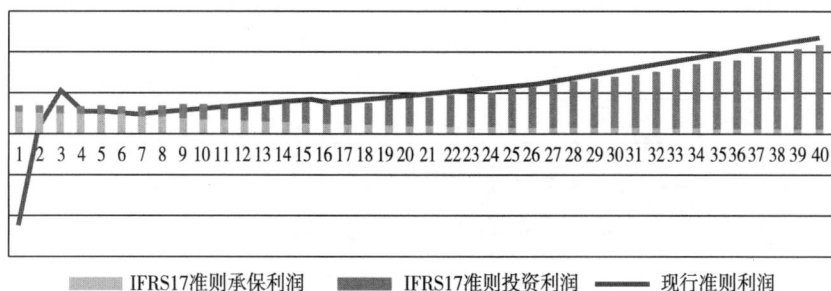

IFRS17准则承保利润　　IFRS17准则投资利润　　现行准则利润

图6　IFRS17 准则与现行准则利润比较

（三）传统保障型产品

由于期缴终身寿险产品以保险保障为主且缴费期相对较长，因此，该产品在 IF-RS17 准则下的保险收入虽然由于投资成分的剔除较现行准则有所减少，但下降幅度相比以储蓄为主的分红险和缴费期相对较短的产品来说相对较小。

另外，从 IFRS17 准则收入的组成来看，终身寿险的保险收入仍主要来自合同服务边际的释放。但由于该产品为保障型产品，因此与前述分析的分红险和万能险相比，预期赔付支出占比显著上升，这也与该产品以保险保障为主的属性一致（见图7）。

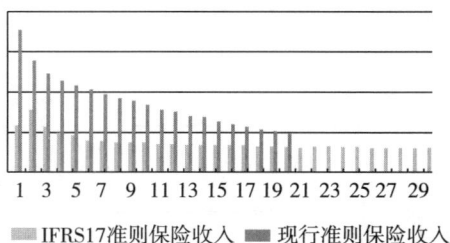

IFRS17准则保险收入　　现行准则保险收入

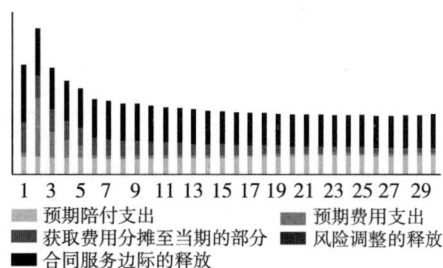

预期赔付支出　　　　　预期费用支出
获取费用分摊至当期的部分　风险调整的释放
合同服务边际的释放

图7　IFRS 准则与现行准则下保险收入比较　　　图8　IFRS17 准则保险收入组成

在利润方面，在现行准则下，终身寿险产品采用了行业较为普遍的保额作为剩余边际的摊销载体。这与 IFRS17 下该产品的合同服务边际摊销载体要求一致，因此，两套准则下的利润实现模式完全一致（见图8）。

从 IFRS17 利润的组成来看，前期占比较高的承保利润主要来自合同服务边际的释放，并受保单数对保障责任单元的变动影响而逐年下降。后期随着保费缴费期满，可投资资产的逐年累积大幅超过负债，公司赚取的利差也逐年增加，从而导致投资利润逐年上升（见图9）。

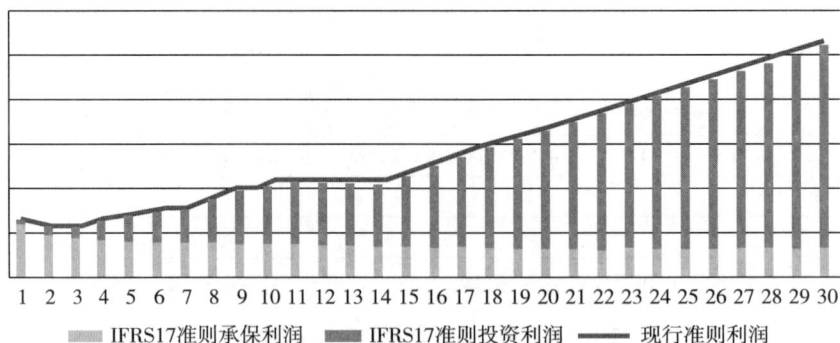

图 9　IFRS17 准则与现行准则利润比较

（四）中短存续期产品

由于中短期存续产品以储蓄为主且利润较薄，因此，该产品在 IFRS17 准则下由于投资成分的剔除以及非常有限的合同服务边际的释放，使得保险收入相较于现行准则呈现断崖式的下降。

从 IFRS17 准则下收入的组成来看，与前述分析的几类保险产品不同，中短期存续产品的保险收入主要来源于预期费用支出和获取费用分摊，而合同服务边际与预期赔付支出几乎可忽略不计。这与中短期存续产品以储蓄为主、利润较薄的属性一致。另外，由于该产品在第二年年末存在较高的退保假设（80%），这也导致第二年风险调整的释放显著增加（见图 10 和图 11）。

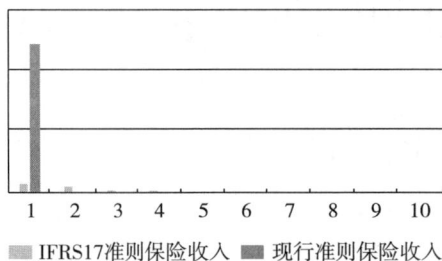

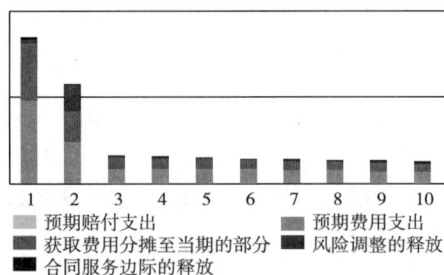

图 10　IFRS17 准则与现行准则下保险收入比较　　**图 11　IFRS17 准则保险收入组成**

同传统保障型产品，中短期存续产品的财务影响分析也基于一致的经济和非经济假设。并且由于在现行准则下对中短期存续产品采用了行业较为普遍的保额作为剩余边际的摊销载体，和 IFRS17 准则下的摊销载体一致，因此，两套准则下的利润实现模式完全相同（见图 12）。

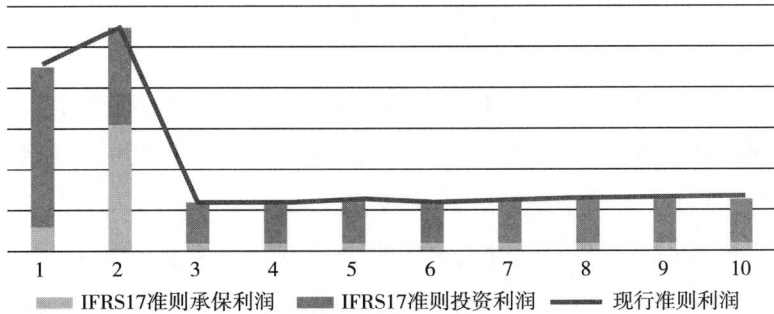

图 12　IFRS17 与现行准则利润比较

三、各项假设变动、经验偏差的影响

对于典型的终身寿险产品受到金融假设（折现率）、非金融假设（死亡率假设）以及死亡经验偏差、退保经验偏差等各类影响因素进行测试，在不同测试情景下财务表现结果也不同。

（一）比较两年金融假设变化的影响

当模拟 IFRS17 准备金在 2017 年末使用 2017 年末的国债收益率曲线，2018 年及以后使用 2018 年末的国债收益率曲线作为折现率基础时，由于当期国债收益率的波动性相比 750 天移动平均要大，因此 IFRS17 下综合收益和净资产在 2018 年波动也较大（见图 13 和图 14）。

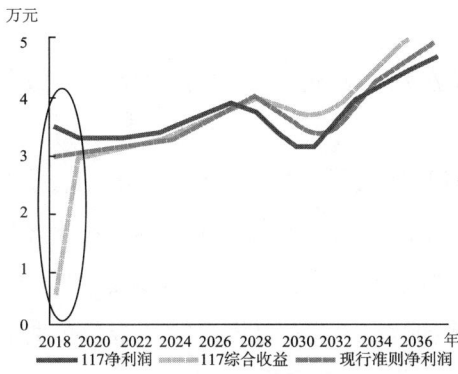

图 13　综合收益对比情况　　　**图 14　净资产对比情况**

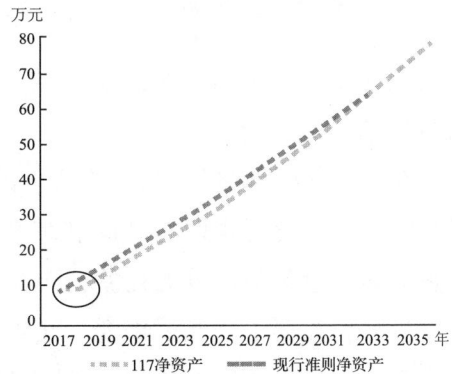

（二）　比较两年非金融假设变化的影响

基于情景 1（即折现率都是基于当时的国债收益率曲线）在 2018 年末修改了非金融假设，并观察其对财务结果的影响。由于是终身寿险，模拟情景变化的是死亡率假设（生命表的 70% 上升至生命表的 90%）。

在 IFRS17 下非金融假设变更对负债的影响需要被合同服务边际吸收，因此对当期的利润和综合收益影响较小。合同服务边际吸收了死亡率的不利影响后减小，影响未来的利润；但是在当前会计准则下，非金融假设变化带来的影响将会全部体现在当期期利润中（见图 15 和图 16）。

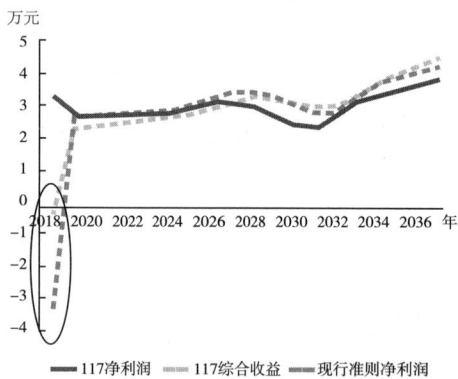

图 15　综合收益对比情况

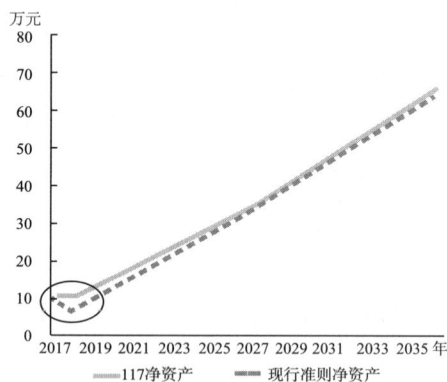

图 16　净资产对比情况

（三）　比较死亡经验偏差的影响

本情景主要体现了当年实际发生的一部分死亡赔付，与原来预期不一致的情况下，对财务结果的影响。

由于在 IFRS17 下赔付中的保险成分的偏差计入损益，而投资成分的偏差被合同服务边际吸收，因此对当期的利润和综合收益影响相对有限；IFRS17 下计入损益的是死亡责任减现金价值部分的死差，而会计准则下是死亡责任减准备金部分的死差。此例中发生赔付在第 1 个保单年度，准备金负债较小甚至为负，但现金价值为正，金额超过准备金负债。所以 IFRS17 下结果较好（见图 17 和图 18）。

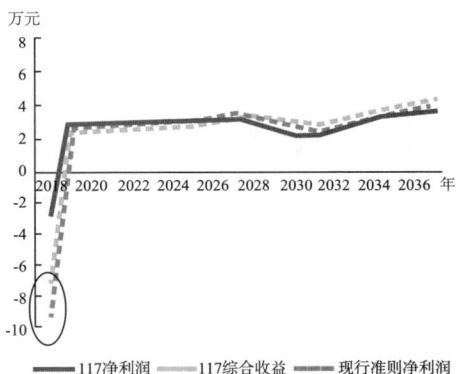

图17　综合收益对比情况

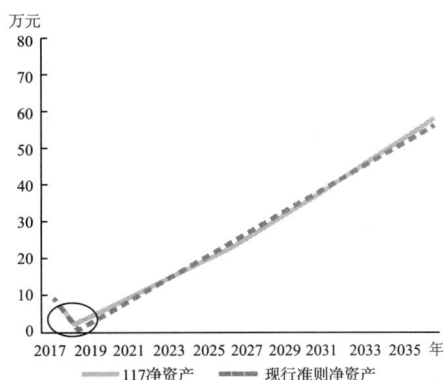

图18　净资产对比情况

（四）比较退保经验偏差的影响

本情景主要体现了当年实际发生的一部分退保，与原来的预期不一致的情况，对财务结果的影响。

由于在 IFRS17 下退保作为投资成分，其偏差被合同服务边际吸收，因此对当期的利润和综合收益影响相对较小；但是在当前会计准则下，退保偏差带来的影响将会全部体现在当期利润中。目前测试情景退保偏差发生在第 1 个保单年度，若偏差发生在后期或现金价值小于准备金时，利润趋势可能与图 19 和图 20 相反。

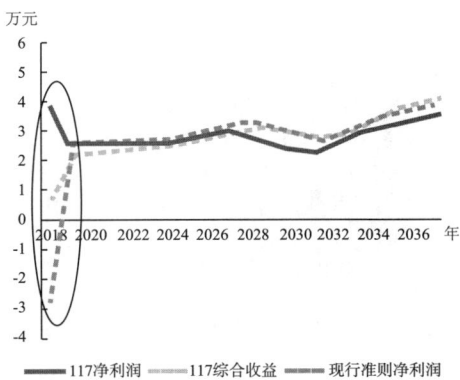

图19　综合收益对比情况

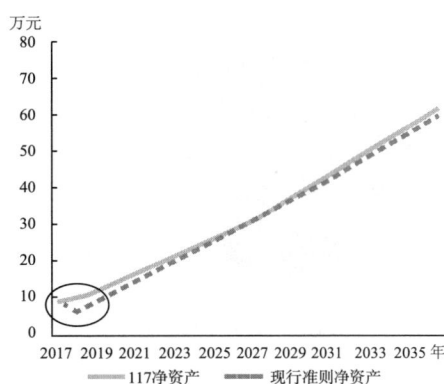

图20　净资产对比情况

第四章　我国保险业对 IFRS17 的认知

为了解我国保险业对 IFRS17 的认知，本文对保险公司、保险集团公司的财务负责人开展了问卷调查，共发出 201 份问卷，收回有效回复 194 份，覆盖超过 95% 的保险机构。总体来看，由于全球尚未正式实施 IFRS17，我国保险公司对 IFRS17 的认知不深、不透、不够全面，对 IFRS17 的潜在不利影响认识不足，对 IFRS17 在中国的适用性缺乏客观、深入的思考。

一、保险机构财务负责人对 IFRS17 的认知

（一）对 IFRS17 准则理念的评价

1. 关于 IFRS17 对中国的适用性。调查中没有任何公司认为 IFRS17 完全适用我国，78.9% 选择了基本适用，14.9% 选择了不适用。另外，选择不适用的公司中人身险公司占比 58.6%（见图 21 和图 22）。

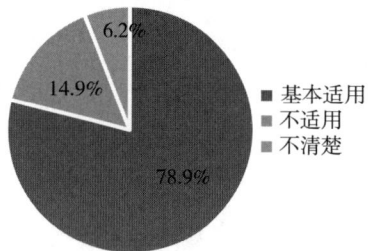

图 21　IFRS17 对中国的适用性情况　　图 22　IFRS17 对中国"不适用"公司分布

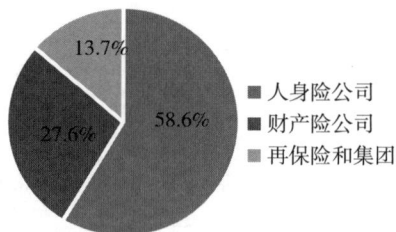

2. 关于 IFRS17 对促进保险行业稳健经营和金融稳定的作用。66.0% 的财务负责人认为 IFRS17 对保险行业稳健经营和金融稳定既存在有利的因素，也存在不利的因素，仅有 18.6% 的人身险公司财务负责人认为 IFRS17 对行业稳健经营和金融稳定具有有利影响。不利的影响主要是由于 IFRS17 明显增加了长期险合同对利率的敏感性，一定程度上影响了经营长期险公司的业绩整体稳定（见图 23 和图 24）。

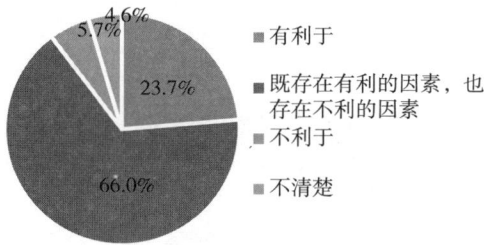

图23　对稳健经营和金融稳定的影响

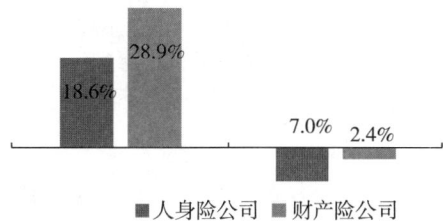

图24　人身险公司、财产险公司对行业稳健经营和
金融稳定的判断

3. 关于 IFRS17 对抑制保险行业过度竞争行为的作用。39.7%的财务负责人认为 IFRS17 对抑制过度竞争既存在有利因素也存在不利因素，34.0%的财务负责人认为 IFRS17 具有正面作用。其中，中型公司在抑制过度竞争方面的认可度低于小型、大型公司（见图25和图26）。

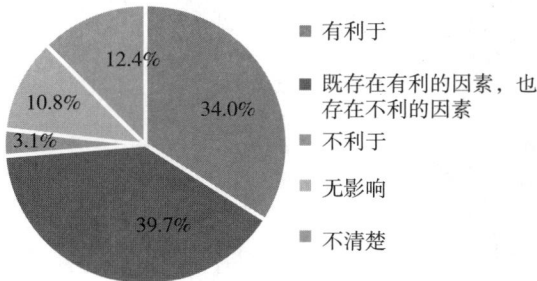

图25　IFRS17 是否有利于抑制保险行业过度竞争

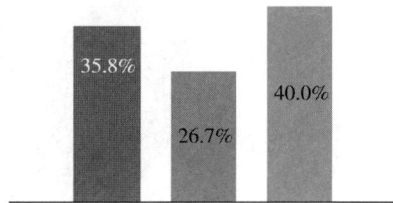

图26　大型、中型、小型公司中对认同抑制
过度竞争情况的统计

4. 关于 IFRS17 对风险保障型产品和长期储蓄型产品的影响。78.4%的财务负责人认为有利于风险保障型产品，49.0%的财务负责人认为不利于长期储蓄型产品，人身险公司受到的影响更明显（见图27至图29）。

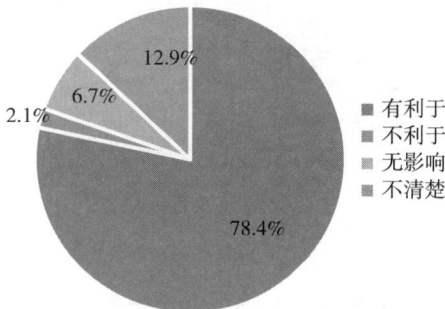

图27　对风险保障型产品发展的影响

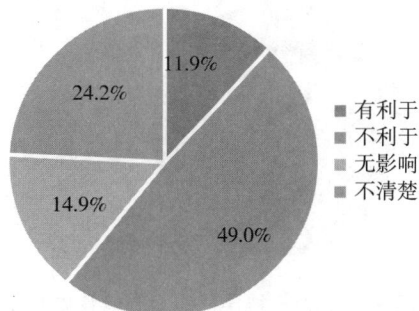

图28　对长期储蓄型产品发展的影响

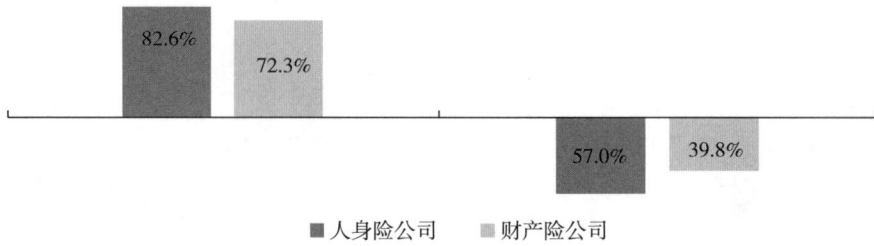

图 29 对风险保障型产品、长期储蓄型产品发展影响的判断

5. 关于 IFRS17 在保险公司价值评估方面的影响。84.0%的财务负责人认为 IFRS17 对保险公司价值评估有影响，其中 52.1%的财务负责人认为具有重大影响。由于 IFRS17 对于收入确认口径的调整、亏损合同的显性列报、按利源进行利润表重塑等的改变，一定程度上将改变保险公司的价值评估方式（见图 30）。

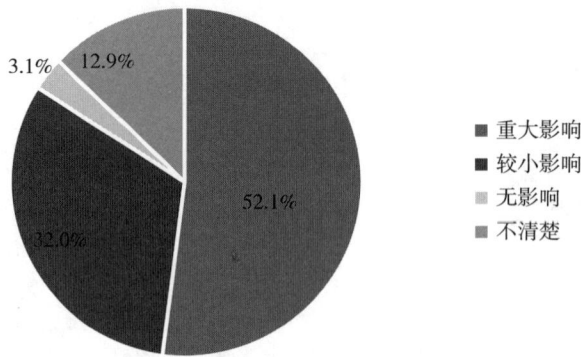

图 30 IFRS17 对保险公司价值评估的影响

6. 关于偿付能力等监管指标以 IFRS17 为基础的调整。52.1%的财务负责人支持偿付能力等监管以 IFRS17 为基础，有 29.4%的财务负责人选择不支持。人身险公司财务负责人中反对比例更高（见图 31 和图 32）。

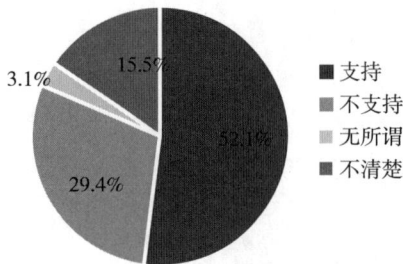

图 31 是否支持偿付能力等监管以 IFRS17 为基础

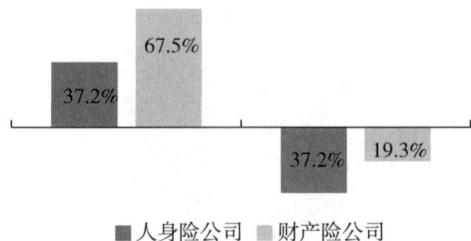

图 32 人身险公司、财产险公司是否支持监管指标以 IFRS17 为基础

(二) 对 IFRS17 准则理念的认同

1. 对于 IFRS17 的整体认同程度。有 47.4% 的财务负责人表示认同，有 44.8% 的财务负责人表示不完全认同。其中，年收入在 100 亿~1000 亿元的中型公司对其认同度最低，仅有 36.4% 的财务负责人选择认同（见图 33 和图 34）。

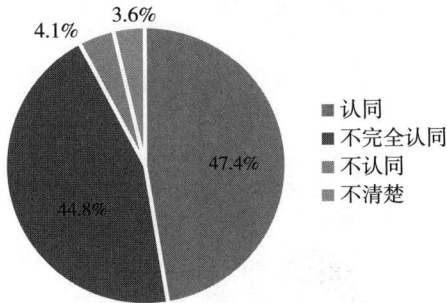

图 33　对 IFRS17 的整体认同情况　　**图 34　中型公司的整体认同情况**

2. 对于 IFRS17 旨在提升保险公司与其他金融机构财务信息可比性的理念。有 61.9% 的财务负责人对此理念认同，28.4% 的财务负责人对此理念不完全认同（见图 35）。

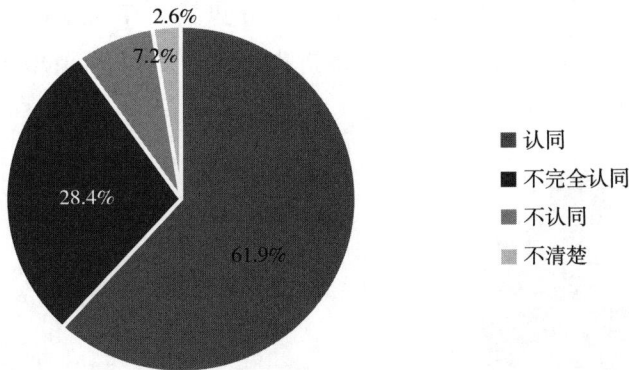

图 35　对 IFRS17 提升可比性的认同情况

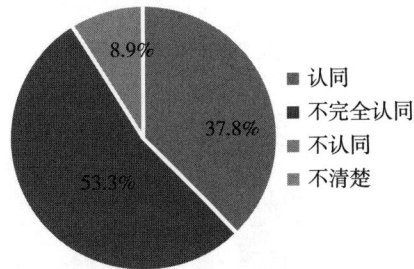

3. 对于 IFRS17 下收入的分期确认以及收入中剔除投资成分的理念。在收入基于服务分期确认的理念上，有 78.4% 的财务负责人表示认同。在收入剔除保费中投资成分的理念上，有 71.6% 的财务负责人表示认同。机构间比较来看，小型公司认同程度最高，大型公司认同程度最低（见图 36 至图 38）。

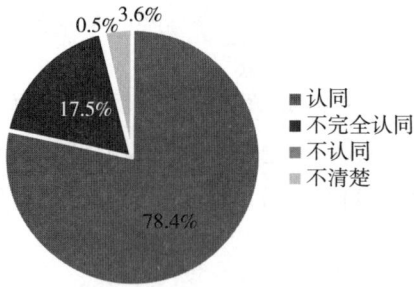

图 36　对收入分期确认的认同情况　　图 37　对收入中剔除储蓄成分的认同情况

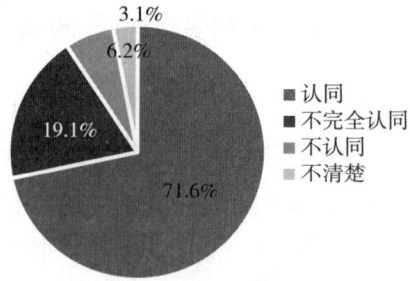

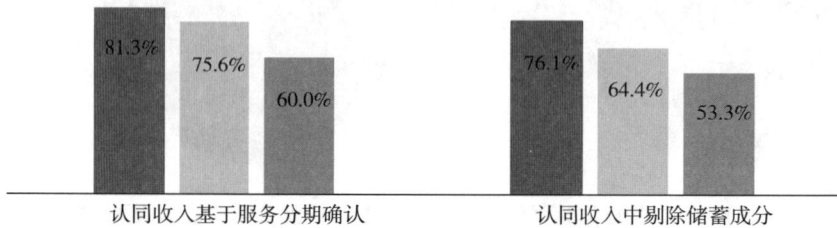

图 38　大型、中型、小型公司对收入分期且剔除储蓄成分的认同情况

4. 对于 IFRS17 要求使用报表当日的折现率曲线而非目前的 750 日移动平均曲线来计量保险合同负债的理念。60.8% 的财务负责人对此不认同或不完全认同，29.9% 的财务负责人选择认同，其中人身险公司的财务负责人中有 74.4% 选择不认同或不完全认同。不认同的原因主要是由于当日折现率曲线的使用会增加保险公司财务业绩波动性（见图 39 和图 40）。

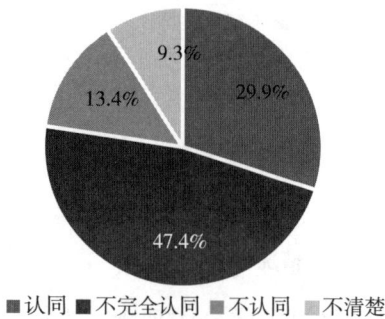

图 39　对使用报表当日折现率　　图 40　人身险公司、财产险公司对使用当日折现率
　　　曲线的认同情况　　　　　　　　　曲线的认同情况

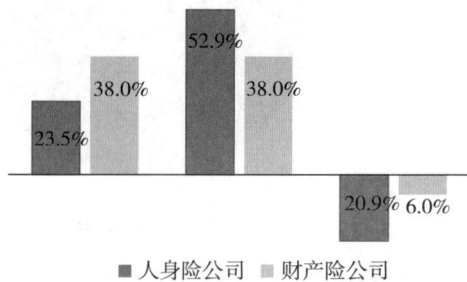

5. 对于 IFRS17 基于盈利预期进行合同分组的理念。49.5% 的财务负责人不认同或不完全认同该理念，大型公司中有 66.7% 的财务负责人不认同或不完全认同。不认同的主要原因是由于按盈利分组会带来很高的数据整理成本（见图 41 和图 42）。

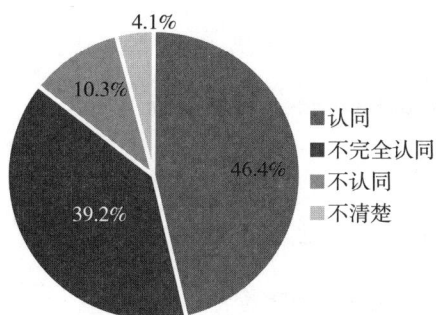

图 41　对基于盈利情况分组的认同　　图 42　大型公司对基于盈利情况分组的认同

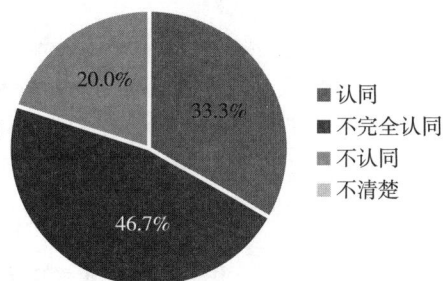

（三）　对 IFRS17 下会计信息质量的评价

总体来看，各保险公司财务负责人对 IFRS17 财务信息质量给予了正面评价，认为 IFRS17 会使会计信息质量有明显或一定程度上的提升。主要有如下初步结论。

1. 对会计信息透明度的提升，82.5% 的财务负责人表示明显提升或一定程度上的提升，主要归功于 IFRS17 打开了现行准则下的 "黑匣子" ——准备金提转差，以及报表按照利源列式，提升了整体的财务信息透明度（见图 43）。

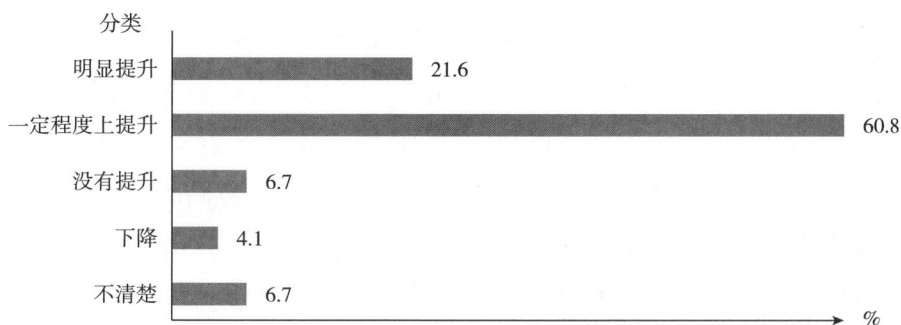

图 43　IFRS17 对会计信息透明度的提升情况

2. 对投资者决策参考价值的提升。78.9% 的财务负责人认为有明显提升或一定程度上提升。其中上市公司财务负责人认可度更高，有 86.1% 的财务负责人表示明显提升或一定程度上提升（见图 44）。

分类

明显提升 ████████ 20.6
一定程度上提升 █████████████ 58.2
没有提升 ████ 9.8
下降 █ 3.1
不清楚 ███ 8.2
%

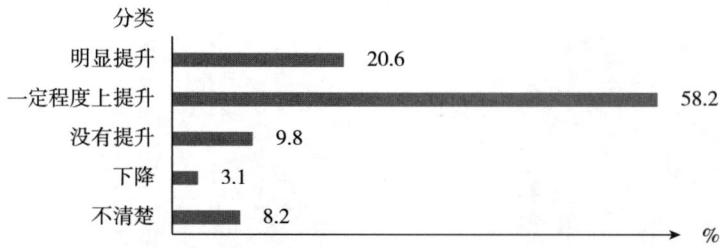

图 44　对投资者决策参考价值的提升情况

3. 对管理者决策参考价值的提升。76.3%的财务负责人认为 IFRS17 对管理者决策参考价值有明显提升或一定程度上提升。17.0%的财务负责人认为没有提升甚至是下降（见图 45）。

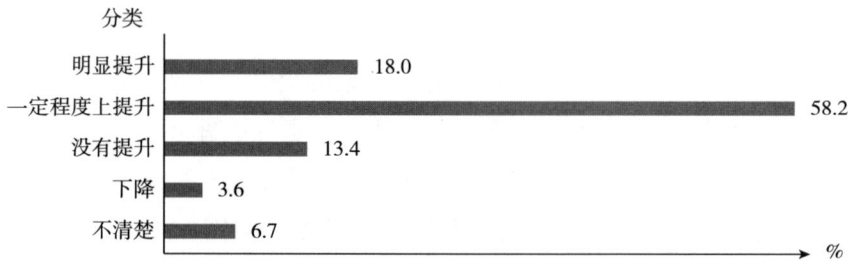

分类

明显提升 ████████ 18.0
一定程度上提升 █████████████ 58.2
没有提升 ██████ 13.4
下降 █ 3.6
不清楚 ██ 6.7
%

图 45　对管理者决策参考价值的提升情况

4. 对会计信息可靠性和利润操纵空间的影响。73.7%的财务负责人认为会计信息的可靠性明显提升或一定程度上提升。66.3%的人身险公司财务负责人和55.4%的财产险公司财务负责人认为会计利润操纵空间有所缩小，但同时有 13.3%的财产险公司财务负责人认为将存在更大的利润操纵空间。主要由于 IFRS17 原则导向地提供了部分主观判断空间，比如亏损合同的判定等，存在一定利润操纵空间（见图 46 和图 47）。

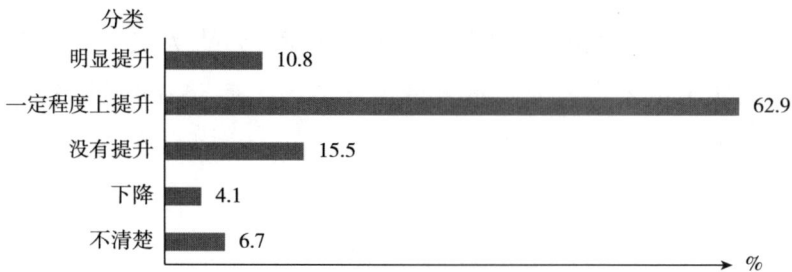

分类

明显提升 █████ 10.8
一定程度上提升 ██████████████ 62.9
没有提升 ███████ 15.5
下降 █ 4.1
不清楚 ██ 6.7
%

图 46　对会计信息可靠性的提升情况

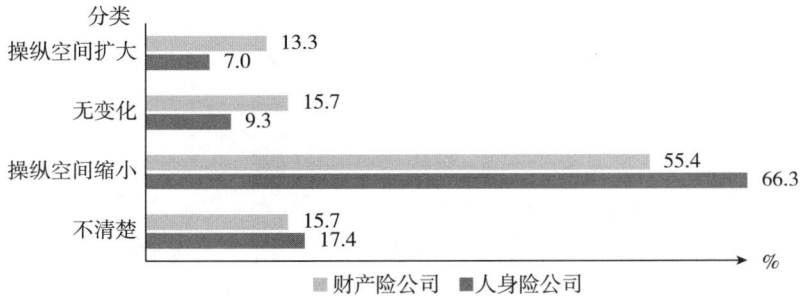

图 47　对利润操纵空间的影响

5. 对财务报表的波动影响以及如何看待采取报表日即期折现率曲线导致的波动。81.4%的人身险公司财务负责人和72.3%的财产险公司财务负责人认为财务报表波动性明显增加或一定程度上增加。而对于采取报表日即期折现率曲线导致的波动，73.2%的财务负责人不认同或不完全认同，其中人身险公司中有82.6%的财务负责人表示不认同或不完全认同（见图48至图50）。

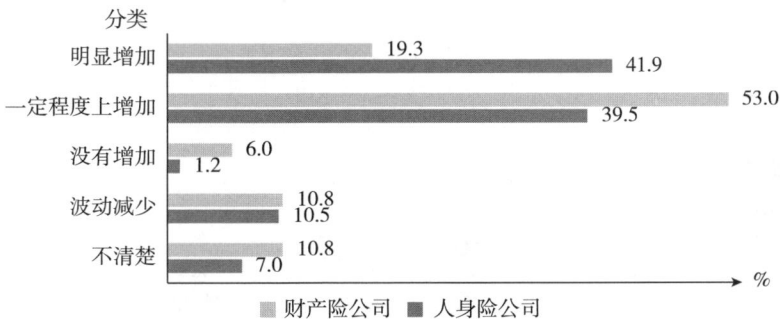

图 48　对财务报表波动性的增加情况

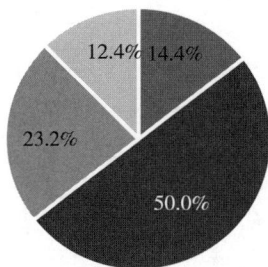

图 49　财产险公司如何看待采用报表日即期　　　　图 50　人身险公司如何看待采用报表日即
**　　　折现率曲线导致的报表波动　　　　　　　　　　期折现率曲线导致的报表波动**

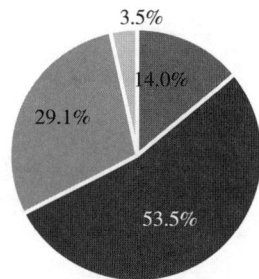

6. 最适合保险公司财务报表的基准折现率选择。37.6%的财务负责人仍认为750日移动平均收益率曲线最合适，其中人身险公司中的支持率达52.3%。另外，20.1%的财务负责人支持基于90日移动平均的收益率曲线（见图51）。

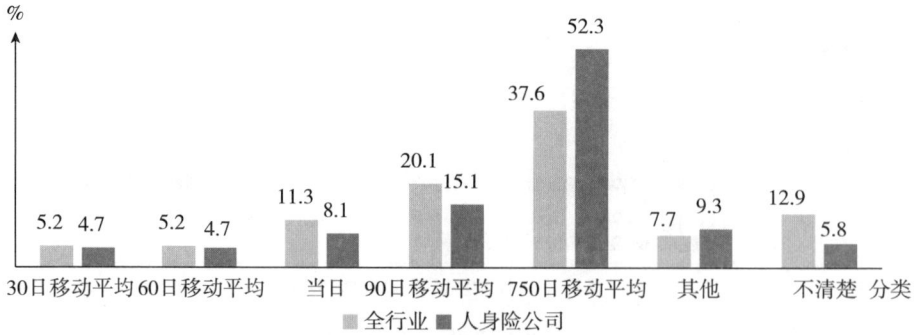

图 51　对于折现率基准曲线的选择

（四）对 IFRS17 的实施准备

1. 实施资金投入。我国保险行业预计实施 IFRS17 的总投入达 20 亿元。其中，84.8%的财产险公司预计投入总成本在 1000 万元以内，61.4%的人身险公司预计总投入分布于 500 万元至 6000 万元之间（见图 52 和图 53）。

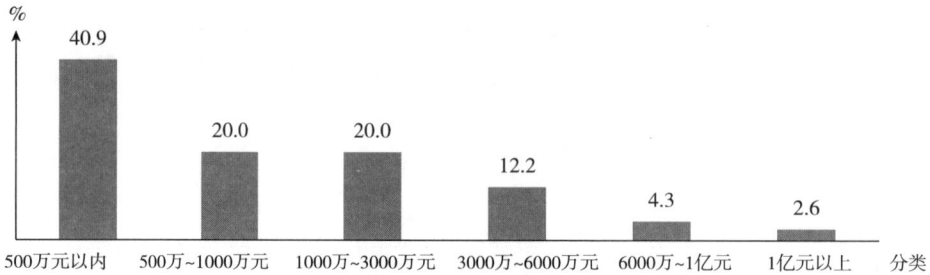

图 52　预计全部资金投入

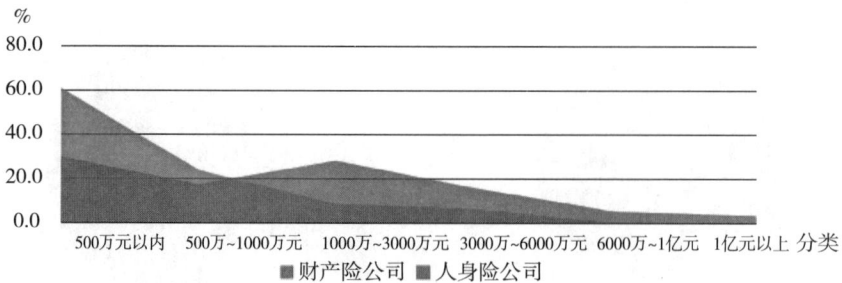

图 53　财产险公司、人身险公司预计实施总投入

86.7%的中型公司投入成本集中在 500 万元至 1 亿元间，90.9%的大型公司投入成本集中在 1000 万元至 1 亿元以上（见图 54）。

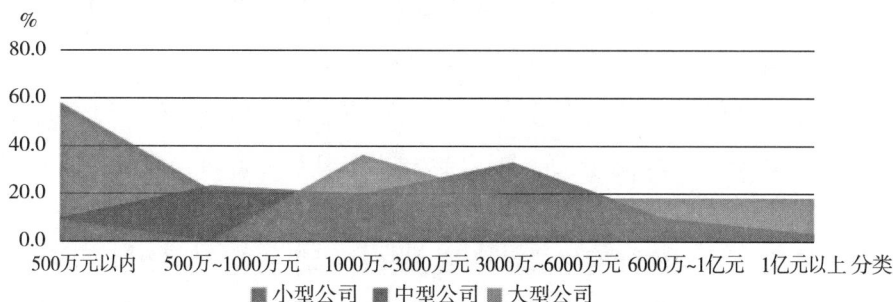

图 54　小型、中型、大型公司预计实施总投入

2. 实施障碍。保险行业面临的障碍从大到小排序依次是人力、系统、时间、资金（见表 2）。

表 2　保险行业面临的障碍排序

选项排序	人力（%）	系统（%）	时间（%）	资金（%）	其他（%）
1	39.2	29.9	16.5	9.8	4.6
2	28.9	36.6	24.2	9.3	1.0
3	26.8	22.7	32.5	16.5	1.6
4	3.6	8.8	24.7	54.1	8.8

41.8%小型公司选择的最大实施障碍是人力，53.3%大型公司选择的最大实施障碍是系统（见图 55）。

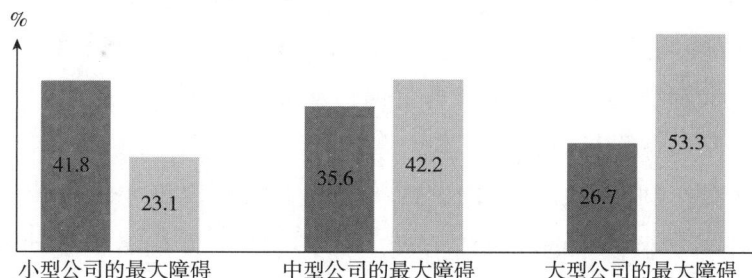

图 55　小型、中型、大型公司的"最大障碍"

二、IFRS17 实施不同利益群体

根据调查了解，目前我国保险相关行业围绕 IFRS17 存在不同的利益群体，有着不同的利益诉求。

一是境外上市保险公司。对于目前已经在境外上市的保险公司必须编制一套 IF-RS17 报表，为避免编制两套报表，它们中的大多数倾向我国保险合同会计准则立即

与 IFRS17 趋同。这些公司在 IFRS17 发布之初就已经开展了研究和实施准备工作，目前已经聘请了咨询公司，有的已经进入系统开发阶段，累计投入过亿元。

二是非境外上市保险公司。对于非境外上市的保险公司来说，目前这些公司正在努力扩大市场份额、提升竞争力，难以承受 IFRS17 实施所需要投入的大量人力、财力，这些公司倾向我国保险合同会计准则与 IFRS17 不趋同或尽量推迟趋同。

三是中介机构。作为国际网络成员的四大会计师事务所对 IFRS17 在中国的实施态度十分积极，它们对 IFRS17 研究比较深入，咨询人员储备力量较强，在中国推行 IFRS17 可以为四大会计师事务所带来丰厚的咨询费收入。此外，国外的系统实施商（如 SAP）出于商业利益也积极支持 IFRS17 的实施。

三、支持 IFRS17 的代表性观点

目前我国保险行业支持 IFRS17 在中国实施的代表性观点主要有以下几个方面。

一是有助于提高保险公司信息透明度。现行准则下利润表通过"提取保险责任准备金"来反映保险合同准备金两期变动，该科目内含保险责任增加、利润释放、精算假设变动影响等信息，涉及大量精算假设，透明度不高，被保险业内称为"黑匣子"。IFRS17 打开了"黑匣子"，将精算结果直接展现在财务报告内，信息透明度显著提升。

二是有助于提高投资者决策有用性。现行准则下保险公司利润表的有用性受到质疑，投资者需要的核心承保业务利润贡献和内含价值信息没有得到充分反映。IFRS17 通过利润表的调整展示出保险公司的核心利润来源，通过披露存量保险合同服务边际的未来利润释放等信息反映公司价值，从而提高了财务报表对投资者的决策有用性，有助于降低保险行业融资成本。

三是有助于减少利润操纵的空间。现行准则下精算假设变动影响直接计入当期损益。IFRS17 下精算假设中的非经济假设（如死亡率、发病率）变动不直接影响当期利润，而是先计入合同服务边际再逐渐释放，保险公司无法通过修改非经济假设来调节当期利润；而经济假设（如折现率）的变动则取决于市场实际数据，保险公司难以进行操纵。此外，保险合同分组必须考虑保险合同的签发时间和盈亏情况，亏损合同一次性确认损失，这使得保险公司无法通过调整盈利合同和亏损合同组合的方式来人为地调节利润。

四是有助于抑制行业恶性竞争。目前，部分保险公司为抢占市场份额，在销售传统险、分红险和万能产品时向投保人承诺了较高水平的保证收益。现行准则下这些产品的亏损情况将会在产品存续期内逐渐显现，而在 IFRS17 下这些产品发行时就

要被识别是否是亏损合同，如果是亏损合同则需要单独分组并立即确认损失，直接影响保险公司的经营业绩。上述变化将会使保险公司谨慎设定保险产品的保证收益水平，对保险公司的恶性竞争行为将会起到抑制作用。

四、反对 IFRS17 的代表性观点

目前我国保险行业不支持 IFRS17 在中国实施的代表性观点主要有以下几个方面。

一是过于理想化、复杂化，导致实施成本过高。为实现保险公司会计信息与一般企业会计信息可比，IFRS17 强制将保险合同不同组成部分进行分拆、重组，强制提高保险合同核算精度，强制使用更多精算数据进行利润展示，这种颠覆性、理想化、复杂化的改变显著增加 IFRS17 的实施难度，实施成本、审计成本将大幅提升。据咨询公司估计，欧洲大型上市保险公司实施 IFRS17 的平均成本将达到 5000 万欧元；根据在行业内做的问卷调查，IFRS17 在中国保险行业落地预计需要直接投入资金超过 20 亿元。

二是会计信息可靠性下降、波动性扩大，与审慎监管体系难以兼容。相对于现行保险合同准则，IFRS17 实施涉及更多主观的判断和假设，会计信息中客观数据占比明显减少，会计信息可靠性受保险公司主观判断和假设影响的程度显著提升。当前可观察的收益率曲线的使用将市场波动性引入财务报表，部分会计信息的波动性显著增加。可靠性降低和波动性的提高可能会引发监管指标发生不必要的频繁波动，干扰监管部门对保险公司真实偿付能力的判断，与现有的保险业审慎监管体系难以兼容。

三是偏离了保险行业的商业模式。保险行业是经营长期风险的行业，保险合同内含保险、储蓄等多种功能，随着商业保险的储蓄功能得到重视，商业保险已成为我国社会养老保障体系建设第三支柱的重要组成部分。IFRS17 将具有长期性、组合性、一体化管理特征的保险合同进行了短期化、分拆式处理，使得投资者会过度关注短期保险服务收益和短期投资收益表现，忽视保险公司长期保险业务的业绩潜力，进而会引导保险公司经营行为的短期化。如 IFRS17 要求把储蓄类收款（投资成分）从保险收入中剔除，这会弱化储蓄类保险产品的收益表现，提高产品的利率风险敏感性，增加风险管理难度，会制约保险公司对长期储蓄类产品的供给。

四是忽视了不同金融市场的差异性，尤其是在新兴市场中难以操作。IFRS17 主要根据欧洲保险市场业务发展进行制定，欧洲金融市场发展深度和活跃度较高，利率市场价格比较稳定和透明，债券市场期限结构完善，保险公司资产、负债期限结构能够有效匹配，使用当前可观察的市场收益率曲线能比较真实公允地体现市场供

需关系。但对于金融市场发展尚不完善的新兴市场国家和地区来说，硬性要求使用可观察的收益率曲线则将加剧保险公司财务报表波动性。如我国利率市场中债券期限较短，期限结构不完整，10 年期以上的债券占比较低，而人身险公司平均负债久期约为 12 年，头部公司负债久期甚至长达 20 年，投资端难以匹配长期资产，资产与负债之间存在较大久期差，使用当前可观察的收益率曲线将造成负债价值对利率市场的敏感性远高于资产，加剧保险行业财务报表波动性。

五是与现有税收体系难以兼容。我国现有税收体系坚持历史成本原则，多依据企业实际发生的历史数据作为计税基础，对于主观判断引起的会计数据变化往往要求企业进行纳税调整。IFRS17 实施后保险合同会计数据大多不是实际历史数据的体现，会计数据的主观判断和精算成分缺乏足够的客观性，这将加大税收征管难度。现行税收政策也多依据现行会计准则的保费收入进行征管，这些政策在 IFRS17 下也将不再适用，同时收入数据的主观判断和精算成分增加，税务部门将难以根据财务报表中的收入和费用数据来核定保险公司佣金手续费税前扣除标准。

第五章　从金融稳定视角审视 IFRS17

一、关于金融稳定

金融业是一个不稳定的高风险行业，金融稳定至关重要，金融稳定理事会（FSB）和国务院金融稳定发展委员会均以金融稳定为目标。其主要原因有以下几方面：一是金融业大都属于高杠杆经营行业，比较低的资本与资产比率或比较高的杠杆率，缺乏能够为损失提供补偿的空间。二是金融业具有明显的亲周期性特征，例如保险行业的亲周期性则表现为部分公司经营过程中出现背离保险风险保障职能的行为，以资产驱动负债，通过发行高利率保单吸引客户、扩大规模、抢占市场份额，而获取的保险资金投资高风险项目，其中投资风险可能在经济下行时暴露。三是金融企业众多，金融企业之间的拆借、投资行为使它们更紧密地缠绕在一起，任何一家金融企业困难或破产都会很快传播到其他金融企业，一旦金融恐慌引发挤兑，很容易出现连锁的"技术性破产"。四是金融企业客户众多，金融风险会最终影响被保险人、存款人等社会公众利益。

金融稳定是一个非常笼统的概念。金融监管部门对于金融稳定的考虑具体化为一些目标，这可以从监管目标中找到，例如《中华人民共和国银行业监督管理法》第三条规定，银行业监督管理的目标是促进银行业的合法、稳健运行，维护公众对银行业的信心。银行业监督管理应当保护银行业公平竞争，提高银行业竞争力。《中华人民共和国保险法》第一百三十三条规定，保险监督管理机构依照本法和国务院规定的职责，遵循依法、公开、公正的原则，对保险业实施监督管理，维护保险市场秩序，保护投保人、被保险人和受益人的合法权益。如果将金融稳定进行具体化，可以概括为以下四点。一是行业稳健运行，即行业发展不要过于激进、要克服行业亲周期性，风险可控、出现风险时能及时化解、高质量发展。二是公平竞争，即大机构和小机构平等发展，也要具有竞争力，包括具有国际竞争力。三是公众对行业具有信心，即行业内公司要具备良好的财务状况，行业能够发挥社会稳定器作用、能够服务实体经济和人民需求。四是债权人和保险相关方利益受到保护，需要做到行业内公司的负债充分可靠确认计量，防止资不抵债，同时资产方要投资稳健、计量审慎。

二、会计准则与金融稳定

在 2008 年国际金融危机中，会计准则被认为是危机的起因之一。部分国际金融界、政界议员认为会计准则中对公允价值的要求导致了金融不稳定，在市场大跌和市场定价功能缺失的情况下，导致金融机构过分对资产按市价减计，造成亏损和资本充足率下降，进而促使金融机构加大资产抛售力度，使市场陷入"交易价格下跌—资产减计—核减资本金—恐慌性抛售—价格进一步下跌"的恶性循环，间接导致了一些金融机构倒闭。在此种情况下，IASB 于 2008 年 10 月仓促发布金融工具重分类规定，允许企业将以公允价值计量且其变动计入当期损益的金融工具重分类为以摊余成本计量。而对于这一修改，我国坚持了准则制定的独立性立场，未盲目跟随。

2008 年的国际金融危机带给我国以下启示和教训。一是国际财务报告准则并不是完美的，与 IFRS 的国际趋同不应该是直接全盘接受，而应该进行充分评估。二是会计准则对金融稳定是会产生影响的，需要对这种影响进行评估。三是金融业会计准则制定应具有双重目标特征，会计准则除了要保护投资者利益外，金融稳定和债权人利益也应得到保护。四是金融监管机构从维护金融稳定目的出发参与并影响会计准则制定。在后危机时代，会计准则的发展过程中应充分考虑金融稳定因素，主要理由如下。

1. 会计准则已经成为金融监管规则的重要组成部分。国际金融稳定论坛（FSB 的前身）曾经在 2009 年 3 月发布的报告中认为，亲周期性规定既存在于巴塞尔新资本协议中，也存在于国际会计准则规定中。在 2009 年 4 月 2 日的伦敦峰会上国际金融稳定论坛的部分政策建议被采纳，在 G20 领导人联合声明中呼吁 IASB 和 FASB 立即行动起来，与相关监管机构一起共同改善有关估值指引和贷款损失准备的会计准则，并形成全球统一高质量会计准则。

2. 会计准则是金融监管的重要基础。依据会计准则生成的会计信息是金融行业监管的数据基础，金融监管机构出于维护金融稳定和保护债权人和金融消费者利益的考虑需要关注会计准则的发展变化。市场约束是金融监管的重要补充，有助于弥补监管真空和监管失灵，依据会计准则生成的会计信息有助于市场约束力量的充分发挥。国际金融危机之后，金融监管部门除了积极参与并影响会计准则制定过程，也将更多关注放在如何确保会计准则的高质量实施。如预期损失模型实施后，巴塞尔委员会发布了相关监管文件指导各国监管当局加强预期损失模型实施的监管力度，包括加强对外部审计的监管力度。未来 IFRS17 的实施也将面临实施的监管，以确保高质量、一致性实施。IASB 主席 Hans Hoogervorst 在 2012 年欧洲央行第三次会计会议上指出，信息透明与金融稳定是不矛盾的，他在 2017 年针对"IFRS17 及其对金融稳定的贡献"主题发表演讲中认为，国际会计准则理事会在其使命宣言中明确提到了金融稳定；虽然金融稳定不是制定会计准则的目标，但会计信息透明度是实现金融稳定的关键因素；高质量会计准则是金融稳定的基础，可以成为预警金融风险和业绩变化的预警系统。

三、从金融稳定视角审视 IFRS17

下面主要从行业稳健运行、公平竞争及有力竞争、公众对行业的信心、债权人和保险相关方的利益保护等方面审视 IFRS17。

（一）从维护行业稳健运行方面考虑

IFRS17 是以欧洲保险公司实践为基础发展研究的，更加符合欧洲的情形。欧洲保险市场的长期保障型产品已经饱和，保险产品已经转型为以投资型、储蓄型产品为主，IFRS17 要求对保险产品进行分拆核算、盯市计量、净值管理，是契合欧洲保险市场的发展需要的，有利于投资型保险产品获得更快的发展。而我国目前保障型保险产品供给严重不足，保险公司具有销售和发展投资型产品的冲动。IFRS17 将具有长期性、组合性、一体化管理特征的保险保障产品进行分拆式、市值化处理，进行短期化评价，向投资者和经营者展示的是保险公司短期的经营收益和剧烈的净资产波动，会迫使保险机构经营行为短期化，这将严重制约保险行业对长期保障型保险产品的供给，不利于落实党中央对金融业回归本源的要求。

（二）从促进市场竞争方面考虑

我国目前已经成为世界第二大保险市场，保费收入全球市场份额达到仅次于美国，2020 年《财富》世界 500 强排行中，中国有 10 家企业入榜，其中平安集团、国寿集团进入前 50 名。从保费收入增幅来看，根据瑞士再保险研究院的预测，我国在 2020 年至 2022 年的增速将分别达到 5.1%、9.1%、9.0%，增速全球最快。因此，相对于欧美市场，我国保险潜力巨大，随着人民保险意识的不断增强，保费将继续保持高速增长。但如果我国实施了 IFRS17，我国保险公司的国际竞争力可能会受到较大程度的影响，竞争力将落后于美国和欧洲的保险公司，进而会使我国保险业在中美欧战略博弈中处于劣势。因为，目前美国为了保护美国保险市场保障型产品的发展以及保险机构经营绩效评估的稳定性，已经明确拒绝与 IFRS17 趋同；欧洲保险公司的产品结构与 IFRS17 比较契合，必然会有利于提升欧洲保险公司的国际竞争力。

从国内情况来看，我国保险市场集中度较高，市场竞争激烈，中小型公司面临较大的市场竞争压力，面临转型难、生存难等问题，IFRS17 高昂的实施成本将加剧中小型公司的经营成本压力，保险市场集中度进一步提高，不利于国内保险市场的充分公平竞争。

（三）从提升公众对行业信心方面考虑

相对于现行会计准则，IFRS17 实施后保险公司的保险收入将显著减少，财务状况会发生较大幅度的波动，短期内会引起社会公众对保险公司长期稳健经营情况的担忧。长期来看，IFRS17 实施会激发保险公司的短期行为，研究开发能够短期释放更多收入的保险产品，加大对投资型保险产品的市场投入，相应会减少长期保障型保险产品的供给，从而会影响保险行业社会稳定器作用的发挥，难以有效服务实体经济和满足人民保险保障需求，进而会影响社会公众对保险行业的信心。在我国，保险除了具备经济补偿功能和资金融通功能外，还具有社会管理功能，如通过开展农业保险发挥保险的防灾防损作用，通过发展责任保险，实现风险责任的分散，通过大力发展商业养老保险，积极推动年金产品，满足人民多元化的社会保障需求。IFRS17 实施后，这些具有社会管理功能的政策性业务产品（如大病医疗保险业务和农险业务）不利于保险公司的财务表现，一定程度上会阻碍保险公司开发这些产品，进而会影响保险公司社会管理功能的发挥。

（四）从保护保险相关方利益方面考虑

相较现行的保险合同准则，IFRS17 要求保险合同的核算大量使用主观判断和精算假设，保险公司的财务报表不再客观，会计信息可靠性显著降低；没有了保费收入规模的数据，会计信息的决策有用性降低；由于保险公司内部管理主要通过保费规模传导管理意图，会计信息的内部管理决策有用性也会降低。同时，IFRS17 要求使用"当前可观察的收益率曲线"，将使保险公司净资产等重要财务信息受到频繁剧烈波动。会计信息可靠性的降低和财务指标波动性的提高，将使债权人和保险利益相关方难以判断保险公司的实际风险状况，债权人和利益相关方将无法依据财务报告对保险公司的经营进行有效的监督和约束，利益也无法得到有效的保护。

第六章　从税收征管视角看 IFRS17 实施

一、IFRS17 下税收基础的变化

一是一体性保险合同的会计处理分拆化。保险合同是将风险保障、储蓄、服务等因素一体化设计和管理的金融产品，IFRS17 将作为一个整体的保险合同进行人为分拆，分别核算。分拆化的典型例子之一是保费收入剔除储蓄成分并分期确认。现行准则下，符合保险合同定义的保费收款一次性全额确认为收入。IFRS17 实施后，保费中包含的储蓄成分（如死亡赔付、生存金等）要从保费收入中剔除，在整个保险期间随"保险服务"的提供逐期确认。根据新的保费收入确认方式，预计我国寿险行业保费收入将下降 60% 至 70%，中小型人身险公司由于历史存量保单积累较少、前期收入的堆叠效应不明显，保费收入将下降 90% 左右。

二是长期保险合同的会计处理短期化。保险业尤其是寿险业是经营管理长期风险的行业，中国寿险合同的平均久期在 12 年左右。IFRS17 将具有长期属性的保险合同进行了短期化处理，目的是提高以长期业务为主体的保险业与以中期业务为主体的银行业，以及以短期业务为主体的证券业之间的会计报表的"可比性"。以短期视角来衡量长期业务的价值和利润，会使投资者过度关注保险公司短期经营成果，忽视保险公司长期保险业务的业绩，也会促使保险公司经营行为的短期化。在产品结构上，核算的短期化会刺激保险公司开发利率敏感型产品，这符合欧洲保险市场大力发展投资型险种的需要，但不利于鼓励中国保险业开发销售长期保障型产品。

三是非标保险合同的会计处理市值化。保险合同属于非标性产品，无活跃市场交易，国际上普遍不采用市值定价。新准则要求使用基于当前可观察的收益率曲线，即市值计价原则。我国利率市场中债券期限较短，10 年期以上的债券占比较低，人身险公司平均负债久期约为 12 年，部分长达 20 年，资产与负债存在较大久期差，这种市值化核算和净值化管理必然会到导致财务报告的频繁波动，利率的小幅波动就会引起利润和净资产的大幅度波动。

四是客观经济交易的会计处理主观化。现行准则下保险公司通常将同一险种的全部保单作为一个组合进行会计核算，大部分会计核算数据来自客观实际发生的业

务数据，少部分来自带有主观成分的精算模型。新准则下保险合同会计处理主观化水平显著增加，保费收入与发票数据完全无关，费用、利润等会计信息基于大量精算假设和专业人员估计得到，监管部门、税务部门、外部审计机构对有关数据很难予以核实。

二、IFRS17 对税收政策和税收征管的冲击

一是分拆化核算下收入大幅度下降导致以收入为基础的税收政策失效。我国现行保险行业税收政策中，许多政策与收入指标挂钩，如保险公司佣金手续费、保险保障基金、广告和业务宣传费、招待费等所得税税前扣除政策都与保费收入指标挂钩。IFRS17 下，保险收入大幅度下降，必然导致以收入为基础的各项税收政策难以执行。例如，保险公司佣金手续费按照当年全部保费收入扣除退保金后的 18% 准予所得税税前扣除，IFRS17 下保险收入将大幅减少，佣金手续费也被递延确认，税务部门将难以根据财务报表中的收入和费用数据来核定保险公司佣金手续费税前扣除标准。再比如，依据我国现行税收政策，保险公司按照保费收入的一定比例缴纳的保险保障基金准予所得税税前扣除，IFRS17 下保险收入大幅减少，保险保障基金也被递延确认，税务部门也难以核定保险保障基金的税前扣除标准。

二是收入和成本费用确认的客观性、可靠性显著降低导致税收管理难度加大。现行准则下，保费收入基本等同于当期实际收取的保险合同价款，支出项包括当期实际发生的赔付支出、手续费及佣金支出、保单维持费用等。IFRS17 下，保险收入包含保险合同服务边际当期释放、预期当期发生的理赔支出、预期维持费用和分摊至当期的获取费用，保险支出包括已发生的理赔支出、实际的维持费用，以及分摊至当期的获取费用（不是实际获取费用支出）。收入支出指标中除实际维持费用外，其他指标均非实际发生金额，会计数据的客观性、可靠性显著降低，保险行业税基将受到动摇，税源稳定难以保障。在实际征纳过程中，极易产生税企分歧。

此外，我国总体上采取"以票控税"的税务管理模式，IFRS17 下保险公司主要收入和支出不再与发票金额相关，而是根据精算模型按照一系列假设进行估计，使得保险公司的收入、费用、利润等税基指标不再是客观历史数据的反映，现行税收政策将难以匹配保险公司新的报表体系，税务部门难以掌握和判定保险公司精算假设和主观判断的合理性，也无法依据发票核对当期收入、费用的真实性。从保险公司的角度来看，由于没有发票的复核和校准，保险公司的税收遵从风险也将显著上升，带来不必要的合规成本。

三是财务报表的波动性显著增加影响保险行业税收稳定。IFRS17 下，由于引入

市值化核算，保险公司财务报表的波动性显著增加，也给人为调整保险公司税收水平留下了较大的空间。首先，保费收入分期确认，但保险的实际赔付支出可能会集中发生，导致保险公司的利润会出现无规律的大幅波动。最后，IFRS17下所要求的"当前可观察的收益率曲线"的使用将使保险公司利润等重要财务信息频繁剧烈波动。最后，现行准则下，保险合同负债计量的最小层级是单个合同。IFRS17下，保险公司首先需要对保单进行分组，不同的保单分组方案将影响保险合同利润的释放节奏，进而影响保险公司收入和利润的确认轨迹。而保险合同分组本身也是精算的结果，保险公司可以通过调节精算假设来操控保险合同分组和保险合同利润的释放，这对监管部门和税务部门都是很大的挑战。

第七章　我国保险合同会计准则与 IFRS17 的趋同策略建议

2020 年 12 月 23 日，财政部发布了修订后的《企业会计准则第 25 号——保险合同》，以取代现行的《企业会计准则第 25 号——原保险合同》《企业会计准则第 26 号——再保险合同》和《保险合同相关会计处理规定》（财会〔2009〕15 号）（以下统称原保险合同准则），其内容与 IFRS17 基本保持一致。在实施步骤上，新保险合同准则的实施采取分步到位的方法——在境内外同时上市的企业以及在境外上市并采用国际财务报告准则或企业会计准则编制财务报表的企业，自 2023 年 1 月 1 日起执行；其他执行企业会计准则的企业自 2026 年 1 月 1 日起执行，允许企业提前执行。针对财政部发布的新保险合同准则，我们认为我国保险行业应采取以下应对策略。

（一）推迟我国保险合同会计准则国际趋同时间和实施时间

当前 IFRS17 在国际上存在重大分歧和争议，尚未成为国际公认和普遍接受的会计准则。首先，美国已经宣布不认可 IFRS17，并已于 2018 年 9 月发布了自己的新保险合同会计准则（该准则与我国现行保险合同准则在理念和做法上较为接近）。其次，虽然 IFRS17 主要是基于欧盟保险市场设计的，但欧盟目前仍在对 IFRS17 进行评估，尚未按照法律程序表决通过实施 IFRS17。即使欧盟完成对 IFRS17 的表决过程，也将只在合并报表层面采用 IFRS17。日本也在 2011 年 6 月宣布放弃全面采用 IFRS17 的计划，到目前为止仍未计划按照 IFRS17 修订其本国的保险合同准则。考虑到目前 IFRS17 尚未得到美国、欧盟、日本等主要经济体的认可，也尚无国际经验和税收管理经验可以借鉴，建议我国至少观察其他经济体实施 IFRS17 两到三年的时间，在能够充分综合评估新准则带来的影响后，再确定具体实施策略。对境外上市的保险公司，确需对外披露 IFRS17 报表的，可以采用调表不调账的方式进行报表披露。

（二）维持现有保险审慎监管会计准则基础不变

新保险合同会计准则将导致会计信息可靠性下降、波动性显著加大，与金融审慎监管体系无法兼容，将使包括监管者在内的会计信息使用者难以判断保险公司的实际风险状况。为此，我国对保险公司的所有审慎监管制度和指标，也将继续以现行保险合同会计准则为基础，不采纳新保险合同会计准则。根据国际货币基金组织的相关调查，目前多数国家和地区表示，如果保险公司实施 IFRS17，监管当局将不得不仍然采用现行会计准则进行审慎监管，这将要求保险公司保留新旧两套财务报告体系，合规成本和审计成本将大幅度提高。

（三）维持现有保险税收政策和征管方式不变

新保险合同会计准则对保险行业税收形成很大冲击，现行税收体系下难以设计出基于新准则的税收政策和征管办法。因此，为保持保险行业税基和税源稳定，避免保险业产生税收合规风险，建议按照"税会分离"的原则，在新准则实施后，继续维持保险行业现有的税收政策和税收计征体系不变，保险公司仍然根据现行保险合同会计准则编制的财务报告进行纳税申报。

（四）推动更新企业会计准则国际趋同策略

2006 年以来我国实施的国内会计准则与 IFRS 全面持续趋同的政策，在争取国际社会对我国市场经济地位的认可，以及我国参与国际经济大循环等方面发挥了重要作用。"十四五"时期我国经济社会发展转向加快构建以国内大循环为主体、国内国际双循环相互促进的新发展格局，企业会计准则的趋同策略应与时俱进，服务服从新发展格局。建议在会计准则的国际趋同中改变目前简单化趋同、跟随性趋同的做法，注重服务国内大循环为主的新发展格局需要，做到务实趋同、双向趋同，坚定制度自信、准则自信，坚持多边主义，在国际规则的大国博弈中讲好中国故事、发出中国声音、贡献中国智慧，共同构建人类命运共同体。

参考文献

［1］财政部会计准则委员会．关于修订印发企业会计准则第 25 号——保险合同》的通知．2020.

［2］IASB. IFRS17 Insurance Contracts.

［3］Hans Hoogervorst. speech at the IFRS Foundation's conference in Amsterdam in 2017 ［J］. IFRS 17 and its contribution to financial stability. 2012.

［4］Windsor P，Yong J，and C. T. Bell. IMF working paper－Accounting Standards and Insurer Solvency Assessment ［J］. IMF Working Papers，2020.

第九篇

中国银行业税制改革问题研究

中国银行保险监督管理委员会财务会计部课题组

课题主持人：赵宇龙

课题组成员：郭　菁　司振强　陈吉勇　孙晓筱

摘　要

银行业是我国国民经济的重要组成部分，在金融业中处于基础性和主导性地位，也是我国重要的税源行业。银行税收水平不仅关系到银行运营效率和财政收入，还会影响银行信贷成本，进而对实体经济融资成本产生影响，因此银行税收需要在经营效率、实体经济融资成本和国家税收贡献等方面寻求平衡。本文着眼于银行业金融机构税制发展历史、现状以及存在的问题，通过复盘新中国成立以来银行业机构税制历史沿革，调研 2009 年至 2019 年银行业机构缴税情况，收集汇总行业提出的税收问题与建议，比较借鉴国际银行业税收现状，提出对我国银行业税制改革的建议。

关键词：银行；税制；税负；问题

第一章　银行业税制历史沿革

税收是以经济发展为基础，新中国成立以来随着国家经济体制改革、社会经济发展，税收制度也随之进行持续性改革。银行业作为现代经济的核心，它的稳定和发展对整个国民经济的健康运行起着至关重要的作用。银行业税制是我国税收制度的重要组成部分，其发展对推动金融业乃至我国经济的发展具有重大影响。银行业需要缴纳的税种主要有企业所得税、增值税（2016 年 5 月 1 日前为营业税）、城建税和教育费附加、房产税、土地使用税、印花税、车船税、个人所得税（代扣代缴）等。其中企业所得税和增值税是我国的主体税种，也是银行业的主体税种。

自新中国成立以来，我国的税制改革大体可分为四个阶段：改革开放前的税制税种状况（1949—1978 年）、经济转轨时期的税制税种改革（1978—1993 年）、建立社会主义市场经济体制时期的税制税种改革（1994—2013 年）、全面深化改革时期的税制税种改革（2013 年至今）。

一、改革开放前（1949—1978 年）

改革开放前，即 1949 年新中国成立至 1978 年的 29 年间，新中国先是建立了一套以多种税、多次征为特征的复合税制，中间历经多次简化税制改革，但改革后造成税制过于简化，在一定程度上影响了税收职能作用的发挥。1978 年中国的国内生产总值为 3678.7 亿元，财政收入、税收收入分别为 1132.3 亿元、519.3 亿元，税收收入占财政收入、国内生产总值的比重分别为 45.9%（较 1952 年下降了 10.3 个百分点）、14.2%，政府财政收入的主要来源是国营企业上缴的利润。

在此阶段，银行业历经基本完成社会主义改造、遭受"文化大革命"重创、到恢复银行独立的组织系统等几个历程。1978 年 1 月，中国人民银行从财政部独立出来。中国人民银行既是发行钞票的中央银行，又是受理居民、企业储蓄的经营机构。

在这个阶段，我国始终没有形成一套独立、完整、统一的税收制度，银行业税收制度尚未形成，国有银行以向国家上缴利润方式支撑财政收入。1950 年对银行业按 4% 的税率征收营业税（包含在工商业税中），该税种到 1959 年起停征。

二、经济转轨时期（1978—1993 年）

经济转轨时期的税制税种改革（1978—1993 年），是中国改革开放以后税制改革的起步阶段，以建立涉外税收制度为起点，继而实行了国营企业"利改税"和工商税制的全面改革。自 1978 年至 1993 年，随着经济的发展和改革的深入，中国对税制改革进行了全面的探索，改革逐步深入，取得了很大的进展，初步建成了一套内外有别、城乡不同，以货物和劳务税、所得税为主体，财产税和其他税收相配合的新的税制体系。1993 年，中国的国内生产总值为 35673.2 亿元，财政收入、税收收入分别为 4349 亿元、4255.3 亿元，税收收入占财政收入、国内生产总值的比重分别为 97.8%、11.9%，前者比 1978 年上升了 51.9 个百分点，后者比 1978 年下降了 2.3 个百分点。

改革开放初期，我国企业所得税的征收对象主要是中外合资经营企业、外国企业；此后我国进行了国营企业"利改税"的改革，并开始建立和实施集体企业、私营企业所得税制度，调整和优化了国家与企业的分配关系。

此阶段是银行业从"大一统"向专业化的转型阶段，四大专业银行相继成立。1979 年 3 月，农业银行恢复设立，中国银行从中国人民银行分设；同年 8 月，建设银行从财政部分设；1984 年 1 月，工商银行成立，承接中国人民银行所办理的工商信贷和储蓄业务，中国人民银行履行中央银行职能。自此中央银行与国家专业银行分离，四大银行分别在工商企业、农村、外汇和基本建设领域占据垄断地位，且业务受到严格划分。

企业所得税方面，银行主要为国营企业，依据《国营企业所得税条例（草案）》及其实施细则和《国营企业调节税征收办法》规定，不论大小规模，统一按照 55% 的税率缴纳所得税。

1982 年起，我国工商税重新开征，对银行业初始计税依据为业务收入减去存款利息支出以后的差额，税率为 10%。后来为了简化征税手续，将计税依据改为营业收入（如利息收入、金银业务收入、手续费收入等），不再扣减支出，同时将税率调整为 5%；并规定联行往来和专业银行往来利息收入、利差补贴收入、出纳长款等收入不计征工商税。1984 年，原工商税被划分为营业税、增值税和产品税。我国对银行业改征营业税，计税依据为银行业的营业收入额，税率为 5%，优惠政策不变。银行应纳的营业税，由各总行汇总缴纳。从 1985 年 1 月 1 日起各银行交纳的营业税由中央预算收入改为地方预算收入，均由取得业务收入的核算单位在当地缴纳，即：县及设区的市，由县支行或区办事处纳税；县以上各级银行直接经营业务取得的收入，由各级银行分别在所在地纳税。各银行总行直接经营业务取得的收入，其应纳的营业税，由各银行总行向税务总局缴纳。

三、建立社会主义市场经济体制时期（1994—2013 年）

建立社会主义市场经济体制时期（1994—2013 年），为了适应建立完善的社会主义市场经济体制的需要，中国继续完善税制，分步实施了多项重大改革，基本实现了税制的城乡统一、内外统一。建立社会主义市场经济体制时期，银行业向商业化、市场化转型，这一阶段基本确立了以营业税和企业所得税为主体的银行业税制体系。1994 年工商税制改革是新中国成立以来规模最大、范围最广泛和内容最深刻的一次税制改革。企业所得税由过去对国营企业、集体企业和私营企业分别征收的多种企业所得税合并为统一的企业所得税，初步实现了税制的统一、简化和规范，形成了以流转税和所得税为支撑的"双主体"税制体系。经过这次税制改革和后来的逐步完善，中国初步建立了适应社会主义市场经济体制需要的税收制度，税制逐步简化、规范，税负更加公平，为以后全面深化税制改革奠定了坚实的基础。2012 年，中国的国内生产总值为 538580 亿元，财政收入、税收收入分别为 117253.5 亿元、100614.3 亿元，税收收入占财政收入、国内生产总值的比重分别为 85.8% 和 18.7%，前者比 1993 年下降了 12 个百分点，后者比 1993 年上升了 6.8 个百分点。

企业所得税最为重大的改革即 2008 年 1 月 1 日执行的新企业所得税法，建立了法人税制，实现了内、外资企业所得税制度的彻底统一，结束实施了 30 年按企业性质分别设立税收制度的历史，消除了长期的税收差别待遇。新企业所得税法实施之前，我国外商投资企业和外国企业所得税税制的优惠主要针对生产性外商投资企业，并没有针对外资银行（或分行）制定单独的优惠政策，内外资银行均适用 33% 的企业所得税税率（其中地方企业所得税 3%）。新企业所得税法实施后，银行的企业所得税税率从 33% 降至 25%，显著地减轻了税负压力，统一和规范了税前扣除办法及标准。2012 年开始实施企业所得税跨地区经营汇总纳税，汇总纳税企业实行"统一计算、分级管理、就地预缴、汇总清算、财政调库"的企业所得税征收管理办法。由于大部分银行都采取总、分行多地经营管理模式，实施汇总纳税后，由总行在年终清算时进行统一核算，计算整个年度应缴纳的税额，经过抵减之后实现多退少补原则，一定程度上降低了税负。

此阶段是银行业向商业化、市场化的转型阶段，税制的统一、改革大大促进了银行业的转型发展。1994 年，我国先后成立国家开发银行、中国农业发展银行和中国进出口银行 3 家政策性银行，接受工行、农行、中行、建行四大银行的政策性业务，政策性金融开始与商业性金融分离。1995 年《商业银行法》颁布，将四大银行定位为国有独资商业银行。1999 年为降低银行不良贷款成立 4 家资产管理公司，剥离 1.4 万亿元不良贷款。2004 年国务院启动国有银行股份制改革，推进建立现代金融企业制度；直至 2010 年四大国有银行全部完成股份制改造。截至 2008 年 9 月，工行、农行、中行、建行、交行 5 家银行共在 29 个国家和地区设立了 70 家一级境外营业性机构。

1994 年分税制改革后，流转税制由增值税、消费税和营业税组成。根据《营业税暂行条例》及其实施细则的规定，我国银行业营业税的征税范围包括贷款、融资租赁、金融商品转让、金融经纪和其他金融业务。计税依据为营业收入额，税率为 5%；对银行同业往来业务暂不征收营业税；对转贷外汇业务以贷款利息减去借款利息后的余额为计税依据；对于一般贷款业务以利息收入全额为计税依据。1997 年发布《关于调整金融保险业税收政策有关问题的通知》对银行业的营业税和企业所得税税率进行调整，规定从 1997 年起将企业所得税税率降为 33%，同时将营业税税率提高到 8%。此后为了应对我国加入世界贸易组织后的国际银行间竞争，从 2001 年起，银行业营业税税率每年下调 1%，到 2003 年降低至 5% 为止。

2009 年 1 月 1 日起，我国实施新《营业税暂行条例》及《营业税暂行条例实施细则》，银行业营业税率保持不变，但征税范围有一定调整，包括将境外向境内提供贷款以及外汇、有价证券、期货等金融商品买卖业务，都纳入了营业税征税范围，并且取消了部分金融商品买卖优惠政策，所有纳税人包括金融机构、非金融机构和个人，买卖金融商品都应缴纳营业税。

四、全面深化改革时期（2013 年至今）

2013 年至今，我国开始建立现代税收制度，开启新一轮税制改革。中国的税制进一步简化、规范，税负更加公平并有所减轻，税收的宏观调控作用进一步增强，在促进经济持续稳步增长的基础上实现了税收收入的持续稳步增长，有力地支持了中国改革开放和各项建设事业的发展。2018 年，中国的国内生产总值为 900309 亿元，财政收入、税收收入分别为 183352 亿元、156401 亿元，税收收入占财政收入、国内生产总值的比重分别为 85.3%、17.4%，分别比 2012 年降低了 0.5 个、1.3 个百分点。

这期间发生的标志性企业所得税税制改革事件主要是为实施更加积极的财政政策，不断扩大结构性减税范围，陆续推出一系列定向减税和精准调控的所得税政策，旨在促进大众创业、万众创新、小微企业发展和供给侧结构性改革。2017 年和 2018 年，全国人民代表大会常务委员会先后修改了企业所得税法的个别条款。经国务院批准，财政部、国家税务总局等单位陆续作出了关于部分重点行业实行固定资产加速折旧的规定；提高企业研究开发费用税前加计扣除比例的规定；购进单位价值不超过 500 万元的设备、器具允许一次性扣除的规定；提高职工教育经费支出扣除比例的规定；小微企业减征企业所得税的规定，而且减征的范围不断扩大。

在国有大型银行股改上市的成功示范下，中国银行业金融机构纷纷开启了在内地和香港上市的热潮。据 2020 年 6 月中国银行业协会发布的《中国上市银行分析报告 2019》显示，截至 2019 年末，中国上市银行数量已经达到 48 家，其中，4 家是全球系统重要性银行，9 家是全球 500 强企业。在这一阶段，企业所得税主要通过各类减免税政策，促进银行业业务向国家扶持的方向发展。

随着市场经济的逐步发展，营业税存在的弊端不断显现，我国开始探索新的税制改革。自 2012 年 1 月 1 日起，"营改增"试点开展实施，直至 2016 年 5 月 1 日，包括银行业在内的金融业正式被纳入试点范围，标志着银行业的税收制度将从以营业税和所得税为主体转变为以增值税和所得税为主体。鉴于银行业务复杂且广泛，此次试点方案采用了最简易的方式——税制平移。即"营改增"后银行业原营业税下的规定基本平移至增值税下继续适用，如金融机构农户小额贷款、金融同业往来利息收入等优惠政策免征增值税等。

2017 年简并增值税税率，取消 13% 档次增值税税率，形成 17%、11%、6% 三档税率结构。废止《中华人民共和国营业税暂行条例》，同时修订《中华人民共和国增值税暂行条例》。2018 年我国继续深入推进供给侧结构性改革，下调增值税税率，形成 16%、10%、6% 三档税率结构；2019 年我国实施更大规模的减税，深化增值税改革，将制造业等行业现行 16% 的税率降至 13%，将交通运输业、建筑业等行业现行 10% 的税率降至 9%，确保主要行业税负明显降低；保持 6% 一档的税率不变，形成 13%、9%、6% 三档税率结构。同时 4 月 1 日起不动产由原来分两年抵扣改为一次性抵扣。

第二章　当前银行业主要税收政策

一、银行业企业所得税政策

从银行业整体的企业所得税发展来看，基本遵循的是统一的 25% 企业所得税税率和统一的税前扣除办法。但在一些特殊项目上体现了差异化，如贷款利息收入确认、贷款损失准备、资产损失税前扣除等。

（一）贷款利息收入

为了提高金融企业的风险防范能力，适应银行应收未收利息财务核算办法的调整，依据《关于金融企业贷款利息收入确认问题的公告》（国家税务总局公告 2010 年第 23 号）规定，金融企业按规定发放的贷款，属于未逾期贷款（含展期，下同），应根据先收利息后收本金的原则，按贷款合同确认的利率和结算利息的期限计算利息，并于债务人应付利息的日期确认收入的实现；属于逾期贷款，其逾期后发生的应收利息，应于实际收到的日期，或者虽未实际收到，但会计上确认为利息收入的日期，确认收入的实现。

金融企业已确认为利息收入的应收利息，逾期 90 天仍未收回，且会计上已冲减了当期利息收入的，准予抵扣当期应纳税所得额。金融企业已冲减了利息收入的应收未收利息，以后年度收回时，应计入当期应纳税所得额计算纳税。

2008 年自新企业所得税实行后，逾期贷款应收未收利息如何计算收入、如何进行税前扣除，税企一直存在较大争议，上述政策出台后，解决了争议问题。自此贷款利息收入的税务处理与会计处理已基本趋同。

（二）贷款损失准备

关于涉农贷款和中小企业贷款损失准备金。根据《国务院办公厅关于当前金融促进经济发展的若干意见》（国办发〔2008〕126 号）有关规定，为了支持涉农和中小企业发展，鉴于涉农贷款和中小企业贷款风险程度较高的实际情况，财政部、国家税务总局联合出台《关于金融企业涉农贷款和中小企业贷款损失准备金税前扣除政策的通知》（财税〔2009〕99 号）文件，规定金融企业根据《贷款风险分类指导原则》（银发〔2001〕416 号），对其涉农贷款和中小企业贷款进行风险分类后，按照规定比例计提的贷款损失专项准备金，准予在计算应纳税所得额时扣除，政策自 2008 年 1 月 1 日开始执行。该项准备金政策延续至今，依据《关于金融企业涉农贷款和中小企业贷款损失准备金税前扣除有关政策的公告》（财政部　国家税务总局公告 2019 年第 85 号）规定，执行至 2023 年 12 月 31 日。

关于贷款损失准备金。为了防范经营风险，促进金融企业及时核销资产损失，提高资产质量准确核算损益，增强抵御风险的能力，自 2001 年 1 月 1 日起金融企业实施了《金融企业呆账准备提取及呆账核销管理办法》。财政部、国家税务总局联合出台《关于金融企业所得税税前扣除呆账损失有关问题的通知》（财税〔2002〕1 号）文件规定，金融企业依据规定计提的呆账准备，其按提取呆账准备资产期末余额 1%计提的部分可在企业所得税税前扣除，自 2002 年 1 月 1 日起执行。2008 年新企业所得税执行后，财政部、国家税务总局联合出台《关于金融企业贷款损失准备金企业所得税税前扣除有关问题的通知》（财税〔2009〕64 号）文件，比例与之前执行的国家税务总局 2002 年发布的《金融企业呆账损失税前扣除管理办法》相同，仍为 1%；但准予提取贷款损失准备的资产范围有所收窄，原按照"允许提取呆账准备的资产余额"计算而非"贷款资产余额"。财税〔2009〕64 号文件相关准备金政策延续至今，依据《关于金融企业贷款损失准备金企业所得税税前扣除有关政策的公告》（财政部　国家税务总局公告 2019 年第 86 号）规定，相关政策执行至 2023 年 12 月 31 日。

（三）资产损失

为了加强金融企业所得税征收管理，规范呆账损失的税前扣除，增强企业抵御经营风险能力，加强金融企业呆账损失管理，2002 年出台了《金融企业呆账损失税前扣除管理办法》（国家税务总局令第 4 号），要求金融企业发生的呆账损失，按规定报经税务机关审核确认后，应先冲抵已在税前扣除的呆账准备，不足冲抵部分可据实税前扣除。（国税发〔2003〕73 号）文件对经税务机关审批事项进行了进一步明确。2005 年，将"银行、城乡信用社和其他金融企业发生的单笔（项）5000 万元以上的呆账损失"由国家税务总局负责审批的规定，下放至省级税务机关审批。

2008 年新企业所得税法执行后，针对资产损失税前扣除政策，银行业执行与其他企业相同的税收政策，即《财政部　国家税务总局关于企业资产损失税前扣除政策的通知》（财税〔2009〕57 号）、《国家税务总局关于发布〈企业资产损失所得税税前扣除管理办法〉的公告》（国家税务总局公告 2011 年第 25 号）两个文件的相关规定。

2015 年为鼓励金融企业加大对涉农贷款和中小企业贷款力度，及时处置涉农贷款和中小企业贷款损失，增强金融企业抵御风险能力，解决原资产损失规定认定条件偏严的问题，国家税务总局出台了《关于金融企业涉农贷款和中小企业贷款损失税前扣除问题的公告》（国家税务总局公告 2015 年第 25 号），对涉农贷款和中小企业贷款形成的损失，执行较宽松的税前扣除政策，适用 2014 年度及以后年度涉农贷款和中小企业贷款损失的税前扣除。与国家税务总局公告 2011 年第 25 号相比，调整完善主要体现在以下三方面。

第一，将实施简易程序税前扣除的限额由目前的 300 万元提高到 1000 万元，使其与现行财务制度保持一致。

第二，将涉农贷款、中小企业贷款损失税前扣除的证据材料简化为金融企业涉农贷款、中小企业贷款分类证明，以及向借款人和担保人的追索记录（由经办人和负责人共同签章确认），删去了现行税收规定中需要出具的"债务人和担保人破产、关闭、解散证明、撤销文件、工商行政管理部门注销证明或查询证明"等证据材料。

第三，对于原始记录，仅要求单户贷款余额超过 300 万元至 1000 万元（含 1000 万元）的，必须有司法追索记录方能计算确认贷款损失并进行税前扣除，但对不超过 300 万元（含 300 万元）的，即便没有司法追索记录但有其他追索记录之一的，也可计算确认贷款损失并进行税前扣除。

需要注意的是，对于单户贷款余额超过 1000 万元的，仍按现行税收规定计算确认损失进行税前扣除。

（四）农户小额贷款利息收入

为支持农村金融发展，解决农民贷款难问题，财政部、国家税务总局出台《关于农村金融有关税收政策的通知》（财税〔2010〕4 号）文件，从 2009 年 1 月 1 日起至 2013 年 12 月 31 日止，对金融机构农户小额贷款的利息收入在计算应纳税所得额时，按 90% 计入收入总额。依据《关于延续支持农村金融发展有关税收政策的通知》（财税〔2017〕44 号）规定，此优惠政策一直延续至 2019 年 12 月 31 日。且依据财政部、国家税务总局公告 2020 年第 22 号，此优惠政策将延续至 2023 年底。

二、银行业增值税政策

（一）银行业增值税征税范围及税率

"营改增"后，我国增值税征税范围全面覆盖金融服务。金融服务是指经营金融保险的业务活动，包括贷款服务、直接收费金融服务、保险服务和金融商品转让，主要适用于 6% 税率或 3% 征收率（具体情况见表 1）。

表 1　银行业增值税税目及税率、征收率

序号	征税范围	业务类型	税率/征收率	政策文件
1	贷款服务	贷款	6%	《财政部　国家税务总局关于全面推开营业税改征增值税试点的通知》（财税〔2016〕36 号）
		各种占用、拆借资金取得的收入	6%	
		融资性售后回租	6%	
		以货币资金投资收取的固定利润或者保底利润	6%	
2	直接收费金融服务		6%	
3	金融商品转让		6%	
4	中国农业银行纳入"三农金融事业部"改革试点的各省、自治区、直辖市、计划单列市分行下辖的县域支行和新疆生产建设兵团分行下辖的县域支行（也称县事业部），提供农户贷款、农村企业和农村各类组织贷款取得的利息收入，可以选择使用简易计税方法按照 3%的征收率计算缴纳增值税		3%	《财政部　国家税务总局关于进一步明确全面推开营改增试点金融业有关政策的通知》（财税〔2016〕46 号）
5	农村信用社、村镇银行、农村资金互助社、由银行业机构发起设立的贷款公司、法人机构在县（县级市、区、旗）及县以下地区的农村合作银行和农村商业银行提供金融服务收入，可以选择适用简易计税方法按照 3%的征收率计算缴纳增值税		3%	
6	中国农业发展银行总行及其各分行机构提供涉农贷款取得的利息收入，可以选择适用简易计税方法按照 3%的征收率计算缴纳增值税		3%	《财政部　国家税务总局关于营业税改征增值税试点若干政策的通知》（财税〔2016〕39 号）
7	自 2018 年 7 月 1 日至 2020 年 12 月 31 日，对中国邮政储蓄银行纳入"三农金融事业部"改革的各省、自治区、直辖市、计划单列市分行下辖的县域支行，提供农户贷款、农村企业和农村各类组织贷款取得的利息收入，可以选择适用简易计税方法按照 3%的征收率计算缴纳增值税		3%	《财政部　国家税务总局关于中国邮政储蓄银行"三农金融事业部"涉农贷款增值税政策的通知》（财税〔2018〕97 号）
8	资管产品管理人运营资管产品过程中发生的增值税应税行为，暂适用简易计税方法，按照 3%的征收率缴纳增值税		3%	《财政部　国家税务总局关于资管产品增值税有关问题的通知》（财税〔2017〕56 号）

此外，存款利息收入、中央财政补贴、金融产品持有期间非保本收益、股息红利收入及上缴财政的罚没收入等，延续营业税时不征收营业税的相关规定，不在现行增值税的征税范围内。

（二）银行业增值税的计税方法

增值税的计税方法，主要包括一般计税方法和简易计税方法。一般计税方法适用于一般纳税人，应纳税额是当期销项税额抵扣当期进项税额后的余额。当期进项税额大于当期销项税额不足抵扣时，其不足部分可以结转下期继续抵扣。简易计税方法，适用于小规模纳税人及一般纳税人的某类特定应税项目，应纳税额是指按照销售额和增值税征收率计算的增值税额，不得抵扣进项税额。

此外，在实践中还存在差额计税的方法。根据《财政部　国家税务总局关于全面推开营业税改征增值税试点的通知》（财税〔2016〕36号）规定，经人民银行、银监会或者商务部批准从事融资租赁业务的试点纳税人，提供融资租赁服务，以取得的全部价款和价外费用，扣除支付的借款利息（包括外汇借款和人民币借款利息）、发行债券利息和车辆购置税后的余额为销售额，金融商品转让按照卖出价扣除买入价后的余额为销售额，适用税率为6%。

（三）银行业增值税进项抵扣政策

我国现行增值税政策下，主要采用凭票抵扣进项税额的管理模式，即纳税人从销售方取得的增值税专用发票（含税控机动车销售统一发票）上注明的增值税额、从海关取得的海关进口增值税专用缴款书上注明的增值税额，准予从销项税额中抵扣。同时，部分业务实行计算抵扣，例如纳税人购进国内旅客运输服务，可按注明旅客身份信息的航空行程单、车票、客票、电子普通发票上注明的税额计算抵扣。

此外，对于某些不符合抵扣政策规定的进项税额，如用于简易计税方法计税项目、免征增值税项目、集体福利或者个人消费等情形取得的进项税额，不得抵扣销项税额。对于适用一般计税方法的纳税人，兼营简易计税方法计税项目、免征增值税项目而无法划分不得抵扣的进项税额，需按规定的计算方式进行转出。

（四）银行业增值税免税政策

根据《财政部　国家税务总局关于全面推开营业税改征增值税试点的通知》（财税〔2016〕36号）及相关税法规定，免征增值税项目主要涵盖以下类别（具体情况见表2）。

表 2　银行业增值税免税政策

序号	项目	免税业务类型
1	利息收入	金融机构小额农户贷款
		国家助学贷款
		国债、地方政府债
		人民银行对金融机构的贷款
		住房公积金管理中心用住房公积金在指定的委托银行发放的个人住房贷款
		外汇管理部门在从事国家外汇储备经营过程中，委托金融机构发放的外汇贷款
		统借统还业务中，企业集团或企业集团中的核心企业以及集团所属财务公司不高于支付给金融机构的借款利率水平或者支付的债券票面利率水平，向企业集团或者集团内下属单位收取的利息
		满足条件的小微企业和个体工商户贷款
		境外投资者投资境内债券市场取得的利息收入
2	金融商品转让收入	合格境外投资者（QFII）委托境内公司在我国从事证券买卖业务
		香港市场投资者（包括单位和个人）通过沪港通买卖上海证券交易所上市 A 股
		对香港市场投资者（包括单位和个人）通过基金互认买卖内地基金
		证券投资基金（封闭式证券投资基金、开放式证券投资基金）管理人运用基金买卖股票、债券
3	金融同业往来利息收入	金融机构与人民银行所发生的资金往来业务
		银行联行往来业务
		金融机构间的资金往来业务
		金融机构之间开展的转贴现业务

第三章　银行业税负情况

本文共统计了 250 家代表性银行业机构 2009—2019 年间税收情况及对应年度关键财务信息，分析了税负/总资产、税负/营业收入、税负/（税负+净利润）三个关键指标。三个指标在 2009—2019 年间虽有波动，但整体呈现下降趋势（见图 1）。

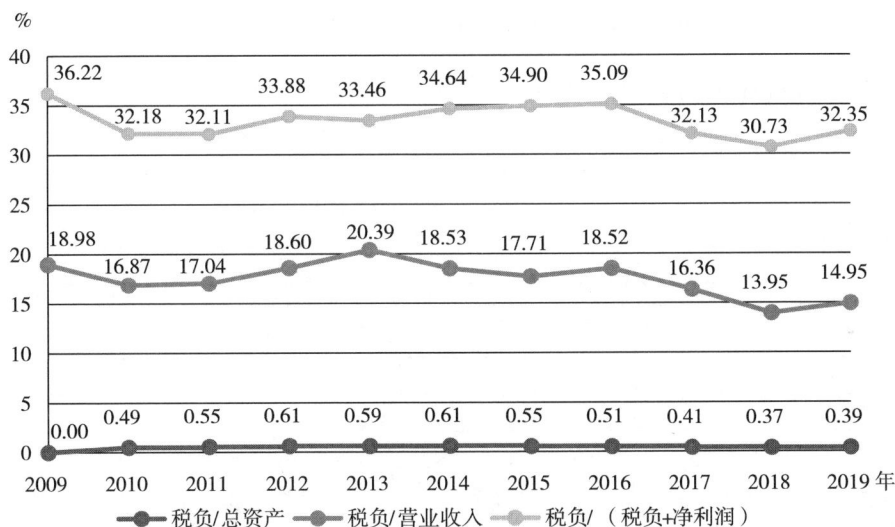

图 1　代表性银行 2009—2019 年税负整体情况走势

一、总税负/总资产分析

代表性银行业机构 2010—2019 年总税负/总资产均值为 0.49%。如图 2 所示，代表性银行业机构该指标总体呈现先升后降趋势，自 2015 年以后逐年降低，这一走势与国家宏观财税政策层面的营业税改征增值税改革以及密集的减税降费举措密切相关。

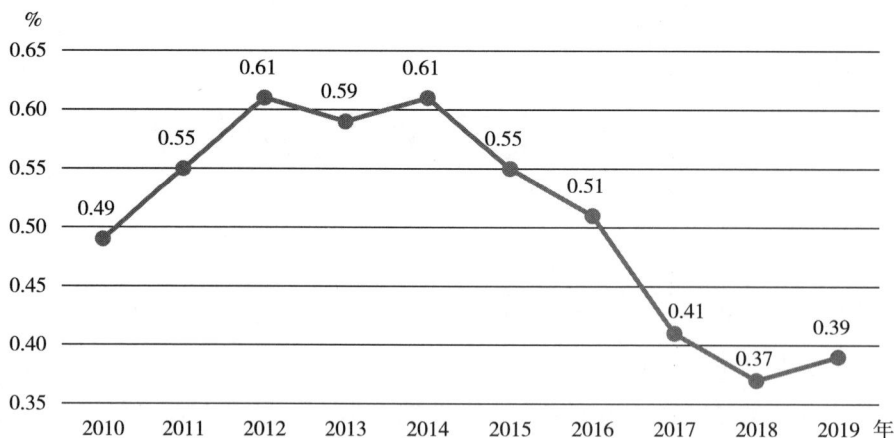

图 2　代表性银行业机构 2010—2019 年总税负/总资产走势

不同类型银行业机构 2010—2019 年总税负/总资产如图 3 所示。

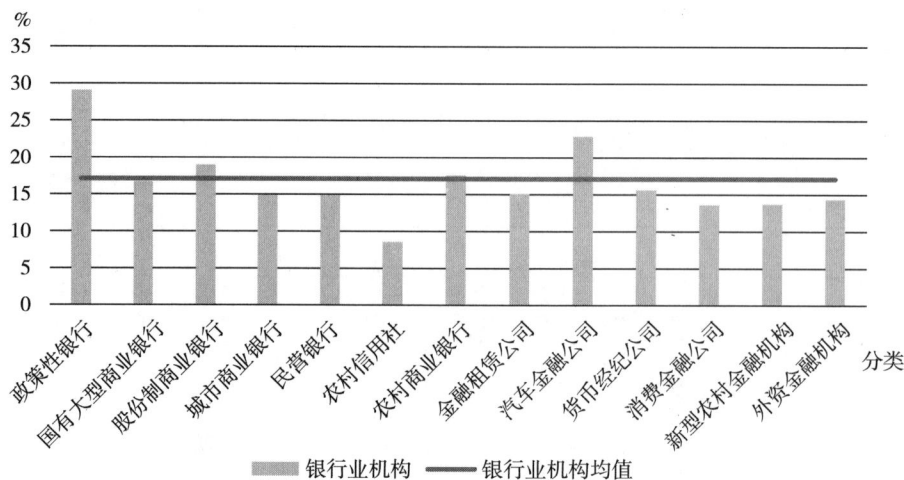

图 3　不同类型银行业机构 2010—2019 年总税负/总资产情况

（一）政策性银行

政策性银行含中国进出口银行等 3 家机构。政策性银行该指标走势与代表性银行业机构整体走势基本一致，在波动幅度上较银行业机构整体稍大，详见图 4。

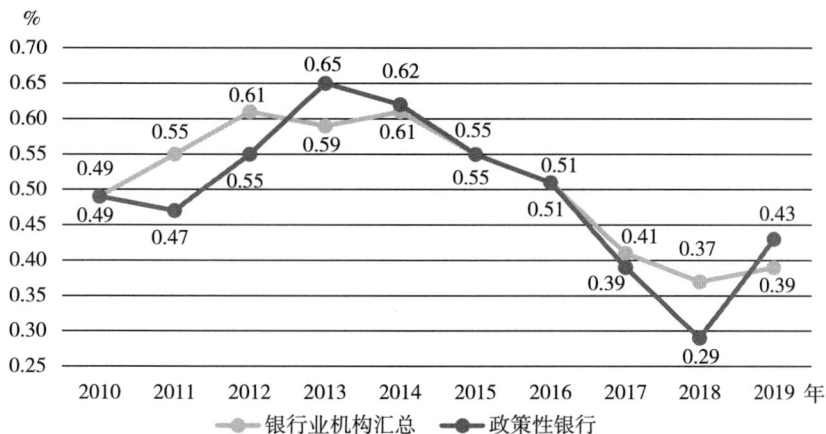

图4 政策性银行 2010—2019 年总税负/总资产走势

（二）国有大型商业银行

国有大型商业银行含中国银行等 6 家机构。国有大型商业银行该指标走势与代表性银行业机构整体走势基本一致，略低于行业整体水平，详见图 5。

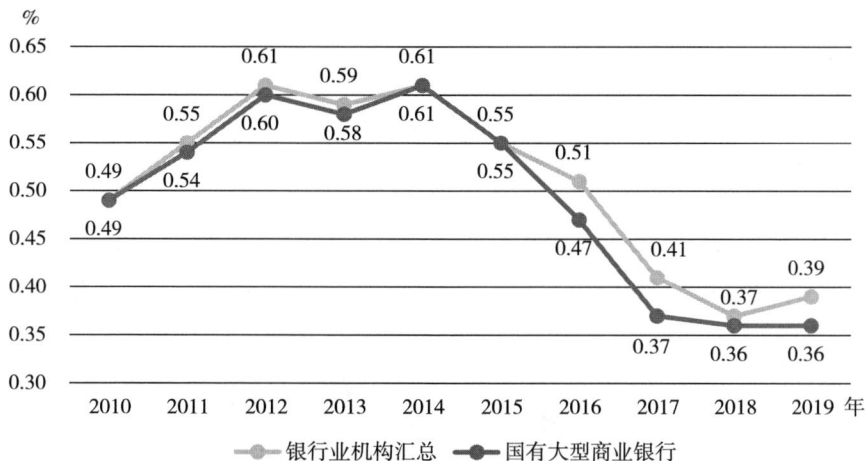

图5 国有大型商业银行 2010—2019 年总税负/总资产走势

（三）股份制商业银行

股份制商业银行含渤海银行等 8 家机构。股份制商业银行该指标走势与代表性银行业机构整体走势基本一致，略高于行业整体水平，详见图 6。

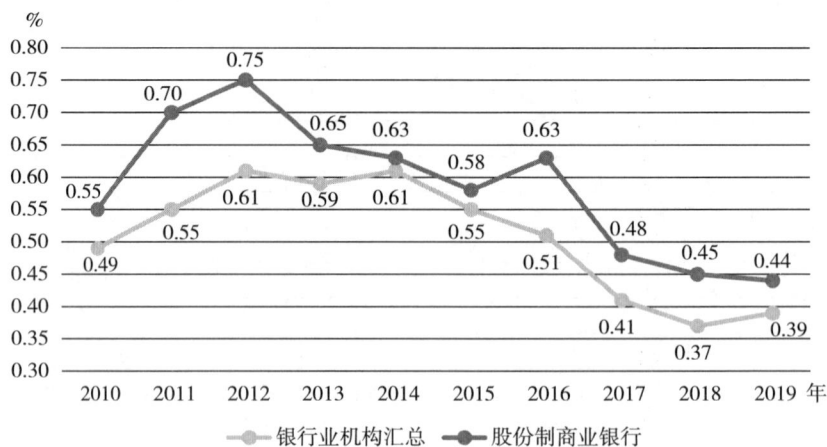

图 6　股份制商业银行 2010—2019 年总税负/总资产走势

（四）城市商业银行

城市商业银行含哈尔滨银行等 35 家机构。城市商业银行该指标走势与代表性银行业机构整体走势基本一致，详见图 7。

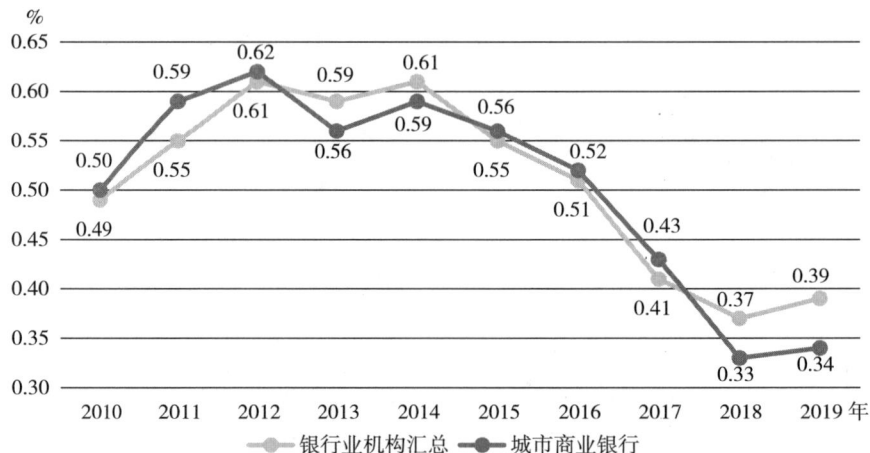

图 7　城市商业银行 2010—2019 年总税负/总资产走势

（五）民营银行

民营银行含微众银行等 11 家机构。民营银行该指标走势与代表性银行业机构整体走势有较大偏离度，主要与民营银行从无到有、由小到大的快速增长有关，详见图 8。

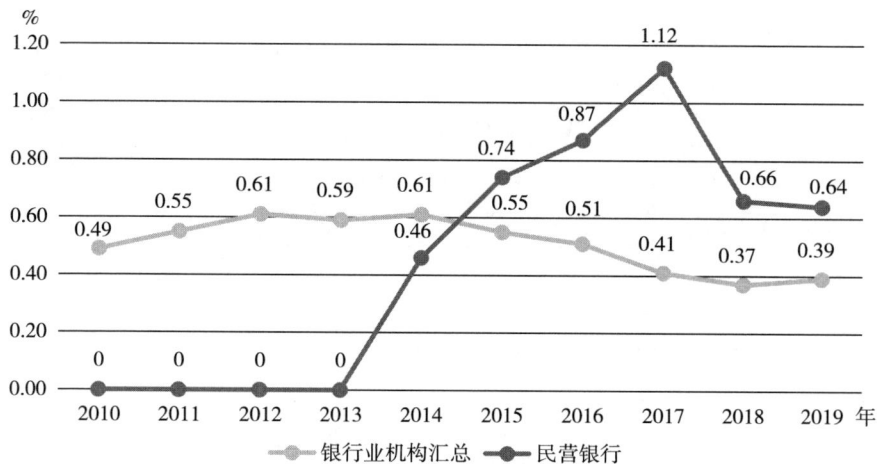

图8　民营银行2010—2019年总税负/总资产走势

（六）农村信用社

农村信用社含湖北省联社等11家机构。农村信用社该指标走势与代表性银行业机构整体走势基本一致，详见图9。

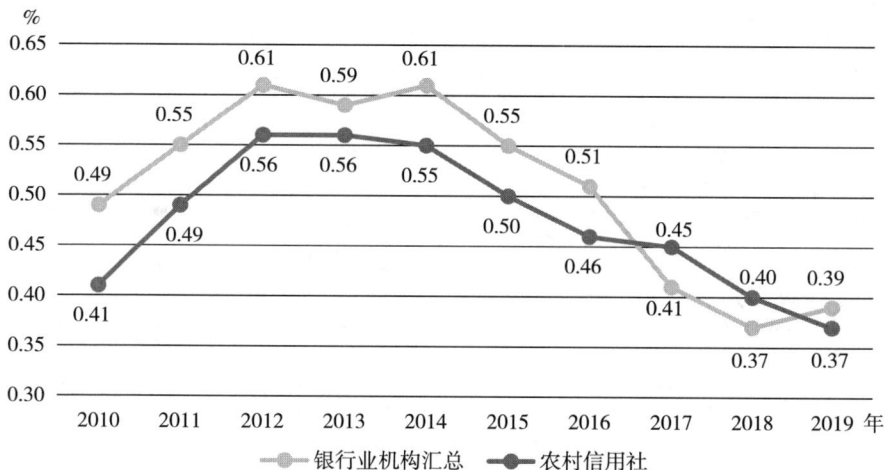

图9　农村信用社2010—2019年总税负/总资产走势

（七）农村商业银行

农村商业银行含上海农村商业银行等14家机构。农村商业银行该指标走势与代表性银行业机构整体走势基本一致，略偏高于行业整体水平。详见图10。

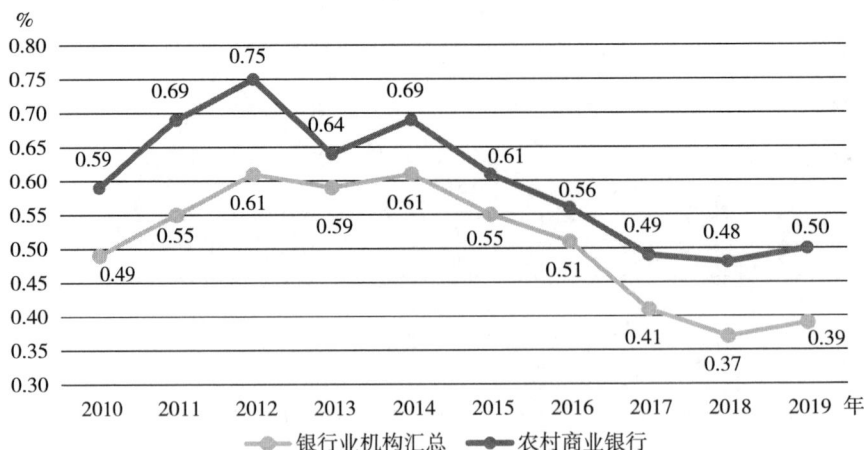

图 10　农村商业银行 2010—2019 年总税负/总资产走势

（八）金融租赁公司

金融租赁公司含工银租赁等 67 家机构。金融租赁公司该指标走势与代表性银行业机构整体走势基本一致，但显著高于行业整体水平，详见图 11。

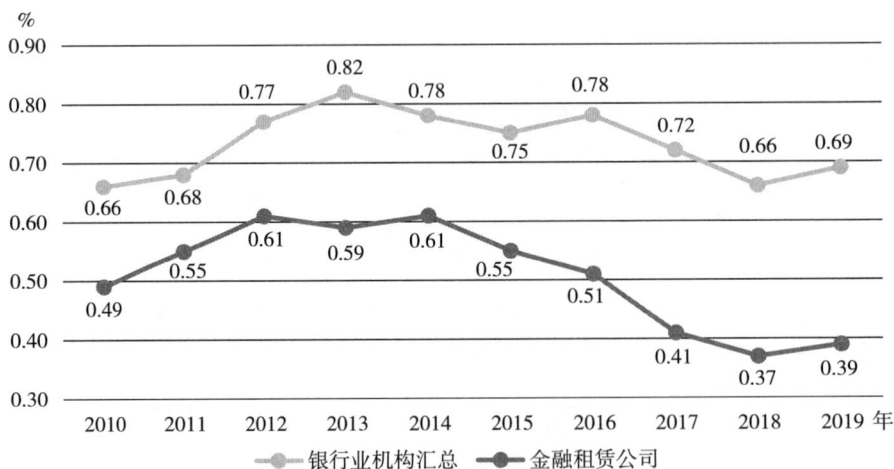

图 11　金融租赁公司 2010—2019 年总税负/总资产走势

（九）汽车金融公司

汽车金融公司含上海通用汽车金融有限责任公司等 23 家机构。金融租赁公司该指标走势与代表性银行业机构整体走势偏差较大，显著高于行业整体水平，详见图 12。

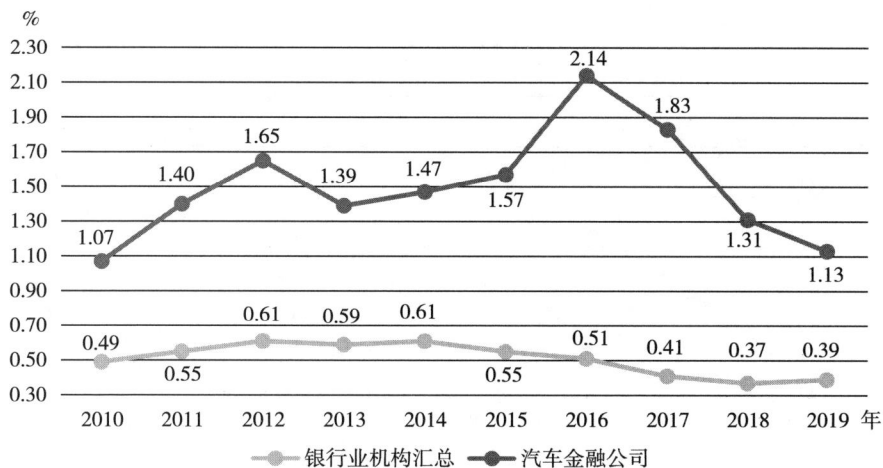

图 12 汽车金融公司 2010—2019 年总税负/总资产走势

（十）货币经纪公司

货币经纪公司含上海国际货币经纪有限责任公司等 5 家机构。货币经纪公司该指标显著高于行业整体水平，详见图 13。

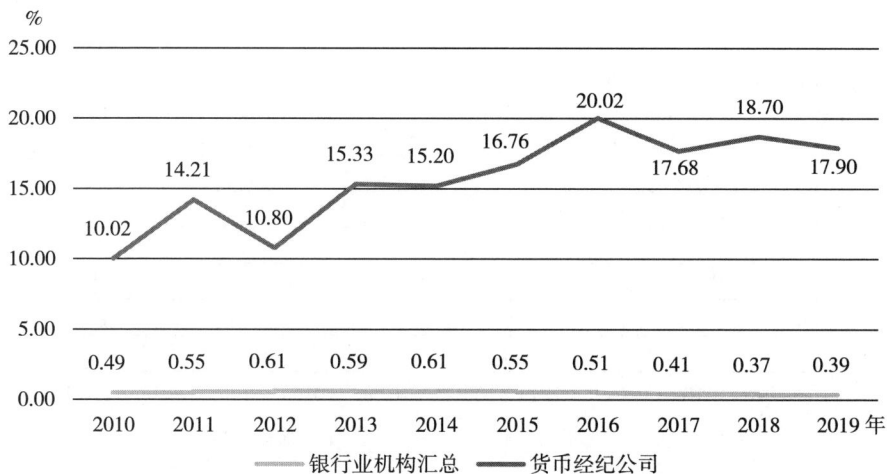

图 13 货币经纪公司 2010—2019 年总税负/总资产走势

（十一）消费金融公司

消费金融公司含北银消费金融有限公司等 20 家机构。消费金融公司该指标显著高于行业整体水平，详见图 14。

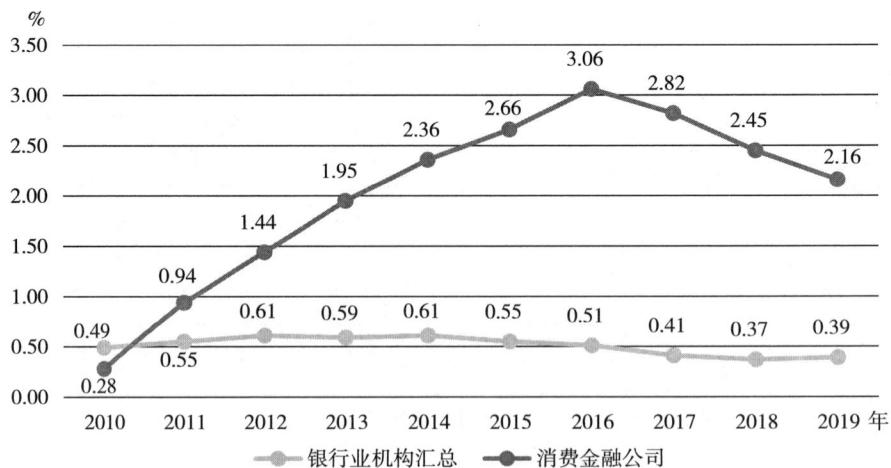

图 14　消费金融公司 2010—2019 年总税负/总资产走势

（十二）新型农村金融机构

新型农村金融机构含北银消费金融有限公司等 20 家机构。新型农村金融机构该指标高于行业整体水平，详见图 15。

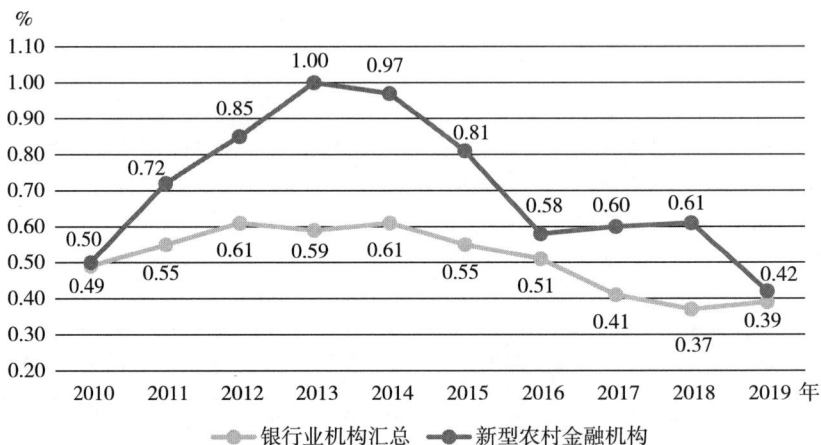

图 15　新型农村金融机构 2010—2019 年总税负/总资产走势

（十三）外资金融机构

外资金融机构含汇丰银行等 26 家机构。外资金融机构该指标显著低于行业整体水平，但差距逐渐收窄，详见图 16。

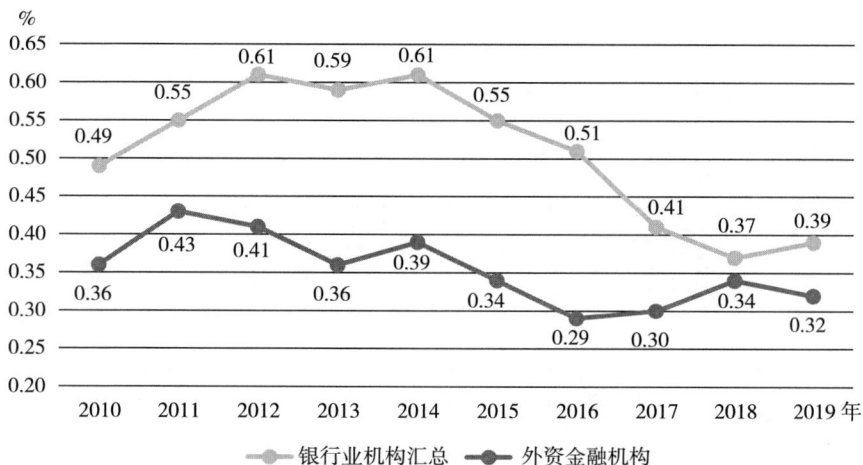

图 16　外资金融机构 2010—2019 年总税负/总资产走势

二、总税负/营业收入分析

代表性银行业机构 2009—2019 年总税负/营业收入均值为 17.11%。如图 17 所示，代表性银行业机构该指标总体呈现先升后降趋势，与总税负/总资产指标走势基本一致，自 2015 年以后逐年降低，与国家宏观政策层面的营业税改征增值税改革以及减税降费举措密切相关（见图 18）。

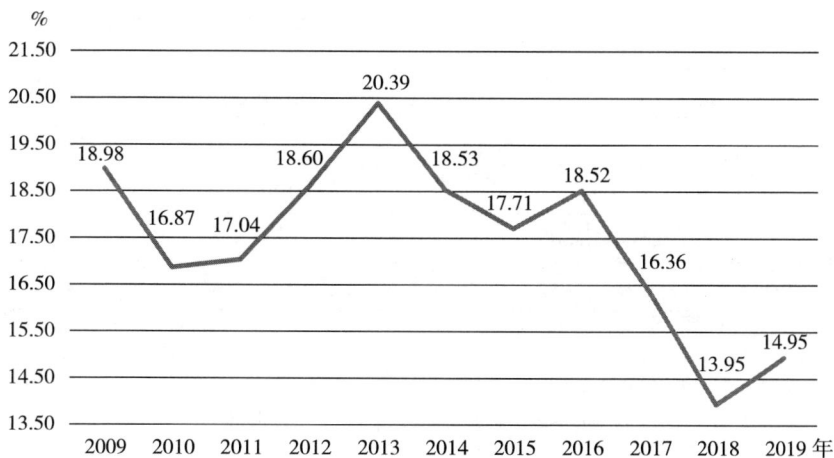

图 17　代表性银行业机构 2009—2019 年总税负/营业收入走势

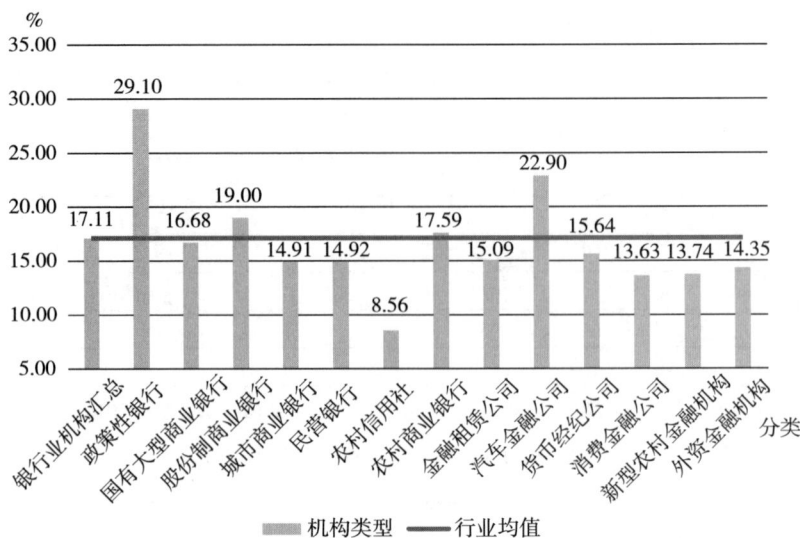

图 18 不同类型银行业机构 2009—2019 年总税负/营业收入

(一) 政策性银行

政策性银行该指标走势与代表性银行业机构整体走势偏差较大，且持续高于行业整体水平，详见图 19。

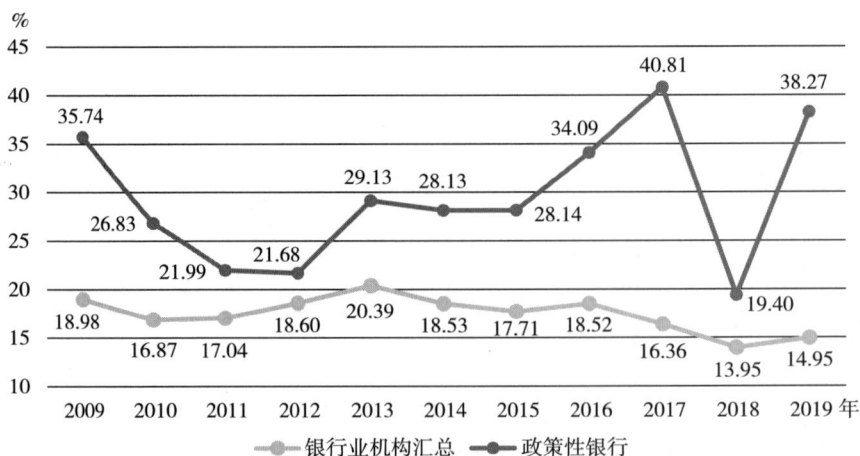

图 19 政策性银行 2009—2019 年总税负/营业收入走势

(二) 国有大型商业银行

国有大型商业银行该指标走势与代表性银行业机构整体走势基本一致，略低于行业整体水平，详见图 20。

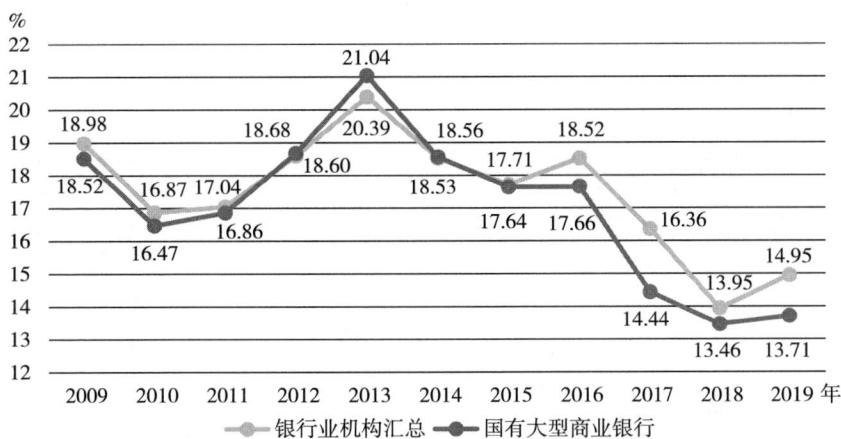

图 20　国有大型商业银行 2009—2019 年总税负/营业收入走势

（三）股份制商业银行

股份制商业银行该指标走势与代表性银行业机构整体走势基本一致，略高于行业整体水平，详见图 21。

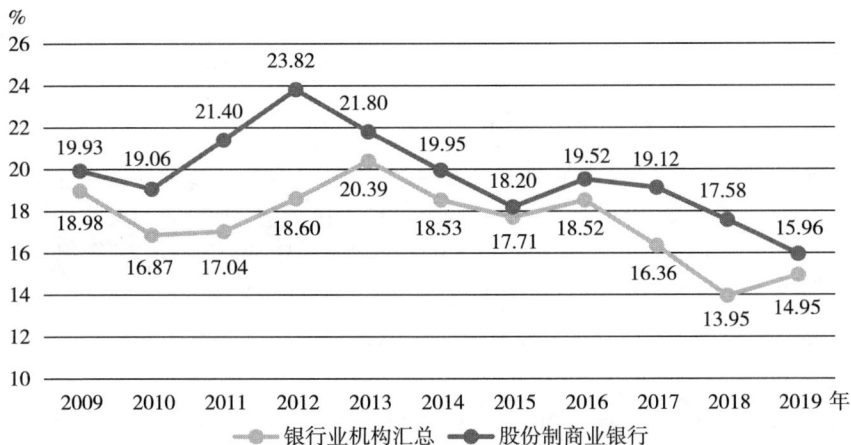

图 21　股份制商业银行 2009—2019 年总税负/营业收入走势

（四）城市商业银行

城市商业银行该指标走势与代表性银行业机构整体走势基本一致，稍有偏差略低于行业整体水平，详见图 22。

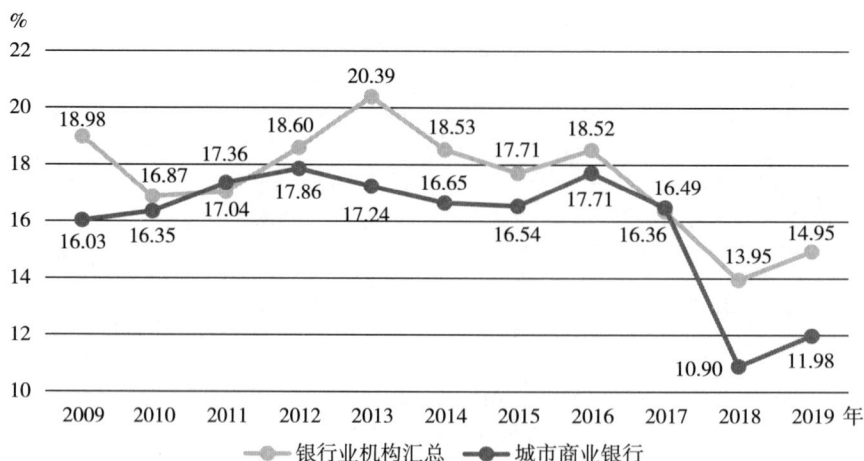

图 22　城市商业银行 2009—2019 年总税负/营业收入走势

（五）民营银行

自 2015 年起民营银行该指标走势与代表性银行业机构整体走势逐渐趋同，详见图 23。

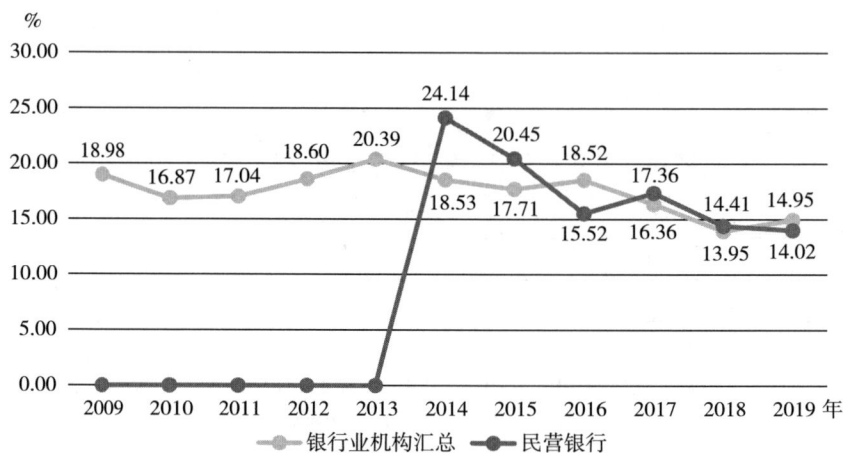

图 23　民营银行 2009—2019 年总税负/营业收入走势

（六）农村信用社

农村信用社含湖北省联社等 11 家机构。农村信用社该指标走势与代表性银行业机构整体走势有较大偏离度，且远低于行业平均水平，详见图 24。

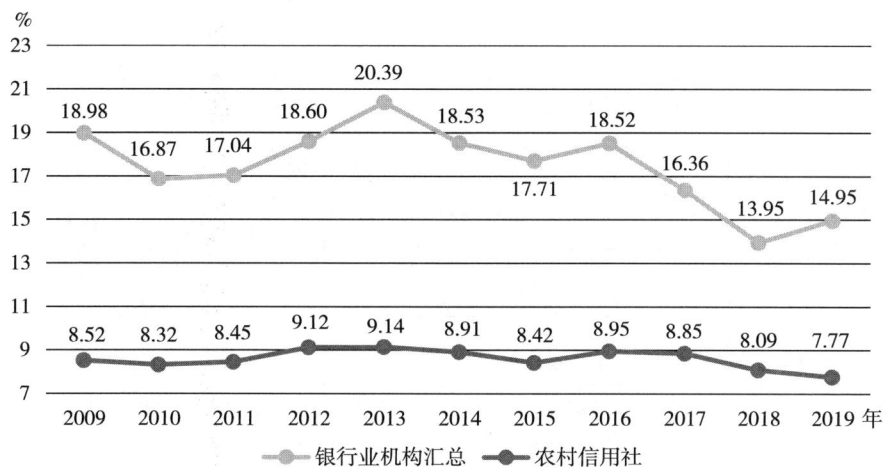

图 24　农村信用社 2009—2019 年总税负/营业收入走势

（七）农村商业银行

除个别年份，农村商业银行该指标走势与代表性银行业机构整体走势基本一致，与行业整体水平略有偏高，详见图 25。

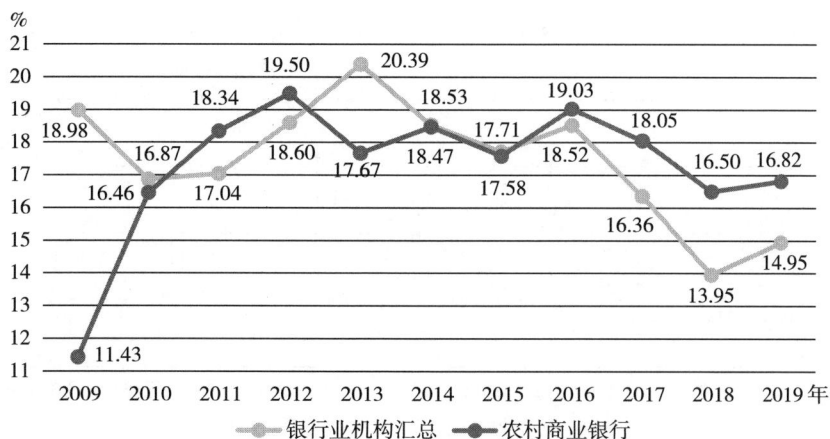

图 25　农村商业银行 2009—2019 年总税负/营业收入走势

（八）金融租赁公司

金融租赁公司该指标走势与代表性银行业机构整体走势偏离度较大，近几年指标逐渐趋同，详见图 26。

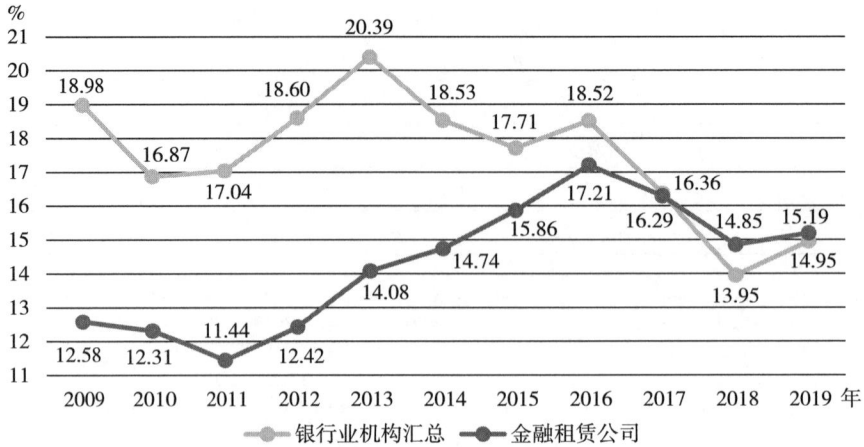

图 26　金融租赁公司 2009—2019 年总税负/营业收入走势

（九）汽车金融公司

2013 年前汽车金融公司该指标走势与代表性银行业机构整体走势基本一致，2014 年起显著高于行业整体水平，但近年来下降趋势明显，详见图 27。

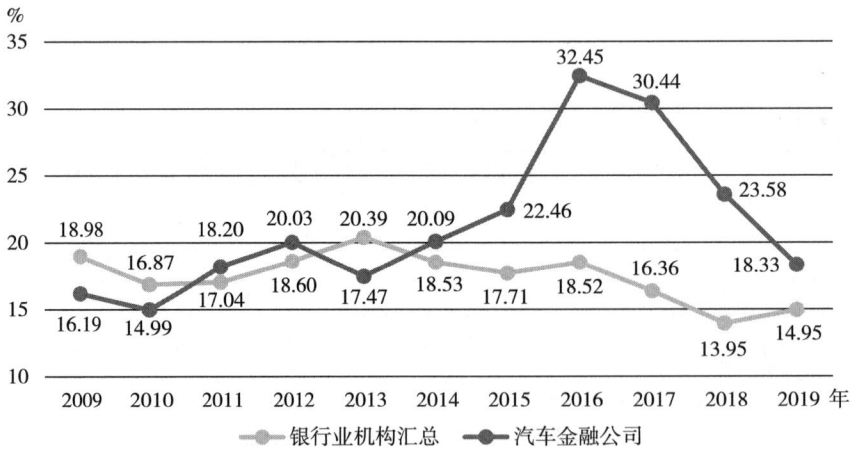

图 27　汽车金融公司 2009—2019 年总税负/营业收入走势

（十）货币经纪公司

货币经纪公司该指标走势与代表性银行业机构整体走势偏差度较大，2017 年前显著低于行业整体水平，2017 年起行业整体下降，货币经纪公司该指标持续上升，高于行业整体水平，详见图 28。

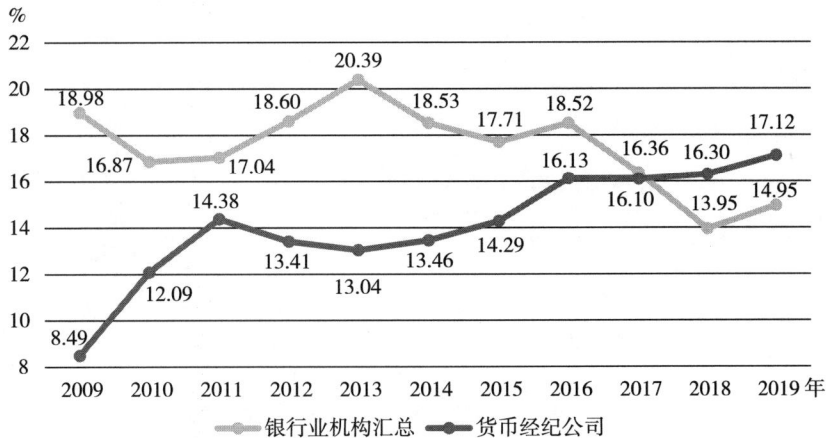

图 28 货币经纪公司 2009—2019 年总税负/营业收入走势

(十一) 消费金融公司

消费金融公司该指标与代表性银行业机构整体走势基本一致,个别年份波动较大,详见图 29。

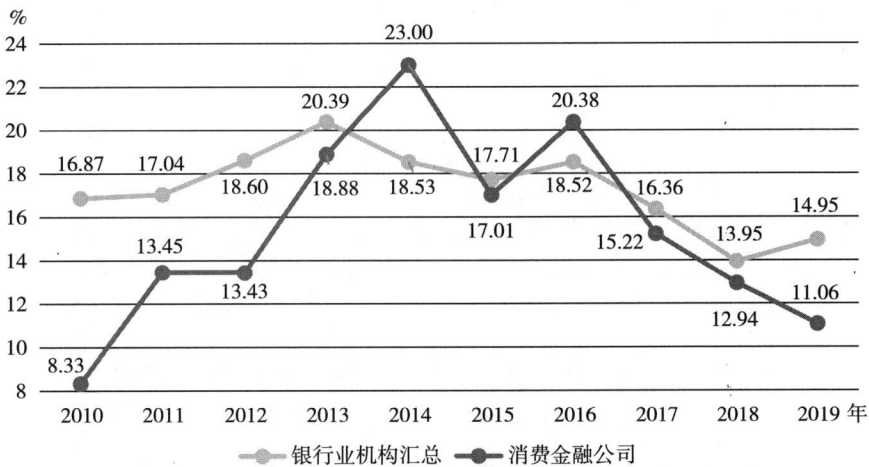

图 29 消费金融公司 2010—2019 年总税负/营业收入走势

(十二) 新型农村金融机构

新型农村金融机构该指标显著低于行业整体水平,详见图 30。

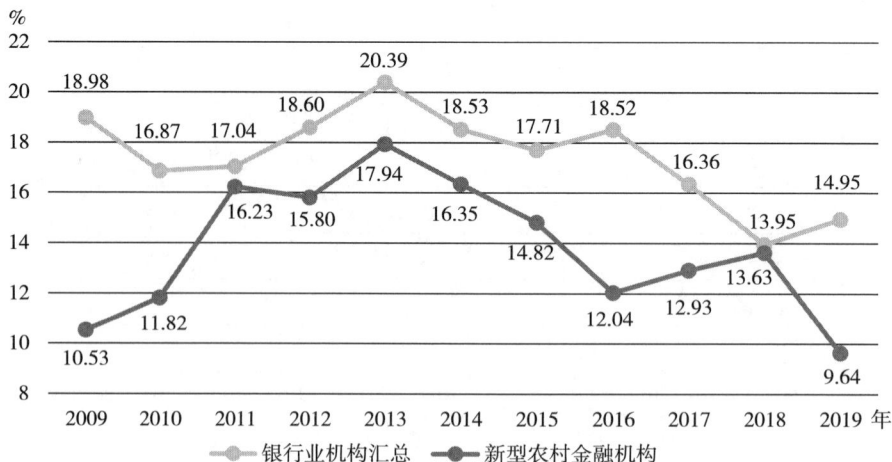

图 30　新型农村金融机构 2009—2019 年总税负/营业收入走势

(十三) 外资金融机构

外资金融机构该指标显著低于行业整体水平，详见图 31。

图 31　外资金融机构 2009—2019 年总税负/营业收入走势

三、总税负/ (总税负+净利润) 分析

代表性银行业机构 2010—2019 年总税负/ (总税负+净利润) 均值为 33.31%，代表性银行业机构 2009—2019 年总税负/ (总税负+净利润) 及不同类型银行业机构逐年走势如图 32、图 33 所示。

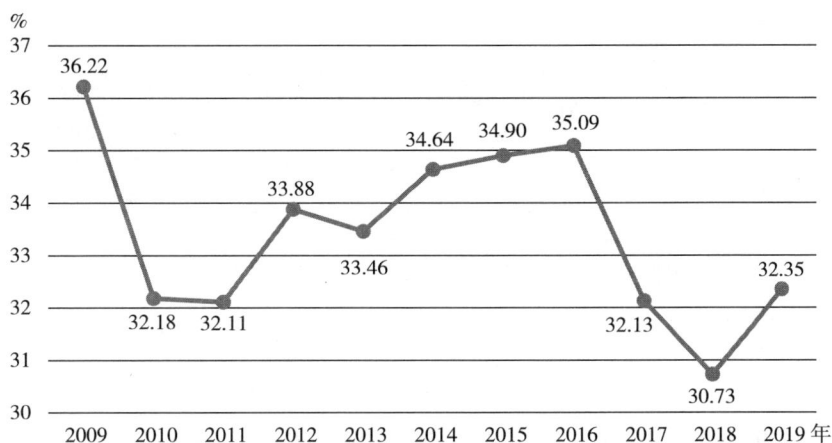

图 32　代表性银行业机构 2009—2019 年税负／（总税负+净利润）走势

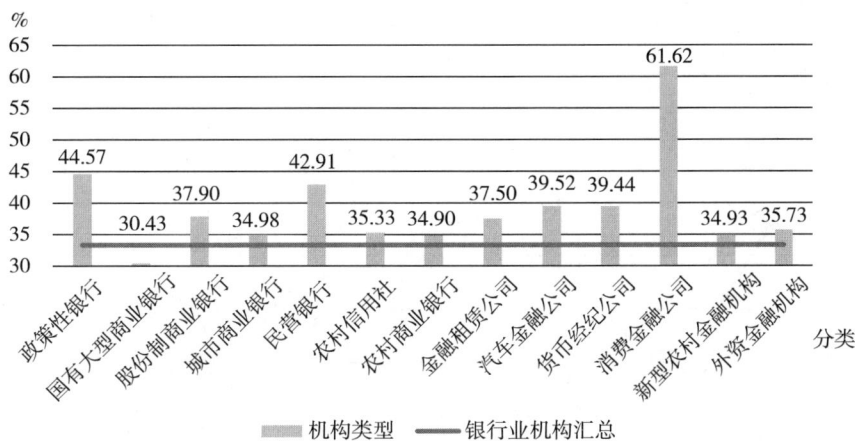

图 33　不同类型银行业机构 2009—2019 年总税负／（总税负+净利润）

（一）政策性银行

政策性银行该指标走势与代表性银行业机构整体走势基本一致，显著高于行业整体水平，详见图 34。

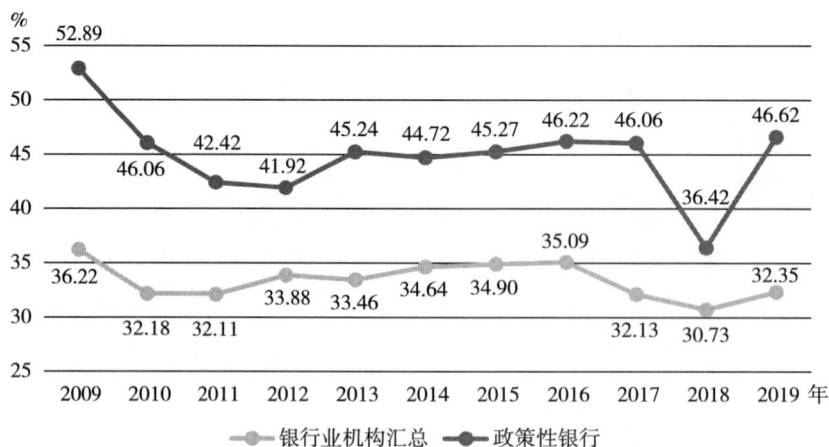

图 34　政策性银行 2009—2019 年总税负/（总税负+净利润）走势

（二）国有大型商业银行

国有大型商业银行该指标走势与代表性银行业机构整体走势基本一致，显著低于行业整体水平，详见图 35。

图 35　国有大型商业银行 2009—2019 年总税负/（总税负+净利润）走势

（三）股份制商业银行

股份制商业银行该指标走势与代表性银行业机构整体走势基本一致，显著高于行业整体水平，详见图 36。

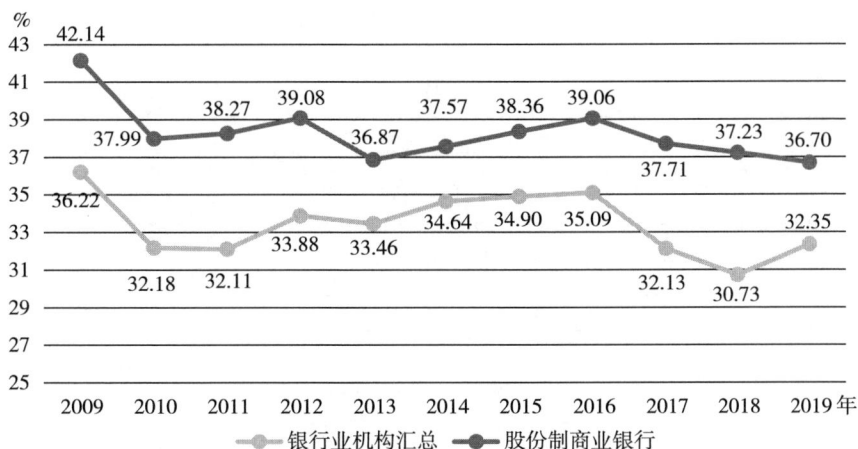

图36　股份制商业银行 2009—2019 年总税负／（总税负+净利润）走势

（四）城市商业银行

城市商业银行该指标走势与代表性银行业机构整体走势基本一致，2017 年起增幅明显，显著高于行业整体水平，详见图 37。

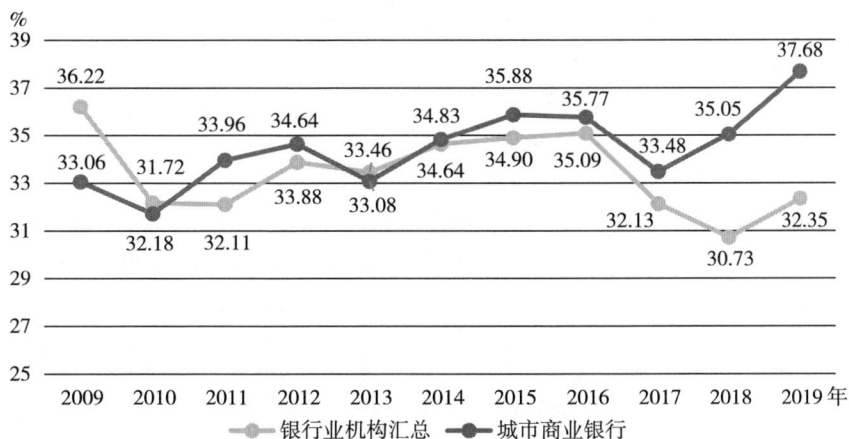

图37　城市商业银行 2009—2019 年总税负／（总税负+净利润）走势

（五）民营银行

民营银行该指标走势与代表性银行业机构整体走势有较大偏离度，显著高于行业整体水平，详见图 38。

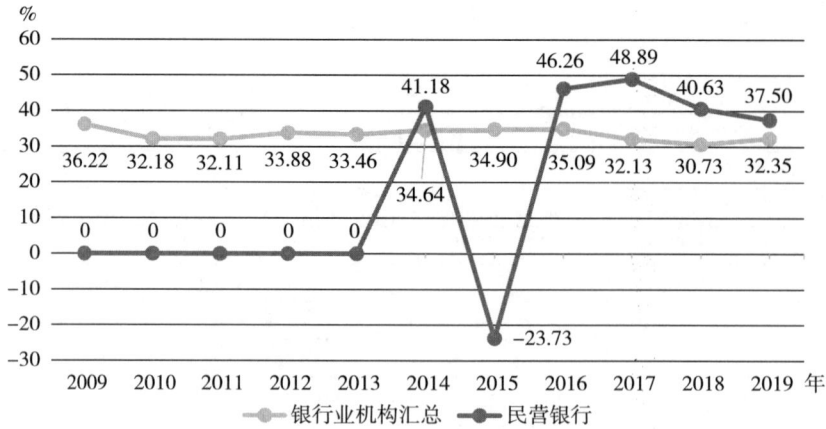

图38 民营银行 2009—2019 年总税负／（总税负+净利润）走势

（六）农村信用社

农村信用社该指标走势与代表性银行业机构整体走势有较大偏差，个别年份远高于行业整体水平，详见图 39。

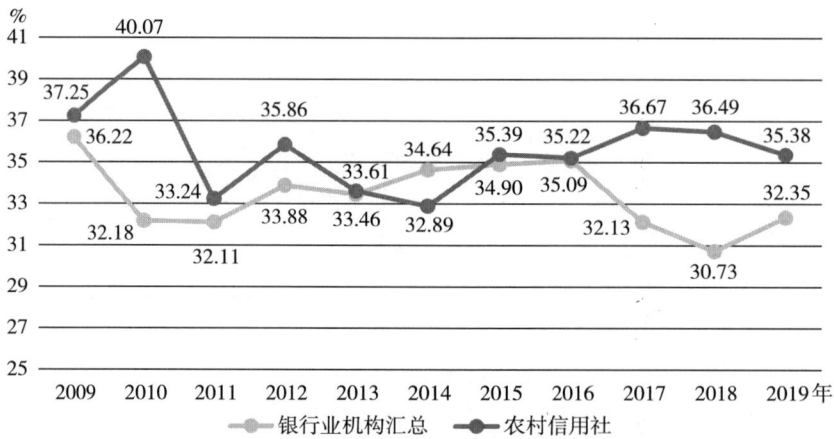

图39 农村信用社 2009—2019 年总税负／（总税负+净利润）走势

（七）农村商业银行

除 2009 年外，农村商业银行该指标走势与代表性银行业机构整体走势基本一致，略偏高于行业整体水平，详见图 40。

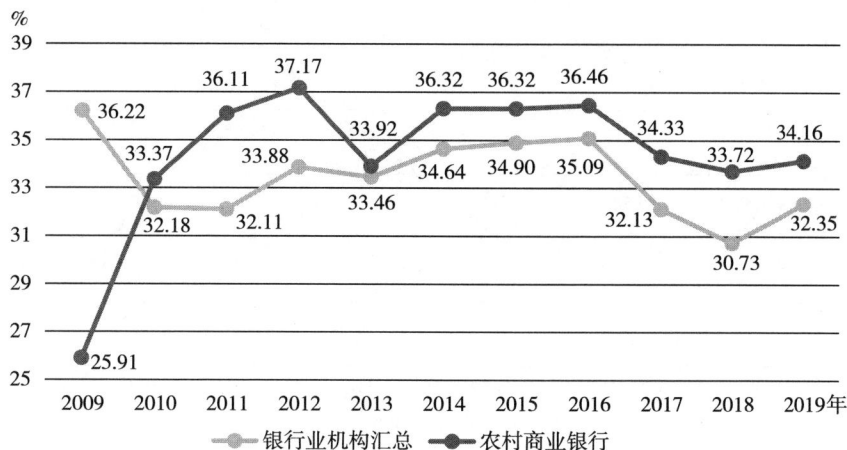

图 40　农村商业银行 2009—2019 年总税负/（总税负+净利润）走势

（八）金融租赁公司

金融租赁公司该指标走势呈上升态势，自 2013 年起逐渐拉大与行业整体水平的差距，详见图 41。

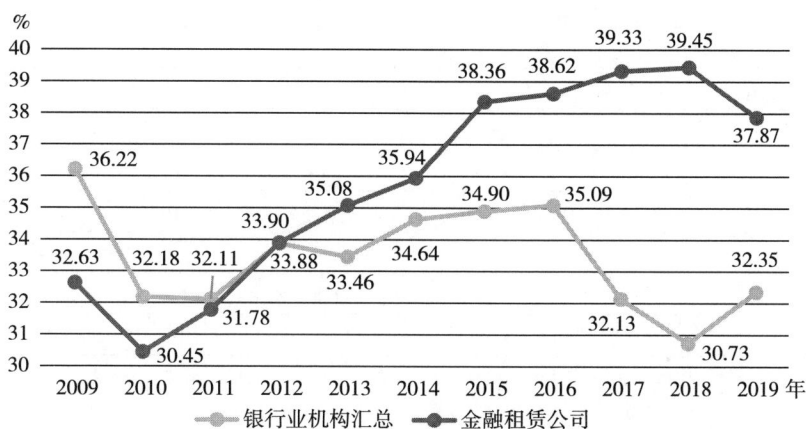

图 41　金融租赁公司 2009—2019 年总税负/（总税负+净利润）走势

（九）汽车金融公司

汽车金融公司该指标走势与代表性银行业机构整体走势有较大偏差，多数年份显著高于行业整体水平，详见图 42。

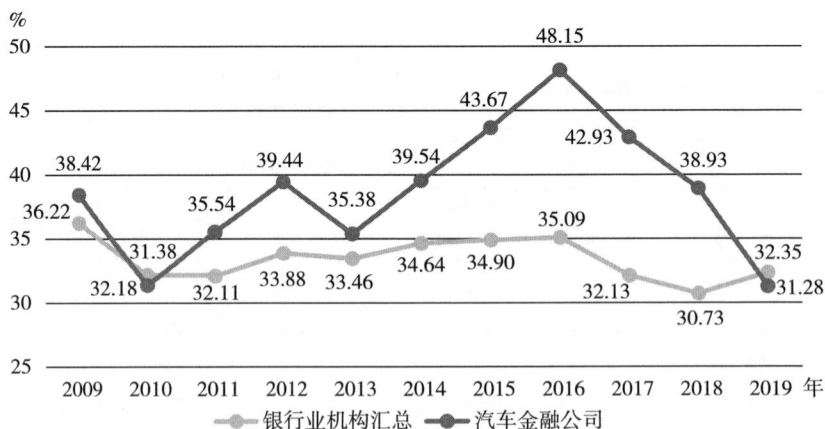

图 42　汽车金融公司 2009—2019 年总税负/（总税负+净利润）走势

（十）货币经纪公司

货币经纪公司该指标显著高于行业整体水平，2014 年起走势与行业整体水平基本一致，详见图 43。

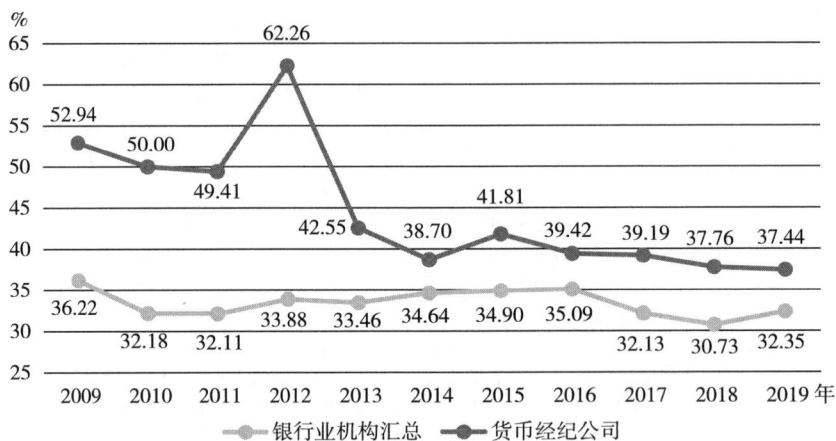

图 43　货币经纪公司 2009—2019 年总税负/（总税负+净利润）走势

（十一）消费金融公司

消费金融公司由于利润较薄，且部分年度出现亏损，造成税负/（税负+净利润）波动极大，该指标显著高于行业整体水平，详见图 44。

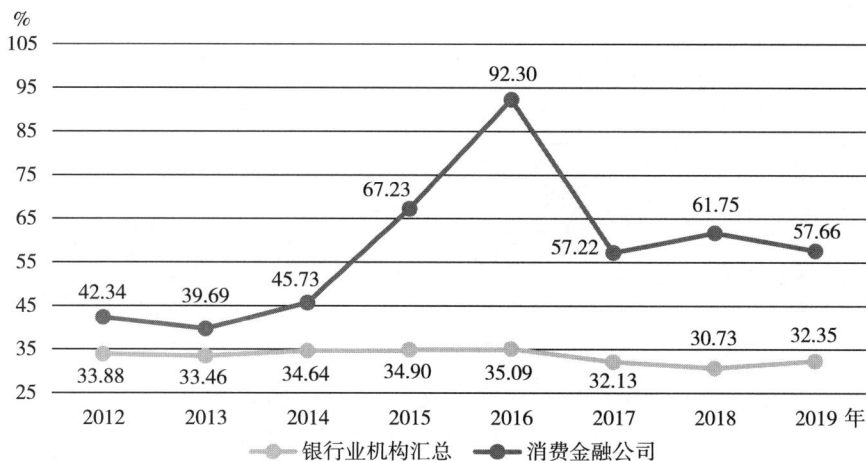

图 44　消费金融公司 2012—2019 年总税负/（总税负+净利润）走势

（十二）新型农村金融机构

新型农村金融机构该指标显低于行业整体水平，详见图 45。

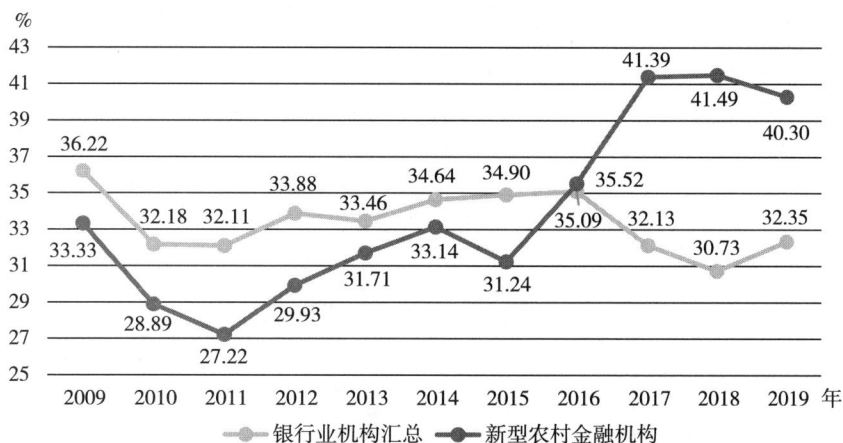

图 45　新型农村金融机构 2009—2019 年总税负/（总税负+净利润）走势

（十三）外资金融机构

外资金融机构该指标年度间波动较大，多数年份高于行业整体水平，详见图 46。

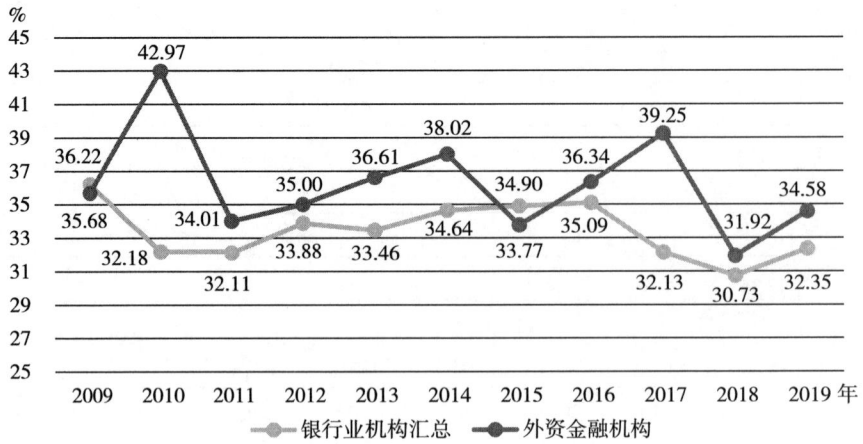

图 46　外资金融机构 2009—2019 年总税负／（总税负+净利润）走势

第四章　国际银行业税收比较与借鉴

一、国际银行业税制比较

(一) 增值税

目前，伦敦、纽约、中国香港、新加坡均不征收或免征相关增值税。国内金融服务的增值税税率为 6%。考虑到在增值税基础上征收的附加税（7% 的城市维护建设税，3% 的教育费附加和 2% 的地方教育费附加），每笔交易的实际税率约为 6.66%（见表 3）。

表 3　全球主要国际金融中心核心银行业务增值税比较

国际金融中心	核心银行业务增值税征收情况
伦敦	免征增值税、不能抵扣进项税额
纽约	无增值税
中国香港	无增值税
东京	8%（2019 年 10 月 1 日起提升至 10%）出口或某些向非居民提供的服务可免税
新加坡	免征增值税，按固定比例抵扣部分进项税额
上海	6% 加上附加税（附加税各地不同，一般在增值税的 11%~12%） 出口金融服务中的收费服务可免征增值税（但实际操作困难，税收优惠力度有限）

资料来源：中国人民银行上海总部课题组。

(二) 企业所得税

目前来看，中国的企业所得税税率为 25%，比德国高 10%，比英国高 6%，比美国联邦高 4%，比中国香港高 8.5%，比新加坡高 8%，与韩国基本持平。东京的企业所得税税率总体较高，但对于注册在国家战略特殊经济区的企业有 20% 的降税幅度（见表 4）。

表 4　当前主要国家（地区）企业所得税税率

国家（地区）	税率
美国	21%
英国	19%
德国	15%
日本	30.62%（大型企业）34.60%（中小企业）
新加坡	17%
中国香港	16.50%
韩国	25%
中国	25%

资料来源：OECDdatabase2019。

（三）资本利得税

资本利得税也是各国际金融中心普遍开征的税种。在中国、中国香港和新加坡，暂未开征专门的资本利得税；在东京、纽约及伦敦，资本利得税的税率均在 10% 以上。我国没有明确的资本利得税制度，对于境内企业投资金融产品产生的资本利得（或亏损）是合并在企业所得税中统一按 25% 的标准计征。

（四）交易印花税

印花税虽是比较常见的国际税种，但大多数国家征收印花税的对象是不动产交易合同及部分股权转让合同。根据中国印花税相关法规规定，对贷款合同征收合同金额 0.005% 的印花税。现国际金融中心中仅东京对贷款合同征收印花税，最高税额不超过 60 万日元。对比伦敦等国际性金融中心，国内的印花税税负属较高水平（见表 5）。

表 5　全球主要国际金融中心印花税比较

国际金融中心	印花税（贷款合同）
伦敦	不适用
纽约	不适用
中国香港	不适用
东京	适用使用阶梯税额最高 60 万日元（约合人民币 37000 元）
新加坡	不适用
上海	0.005%

资料来源：中国人民银行上海总部课题组。

（五）个人所得税

个人所得税税率的高低对于金融人才集聚度的影响较为直接。对各大国际金融中心的个人所得税的粗略比较发现：中国香港和新加坡在个人所得税税制方面设定简单，最高边际税率很低，香港按照15%征收，新加坡最高不过22%。中国以上海为例，上海的工资收入个人所得税边际税率达到了45%，已与伦敦齐平，但伦敦的免税额度约是上海的2倍，且有约20项免税项目。

纽约的个人所得税包括联邦税、州税和纽约市税三部分组成，其最高边际税率可达到约48%，但其起征点是上海的8倍，且联邦税、州税和城市税有15大类近百项税收减免和返还政策。例如，纽约对于金融企业提供了员工工资6.85%的税收返还，所以金融企业员工实际税率较上海低。

日本则是世界上税负最高的国家，东京按照国税加地税和附加税征收，其最高边际税率可达56%，但实行阶梯免征税额，最高免征额度是上海的3倍，边际税率的起征点也是上海的约2.5倍。（见表6）

表6　全球主要国际金融中心个人所得税税率比较

国际金融中心	税率
伦敦	0%，20%，40%，最高45%，年收入>150000英镑（未扣除起征基数11850英镑）
纽约	联邦税（10%，12%，22%，24%，32%，35%，最高37%，年收入>500000美元）+州税（4%-8.82%，年收入>1077550美元）+城市税（2.907%-3.876%）（按照单身人士标准）
中国香港	2%，6%，10%，14%，最高17%，年收入>200000港元 （2018、2019年度按15%征收）
东京	国税（2.1%，10%，20%，23%，33%，40%，最高45%+2.1%的附加税，年收入>40000000日元）+地方居民税10% （未扣除阶梯起征基数1030000至2580000日元）
新加坡	2%，3.5%，7%，11.5%，15%，18%，19%，19.5%，20%最高22%，年收入>320000新加坡元非居民一般统一按照22%征收
上海	3%，10%，20%，25%，30%，35%，最高45%，月应税收入>80000人民币（该收入是指已扣除5000元基数和其他可扣除项目后的金额）

资料来源：中国人民银行上海总部课题组。

二、中外银行相关税负比较

本文选取了工商银行、农业银行、中国银行、建设银行 4 家中国大型银行以及 13 家国际活跃大型银行，根据 2019 年年报数据，利用总税负/总资产、总税负/营业收入、总税负/（总税负+净利润）三个税负指标进行了对比分析。总体来看，我国银行税负水平仍然高于国际银行的税负水平，目前国际上用来评价银行税负水平的三个主要指标中，仍然有两个指标显示我国银行的平均税负水平要高于国际银行总体税负水平。

（一）总税负/总资产

从总税负/总资产指标来看（见图 47），我国银行该指标处在 17 家银行的中高水平位置，4 家中国大型银行该指标的平均水平（2.29%）要高于 17 家银行的总体平均水平（2.06%）。

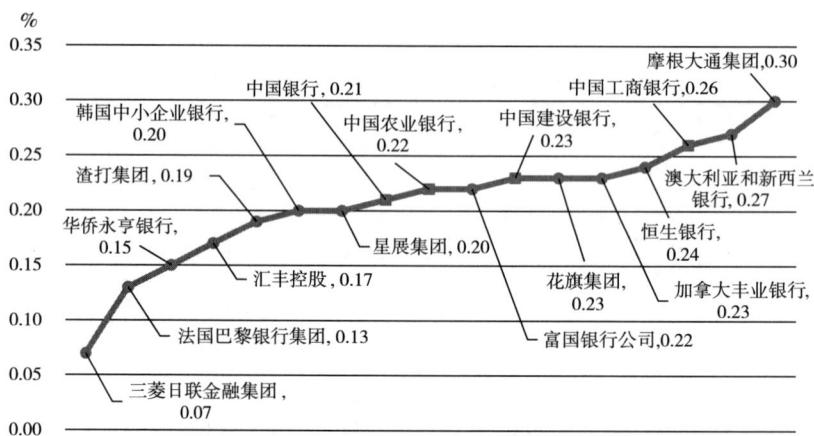

图 47　境内外主要银行 2019 年总税负/总资产分布

（二）总税负/营业收入

从总税负/营业收入指标来看（见图 48），我国银行该指标也处在 17 家银行的中高水平位置，4 家中国大型银行该指标的平均水平（8.68%）要高于 17 家银行的整体平均水平（8.26%）。

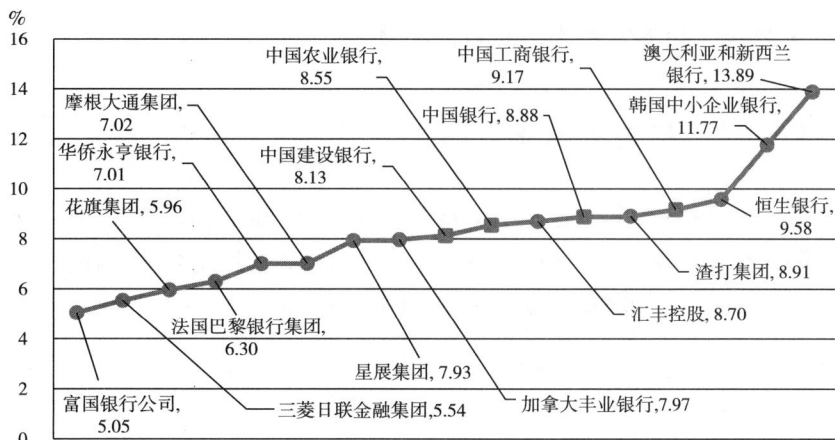

图48　境内外主要银行2019年总税负/营业收入分布

（三）总税负/（总税负+净利润）

从总税负/（总税负+净利润）指标来看（见图49），我国银行该指标处在17家银行的中低水平的位置，4家中国大型银行该指标的平均水平（18.13%）要低于17家银行的平均水平（22.21%）。

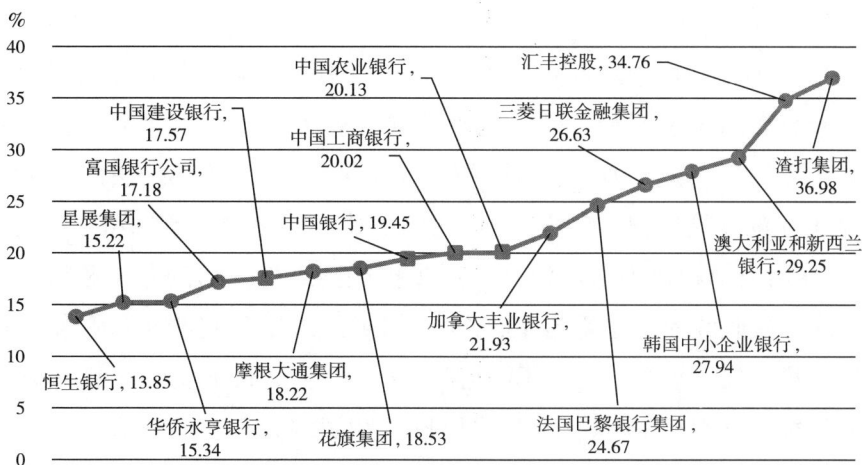

图49　境内外主要银行2019年总税负/（总税负+净利润）分布

三、国际税制改革经验及启示

（一）发达国家税制结构变迁路径

1. 税收组合。美国、日本、英国、法国作为发达国家的典型代表，均建立起了完善的现代税制体系。目前，个人所得税和社会保障税是上述四国的主要税种，合计占比高达 50% 左右；企业所得税在上述四国税收收入中占比不高，只有日本超过了 10%；英国、法国增值税占比较高。

2. 税收结构。从税系看，四国均以直接税为主体，其中美国直接税比重最高，日本次之，英国和法国相对较低。从税类看，四国均以所得税为主体，其中美国所得税比重最高，日本次之，英国和法国相对较低。

3. 税制结构变迁历程。工业革命后，四国大都经历了一个从以间接税为主、直接税间接税为双主体、再到直接税为主体的三阶段变迁过程。

（1）所得税经历了由低税率、窄税基到高税率，宽税基再到低税率、宽税基的变迁过程。公司所得税开征均在个人所得税之后，且其收入比重也一直低于个人所得税。20 世纪 80 年代后，个人所得税比重相对稳定，企业所得税比重呈缓慢下降趋势，但所得税仍稳居主体地位。

（2）社会保障税地位不断提高。20 世纪 40 年代后，社会保障税在各国获得空前发展，占税收总额的比重不断上升，成为四国政府重要的收入来源。目前社会保障税是日本和法国的第一大税种，是英国和美国仅次于个人所得税的第二大税种。

（3）增值税的发展历程、实施范围、税率结构及在整个税制中的地位各不相同。法国在 1954 年将营业税改为增值税，并逐步扩展到经济生活的各个领域，目前实行四档税率制，占税收收入的比重为 15.2%。英国于 1973 年将购买税和特别就业税调整合并为增值税，之后该税收入规模一直呈增长趋势。目前实行三档税率制，是英国的第二大税种。日本自 1989 年开征增值税（消费税）以来，一直实行单一比例税率，且其税率水平和收入占比不断提高。美国至今没有开征增值税，销售税是其间接税的主体税种。

4. 税制结构变迁成因分析

（1）经济发展水平。经济发展水平决定税源结构，进而决定税制结构。当经济发展水平和人均收入水平提高时，政府就会更多地考虑促进收入分配公平的社会目标，从而使直接税的占比提升。

（2）政府对公平与效率的权衡。工业革命初期，四国政府更加注重效率，偏好税源丰富、征收简便的间接税（特别是消费税和关税），对原始直接税的依赖逐渐降低，形成"双主体"税制结构。随着工业化的逐步推进，个人收入不断增加，个人所得税税基不断扩大，直接税比重快速提高。工业化实现后，政府更加注重公平，倡导建立福利社会，直接税（特别是所得税、社会保障税）的比重继续提升，最终形成以直接税为主体的税制结构。20世纪80年代以来，经济全球化下国际竞争的加剧使得发达国家转为效率与公平并重，在对所得税降低税率、拓宽税基，以尽可能使其有利于提高经济效率的同时，对那些侧重经济效率的税种，则尽可能弱化其对收入分配累退性的影响，呈现出所得税比重小幅下降、财产税比重小幅上升、货劳税比重小幅上升的发展趋势。

（3）征管条件。税收制度被社会经济发展所推动，而税收征管要与税收制度相匹配。发达国家"直接税为主体"结构的实现，与征管条件的不断完善密不可分。第一，税收法制体系健全。四国税收立法较早，形成了完善的法律体系，主张税收法律主义、公平主义、社会政策主义和实质征税主义。第二，税收征管体系完备。不断推出税收征管改进措施，在机构设置上趋向扁平化，在管理方式上强调专业化，以切实提高征管效率。第三，征管技术的提高。信息技术在征管领域的普遍应用，有利于对税源进行全方位的信息跟踪和纳税控制。

（二）对我国税制改革的启示

1. 我国税制结构有必要进一步优化

从美国、日本、英国、法国四国实践来看，直接税比重的提高有利于促进经济发展、增进社会公平，具有客观必然性。与发达国家相比，我国税制结构的问题不仅在于直接税占比较低，更在于所得税尤其是个人所得税占比过低，既不利于调节收入分配差距，又有碍税收自动稳定器功能的发挥，有必要对我国税制结构进行优化调整。

2. 我国已经具备了税制结构优化的条件

一方面，我国目前人均GDP近10000美元，具备了税制结构优化所必需的经济条件。随着我国经济增长进入"新常态"，财税收入增长也将进入"新常态"，今后政策目标的实现将主要依赖结构优化而非增量调整，这将对我国税制结构优化形成倒逼机制。另一方面，我国无论在信息化建设、税控系统建设还是人员素质等方面均优于当时的发达国家，税制结构优化所需的征管条件也已具备。

第五章　对我国银行业税制改革的建议

一、对我国银行业税制改革的远期建议

（一）设立效率优先、兼顾公平的改革目标

当前，世界经济环境整体疲软，我国经济正处于增长速度换挡期、结构调整阵痛期、前期刺激政策消化期叠加的阶段，企业生产经营压力增大，迫切需要进一步增强发展的内生动力和后劲。这种情况下，优化税制结构应贯彻效率优先原则，进一步推进结构性减税。与此同时，经过改革开放四十余年的发展，中国经济总量已高居世界第二位，但地区间发展不均、城乡发展不平衡、居民收入差距过大等问题日益凸显。因此，优化税制结构必须要注重发挥其调节收入分配的重要功能，切实回应人民群众对社会公平的关切。

（二）提高直接税在税收收入中的比重

"直接税"在调节收入分配、稳定财政收入、促进经济发展方面，较"间接税"更具优势，财政部门可依据经济社会发展和居民收入情况变化，及时调整相关的税率和征税范围，能够有效避免出现税负不均、扩大贫富差距、影响社会分配不公现象。作为"间接税"的主力税种、我国第一大税种的增值税，存在计算复杂、征管成本高等弊端，不利于居民纳税人意识的形成。目前，我国已经具备从"间接税"向"直接税"变迁所需要的外部条件，建议将提高银行"直接税"占税收收入的比重作为我国未来一段时期银行业税制改革的重点。

（三）推进征管手段现代化

随着科技水平的提高以及国税、地税合并，我国税收征管水平有了大幅提升的可能性，未来应从以下四个方面推动征管手段现代化：一是完善税收法律法规，坚持依法征管、依法治税；二是加快税收管理信息化建设，推进纳税信用与其他社会信用联动管理，提升纳税人税法遵从度，降低银行纳税成本；三是努力实现更高水平、更加规范的纳税服务，减轻银行办税负担；四是充分发挥税务稽查作用，严厉查

处各种涉税违法案件，规范银行税收秩序。

二、对我国银行业税制改革的中短期建议

本文对各类代表性银行业金融机构的税收情况开展了深入调研，充分了解了目前银行业金融机构经营面临的税收问题，这些问题既包括税收政策本身的问题，也包括税收政策执行中的问题。本文针对这些问题进行了深入研究，从服务实体经济、服务社会民生、防范化解金融风险、高质量发展、税收征管等角度，提出了银行业中短期税制改革的意见建议。

（一）促进服务实体经济方面的问题和建议

序号	问题	建议
1	根据现行政策，银行的主要支出存款利息支出不允许作为增值税进项抵扣。企业支付的银行贷款利息支出进项税额不允许抵扣，同时企业向贷款银行支付的相关投融资顾问费、手续费、咨询费等费用，其进项税额也不得抵扣，加重了企业"融资贵"问题。	建议允许将利息支出及相关服务费用纳入增值税进项抵扣。
2	目前金融机构持有的国债、地方政府债、全国银行间和交易所债券市场发行的金融债利息收入免征增值税，但持有非金融企业债券的利息收入需要征收增值税。	建议对金融机构持有非金融企业债券利息收入免征增值税。
3	2018年发布的《关于金融机构小微企业贷款利息收入免征增值税的通知》明确对向小型企业、微型企业和个体工商户单户授信1000万元以下的贷款利息收入免征增值税。但实务中大部分小微企业主以个人名义贷款无法充分享受到增值税优惠政策，财务公司等非银行金融机构发放的小微贷款等无法享受该优惠政策。	一是建议将小微企业贷款利息收入免征增值税政策延伸到小微企业主贷款。二是建议将财务公司等非银行金融机构发放的小微贷款也纳入优惠政策适用范围。
4	根据《关于支持小微企业融资有关税收政策的通知》，对金融机构与小型企业、微型企业签订的借款合同免征印花税，但金融机构和农户、个体工商户签订的贷款合同则没有相应的免税政策。	建议对农户、个体工商户借款合同免征印花税。
5	目前小微企业贷款优惠政策中要求营业收入指标以贷款发放前12个自然月的累计数确定作为判断小微企业标准。但在实际操作中，小微企业由于财会制度不健全一般只能提供年度财务报告而无法享受税收优惠政策。涉农贷款优惠政策中有关涉农贷款认定标准不符合城镇化不断加深的现状，部分农户工作地在农村、居住地在城镇，这些涉农贷款无法享受优惠政策。	建议完善、简化涉农和小微企业相关优惠政策的认定标准。
6	由于受到自身规模等因素的限制，科技型中小企业在发展的过程中融资渠道较窄，很难获得有效的资金支持，目前政策"鼓励银行保险机构积极开展知识产权质押融资业务，支持具有发展潜力的创新型（科技型）企业"。	建议参照小微企业贷款税收优惠政策，对科技型企业贷款给予类似的税收优惠政策。

序号	问题	建议
7	目前小微企业贷款利息收入优惠政策主要集中在增值税方面，所得税优惠政策不到位。	建议针对小微企业贷款利息收入给予一定的所得税优惠政策。
8	根据《关于进一步明确全面推开营改增试点金融业有关政策的通知》，农村信用社、村镇银行、农村资金互助社、由银行业机构全资发起设立的贷款公司、法人机构在县及县以下地区的农村合作银行和农村商业银行提供的金融服务收入，可以选择适用简易计税方法按照3%的征收率计算缴纳增值税。农业发展银行涉农贷款、农业银行和邮政储蓄银行纳入"三农金融事业部"的涉农贷款，可以适用3%的简易征收率。而其他银行业金融机构在县及县以下地区提供的金融服务收入无法适用该政策。	建议对其他银行在县及县以下地区提供的金融服务收入均适用增值税简易征收政策。
9	目前农机产品批发、零售环节免征增值税，金融租赁公司采购农机无法取得增值税进项税发票，导致农机融资租赁业务增值税抵扣链条中断。金融租赁公司在为农户提供租赁服务时需要按照租金的13%缴纳销项税，过高的税负成本影响了农机租赁业务的开展。	建议允许金融租赁公司农机直租业务享受免征增值税政策。
10	为推进企业降成本、扩大固定资产投资，财税部门出台了固定资产投资抵免和加速折旧等税收优惠政策，但金融租赁业务无法适用，如加速折旧政策未有效覆盖融资租赁业务，投资抵免政策也未涵盖经营租赁业务。	建议允许金融租赁公司平等适用固定资产投资抵免和加速折旧的税收优惠政策。
11	在新基建大战略下，5G建设等新基建项目将为国家发展打造竞争新优势、注入增长新动能。这类项目通常投入资金大，建设周期长，银行业提供相关信贷支持通常金额大、期限长、利率低，就单个项目而言获利空间较窄，银行经营压力较大。	建议对银行业金融机构为新基建重点项目提供信贷支持取得的利息收入给予税收优惠政策。
12	现行政策要求享受增值税免税优惠的小微企业贷款单笔贷款利率不高于同期贷款基准利率150%，2019年人民银行推行贷款市场报价利率（LPR）取代人民银行基准贷款利率，小微企业贷款如何适用优惠政策需要明确。如原人民银行基准利率包括1年期、3年期和5年期，当前LPR只有1年期和5年期两档。	一是建议明确中间档贷款参照LPR标准。二是由于贷款存续期内LPR动态调整，建议明确优惠政策利率以发放贷款时的LPR作为基准。

（二）促进服务社会、民生方面的问题和建议

序号	问题	建议
13	慈善信托为我国法定慈善方式之一，但与慈善捐赠相比，慈善信托的税收优惠政策尚未落实，实际操作中慈善信托的委托人、受托人、受益人不能享受任何税收优惠，这在很大程度上影响了慈善信托业务正常开展，不利于引导广大社会资金参与慈善事业。	建议落实慈善信托税收优惠政策。

序号	问题	建议
14	目前我国家族信托税收制度并不成熟，税负较高。在信托设立环节，当委托人将股权或不动产转入家族信托账户时，很可能被推定为视同第三方之间交易过户缴税，涉及20%的个人所得税、0.05%的印花税、3%或1.5%的契税，个人转让购买不足2年的普通住宅还需全额征收5%的增值税等；在信托终止环节，当受托人将信托财产以股权或不动产的形式分配给受益人时，同样视为第三方之间的交易过户还需要再缴纳相应的税费。而境外家族信托，大多不存在双重纳税的情况。由于上述原因，目前很多民营企业通过红筹架构的方式将资产控制权转移至境外设立家族信托，造成财富外流。	建议尽快完善家族信托税收制度，降低家族信托的高税负。
15	目前国际离岸信托存在大量的税收、法律优惠，未来我国开征遗产税的可能性较大，我国高净值人士会更加倾向于将各种形式的资产注入离岸信托架构，带来了国内个人财富的境外转移和税收流失等问题。	建议完善我国离岸信托相关税收政策，吸引国内高净值人士将财富留在国内。
16	社会民生工程等重点项目对国民经济和社会发展具有重要意义，能够更好地带动经济建设和发展。但这类项目投入资金大，建设周期长，需要银行业提供相关信贷支持，相关贷款通常金额大、期限长、利率低，就单个项目而言获利空间较窄，银行经营压力较大。	建议对银行业金融机构为重点民生项目提供信贷支持取得的利息收入给予税收优惠政策。
17	目前消费类贷款规模受疫情影响程度较大，信用卡等消费贷风险已经开始显现，消费类贷款资产质量面临较大压力。与此同时，由于疫情对社会生产及人民生活冲击较大，涉及面广，延续时间长，社会各方信贷需求增加，亟须金融机构推出面向受疫情影响群体的优惠金融产品。	建议对消费类贷款利息收入给予一定的税收优惠政策。
18	疫情期间，银行业统筹做好疫情防控和经济社会发展的金融服务工作，及时发放各类应急贷款和专项贷款，加大对中小微企业复工复产金融支持力度，对受疫情影响的中小企业主动下调贷款利率，对受疫情影响较大的困难企业合理采取延期还款、分期还款、展期、无还本续贷等措施，对湖北地区以及因感染新冠肺炎而住院治疗或隔离等四类人员的信用卡还款延长期限、减免利息和收费等作出安排。	建议对银行业金融机构疫情期间的金融服务收入给予免征增值税和所得税政策。

（三）促进防范化解金融风险方面的问题和建议

序号	问题	建议
19	目前涉及资产真实转移的呆账核销与呆账损失税前扣除差异较小，不涉及资产真实转移的呆账核销范围明显大于呆账税前扣除范围，导致部分呆账已经核销但不允许税前扣除。据统计，已核销但未真实转移呆账中大约只有 30%～40%的部分准予当年税前扣除。	建议缩小呆账税前扣除标准与呆账核销标准的差异，允许银行根据真实损失原则将已核销呆账进行税前扣除。
20	银行业类信贷业务实质及贷后管理与贷款业务并无实质差别，但由于被核销的类信贷资产均系底层资产的债务人违约，法院无法向银行业出具无财产可供执行的司法裁决，导致类信贷资产不满足资产损失税前扣除条件。	建议考虑类信贷追索的实际情况，允许将类信贷资产底层资产债权人追索记录以及取得的司法裁决作为资产损失税前扣除的证据资料。
21	现行政策对个人贷款的资产损失设置了较为严格的税前扣除标准，由于个人贷款单笔合同金额普遍不高，考虑到诉讼成本等原因，银行等金融机构不会全部提起诉讼，也无法全部取得无财产可供执行的裁决。	建议放宽个人消费贷款、个人信贷类无抵押贷款、住房按揭贷款等零售贷款呆账损失税前扣除条件，如可参照信用卡资产损失税前扣除政策，对追索超过一定期限的小额个人贷款，直接凭追索记录予以税前扣除。
22	近年来，银行业为积极稳妥降低企业杠杆率水平开展了受益权转让、债转股、不良资产证券化等市场化处置资产方式，目前税法允许税前扣除的实际资产损失类型并未包含因债转股、受益权转让和不良资产证券化形成的资产损失，导致债权损失无法税前扣除。	建议允许因受益权转让、债转股、不良资产证券化以及其他市场化处置产生的资产损失所得税税前扣除。
23	现行《企业资产损失所得税税前扣除管理办法》仅对境内呆账损失的扣除做了规定，未对境外呆账损失作出明确规定，导致境外呆账核销时形成的资产损失无法进行税前扣除。鉴于目前全球经济受新冠肺炎疫情冲击较大，境外信贷业务风险集聚，银行境外资产损失金额可能不断增加。	建议出台境外资产损失所得税税前扣除的相关操作规范，同时允许境外资产核销损失税前扣除不受五年期限限制。
24	部分地区税务机关要求将贷款本金核销损失与代垫诉讼费核销损失拆分考虑，银行业金融机构通过司法途径追索贷款，垫付的诉讼费、律师费等费用不得认定为贷款损失。该规定使目前贷款呆账损失与代垫诉讼费核销损失扣除期间不一致。	建议准予银行业金融机构代垫诉讼费与贷款呆账损失一同进行税前扣除。

序号	问题	建议
25	目前银行业金融机构（包括金融资产管理公司）在处置不良资产过程中面临较高的税收负担：抵债资产取得环节需要缴纳契税、印花税及其他交易费用，但难以获取增值税专用发票进行进项税抵扣，相关诉讼费用支出仅能取得法院出具诉讼费行政收费单据，无法用于进项税抵扣；在持有、保管环节需要按期缴纳房产税、城镇土地使用税等；在处置环节需要缴纳增值税及附加、土地增值税、印花税、企业所得税及其他交易税费等。	建议减免抵债资产抵入、保管和处置环节涉及的各种税费。
26	金融资产管理公司主要收购、处置银行不良资产，银行将不良贷款等债权打折后转让给资产管理公司，资产管理公司接收后就原债权本金和应收未收利息运用专业能力进行清收。	建议给予金融资产管理公司一定的差异化税收政策，扩大进项税抵扣范围。
27	在原营业税制下，金融资产管理公司商业化收购不良债权的后续转让不属于营业税的征税范围，营改增后个别地方税务局对该政策有异议。	建议进一步明确债权后续转让的纳税属性，延续原营业税下的政策将商业化收购不良债权的后续转让行为继续作为增值税非应税项目。
28	目前税收政策允许银行业金融机构计提的贷款损失准备金按照一定比例进行税前扣除。随着我国经济下行压力加大，金融机构在有效支持实体经济的同时不良贷款水平也在不断提高，贷款损失准备金计提大幅提升，1%的比例明显低于实际计提的贷款损失准备金水平。	建议适度提高贷款损失准备金允许税前扣除的比例。
29	现行政策对金融机构涉农贷款和中小企业贷款损失准备金税前扣除具体规定了准予税前扣除的比例，其中关注类贷款2%、次级类贷款25%、可疑类贷款50%、损失类贷款100%，目前多数机构实际计提的贷款损失准备金大于税法允许扣除的比例。	建议提高农村中小金融机构的涉农贷款和中小企业贷款计提的贷款损失准备金的税前扣除比例，或者准予据实税前扣除。
30	目前贸易融资的各类贷款（保理、福费廷、进口代付等贷款）资产、银行业的类信贷资产未统计在贷款损失准备按1%比例税前扣除的资产范围内，无法税前扣除相应的准备金。	鉴于贸易类贷款、类信贷的业务实质和风险与贷款无本质差别，建议将贸易融资类贷款、类信贷资产纳入准予税前可扣除贷款损失准备金的资产范围。

续表

序号	问题	建议
31	目前银行业金融机构依据《存款保险条例》有关规定，准予在企业所得税税前扣除的存款保险保费不超过万分之一点六。近年来人民银行对存款保险费率进行了调整，要求银行根据风险评估档次实行差别费率，费率最低档万分之二，相对应万分之一点六的扣除比例，缴纳的存款保险费将近60%都不能够在企业所得税前扣除。	建议允许银行业金融机构按实际缴纳的存款保险费进行税前扣除。
32	财政部门对村镇银行给予一定的财政补贴，该补贴属于专项用途财政性资金，按照《财政部　国家税务总局关于专项用途财政性资金企业所得税处理问题的通知》需要缴纳企业所得税。	建议给予村镇银行的专项财政补贴不纳入应纳税所得额。

（四）促进高质量发展方面的问题和建议

序号	问题	建议
33	资管产品管理人对资管产品（包括资产证券化产品、信托产品、银行理财产品、保险资管计划等）收取的管理费按照6%缴纳增值税，同时管理人对资管产品运营过程中发生的增值税应税行为，按照3%缴纳增值税。在资管产品嵌套的情况下，各层级产品管理人就实际收益来自同一笔资产的利息收入重复缴纳增值税。	一是建议研究解决资管产品重复征税问题。二是建议银行保险信托相关资管产品与证券投资基金相关税收政策公平趋同，对资管产品运营过程中买卖股票、债券的收入免征增值税，对投资资管产品的分红所得免征企业所得税。
34	按照现行税法，金融商品转让年末负差不得结转至下一年度抵扣。该项规定对年度内金融商品转让先盈利、后亏损的情形将产生较大税负影响。	建议将金融商品转让收入调整为不征收增值税项目，或允许金融商品转让年末负差结转下一年度继续抵扣。
35	我国金融机构在境外发行债券的投资者所获利息收入需缴纳增值税，由发债机构代扣代缴，而多数国家（地区）对金融服务不征收增值税，投资者所缴纳的增值税实际是由发债金融机构承担，影响了我国金融机构的国际竞争力。	建议对境外投资者投资我国金融机构境外发行债券取得的利息收入给予免征增值税政策。
36	境外同业不属于《关于全面推开营业税改征增值税试点的通知》界定的金融同业范围，无法享受"金融同业往来利息收入免税"优惠，而目前多数国家或地区对核心金融业务免征增值税。	建议境内同业与境外同业开展的跨境业务享受与境内同业相同的增值税免税政策。

序号	问题	建议
37	目前金融机构在境外不同国家（地区）取得收入，首先应按收入来源地的法规缴纳所得税，而后按中国的企业所得税相关法规缴纳税款并进行抵免。因各国税制不同，部分国家和地区所得税比率较低，来源于这些国家和地区的所得税抵免限额较少，加之收入来源地会有其他无法进行抵免的税负，导致金融机构实际承担的综合税负偏高。此外，金融机构在汇算期间往往很难及时取得境外所得的纳税凭证，从而导致无法及时抵免境外所得税。	建议适度降低境外所得的综合税负水平；同时允许金融机构在取得境外所得纳税凭证的年份内进行所得税抵免，而非在税款所属年度进行抵免。
38	新加坡、中国台湾和中国香港等地均对离岸贷款及资产明确给予了相应的税收优惠政策，国际同业提供的离岸贷款利率水平已低于国内同业水平，且大部分无须缴纳增值税。	建议给予银行离岸金融业务免征增值税政策。
39	上海自贸区临港新片区和离岸金融建设方面税收优惠政策需要进一步优化。	一是建议对金融租赁公司开展飞机和船舶等大型高端设备租赁业务适用企业所得税（15%）和增值税低税率或减免税基的税收优惠。二是建议对金融机构在新片区内开展针对境外国际机构的离岸业务给予税收支持（例如比照现有区内先进产业税收优惠标准调整为15%）。三是建议对新片区内的关键金融从业人才，推出更有力度的税收政策吸引和挽留。四是建议允许新片区内金融机构在区内及境外经营投资活动中，参照境外规则享受所得税税率优惠。
40	在进出口境外代付以及跨境福费廷业务中，境内委托行需对境外代付行或福费廷买入行代扣代缴预提企业所得税。除境内银行与境外银行互为分支机构外，则需要代扣代缴增值税。对没有境外分支机构的银行，且境外合作银行所在国没有协定税率的情况下，代扣代缴税款的税率偏高，间接增加了贸易融资成本。	建议适度降低境外银行开展境外代付等资金业务所得税税率，并允许根据对客融资价格与代付资金的差额缴纳增值税。
41	根据税法规定，境外单位或者个人在境内发生应税行为，在境内未设有经营机构的，以购买方为增值税扣缴义务人；境外单位或者个人向境内单位或者个人销售完全在境外发生的服务不属于在境内销售服务。随着各类服务项目不断发展以及互联网影响持续深入，服务销售方完全在境外提供服务，但服务购买方在境内接受服务，政策规定的"完全在境外发生的服务"则难以进行判定。	建议按照服务发生地原则判断是否属于完全发生在境外的服务，对于服务发生地完全在境外的不需在境内代扣代缴增值税。

序号	问题	建议
42	NRA 账户指境外机构在中国境内银行业金融机构开立的外汇或人民币银行结算账户，为离岸账户的一种。在促进跨境金融创新的同时，NRA 账户在审核管理及具体业务操作中存在涉税风险。银行进行业务真实性、合规性审核时，主要依据买卖双方签订的合同、发票以及提单，难以判断交易背景真实性，可能出现涉税风险：一是关联企业境内外联动规避税收；二是利用虚假佣金合同转移税前利润。	建议在规范开户银行内部控制的基础上，加强涉税信息的传递和交换，既包括税务机关与银保监会、外汇管理局等部门的合作，也包括中国与其他国家之间的信息交换。
43	根据个人所得税相关政策，派驻境外人员需就来源于中国境内和境外的综合所得缴纳个人所得税。由于国内个人所得税税率偏高，在年度汇算清缴时派驻境外人员需要补缴个人所得税。根据个人所得税专项附加扣除暂行办法，继续教育、大病医疗、住房贷款或住房租金项目要求为境内发生，境外人员无法享受上述专项扣除政策。	建议对派驻境外人员给予有针对性的个人所得税优惠，如对这类人员出台特定的住房补贴、语言训练费或子女教育费税前扣除。
44	现行研发费用75%加计扣除政策中研发项目界定范围较为笼统，且金融业不属于国家重点支持的高新技术领域，对符合优惠的研发项目判断存在很大难度，研发项目委托外部机构研发时需要受托方机构的配合，事后备案制度增加了税收风险。	建议进一步明确金融业研发项目范围标准，制定专门符合金融机构研发费用特点的指导规范，简化研发费用加计扣除的相关认定条件，简化加计扣除留存备查材料要求。

（五）促进优化税收征管方面的问题和建议

序号	问题	建议
45	消费金融公司、汽车金融公司、银行系理财子公司等增值税纳税周期均为一个月，但同为金融业的银行、信托、财务公司均以一个季度作为纳税周期。营业税下的税务处理相对简单，增值税的计算远比营业税复杂，极大地增加了公司报税成本。	建议允许消费金融公司、汽车金融公司、银行理财子公司等金融机构按季申报缴纳增值税。
46	根据现行增值税政策，金融机构发放贷款后，自结息日起90天内发生的应收未收利息应缴纳增值税，目前逾期贷款利息收取困难，在未实际收到利息的情况下垫资纳税，导致营运资金被垫付占用，不仅影响资金的市场投放，而且增加纳税负担、降低风险防御能力。	建议对金融机构结息日起90天内的应收未收利息，允许机构在实际收到利息后缴纳增值税。

序号	问题	建议
47	根据增值税相关政策，企业向其他单位和个人无偿赠送货物、无偿提供服务和无偿转让无形资产、不动产的行为需视同销售缴纳增值税。目前政策对何为"无偿"没有明确规定，如银行在办理业务时赠送宣传品、信用卡积分免费兑换礼品、财务公司向成员单位提供服务等，是否属于视同销售各地税务机关执行标准不一致。	建议针对视同销售制定更加明确的口径和操作标准。
48	目前银行业多数成本费用没有进项税发票可以抵扣，严格凭票抵扣形式不能完全抵实际成本费用。并且存在免税收入项目（如金融同业往来利息收入等）按照收入占比转出进项税的要求，从而大幅削减了准予抵扣的进项税额。2019年《关于深化增值税改革有关政策的公告》将原16%税率降至13%，原10%税率降至9%，金融业适用的6%税率维持不变，该调整将使金融企业外购商品或劳务进项税抵减减少，长期来看难以实现"确保所有行业税负只减不增"的目标。	一是建议扩大进项税抵扣形式。二是建议变通进项税抵扣方式。如对于租赁房产经营过程中发生的水电费、物业管理费等，建议允许根据租赁合同和费用发票复印件进行进项税抵扣。三是建议减少免税收入进项税转出，将部分免税项目调整为不征税项目。四是将金融业纳入进项税加计抵扣减适用范围。
49	目前银行同互联网企业的合作存在两种模式，一是互联网企业作为资金清算方（如同微信、支付宝的合作），二是选取银行的一家分行作为资金清算行，全国其他分行作为业务经办行。在互联网企业作为资金清算方的模式下，银行应对贷款服务的服务接受方开具增值税发票，逐一对客户开票大幅增加银行开票压力。互联网企业往往以贴息作为优惠手段获取客户资源，导致服务流与资金流不一致，存在虚开发票风险。	建议尽快对互联网金融业务模式的增值税开票政策予以明确，降低开票税务风险，缓解银行开票压力。
50	资管产品执行增值税政策存在不明确的问题，一是同业往来利息收入免税政策对资管产品的适用性问题，二是持有至到期不作为金融商品转让的适用性问题。	一是建议进一步明确金融机构发行的资产管理计划投资同业往来利息收入是否也可以纳入免税范畴。二是建议将申购赎回净值型资管产品视为持有到期，免征增值税，从而使资管产品与基金的实际纳税操作保持一致，避免不公平竞争。
51	关于信贷资产证券化业务的税收规定自2006年以后一直没有更新，营改增时也未对其增值税处理进行明确，实务中存在诸多不明确的税务事项，例如封包期的增值税和所得税处理、不完全出表和完全不出表证券化的增值税和所得税处理等。	建议对资产证券化业务相关税收问题专题研究、明确相关规则。

续表

序号	问题	建议
52	随着金融产品不断创新，出现了优先股、永续债等各类创新混合型证券，对投资这些混合型证券取得的持有收益如何进行增值税处理，如何判断是否保本、是否为固定收益，实务中缺乏统一的标准。此外，《关于永续债企业所得税政策问题的公告》关于永续债所得税政策执行口径存在争议，在判断投资方是否需要连续持有永续债满 12 个月后取得的收益才可享受企业所得税免税时，实际执行中存在差异。	建议统一创新混合证券的增值税政策要求和执行标准，明确公告实施（2019 年 4 月）以前已经发行的永续债是否适用新政策。
53	福费廷是基于信用证等基础结算工具的贸易金融业务，包括一级市场和二级市场买入、转卖业务，与票据贴现和转贴现等业务非常类似。根据相关规定，贴现业务需要开具发票的，由贴现机构按照票据贴现利息全额向贴现人开具增值税普通发票。	建议参照票据业务明确福费廷业务的计税规则和开票规则。
54	《中华人民共和国印花税暂行条例》规定："借款合同是指银行及其他金融组织和借款人所签订的借款合同，并按借款金额的万分之零点五贴花"。目前，银行业机构办理贷记卡，客户只是提交贷记卡申请书，客户申请时在申请书中体现的是提交的申请额度，非实际审批授信额度。	建议进一步明确借款合同的范围，明确贷记卡是否需要交纳印花税以及印花税借款金额如何确定。
55	根据现行政策规定，金融同业往来利息收入免征增值税。买入返售金融资产的交易场所分为银行间市场和交易所两种，其中交易所买入返售金融资产的真实交易对手无法确定，难以进一步判断真实交易对手是否为金融机构。	建议明确交易所买入返售金融资产的真实交易对手是否需要进一步判断，统一相关标准。
56	贵金属租赁业务应该按照贷款服务还是按照有形动产租赁缴纳增值税并不明确。贵金属租赁业务定价与业务形式均与贷款业务相似，贷款适用 6% 增值税率，而多地税务机关要求贵金属租赁业务适用有形动产租赁的 13% 增值税率，导致产生较大的税负差异。	建议明确银行从事贵金属租赁业务按贷款服务进行增值税处理。
57	"区块链应收款"业务是以企业真实、合法的交易背景为基础，采用区块链技术对基于合同形成的债权债务关系的收款人和付款人及金额、付款日期、附带利息等信息进行记载确认，支持债权流转，盘活企业的应收账款资产。区块链应收款在支持债权流转的过程中会产生利息，并涉及增值税缴纳与发票的开具。在现有规定下，该业务存在无法开票的问题。	考虑到该类资产的计息在区块链平台均有计算留档（类似结算登记中心），建议此类利息支出以区块链平台出具的银行回单为记账依据，解决"区块链应收款"业务发票获取问题。

序号	问题	建议
58	现行政策允许融资租赁差额征税扣除项目仅包括对外支付的借款利息及发行债券利息，其他融资渠道如IPO、资产证券化、保理、信托等无法享受差额征税政策，一定程度上限制了金融租赁公司增加规模所亟须的长期资金支持。	建议融资租赁业务差额征税扣除的项目中增加除借款利息、发行债券利息以外负债形式的融资成本，或以负面清单形式规定差额征税的不可扣除项目的范围；同时，建议经营租赁业务同样享受融资租赁差额征税政策。
59	银行在经营中会联合商户开展交易立减、支付代金券抵扣等营销推广活动，商户按照原价销售商品或者提供服务，但是仅向消费者收取享受减免后的费用，对客户减免的金额由银行统一结算给商家。由于商户并未向银行提供服务，商户向客户开具全额发票，不再向银行开票，导致银行此类营销费用无法凭票在企业所得税税前扣除。	建议可以凭借合同、银行转账凭证等内部资料进行企业所得税税前扣除，不再强制要求凭发票扣除。
60	根据目前所得税法规定，公允价值变动属于未实现的损益，在年度汇算清缴时无须计入应纳税所得额中。然而季度或月度预缴时，则无相关政策说明，公允价值变动损益作为利润总额的一部分，需要计入预缴的应纳税所得额中，公允价值的大额波动会导致预缴税额与汇算清缴税额出现较大差异，对主管税务机关的税收预测、税源管理带来了很大困难。	建议预缴时也给予公允价值变动损益不计入应纳税所得额的调整政策，使得税款的预缴与汇算清缴更加趋于一致。
61	农信社改制过程中，部分失信、已死亡的股东需通过股权转让、过户给亲属等方式退出，目前当地税务仅对直系亲属间的股权过户不征个人所得税，使得股金转让税收税率较高且农信社股东人数多，不符合资质的股东退出存在困难。	建议对农信社（农商行）股金转让实行差别化个人所得税政策，对持股1年以上的股息红利和股金转让免征个人所得税。
62	银行大量贷款业务和同业资金往来业务需要开具增值税发票，大大加重了银行运营的负担。	建议简化银行业务相关税收扣除凭证要求，允许企业根据利息支出等银行回单、付款凭证等作为合法合规的企业所得税税前扣除凭证。
63	部分银行参加了由主管部门（或行业协会等）牵头的公益性捐赠，各捐赠单位共同出资，集中后统一进行捐赠仅取得一张捐赠单据，但按照现行政策规定，各联合出资单位无法享受公益性捐赠税前扣除的政策优惠。	建议准予参加联合公益性捐赠的各单位税前扣除捐赠款。
64	财政部和国家税务总局在2019年出台了增值税留抵退税政策，对2019年4月以后的增量留抵税额的60%进行退还，同时需要满足连续6个月增量均大于0且第6个月大于50万元等条件，该条件使得金融租赁公司等金融机构长期、大额的留抵税额无法得到退还。	建议对纳税信用等级较高的金融机构逐步放宽留抵退税的条件，或采取差异化的留抵退税政策。

续表

序号	问题	建议
65	自我国加入非居民金融账户涉税信息尽职调查统一报告标准（即 CRS）以来，个人或企业在银行申请开设金融账户时，均需进行居民税收身份的声明，银行则需对个人或企业开展居民税收身份的尽职调查。当个人或企业在多个银行开设账户时，多家银行需重复进行居民税收身份尽职调查，大幅增加了个人、企业和银行的操作成本。	建议对非居民金融账户涉税信息尽职调查的结果在不同银行间共享以避免重复尽调，降低操作成本。
66	2013 年，电子商务领域首先开始了增值税普通发票电子化试点。其后，电信、金融等行业也纳入了增值税普通发票的电子发票试点范围。相较于传统的纸质发票，电子发票的数据查询、使用、防伪、环保、成本等方面均有较大优势。现有开票模式高度依赖第三方专用税控设备及其供应商，存在税控服务商垄断发票开具领域，技术方案落后、服务效率低等弊病。	一是建议推动开展增值税专用发票电子化进程，尽快实现增值税发票全面电子化。二是建议优化增值税发票开具模式，应用互联网思维和区块链技术等，改变原有对第三方专用开票硬件的依赖，研究推广可靠、安全、便捷、低成本的发票税控防伪开具方案。
67	根据《国家税务总局　中国银行保险监督管理委员会关于深化和规范"银税互动"工作的通知》，银行业应扩大"银税互动"受惠企业范围，积极推进银税数据直连并创新"银税互动"信贷产品。目前"银税互动"数据口径不一、全国未实现联网，不提供个税等个人税务信息，一般仅限于信用类贷款产品，产品种类较为单一。	建议构建全国通用的"银税互动"信息平台，实现银行、企业和税务机关接入"银税互动"的一站式服务；统一全国"银税互动"信息口径，统一平台接口规范和客户授权模式；在"银税互动"平台上增加抵押类和保证类贷款产品，进一步丰富"银税互动"产品种类。
68	目前增值税发票综合服务平台对发票下载次数进行了一定的限制。财务核算需要对发票进行验证和合规审核等，并为后续的款项支付、费用记账等提供有力的数据支持，但当前月份最多申请下载 5 次，无法满足财务报销对发票信息的业务需求。	建议适当增加当前月份的发票下载次数，可以考虑行业差别或纳税人信用等级，有针对性地放开发票下载次数限制，从当前的 5 次提高到 10 次以上。
69	根据税收征管法要求，纳税人未按照规定期限缴纳税款的，扣缴义务人未按照规定期限解缴税款的，除责令限期缴纳外，税务机关每日按滞纳税款的万分之五收取滞纳金。大部分金融机构被查出的相关涉税事项是由于税收政策理解偏差所致。	建议对于金融机构由于税收政策规定不明确、税收政策理解偏差被查出的涉税事项，适当降低每日万分之五的滞纳金标准。

参考文献

［1］苏东，万其刚．新中国农业税制的历史沿革［J］．当代中国史研究，2007（1）．

［2］冯秀娟．最优商品税理论在国际增值税制度中的实践与启示——以英国、法国、澳大利亚、新西兰为例［J］．税收经济研究，2015（3）．

［3］吴建刚，刘政．金融业"营改增"税负研究［J］．财会通讯，2017（5）．

［4］刘诗颖．金融业增值税政策的国际比较［J］．金融会计，2017（10）．

［5］中国金融税制改革研究小组．中国金融税制改革研究［M］．北京：中国税务出版社，2004．

［6］王在清．中国金融业税收政策与制度研究［M］．北京：中国税务出版社，2005．

［7］韩玲惠．经济发展中的银行体系［M］．北京：中国经济出版社，2006．

［8］李扬，王国刚．中国金融发展报告［M］．北京：社会科学文献出版社，2010．

［9］薛薇．银行税收理论与制度研究［M］．北京：经济管理出版社，2011．

［10］秦璐．我国银行税制的分析及改革研究［D］．北京：首都经济贸易大学，2008．

第十篇

深化市值管理
推进大型银行高质量可持续发展

中国农业银行财务会计部课题组

课题主持人：姚明德

课题组成员：毛　焱　张奇渊　吕　黎　陈　伟
王　璐　柳春江　牛华雄　陈欣雨

摘　要

　　当前，中国经济正在向高质量发展阶段迈进，银行业在经济发展中仍将发挥重要作用。国有大型上市银行作为党的银行和国家的银行，一方面需要落实国家战略，更好地服务实体经济，另一方面也需要遵循商业规律，努力提升股东回报，实现自身高质量可持续发展。市值是综合评判上市银行外部环境、股东回报和发展潜力的重要指标，国有大型上市银行的市值增长情况，很大程度上也反映了其统筹履行社会责任和推动自身发展的实际成效，以及市场投资者对此的认可程度。因此，在做好自身业务经营的同时，加强市值管理已成为国有大型上市银行的客观需要和必然选择，也是亟待深入研究的重要问题。

　　本文主要运用规范研究和实证分析相结合的方式，针对国内上市银行市值管理问题就以下几方面开展研究。第一，简要介绍市值管理相关概念和理论，建立研究上市银行市值管理问题的分析逻辑和框架。第二，建立实证分析模型，并选取国内代表性上市银行市值等指标数据样本开展实证分析，分析影响上市银行市值变动的内外部因素，为进一步优化银行市值管理提供决策支持。第三，比较分析国内外上市银行在市值管理方面的相同点和存在的差异，分析国内上市银行存在的差距和问题，为改进国内银行市值管理提供经验借鉴。第四，选取国内上市银行优秀案例开展深入分析，总结提炼可供国内上市银行吸收借鉴的市值管理成功经验。第五，针对性提出改进和加强国有大型上市银行市值管理的总体思路、基本目标、基本策略和中短期建议，为促进大型银行高质量可持续发展提供参考。

　　关键词：市场；市值管理；国有大型上市银行

第一章　绪　论

一、研究背景及意义

市值是市场对上市公司价值的综合评判，也是上市公司区别于非上市公司最直接的特征，更是新时代衡量企业高质量发展成效的重要指标。1993 年，国务院发布《关于金融体制改革的决定》，拉开了国有银行商业化改革的序幕，中国银行业随之进入改革发展的快车道，逐步向国际先进行列迈进。尤其近年来，越来越多的国内商业银行选择公开发行上市，成为公众持股的上市银行。加强市值管理也随之成为上市银行面临的现实课题。对上市银行而言，市值管理具有重要作用和意义。一是有利于融资和补充资本。在当前监管要求下，资本充足水平是影响银行可持续发展的关键因素之一。上市银行拥有比非上市银行更多的融资和资本补充渠道，可以通过定向增发等股权融资手段补充资本，并且优秀的上市银行融资条件更为宽松，融资成本更低。二是有利于降低并购成本。在股份总数不变的情况下，上市银行市值越高就意味着股价越高，从而能够用相对较少的增发股份获得并购标的，降低收购成本。三是有利于完善激励约束机制。市值是衡量上市银行综合实力的指标，一定程度上反映了管理层的管理水平，如果股价长期低迷，将影响公司形象，从而对管理层形成压力和约束，促进其改进经营管理。四是有利于促进长远发展。推动市值增长是上市银行的经营目标之一，市值反映上市银行的市场价格而非账面价值，是面向未来的、动态的价值体现。因此，上市银行进行市值管理就需要把长期发展和短期目标结合起来，更加注重银行长期可持续发展。

另外，由于国内上市银行普遍上市时间不长，市值管理尚处于探索改进阶段，市值管理的理论、方法、模式等都需要进一步完善。而欧美资本市场发展更加成熟，对市值管理的研究也更加全面深入，梳理研究欧美市值管理理论，可以为国内上市银行开展市值管理实践提供理论支持。同时，市值管理也属于实践性很强的管理领域，尤其中国银行业具有自身的鲜明特色，分析研究国内优秀上市银行的市值管理案例，也可以为其他银行提供有益的经验借鉴，促进国内银行加强和改进市值管理。本文重点针对国有大型上市银行现实管理需要，通过对市值管理理论和实证分析，以及典型案例的研究，探索改进市值管理的措施和方法，为促进国有大型上市银行提升经营管理水平贡献自己的力量。

二、研究方法

本文主要运用了以下研究方法。

（一）文献研究法

通过搜集、阅读市值管理相关文献，梳理总结国内外市值管理相关理论的发展和研究成果，结合当前国内上市银行市值管理实际情况，进行综合分析和论证。

（二）实证研究法

本文选取2013—2020年国内大型上市银行市值及部分指标数据作为样本，建立实证分析模型，分析影响上市银行市值变动的主要驱动因素，为进一步改进市值管理提供决策支持。

（三）案例分析法

本文选取若干国内上市银行作为重点分析对象，了解当前国内上市银行市值管理相关情况，总结上市银行市值管理的成功实践经验。在此基础上，研究提出改进和完善国有大型上市银行市值管理的措施建议。

三、研究创新点

本文的主要创新点有以下几个方面。一是采用理论研究和实证分析、案例分析相结合，以实证分析和案例分析为主的研究方法，对国内上市银行市值管理进行分析研究，更加贴近银行管理实务。本文通过选取若干国内优秀上市银行具体案例和数据样本进行全面分析，总结国内上市银行市值管理的成功实践经验，在此基础上，针对性地提出了符合国有大型上市银行市值管理实际的改进思路和对策建议，为国有大型上市银行进一步加强市值管理提供有益的参考。二是本文在总结国内外上市银行市值管理理论和实践的基础上，创新提出了市值管理的分析逻辑和框架，总结提炼出加强上市银行市值管理的基本策略和中短期措施，为开展上市银行市值管理研究提供了新的思路，并将进一步充实上市公司市值管理领域的研究成果。

四、研究内容和框架

本文主要研究国内上市银行的市值管理问题。首先，通过理论文献梳理和研究，总结市值管理相关理论，建立分析逻辑和框架，为研究分析上市银行市值管理问题提供理论支撑，并采用部分代表性上市银行指标数据样本开展实证分析，分析上市银行市值增长影响因素，验证市值分析的逻辑框架。在此基础上，通过对国内外上市银行市值管理进行比较分析，以及对国内上市银行开展具体的案例分析，总结上市银行市值管理的成功实践经验，找出国内上市银行市值管理存在的不足。最后，针对国有大型上市银行市值管理的现状和薄弱环节，提出改进和完善市值管理的总体思路和具体建议。

五、研究的不足与展望

由于市值管理问题涉及的理论知识和实践经验均非常广泛，是一项复杂的系统性工程，受限于研究者的知识水平和实践积累有限，本文对市值管理领域的问题研究还不够全面深入，尤其对市值管理理论前沿研究进展的跟踪和反映仍然不够。同时，在对银行市值管理实践的案例分析研究方面，由于市值管理涉及各家商业银行经营管理的各方面，相关文件资料往往属于内部商业秘密，较难直接获取，受此限制，本文未能全面反映国内商业银行市值管理的详细举措以及最新实践成果，这也是本文的不足之处。

未来，随着管理学理论的进一步发展，以及商业银行绩效管理实践探索的不断深入，相信理论界和企业界对市值管理的认识和理解将更加全面和准确，也将会有更加全面深入的研究成果涌现，这必将推动国内商业银行市值管理取得更大的成效，进而为促进银行经营管理提供强大动力。

第二章　市值管理理论概述

一、市值管理相关概念

(一) 市值

企业价值的表现形式主要有账面价值（Book Value）、内在价值（Intrinsic Value，即理论价值）和市场价值（Market Value，即市值）三种。其中内在价值反映企业的经营基本面，是企业未来自由现金流量折现的现值，是投资决策的核心。而市场价值则反映企业的市场认可度，主要根据供求关系，围绕内在价值上下波动（低估或高估）。对于一家公众持股的上市公司而言，市值更为直观（股价×股数），也更为重要，其本质是上市公司内在价值在资本市场的综合体现。

(二) 市值管理

市值管理即公司建立一种追求公司价值最大化，为股东创造价值，并通过与资本市场保持准确、及时的信息交互传导，促使股价充分反映内在价值，维持各关联方之间关系的相对动态平衡的长效组织机制。市值管理不仅要致力于价值创造，还要进行价值实现。其外在表现为股本与股价的乘积，而其内在本质在于它是公司综合素质或价值的集中体现。

二、市值管理代表性理论

(一) 价值管理理论

在一个较为成熟完善的资本市场中，企业的内在价值都能在市场中得到充分体现，因此价值管理成为企业管理的核心，实现企业价值最大化也成为企业的发展目标。价值管理思想最早起源于20世纪初费雪的资本价值理论，较为完整地论述了收入与资本的关系及价值的源泉，分析了资本价值的形成过程。1991年，麦肯锡咨询公司的Tom Copeland提出价值管理是以价值评估为基础、以价值增长为目的的一种综合管理模式。Anne Ameels 等在《价值管理：价值创造的集成方法》中对价值管理进行了比较系统的论述，认为价值管理是一种通过整合资源活动来达到企业组织既定目标的管理工具、管理装置和管理控制系统；价值管理是通过把企业资源合理地分配到最有价值的投资上尽可能多地创造财富，实现股东价值最大化。

价值管理的核心内容是以价值导向作为公司制定战略、开展融资和公司治理的基础，引导管理者制定有效的经营战略、安排最优资本结构、评价实际的经营绩效、设计合适的管理激励方案。

价值管理主要包括四个部分：战略规划、绩效评价、预算管理和激励政策。战略规划是创造价值的先决条件，是企业对未来一个阶段的经营和发展策略的整体统筹和计划；绩效评价是价值管理的核心和关键所在，企业通过建立合理有效的绩效评价体系来判断公司的发展和经营是否有利于公司发展和价值提升；预算管理和激励政策是价值管理的重要方法，能够有效约束和引导经营者等相关人员的行为，使其目标指向价值最大化。

（二）市值管理理论

市值管理是价值管理理论在中国资本市场的发展与应用。中国的资本市场与境外成熟的市场不同，上市公司的内在价值在市场上还不能充分体现，会出现市值与公司内在价值背离的情况，所以对上市公司要进行市值管理，这也是针对我国资本市场不成熟的一种过渡形式。

我国股权分置改革后，市值管理的概念在国内首次被提出，经历了从上市公司经营管理单角度向上市公司、股东及其他利益方的多角度管理的认识转化，目前得到越来越多上市公司的重视。自国务院发布《关于进一步促进资本市场健康发展的若干意见》中提出鼓励上市公司建立市值管理制度后，从顶层设计层面对上市公司开展市值管理予以肯定，市值管理由此逐步进入规范化发展阶段。

市值管理指的是企业的经营活动和管理行为、理念以持续稳定、合理、有效地提高上市公司的总市值为目标，使公司的股票价格正确地反映公司的内在价值。通过企业内在价值的提升，促进流通市值的增加，同时从外部市场环境角度不断提高市场的有效性，才是市值管理的核心和关键。市值管理从利益上讲，更多的是对预期的管理。由于投资者对未来的看法不一致，就会形成波动，所以市值管理主要就是通过各种方式对那些影响市值的可控因素进行控制，有意识和主动地运用多种科学、合规的价值经营方法和手段，在市场上树立一个稳定的形象，这种形象有利于企业财务结构战略和发展战略的实现，达到盈利能力最大化、市值表现最大化、价值经营最优化、风险可控最低化。

三、市值管理基本框架和主要指标

(一) 基本框架

市值管理包括价值创造、价值经营与价值实现三大紧密相连的环节。其中，价值创造是核心、价值经营是方式、价值实现是关键。价值创造指的是企业通过经营活动和现有资源进行运营管理，不断提高企业基本面和企业内在价值。价值经营应考虑公司市值与内在价值之间的差异，做到相机而动，实现公司与利益相关者的效用最大化。价值实现则是市值管理的最终结果与表现，通过对上市公司市场价值与内在价值的相关性分析，运用投资者关系管理、资本运营等价值实现手段，提高内在价值与股票价格的相关性和匹配度，其目标是在不过度偏离内在价值的基础上实现市值稳步提升（见图1）。

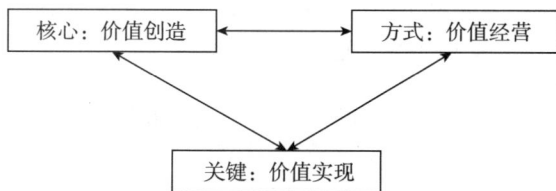

图1 市值管理基本框架

(二) 上市银行市值的影响因素和主要指标

对大型上市银行而言，市值是通过市场的折现率将银行未来各期利润折现后的现值，是将现在和未来结合起来，并用一个数值反映未来所有现金流量信息的综合方法，也是衡量资本价值的有效方法。现在越来越多的人已经意识到，资产规模、盈利能力、资产质量等评价指标只能反映银行某一方面的能力，不能全面反映银行的综合实力和竞争力。相对而言，市值指标是一种长期趋势性判断，隐含了不同银行在盈利能力、产品定价、风险管控以及公司治理等可持续核心竞争力方面的差异，代表着市场对一家银行发展前景的综合认知。市值指标中最为常用的市盈率（PE），是一个考察期（通常为12个月）内，股票价格和每股收益的比例；另一个常用的市值指标是市净率（PB），股票价格和每股账面净资产的比例。

按照市值的计算方法，市值与净利润、资本规模、回报水平和市场估值水平（市盈率、市净率）等多种因素相关，基于与市场分析师、机构投资者等的沟通，结合公式推导，运用三因素法对市值进行分解，发现决定上市银行市值的主要是"三大能力"，即创效能力、资本能力和成长能力，其代表指标分别是资本回报率（ROE）、资本规模和市盈率。即：

市值=股价×股数

=资本规模（净资产）×市净率

=资本回报率×资本规模×市盈率

（三）创效能力——资本回报

最能体现创效能力的核心指标是资本回报率。该指标反映对股东投入资本的当期回报能力，是董事会经营计划的重要组成部分，也是银行内在价值和投资决策的核心指标，是市值稳定增长的重要基石。

2010 年以来，我国银行业资本回报率总体呈逐年下行的趋势，在一定程度上制约了市值增长。2017 年后随着盈利增长逐步回升，资本回报率快速下行趋势有所缓解，市值水平有所回升。为促进市值稳健增长，商业银行需要持续提升创效能力，使回报水平持续满足股东和市场期望（见表1）。

表1　影响银行创效能力的关键因素

项目	指标		说明
资本回报率	日均生息资产增长		规模增长能力
	净息差	贷款收息率	高风险溢价能力
		付款付息率	低成本负债能力
	非息收入占比		多元收入能力
	成本收入比		投入产出能力
	信贷成本率		风险控制能力

（四）资本能力——资本规模

最能体现资本能力的核心指标是资本规模。作为银行经营的"本钱"，资本是英国《银行家》杂志等对全球银行排名的关键评价指标，反映一家银行经营实力和风险抵御能力，是商业银行市值稳健增长的关键基础。为促进市值稳健增长，商业银行需要持续提升资本实力，增强可持续增长动力（见表2）。

表2　影响银行资本能力的关键因素　　　　　　　　　　单位：亿元

项目	指标		说明
资本能力	核心一级资本		所有者权益
	一级资本	优先股	不影响息差、不影响 ROE
		永续债	不影响息差、可税前扣除
	二级资本	二级资本债	影响息差，可税前扣除
		其他资本工具	—

（五）成长能力——估值水平

最能体现成长能力的核心指标是市盈率和市净率，两项指标综合反映了银行的成长性、发展质量及市场预期，体现市场对银行价值的远期成长评估，这是市场价值的核心指标。估值水平主要受两方面因素影响：一是外部因素，包括宏观环境、市场环境、资金充裕程度、行业潜力、市场预期、投资者偏好等，具有一定不确定性。对上市银行来说，宏观经济及监管对行业估值影响较大，而投资者偏好对个体银行估值影响相对更大（见表3）。

表3　影响银行估值水平的外部因素

影响因素		指标	说明
外部因素	宏观经济	GDP+CPI	与银行营收、贷款增速正相关
		GDP+PPI	与银行归母净利润增速正相关
		GDP	与银行不良率正相关
		M_2	货币供应、流动性
	行业竞争	市场集中度/市场份额	反映银行市场地位及行业影响力
	资本市场	股价类指标	开盘价、收盘价、涨跌幅、均线等
		股性活跃度	成交量、换手率等
		上市地点	不同市场的估值水平存在差异

二是内部因素，包括业绩成长性、转型前瞻性和社会认可度等。内部因素更是估值的基础，要实现高质量可持续发展，并获得资本市场认可，需要做好以下三个基本面：（1）提升业绩基本面，要巩固差异化竞争优势，展现财务绩效稳中向好的成长趋势。（2）提升转型基本面，要在未来金融业态竞争和经营转型中获得先发优势。（3）提升声誉基本面，要持续抓好案件风控管理，做好危机应对，着力提升社会认可度（见表4）。

表 4　影响银行估值水平的内部因素

影响因素		指标	说明
内部因素	业绩基本面	营业收入复合增长率、拨备前利润复合增长率	收入基本面相关指标，直接影响盈利基本面及走势判断
		潜在不良率、逾期贷款率、不良生成率、拨备覆盖率	风险基本面相关指标
	转型基本面	金融科技及产品应用	金融科技有利于提升服务能力、降低服务成本，将全方位影响银行经营和盈利结构
		零售银行发展情况	未来银行转型方向，与经济结构调整相适应
	声誉基本面	重大危机事件发生率	风险防控和内控能力对估值有重要影响
		社会认可度	利益相关者对银行的认同、市场地位

第三章　国内上市银行市值增长动因分析

一、研究背景

中国商业银行经过股改上市后，基本建立了完善的公司治理机制和内部激励约束制度，为盈利增长注入了有利的内生动力，但银行的发展无法脱离宏观经济金融环境构筑下的外源支撑。上市银行市值增长的驱动因素（或增长方式）有很多，但概括起来大体可以分为两大类：一是内部动因，即商业银行自身的经营发展，可以通过研究银行财务指标来分析；二是外部动因，即外部环境变动对银行市值产生的影响，主要有宏观环境、市场环境、资金充裕程度等。本文运用实证分析的方法，验证上述结论。

二、研究设计

（一）样本范围

从目前情况看，工行、农行、中行、建行四大国有银行业务规模和经营业绩在中国上市银行中仍处于优势地位，其公司治理和内部机制也相对健全。同时考虑到获取数据口径的一致性，为保证数据分析的可获得性、可比性和科学性，本文选取了四大行2013—2020年数据作为研究样本，共32个。

（二）变量选择

1. 因变量选择。本文主要研究市值变动的驱动因素，故选择市值增长率作为因变量。

2. 自变量选择。根据之前的分析，选择三个银行财务指标来代表内部动因及两个外部指标来代表外部动因。

（1）内部动因。反映银行自身发展的指标有很多，主要从创效能力、资本能力和风险水平三方面来选取合适的指标。考虑到目前银行创效的主要驱动因素是净息差，故选用净息差变动来代表银行自身创效能力变化。银行所有者权益是反映银行正常生存发展所需最核心资本的重要指标，故选用所有者权益增幅来代表银行自身资本能力变化。不良贷款率可以较好地反映银行的贷款质量，故选用不良贷款率变动来代表银行自身的风险水平。

（2）外部动因。宏观经济和资本市场环境对银行的估值影响较大。其中，普遍认为 GDP 增幅是反映经济活跃度或经济增长最具有代表意义的指标，股票日均换手率变动用来描述资本市场投资者偏好的变化。

（三）预期假设

1. 净息差变动

利息净收入仍是目前银行营业收入最重要的来源，而净息差体现了银行运用生息资产赚取利息净收入的能力。一般而言，净息差越高，商业银行运用生息资产的效率越高，盈利能力就越强，从而推动银行市值增长。因此提出预期假设：商业银行市值增长与净息差变动正相关。

2. 所有者权益增幅

所有者权益构成了银行的核心一级资本，是体现银行内生资本积累及资本充足情况的重要指标，所有者权益增幅越高，很大程度上表明了银行经营能力和风险抵御能力越强，越能为银行市值增长提供动力。因此提出预期假设：商业银行市值增长与所有者权益增幅正相关。

3. 不良贷款率变动

不良贷款率是衡量银行信贷资产质量和信用风险的关键指标。银行资产质量恶化、不良贷款率上升会侵蚀银行盈利成果，降低股东回报水平，并对银行市场营销、社会声誉等方面产生消极影响，最终拉低银行市值。因此提出预期假设：商业银行市值增长与不良贷款率变动负相关。

4. GDP 增幅

商业银行具有明显的顺周期特性，在经济快速增长的情况下，社会融资和信贷需求将更加旺盛，产品创新和中间业务快速发展，资产质量通常会持续向好，商业银行盈利将呈现相对更快的增长态势，从而推动市值增长。反之，在经济下行周期内，商业银行盈利和市值增长也将受到不利影响。因此提出预期假设：商业银行市值增长与 GDP 增幅正相关。

5. 日均换手率变动

日均换手率一定程度上反映了投资者对银行股票关注度的变化，日均换手率上升意味着投资者长时间对该股票关注度高、持续性强、股票交易活跃，导致股票价格上升，银行市值增加。因此提出预期假设：商业银行市值增长与日均换手率变动正相关。

选定的变量定义及预期符号具体如表5所示。

表5　市值增长影响因素分析变量定义

变量类型	变量名称	变量代码	预期符号	变量定义
因变量	市值增长率	EV	/	本年市值/上年市值−1
自变量	净息差变动	NIM	+	本年 NIM−上年 NIM
	所有者权益增幅	EQUITY	+	本年 EQUITY/上年 EQUITY−1
	不良贷款率变动	NPL	−	本年 NPL−上年 NPL
	国内生产总值增幅	GDP	+	本年 GDP/上年 GDP−1
	日均换手率变动	TURN	+	本年 TURN−上年 TURN

三、实证分析

(一) 相关性分析

从因变量市值增幅与各自变量的相关性来看。一是市值增幅与净息差变动存在一定的正相关关系，相关系数为 0.292，符合预期。二是市值增幅与所有者权益增幅存在较强的正相关关系，相关系数为 0.446，符合预期。三是市值增幅与不良贷款率变动存在微弱的负相关关系（在90%的置信度下不显著），相关系数仅为 0.208，不能印证预期。这主要是由于近年来我国大型银行不良贷款率基本保持稳定，总体变化较小所致。四是市值增幅与 GDP 增幅存在显著的正相关关系，相关系数为 0.519，符合预期。五是市值增幅与日均换手率变动存在微弱的负相关关系，相关系数为 −0.224，不能印证预期，主要是由于大型银行日均换手率长期处于较低水平，变化甚微所致（见表6）。

表6　市值增长影响因素相关性分析

变量	EV	NIM	EQUITY	NPL	GDP	TURN
EV	1					
NIM	0.292	1				
EQUITY	0.446	0.176	1			
NPL	0.208	−0.194	0.426	1		
GDP	0.519	−0.065	0.381	0.006	1	
TURN	−0.224	0.33	0.211	0.315	0.042	1

（二）回归分析

根据前面的分析，采用构建线性回归模型的方法，开展进一步分析。对 2013—2020 年四大行共 32 个样本进行实证检验，并设置如下方程：

$$EV = a_0 + a_1 NIM + a_2 EQUITY + a_3 NPL + a_4 GDP + a_5 TURN$$

其中 a_0、a_1、a_2、a_3、a_4、a_5 是利用最小二乘法求得的各自变量的回归系数，线性回归需要对回归系数进行显著性检验，本文选定的显著性水平为 10%。按照上述方程，使用统计软件，最终拟合出对应的线性回归模型，结果如表 7 所示。

表 7　市值增长线性回归模型结果

变量	模型	
	系数	P 值
NIM	44.063	0.038
EQUITY	1.489	0.051
NPL	−10.425	0.447
GDP	4.822	0.011
TURN	−14.357	0.02
常数项	−40.726	0.001
R^2	0.599	
Adjusted R^2	0.508	
F 值	6.58	

回归结果表明：

（1）调整后的 R^2 为 0.508，具有较强的解释能力，F 检验也表明方程的回归结果可靠。

（2）NIM 变量的系数为 44.063，在 0.05 的水平上显著，表明市值增幅与 NIM 变动正相关，说明市值与 NIM 的变动趋势方向一致。直观来说 NIM 每上升一个百分点，银行市值增长 44.063 个百分点，进一步验证之前的推断。

（3）EQUITY 变量的系数为 1.489，通过了 90% 的置信区间的检验，表明市值增幅与所有者权益增幅正相关，随着银行所有者权益增长，银行经营实力和抵御风险能力增强，促进银行市值稳健增长。直观来说所有者权益每提升一个百分点，银行市值增长 1.489 个百分点，进一步验证之前的推断。

（4）NPL 变量的系数为−10.425，P 值 0.447，未通过回归系数的显著性检验。

（5）GDP 变量的系数为 4.822，在 0.05 的水平上显著，表明市值增幅与 GDP 增幅正相关，国家宏观经济增长对银行市值增长有推动作用，进一步验证之前的推断。

（6）TURN变量的系数为-14.357，通过了95%的置信区间的检验，表明市值增幅与日均换手率变动负相关，即银行投资者对银行持续盈利的信心较为坚定，有助于银行市值增长。

四、实证小结

基于得到的相关性分析和回归分析结果，市值增长与净息差变动、所有者权益增幅、GDP增幅正相关，与日均换手率变动负相关。该实证分析结论与前文理论分析部分提出的上市银行市值影响因素相互印证。

（一）作为反映银行创效能力的代表指标，净息差变动的回归系数为44.063，在5%的显著性水平下$P<0.05$，通过显著性检验，表明净息差变动对银行市值增长有较大影响。同时注意到净息差变动的回归系数远高于其他指标回归系数，说明资本市场对商业银行的净息差关注度较高，把净息差作为衡量银行盈利能力的重要指标，净息差的高低将直接影响股票的价格。随着近年来让利实体经济力度加大和LPR引导市场利率逐步下行，商业银行净息差下行压力突出。各行需要进一步强化量价平衡管理，加强负债成本管控力度，推动银行市值稳中有进。

（二）作为反映银行资本能力的代表指标，所有者权益增幅的回归系数为1.489，在10%的显著性水平下$P<0.1$，通过显著性检验，表明所有者权益增长对银行市值增长有一定影响，也说明资本市场比较关心银行的内生资本积累及资本充足情况，认为银行经营能力和风险抵御能力增强对银行发展和市值增长有利。

（三）作为反映银行风险水平的代表指标，不良贷款率变动的回归系数为-10.425，但没有通过显著性检验，表明近年来银行披露的不良贷款率与银行市值不显著相关。出现这种情况的原因可能是资本市场对银行披露的不良贷款率认可度不高，认为银行的真实风险水平可能高于披露水平。银行应该进一步加强风险管理，建立健全风险管理体系，并主动引导投资者客观认识和评价商业银行风险管理状况和水平，消除资本市场对银行市值的负面反馈。

（四）作为宏观经济环境的代表指标，GDP增幅的回归系数为4.822，在5%的显著性水平下$P<0.05$，通过显著性检验，表明GDP增长对银行市值增长具有推动作用。一方面，在顺周期经济环境下，社会融资和信贷需求旺盛，商业银行的获利能力增强，银行利润增加，带动银行市值增长；另一方面，在经济增长的情况下，人们手中持有的资金增加，由于投资需求的存在，更多的资金投入股市，推动整个股票市场价格上升，而银行板块的市值也会随之上升。

（五）代表投资者态度的日均换手率变动指标的回归系数为-14.357，在1%的显

著性水平下 $P<0.01$，通过显著性检验，表明日均换手率变动与银行市值增长负相关。出现这种情况的原因可能是，大型上市银行股价长期保持稳定，涨幅较小。选择银行股的投资者中，在股市频繁操作的投机者较少，以持股分红为目的的投资者占大多数。这种投资者群体以长期持有为目的，只有在出现较大影响因素的情况下才会选择换手。所以当投资者对银行未来发展信心较强时，会有更强的"惜售"心理，从而使得在一定时期内该银行股票的日均换手率呈现下降趋势。

对于上述实证分析结论，需要补充说明的是：由于本次实证分析选取的样本范围仅为银行业务规模和经营业绩相近的四家大型上市银行，分析样本量仍然较少，实证分析结果的准确性仍有待进一步验证。

第四章　　国内外上市银行市值管理比较分析

随着中国经济和全球金融一体化的快速发展，中国银行业持续深化改革，稳健经营，特别是国有大型银行已跻身国际一流银行之列。2020 年 7 月，英国《银行家》杂志按照一级资本总额发布了最新世界银行 1000 强排名，我国四大国有银行连续三年包揽前 4 名。摩根大通、美国银行、富国银行、花旗银行、汇丰控股和三菱日联分列 5~10 位。与此同时，近年来国有大行在资产规模和盈利能力等方面也处于领先地位。但从市值看，与国际主要商业银行相比，2020 年前国有大行市场估值长期低于国际可比同业。2020 年，新冠肺炎疫情在全球蔓延，直接冲击各国经济，银行作为与经济高度相关的行业之一，盈利水平出现大幅下降，导致全球银行整体市值明显下滑。得益于疫情防控有效和经济率先恢复，中国成为唯一经济正增长的世界主要经济体，国有大行的市值降幅明显小于国外一流银行，市值总额排名有所上升。但国有大行估值水平仍然较低，其中市盈率均值不到国外六行均值的一半，市净率长期低于 1。在我国加强金融业对外开放的背景下，国有大行更加需要借鉴国外先进银行经验，加强市值管理（见表 8）。

表 8　全球前十大银行市值及估值情况　　　　　　　　　　　单位：亿元、%

机构	银行家排名	2019 年末		2020 年末		累计增幅		PE		PB	
		市值	排名	市值	排名	2010 年	2017 年	2019 年	2020 年	2019 年	2020 年
工商银行	1	20518	3	17128	2	11.3	-19.5	7.04	5.70	0.78	0.66
建设银行	2	15187	5	12521	4	-14.8	-17.7	7.10	5.89	0.85	0.73
农业银行	3	12725	6	10759	5	20.9	-11.8	6.37	5.18	0.69	0.59
中国银行	4	10272	9	8567	6	-7.2	-22.5	6.03	5.00	0.59	0.51
摩根大通	5	29992	1	25283	1	130.2	4.3	14.24	11.18	1.83	1.55
美国银行	6	21711	2	17109	3	92.0	-15.0	11.87	10.09	1.29	1.06
富国银行	7	15517	4	8160	8	-24.4	-58.2	11.00	6.96	1.34	0.76
花旗集团	8	11783	7	8376	7	-8.0	-34.8	10.46	7.06	0.96	0.71
汇丰控股	9	11250	8	7097	9	-40.8	-47.7	12.80	17.97	0.88	0.55
三菱日联	10	5235	10	3967	10	—	-41.4	11.42	21.26	0.54	0.43
国内均值	—	14675	—	12244	—	1.5	-18.0	6.63	5.44	0.73	0.62
国际均值	—	15915	—	11665	—	35.1	-27.9	11.96	12.42	1.14	0.84

注：数据来自 Wind。

一、国内外银行市值管理相同点

与欧美同业相比，虽然国内银行股改上市时间较短，市值管理起步偏晚，但在市值理念、管理指标及策略等方面，已逐步与国际趋同。

（一）从市值理念看

认可市值管理作为一种战略管理行为，旨在推动银行内在价值与市场价值统一协调，是实现企业价值最大化的一套逻辑方法，也是提升股东回报，获取市场认可的重要动力。国外市值管理相关理论研究较早，在 1880 年左右逐渐出现，从最初"市值管理等同于股市管理"的认知，到市值管理受到盈余管理、资本运作、公司治理、投资者关系等因素综合影响，并在企业价值最大化理论的指导下，市值管理成为评判上市公司价值的工具。国内市值管理由施光耀先生于 2005 年提出，从 2005 年股权改革到 2014 年国务院发布《关于进一步促进资本市场健康发展的若干意见》，再到 2018 年国资委重点强调上市公司应加强市值管理，市值管理逐步受到国家政府的重视。作为国民经济及资本市场的重要组成部分，近年来银行板块的总市值也呈现稳步上升态势。2020 年底，上市银行总市值占 A 股总市值的比重已接近十分之一。国内上市银行需要进一步强化市值管理意识，探索研究有效的市值管理策略和措施，形成追求市值与内在价值的溢价协同，形成银行高质量发展与回报股东的统一共识，推动新时期新竞争业态下综合价值的不断提升（见图 2）。

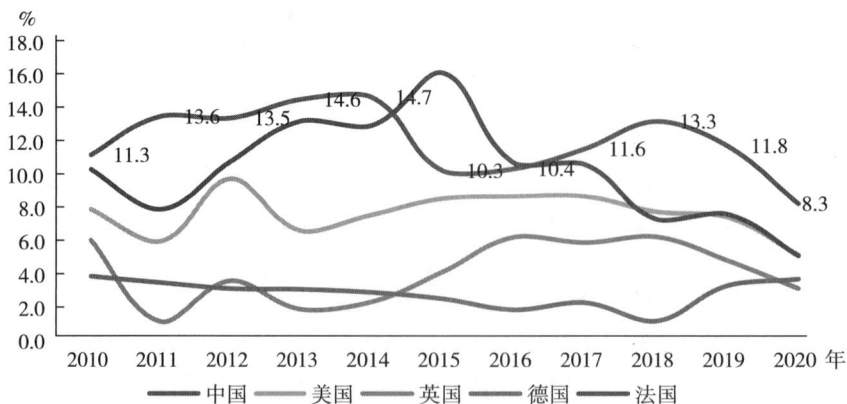

图 2　我国与主要欧美市场银行板块市值对比

（二）从管理指标看

国内外均普遍运用市值、股价、股本、市盈率等一系列指标，来监测、分析和评价银行市值管理和业务经营绩效。市值对于上市公司本身来说，是上市公司投资价值的货币表现。当前市场及投资者普遍关注市盈率、市净率、资产回报率及资本回报率、每股收益等指标，用以衡量上市银行价值中枢。

（三）从管理环节看

普遍将市值管理分为价值创造、价值经营和价值实现三个阶段，分别从业务经营、资本运营和关系管理三方面发力，努力提升市值水平。市值管理并非短期行为，从国外实践经验看，主要包括三个部分。一是价值创造是银行与资本市场的联结点，作为市值管理的基础和核心，市值增长的根本在于价值创造水平，上市银行最终的价值被市场接受和认可，也就意味着企业的价值得以实现，两者呈正相关关系。二是价值经营反映上市银行市值管理和资本运作能力，上市银行顺应资本市场的周期性波动规律，运用市值偏差和投资者偏好，通过多股权投资、再融资、并购重估等方式，充分分享资本市场的溢价功能。三是价值实现是上市银行创造的内在价值反映在股票市场价值上的重要桥梁，通过公司治理和投资者关系管理消除投资者和银行之间的信息不对称，引导利益相关方对公司基本面及长期价值投资的关注，推动市值准确反映内在价值的变化（见表9）。

表9　有效市值管理的手段及路径

三个阶段	管理手段和方法
价值创造	1. 创新商业经营模式，优化和整合价值链管理等
	2. 改善公司的业务结构，提高业绩增长水平
	3. 调整公司的股本结构，增加资本效率
价值经营	产融结合的多股权投资、再融资、并购重组以及公开增发、定向增发、配股、可转债、优先股、资产证券化等
价值实现	1. 公司治理，包括董事会的独立性、信息披露的质量等
	2. 4R 管理：投资者关系管理、分析师关系、媒体关系、监管层关系

二、国内外银行市值管理主要差异

尽管相同点不少，但受制于市场环境、股权结构及管理目标等因素，我国上市银行市值管理较欧美先进银行仍存在一定差异和差距。

（一）资本市场的环境不同

上市地资本市场的发展成熟度是影响银行市值及估值水平的关键因素。从全球范围看，欧美资本市场普遍属于强有效市场，以机构投资者为主，属于"配置型"市场。虽然随着金融全球化进程及我国资本市场对外开放程度的提升，我国资本市场已跃居全球第四大市场，但自身成熟度偏低。2010 年之后，全球股票资产证券化率在 60%～120%之间宽幅波动。2010—2020 年，国内 A 股平均证券化率仅为 59.7%（2020 年为 78.5%），仍是一个弱势有效市场。结合上市公司披露的十大流通股股东数据，截至 2020 年底，A 股市场中境内专业机构持有 A 股流通市值占比仅为 18%左右，专业机构投资者占比总体偏低，股价影响因素更多，市值管理难度偏大。

（二）资本市场的估值不同

近年来，虽然我国银行板块盈利占 A 股总利润一直处于较高水平，银行盈利表现总体也好于欧美银行，但基于对中国银行业盈利模式和资产质量可持续性的担忧，以及自身投资者关系管理相对落后，资本市场对国内银行的估值一直低于欧美银行，2019 年欧美市场银行板块平均市盈率达到 18.5，而我国仅为 7.3。特别是 2020 年，国内上市银行面对疫情冲击，在持续提升服务实体经济效能、更大力度减费让利的同时，不断夯实自身抵御风险能力，盈利增速普遍好于预期，但上市银行平均市盈率仍然仅为 6.5，创近年来新低，内在价值难以充分反映到资本市场上，盈利贡献与市值水平持续背离（见表 10）。

表 10　我国与主要欧美市场银行板块市盈率对比情况

国别	2010 年	2011 年	2012 年	2013 年	2014 年	2015 年	2016 年	2017 年	2018 年	2019 年	2020 年
中国	14.0	9.4	7.6	5.7	8.5	7.7	10.9	10.4	7.4	7.3	6.5
美国	17.2	9.0	10.2	12.2	12.1	11.8	14.2	15.4	10.0	12.4	15.6
英国	16.7	10.8	34.4	22.6	19.3	34.4	35.8	21.7	14.1	18.4	25.9
德国	10.8	4.9	—	49.3	18.8	—	—	—	20.3	32.2	33.3
法国	8.2	5.6	13.8	15.0	16.1	10.7	11.3	11.0	9.6	11.1	15.4
较均值	0.8	1.9	-11.9	-19.1	-8.1	-11.3	-9.6	-5.6	-6.1	-11.2	-16.0

需要说明的是，受市场成熟度、投资者结构及偏好等因素影响，不同市场对银行的估值水平存在差异（见表 11），一定程度上影响了市值指标在全球银行之间的可比性。

表 11　各国资本市场对银行估值差异情况（2019 年）

国别	GDP 增速（%）	市场		银行板块	
		PB	PE	PB	PE
中国	6.1	1.6	14.6	0.7	7.3
美国	2.3	3.6	21.2	1.4	12.4
英国	1.4	1.9	22.4	0.9	18.4
德国	0.6	1.8	23.8	0.3	32.2
法国	1.3	1.7	21.9	0.8	11.1

（三）市值管理的目标不同

由于欧美银行普遍私有，且股权激励比较常见，为实现特定时点的市值目标，市值管理更加侧重短期化和激进，追求市值最大化。而中国银行业，特别是国有大型银行作为党的银行、国家的银行，还承担落实中央决策部署，防范化解金融风险等责任，更加侧重国有资产的保值增值，市值管理目标也更为稳健和长期化。从全球十大银行来看，2020 年之前中国四大国有银行净利润增速平稳，资产质量总体稳定，推动银行价值稳步提升；国外主要商业银行净利润波动较大，六大银行出现不同程度负增长。2020 年全球突发新冠肺炎疫情带来世界经济的加速衰退和金融市场的大幅波动，各国银行业普遍加强了逆周期调节管理力度，前瞻性审慎增加拨备计提，避免发生系统性金融风险。短期来看，十大银行的盈利水平受到阶段性冲击，我国国有四大行的净利润增速也由正转负，但在审慎风险策略下，拨备覆盖水平持续夯实，并随着经济逐步恢复正常，盈利能力将恢复到疫情前水平。

表 12　全球十大银行盈利增长及拨备情况

机构	净利润增速（%）			拨备覆盖率（%）		
	2018 年	2019 年	2020 年上半年	2018 年	2019 年	2020 年上半年
工商银行	3.9	4.9	−10.8	175.8	199.3	194.7
建设银行	4.9	5.3	−9.9	208.4	227.7	223.5
农业银行	4.9	5.1	−10.1	252.2	288.8	285.0
中国银行	4.0	4.9	−5.5	182.0	182.9	186.5
摩根大通	39.6	12.2	−59.9	291.6	329.5	418.5
美国银行	62.2	−2.5	−48.5	194.2	265.1	441.4
富国银行	6.0	−12.4	−115.1	150.5	178.7	248.9
花旗集团	−378.8	7.7	−59.7	348.2	319.3	452.0
汇丰控股	33.5	−42.0	−66.1	62.9	63.0	—
三菱日联	−39.7	−56.8	26.5	—	—	—

（四）市值管理的手段不同

国外银行综合运用并创新多种资本运作手段提升市值管理效果，这也正是国内银行市值管理的短板。近年来，随着全球金融市场波动不断加剧，叠加 2020 年以来疫情的超预期蔓延对全球经济的较大冲击和持续影响，欧美商业银行经营管理和盈利增长面临较大压力。欧美大型商业银行围绕自身战略及估值变化，综合应用商业模式创新、股权激励、并购重组、大规模减少股权投资等资本运作手段以及市场布局转移、限薪裁员计划等经营战略，致力于压缩成本、提高盈利，进而保持市值稳定。同时，为持续提升风险抵御能力，欧美商业银行还选择采取停止派发股息，增加内源性资本补充等超常措施。例如，2016 年至 2019 年，德意志银行、德国商业银行及渣打银行等均陆续宣布暂停派息。而国内上市银行在市值管理上，仍旧依靠提升盈利能力、实施高额派息等自身价值创造手段，在公司治理、投资者关系管理及股权激励等方面与国外银行还存在差距。

第五章　国内上市银行市值管理案例分析

近年来，受益于良好的内外部经营环境，我国上市银行市值总体稳健增长，截至 2020 年末，在 A 股和 H 股上市的内地银行共 55 家，总市值达到 10.2 万亿元，较 2010 年末累计增幅 30.5%[①]，高于同期上证指数增幅 6.8 个百分点（见图 3）。

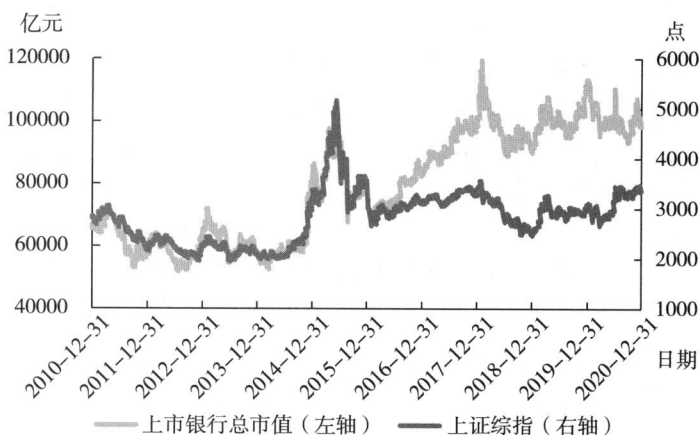

图 3　2010 年末以来上市银行市值变化情况

一、国内上市银行总体情况

从市值总量看，大型银行[②]占据绝对主导地位。截至 2020 年末，大型银行市值合计 5.6 万亿元，占全部上市银行总市值的 54.9%，大型银行依然占据上市银行体系的半壁江山。

从市值变动看，股份制银行、区域性银行市值增长快于大型银行，尤其是 2016 年以来，区域性银行大量上市，其总市值快速增长。截至 2020 年末，股份制银行、区域性银行市值较 2010 年末增幅分别为 140.1% 和 810.6%，而同期大型银行市值增幅仅为 8.2%。

---

① 由于近年来上市银行数量不断增加，长周期下全部银行市值增幅不可比，因此仅统计 2010 年底前上市的 17 家银行市值增幅。

② 按照银保监会对商业银行的分类，将全部上市银行分为三类：国有大型商业银行（6 家）、全国性股份制商业银行（8 家）、包括城商行和农商行在内的区域性银行（41 家）。

从估值情况看，区域性银行估值水平最高。2020 年末，区域性银行平均 PE 和 PB 分别为 9.32 和 1.03（考虑到 A 股和 H 股估值差异较大，因此仅比较 A 股估值情况），高于其他两类银行，主要是受近几年新上市银行较多，以及市场偏好"炒新"等因素影响。大型银行估值水平相对最低，2020 年末平均 PE 和 PB 分别为 5.48 和 0.63。

从股性活跃度看，区域性银行股票流动性和吸引力最高，交易相对活跃。2020 年 A 股上市区域性银行平均日均换手率（2.1%）显著高于 A 股全部上市银行均值（1.46%）。股份制银行日均换手率相对最低，仅为 0.31%，股票交易不活跃。

二、大型银行市值管理分析

2010 年以来，大型银行市值缓慢增长，市场估值整体偏低。2020 年末，六大行总市值达 5.6 万亿元，较 2010 年末增长 8.2%（若剔除 2019 年上市的 E 银行，则大型银行市值增幅仅为 0.6%）。其中，A 银行市值最高，为 17128 亿元；F 银行市值最低，为 2967 亿元。

表 13　2010 年以来大型银行市值变化情况　　　　单位：亿元、%

机构	2020 年末市值	市值排名	比 2010 年末增幅	年均复合增速	2020 年末PE	2020 年末PB
A 银行	17128	1	11.3	1.2	5.70	0.66
B 银行	12521	2	−14.8	−1.8	5.89	0.72
C 银行	10759	3	20.9	2.1	5.18	0.59
D 银行	8567	4	−7.2	−0.8	5.00	0.51
E 银行	3940	5	—	—	6.82	0.79
F 银行	2967	6	−12.7	−1.5	4.31	0.46
合计	55882	—	8.2	0.9	5.48	0.62

（一）从创效能力看，大型银行资本回报水平总体呈下降趋势

2010 年以来，由于净资产增速快于利润增速，大型银行资本回报率总体呈逐年下行的趋势。资本回报水平下降也在一定程度上制约了银行市值增长。2020 年 9 月末，大型银行中 E 银行和 B 银行资本回报率明显高于其他行；F 银行资本回报率最低，仅为 9.32%（见表 14）。

表 14　2010 年以来大型银行资本回报率情况　　　　单位:%

机构	2020 年 Q3	2019 年	2018 年	2017 年	2016 年	2015 年	2014 年	2013 年	2012 年	2011 年	2010 年
A 银行	11.65	13.05	13.79	14.35	15.24	17.10	19.96	21.92	23.02	23.44	22.79
B 银行	12.53	13.18	14.04	14.80	15.44	17.27	19.74	21.23	21.98	22.51	22.61
C 银行	12.12	12.43	13.66	14.57	15.14	16.79	19.57	20.89	20.74	20.46	22.49
D 银行	10.64	11.45	12.06	12.24	12.58	14.53	17.28	18.04	18.10	18.27	18.87
E 银行	13.17	13.10	12.31	13.07	13.44	15.20	19.80	23.19	—	—	—
F 银行	9.32	11.20	11.17	11.40	12.22	13.46	14.87	15.49	18.43	20.49	20.08

（二）从资本能力看，大型银行资本规模均实现较快增长

2010 年以来，大型银行纷纷运用内部盈利积累、公开上市和增发股票、发行优先股等资本补充手段，不断夯实资本，推动所有者权益快速增长。2020 年 9 月末，六大行所有者权益合计达 10.9 万亿元，较 2010 年末增长 262.0%。其中，A 银行资本规模最大，达 2.8 万亿元；E 银行资本规模最低，为 6582 亿元，但由于 2019 年公开上市募集资本，其资本规模增幅最大，较 2010 年末增长了 10 倍（见表 15）。

表 15　2010 年以来大型银行所有者权益情况　　　　单位:亿元

机构	2020 年 Q3	2019 年	2018 年	2017 年	2016 年	2015 年	2014 年	2013 年	2012 年	2011 年	2010 年
A 银行	28221	26920	23449	21411	19812	18005	15373	12785	11285	9578	8217
B 银行	23459	22351	19916	17958	15897	14451	12524	10743	9496	8167	7009
C 银行	21644	19598	16748	14294	13216	12119	10326	8445	7514	6498	5422
D 银行	21059	19767	17254	15767	14871	13576	11834	9615	8615	7559	6762
E 银行	6582	5449	4753	4314	3469	2708	1879	1410	1149	893	559
F 银行	8367	8009	7053	6763	6324	5381	4736	4215	3814	2728	2237
合计	109331	102094	89173	80506	73588	66240	56672	47213	41873	35422	30205

（三）从成长能力看，大型银行整体估值水平偏低且仍呈下降趋势

长期以来，大型银行板块都是 A 股市场估值最低的证券板块，且自 2017 年末以来总体仍然处于下降趋势。2020 年末，六大行 A 股平均市盈率仅为 5.48 倍，显著低于上证综指平均市盈率（16.76），且全部处于"破净"状态（市净率低于 1）。其中，E 银行由于上市时间较短，属于"次新股"，其市盈率最高（6.82）。若仅比较 2010 年底前上市的五大行，则 B 银行市盈率最高（5.89），F 银行市盈率最低（4.31）（见表 16、图 4）。

表 16　2010 年以来大型银行估值水平（A 股静态 PE）情况

机构	2020 年	2019 年	2018 年	2017 年	2016 年	2015 年	2014 年	2013 年	2012 年	2011 年	2010 年
A 银行	5.70	7.04	6.59	7.94	5.67	5.92	6.52	5.26	6.96	8.96	11.51
B 银行	5.89	7.10	6.57	8.30	5.96	6.34	7.84	5.36	6.79	8.42	10.75
C 银行	5.18	6.37	6.53	6.76	5.58	5.85	7.25	5.55	7.46	8.97	13.39
D 银行	5.00	6.03	6.16	7.10	5.93	6.96	7.42	5.25	6.56	7.81	11.16
E 银行	6.82	9.74	—	—	—	—	—	—	—	—	—
F 银行	4.31	5.68	6.12	6.86	6.44	7.26	8.11	4.89	7.23	7.10	10.25
平均	5.48	6.99	6.40	7.39	5.92	6.47	7.43	5.26	7.00	8.25	11.41

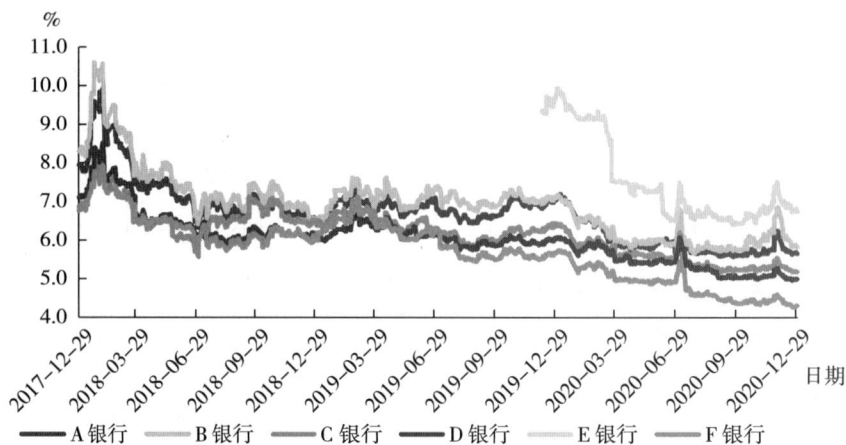

图 4　2017 年末以来大型银行市盈率变化情况

（四）典型案例分析

1. A 银行

A 银行 2006 年在上海证券交易所和香港联合交易所同日挂牌上市，成为国内市值最大的上市银行。上市以来，A 银行不断巩固"最大"银行亮点，不仅市值规模持续排名首位，市值增幅也居大行前列。2020 年末，A 银行市值达 1.7 万亿元，较 2010 年末增长 11.3%，增幅排名大行第二。主要基于以下三大优势。

一是经营基本面"稳"。上市以来，A 银行保持了稳定良好的发展态势，优秀的经营基本面为市值增长奠定了基础。一方面，风险控制保持稳健。2020 年 9 月末，A 银行不良贷款率 1.55%，自 2010 年以来持续保持在 2% 以下的较低水平。另一方面，盈利持续稳步增长，投入产出效率不断提升并持续保持大型银行领先水平。2010—2019 年，A 银行净利润年均复合增速 7.3%，连续十年保持正增长；2020 年 9 月末，

A银行成本收入比19.55%，自2010年以来一直保持大型银行最低水平，并呈持续下降趋势（见表17）。

表17　2010年以来大型银行成本收入比情况　　　单位:%

机构	2020年Q3	2019年	2018年	2017年	2016年	2015年	2014年	2013年	2012年	2011年	2010年
A银行	19.55	23.28	23.91	24.46	25.91	25.49	26.75	28.03	28.56	29.38	30.61
B银行	22.18	26.53	26.42	26.95	27.49	26.98	28.85	29.65	29.57	29.79	31.47
C银行	25.95	30.49	31.27	32.96	34.59	33.28	34.56	36.30	36.76	35.89	38.59
D银行	24.79	28.00	28.09	28.34	28.08	28.30	28.57	30.61	31.81	33.07	34.16
E银行	54.14	56.57	56.41	61.57	66.47	45.00	45.05	49.65	48.76	64.81	72.68
F银行	29.35	30.11	31.50	31.85	31.60	30.36	30.29	29.35	29.71	30.13	31.12

二是经营规模"大"。近年来，A银行不断巩固银行业龙头地位，连续八年蝉联英国《银行家》全球银行1000强、美国《福布斯》全球企业2000强及美国《财富》500强商业银行子榜单榜首，并连续四年位列英国Brand Finance全球银行品牌价值500强榜单榜首，"全球最大银行"的企业形象深入人心。

三是国际化并购"快"。近年来，A银行积极实施并购和国际化发展策略，通过开设境外分支行、加大境外并购等方式，不断塑造国际化大型银行形象，提升品牌价值和估值溢价。特别是2006年上市以来，A银行加快境外并购步伐，尤其注重拓展亚洲、拉美和非洲等高成长性市场，持续强化在新兴市场的市场地位和竞争实力，先后收购了印度尼西亚Halim银行、南非标准银行、泰国ACL银行、阿根廷标准银行和土耳其Tekstil Bank等新兴国家的银行，并完成了对欧美发达国家的加拿大东亚银行、美国东亚银行和英国标准银行的跨国并购，成为一家经营机构遍布全球的大型跨国银行。截至2020年6月末，A银行共有境外机构425个，境外机构员工近1.6万人。

2. B银行

B银行2005年10月在香港联合交易所挂牌上市，随后于2007年9月在上海证券交易所挂牌上市。近年来，B银行持续打造"最优"银行亮点，股价表现及估值水平居于大型银行领先位置。B银行由于流通A股仅占总股本的3.84%，受H股银行股估值及股价低于A股的影响，市值表现不及A银行，但B银行A股股价涨幅最大，估值水平为大型银行最高（不考虑作为"次新股"的E银行相对高估值的个例），特别是其管理能力优良，坚持效益效率优先，不重规模扩张、冲时点的经营策略获得市场认可。B银行经营优势主要体现在以下几方面。

一是集约理念新。近年来，B银行秉持"建设最具价值创造力的国际一流银行集团"愿景，持续改进经营管理，优化业务流程，不断提升经营效率，业绩表现优异。2020 年 6 月末，B 银行资本回报率和资产回报率分别为 12.65% 和 1.05%，均保持大型银行最优水平。

二是资本能力强。B 银行是最先挂牌上市的国有大型商业银行，通过公开募集补充资本以及内部积累等方式，持续提高资本充足率，成效较为明显。2020 年 9 月末，B 银行资本充足率、核心一级资本充足率分别为 16.88% 和 13.15%，均为大型银行最高。

三是改革创新快。2018 年，B 银行率先提出打造"第二发展曲线"增长模式，着力从 G 端、B 端、C 端发力，开启经营转型和重构，并积极推进住房租赁、普惠金融、金融科技三大战略，构建长期竞争优势。目前，B 银行在零售业务转型等领域已走在可比同业前列，竞争优势逐渐显现。

表 18　大型银行 A 股股价及资产/资本回报率比较

单位：元、%

机构	2020 年末收盘价	比 2010 年末涨幅	2020H1 资产回报率	2020H1 资本回报率	2020Q3 资本充足率	2020Q3 核心一级资本充足率
B 银行	6.28	127.3	1.05	12.65	16.88	13.15
比五行均值	2.17	54.1	0.23	1.19	1.47	2.25
A 银行	4.99	95.0	0.95	11.70	16.47	12.84
C 银行	3.14	92.9	0.85	11.94	16.54	10.85
D 银行	3.18	65.2	0.92	11.10	15.69	10.87
E 银行	4.78	—	0.64	12.65	13.86	9.51
F 银行	4.48	39.9	0.72	9.90	14.47	10.41

注：各行股价为上市前复权的收盘价。

3. C 银行

C 银行 2010 年分别在上海证券交易所和香港联合交易所挂牌上市，是国有四大行中最后一家改制上市的银行。上市以来，C 银行坚持党建引领，党建和业务经营两手抓，保持了良好的经营业绩，同时得益于国内经济持续较快增长以及银行业景气度较高等外部有利因素，C 银行市值总体呈现上升趋势。特别是 2016 年以来，受益于"净表""固本""增效"三大计划实施，C 银行财务、风险、资本等经营基本面显著改善，推动该行市值增长快于其他大型银行。2020 年末，C 银行市值 1.1 万亿元，位列国内银行第三位；市值较 2010 年末增长 20.9%，增幅居六大行首位。C 银行市值增长相对较快，主要有以下几大亮点。

一是净息差长期保持领先优势。得益于较低的资金成本优势，C 银行净息差水平长期处于大型银行领先水平，息差优势也保证了该行盈利稳健增长。2020年9月末，C银行净息差2.14%，高于除E银行以外的其他国有大行。2010—2019年，C银行净利润年均复合增速达9.39%，在国有六大行中仅次于E银行，体现了较强的盈利能力。

二是县域业务和网点数量构筑差异化竞争优势。C银行坚持服务"三农"的差异化经营地位，"三农"县域业务为该行贡献了重要的低成本资金来源和相当比例的利润，国家全面实施乡村振兴战略也为该行未来的业绩增长提供了更多机遇。同时，C银行营业网点遍布城乡，截至2020年6月末，C银行共有境内分支机构23064个，数量处于可比同业领先水平，形成了庞大便捷的金融服务渠道网络。县域业务和网点数量共同构筑起C银行的差异化竞争优势，增强了该行的可持续发展潜力和市场竞争力。

三是资产质量持续改善。2016年以来，C银行全面实施"净表计划"，通过重点加强信用风险管控，加大不良资产清收处置力度等手段，推动资产质量持续改善。2020年9月末，C银行不良贷款率为1.52%，较2016年末大幅下降0.85个百分点，不良贷款率由国有大型银行最高下降到相对优良水平；拨备覆盖率为272.44%，风险抵补水平继续保持可比同业领先水平。

表19　2020年9月末大型银行部分财务及风险指标比较

单位:%

机构	净息差	2010—2019年净利润年均复合增速	不良贷款率	拨备覆盖率
A银行	2.10	7.31	1.55	190.19
B银行	2.13	7.97	1.53	217.51
C银行	2.14	9.39	1.52	272.44
D银行	1.81	7.01	1.48	177.46
E银行	2.40	9.65	0.88	403.21
F银行	1.56	7.96	1.67	150.81

三、股份制银行市值管理分析

2010年以来，股份制银行市值稳步增长。截至2020年12月31日，股份制银行市值合计2.9万亿元，占上市银行总市值的28.6%。其中，ZS银行、XY银行、PA银行、PF银行市值位居前四位，合计占股份制银行市值的75.2%（见图5）。

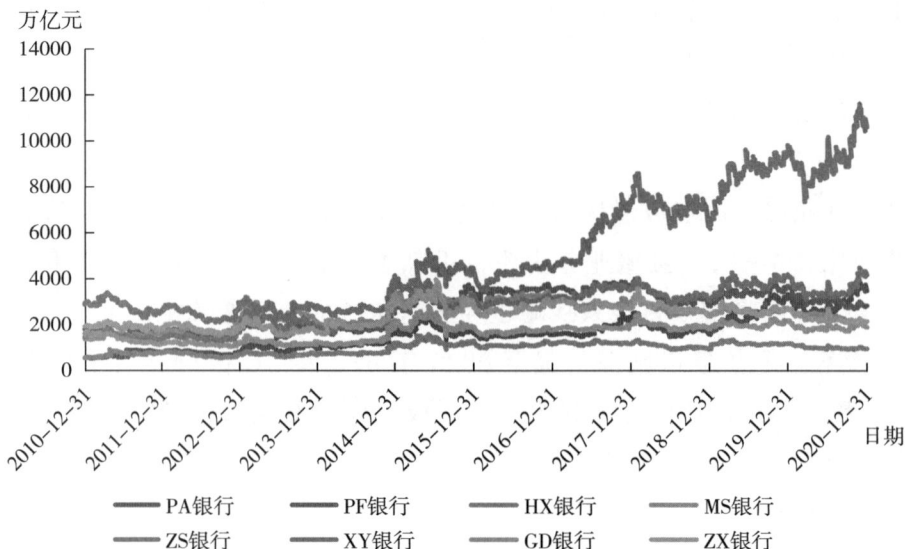

图 5　2010 年末以来股份制银行市值变化情况

（一）从创效能力看，股份制银行资本回报率呈现阶段性下行特征。一是基本稳定阶段。2013 年以前，受益于同业业务资产规模扩张带来的盈利较快增长，股份制银行资本回报率基本保持稳定。二是逐步下行阶段。2014 年以来，受同业业务监管政策等因素影响，股份制银行盈利增速迅速下降至个位数，资本回报率也随之下行，一定程度上制约了市值增长。其中，2020 年 9 月末，ZS 银行和 XY 银行资本回报率水平最高，分别高于可比同业均值 5.72 个和 1.82 个百分点，与市值排名吻合。

表 20　2010 年以来股份制银行资本回报率情况

单位:%

机构	2010 年	2011 年	2012 年	2013 年	2014 年	2015 年	2016 年	2017 年	2018 年	2019 年	2020 年 Q1-Q3
ZS 银行	21.75	24.17	24.78	23.12	19.28	17.09	16.27	16.54	16.57	16.84	17.00
XY 银行	24.64	24.67	26.65	22.39	21.21	18.89	17.28	15.35	14.27	14.02	13.11
PA 银行	23.22	20.32	16.78	16.57	16.35	14.94	13.18	11.62	11.49	11.30	10.17
PF 银行	23.27	20.07	20.95	21.53	21.02	18.82	16.35	14.45	13.14	12.29	11.19
股份制银行均值	21.21	21.52	21.52	20.76	18.97	16.74	15.04	13.74	13.00	12.54	11.28

（二）从资本能力看，股份制银行较快的资本增速带动市值提升，2010 年以来复合增长率达 18.7%，高于大型银行 5 个百分点。其中，2020 年 9 月末，ZS 银行资本规模居股份制银行首位，为可比同业规模均值的 1.4 倍，而 PA 银行 2010 年以来复合增速最高（见表 21）。

表 21　2010 年以来股份制银行资本规模情况

单位：亿元、%

机构	2010 年	2011 年	2012 年	2013 年	2014 年	2015 年	2016 年	2017 年	2018 年	2019 年	2020 年 Q1-Q3	复合增速
ZS 银行	1340	1650	2004	2660	3151	3618	4034	4834	5436	6177	7097	18.1
XY 银行	920	1161	1706	2012	2611	3174	3544	4228	4726	5497	5772	20.2
PA 银行	335	754	848	1121	1309	1615	2022	2221	2400	3130	3588	26.8
PF 银行	1233	1495	1797	2072	2633	3186	3729	4310	4784	5611	5804	16.8
股份制银行均值	912	1224	1495	1826	2209	2664	3092	3545	3950	4700	5045	18.7

（三）从成长能力看，股份制银行较高的估值水平反映了市场对其可持续发展能力的认可，2020 年末，股份制银行市盈率和市净率（7.03 和 0.75）均高于大型银行（5.48 和 0.62）。其中 ZS 银行、PA 银行估值处于股份制银行领先地位，体现出较强的高质量、可持续增长能力（见表 22、表 23）。

表 22　2010 年以来股份制银行市盈率情况

机构	2010 年	2011 年	2012 年	2013 年	2014 年	2015 年	2016 年	2017 年	2018 年	2019 年	2020 年
ZS 银行	15.16	9.94	8.21	6.07	8.09	8.11	7.69	11.79	9.06	11.76	11.94
XY 银行	10.85	7.29	7.06	5.56	7.63	6.90	6.12	6.55	5.43	6.79	6.58
PA 银行	10.94	12.71	7.99	7.49	11.88	8.66	7.15	10.11	6.95	12.86	13.31
PF 银行	13.45	8.26	6.78	5.15	7.15	7.25	6.92	6.96	5.30	6.49	4.82
股份制银行均值	13.90	9.74	7.38	5.89	8.69	7.65	6.88	7.75	6.12	7.84	7.03

表 23　2010 年以来股份制银行市净率情况

机构	2010 年	2011 年	2012 年	2013 年	2014 年	2015 年	2016 年	2017 年	2018 年	2019 年	2020 年
ZS 银行	2.06	1.55	1.48	1.03	1.33	1.26	1.10	1.64	1.26	1.64	1.61
XY 银行	1.57	1.17	1.06	0.97	1.22	1.04	0.88	0.85	0.67	0.76	0.80
PA 银行	1.64	1.09	0.97	0.90	1.38	1.06	0.77	1.03	0.67	1.02	1.03
PF 银行	1.45	1.06	1.04	0.86	1.12	1.08	0.95	0.87	0.61	0.66	0.51
股份制银行均值	1.41	1.05	0.99	0.92	1.32	1.09	0.90	0.94	0.70	0.80	0.75

（四）典型案例分析

截至 2020 年末，ZS 银行市值达 1.1 万亿元，稳居股份制银行首位，占股份制银行市值的 37.6%，仅次于国有四大行位居全部上市银行第五位。ZS 银行市值表现最佳得益于其立足"三个核心"，持续提升差异化竞争能力、穿越经济周期能力和转型发展能力。

一是打造了以结构和质量为核心的差异化盈利模式。ZS 银行虽然资产收益、成本消耗弱于同业，非息业务优势并不突出，但凭借低成本负债能力和良好的风险管控能力形成的竞争优势（2020年6月末，存款付息率低于同业0.53个百分点，信贷成本率低于同业0.65个百分点），该行实现了业绩领先可比同业（见表24）。

表24　ZS银行主要财务指标情况

单位：%

项目	2020年H1		2019年		2018年	
	ZS银行	比同业均值	ZS银行	比同业均值	ZS银行	比同业均值
生息资产增长	11.95	1.45	7.12	0.17	4.67	3.38
NIM	2.50	0.30	2.59	0.34	2.57	0.56
贷款收息率	5.05	−0.23	5.17	−0.28	5.10	−0.14
存款付息率	1.61	−0.53	1.58	−0.57	1.45	−0.54
非息收入占比	38.75	2.88	35.82	1.92	35.47	−2.85
成本收入比	28.22	4.41	32.09	4.26	31.02	1.60
信贷成本率	1.55	−0.65	1.29	−0.60	1.58	−0.06

二是夯实了以穿越周期和抵御风险为核心的可持续经营基础。从收入基本面看，ZS银行营业收入始终保持稳健增长，近五年复合增长率（7.56%）高于同业均值（6.58%），体现了稳健的盈利增长基础；从风险基本面看，ZS银行潜在不良率和逾期贷款率均大幅低于同业均值（分别低于同业1.74个和0.82个百分点），同时拨备覆盖率（441%）远高于同业均值（231%），反映了较强的当期风险管控水平和长期风险抵御能力（见表25）。

表25　ZS银行风险基本面相关指标情况

单位：%

项目	2020年H1		2019年		2018年	
	ZS银行	比同业均值	ZS银行	比同业均值	ZS银行	比同业均值
潜在不良率	2.13	−1.74	2.34	−1.47	2.87	−1.39
逾期贷款率	1.35	−0.82	1.41	−0.66	1.58	−0.79
拨备覆盖率	440.81	231.48	426.78	227.15	358.18	170.39

三是构建了以客户和金融科技为核心的前瞻性转型战略。从客户基础看，ZS银行个人客户快速增长带动盈利水平提升，2020年6月末个人客户达1.51亿户，较上年末增加700万户。从数字化转型看，ZS银行探索和构建全场景的数字化获客和数字化经营模式，2020年6月末，ZS银行个人掌上银行客户1.29亿户，占个人客户总数的85.4%，高于国有四大行之一的C银行46.3个百分点（见表26）。

表 26　ZS 银行客户与数字化相关情况　　　　　　　单位：户、%

项目	ZS 银行		C 银行	
	户数	增量	户数	增量
个人客户	1.51 亿	0.07 万	8.5 亿	0.13 万
个人掌银客户	1.29 亿	0.15 亿	3.32 亿	0.22 亿
个人掌银客户占比	85.4%	——	39.1%	——

四、区域性银行市值管理分析

2010 年以来，区域性银行市值快速增长，但两极分化明显。2010 年以来，区域性银行 IPO 数量迅猛增长，总体上经历了 2016 年和 2018—2019 年两个上市高峰。截至 2020 年末，在 A 股和 H 股上市的区域性银行达到 41 家（其中 A 股 23 家[①]），十年间增长了 10 倍。其中，2016 年、2018 年和 2019 年 IPO 银行数量分别达到 9 家、7 家和 9 家，占比超过六成。受此影响，区域性银行总市值实现跨越式增长，截至 2020 年末，41 家上市区域性银行达到 1.59 万亿元，是 2010 年的 9 倍，其中 A 股上市银行平均 PE 和 PB 分别为 9.3 和 1.03，均显著高于 H 股上市银行。但从银行个体情况看，两极分化较为明显（见图 6）。

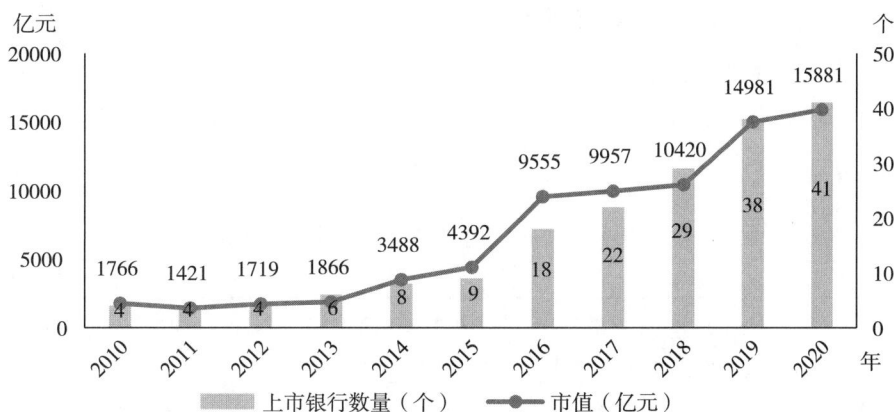

图 6　2010 年以来区域性银行市值及数量情况

（一）从区域分布情况看，区域性上市银行主要分布在长三角和中西部地区，市值占比超过七成。截至 2020 年末，长三角地区上市银行达到 13 家，占比超过三成，市值达到 7581 亿元，占比为 47.7%。其中，2016 年上市 8 家银行，市值占本区域银行总市值的 43.6%。受益于县域蓝海市场预期，近年来中西部区域性银行上市数量增加较

[①]　在 A 股和 H 股两地上市的银行，按股本占比大的上市地点和日期统计。

多，占比接近四成，其中 2018—2019 年上市 11 家银行，市值占本区域比例在七成左右，但近期受宏观经济下行和资产质量拖累，市场估值水平不尽人意（见表 27）。

表 27　区域性银行市值相关指标情况　　　　　　　单位：亿元、%

区域	全部 41 家上市银行						2016 年上市银行		2018—2019 年上市银行	
	数量	占比	2020 年总市值	市值占比	2020 年静态 PE	2020 年静态 PB	2020 年总市值	占区域总市值	2020 年总市值	占区域总市值
长三角	13	31.7	7581	47.7	9.6	1.02	3302	43.6	1237	16.3
珠三角	2	4.9	637	4.0	12.2	1.40	—	—	—	—
环渤海	6	14.6	2616	16.5	8.7	0.90	155	5.9	512	19.6
中部	7	17.1	1526	9.6	7.6	0.65	—	—	1092	71.6
西部	9	22.0	2536	16.0	10.3	0.77	256	10.1	1688	66.5
东北	4	9.8	983	6.2	—	0.57	—	—	—	—
总计	41	100	15881	100	8.3	0.86	3713	23.4	4529	28.5

（二）从市值波动情况看，资本市场对于新上市银行明显更为青睐，A 股"炒新"特征较明显。A 股 2016 年新上市的 8 家银行当年市值平均增幅达到 56.3%（WX 银行、CS 银行、JY 银行和 SN 银行增幅超过 100%），但四年后累计增幅降至 31.9%，从 H 股看，TJ 银行上市当年市值则相对平稳。从上市满五年的 18 家银行看，2020 年末市值合计达到 9412 亿元，较 2016 年末小幅下降 1.5%，但在结构上，市值下降的银行多达 13 家，占比为 72.2%，增幅排名后 4 位的银行市值甚至遭到"腰斩"（见表 28、表 29）。

表 28　2016 年当年上市的区域性银行市值指标情况

单位：亿元、%

上市地点	机构	上市前市值	上市第一年增幅	2020 年市值	较上市前增幅	2020 年静态 PE	2020 年静态 PB
A 股	JS 银行	724	53.6	806	11.5	5.5	0.61
	GY 银行	195	85.8	256	31.1	4.4	0.66
	JY 银行	82	133.2	93	13.4	9.2	0.79
	WX 银行	83	144.5	112	36.0	9.0	0.96
	CS 银行	95	142.3	202	112.6	11.3	1.20
	HZ 银行	377	45.6	885	134.9	13.4	1.41
	SH 银行	1067	31.0	1114	4.4	5.5	0.63
	SN 银行	76	126.3	89	17.5	9.8	0.78
H 股	TJ 银行	399	-7.4	155	-61.2	3.6	0.33
合计		3097	49.5	3713	19.9	8.0	0.82

表29　2016年底前上市的区域银行市值指标情况

单位：亿元、%

机构		2020年市值	2020年市值排名	较2016年增幅	2020年静态PE	2020年静态PB
增幅排名前5位	NB银行	2123	1	227.2	15.5	2.12
	HZ银行	885	4	61.4	13.4	1.41
	SJ银行	535	7	30.7	10.5	0.73
	NJ银行	809	5	23.1	6.5	0.93
	CQNS行	465	8	22.8	3.3	0.36
增幅排名后5位	HEB银行	93	17	−58.9	2.8	0.20
	TJ银行	155	13	−58.1	3.6	0.33
	JZ银行	264	9	−55.4	−29.3	0.61
	JY银行	93	16	−51.4	9.2	0.79
	SN银行	89	18	−48.1	9.8	0.78
合计		9412	—	−1.5	5.1	0.75

（三）从银行个体看，两极分化较为明显。从2020年末市值总量看，区域性上市银行市值总体分为三个梯队：NB银行、SH银行和BJ银行市值超过千亿元，位居第一梯队，特别是NB银行市值超过2000亿元，领先第二名1000多亿元；HZ银行等32家银行位居第二梯队，市值在百亿元左右，而LZ银行等6家银行市值不足百亿元（见表30）。

表30　区域性上市银行市值排名情况

单位：亿元

排名	机构	市值排名前5位			排名	机构	市值排名后5位		
		2020年市值	PE	PB			2020年市值	PE	PB
1	NB银行	2123	15.5	2.12	41	LZ银行	60	10.0	0.92
2	SH银行	1114	5.5	0.63	40	JINGS银行	84	6.0	0.44
3	BJ银行	1023	4.8	0.49	39	SN银行	89	9.8	0.78
4	HZ银行	885	13.4	1.41	38	JTNS银行	92	9.4	0.73
5	ZS银行	827	6.7	0.78	37	HEB银行	93	2.8	0.20

从上市满五年的区域性银行市值表现看，NB银行表现一枝独秀，近五年市值累计增幅达到227.2%，市值突破2000亿元，均遥遥领先其他可比同业银行，主要是自2007年上市以来，NB银行始终秉持"大银行做不好，小银行做不了"的差异化经营策略，近几年业绩表现亮眼：一是股东回报水平稳定丰厚。2020年6月末，NB银行资本回报率为17.47%，排名第一，延续了2010年以来资本回报率始终保持在17%以上的较高股东回报水平，为投资者提供了稳定的价值投资预期。二是风险控制保持较好水平。2020年6月末，NB银行不良贷款率仅为0.79%，为可比同业最低，保持

了 2016 年以来不良率稳中有降的良好态势，同时，潜在不良率和逾期贷款率也处于较低水平，拨备覆盖率超过 500%，具备充足的风险抵补水平。三是盈利增长能力突出。NB 银行近五年净利润复合增速达到 20.8%，在传统存贷款业务盈利总量稳定增长的基础上，逐步建立差异化比较优势，积极培育金融市场、投资银行、资产托管等多元盈利增长点，2020 年 6 月末，该行非息收入占比达到 43.4%，较 2016 年提高 15 个百分点以上，收入结构良好，具备较好的盈利增长潜力。

但同时也应看到，多数区域性银行市值出现下降，表现不佳。HEB 银行、TJ 银行、JZ 银行、JY 银行、SN 银行、HS 银行和 CQ 银行主要受资产质量持续影响，盈利回报不及预期，增长前景不被看好，市值出现较大下降。特别是 JZ 银行受重大风险事件影响，2018 年和 2019 年净利润出现大额亏损，截至 2020 年上半年，潜在不良率仍达到 7.82%，远高于可比同业。BJ 银行和 SH 银行自 2016 年以来，潜在不良率有所上升，股东回报水平持续下降，整体业绩表现不及预期，市值较 2017 年高点下降超过三成（见表 31）。

表 31　上市满五年区域银行 2020 年上半年财务指标情况 单位:%

机构		风险防控				近五年盈利增速		收入结构		盈利回报	
		潜在不良率	逾期贷款率	不良贷款率	拨备覆盖率	净利润	拨备前利润	非息占比	NIM	ROA	ROE
A 股	NB 银行	1.38	0.90	0.79	506.0	20.8	14.8	43.4	1.78	1.11	17.47
	SH 银行	3.14	2.14	1.19	330.6	12.4	15.1	32.9	1.77	0.96	13.69
	BJ 银行	2.81	2.04	1.54	220.0	6.4	12.1	23.2	1.85	0.83	11.01
	HZ 银行	2.22	1.17	1.24	383.8	18.3	17.9	27.8	1.95	0.78	14.24
	NJ 银行	2.23	1.24	0.90	401.4	14.6	6.6	35.0	1.85	1.03	8.56
	JS 银行	3.20	1.52	1.37	246.8	12.0	15.5	36.1	2.10	0.76	13.54
	GY 银行	4.34	6.02	1.59	285.6	17.6	13.2	18.7	2.44	1.04	16.12
	CS 银行	2.30	1.30	0.96	487.7	21.7	12.6	12.8	3.16	0.98	10.02
	WX 银行	1.46	0.49	1.14	306.5	12.3	14.4	19.6	2.00	0.81	11.36
	JY 银行	3.77	2.93	1.83	244.3	9.7	13.5	23.2	2.24	0.62	6.86
	SN 银行	5.18	1.14	1.24	267.1	11.6	15.2	24.7	2.41	0.92	10.06
H 股	SJ 银行	4.27	3.53	2.49	130.1	-7.5	9.8	23.9	1.73	0.55	7.11
	CQNS 银行	3.70	1.33	1.28	370.2	7.7	12.2	13.7	2.30	1.00	11.44
	JZ 银行	7.82	—	1.94	243.7	-151.4	12.4	6.1	1.59	1.77	0.10
	HS 银行	2.46	1.50	1.13	290.5	12.9	16.5	23.6	2.78	0.92	14.14
	TJ 银行	7.59	—	2.13	212.8	0.7	-11.3	26.3	2.16	0.79	10.29
	CQ 银行	4.33	3.02	1.24	302.2	7.3	9.1	20.9	2.24	1.02	15.54
	HEB 银行	6.57	6.88	2.39	132.7	-9.9	0.8	25.6	2.15	0.61	7.41

第六章　加强大型银行市值管理的建议

党的十九大报告指出，要努力推动中国经济实现高质量发展。国有大型上市银行作为党的银行、人民的银行和国家的银行，一方面需要全面落实国家战略，履行社会责任，积极服务实体经济；另一方面也需要遵循普遍商业规律，不断提升股东回报，努力实现自身的高质量可持续发展。而要做到高质量可持续发展，既不可以不计代价，也不可能独善其身，必须要做到两方面相辅相成，平衡统一。

归根到底，这两方面都可以统一到稳步提升市值这个契合点上，因为市值正是对企业外部环境、股东回报和发展潜力的综合评判指标。换句话说，市值管理也是银行实现高质量发展的客观需要和必然选择。国有大型银行必须进一步树立科学的市值管理理念，从服务实体经济和提升自身业绩两个层面，努力提升市场估值水平，推动实现社会效益和经济效益协调统一。

一、总体思路和基本目标

结合国有大型银行实际，建议未来一段时期国有大型银行市值管理的总体思路和基本目标是：以"服务国家战略，强化股东回报，稳步提升市值，彰显大行形象"为基本目标，围绕业务经营、资本运营和关系管理等三个层面，从价值创造、价值运营和价值实现角度，重点抓好市值管理，努力实现服务实体经济和自身业务经营高质量可持续发展的协调统一，确保国有大型银行市值长期稳定增长和可持续发展，与作为全球排名靠前的大银行的形象地位相匹配。

二、基本策略和中短期建议

（一）业务经营层面，坚持高质量可持续发展策略

高质量可持续发展是提升银行市值的基础，一方面要服务国家战略，着力支持实体经济稳中向好。在宏观经济转向高质量增长、金融回归服务实体经济本源的大背景下，国有大型银行必须深入贯彻新发展理念，准确把握新发展阶段，积极服务构建新发展格局，坚持"稳中求进"的工作总基调，充分把握经济结构转型升级、

重点区域优先发展、乡村振兴战略实施等机遇，加大对经济增长重点行业、区域以及普惠、"三农"、民营金融支持力度，在国家经济发展中实现自身成长。另一方面，要重点练好内功，着力支持资本回报稳步提升。要进一步树立价值核心理念，强化财务约束，努力实现规模导向向价值导向转变；要进一步加快推进经营转型，重点在市场关注的金融科技、零售转型、渠道优化等领域，逐步建立本行差异化竞争优势；要进一步完善激励约束机制，重点抓好支行、网点和员工等"最后一公里"，强化银行价值创造协同合力。

中短期建议具体做好以下工作。一是着力提升服务实体经济质效，确保监管和考核指标全面达标。针对服务国家战略监管考核力度进一步增大的实际情况，建议国有大型银行进一步强化对服务实体经济主动性、自觉性和必要性的统一认识，持续加大重点区域、行业和客户信贷投放，确保监管指标全面达标。二是着力加快推进数字化转型，确保转型重点领域取得新突破。针对数字化和零售转型进入深水区的实际情况，建议国有大型银行要紧紧围绕客户和基层反映的突出问题，全面强化总分、公私、业技联动，建立清单、挂图作战，加快做强做亮线上融资品牌、进一步提升线上经营和网点综合营销能力，力争在重点领域取得突破。三是着力强化案件风险合规防控，确保案件数量和监管处罚持续下降。针对近年银行案件数量和监管处罚有所上升的形势，建议国有大型银行坚决贯彻落实监管要求，加强经营合规管理；制订完善案件防控总体方案，深化推进人防和技防相结合的案防体系建设，坚决遏制大案要案发生。

（二）资本运营层面，基本策略是要用活用好资本市场策略工具

建议在市场价值围绕内在价值波动的过程中，国有大型银行要在合法合规范围内，综合运用各种资本运营手段，主动强化市值管理。估值水平较高时，可选择增发配股、送股转增、并购重组等工具；估值水平较低时，可采用加大分红、员工持股、股票回购、股权激励等措施，维持和提高股价。

中短期建议做好以下工作：一是针对国有大型银行核心一级资本补充渠道普遍受限的实际情况，加强与股东单位沟通，择机推进核心一级资本再融资，在此基础上，优先选择永续债和二级资本债等多种方式，加大其他资本补充力度，持续满足监管合规和实现 TLAC 达标。二是加强与监管部门和股东单位沟通，积极研究并适时推出员工持股改革试点，探索实施中高层股权激励计划。

（三）关系管理层面，基本策略是要重点抓好四种关系管理

从市值管理的角度，国有大型银行不仅要做好价值创造，用好策略工具，还要重点抓好"4R 管理"（即投资者关系、研究者关系、监管者关系和媒体关系管理），综合运用路演/反向路演、业绩推介、信息披露、危机管理等方式，持续有效沟通，强化预期管理，将银行价值信息完整、准确、及时地传递给上述利益相关者，并持续进行有效沟通，积极回应各方关切，促进价值实现。

中短期建议做好以下工作。一是高度重视并持续抓好 4R 管理工作，针对近期资本市场关注的数字化转型、服务民营小微企业以及 LPR 实施等热点问题，通过加强业绩推介路演、做好信息披露、强化预期管理等手段，促进利益相关者充分了解银行战略应对举措。二是围绕国有大型银行 2020 年以来风险基本面筑底改善，以及息差总体企稳的投资亮点，加大业绩推介力度，充分反映国有大型银行的差异化竞争优势。（见表 32）

表 32　近年资本市场关注的银行业热点问题

时间段	市场关注的银行业热点问题
2013 年以前	利率市场化；银行暴利争论；平台贷款和房地产贷款；欧债危机影响；银行再融资等
2013—2016 年	资产质量变动情况；关键区域、行业风险变动情况；不良处置和拨备消耗；影子银行风险；减费让利影响等
2017—2018 年	金融去杠杆及监管强化的影响；息差走势；资管新规影响；金融科技影响；银行转型进程等
2019 年以来	息差、LPR 变化影响；小微民营企业信贷风险控制等

第七章　结　论

一、上市银行市值影响动因包括创效能力、资本能力、成长能力等多方面因素

从理论分析看，决定上市银行市值的主要是"三大能力"，即创效能力、资本能力和成长能力，其代表指标包括资本回报率、资本规模和市盈率等。从实证分析看，市值增长与净息差变动、所有者权益增幅、GDP 增幅正相关，与日均换手率变动负相关。该实证分析结论印证了理论分析结论，表明上市银行创效能力和资本能力提升能够促进市值稳健增长，而外部宏观经济环境、市场环境、投资者偏好等因素变化也会对银行市值产生不同程度的影响。

二、国内上市银行市值管理与欧美银行逐步趋同，但仍然存在明显差异

总体来看，国内上市银行在市值管理理念和策略方面与欧美银行逐步趋同，但仍然存在明显差异。一是资本市场的环境不同。从全球范围看，欧美资本市场普遍属于强有效市场，以机构投资者为主，属于"配置型"市场；而我国资本市场虽然已跃居全球第四大市场，但自身成熟度偏低，专业机构投资者占比仍然不高，股价影响因素更多，市值管理难度偏大。二是资本市场的估值不同。资本市场对中国银行业的估值一直低于欧美银行，国内上市银行的内在价值难以充分反映到资本市场上，盈利贡献与市值水平持续背离。三是市值管理的目标不同。欧美银行追求市值最大化，市值管理更加激进和侧重短期化；国内上市银行，特别是国有大型银行更加倾向市值持续稳健增长，侧重国有资产保值增值，市值管理目标也更为稳健和长期化。四是市值管理的手段不同。国外银行往往综合运用并创新多种资本运作手段进行市值管理，国内上市银行在市值管理上主要还是依靠提升盈利能力、高额派息等自身价值创造方式，在公司治理、投资者关系管理及股权激励等方面与国外先进同业还有差距。

三、国内上市银行市值总体稳健增长，部分银行市值管理表现较为优秀

（一）上市银行总体情况

从市值总量看，大型银行占据绝对主导地位；从市值变动看，股份制银行、区域性银行市值增长快于大型银行，尤其是 2016 年以来，区域性银行大量上市，其总市值快速增长；从估值情况看，区域性银行估值水平最高；从股性活跃度看，区域性银行股票流动性和吸引力最高，交易相对活跃。

（二）上市银行分类分析

一是大型银行市值缓慢增长，市场估值整体偏低。其中，A 银行为国内市值最大的上市银行，经营基本面"稳"，经营规模"大"，国际化并购"快"；B 银行 A 股股价涨幅最大，估值水平为非次新大型银行最高，其管理能力优良，坚持效益效率优先，不重规模扩张、冲时点的经营策略获得市场认可；C 银行 2010 年末以来市值增幅居六大行首位，其净息差长期保持领先优势，县域业务和网点数量构筑差异化竞争优势，资产质量持续改善。二是股份制银行市值稳步增长，ZS 银行一枝独秀，主要得益于其立足"三个核心"，持续提升差异化竞争能力、穿越经济周期能力和转型发展能力。三是区域性银行市值快速增长，但两极分化明显。从市值规模看，NB银行、SH 银行和 BJ 银行市值超过千亿元，而 LZ 银行等 6 家银行市值不足百亿元；从市值表现看，NB 银行表现一枝独秀。

四、加强市值管理是国有大型银行实现高质量发展的客观需要和必然选择

新形势下，国有大型银行需要进一步树立科学的市值管理理念，加强市值管理，从服务实体经济和提升自身价值回报两个层面，努力提升市场估值水平，促进高质量发展。加强国有大型银行市值管理的具体建议：

（一）总体思路和基本目标

以"服务国家战略，强化股东回报，稳步提升市值，彰显大行形象"为基本目标，围绕业务经营、资本运营和关系管理三个层面，从价值创造、价值运营和价值实

现角度，重点抓好市值管理，努力实现服务实体经济和自身业务经营高质量可持续发展的协调统一，确保国有大型银行市值长期稳定增长和可持续发展，与作为全球排名靠前的大型银行的形象地位相匹配。

（二）基本策略和中短期建议

1. 业务经营层面，要坚持高质量可持续发展策略

一方面要服务国家战略，着力支持实体经济稳中向好；另一方面要重点练好内功，着力支持资本回报稳步提升。中短期建议具体做好以下工作：一是着力提升服务实体经济质效，确保监管和考核指标全面达标；二是着力加快推进数字化转型，确保经营转型重点领域取得新突破；三是着力强化案件风险合规防控，确保案件数量和监管处罚持续下降。

2. 资本运营层面，基本策略是要用活用好资本市场策略工具

建议在市场价值围绕内在价值波动的过程中，国有大型银行要在合法合规范围内，综合运用各种资本运营手段，主动强化市值管理。中短期建议做好以下工作：一是择机推进核心一级资本再融资，并加大其他资本补充力度，持续满足监管合规和实现 TLAC 达标；二是加强与监管部门和股东单位沟通，积极研究并适时推出员工持股改革试点，探索实施中高层股权激励计划。

3. 关系管理层面，基本策略是要重点抓好四种关系管理

从市值管理的角度，国有大型银行不仅要做好价值创造，用好策略工具，还要重点抓好 4R 管理，促进价值实现。中短期建议做好以下工作：一是高度重视并持续抓好 4R 管理工作；二是加大业绩推介力度，充分体现国有大型银行的差异化竞争优势。

参考文献

[1] 张钰．市值管理与商业银行市值最大化 [J]．理论探索，2007（6）．

[2] 曹彤．中小股份制商业银行并购的战略思考 [J]．汉江论坛，2009（3）．

[3] 史建平．从盈利管理到市值管理：打造我国优秀上市银行 [J]．农村金融研究，2010（8）．

[4] 高大兵．大型上市银行市值管理问题研究 [J]．农村金融研究，2010（10）．

[5] 魏建国．上市公司市值管理策略研究 [J]．辽宁大学学报，2013（1）．

[6] 毛勇春．我国资本市场市值管理的三个发展阶段 [J]．上海证券报，2015．

[7] 刘子安．市值管理重在"长效"与"价值" [J]．新金融观察，2014．

[8] 杨阳．浅析市值管理理论 [J]．时代金融，2014（12）．

[9] 李旎．市值管理的综合分析框架：理论与实践 [J]．会计与经济研究，2018（3）．

[10] 白海晶．以市值管理赋能经营管理——对商业银行市值管理的一些思考 [J]．银行家，2020（2）．

[11] 周燕．基于价值驱动视角的上市医药公司价值评估模型及应用研究 [D]．天津：天津财经大学，2008．

[12] 蔡新亚．湖南省国有控股上市公司市值管理研究 [D]．长沙：湖南大学，2011．

[13] 袁文娟．公司治理结构对上市公司市值管理效果影响的实证研究 [D]．长沙：湖南大学，2012．

[14] 袁文娟．公司治理结构和市值管理关系的理论研究 [J]．中小企业管理与科技，2013．

[15] 蒋雪丽．我国上市商业银行市盈率影响因素实证研究 [D]．长沙：湖南大学，2019．

[16] 曹凤岐．中国上市公司管理 [M]．北京：北京大学出版社，2003．

[17] 施光耀．市值管理理论 [M]．北京：北京大学出版社，2008．

[18] 谢风华．市值管理 [M]．北京：清华大学出版社，2008．

[19] 毛勇春．市值管理方略 [M]．上海：同济大学出版社，2012．

[20] 毛勇春．市值管理新论——从定性到定量 [M]．上海：同济大学出版社，2015．

［21］孙国茂．山东省上市公司市值管理评价报告（2017）［M］．北京：中国金融出版社，2017.

［22］马永斌．市值管理与资本实践［M］．北京：清华大学出版社，2018.

第十一篇

新国际会计准则对保险公司的影响

——基于 IFRS9 的研究

中国人寿资产管理公司课题组

课题主持人：高　明
课题组成员：周晓松

摘　要

　　2014 年 7 月，国际会计准则理事会（IASB）发布了《国际财务报告准则第 9 号—金融工具》（IFRS9），2020 年 12 月财政部发布《关于进一步贯彻落实新金融工具相关会计准则的通知》（财会〔2020〕22 号），要求境内外同时上市的保险公司以及在境外上市并采用国际财务报告准则或企业会计准则编制财务报表的保险公司，自 2023 年 1 月 1 日起执行新会计准则。本文从重点研究新准则变化对保险公司投资端的整体影响，从金融工具会计分类与计量、估值、减值三方面，分析新准则变化对保险公司的具体影响。同时从资产负债联动、考核、准则切换、内控、监管引导、新冠肺炎疫情影响等方面提出应对策略。

　　关键词：会计准则；IFRS9；资产负债管理

第一章　绪　论

一、课题背景及研究意义

2014 年 7 月，国际会计准则理事会（IASB）发布了《国际财务报告准则第 9 号——金融工具》（IFRS9），2018 年 11 月，IASB 同意保险公司 IFRS9 准则的实施推迟一年至 2022 年 1 月 1 日。2020 年 3 月 IASB 再次宣布延长保险公司使用 IFRS9 的豁免期，即准则生效日为 2023 年 1 月 1 日，与 IFRS17 同步。

2017 年 5 月，IASB 发布了《国际财务报告准则第 17 号——保险合同》（IFRS17），该准则经历了将近 20 年的研讨才落地，成为有史以来最复杂的会计准则之一。考虑到准则的复杂程度，2020 年 3 月 IABS 宣布将 IFRS17 延期一年生效，即准则生效日为 2023 年 1 月 1 日。

2010 年 4 月，财政部发布了《中国企业会计准则与国际财务报告准则持续趋同路线图》（财会〔2010〕10 号）。中国企业会计准则将保持与国际财务报告准则的持续趋同，持续趋同的时间安排与国际会计准则理事会的进度保持同步。在国内会计准则选择与国际会计准则"趋同"的模式和环境下，新国际会计准则的发布，导致我国企业会计准则进行了同步修订与调整，进而对我国保险企业的经营管理、投资决策、会计核算与披露等产生重要影响。

2020 年 12 月财政部发布《关于进一步贯彻落实新金融工具相关会计准则的通知》（财会〔2020〕22 号），对于境内外同时上市的企业以及在境外上市并采用国际财务报告准则或企业会计准则编制财务报表的企业，自 2023 年 1 月 1 日起执行新会计准则；其他执行企业会计准则的企业自 2026 年 1 月 1 日起执行。同时允许企业提前执行。

新国际会计准则的实施，统一了国际上差异化的保险会计处理，增加了财务报表的透明性、真实性、可比性，提高了保险业的国际化程度。近年来，随着我国保险业的高速发展，保险行业的国际化程度也越来越高，为我国金融市场的健康发展提供了重要保障。

二、研究内容与研究方法

本文基于国际会计准则的最新变化，重点研究保险公司投资端受到的整体影响，以及如何应对新准则变化（IFRS9 和 IFRS17）带来的挑战。

本文综合运用文献研究法和个案研究法进行研究。针对本文的理论部分，多采用文献研究法，主要包括国内外对 IFRS9 的理论分析，以及 IFRS9 制定以来学者们对于准则的解读；针对某上市公司的案例部分，在掌握上市公司相关年报、季度报告、研究报告等材料基础上，结合理论与数据分析，解读准则相关问题，分析新准则变化对保险公司的具体影响。

三、研究的创新之处与不足之处

在国际会计准则趋同的背景下，紧扣保险业的准则切换时点，本文选择从个案研究入手进行 IFRS9 准则实施的实务解读，同时从理论框架介绍及国内外文献对准则解读方面讨论 IFRS9 对保险公司的影响。

2020 年 3 月，IASB 再次宣布 IFRS17 生效日推迟至 2023 年 1 月 1 日，并同步延长保险公司实施 IFRS9 的豁免期。随着国际会计准则对保险公司实施时点的再次推后，国内多数保险公司将准则切换时点定在 2023 年 1 月 1 日，现阶段将延续准则项目的研究工作，尤其是复杂的 IFRS17 准则相关的模型搭建和数据分析、IFRS9 的切换时点方案及配套制度系统的修订。目前国内市场正式实施 IFRS9 的保险公司极少，尚无保险公司正式实施 IFRS17。限于保险公司准则实施相关的存量数据极少，目前讨论 IFRS9 对保险公司的实务影响以及 IFRS9、IFRS17 同步实施的资产负债匹配、资本市场影响等数据基础薄弱，可比性较差，对同步实施 IFRS9 和 IFRS17 的影响和应对措施有待探讨。

由于研究水平有限，而且新国际会计准则对保险公司的豁免期再次延长，IFRS9 准则涉及内容多、研究难度大，本文对于一些分析判断相对片面。限于保险公司的豁免期间拉长，本文仅对保险公司的主要影响进行分析。

第二章　国内外研究现状

一、国内外新会计准则发布情况

2008 年国际金融危机爆发后，现行《国际会计准则——金融工具：确认与计量》（IAS39）问题凸显，暴露了 IAS39 等相关公允价值会计准则体系存在的问题。IAS39 下，金融工具分类划分标准不一致，影响会计信息的可比性，采用公允价值计量在实务操作中主观性大，盈余管理的空间大，再加上资产减值损失计提"过迟过少"，导致财报不能在报表可读可比性、财务信息透明度上反映公司的经营和财务状况。在此背景下，G20 华盛顿峰会和伦敦峰会将改革会计准则纳入增强金融体系的框架，呼吁会计准则制定机构与相关监管机构共同改善有关公允价值计量、金融工具分类和贷款减值处理等方面的会计准则。此后，IASB 启动了对国际会计准则的大规模研究、修订、制定工作。IASB 于 2014 年 7 月颁布了《国际财务报告准则第 9 号——金融工具》（IFRS9），对金融工具的分类和计量、金融资产的减值等内容进行了修订。

我国财政部于 2017 年 3 月发布三项金融工具会计准则，即《企业会计准则第 22 号——金融工具确认和计量》（财会〔2017〕7 号）、《企业会计准则第 23 号——金融资产转移》（财会〔2017〕8 号）和《企业会计准则第 24 号——套期会计》（财会〔2017〕9 号），同时提出，在境内外同时上市的企业以及在境外上市并采用国际财务报告准则或企业会计准则编制财务报告的企业，自 2018 年 1 月 1 日起施行；其他境内上市企业自 2019 年 1 月 1 日起施行；执行企业会计准则的非上市企业自 2021 年 1 月 1 日起施行。同时鼓励企业提前执行。

2017 年 6 月，财政部发布了《关于保险公司执行新金融工具相关会计准则有关过渡办法的通知》，对于符合"保险公司暂缓执行新金融工具相关会计准则的条件"的上市险企，允许暂缓至 2021 年 1 月 1 日起执行新金融工具相关会计准则。部分保险公司集团系统内有不符合暂缓执行新准则的公司，需在 2021 年 1 月 1 日起正式实施 IFRS9，为满足集团合并报表会计政策的一致性及监管系统报送旧准则的要求，2021 年起实施 IFRS9 的公司需要新旧准则并行，并行实施新旧准则在系统改造、数据报送等方面增加了难度。

国际准则给予符合条件（保险负债占总负债的比例不能低于 80%）的保险公司以递延 IFRS9 选择权，可以选择暂缓至 2023 年 1 月 1 日再实施；对于其他行业，国内准则允许各企业根据上市情况，分阶段推进、逐步实施。2017 年 5 月，IASB 发布了《国际财务报告准则第 17 号——保险合同》（IFRS17），自 2021 年 1 月 1 日起生效。但是，IASB 之后两度宣布延期执行，2020 年 3 月，IFRS17 生效日再次推迟至 2023 年 1 月 1 日，并延长保险公司实施 IFRS9 的豁免期，以便于保险公司同步实施 IFRS9 和 IFRS17。

财政部于 2020 年 12 月 30 日发布《关于进一步贯彻落实新金融工具相关会计准则的通知》（财会〔2020〕22 号），通知符合《财政部关于保险公司执行新金融工具相关会计准则有关过渡办法的通知》（财会〔2017〕20 号）中关于暂缓执行新金融工具相关会计准则条件的保险公司，执行新金融工具相关会计准则的日期允许暂缓至执行《企业会计准则第 25 号——保险合同》（财会〔2020〕20 号）的日期，即在境内外同时上市的企业以及在境外上市并采用国际财务报告准则或企业会计准则编制财务报表的企业，自 2023 年 1 月 1 日起执行；其他执行企业会计准则的企业自 2026 年 1 月 1 日起执行。同时允许企业提前执行。

新准则 IFRS9、IFRS17 的出台对保险公司影响重大，促使保险公司从保险产品、精算、投资、运营、系统建设等方面产生重大变革，推动保险公司进入"资产负债联动，负债驱动资产"的管理理念新纪元。

二、国外研究现状

关于 IFRS9 的出台，国外学者普遍认为，IFRS9 可以一定程度上规避 IAS39 在金融工具会计分类和减值等方面的弊端，对企业盈余管理水平产生负面影响，IFRS9 的应用和监督可以提升投资者信心，具体观点如下。

Indiael Daniel KAAYA（2015）采用实证研究论证了 IFRS 国际财务报告准则对盈余管理的影响。当 IFRS 与适当的、有效的执行机制相结合时，会对盈余管理水平产生负面影响。意味着国际财务报告准则是报告质量的关键决定因素，而不是报告质量的"初步证据"担保人。Beerbaum D 等（2017）提出了国际会计准则委员会遵循的目标是行业非特定的，对于因金融危机而恶化的投资者信心来说，IFRS9 的应用和监督是重新获得投资者信心的一种方式。

Deloitte（2017）认为 IFRS9 对公司整体的系统和流程影响，不仅仅是会计变更，也是对公司整体组织的挑战。Oussama（2020）以黎巴嫩银行为例，采用定量和定性分析的研究方法，论证了 IFRS9 的实施将增加公司内审的战略性增值作用，认为内审掌握 IFRS9 对公司整体的财务影响，理解性、有效性也会降低外部审计的工作，节约成本。

三、国内研究现状

国内学者主要研究了 IFRS9 对金融资产会计分类、估值、减值等方面的影响，并针对 IFRS9 带来的挑战提出应对措施，以及面对新冠肺炎疫情叠加和经济下行压力时，商业银行应对会计管理做出创新转变，主动适应疫情防控的常态化新形势和新要求。

刘龙（2017）从分类与计量角度分析发现，在 IFRS9 准则下，现有的可供出售金融资产和部分应收款项类投资将采用公允价值计量，这一变化将对商业银行的财务、资本、系统等产生较大影响，从金融资产结构、收益、资本充足率三个方面进行了阐述。提出应抓紧时间研究准则，并结合新旧准则的过渡着手准备 IFRS9 项目实施。任梦杰、曾刚（2018）研究了 IFRS9 在国际范围内和我国 A+H 股上市企业的同步实施的过程中相关问题，认为金融工具分类计量属性的确定方法更加注重现金流特征与商业模式等客观证据，逐渐取代了传统的管理层持有意图的判断标准，采用新准则后分类标准更为严格，金融资产的分类机构更具有客观性和透明性。

吴茜（2017）从财务报表结果、估值技术、系统改造、管理模式等方面，分析了 IFRS9 对保险公司的影响，认为 IFRS9 对保险公司的估值水平提出了更高的要求，从目前对公允价值的估值方法主要有市值计价和模型估值两方面进行了对比分析，得出对债券、股票等具有市场价格的标准化金融资产，通常直接采用其市值作为公允价值，对交易不活跃、没有市场价格的资产，通常采用一定的估值模型对其进行估值的观点。赵凌、李栋（2017）从债券市场角度，探讨预期信用损失模型在债券资产减值应用中的挑战，提出中债估值是以中债收益率曲线等市场信息为基础加工生成的债券可变现参考价格，在金融机构的交易定价、风险管理和会计记账等方面已经有广泛而深入的应用。在 IFRS9 下，采用技术手段剔除市场风险和流动性风险后的中债估值变化，可以作为预期信用损失的估计。

王志敏（2020）提出面对新冠肺炎疫情叠加和经济下行压力带来的不利影响，商业银行会计计量管理应转变传统工作思路、创新工作方法，主动适应疫情防控的常态化新形势和新要求，探索通过优化预期损失模型、提高拨备管理精细化水平、强化信用风险会计计量、提升汇率风险管理和会计损益管理的协同程度等手段和措施，推动银行会计在防范化解金融风险中发挥更大作用。

四 、 研究现状综述

关于 IFRS9 的文献研究主要集中在 IFRS9 的修订进度、背景与目的，IFRS9 实施的影响及实施过程中可能存在的不足，上述对银行业的研究更为深入，对保险业的研究多停留在理论层面，缺乏利用具体的案例研究进行事实分析。

本文将理论分析与案例分析结合起来，从金融工具会计分类、估值、减值等方面的数据分析，来剖析 IFRS9 对保险业的影响，并提出具体的策略措施。希望可以达到补充和丰富现有研究成果的目的。

第三章　IFRS9 的内容和变化概述

IFRS9 的主要变化为：一是金融资产分类由现行"四分类"改为"三分类"，减少金融资产类别，提高分类的客观性和有关会计处理的一致性；二是金融资产减值会计由"已发生损失法"改为"预期损失法"，以更加及时、足额地计提金融资产减值准备，揭示和防控金融资产信用风险；三是修订套期会计相关规定，使套期会计更加如实地反映企业的风险管理活动。对于保险公司，尤其是寿险公司影响最大的准则变化就是前两项变化，因此本文主要讨论金融工具分类及预期信用减值这两项变化对保险公司造成的影响。

一、金融资产分类由现行"四分类"改为"三分类"

现行准则要求按照"持有意图和目的"将金融资产分为四类，即以公允价值计量且其变动计入当期损益的金融资产、可供出售金融资产、持有至到期投资、贷款和应收款项。现行准则下，金融资产分类的主观性较强，为了降低利润波动性，保险公司在确定金融资产分类时，倾向于计入可供出售金融资产。可供出售金融资产的公允价值波动只影响资产负债表，不体现在利润表中，在一定程度上影响了会计信息的可比性。

IFRS9 则要求金融资产分类需根据管理金融资产的"业务模式"和"合同现金流量特征"，分为三类，即以摊余成本计量的金融资产（Amortized COST，AC）；以公允价值计量且变动计入当前损益的金融资产（Fair Value Through P&L，FVPL）；以公允价值计量且变动计入其他综合收益的金融资产（Fair Value Through Other Comprehensive Income，FVOCI）。业务模式，是指企业如何管理其金融资产以产生现金流量，是通过收取合同现金流量、出售金融资产赚取价差还是两者兼有。合同现金流量特征，是指其合同现金流是否仅为本金和利息的支付。

对于金融资产债务工具的判断（见图 1），采用合同现金流测试，即"SPPI 测试"（Solely Payments of Principal and Interest），用以判断债务工具的合同现金流是否仅仅是对本金和利息的支付的手段。当合同现金流仅仅是对本金和利息的支付，债务工具将根据不同的业务模式（为出售金融资产而持有、既收取合同现金又出售金融资产、为收取合同现金流而持有）被分类为 FVPL、FVOCI 或 AC。如果合同现金流不满足上述条件，那么债务工具只能计入 FVPL。

对于金融资产权益工具的判断，一般来说金融资产权益工具计入 FVPL，对于被动投资、高分红蓝筹股、战略性投资、权益性优先股、内部交叉持股等非交易性权益工具投资可以指定为 FVOCI，处置时的价差不再结转进损益，而且一旦指定不可撤销。

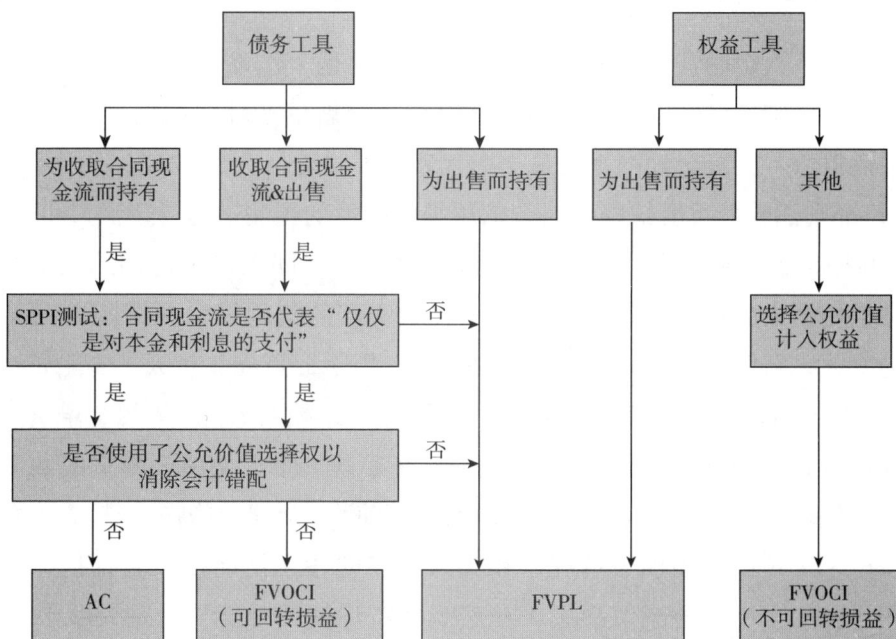

图 1　IFRS9 下金融资产的会计分类判断流程

现行准则的要求复杂且以规则为导向，金融资产的分类强调投资主体对单项金融资产的意图并考虑类似金融资产市场的流动性等方面，IFRS9 为金融资产的分类提供了一个更具逻辑的架构和更清晰的理论基础，并减少了会计选择。这样投资主体在不同报告期间及不同主体在特定报告期间的财务报告差异将更明显地反映经济实质差异、投资管理差异，减少了现行准则下会计选择不同引起的差异。

IFRS9 提高了会计分类的客观性，解决了 IAS39 体系下，金融工具分类划分标准不一致，公允价值计量主观性大的问题。提升了投资端金融工具分类划分标准的一致性、会计处理的一致性，增强了报表的可读性、可比性。但是 IFRS9 下金融资产分类的变化将会导致保险公司投资端将更多的资产计入以公允价值计量且其变动计入当期损益的金融资产（FVPL），投资资产的价格波动加大了保险公司财务报表的利润波动。

IFRS9 扩大了公允价值计量资产的范围，对公司估值频率、估值能力提出了更高的要求。对于旧准则下计入"贷款及应收款项"下的不能通过 SPPI 测试的债权计划、信托计划、资管计划等非标债权，以及使用成本法核算的非上市股权，IFRS9 要求按公允价值计量。上述资产需通过估值技术来确定公允价值，提高了公司日常估值的频率和复杂度。

二、减值处理由"已发生损失法"改为"预期信用损失法"

现行准则下，金融资产减值的会计处理采用的是"已发生损失法"，即只有在客观证据表明金融资产已经发生损失时，才对相关金融资产计提减值准备。在 2008 年国际金融危机后，国际会计准则委员会与巴塞尔委员会认为原 IAS39（国际会计准则第 39 号）准则面临着重要缺陷：对于信用损失减值的预测过迟、金额过小。

IFRS9 提出了更有前瞻性的"预期信用损失法"，即以发生违约的风险为权重的金融工具信用损失的加权平均值，反映了金融资产的信用风险预期随着时间的推移所发生的变化。新旧准则下减值计提区别如图 2 所示，首先，扩大了金融资产减值覆盖范围，IFRS9 要求的金融资产减值适用范围包括以摊余成本计量的金融资产、以公允价值计量且其变动计入其他综合收益的债务工具、应收款项、租赁应收款等。其次，IFRS9 下的减值计量加入了宏观经济数据等前瞻性因素预测未来损失的可能，考虑金融资产未来预期信用损失情况。在买入时点就考虑预期损失并计提，并根据存续期信用风险的大小调整减值损失，在宏观经济周期内都能更及时地反映经济环境的变化。

相比现行准则的已发生损失模型，IFRS9 的减值模型，能够更加及时、足额地计提金融资产的减值准备，更迅速地反映经济状况的变化，便于揭示和防范金融资产信用风险。虽然新旧准则切换前后减值计提范围、计提规模可能发生显著变化，短期内新准则报表的减值计提金额有所提升，长期来看报表数据更扎实地反映企业资产负债表日的风险状况，有利于公司提升风险信评管理能力，有助于避免经济下行或萧条时期金融资产的价值与公司业绩的断崖式下跌。

虽然预期信用损失模型所需的估计、判断很多，这些主观性也会影响不同公司减值计提金额的可比性。但是 IFRS9 提出金融工具计算减值都应用同一个减值模型，消除了现准则下不同金融资产采用不同减值评估方法（多个减值模型复杂性）的问题。IFRS9 统一对所有信用敞口的减值要求，剔除会计分类的影响，消除确认损失时点不同的差异，增加财务信息的可比性。

	现准则	新准则
减值范围	三类： 可供出售金融资产 持有至到期投资 贷款和应收款项	两类： 以AC计量的金融资产 计入FVOCI的债务工具
减值方法	已发生损失模型： 　　在资产负债日，有客观证据表明发生了损失事件并导致其将发生损失，且这种损失的金额能够合理估计，才可对资产计提减值	预期损失模型： 　　更有前瞻性，在买入时点就考虑预期损失并计提，将资产增加信用风险是否显著增加分为三个阶段，并对各阶段的特征、减值损失和利息收入确定进行了规定

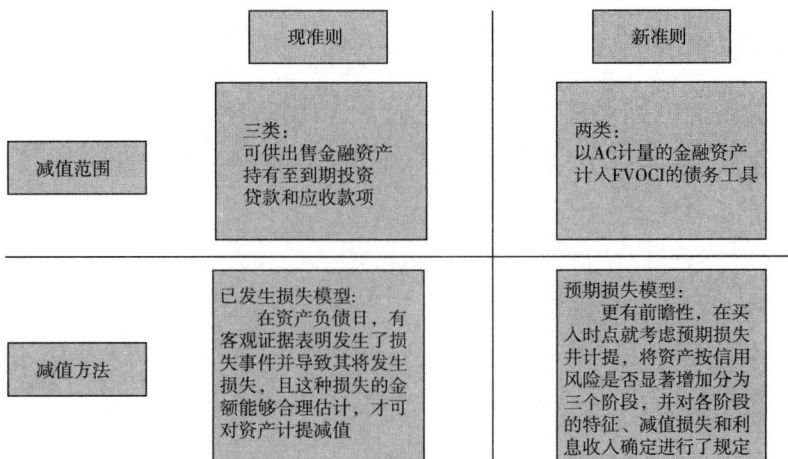

图 2　新旧准则下的减值计提区别

在构建 IFRS9 预期信用损失模型的过程中，保险公司目前面临以下主要挑战。

（1）缺少足够的历史违约样本数据

IFRS9 下历史信息可获得性是计算预期信用损失的重要基准，与银行大量的信用违约数据相比，保险投资资产由于在投前项目和资产筛选过程中有更为严格的风险评估和信用评估，因此历史上较少出现保险资金投资资产信用违约情况，数据可用性不足，导致现存的样本数不足以用于构建信用风险的减值模型。

（2）资产基础字段数据要求较高

IFRS9 要求计量债务工具未来 12 个月或存续期的预期信用损失，因此构建预期信用损失模型不仅需要每笔债性资产的历史评级信息来进行信用迁移估计，而且还需要每笔债性资产剩余期限内各现金流时点的摊余成本信息来计算存续期的预期信用损失，这对大部分保险公司的信用管理风险系统建设提出了很高的要求。在金融资产减值的实务应用中，保险资产的颗粒度和数据质量仍有改善提高的空间。

（3）构建前瞻性宏观经济调整模型技术难度高

IFRS9 要求在预期信用损失计量模型中既要包含融资主体自身的相关信息，也要考虑经济形势状况和趋势预测的信息，将未来宏观经济的变化体现到对资产减值的估计中，量化计算的前瞻性调整对保险公司的宏观策略研究、信评管理系统建设、风险预测能力提出了巨大挑战，操作负担和应用成本都将增加。

IFRS9 下，对于以摊余成本（AC）和公允价值计量且其变动计入其他综合收益（FVOCI）的金融资产，在资产购买日已经需要预计资产减值准备。因此，新准则下减值资产范围和减值计提规模将加剧利润的波动。

三、修订套期会计相关规定

现行的套期会计准则对套期会计规定了严格的适用条件，套期会计模型复杂，导致实务中企业开展的大量套期业务无法通过套期会计在财务报表中予以反映，财务报表使用者难以理解企业的套期会计披露信息。

新准则要求套期会计按照与其风险管理活动相一致的基础，披露套期活动的绩效，更加强调套期会计与企业风险管理活动的有机结合，在拓宽套期工具和被套期项目的范围、以定性的套期有效性要求取代现行准则的定量要求、允许通过调整套期工具和被套期项目的数量实现套期关系的"再平衡"等方面实现诸多突破，从而有助套期会计更贴近风险管理，更好地反映企业的风险管理活动。对于保险公司而言，套期会计变化对寿险公司影响不大，因此本文不讨论此项变化对保险公司造成的影响。

第四章　IFRS9 对保险公司的影响分析

一、IFRS9 对会计分类与计量的影响分析

（一）新会计准则下，金融工具中以公允价值计量且其变动计入当期损益的金融资产（FVPL）的占比将增加，加大了净资产的波动

首先，对于债务工具而言，无法通过现金流测试的债务工具和指定为 FVPL 以消除或减少会计错配的债务工具比例将上升，导致 IFRS9 下，计入 FVPL 的金融资产占比增加。其次，对于权益工具而言，原准则下对被投资单位不具有控制、重大影响和共同控制的权益工具投资，可以作为以公允价值计量且其变动计入当期损益的金融资产或可供出售金融资产，新准则下应分类为以公允价值计量且其变动计入当期损益的金融资产（FVPL），对于非交易性权益工具可以指定为权益工具（FVOCI），但是仅满足条件的分红收入能够计入损益，其他相关的利得和损失（包括汇兑损益）均无法计入损益。因此金融投资者没有足够的激励将权益工具指定为 FVOCI。计入以公允价值计量且其变动计入当期损益的金融资产（FVPL）的金融资产将有所增加。

具体以某上市保险公司为例，金融工具按照原金融工具准则和新金融工具准则的规定进行分类和计量的结果对比如表 1 所示，2017 年 12 月 31 日原准则下 FVPL 占金融资产总额的比例为 4%，2018 年 1 月 1 日在新准则下 FVPL 占金融资产总额的比例上升为 22.52%，增幅高达 463%。直观反映了新准则切换时点，金融工具重分类的结果，以公允价值计量且其变动计入当期损益的金融资产（FVPL）的占比有所增加。

表1 新准则切换前后金融资产情况

会计分类	2017 年 12 月 31 日		2018 年 1 月 1 日	
	金额（百万元）	占比（%）	金额（百万元）	占比（%）
交易性金融资产（FVPL）	119464	4.00	692389	22.52
债权投资（AC）	—	—	1947974	63.35
其他债权投资（FVOCI）	—	—	219555	7.14
其他权益投资（FVOCI）	—	—	215229	7.00
可供出售金融资产	775098	25.96	—	—
持有至到期投资	1243768	41.66	—	—
贷款和应收款项	847198	28.38	—	—
金融资产总额	2985528	100.00	3075147	100.00

新旧准则切换前后，某上市保险公司 2017 年及 2018 年每季度的投资净收益、公允价值变动净损益、净利润的变动额如图 3 所示，2018 年每季度的变动额波动较 2017 年每季度的变动额波动显著增大，除了资本市场的价格波动影响，以公允价值计量且其变动计入当期损益的金融资产（FVPL）的占比将增加，也助推了公允价值变动净损益的波动。

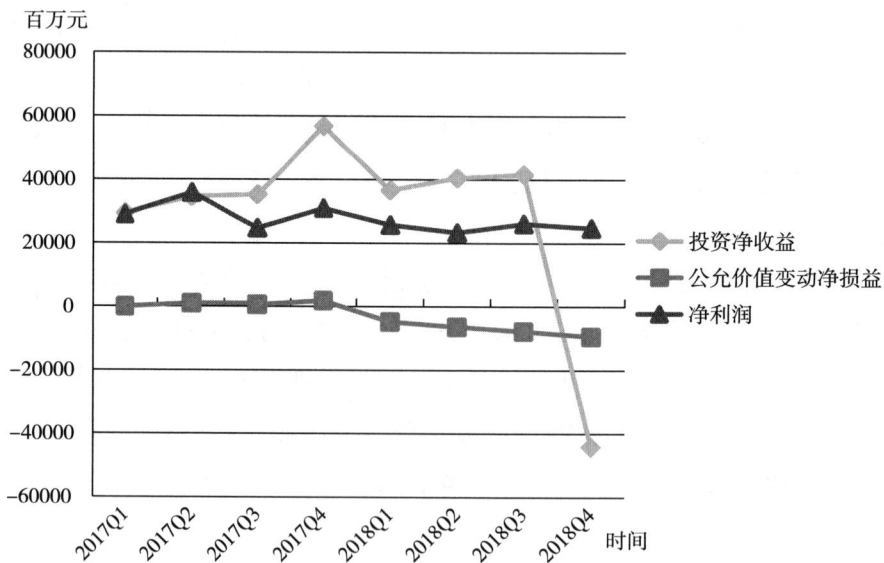

图 3 投资净收益、公允价值变动净损益、净利润的季度变动额

（二）新会计准则下，债务工具投资可以划分为以摊余成本计量的债权投资、以公允价值计量且公允价值变动计入当期损益的金融资产（FVPL）、以公允价值计量且其变动计入其他综合收益的债权投资（FVOCI）；权益工具投资则可以划分为以公允价值计量且公允价值变动计入当期损益的金融资产（FVPL）、以公允价值计量且其变动计入其他综合收益的权益投资（FVOCI）、长期股权投资（对子公司、联营公司和合营公司的投资）

对于债务工具投资来说，只有无法通过 SPPI 测试的债务工具投资，以及为了消除或显著减少计量或确认的不一致（会计错配）将债务工具指定为 FVPL 的债务工具投资，才需要计入以公允价值计量且公允价值变动计入当期损益的金融资产（FV-PL）。而对被投资单位不具有控制、共同控制和重大影响的权益工具投资，应当分类为以公允价值计量且公允价值变动计入当期损益的金融资产（FVPL），除了选择将非交易性权益工具投资指定为 FVOCI。所以新准则下，相较债务工具投资，权益工具投资会计入以公允价值计量且公允价值变动计入当期损益的金融资产的比例更高。为了降低 FVPL 对利润表造成的波动，保险公司金融资产中对债务工具的投资将会有所增加，对权益工具的投资将会降低。某上市保险公司在 2018 年新准则切换时点，以公允价值计量且公允价值变动计入当期损益的金融资产（FVPL）的金额为 6923.89 亿元，其中由可供出售金融资产重分类导致的有 3784.34 亿元，占比为 54.66%，其中权益工具投资的占比较高。如图 4 所示，从某上市公司的金融资产股债配置比例可以看出，保险公司有追求低风险稳收益的需求，债权投资带来的稳定现金流是保险资金优先配置的原因，所以债务工具在投资资产中的占比约为 70%，而权益投资由于较高比例计入以公允价值计量且公允价值变动计入当期损益的金融资产，为了平缓其对利润表的冲击，权益工具的投资较低，占投资资产的比例约为 13%。

%

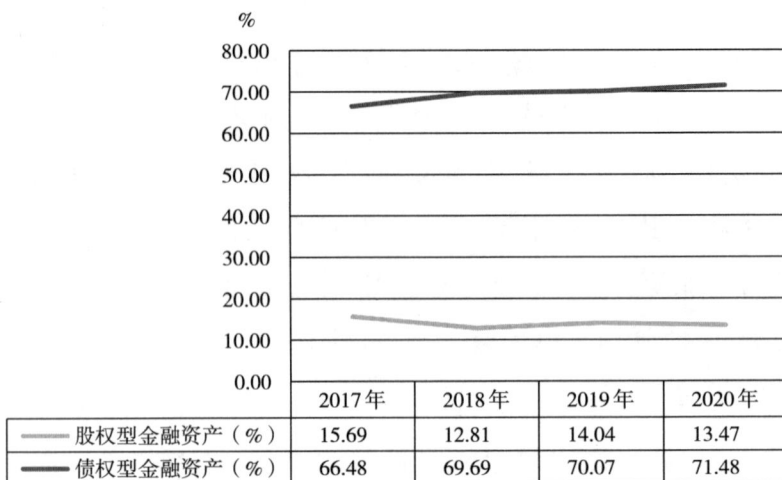

	2017 年	2018 年	2019 年	2020 年
股权型金融资产（%）	15.69	12.81	14.04	13.47
债权型金融资产（%）	66.48	69.69	70.07	71.48

图 4　金融资产股债配置比例

在新准则的利润平滑压力下，对于计入金融资产的权益工具，保险公司将倾向于投资价格波动小、高利息的股票和非上市股权。针对高分红、战略性投资的股票和未上市股权，保险公司可以将其分类指定为 FVOCI，以获取稳定的分红收益、满足战略性投资目的，高股息和战略性投资的 FVOCI 权益工具股息收入计入损益、公允价值波动计入所有者权益的特点非常符合保险公司的投资需求。某上市保险公司指定为以公允价值计量且其变动计入其他综合收益的权益投资（FVOCI）的权益工具投资，在实施新准则后账面价值有上升趋势，每年的其他权益工具账面价值波动如图 5 所示，保险公司加大了对高分红、战略性投资的股票和未上市股权的投资。

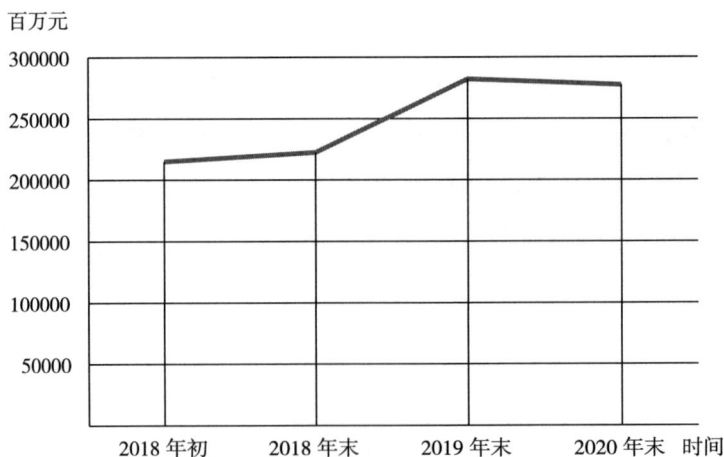

图 5　其他权益工具的账面价值变动

（三）新会计准则只影响金融资产的会计分类和减值计提准则，不会对计入长期股权投资的资产产生影响，所以可以通过增加对长期股权投资的配置，分散投资组合风险，降低权益市场波动影响。持续优选保险资金资产负债匹配的同时，灵活开展权益投资，提高投资收益

具体以某上市保险公司为例，从图6可以看出，2017年至2020年间，长期股权投资和非上市股权占投资资产的配置比例呈现逐年上升的趋势，长期股权投资占投资资产的比例从2017年的2.38%快速增长为2020年的4.17%，增速约为75.21%，长期股权投资在保证了权益工具高收益的前提下对当期利润的波动影响较小，适合保险公司低风险的偏好需求。新准则实施前后，保险公司可能偏向配置权益工具投资，并作为长期股权投资核算，以缓解权益工具公允价值变动对利润表的冲击。

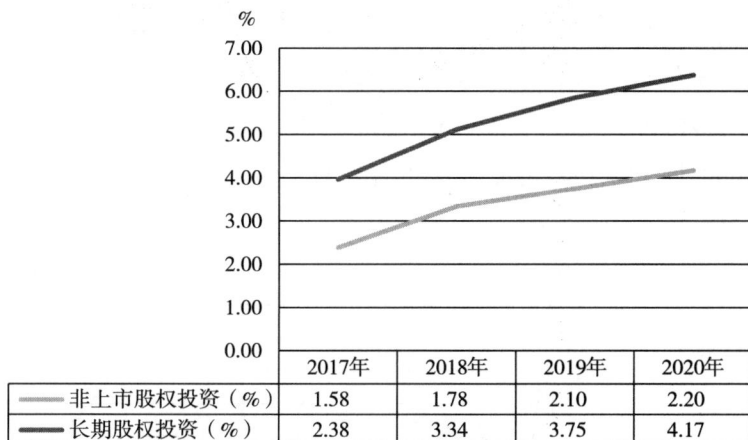

	2017年	2018年	2019年	2020年
非上市股权投资（%）	1.58	1.78	2.10	2.20
长期股权投资（%）	2.38	3.34	3.75	4.17

图6　长期股权投资和非上市股权配置比例

二、IFRS9 对估值的影响分析

权益工具投资中，对于原金融工具准则下以成本计量的、在活跃市场中没有报价且其公允价值不能可靠计量的权益工具投资或与权益工具挂钩并须通过交付该工具进行结算的衍生金融资产，在新准则实施首日应当以公允价值计量。鉴于估值技术的成熟，对原准则下使用成本法豁免的可供出售权益工具投资，IFRS9也要求自实施会首日需以公允价值计量。

保险公司实施IFRS17要求，浮动收费模型（Variable Fee Approach）是以资产的公允价值评估保险合同负债，为了评估保险合同负债和保险财务损益，需要投资端更及时地提供投资资产的公允价值计量结果，即保险负债端变动与资产价值变动关

联更高，需要资产端扩大估值范围、提高估值频率，IFRS17 将对以浮动收费模型计量的账户管理和资产负债匹配提出更高的要求。为了增加资产负债的匹配程度，需要对存量投资资产进行全面梳理，使资产端的会计计量方式与负债端的计量方式相匹配，新增投资则要求投资端优先考虑配置公允价值计量的金融资产，减少摊余成本法计量的金融资产。

IFRS9 和 IFRS17 的同步实施，将导致保险公司提高对运营估值承载力的要求，估值资产数量、估值资产范围、非标资产的估值效率较原准则均会有所提升，以降低保险公司资产负债会计错配程度。且估值结果对净利润的影响较原准则有所加大，保险公司在新准则实施时需要对估值工作流程进行梳理和规范，制定与新准则相适应的估值管理制度。

具体影响以某上市保险公司为例，新旧准则下，对寿险及健康险来说，公允价值变动导致"公允价值变动损益"波动如图 7 所示，实施新准则前 2017 年公允价值变动损益为 6.4 百万元，实施新准则后，公允价值变动损益在 2018 年极速下降为 −360.67 百万元，2019 年又攀升至 446.58 百万元，2020 年又降为−65.08 百万元，可见估值在一定程度上加剧了公允价值变动损益的波动。

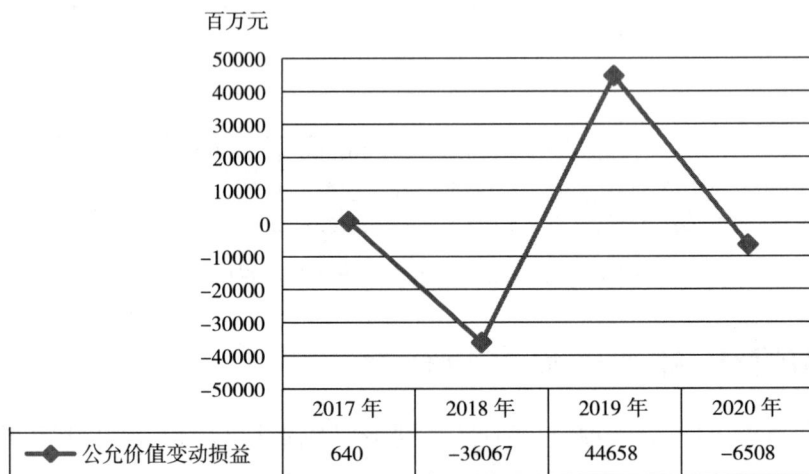

百万元

	2017 年	2018 年	2019 年	2020 年
公允价值变动损益	640	−36067	44658	−6508

图 7　寿险及健康险的公允价值变动情况

除了国内外资本市场的大幅波动这一原因，IFRS9 新会计准则实施对估值结果的影响也容易被忽视，新准则下以公允价格计量变动计入损益的金融资产占比大幅增加，估值在一定程度上加剧了保险公司公允价值变动损益及利润的波动性。

三、IFRS9 对减值的影响分析

对保险公司来说，债务工具资产是其重要配置品种，而且较大比例的债务工具能够通过 SPPI 测试，进而根据业务模式计入以摊余成本计量的债权投资、以公允价值计量且其变动计入其他综合收益的债权投资（FVOCI），较现准则的已发生损失，新会计准则的预期信用损失方法导致债务工具需要计提的减值损失金额会加大。信用评级越差的债务工具，在预期信用损失模型下需要计提的减值金额也会更大。

根据某上市公司 2017 年至 2020 年年报的债权类资产配置来看，新准则在实施前后的信用评级债呈现偏好变化，高信用评级的公司债券、非标债权占比逐年上升。债权类资产整体评级水平呈现逐年上升趋势。

债权类资产配置方面，在某上市保险公司 2017 年至 2020 年年度报告中，发现在继续增配国债、政府债、政策性金融债等利率债、长久期低风险的债券，缩小资产负债久期缺口，持续优化保险资金资产负债久期匹配。

首先，根据该上市公司 2017 年至 2020 年年报的投资债券品种来看，整体偏好高信用债券。债券在投资资产的占比逐年上升，债券占比由 2017 年末的约 53%增加至 2020 年末的 61%，其中政府债在投资资产的占比也逐年上升，政府债占比由 2017 年末的约 21%增加至 2020 年末的 43%。与之相对，金融债和企业债在投资资产的占比呈下降趋势，金融债占比由 2017 年末的约 20%下降至 2020 年末的 13%，企业债占比由 2017 年末的约 13%增加至 2020 年末的 5%，债券各品种的占投资资产的比例变化趋势如图 8 所示。

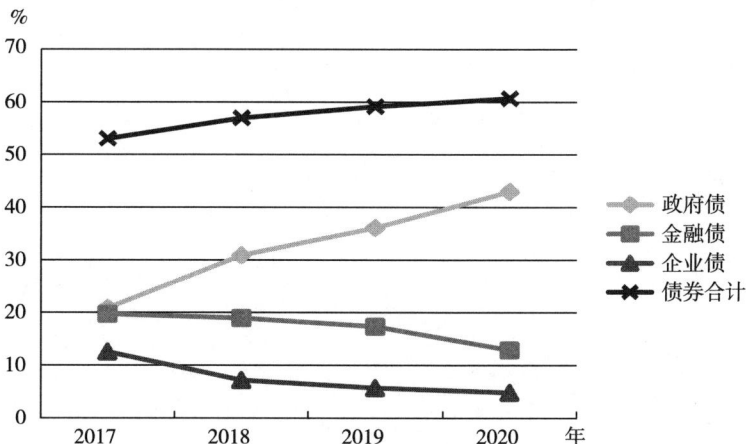

图 8　债券各投资品种占投资资产的比例

其次，公司债券在新准则实施前，2017 年某上市公司在信用评级 AA 及以上的约占 80%（见表 2），AAA 评级的约为 70%，2020 年信用评级约 100% 为 AA 及以上，约 91% 为 AAA 评级，在 2020 年，公司债券在信用评级方面约 92% 为 AA 及以上，约 80% 为 AAA 评级，相较于去年底整体评级水平有所上升。

表 2　公司债券信用水平统计

外部信用评级	2017 年	2018 年	2019 年	2020 年
AAA（%）	70	80	89	91
AA 及以上（%）	80	92	99	100

最后，非标债权类资产在新准则实施前，2017 年某上市公司在信用评级 AAA 级的约占 95%（见表 3），2018 年 AAA 评级的约为 98%，2019 年和 2020 年信用评级约 99% 为 AAA 评级，相较于新准则实施前整体评级水平有所上升，而且呈现逐年上升的趋势。

表 3　非标债权信用水平统计

外部信用评级	2017 年	2018 年	2019 年	2020 年
AAA（%）	95	98	99	99
AA+（%）	—	—	1	1
AA（%）	5	2	—	—

第五章　策略建议

新准则 IFRS9、IFRS17 的出台，体现了保险资金"资产负债联动，负债驱动资产"的核心管理理念。

一、建立与新准则相适应的内控机制，加强资产负债管理联动

保险公司的资产负债管理，是在风险偏好和其他约束条件下，持续对资产和负债相关策略进行制订、执行、监控和完善的过程，以便及时监测资产负债匹配状况，防范资产负债错配风险。目前，保险行业资产负债匹配问题亟待解决。

新准则 IFRS9 和 IFRS17 的出台，需要资产端建立与新准则 IFRS9 相适应的内控机制，将金融资产分类前置到业务流程中进行判断，负债端要建立与新准则 IFRS17 相适应的内控机制，需要对投资策略、产品设计进行重新梳理。新准则下，资产端的会计分类、资产端指定权的选择、负债端的计量模型、负债端的会计政策将共同作用于保险公司的资产负债表和利润表，寻求资产负债管理的最优策略、资产负债互动的最优选择，是保险公司将面临的新问题和长期任务。

寿险公司的资产负债存在天然的久期错配，新准则又考量了资产负债会计错配的问题。作为资产端的资产管理公司需要提前着手 IFRS9 项目的研究部署，以保证在系统建设、部门职责、管理流程等方面，实现从现行准则到新准则的平稳过渡，及时综合考虑 IFRS17 和 IFRS9 的影响，和负债端保险公司相关部门密切沟通，了解负债端 IFRS17 的进展情况，对应不同的保险合同组细化资产端配置，最大限度减少资产负债错配以及利润的波动性，IFRS9 和 IFRS17 的有效互动，可以高效管理净资产和净利润的波动，有利于新准则的盈余波动管理和资产负债管理。而且从 IFRS9 和 IFRS17 对资产端和负债端的联动管理来看，准则考量了保险资金在资产负债会计错配上可能存在的问题，两个准则中均增加了其他综合收益选择权，以确保针对保险公司公允价值波动的会计处理在资产端和负债端能够实现同步。

二、及早研究与 IFRS9、IFRS17 相适应的组合划分及绩效考核方法

现准则体系下投资端对于经营业绩、投资业绩的考核主要集中以净利润、实现利润等指标上。IFRS9 的实施对如何考核管理层经营业绩、投资业绩提出了挑战，新准则体系下短期内净利润和净资产的波动都有所加剧，现准则体系下以实现收益率、资产规模等作为单一业绩考核的指标，不利于保险公司长期稳健的投资理念形成。如何管理资产负债、设置评价指标和评价体系，才能驱动公司长期、理性、稳健的投资理念和投资行为，促进健康良好多元化的市场和行业投资文化，将成为资管行业和保险公司的新任务、新课题。

IFRS17 的实施对保险负债端的要求有较大变化，如何对资产端进行考核，需要保险公司的资产端和负债端共同尽早研究考核方案，根据不同保险合同组的要求确定业务模式，明确考核的方法。IFRS17 后的考核方法是否沿用原有的收益率的考核还是更侧重于资产负债匹配的考核，还是对不同的险种侧重不同的考核重点、不同的品种投资设置不同的考核指标，需要在保险公司内部充分沟通，尽早达成一致，以便资产端可以尽早布局资产配置。

三、确定新准则转换存量资产和新增资产的"初始化"方案

保险公司在新准则实施前需测算并确定金融资产的"初始化"方案，包括准则转换时点的存量资产重分类方案、估值方案、减值方案，以及准则正式实施后新增资产的会计分类原则、估值原则、减值方案。

提前对存量资产的配置进行调整、对切换时点进行测算，可有效降低新旧准则切换导致的资产重分类冲击，确保新旧准则切换的顺利衔接。提早建立新准则下金融资产的会计分类制度和流程、估值制度和流程、统一保险公司系统内的减值模型和制度，比如保险公司可以提前应用 IFRS9 和 IFRS17，对业务模式和合同现金流进行初步分析，对投资端和负债端的资负的会计匹配方案进行测算。

四、加强投资管理、运营管理、风险管控能力

新准则的实施需要保险公司全面提升和改造资产负债管理、估值技术和信用风险管理。资产端及早开发改造品种投资交易系统、风控系统、信评系统、运营估值系统，建立相关内控流程，连通会计分类判断前置系统、下单交易系统、估值核算系

统、减值系统的信息数据衔接，保证新准则实施的平稳过渡，同时要精细化数据的颗粒度和数据的存储模型。负债端在企业战略、产品设计、资产配置、风险管理等方面提早布局。使得保险公司的运营管理、投资管理、风险管控之间更加协同，在数据、模型方法一致的基础上，考虑各自的管理目标，在关键参数、计量结果和应用方面保持衔接状态。资产端和负债端的会计计量基础保持一致，会计错配情况将有效降低，经营成果的稳定性、长期性也得以强化。保险公司可以在全系统内建立完善的风险管理系统、统一的内部信用评级系统、有效的估值减值数据库，将信用风险管理系统和减值系统整合进会计核算流程、财务报表编制系统。实时监测资产投后的信用风险，为公允价值的计量及预期损失的计量提供及时有效的数据信息基础，降低运营成本、提高运营效率、及时满足披露需求。

在投资管理方面，新会计准则给保险公司管理层展现了企业投资经营的全新视角，紧密地联系了保险公司经济行为的因和果。新准则下的会计分类基于企业管理其金融资产的"业务模式"，保险公司资产管理的"业务模式"应体现"保险姓保""回归本源、提供保障"的导向，有利于推动保险公司的资产管理更注重战略性和稳定性，从资产端战术操作向资产负债联动管理转型，加强与保险产品开发端在市场趋势和长期收益率等方面的互动沟通，保险端开发符合长期收益率预期的保险产品，投资端建立与负债结构匹配的大类资产配置、品种投资配置，实现长期稳定的投资收益，降低资产负债会计错配风险和久期错配风险。

在运营管理方面，无论是IFRS9还是IFRS17都对投资端的估值、核算能力提出了新的挑战，首先，IFRS9的实施会导致投资端公允价值计量的资产比例上升，对估值品种尤其是非标产品的估值范围、估值频率、估值难度都有所提升。其次，负债端实施IFRS17时，为了评估保险合同负债和保险财务损益，需要投资端更及时、更准确地提供基础投资资产的公允价值计量结果。综合考虑投资端结账流程时效、保险端精算模型运行时间和结账流程时效，对投资端数据精细化程度、运营估值能力、估值响应程度、新准则系统建设及配套系统建设都提出了较高的要求。投资端可以提前对核算系统、估值系统、报表系统进行运营管理改善，以满足新准则下对估值核算的时效性要求。

在风险管控方面，新准则要求基于过去的历史信息、现在的时下信息和未来的前瞻性信息，按照"预期损失模型"计提金融资产减值损失，将推动行业建立以信用数据和评价为基础的信用风险管控体系，提早发现投资资产的风险点，提升应对信用风险事件和信用损失的能力。新准则下更多的权益工具和部分债务工具采用公允价值计量，也可以及时预警和反映金融资产面临的价格风险、利率风险等金融风险，一定程度上提高企业风险识别、计量、防范和控制能力。

五、发挥监管行业引导协调作用

新准则广泛的适用性，将对市场、行业、监管产生一定的影响，包括分析评价、行为偏好。

对于新准则下的财务报表，如何促进更好的经济决策、如何提供财务信息使用者更有用的信息用于评价、如何反映企业经营情况的风险等问题也亟待研究，保险行业可以制定或增加行业特色的报表披露，提供更为相关和透明的信息，使财务报表使用者可以更容易地理解并使用保险公司披露的信息、提高可比性和使用效率。例如，对指定为以公允价值计量且其变动计入其他综合收益的权益工具投资，增加其他综合收益情况的细化列报，对此类资产处置的利得和损失予以披露。对减值损失确认金额进行风险敞口变化和信用风险变化的区分列报，降低财务报表使用者的分析成本。

由于财务结果的影响，将对保险公司的战略资产配置、品种投资产生一定影响。监管可以制定统一的保险行业指引和监管报送，包括新准则下的估值制度、减值制度、监管报送报表模板等。而且行业要充分考虑实施新准则的上市保险公司新旧准则并行实施的成本和难度，对于监管报送报表和上市公司披露报表的数据基础尽量保持一致。

六、制定应对新冠肺炎疫情等突发事件的举措

2020 年，新冠肺炎疫情在全球暴发和蔓延，对国内外经济都造成了巨大冲击，全球主要经济体的增长下滑、境外资本市场剧烈波动。突发的疫情对各行各业的经营带来了较大程度的影响。保险公司传统的经营模式在一定程度上受到影响。保险公司可以发展多元化业务开展模式、推进产品转型，比如开展线上经营的新模式、研发保障型产品，利用科技手段赋能，为保险业务发展储蓄能力，缓解疫情冲击。

面对新冠肺炎疫情的冲击，保险公司面临市场利率下行、股票市场波动、信用风险提升等问题，同时未来一段时间，新冠肺炎疫情全球范围内对经济的影响仍处于高度不确定性，势必会对新准则下的估值、减值计提造成影响。股票市场波动影响着新准则下的权益工具估值结果，大部分的权益工具计入 FVPL，公允价值变动损益的波动变大，带来了利润的波动变大。在新冠肺炎疫情下，对全球未来经济预期的高度不确定性、全球经济下行发展的可能性，也会影响到新准则对预期信用损失模型的计算，减值模型 ECL 的计算中，对前瞻性因子的分析就会受到不利影响，反

映在财务报表中就是减值计提金额的准确性。

　　我国采取了强有力的举措，不仅控制住了疫情，而且率先恢复了经济增长，迅速组织复工复产，推动产业逐步恢复，稳定了市场预期。政府果断出台政策激发市场活力，发行抗疫特别国债、增加地方政府债券规模，利用降准降息、推迟还贷、普惠金融、银行让利等积极措施，助力企业纾困，促进国内市场主体的生存发展，呈现了稳政策稳预期的良好发展态势。保险公司可以在科技布局上，积极发展新业态、新模式，让科技为开拓业务、资本投资赋能，提高自身突发事件的应变能力。同时保险公司需要积极提升研究预判能力、加强经济政策研究能力、提高经济发展方向把控能力，积极应对新准则的变化。

第六章　结　论

　　新国际会计准则 IFRS9 和 IFRS17，深度影响保险公司的运营模式，而且新准则的主要影响是投资端、负债端的计量均向公允价值的大趋势靠拢，对市场因素的当期波动更加敏感，资产负债错配风险会更加显性化。新准则时代，保险资金投资将更加稳健，在公司的风险偏好与治理框架下，保险公司应及早在大类资产配置、资产久期和负债久期匹配、收益与风险匹配、业绩考核等方面进行布局和深入研究。

　　IFRS9 下，更多资产将采用公允价值计量，可以更及时地反映市场因素的波动，保险公司的利润对金融资产公允价值变动更为敏感。为避免公允价值波动对利润表的冲击，保险公司将偏好更为长期、稳健的投资风格，金融资产大类配置也将相应改变。权益资产向投资分红稳定、战略投资、权益法核算的股票或未上市股权倾斜，缓冲股票市场波动对盈利冲击的影响。债权资产偏好风险较低的利率债、评级较高的信用债。保险公司从新准则实施后的保险资金运用或资产负债管理策略来看，无论是在债权类资产还是权益类资产的投资方面，避险意识都将增强，较为激进的资产驱动负债的经营模式在一定程度上会受到抑制，有助于保险公司重新聚焦可带来长期收益的保障型保险产品，更加谨慎地研发具有合理利润率的投资型保险产品，促进保险行业高质量发展，有利于保险公司的理性经营和回归保障的进一步加强，真正体现"保险姓保"的保险本源及保险公司资产负债匹配管理的核心经营理念。

　　以实施新准则为契机，实现保险公司战略、业务、风控和会计管理的有机融合，全面提升各家保险公司的资产负债管理水平和效率，推动行业发展转型升级。

参考文献

［1］财政部．关于印发修订《中国企业会计准则与国际财务报告准则持续趋同路线图》的通知．财会〔2010〕10 号．

［2］财政部．企业会计准则第 22 号——金融工具确认和计量．财会〔2017〕7 号．

［3］财政部．关于保险公司执行新金融工具相关会计准则有关过渡办法的通知．财会〔2017〕20 号．

［4］财政部．关于进一步贯彻落实新金融工具相关会计准则的通知．财会〔2020〕22 号．

［5］黄世忠．后危机时代公允价值会计的改革与重塑［J］．会计研究，2010（6）．

［6］刘龙．IFRS9 对我国商业银行的影响及应对策略——基于分类与计量［J］．金融会计，2017（8）：34-38.

［7］任梦杰，曾刚．新金融工具准则对银行业的影响［J］．银行家，2018（12）：66-68.

［8］吴茜．新金融工具准则 IFRS9 对寿险公司的影响和应对措施［J］．金融会计，2017（7）：29-37.

［9］赵凌，李栋．中债估值在 IFRS9 预期信用损失模型中的应用［J］．China Bond，2017（7）：89-91.

［10］王志敏．新冠肺炎疫情对商业银行会计计量管理的新挑战与新对策［J］．金融会计，2020（6）：14-18.

［11］Oussama Chedid, Jamil Chaya. The role of internal auditors to implement IFRS9：Case of Lebanese banks［J］. *Journal of Economics and International Finance*，2020，12（2）：6-19.

［12］Beerbaum P. IFRS 9 for financial institutions-the case for IFRS and FinRep-taxonomies-a conceptual gap analysis［J］. *Journal of Accounting，Finance，and Auditing*，2020，80-90.

［13］Deloitte. Retrieved from Perspectives［EB/OL］. 2017：https：//www2.deloitte.com/content/dam/Deloitte/xe/Documents/AboutDeloitte/mepovdocuments/mepovissue24/ifrs-9_mepov24.pdf.

［14］Mohamad，S.，& Hamed，M.. Analytical study of the implications of the adoption of IFRS 9 on the credit and financing policies of Arab banks ［J］. *Arab Journal of Science and Research Publishing*, 2017 (9): 1-26.

　　［15］ Indiael Daniel KAAYA. The impact of International Financial Reporting Standards (IFRS) on earnings management: a review of empirical evidence ［J］. *Journal of Finance and Accounting*, 2015, 3 (3): 57-65.

第十二篇

我国银行业增值税制度优化研究

中国进出口银行财务会计部课题组

课题主持人：冯　倩

课题组成员：宋妮妮　王　欣　李艳丽　张　恒　张　楠　郁坎普　王子豪

摘　要

银行作为现代金融业的主体，在资金融通、引导经济健康发展方面发挥了重要作用，支撑着我国经营货币和信用业务的良好发展。2016年5月1日，我国全面推开"营改增"工作，对银行提供的金融服务征收增值税。相比于营业税来说，现行的银行业增值税有利于减少重复征税、打通抵扣链条并提高银行和企业的竞争力，但是由于营业税与增值税的衔接时间还比较短，部分业务相关的制度还不够完善，特别是存贷款业务不能进行进项税抵扣，无法完全实现对"增值额"征税，增值税抵扣链条断裂。因此，相关的增值税制度有待进一步完善与优化。

本文采用了对比分析、经验总结等方法，对我国银行业增值税制度进行研究与分析。全文主要分为五个部分，第一部分从理论入手，介绍了增值税与营业税的基本原理，详细阐述了银行业流转税的改革历程，并对营业税和增值税进行了分析与评价。第二部分从税收负担、纳税申报、财务核算和贷款定价四个角度分别论述了"营改增"对银行业产生的影响及原因。第三部分详细论述了银行业"营改增"后存在的问题，包括制度本身的问题以及银行面对问题，引出了银行业增值税制度中需要改进的问题。第四部分介绍了世界各国针对银行业增值税较为普遍的几个做法，即免税法、固定比例扣除法和零税率法，在比较了几种方法的优缺点后，提出了我国可以借鉴的几个方面。第五部分在考虑我国银行业业务实际情况并结合世界各国政策的基础上，提出了完善我国银行业增值税制度的政策建议。

关键词：银行业；营改增；增值税；制度优化

第一章　引　言

　　银行业作为金融业的重要组成部分，对国民经济发展起到了不可或缺的作用，同时也为我国贡献了大量的税收收入。近年来，随着我国经济的持续高质量发展，银行业与其他行业的联系变得越来越紧密，银行业作为资金融通的部门，为实体经济的发展奠定了良好的基础。因此，银行业的发展不只关乎本行业，更会对我国经济整体产生影响。

　　税收制度一方面能为国家筹集大量的财政收入，另一方面也能体现国家的政策导向，引导特定行业的发展。针对银行业来说，科学合理的增值税制度既能够促进银行业本身发展，也能引导银行将资金流向国家鼓励发展的行业。反之，不合理的增值税制度会限制银行业和其他行业的发展，降低企业的竞争力。过去很长的一段时间，我国对银行征收的是营业税，营业税虽然税制比较简单，计算营业税额比较方便，但是也带来了重复征税与税收扭曲的一系列负面影响。

　　2016 年 5 月 1 日，我国正式全面推开"营改增"工作，将银行业纳入增值税的征收范围。增值税制度对银行本身的税收负担、财务状况和经营管理方式有着重大的影响，也对实体经济的其他行业产生了间接的影响。现行增值税对减少重复征税、促进税收公平以及提高企业竞争力起到了正向作用，但由于银行业各项业务本身就较为复杂，再加上适用增值税的时间较短，所以相关制度还不够完善，需要国家综合考虑我国银行业务实际情况和税收负担，结合外国增值税制度的先进经验，进一步对现行制度进行修正与优化，使其能够成为真正意义上公平的增值税。

第二章 我国银行业增值税及营业税概述

税收是国家筹集财政收入、调节社会经济生活的重要经济手段。银行业作为我国国民经济的支柱产业，是我国税收的重要来源，因此税收制度的完善程度对我国银行业的发展具有较大的影响，特别是增值税、营业税税负直接影响银行业的资本流动和积累。

一、银行业务概述

银行是一种金融中介机构，其职能包括发行信用货币、调剂资金供求、管理货币流通和办理存贷结算，业务类型包括金融中介服务、金融商品买卖、一般商品买卖和直接收费业务等。银行业作为现代金融业的主体，发挥着国民经济运转的枢纽作用，支撑着我国经营货币和信用业务的良好发展（见表1）。

表1 银行业务类型

业务类型	基本概述
金融中介服务	收取利息收入，产品包括贷款、贸易融资、债券、票据贴现及转贴现、存放同业、存放央行、拆出资金、买入返售及卖出回购等，其中贷款为主体业务
金融商品买卖	买卖金融商品，通过差价赚取价差或承担亏损
一般商品买卖	销售一般商品或货物取得的收入
直接收费业务	非利息收入，即中间业务，包括结算和清算、银行卡服务、理财、担保、托管、承诺、电子银行等业务的手续费收入

注：根据我国银行业务整理所得。

二、银行业增值税及营业税理论概述

银行业流转税，即国家对银行业征收的流转税，主要包括增值税和营业税。银行业增值税、营业税的征收对银行业机构自身的结构发展和在国际上的竞争力都会产生影响，但一直以来银行业务的增值额难以分割，相关收入交易时点难以确认，使得银行业增值税及营业税制度在世界各国都是一项实践难题。

我国流转税征收实质关键是判断征税对象是否为商品或劳务的流转额，自1994

年分税制改革后，根据销售商品或提供劳务的不同将流转税进行区分，形成了增值税和营业税并存的格局；1994 年至 2012 年，增值税和营业税分别成为我国第一大和第三大主体税种。据《中国统计年鉴》数据显示，2011 年国内增值税和营业税收入分别为 24266.63 亿元和 13679 亿元，分别占全年税收总额比重的 27.1% 和 15.2%。考虑到我国银行业流转税税负主要集中于增值税、营业税，因此本文主要围绕增值税、营业税两大税种进行研究分析。

（一）增值税

增值税是我国最主要的税种，对商品以及应税劳动等在流转过程中产生的增值额征收的一种流转税，其征税对象为商品或劳动中的新增价值额，根据应税销售额计算出销项税额减除准许抵扣的进项税额计算出应纳税款，因此具有税收中性原则和税收公平原则，消除了重复征税的弊端，众多国家纷纷效仿，增值税成为当今流转税的发展方向。我国增值税采用税收抵扣制，税收负担通过增值税抵扣链条转嫁到消费者，中间环节的纳税人并非实际纳税人。

（二）营业税

营业税作为传统的流转税，曾经是对在我国境内提供应税劳务、转让无形资产或不动产的纳税人所取得的营业额征收的税种。营业税计税简易方便，通过针对不同行业设计差别税率的征收机制调节国民消费和生产，税基广泛，应纳税款以营业额乘相应税率计算得出，因此被广泛应用于税收征管水平较低的国家和地区。但营业税也存在很多弊端，在多环节课税中会造成重复征税，导致不同行业税负不平衡，不利于促进产业专业化和协同分工，目前越来越多的国家或地区选择用增值税取代营业税。

三、我国银行业增值税及营业税改革历程

改革开放至今，我国银行业发展迅速，但银行业税收制度改革一直滞后于银行业的发展。在当下国际银行业竞争激烈的情形下，推进我国银行业税制改革势在必行。

我国银行业流转税实现了从营业税到增值税的改革转变。自新中国成立以来至"营改增"前，我国对银行业征收营业税，与国际上对银行业征收营业税的国家做法一致，采用以营业额为计税依据全额征收，不允许抵扣利息支出。2011 年 10 月，国务院常务会议决定从 2012 年 1 月 1 日起在上海实施对交通运输业和现代服务业开展

"营改增"试点，由此拉开我国流转税改制的序幕。直至 2016 年 3 月 18 日，国务院常务会议陆续将试点地区推广至全国，试点范围逐渐扩展至铁路运输业、邮政服务业、电信业 3 个大类及研发技术、信息技术、文化创意、物流辅助、有形动产租赁、鉴证咨询、广播影视 7 个现代服务业，并明确自 2016 年 5 月 1 日起将建筑业、房地产业、金融业、生活服务业纳入试点范围，至此持续 5 年的"营改增"试点在国内全面铺开，营业税彻底退出历史舞台。"营改增"后我国对银行业开始征收增值税，征税业务包括贷款服务利息收入、直接收费金融服务（手续费及佣金收入）、金融商品买卖收入等，并允许银行业抵扣相应的进项税额。

具体来讲，我国银行业增值税及营业税共经历了四次改革。

第一阶段为 1949 年至 1983 年，我国实行《工商业税暂行条例》，对银行营业收入征收营业税。工商税前期课税依据为银行营业收入扣减存款利息支出后的差额，税率为 10%；后课税依据改为营业收入，税率降为 5%，对同业往来、中央银行往来、利息补贴收入免税。

第二阶段为 1984 年至 1993 年，我国发布《营业税条例（草案）》，该条例为我国营业税政策的前身，规定按照 5% 的税率对银行业务营业收入征收营业税，并将金融和保险业分设两个子税目，规定在当地缴纳税款。

第三阶段为 1994 年至 2015 年，我国实施分税制改革，正式出台了《营业税暂行条例》和《营业税税目注释（试行稿）》，规定"金融业"包括贷款、金融租赁、金融商品转让、金融经纪业和其他金融业务，并对一般贷款业务的总利息收入全额计税，而不是对中间服务的实际成本征税，同时不对贷款相关支出予以抵扣。

第四阶段为 2016 年至今，我国公布《关于全面推开营业税改征增值税试点的通知》，进一步明确了对四类金融活动适用征收增值税，包括：贷款服务、保险服务、金融商品转让和直接收费金融服务，税率适用 6%。随后在《增值税法（征求意见稿）》中将"销售金融商品"从"服务"中单独列出，至此增值税征税范围调整为在境内销售货物、服务、无形资产、不动产和金融商品，及进口货物。

四、我国银行业原营业税政策分析及评价

（一）我国银行业原营业税政策

我国银行业包括人民银行、政策性银行和商业银行，银行业原营业税税率为 5%，征税范围包括贷款业务利息收入、中间业务手续费及佣金、金融商品转让的差价收入等，税收优惠包括对存款或购入金融商品不征税、同业间资金往来收取的利

息收入免税。政策汇总如表 2 所示。

表 2　银行业原营业税政策

业务类型	计税依据
金融中介：一般贷款业务	贷款利息收入全额
外汇转贷业务	贷款利息收入减借款利息支出
直接收费金融服务	手续费及佣金收入全额
金融商品转让	卖出价减买入价，同一产品在同一年度不同纳税期间产生的正负差异可以相抵

注：根据《中华人民共和国营业税暂行条例》整理所得。

（二）我国银行业原营业税政策评价

1. 税收负担过重。我国银行业原营业税税负与国内其他行业及国外银行业相比都较重，主要体现在税率过重及税基过宽。我国银行业原营业税税率为 5%，较交通运输、邮政电信等行业（税率为 3%）相对较高，税负成为银行业不可小觑的成本。此外，我国营业税对银行主业（一般贷款）采用利息收入全额计征，并未认可贷款人和借款人间的进项税抵扣，而国际上许多发达国家大多对银行实行低税负的流转税政策，尤其欧盟国家对银行业的核心业务（如贷款业务）实行免税，并仅就金融中介业务和其他特定收费项目征收增值税，使得我国营业税政策一定程度上影响我国银行业的国际竞争力。

2. 双税并行导致重复征税。我国银行业存在重复征税问题主要体现在营业税固有的税制特征。一方面，营业税是按照营业收入全额计征税款，对生产经营的各个环节全额征收，对纳税人（银行）来讲，在购进商品时取得的进项税额并不能抵扣，即本期纳税额并未扣除上一生产经营环节已负担的税款，造成本期纳税人税款的重复叠加。另一方面，其他增值税纳税人（非银行）从银行购入金融商品等服务，由于银行无法开具增值税发票导致银行提供金融服务的购买方并不能抵扣相关进项税，造成税负增加。

3. 增值税抵扣链条中断。我国增值税凭票抵扣可以让纳税人之间形成联动钩稽关系，从而形成各行业或业务类型间的增值税抵扣链条。但由于我国原营业税实施期间，增值税征税范围仅涉及销售货物和提供加工、修理修配劳务，未涵盖其他劳务等，使得银行业无法开具增值税发票，导致与上下游不同行业间存在"征收壁垒"，增值税抵扣链条被打断，无法有效发挥增值税税收中性作用，不利于产业之间的融合与发展。

五、我国银行业现行增值税政策分析及评价

(一) 我国银行业现行增值税政策

"营改增"后，我国改变了增值税和营业税"双税并行"的流转税格局，并进一步完善了银行业增值税相关政策，征税范围包括贷款服务、直接收费金融服务和金融商品转让等，继续对同业往来利息收入免税，并规定存款利息不纳入征税范围，银行业增值税税率为6%。政策汇总如表3所示。

表3 现行银行业增值税政策

业务类型	计税依据	
金融中介：贷款业务	借款人：无权获得进项税收抵扣	贷款人：利息需缴纳6%的增值税，而且可以要求向借款人提供贷款的支出全额进项税抵扣
存款业务	储户：不缴纳增值税	银行：从储户获得贷款以外的所有支出申请进项税收抵扣
国家助学贷款、国债、地方政府债	免征增值税	
金融业同业往来利息收入		
小额贷款利息（小微企业和个体工商户）		
直接收费金融服务	手续费及佣金收入全额，手续费及佣金支出允许抵扣进项税额，但与贷款相关的费用不可抵扣	
金融商品转让	卖出价减买入价，同一产品在同一年度不同纳税期间产生的正负差异，按盈亏相抵后的余额为销售额	
金融机构开展贴现、转贴现业务，以其实际持有票据期间取得的利息收入作为贷款服务销售额计算缴纳增值税	借款人：有权获得任何进项税收抵扣	贷款人：利息需缴纳6%的增值税，而且可以要求所有与向借款人提供贷款的支出全额进项税抵扣
农户贷款、农村企业和农村各类组织贷款取得的利息收入	可以选择适用简易计税方法按照3%的征收率计算缴纳增值税	

注：根据《关于全面推开营业税改征增值税试点的通知》及相关政策整理所得。

(二) 我国银行业现行增值税政策评价

1. 改善了重复征税的弊端。"营改增"对我国银行业的发展发挥着积极作用，一方面，银行业不再面临同时缴纳增值税和营业税的双重征税局面，减轻了纳税人的

税收负担；另一方面，由于银行业增值税可以抵扣一定的进项税额，如对生产经营中购入的固定资产及一些业务支出所取得的进项税额，虽然目前仍未做到"应抵尽抵"，但在一定程度上消除了重复征税，使作为全民性、基础性服务的银行业得到良好发展。

2. 增值税抵扣链条更完善。"营改增"推动了增值税征收范围的全覆盖，有利于打通银行业上、下游增值税链条，银行从其他行业增值税纳税人购进商品、劳务发生的支出可以抵扣进项，部分其他行业从银行购买金融服务也可以抵扣进项，从而突破了银行业与其他行业之间的"税收壁垒"，使增值税链条更完整。

3. 有利于提高我国银行业竞争力。目前国际上大多数国家对银行业实行低税负的增值税，我国全面推行"营改增"得以与国际接轨，且"营改增"其结构性减税效应有利于产业间及产业内部的优化升级和协同融合发展，积极促进我国银行业经济结构转型、培育发展新动能，推动我国银行业在国际金融服务领域迈上新台阶。

第三章　"营改增"对银行业影响及原因

一、"营改增"对银行业税收负担的影响

我国银行业增值税征税范围主要包括贷款服务、直接收费金融服务、金融商品转让等一系列服务。所对应的销项端收入主要包括：利息收入、手续费及佣金收入、投资收益、其他业务收入等。进项端中，我国银行业可以对购进的产品和服务进行抵扣。由于存款利息未纳入增值税征税范围，因此利息支出不能抵扣进项税额。

大量资料及实证论文均表示，"营改增"后平均增值税税负高于"营改增"前平均营业税税负。各银行改征增值税后流转税税负变化有升有降，但总体来看处于上升状态。"营改增"后银行业流转税税负整体上升可能有以下几点原因。

(一) 税收政策原因

1. 增值税税率较高。银行业"营改增"前营业税税率为5%，"营改增"后增值税税率为6%，该税率换算成不含税可比税率为5.66%，较营业税税率高0.66个百分点。若只考虑销项税，税率提高会影响税负上升约13.2%，由于银行业可抵扣的进项税额范围较窄、项目较少，所以即使考虑进项税能够抵减一部分税额，税率提高仍很可能使税负上升。

2. 增值税征税范围扩大。"营改增"后银行业增值税的征税范围相比"营改增"前营业税的征税范围有所扩大。我国银行业收入主要来源于信贷业务。"营改增"后，信贷业务方面收入定义范围扩大，所有涉及资金占用、资金拆借等方面的收入均要全额纳入增值税的征税范围。另外，银行其他主要业务的税基也在进一步扩大。总的来说，"营改增"后我国银行业务整体要缴纳更多的增值税，纳税负担加重。

(二) 银行业业务结构原因

"营改增"后，银行业中不可抵扣进项税额的业务所占比重较大。首先，贷款业务是银行业占比最高的主要业务，由于利息支出不得抵扣进项税额，贷款业务产生的利息收入相当于全额缴纳增值税；其次，银行业中其他可作为进项税额抵扣的支出占全部支出的比重较低，如各类手续费、符合规定的不动产等；此外，银行的经营

用房多为租赁，固定资产采购并非经常发生。而且若开具增值税发票，部分房屋出租房要求重新商定租赁价格，要求银行去承担税款，还有部分房屋出租房无法提供增值税专用发票。这些原因都导致银行业可抵扣进项税额远少于其他行业。

（三）其他原因

1. 征税弹性降低。"营改增"之后，银行业负担的税种由地方税转变为中央税。营业税属于地方税，与中央税相比，地方税的征管弹性较大。在某些情况下，地方税务机关可能放宽征税要求，对于本属于或者尚不明确是否属于营业税征税范围的业务采取不征税或者象征性征税的方式。而增值税下，征税范围更为明确，税收征管弹性度降低。

2. 潜在重复征税和漏税问题。"营改增"政策将银行业机构应税行为简单划分为贷款服务、直接收费金融服务、金融商品转让三大类。但实际操作中，银行业收入科目根据业务及产品类型设置，包括利息收入、金融机构往来利息收入、手续费及佣金收入、其他业务收入、汇兑损益、公允价值变动收益、投资收益和营业外收入等。各收入科目按目前纳税申报要求归口操作困难，易引发税源流失和重复征税问题。

二、"营改增"对银行业纳税申报的影响

"营改增"对银行业纳税申报方面的影响主要体现在以下几方面：在计算方式上，增值税计算需要在销项税额的基础上剔除可抵扣的进项税额，这导致增值税体系较以前的营业税体系的计算方法和过程更为繁杂，并且增值税进项需凭发票抵扣，需要银行财务人员通过财务系统详细记录购进业务对应的发票情况，并根据销项税额与进项税额之间的差额开展纳税申报。这需要银行业涉税相关财务人员具备更高的专业素质和操作能力，银行也需要定期开展系统性培训辅导提高人员素养。在征缴形式上，"营改增"实施后，银行业增值税缴纳的形式由原来的分级清算改变为汇总清算。为适应增值税纳税政策，还需要构建完善的增值税体系。该体系构建需要商业银行对内部人员、税控机器、流程进行升级改造，如配置专业化的人员、专用的税控机器、专用的会计核算科目和流程等，来适应"营改增"的重大变革。综合以上情况，"营改增"后，商业银行在纳税申报上的支出会大大增加。

三、"营改增"对银行业财务核算的影响

"营改增"对商业银行财务核算的影响主要体现在以下几方面："营改增"实施后，各银行需要增加增值税专用科目，具体可能包括增值税进项税、增值税销项税等，银行业财务核算会计科目体系进一步复杂。增值税作为价外税，需要会计人员

在核算时考虑进项税额抵扣问题，较原先营业税核算体系增加了许多额外核算环节，增加了会计核算的难度和工作量。"营改增"后较原先营业税，由于核算规则产生变化，导致银行利润表和资产负债表中的收入、成本等科目的入账金额会发生变动，另外，税务工作的变化会使银行投入较多的人力物力，成本费用的增加将在一定程度上影响现金流量表，因此，"营改增"将对财务报表的数据产生影响。

四、"营改增"对银行业贷款定价的影响

根据一般的定价模型，银行贷款定价需要考虑多项因素：具体包括：资金成本、信息风险、期限溢价、期望利润等。在营业税征收模式下，银行需要贷款利息收入中加入5%的营业税，该部分营业税由客户承担。因不可在后续的过程中进行抵扣，这样的条件下客户具体上承担的营业税便会作为其融资的成本。然而，基于增值税的定价方式与营业税存在很大的不同。"营改增"后，银行仍然会将增值税纳入对客户贷款利息的定价中。但是，由于增值税只对增值额纳税的"逐层抵扣"的特征，客户承担的增值税可视为进项税额，在下一环节继续进行抵扣，这个过程不是真正意义上负责税款的责任，因此不会有融资成本形成。综合以上分析，"营改增"实施之后，银行会对客户收取一定的含税利息，进一步使客户的融资成本得到有效减少。也就是说，如果客户融资成本保持不变，银行则会得到更高的贷款定价能力，能够将原先的部分营业税转化成为期望利润。针对此理论来说，在银行手续费的定价上也具备同样的应用价值。所以，总结起来，增值税转型改革，能够使银行的定价能力得到有效提高。

第四章 银行业"营改增"后存在的问题

一、税收制度问题

(一)部分规定有违增值税原理,税收要素规定欠科学

确定金融服务增值额是增值课税需要解决的关键问题,也是征税的技术难点。理论上,增值额与国民经济核算中的增加值关系密切。不考虑固定资产的因素,税法中的增值额近似等于国民经济核算中的增加值。增加值反映行业的生产成果。国库券利息由国家财政支付,具有"收入再分配"性质,不属于金融业"生产"所得,不能计入其增加值中。而我国增值税政策将国债、地方债等持有到期债券利息收入列入免税范围,即认为此类债券利息的构成部分中包括了增值额,有违增值税原理。总体上看,我国当前增值税政策调整缺少理论依据,如储蓄、银行同业往来、集团内部资金往来、国家助学贷款等行为属性规定不明,产生的利息性质模糊,免税原则不清晰,诸如征税对象、税基、免税范围等规定不够科学。

(二)未充分考虑金融服务多样性和特殊性,政策规定待完善

随着科技进步和金融功能发展,金融服务的种类日趋复杂和多样化,期货、掉期、可转换债券等创新型金融工具及金融衍生品凭借其灵活、多变、对冲风险等特征在投资、融资领域受到了较多青睐,但同时也给税收征管带来了很多难题。我国政策规定,金融商品持有期间取得的保本收益属于利息性质的收入,应当征收增值税。然而,税法对如何判定何为利息收入缺少规范性标准。因此,永续债等同时具有"债权"及"股权"性质的证券,在进行税收处理时缺少清晰的政策规定,无法明确其持有人取得的"利息"收入是否免征增值税,税法确定性有待提高。此外,在贷款服务中,存在"拖欠""赖账"等现象,金融机构可能无法按期收回贷款及其利息。根据相关规定,逾期90天内的利息需缴纳增值税,逾期超过90天的贷款利息,纳入表外核算,但只能冲减原已计入损益的利息收入,在实际收回时再缴纳增值税,这增加了金融机构的税收负担。金融服务在风险、收益、交易形式等方面均具有区

别于其他活动的特点，当前政策对金融服务特点考虑不够充分，尤其是特殊形式的贷款服务等问题的政策规定不够明确，有待进一步完善。

（三）增值税负面作用凸显，政策间的协调配合不足

目前，尽管政策降低了金融服务增值税税负，但由于增值税链条不畅，其他行业无法抵扣金融服务相关增值税进项税额，税负反而可能会增加。并且，由于大量银行资金通过同业投资方式流出，银行资金对实体经济的支持力度减弱。部分享受免交增值税待遇的银行间的拆借资金仅在金融机构间流动或者流入到房地产等投机性领域，这些情况都造成了社会"生产性"资金短缺，企业生产动能不足。

此外，企业购进的贷款服务利息不允许抵扣进项税额，这增大了企业的融资成本，可能对其借款的金额、期限产生影响。我国当前的增值税政策未能充分考虑到金融服务的相关规定可能对商品市场价格、信贷规模与水平等产生的微观影响，以及增值税收入直接影响财政收支水平，在货币政策的共同作用下可能对市场整体供求关系产生的宏观效应。总体上看，金融服务的相关增值税政策需要进一步改进，兼顾生产、经济运作的整体性和协调性。

另外，在出口金融服务方面，银行金融服务免税范围有限，因此也面临着双重征税问题。而大多数国家都已经对本国的出口金融服务实行免税或零税率政策，因此我国银行在出口金融服务方面略显劣势。

二、银行业面临的问题

（一）银行业税基扩大

银行业日常运营的多数收入来源于信贷业务。"营改增"实施后，银行各方面业务的纳税规则都发生了变动，在信贷业务方面，增值税相关政策对收入定义的范围有所扩大，所有涉及资金占用、资金拆借等方面的收入均要全额缴纳增值税。另外，银行其他主要业务的税基也在进一步扩大。虽然营改增在一定程度上确实改善了银行业务税负不公平的状况，但总的来说，我国银行业务整体要缴纳更多的增值税，纳税负担加重。

（二）税收中性未完全体现

我国进行"营改增"的一个重要原因是通过增值税税收中性的特征，解决营业税对银行业重复增税的问题，从而减轻纳税人的纳税负担。但实际上，银行业的

"营改增"措施并未完全体现增值税税收中性的优点。根据国家有关政策规定，纳税人进行贷款相关业务交易产生的利息、手续费、佣金等支出均不得作为进项抵扣税额。换句话说，银行贷款相关业务大多只有销项税额却没有相对应的进项税额，增值税针对增值额征税的特征未完全体现，没有完全解决重复征税的问题。

（三）银行系统改造困难

"营改增"给银行业系统改造带来了一定挑战。银行业属于系统化程度非常高的行业，在税务方面已经基本实现系统化自动收记。但是营业税与增值税的计税规则差异很大，且银行业务范围广并且不同业务计税依据有所不同。因此，如何有效区分各个类型的收入以及进行价税分离，是银行信息系统改造过程中的重大难题。银行业的财务系统与各种前台业务系统、数据统计系统相互关联，特别是大型银行的系统联系更为复杂。"营改增"后，银行不仅需要改造纳税申报系统，还必须做好财务系统与纳税系统的有效对接，对现有的系统联系进行改造升级，才能适应"营改增"带来的变化，满足增值税纳税申报要求。一个大型的银行业务系统可能有几百种，系统改造将耗费大量的时间和精力。

（四）部分银行业务对税改适应性差，发票取得有一定难度

对银行业而言，增值税在税制设计上与营业税有很大的区别，增值税进项税额抵扣必须取得增值税专用发票。但银行在发票的取得和管理方面会存在一些难度，具体实务中主要表现在以下两个方面：一是银行所服务的客户群体体量巨大，具体各项业务针对的客户群体各有不同，要保证所有业务均取得可以抵扣的专用发票难度较大；且只有一般纳税人才能开具增值税专用发票，而银行中许多客户为小微客户，这一部分客户难以开具增值税专用发票，而且由于增值税专用发票的开具程序也非常复杂，这些都使得银行在开展部分业务时取得增值税专用发票的难度会很大。除此之外，现在大多数银行的主要业务内容和利润来源是存贷款，这些业务由于属于金融服务，不同于货物的采购销售，无法取得相应的增值税专用发票，从而无法享受税务抵扣。以上这些情况的存在都不利于金融企业实际税负的下降，对其利润有一定的影响。

（五）出口贷款服务增值税定义不清，免税范围狭窄

增值税的免税有两种形式：第一种形式是零税率，即销售收入不用纳税，而进项税可以全额抵扣，最终消费的实际税负为零。第二种形式为免税，即销售不用纳

税，但同时也不能抵扣进项税额。我国相关政策对出口金融服务的免税政策进行了规定，即"境内的单位和个人销售的下列服务和无形资产免征增值税，但财政部和国家税务总局规定适用增值税零税率的除外。"由此可见我国在服务出口环节有免税和零税率两种增值税处理，而出口金融服务应该适用增值税免税服务。但实际上出口金融服务定义狭窄，在实际业务中适用空间有限。根据现行出口金融业务的相关规定，只有境内金融机构为境外单位之间或境外单位和个人之间提供的金融服务才适用免税，这种情况较少见，对于境内金融机构而言几乎没有适用空间。增值税制度中规定的出口金融服务难以服务于实际场景中的出口金融服务业务，因此金融机构难以在现实的出口金融业务中享受免税服务。从某些层面上来说，由于缺少零税率规则，甚至没有对其他出口金融服务提供豁免，我国金融机构在与竞争对手的竞争中处于非常不利的地位。这直接阻碍了我国金融机构在国际领域发挥更大的作用，不利于我国银行业在世界范围的发展。

第五章　国际增值税制度借鉴

增值税在世界范围内已有多年广泛征收的历史，各国在不断的实践中积累了丰富的管理经验，也对征收模式不断进行了优化，找到了适用于本国的增值税管理模式。本部分会对目前各国主要使用的增值税征收管理模式的优缺点分别进行介绍，旨在对我国银行业增值税管理模式提供有益的借鉴。

增值税的征收管理与银行的业务模式紧密相关。目前银行的业务可分为直接收费业务、间接收费业务和金融中介业务。直接收费业务是指金融机构通过提供服务而直接收取的佣金手续费，这类业务的收入可以直接计量增值额，具有可操作性，征收管理较为方便，主要包括咨询服务、理财服务以及基金管理服务等；间接收费业务是指金融机构自身创造的增加值，还有因为利率变动而造成的通货膨胀补偿，如债券发放、外汇交易、金融衍生品的收益等。这些业务的收入在利润中可以体现，但是计量较为麻烦，所以很多国家对间接业务不征收增值税；金融中介业务是指金融机构作为中介服务机构将资金提供给借贷者的服务，这种业务是大部分银行的核心业务，主要包括贷款业务、贴现业务和信贷业务，因为货币商品具有特殊性，这种中间业务很难得到正确的核算和计量；出口金融业务是指对其他国家提供金融服务相关的业务，各国为了增强本国竞争力和打开国际市场，大多数国家对出口业务不征税。

一、国际银行业税制模式

（一）免税法

免税法模式又称欧盟模式。欧盟在总结历史经验和现实情况分析的基础上，于1977年颁布的《增值税6号指令》，该法案规定对于简单易于计算的直接收费业务采用标准的增值税税率征收增值税，对于间接业务和中介服务采取免税的办法，出口金融服务采取零税率。同时规定各成员国可以在不违背原则的前提下有自己的征税细则，其中有很多国家采取的是直接分配法或者进项税按项目比例进行抵扣的办法。

免税法模式征收管理模式简易，对于难以细化的业务收入直接采取整体免税的办法，解决了不易计量的难题。但是这种模式由此带来了新的问题。首先，免税法对业务进行"一刀切"全部免税的模式导致税额计量出现不准确的情况，原本需要计税的项目因为免税受到影响；其次，免税一定程度上导致了抵扣链条的断裂。由于进项税无法进行抵扣，银行可能出现承担隐性税负的情况，也存在重复征税的可能性。更深层次的弊端在于可能会由此导致银行的业务量被迫减少。最后，"一刀切"的免税模式对于其他行业存在不公平的情况。银行作为服务实体经济的载体，银行的业务免税过多会导致银行从实体夺取经济利益，实体经济得利水平下降，也会同时导致国家税收总额下降，侵蚀国家税基。

免税模式在法律的适用性和合规性上也存在问题。首先，对于间接服务和中介服务的界定标准比较模糊，对于金融创新业务的适用范围难以准确认定。金融创新业务的实质往往存在多种解读的情况，是否适用于免税范围不便于确认，由此导致可能存在滞后确认或错误确认的情况。该种方法对于每一种金融创新业务都需要仔细甄别才可以判断出其实质，由此产生的人工审查成本过大、效率过低，同时也会浪费国家行政资源。同时如果对业务实质判断不准确，会导致前述行为成为无效行为。

免税法可能激化避税行为。银行的业务种类很多，为了合理避税，企业会更多考虑增加购入免税项目来缩减增值税成本，这导致增值税整体税负成本的下降，也同时导致业务种类偏向单一化发展。

（二）　固定比例扣除法

固定比例扣除法是基于免税法的基础上设计而成的，又被称为澳大利亚—新加坡模式。该方法规定金融机构可以按照一定的比例进行进项税的扣除，对核心的金融服务采取免税政策，但是对免税服务的范围做了限制，如果提供这种服务的同时还提供直接服务类型如咨询服务、经纪服务收取管理费、经纪费等则不能免税。

具体的计算公式为：可扣除比例＝可扣除项目营业额／（可扣除项目营业额＋不可扣除项目营业额）

澳大利亚在1999年开始实施固定比例扣除法，规定的固定扣除比例为25%，即如果银行业的免税服务确定的金额为10万美元，银行业可以将其中的2.5万美元作为进项税额进行抵扣。而新加坡允许对核心金融服务采取在一定范围内免税的方法，允许金融机构以外购的增值税额为基础按照一定的比例进行扣除，固定扣除比例为42%~96%。这一比例相对于澳大利亚有了大幅度的上升。但是新加坡采取的另一种方法来抑制进项税额抵扣，即按照不同的行业标准来确定进项税扣除的比例，对不同行业采用不同的比例的做法相对于澳大利亚"一刀切"的模式更合理。

这种征税模式是在对免税法进行改进的基础上发展起来的，通过固定比例扣除法使得银行业在税款征收的过程中可以在应税收入和免税收入之间建立一个桥梁，确定适当的比例对各项服务进行分摊。第一，这样既能减少银行业的税负，增加参与市场竞争的活力，又能完善增值税的链条；第二，这种征税模式使得计征增值税的方法得到了很大程度的改善，税务机关也不用花费大量的财力物力在划定豁免范围上；第三，减少了激进税务筹划方法的产生，进项税额可以按照固定的比例进行扣除，金融机构无须在进行交易时考虑怎样进行交易企业选择，从而减少了自我供给和纵向合并的行为。

由于这种方法是在免税法的基础上制定，因此继承了免税法的诸多弊端。固定比例扣除的范围人为干扰因素过大，这产生了承担税负不公平的情况，部分企业未能享受到税收减免的优惠。此外，比例的确定同样受到人为干扰的影响较大，且比例未能根据实际情况灵活调整，适用性随着时间的推移逐渐下降，对社会经济的发展也会造成不利影响。

（三）零税率法

零税率法兴起于新西兰等国家。在新西兰等国家认为税收的目的应当尽量减少税收减免的行为，将大部分企业的商品和服务行为纳入应税项目中，所以他们称增值税为商品和劳务消费税。前期新西兰也将金融服务纳入豁免范围，随着经济发展免税弊端逐渐显露，2005 年开始重新修订金融领域的豁免制度，允许纳税主体选择是否采取零税率政策。零税率法的优势在于避免了增值税抵扣链条的中断，将所有参与者都纳入链条中。

零税率法对于显性收入为主的直接金融服务行为采取一般计税法，对于隐性服务采取和出口金融服务一样的零税率法。但对金融服务的提供者和接收者都规定了限制条件，只有注册登记的企业才能享受零税率的待遇，而只有年应税销售额达到总销售额的三分之二以上才能注册登记。对于无法满足这一条件的企业还是采取以往的免税政策。

零税率的最大优点在于完善增值税的抵扣链条，金融企业和其他企业之间可以自由地采取标准税率进行进项税额的抵扣，同时可以降低银行业交易活动成本，这样使得银行业开展交易更为方便，利于扩大市场份额。对于出口金融服务实行免征的同时可以抵扣前期购进业务的进项税额，降低了输出成本。其实，很多国家并不是允许所有进项税额的抵扣，银行业需要缴纳"薪酬税"平衡与其他行业的税收差距。另外，这种模式是对固定比例扣除法的进一步改良，它不区分服务对象是不是增值税的一般纳税人，也不区分中介服务还是其他的间接服务，都可以进行进项税额的抵扣，体现了税收中性的原则。但是会在一定程度上造成政府的税收减少，引发金融机构加大对免税服务的投入。

零税率法相比免税法有了很大的改善，避免了增值税抵扣链条的断裂，但是由于其有准入条件，导致部分企业不能享受到税收减免的优惠，由此产生不公平的情况。同时，零税率法的使用使得大量业务收入不但不需要缴税，同时还可以进行抵扣，这就导致财政收入的大幅下降，给国家财政添加了很大的负担。

二、国际经验的借鉴意义

前文介绍了当前国外主流的几种增值税管理模式，可以发现这几种模式与我国目前实行的增值税征收管理方法有较多不同，下面将对这些区别进行详细分析。

第一，我国银行等金融机构业务具有复杂性，在规定减免税政策时尤其复杂。欧盟在划分应税项目和免税项目时有较为合理和简便的政策规定，对核心金融业务免税处理，避免了增值税额难以确定的弊端，我国并未对业务进行划分后采取不同的税收征收办法，导致不能灵活地根据业务种类制定不同的税收优惠。

第二，我国虽然在征税模式的选择上倾向于采取一般计税法，但是并没有对增值税的核心业务免税，只有对出口金融服务免税的规定。我国银行业的主要收入来源于净利息收入，贷款利息收入决定了净利息收入的数额。虽然近年来银行业始终坚持发展中间业务收入，但是净利息收入仍占据主导地位。我国对于贷款利息收入没有实行免税政策，且银行受近年来利率市场化影响，息差不断下降，故难以根据税务成本相应调整利率水平，这给银行业的经营带来了巨大的税务负担。贷款利息税收管理也给税务机关带来了巨大的工作负担。

第三，免税法模式对免税的认定较为简便，对核心业务以及出口业务均采取全额免税的方式。我国目前的征管模式首先是不许对银行主营业务免税，其次抵扣还需增值税专用发票作为凭证。但是有时存在无法获取增值税专用发票的情况，导致银行增值税成本居高不下。

发达国家金融税制经历几十年的发展已经形成了较为完备的体制，我国在进行银行业增值税的改革过程中必须总结这些国家的优秀经验，找到真正适合我国银行业增值税管理的路线，让税制不断完善，这对于稳定金融市场，促进经济的发展具有举足轻重的作用。对银行业征收增值税既要考虑减轻税负和方便税务机关的征管两个方面，又要充分考虑税收中性，兼顾税收公平和效率。在上文中介绍了几种金融税制模式。几种模式各有侧重，其中主要的模式是对金融中介服务采取免税规定或者按一定的比例进行进项税额的抵扣。但是考虑我国实际情况，金融业务迅猛发展，现已成为我国税收的重要组成部分，如果放弃对其征税显然是不可能的。况且如果对其免税还会造成增值税链条的不完整使得银行金融机构其和其他企业交易时导致重复征税的问题，对于稳定市场，促进社会公平是不利的。

在划分免税业务的范围上，我国应该借鉴相关经验，合理划分税目和税基。随着金融业务的不断创新发展，中介服务和间接金融服务越来越占有较大比例，对各种业务做出合理的归类并确定税基显得尤为重要。从国际经验来看，世界上大部分国家都是对直接收费业务征税，对银行业的核心业务采取免税的政策。这是因为隐性服务的增值额采取一般计税法有困难，增值额难以确定，会造成财政收入的流失。针对这一问题，欧盟国家通过对增值税规则的不断完善合理的界定了银行业免税业务的范围，但目前我国并没有对免税范围进行细致的划分。在接下来银行业增值税制完善的过程中，可以合理制定增值税免税的范围，在降低银行业税负水平的同时保持免税范围的机动性和灵活性。

在征税方式上，由于难以划分应税收入和免税收入的清晰界限，所以免税法可能在一定程度上会造成重复征税的问题。为此，采取进项税能够进行抵扣的制度对于避免重复征税，促进税收公平等方面具有重要的作用，也给征税机关征管带来很大的便利。所以，我国在以后的银行增值税制度改进的过程中可以借鉴这种模式，进一步完善进项税抵扣的办法，尽量减小进项税的抵扣链条的漏洞，让上下游企业更好地进行进项税的抵扣，最大限度地促进税收公平，避免为征税机关和银行造成不利的影响。

在确定增值额方面，对于隐性收费的划分，可以将其分为从个人取得的隐性收入和从企业取得的隐性收入，由于二者性质不同，可以针对业务实质设计不同的税收政策。但是，由于我国银行业的复杂程度，我国需要加强这方面的研究，进一步学习和探讨，不断优化现行增值税制度。

此外，银行业纳入增值税征收范围内后，该部分税收的分配方式改为中央和地方共享，导致地方政府的财政收入下降，给地方发展带来了一定困难。未来在财政收入的分配上也可以根据实际情况做出适当的调整与优化。

当前我国银行业增值税征收管理体制仍存在诸多需要完善的地方，存在着减免范围过小导致税收负担过重，征税额分配不合理，管理不够精细化等诸多情况。我国需借鉴国外增值税管理办法中的优点，结合我国增值税政策以及银行业务实际对我国增值税相关政策进行持续的改革，最后实现一个较为合理的税收制度体系。

第六章　完善我国银行业增值税的政策建议

一、合理确定银行增值税征收范围，厘清业务界限

税收中性原则要求税收不能扭曲市场经济的正常运行，本质上就是保证税收的公平性。为了避免税收的不公平，应该坚持相同行业的税负大体相近，相同业务、相同环节要统一征税标准。2016年我国全面推行增值税之后，金融业相关业务被分为贷款服务、直接收费金融服务、保险服务和金融商品转让四个方面，其中贷款服务、直接收费金融服务和金融商品转让都属于银行业相关的业务，但是由于上述三方面涉及的内容众多，可能存在增值税征税范围不清晰的情况，后续有待进一步合理确定银行业增值税征税范围，保证各项业务应税情况的准确性。

对于直接收费金融服务，纳入增值税的范围可以实现上下游相关企业的进项税额抵扣，有利于打通增值税链条，降低企业成本，也有利于银行业的发展。对于金融商品转让业务，用卖出价减去买入价的余额作为差额征税的计税依据，符合增值额的本质，纳入增值税征税范围也是合理的。对于利息类收入，诸如存在一些诸如银行与央行之间的资金往来业务，银行同业资金往来业务、集团内部资金往来业务和助学贷款等范围不清晰的业务，建议出台相关政策，根据其交易实质和"增值"与否来确定此类业务的利息收入是不征税收入、免税收入还是征税收入，是否应纳入增值税征收范围。

同时，随着银行业"营改增"的不断推进，大多数业务的增值税征税范围与营业税保持一致，但是对于部分特殊业务，可能无法完全实现从营业税到增值税的平移。针对这种情况，应该根据业务情况进行综合考量，如果确实应该纳入增值税范围，则正常征收增值税，如果不符合增值税的范围，则应逐渐过渡，并根据实际情况予以取消，确保增值税征税范围的合理性。同时，坚持实质重于形式的原则，相同业务实质的行为应适用同样的计税方法，避免产生税收扭曲，违反税收中性原则。

二、逐步打通增值税抵扣链条，保证税负的合理性

增值税的实质是对流通过程中产生的增值额征税，目前实践中主要通过抵扣上一环节已缴纳的增值税来避免重复征税。目前，银行业发放贷款的利息收入需要正

常缴纳增值税，但是其吸收存款或发行债券支付的利息支出却不能通过进项税额进行抵扣，这就造成了增值税抵扣链条出现中断，不符合增值税的本质。同时，银行业的其他可抵扣项目占比较低，导致税负的升高，也间接提高了企业的融资成本。

考虑到银行贷款的金额大、交易频率高和业务复杂，对于每笔业务进行纳税分离的难度较大，可能无法在短期内实现完全对增值额征税。因此，可以采取短期和长期两种不同的方法来完善贷款利息收入增值税。

根据前文所述，由于可抵扣的项目不多，"营改增"后银行业的增值税税负可能存在一定的上升。为了保证税负的合理性，降低税收的扭曲效应，短期可以适用简化政策：对银行，要降低银行贷款利息收入的增值税税率，银行吸收存款的利息支出暂不允许抵扣，对企业，根据实质重于形式的原则，允许通过相关合法凭证抵扣向银行支付的贷款利息支出。这样既可以部分减轻企业的负担，也可以在一定程度上将利息支出纳入增值税抵扣链条，减少重复征税。

从长期来看，应该借鉴国外的先进经验，完全将贷款利息的收入与支出纳税增值税链条，确保增值税是对"增值额"进行征收的，体现税收中性原则。从银行的收入端来看，银行对企业贷款收取的利息可以开具增值税专用发票，企业可以凭发票进行抵扣；银行对个人贷款收取的利息可以开具增值税普通发票。从银行的支出端来看，个人在银行的存款利息收入免税，企业在银行的存款利息收入或购买银行发行的债券获得的利息收入由银行代扣代缴增值税，银行可以根据代扣代缴的增值税额进行相应的抵扣。未来，在国家确定增值税征收范围的情况下，如果银行的相关系统可以精准拆分各项业务，可以探索直接将银行的利息收入与利息支出的差额，即净利息收入作为计税依据来计算缴纳增值税，这样可以大大降低银行的管理难度，降低纳税成本，保证税负的合理性。

三、完善各项税收政策，体现政策的导向性

税收政策可以引导银行合理配置资源，促进资金流向需要支持的领域，体现政策的导向性。为此，可以在以下几方面做出相应的改进与优化。

(一) 出口金融服务

银行业相关的出口金融服务主要包括出口贷款服务和出口直接收费金融服务，为了促进出口，大多数国家都会对出口金融服务实行零税率的政策。但是根据我国现行政策规定，只有为境外单位之间的货币资金融通及其他金融业务提供的直接收费金融服务可以适用零税率，而对于处于核心地位的出口贷款服务，却没有相应的

税收优惠政策支持。这不仅不符合税收中性的原则，也不利于银行业向境外提供出口金融服务。

随着全球化进程的不断加深，"一带一路"倡议的不断推进，我国与世界各国的跨境业务不断增多。在业务的流程中，不仅涉及出口商品与劳务，也涉及各项金融服务。因此，建议将适用增值税零税率的范围从商品与劳务行为扩大到金融服务中，例如支持对外贸易、跨境投资、对外合作等多方面涉及出口的金融服务都应该适用零税率。这样不仅符合我国增值税的基本原则，也能够形成实体经济与金融之间互相促进的良性循环，增强我国银行业在国际上的竞争力，为"一带一路"倡议提供有力的保障。

（二）金融商品转让业务

根据我国现行政策，金融商品转让是以卖出价减去买入价后的余额作为销售额。如果盈亏相抵后的余额为正，则正常缴纳增值税。如果盈亏相抵后的余额为负，则可以结转到下一个纳税期与下期金融商品的销售额相抵，但是盈亏相抵的负差不能转入下一年度。在这种情况下，金融商品虽然有相同的买入价与卖出价，但是可能缴纳不同金额的增值税，一定程度上造成了税收扭曲。

因此，建议对金融商品转让业务的增值税政策进行调整。对于金融商品转让中出现的负差，企业可以选择结转到下一年继续抵扣销售额，也可以申请退税处理，这样既符合增值税的本质，也保证了税收的公平。

（三）针对国家鼓励产业的金融服务

在金融服务实体经济的大背景下，为了更好地发挥税收优惠政策的导向作用，使资金流向国家扶持的产业，可以针对银行向特定领域、特定企业和特定项目发放贷款取得的利息收入制定税收优惠政策，加强银行支持实体经济的意愿，也有利于相关企业的发展。

建议对以下领域出台相应的税收优惠政策或优化现有优惠政策，具体包括：对金融机构向小微企业发放贷款取得的利息收入免征增值税，并适当降低小微企业的门槛，让更多小微企业享受到税收优惠；对金融机构向农户发放小额贷款取得的利息收入免征增值税，提高银行对农户提供资金支持的积极性，发挥金融对"三农"业务的支持力度；对金融机构向国家鼓励的高科技行业或企业发放贷款取得的利息收入减征或免征增值税，为重点领域的科技创新提供保障。后续，综合考虑国家的财政收入情况和行业扶持力度，对医疗、教育、环保等多个行业出台不同的税收优惠政策，达到扶持行业发展的效果。

参考文献

[1] 闫晓茗. 金融行业增值税征收的国际经验借鉴 [J]. 中国财政, 2016 (6): 65-67.

[2] 陈远燕, 曹静韬, 郭瑞, 等. 阿根廷金融服务业增值税制的国际借鉴与启示 [J]. 国际税收, 2017 (9): 52-57.

[3] 刘诗颖. 金融业增值税政策的国际比较 [J]. 金融会计, 2017 (10): 38-43.

[4] 叶姗. 金融服务增值税课征规则何以创制 [J]. 法学, 2018 (7): 57-70.

[5] 潘朝晖. "营改增" 对我国金融服务业税负的影响研究 [J]. 经济师, 2018 (12): 134-135.

[6] 吉黎, 魏霁月. "营改增" 后商业银行的税负下降了吗? ——基于上市商业银行面板数据的实证研究 [J]. 上海金融, 2018 (12): 27-33.

[7] 陈玮玮, 王慧. 金融业 "营改增" 存在的问题及对银行业的影响研究 [J]. 现代商贸工业, 2019, 40 (7): 85-86.

[8] 张璇, 张计宝, 闫续文, 等. "营改增" 与企业创新——基于企业税负的视角 [J]. 财政研究, 2019 (3): 63-78.

[9] 黄雨婷. 银行业 "营改增" 减税实效分析 [J]. 金融经济, 2019 (6): 70-71.

[10] 杜爽. 我国金融服务增值税政策的问题与完善 [J]. 税务研究, 2019 (5): 42-46.

[11] 杜爽, 岳树民. 金融服务增值税的理论、实践与中国选择 [J]. 国际税收, 2019 (12): 49-56.

[12] 马胜利. 浅议 "营改增" 对商业银行财务管理的影响与对策 [J]. 全国流通经济, 2020 (4): 160-161.

[13] 许清. "营改增" 对商业银行经营管理的影响 [J]. 今日财富, 2020 (4): 130-131.

[14] 张超, 许岑. 营改增对银行业流转税税负的影响研究——基于 34 家上市商业银行财务报告数据的分析 [J]. 税务研究, 2020 (4): 103-110.

[15] 李凯凯. "营改增" 对商业银行财务管理的影响探究 [J]. 纳税, 2020, 14 (14): 33+35.

[16] 任超, 郑健丰. 贷款服务增值税制度的 "营改增" 检思与优化 [J]. 金融发展研究, 2020 (9): 59-66.